KB232884

조선시대의 조세법

오 기 수

군주시대의 왕임에도 세종대왕은 조세정책을 하루아침에 당신의 뜻대로 실행하려 하지 않았다. 세종실록에 따르면 지속적인 노력으로 최종 공법은 세종 26년 11월에 완성됐다. 무려 25년의 세월이 걸린 것이다. 그 긴 시간 동안 늘 '아니되옵니다.' 하면서 반대만 하는 대신들이 미웠을 것이다. 왕으로서 독단적으로 할 마음도 있었을 것이다.

하지만 세종대왕은 백성을 위한 정책이므로, 역사상 그 누구도 따라할 수 없는 과거시험에 공법 문제를 출제해 젊은 유생들의 의견을 들었고, 조선의 백성 4분의1이 참여해 국민투표라 할 수 있는 공법에 대한 여론조사를 실시하고, 11년 동안 대신들과 논쟁해 민주시대보다도 더 민주적인 과정을 거쳐 조세법(租稅法)인 공법(貢法)을 완성했다.

머리말

　우리나라의 조세법제사(租稅法制史)에 대한 연구가 미약하다는 생각에, 먼저 조선시대의 조세법에 대해서 세무학(稅務學) 측면에서 연구해 보겠다는 의지를 가지고 발표한 첫번째 논문이 2001년 「세무학연구」에 기고한 '조선전기의 전세 감면에 관한 연구'였다. 그 후 지금까지 10여년을 넘게 매년 세무학 측면에서 조선시대의 조세법과 세제사(稅制史) 등에 관한 논문을 다수 발표하였다. 연구를 거듭하면서 세무학 분야에서 우리 것에 대한 역사적 측면에서의 학문적 연구가 그동안 너무 부족했구나 하는 생각이 들었다. 세무학에서는 현실의 문제를 해결하기 위한 교육과 연구를 하다 보니, 우리의 역사 중에서 세무학과 관련된 기초적인 교육과 연구가 이루어지지 않고 있다는 사실에 자성하면서, 문헌적 자료가 많은 조선시대의 조세법에 대해서 연구하게 된 것이다.

　조선시대에는 『경국대전』을 비롯한 『속대전』·『대전통편』·『대전회통』 등 법전이 편찬되어 현존하고, 『증보문헌비고』·『목민심서』·『반계수록』 등 많은 문헌에 조선시대의 조세법과 조세제도에 대한 기록이 많이 남아 있어, 이를 정확히 인식하고 이해할 필요가 있다고 본다. 그리고 연구를 거듭하면서 조선시대의 조세법과 조세제도 속에 세무학을 전공하는 학생과 교수 등이 꼭 알아야 하는 학문적 기초 개념이 있다는 사실을 알았다. 그리고 조세법제사 측면에서 '조선시대의 조세법'은 그 학문적 가치가 세계적이란 생각이 들었다. 특히 세종대왕의 조세사상과 공법은 세무학을 전공하는 사람들뿐만 아니라, 지금의 우리 모두에게 조세의 중요성과 조세법의 입법 절차에 대해서 많은 가르침을 줄 수 있다고 생각했다.

　따라서 본 '조선시대의 조세법'은 지금까지 10년 넘게 연구한 논문을 중심으로 그동안 미비한 점들을 수정하고 보안하여, 세무학을 전공하는 학생과 교수 및 전문가들이 알아야 할 조선시대의 조세법제사 내용을 담았다.

　조선시대의 조세법제사에 대한 연구에 뜻을 갖게 된 계기는 전 서울시립대학교 세무대학원 송쌍종교수의 세무학에 대한 개념 정립의 필요성에 대한 논의에서 시작되었다. 우리나라 최초로 서울시립대학교에 세무학과를 독립된 학과로 개설한 송쌍종교수는 어떤 특정분야가 학문으로서의 독자성을 인정받으려면, 그에 관한 ① 「원리론」, ② 「변천사론」, ③ 「정책론」이 구비되어야 하는 것이 일반적 학문추세라고 말하면서, 세무학의 경우에도 「세무원리론」과 「세무변천사론」 및 「세무정책론」이 두루 구비되어야 학문의 독립성을 가질 수 있다고 주장하였다. 여기서 「세무변천사론」은 세무학의 역사적 접근으로 '조세법제사(租稅法制史)'에 관한 분야라고 본다.

우리나라에서 세무학은 그동안 많은 발전을 해 왔다. 1983년 서울시립대학교의 학부과정에 세무학과가 신설된 이후 많은 대학에 유사학과가 개설되었고, 동 대학의 세무전문대학원은 세무관련 전문대학원으로 2000년에 개원하여 석·박사학위과정을 두고있어 세무학이 독립된 학문으로서 발전되었음을 알 수 있다. 하지만 서울시립대학교 세무학과를 비롯한 이와 유사학과나 대학원을 개설한 대학에서 '조세법제사(租稅法制史)' 등 「세무변천사론」에 해당하는 과목을 개설하거나 강의한 곳은 한 곳도 없다. 이러한 측면에서 볼 때 세무학의 경우 현재의 연구대상과 방법에 대해서는 어느 정도 연구가 이루어졌지만 '개념의 정립'은 아직도 미흡하다고 본다. 특히 세무학의 개념에 관한 사(史)적 연구는 거의 없다. 그것은 실무 중심으로 발전해 온 우리나라의 세무학이 조세와 관련된 현실의 문제를 해결하는데 중점을 두고 연구되어 왔고, 또한 현재의 세법과 세무회계 위주로 교육되면서 학문의 기초라 할 수 있는 역사적인 측면에서의 개념적 접근을 등한시하였기 때문이라고 본다.

세무학의 학문적 현실을 단적으로 반영한 것은 인터넷 검색에서 2012년 10월 1일 현재 세무학(稅務學)에 대한 '사전적 정의나 개념'이 검색되지 않는다는 것이다. '세무회계학'에 대해서는 "조세는 경제적 가치로서 기업이 부담해야 할 금액이며, 이것은 기업의 이익계산에 영향을 미치고 있다. 따라서 이러한 기업이 부담해야 할 조세를 회계학적 사고에 의해 기록 계산하는 것을 세무회계라고 하며 이를 대상으로 하는 학문을 세무회계학이라고 한다."라고 정의하고 있다. 그리고 '회계학'에 대해서는 "회계는 재무보고·세액산정과 세무계획·감사·원가회계와 관리회계·비영리회계·정부회계·회계정보시스템 등을 그 영역으로 하며, 회계학이란 이들 영역에 걸치는 회계를 체계적으로 연구하는 학문 분야를 일컫는다. 재무보고와 관련 있는 회계는 재무회계라 부르며, 세액산정과 세무계획을 다루는 회계는 세무회계라고 통칭한다."라고 정의하고 있다. 더욱이 국어사전에서 '회계학'은 "기업의 자본 및 손익에 관한 계산 방법을 연구하는 학문, 부기 기술, 자산의 평가 및 경영 분석, 원가 계산, 예산 통제 따위를 연구 대상으로 한다."로 정의되고 있다.

그러나 '세무학'에 대해서는 이러한 개념과 정의가 인터넷에서 검색되지 않는다. 세무학을 연구하고 교육하고 있는 학자들의 책임이라 할 수 있다. 세무학과가 개설된지 30년,

한국세무학회가 창립된지 25년이 지난 지금도 '세무학'에 대한 기초적 개념의 정립이 부족하였기 때문이라고 본다.

본 '조선시대의 조세법'은 이러한 현실속에서 조세론을 비롯한 세법과 세무행정, 세무회계 및 세무관리를 연구영역으로 하는 우리나라 세무학의 학문적 기틀을 마련하고, 세무학의 교육에 필요한 역사적 토대와 개념을 마련하기 위하여 집필하였다. 하지만 조선 500년 동안 입법되고 시행된 조세법과 조세제도를 이 한권의 책으로 엮어 내기에는 역부족이란 생각도 든다. 부족한 부분에 대해서는 앞으로 더 많은 연구를 통해 보안하겠지만 무엇보다도 세무학을 교육하고 연구하는 모든 분들이 그 역할을 감당하여 주었으면 한다.

끝으로 본서의 출간을 허락하여 준 도서출판어울림의 허병관 사장, 그리고 출판되도록 도와주신 편집부 여러분들께 깊이 감사드린다. 그리고 30년 동안 동행해 준 아내 손점례권사와 아들 성선, 딸 수아에게도 고마움을 전하면서 이 책을 보는 모든 분들에게 하나님의 은총이 함께 하길 기원한다.

2012년 11월 5일
저자 오기수 씀

목차

제2편 | 조선시대의 전세법(田稅法)

04. 조선시대의 법전과 전세(田稅)제도 ··· 179

제3편 | 조선시대의 조세감면법과 조세범처벌법

01. 조선시대의 조세감면법 ··· 205

제4편 | 조선시대의 잡세법·공납세법·요역세법·군역세법

02. 조선시대의 공납세법 ··· 345

03. 조선시대의 요역 · 군역세법 ··· 361

제5편 | 조선시대 조세공평과 조세부담액

01. 조선시대의 조세공평 ··· 391

02. 조선시대의 조세부담액 ··· 413

참 고 문 헌 ··· 449

제 **1** 편

조선시대 조세의 기초개념

01 조선시대 **세무학 용어의 개념**

제1절 의의

지금까지 조세의 개념에 대해서 많은 연구가 이루어졌으며, 다양한 정의가 있지만 "조세란 국가 또는 지방공공단체가 필요한 경비로 사용하기 위하여 국민이나 주민으로부터 강제로 거두어들이는 금전 등의 재화이다."라는 것이 일반적이다. 이러한 조세의 개념은 시대와 장소에 따라서 많은 차이가 있다. 우리나라의 경우도 삼국시대부터 지금까지 한결같은 조세의 개념을 가진 것은 아니었다. 그러나 우리나라에서 역사적으로 '조세(租稅)'라는 개념이 어떻게 형성되었고, 그 개념이 어떻게 변천되었는지 연구되지 못하였다. 그래서 세무학의 학문적 기초 연구를 위하여 역사적인 조세의 개념을 살펴보고자 한다.

세무학의 연구영역은 조세론, 세법, 세무행정, 세무회계, 세무관리를 포함하고 있다. 따라서 세무학에서 가장 중요한 용어는 '조세(租稅)'이며, '세법(稅法)'과 '세무(稅務)'란 용어 역시 마찬가지이다. 여기에서는 '조세'를 비롯한 '세법'과 '세무'의 용어를 역사적으로 살펴보고, 그 개념을 정립하고자 한다. 이 중 조세(租稅)와 세금(稅金)이란 용어는 관련 학문을 가르치고 배우는 학자나 학생, 국가정책을 수립하는 정치가나 입법가, 그리고 그 정책을 수행하는 공무원들만이 사용하는 전문 용어라기보다는 우리 모두의 일상생활에서 늘 접하며 사용하는 통상어이다. 이러한 조세와 세금이란 말이 지금처럼 정의되고 통용되기까지 역사적으로 그 개념이 어떻게 형성되고 어떻게 변천되었는지를 알아보는 것은, 세무학을 비롯한 재정학 등의 관련 학문적 기초를 다질 뿐만 아니라 '조선시대의 조세법'을 이해하는데 필요하다.

역사는 미래를 예측하는 거울이다. 과거의 정확한 이해는 단순한 호고(好古)적 관심이 아니라 우리 선조의 삶을 진단하고, 나아가 우리의 미래를 밝혀 주는 횃불이라고 본다. 그동안 우리의 학문은 선진 서구화를 추구하면서 발전하여 왔다. 그리고 많은 결실을 거두었다. 하지만 이러한 가운데 우리 것에 대한 '학술적 이해의 부족과 연구의 필요성'을 느끼면서 이제는 많은 분야에서 '우리 것'에 대한 관심과 연구가 이루어지고 있다. 세무학 역시 마찬가지이다. 그러나 세무학 관련 사(史)적 연구는 아직 매우 부족하다고 본다. 더욱이 세무학 관련 사(史)적 강의는 거의 전무하다. 일부 대학 강의 교재에서 외국의 조세법제사(租稅法制史)에 대한 내용은 있으나, 우리나라 조세법제사에 대한 내용은 거의 없는 실정이기 때문이다.

제2절   조선시대 조세(租稅)의 개념

1. 조(租)와 세(稅)의 의미

가. 삼국시대 및 고려시대의 조(租) · 세(稅)

현대에 조세는 국가 또는 지방공공단체가 필요한 경비를 충당하기 위하여 국민이나 주민으로부터 강제로 거두어들이는 금전 등의 재화를 뜻한다. 이러한 의미의 조세(租稅)란 단어는 조(租)와 세(稅)의 두 한자로 결합되어 있다. 여기서 조세(租稅)에 대한 한자적 의미를 살펴보는 것은 낱말의 어원을 살펴보기 위해서가 아니고, 조선시대까지의 모든 문헌이 한자로 기록되어 있기 때문에 해당 기록의 뜻을 정확히 해석하기 위해서 필요하기 때문이다.

한자사전에서 조(租)는 ①조세(租稅), 구실(온갖 세납을 통틀어 이르던 말) ②벼, 겉곡 ③임대료(賃貸料) ④징수하다 ⑤세들다, 빌리다 ⑥쌓다, 저축하다 등의 의미를 가지고 있다. 조(租)자의 형성은 뜻을 나타내는 벼화(禾) 부(部)와 음(音)을 나타내는 동시에 관청에 바친다는 뜻을 가진 且(조)로 이루어져 있다. 그래서 조(租)의 뜻은 '관청에 보내는 벼'라고 해석된다. 그리고 세(稅)는 ①세금 ②구실(온갖 세납을 통틀어 이르던 말) ③놓다 ④거두다 등의 의미를 가지고 있다. 세(稅)자의 형성은 뜻을 나타내는 벼화(禾) 부(部)와 음(音)을 나타내는 兌(태)가 합하여 이루어져 있다. 兌(태)는 '빼내다'의 뜻을 가지고 있어 세(稅)의 뜻은 '농민이 수확한 것 중에서 자유로이 쓸 수 있는 몫을 떼어 버린 나머지를 관청에 바치는 것'이라고 해석된다. 따라서 역사적으로 조(租)와 세(稅)는 둘 다 '관청에 바치는 벼'의 의미로 독립적으로 사용되는 경우도 많았으며, 조세(租稅)로 결합되어 같은 의미로 사용되기도 하였다. 그래서 한자로 기록된 역사적 문헌에서는 조선시대까지 조세(租稅)란 말은 결합어 보다는 조(租) 또는 세(稅)의 독립된 단어로 사용되는 경우가 더 많이 기록되어 있다.

『삼국사기』(1145년)에는 조(租)에 대해 다음과 같이 기록되어 있는데 ①은 '벼'의 뜻으로 사용된 것이고 ②는 '전세(田稅)'의 의미로 사용된 것이다. ①은 효자(孝子)에게 벼 300가마를 하사했다는 내용이고, ②는 수재를 당한 주현에 조조(租調) 즉, 전세(田稅)와 공물을 면제해 주었다는 내용이다.

① 「향덕(向德)이 밤낮으로 옷을 풀지 않고 정성을 다하여 위안하였으나 봉양할 수 없었다. 이에 (자기의) 넓적다리 살을 베어 먹이고 또 어머니의 종기를 빨아내어 모두 평안하게 되었다. 향사(鄕司)[1]에서는 (이 일을) 주(州)에 보고하고, 주에서는 왕에게 아뢰니, 왕이 하교하여 <u>조(租)</u> 300가마, 집 한 채와 구분전(口分田) 약간을 내리다.」[2]

② 「3년 4월에 시조묘 앞의 쓰러진 버들[3]이 저절로 일어났다. 5월에 국서(國西)에 큰물이 났다. 수재(水災)를 만난 주현(州縣)에 일년간 <u>조(租)</u>와 공물(貢物)을 면제하여 주고, 7월에 사신을 보내어 위문(慰問)[4]하였다.」[5]

『고려사』에도 조(租)에 대해 다음과 같은 기록들이 있는데 조(租)의 의미는 '전세(田稅)'로 사용된 것이다. 이는 답험손실법에 대한 기록으로 손실에 따라 전세인 조(租)를 면제한다는 내용이다. 고려시대의 조포역(租布役)은 조용조(租庸調)에 해당하는 것으로 조세(租稅)·공부(貢賦)·요역(徭役)의 세제로 볼 수 있다. 고려의 조세는 조포역(租布役)으로 부를 정도로 베(布)는 고려사회의 주요한 가치기준이었기 때문이다.

「문종 4년 11월에 왕의 명령으로 토지 1결(의 작황)을 매 10등분으로 나누어 손실된 정액을 규정하되 피해가 4등분(40%)에 이르면 <u>조(租)</u>를 면제하고 6등분(60%)에 이르면 조(租)와 포(布)를 면제하고 7등분(70%)에 이르면 <u>조(租)</u>, 포, 역(役)세 가지를 모두 면제하기로 제정하

---

1) 지방 관청(官廳).
2) 『삼국사기』 권 제48 열전 제8 상덕.
 (원문) 「向德, 日夜不解衣, 盡誠安慰, 而無以爲養, 乃刲髀肉以食之, 又吮母癰, 皆致之平安, 鄕司報之州, 州報於王, 王下敎, 賜<u>租</u>三百斛宅一區口分田若干.」
3) 와류(臥柳). 버드나무
4) 撫問(무문).
5) 『삼국사기』 권 제2 신라본기 제2 내해이사금.
 (원문) 「三年, 夏四月, 始祖廟前臥柳自起, 五月, 國西大水, 免遭水州縣一年<u>租</u>調, 秋七月, 遣使撫問」

였다.」[6]

그리고 세(稅)에 대해서는 『삼국사기』와 『삼국유사』에 다음과 같은 기록이 있다. 다만, 세(稅)의 뜻이 전세(田稅)만을 나타낸 것인지 조용조(租庸調)를 다 포함하고 있는지는 명확히 알 수 없다.

① 「또 하원문수갑사를 가(加)해 사(社)의 도회(都會)[7]로 삼고, 복전[8]승 7명이 밤낮으로 화엄신중[9]예참을 행하게 하고, 위에 말한 37명의 재료(齋料)[10]와 의비(衣費)는 하서부도(河西府道)내 8주의 **세(稅)**로 4사(四事)의 자금에 충당케 하라.」[11]

② 「변성·진알 및 주현(州縣)의 **세(稅)**의 부과는 필요한 것이 아니거든, 모두 헤아려 폐하고, 율령과 격식도 불편함이 있는 것은 곧 개시(改施)하라. 원근에 포고하여 이 뜻을 알게 할 것이니 소속 관원은 시행하라.」[12]

『고려사』[13]에는 세(稅)에 대해 다음과 같은 기록이 있다. ①의 세(稅) 뜻은 도조(賭租)[14]이며, ②는 전세(田稅)이다.

① 「이전에 누차 토지를 주었으나 다 물리치고 그 **세(稅)**를 받지 않았다. 이제 아버지 분묘 근처인 고양현(高陽縣)의 밭 230결과 장원정(長源亭)의 밭 50결을 준다.」[15]

② 「양현고(養賢庫). "예종 14년에 판관을 두되 병과의 권무 관직으로 하였다. 고종 30년에 판관 4명을 더 두고 4명을 두 패로 나누어 2명은 양현고에 소속된 토지(田地)가

---

6) 『고려사』 제78권 지제32 식화1 전제 답험손실.
   (원문) 「文宗四年 十一月 判 田一結率十分爲定損至四分除**租**六分除**租**布七分**租**布役俱免」
7) 고려 및 조선시대에 승려들의 면학을 장려하기 위해 매년 일정 기간 열렸던 일종의 강습회.
8) 불교 신앙의 대상인 부처[如來] 또는 승려의 호칭.
9) 신중은 부처님의 설법을 듣고 따르는 사람들로서, 불교를 지키고 배우는 자들에 대한 통칭이다. 대개 불경의 첫 머리에 나오는 설법장의 청중들인데, 『화엄경』에는 7,000여명의 보살이 그 소임을 맡고 있다.
10) 승려가 재(齋)에 쓰는 요금.
11) 『삼국유사』 권 제3 탑상 제4 대산.
   (원문) 「又加排下院文殊岬寺爲社之都會, 福田七員, 畫夜常行華嚴神衆禮懺. 上件三十七員齋料衣費, 以河西府道內八州之**稅**, 充爲四事之資」
12) 『삼국사기』 권 제7 신라본기 제7 문무왕 하.
   (원문) 「其邊城鎭遏及州縣課**稅**, 於事非要者, 並宜量廢, 律令格式有不便者, 卽便改張, 布告遠近, 令知此意, 主者施行」
13) 『고려사』는 우리 역사의 찬란한 문화 중흥기였던 고려왕조 34대 475년의 역사를 기록한 정사(正史)이다. 『고려사』원전은 정도전, 하륜, 변계량 등 당대 거유(巨儒)들이 참여하여 조선 태조대부터 세종대까지 60여 년간에 걸려 총 139권에 이르는 이 방대한 분량으로 편찬되었다.
14) 남의 논밭을 빌려서 부치고 논밭을 빌린 대가로 해마다 내는 벼.
15) 『고려사』 제113권 열전 제26 최영.
   (원문) 「嘗屢賜土田卿皆弃不收**稅** 今賜父墓傍近高陽縣田二百三十結長源亭田五十餘結.」

있는 곳에 보내 농사를 잘 지어 <u>세(稅)</u>를 바치도록 장려하게 하고, 2명은 양현고에 있으면서 곡식을 받아들이도록 하였으며, 연말에 가서 국자감(國子監)에서 그 부지런함과 게으른 정형을 총화하여 직위를 올리고 낮추기로 정하였다."」16)

따라서 우리나의 삼국시대와 고려시대에 조(租)와 세(稅)는 구분없이 '관청에 받치는 벼' 즉, 전세(田稅)의 의미로 사용되었다고 본다.

나. 조선초 조(租)와 세(稅)의 구분

조선시대 조(租)와 세(稅)의 개념을 알기 위해서는 먼저 조선시대의 조(租)·용(庸)·조(調) 제도를 살펴볼 필요가 있다. 조선조의 조세제도는 고려의 것을 계승하였고, 고려의 제도는 당대의 조(租)·용(庸)·조(調)의 제도를 원칙으로 답습하여 세(稅)·역(役) 및 공물(貢物)로 구성되었는바, 『세종실록』과 『효종실록』의 다음 내용과 같이 "有田則有租(유전즉유조), 有身則有庸(유신즉유용), 有戶則有調(유호즉유조)"를 근본으로 하고 있음을 볼 수 있다.

① 「이제는 전지(田地)가 있으면 조(租)가 있고, 몸이 있으면 역(役)이 있으며, 호(戶)가 있으면 공물(貢物)이 있으니, 이미 옛날의 조(租)·용(庸)·조(調)의 법에 합하는데, 또 호미(戶米)가 있어 옳지 못하니 마땅히 견감(蠲減)해야 될 것입니다.」17)
② 「당나라의 조(租)·용(庸)·조(調)는 토지가 있으면 조(租)가 있고, 사람[身]이 있으면 용(庸)이 있고, 집[戶]이 있으면 조(調)가 있다는 것으로, 바로 천하에 노는 백성이 없다는 것입니다.」18)

조(租)·용(庸)·조(調)의 원칙은 토지에 대해서 조(租), 사람에 대해서 용(庸), 호(戶)에 대해서 조(調)를 부과하여 징수하는 것이었다. 『당육전(唐六典)』의 부역(賦役) 제도에서도 토지를 대상으로 곡물을 부과하는 조(租), 호를 대상으로 하여 토산물을 부과하는 조(調), 중앙에 대한 노동력으로 부과하는 역(役)과 잡요(雜徭)로 나누고 있으며, 실제 역(役)에 종사하지 않을 경우 대신 물납(物納)하는 것을 용(庸)이라고 하였다.

---

16) 『고려사』 제77권 지제31 백관2
　　(원문) 「養賢庫.[睿宗十四年　置　判官丙科權務　高宗三十年　加設四員分二員遣庫屬田地所在使勸農輸<u>稅</u>令二員在庫監收歲終國子監考勤慢升黜]」
17) 『세종실록』 8년(1426) 4월 28일 2번째기사.
　　(원문) 「今<u>有田則有租</u>, <u>有身則有役</u>, <u>有戶則有貢物</u>, 已合古者租庸調之法. 又有戶米未便, 宜蠲減.」
18) 『효종실록』 5년(1654) 11월 16일 1번째기사.
　　(원문) 「唐之租、庸、調法, <u>有田則有租, 有身則有庸, 有戶則有調</u>, 是皆天下無遊民也.」

그러나 조선초기에는 토지에 부과되는 조(租)는 조(租)와 세(稅)로 대별되었다. 즉, 조선초 조(租)는 경작자가 수확의 일부를 공전(公田)의 경우는 국가에, 사전(私田)의 경우는 전주(田主)에게 바치는 것으로 조·용·조(租·庸·調)의 '조(租)'와는 같은 의미라고 보지만, '세(稅)'는 전주가 경작자부터 받은 '조(租)' 중에서 일부를 국가에 바치는 것이었다. 여기서 세(稅)는 소득의 일부를 국가에 바치는 현대적 조세의 의미를 가지고 있다.

조선시대의 공전(公田)은 국가가 수조권을 소유하는 토지를 의미하며, 개인이 수조권을 소유한 사전(私田)에 대립하는 것이다. 다시 말해 공전이란 국가가 토지의 경작자인 농민으로부터 지대를 직접 징수하는 토지이며, 사전이란 국가가 양반 및 관리에게 봉록을 지급하는 대신에 토지를 급여하고 그들로 하여금 지대를 징수토록 한 토지를 말한다. 조선초 공전에는 민전(民田)을 포함한 적전(籍田)·국행수륙전(國行水陸田)·둔전(屯田)·내수사전(內需司田)·혜민서약종전(惠民署藥種田)·원전(院田)·진부전(津夫田)·빙부전(氷夫田)·마전(馬田) 등이 있었고, 사전에는 과전(科田)·공신전(功臣田)·별사전(別賜田)[19]·사전(寺田)·아록전(衙祿田)·공수전(公須田)·학전(學田) 등이 있었다. 과전과 공신전 등을 국가로부터 받은 양반층은 이 전답을 농민에게 경작시킨 후 그 수확 중에서 조(租)를 취하여 그들의 수입으로 삼았으며, 국가에서는 이중 일부를 세(稅)로 징수한 것이다. 따라서 조정은 공전에서는 조(租) 수입을 얻었고, 사전에서는 세(稅) 수입을 얻어 이것으로 국가재정을 운영해 나갔다. 세종대왕의 공법이 시행되기 전까지 '조(租)'는 논(水田)은 1결에 쌀 30두, 밭(旱田)은 1결에 잡곡 30두이며, '세(稅)'는 다음 『태종실록』의 기사와 같이 논은 1결에 쌀 2두, 밭은 황두 2두를 징수하였다.

「"신 등은 우리나라의 전지가 80여만 결에 불과하다고 여기옵니다. 경기 이외로 말하면, 창고(倉庫)·아록(衙祿)·공해(公廨)·늠급(廩給)·사사(寺社)의 전지를 제외하고서는 군역(軍役)·외역(外役)·진(津)·역(驛)·원(院)·관(館)·지장(紙匠)[20]의 전지에도 모두 그 세(稅)가 있어 녹전(祿轉)에 보충하오며, 군자(軍資)에 속한 것이라 하더라도 거개가 모래밭(沙石田)이 많을 뿐이옵니다. 녹전위전(祿轉位田)이 간혹 진손(陳損)으로 인하여 전액(前額)에 달하지 못하게 되오면 곧 군자전(軍資田)의 전조(田租)로 충당하오니, 군름(軍廩)이 비게 되는 것은 전적으로 이 때문입니다. 기내(畿內)로 말하오면 149,300여 결로서, 창고·궁사(宮司)·각사(各司)의 각 위전(位田)을 제외한다면 과전(科田)이 84,100여 결이요, 공신전(功臣田)이 31,240여결이고, 사사전(寺社田)이 4,680여 결이온데, 과전으로 말하면, 수전(水田)과 한전(旱田)을 각각 1

---

19) 공신전(功臣田)에 준하는 일종의 사전(私田). 별사전(別賜田)은 삼공신(三功臣) 이외에 소공(小功)이 있는 자에게 왕의 특명(特命)으로 수시로 사여(賜與)하는데, 그 규모는 적으나 성격이 공신전과 유사하기 때문에 두 가지를 합쳐 사전(賜田)이라고 한다.

20) 조선시대 때 교서관에서 종이를 다루던 공장.

결에 2두(斗)를 세(稅)로 하여 국용에 공급하고, 공신전으로 말하면 납세를 불허하여 훈신(勳臣)[21]을 우대하오니 이것은 진실로 공훈에 보답하는 아름다운 뜻이옵니다. 그러하오나, 십분(十分)에 그 일분(一分)을 세(稅)로 받는 것이 천하 고금의 공통된 법칙이옵니다. 더욱이 1결에서 2두(斗)를 세로 받아 군국(軍國)의 수요에 이바지함이 무엇이 불가하옵니까? 엎드려 바라옵건대, 전하께서는 각등(各等)의 공신전과 내외(內外)의 사사전, 아울러 37,300여 결을 과전(科田)의 예에 의하여 모두 그 세(稅)를 받아들여서 군자(軍資)에 보충하시면, 세입이 3,700여 석에 이를 것입니다. 또 번잡한 용관(冗官)[22]을 도태하여 급하지 않은 비축을 덜고, 군자의 전조(田租)로써 녹전(祿田)의 진손(陳損)된 수를 충당하지 말게 하신다면, 중외(中外)의 군자는 1, 2년이 지나지 아니하여 3년의 비축을 기약할 수 있을 것이옵니다."이를 윤허하였다.」[23]

그러나 토지의 부족으로 세조 12년(1466)에 직전법(職田法)[24]이 시행되었고, 1470년(성종 1년)에는 이 직전법마저도 폐지되어, 국가가 관리 대신 직접 거두어 다시 관리들에게 나누어 주는 관수관급법(官收官給法)이 시행되면서 이러한 과전법상의 조세 구별은 사실상 폐지되었다. 즉, 租(조)와 稅(세)를 관부에서 직접 징수하였기 때문에 조·세의 구별이 없어진 것이다.

다. 조선시대의 조(租)·세(稅)

역사적 문헌을 살펴보면 조선시대에도 조세(租稅)란 단어는 조(租)와 세(稅)로 구분되어 사용된 경우가 더 많았다. 『조선경국전』 부전의 부세조에서는 다음과 같이 조(租)의 의미를 전세(田稅)로 명확히 규정하고 있다. 조(租)는 전답에서 징수하며, 조용조(租庸調) 제도는 당나라의 제도인 것을 명시하고 있다.

「우리나라의 부세법은 조(租)는 전답에서 거두어들이고, 이른바 상요(常搖)와 잡공(雜貢)은 지방의 소출에 따라서 관부에 바치게 하고 있는데, 이는 당나라의 조(租)·용(庸)·조(調)의 유의인 것이다.」[25]

『조선왕조실록』에도 조(租)에 대해 다음과 같은 기사들이 있다. 이 역시 조(租)의 의미

---

21) 나라나 군주를 위하여 드러나게 공로를 세운 신하.
22) 불필요한 관리.
23) 『태종실록』 2년(1402) 2월 5일 5번째기사.
24) 조선 전기 현직 관리에게만 수조지(收租地)를 분급한 토지제도
25) 『삼봉집』 제13권 『조선경국전』상 부전(賦典).
　　(원문) 「國家賦稅之法. 租則一出於田. 而所謂常搖雜貢者. 隨其地之所出而納之官府. 蓋唐租庸調之遺意也.」

는 ①과 ② 모두 '전세(田稅)'로 사용된 것이다.

> ① 「수령은 때때로 민전(民田)을 답험(踏驗)하고 가을에 가서 손실(損實)을 자세히 갖추어 써서 관찰사에게 보고하여 적당히 헤아려 **조(租)**를 감면하게 할 것이다.」[26]
>
> ② 「도평의사사에서 아뢰었다. "동북면은 전부터 대·중·소호(大中小戶)로 **조(租)**를 받았으나, 서북면의 예에 의하여 일경(日耕)으로써 답험하여 **조(租)**를 받게 하소서." 임금이 그대로 따랐다.」[27]

하지만 『조선경국전』 부전의 총서조에서 세(稅)는 다음과 같이 전세 이외의 세목에 세(稅)자를 붙여 관련 조세를 뜻하고 있다. 즉, '工商船稅'는 공장세(工匠稅)·상세(商稅)·선세(船稅)를 말하는 것으로 세(稅)의 의미가 단순히 전세의 의미인 조(租)와 구별되고 있음을 알 수 있다. 이 외에도 조선시대에는 세(稅)자와 결합된 염세(鹽稅), 잡세(雜稅), 무녀세(巫女稅) 등을 볼 수 있는데, 여기서 세(稅)의 뜻은 소득의 근원이 어디에 있느냐를 불문하고 '소득이 있는 경우 그 중 일부를 나라에 바치는 것'을 뜻하고 있다. 조선시대부터 현대적 의미의 세(稅)로 사용된 것이다.

> 「백성으로부터 수취하는 것을 부(賦)라 한다. 그러므로 여기에서는 부가 나오는 세목에 대하여 설명하려 한다. 주군(州郡)·판적[28]이란 부의 소출이요, 경리(經理)란 부의 통제이며, 농상이란 부의 근본이요, 부세(賦稅)란 부의 헌납이요, 조운이란 부의 수송이요, 염·철·산장·수량·**공장세(工匠稅)**·**상세(商稅)**·**선세(船稅)**는 보조이다.」[29]

그리고 다음 『태조실록』의 기사는 수(收)자와 결합하여 수세(收稅)라는 낱말로 '세(稅)를 징수한다'는 뜻으로 독립적으로 사용되었다. 여기서 ①의 세는 공물(貢物)을 의미한 것으로 보이지만, ②는 전세를 징수하는 것을 뜻한다고 본다.

> ① 「또 도내(道內)의 주군(州郡)은 산과 바다 사이에 끼여서 땅이 좁고도 척박한데, 지금 그 **수세(收稅)**는 경작지의 많고 적은 것은 묻지 않고 다만 호(戶)의 크고 작은 것만

---

26) 『태조실록』 1년(1392) 9월 24일 1번째기사.
   (원문) 「守令以時踏驗民田, 及秋開具損實, 報觀察使, 量宜減**租**.」
27) 『태조실록』 3년(1394) 9월 19일 3번째기사.
   (원문) 「都評議使司啓曰: "東北面, 曾以大中小戶收**租**. 請依西北面例, 以日耕踏驗收**租**." 從之.」
28) 호적(戶籍).
29) 『삼봉집』 제13권 『조선경국전』상 부전(賦典) 총서.
   (원문) 「取之於民曰賦. 故於此論其所出之目. 曰州郡曰版籍. 賦之出也. 曰經理. 賦之制也. 曰農桑. 賦之本也. 曰賦稅. 賦之貢也. 曰漕運. 賦之輸也. 曰鹽鐵. 山場水梁. 曰**工商船稅**.」

　　보게 됩니다.」[30]

② 「해마다 8, 9월에 군자감(軍資監)의 관원으로 하여금 친히 와서 <u>수세(收稅)</u>하여, 모두 곡산 고을의 산성(山城)에 들어오게 한다면, 3, 4년이 되지 않아서 수만 명 군사의 수년(數年) 먹을 식량을 저장할 수가 있습니다.」[31]

이상의 용례에서 살펴보면 세(稅)라는 말은 조(租) 이외의 소득 중 일부를 국가에 바치는 모든 것을 포함하는 개념으로 사용되었다. 그래서 조(租)는 전조(田租)의 한계적 의미를 가지고 있으므로 세(稅)가 조(租)보다는 더 넓은 의미를 가진 단어였다.

2. 조세(租稅)의 의미

가. 삼국시대와 고려시대의 조세(租稅)

중국에서 '조세(租稅)'란 단어가 언제부터 사용되었는지는 알 수 없지만 다음과 같이 BC 645년 이전에 저술된 『관자(管子)』와 『한비자(韓非子)』[32]등에서 그 기록을 볼 수 있다. 모두 전세(田稅)의 의미로 사용되었다고 본다.

① 「장부에 따라 조세를 거두는 것은 (군주가) 강제로 징수하는 수단이다. (전답에 따라) <u>조세(租稅)</u>를 거두는 것은 (군주가) 계획으로 징수하는 것이다.」[33]

② 「<u>조세(租稅)</u>를 철저히 징수하고 백성이 열심히 일하게 하는 것은, 국난에 대비하고 국고를 충족하게 하기 위해서이다.」[34]

③ 「백성들의 일정한 과세기준으로 <u>조세(租稅)</u>를 거두어들인다면, 백성들은 소비를 한다 해도 피해를 입지 않을 것이다.」[35]

우리나라 『삼국사기』에는 조세란 단어가 두 번 다음과 같이 기록되어 있다. 역시 전세

---

30) 『태조실록』 1권 총서 69번째기사.
　　(원문) 「又道內州郡, 介於山海, 地狹且瘠, 今其<u>收稅</u>, 不問耕田多寡, 惟視戶之大小」
31) 『태조실록』 3년(1394) 1월 28일 2번째기사.
　　(원문) 「每年八九月, 令軍資監員, 親到<u>收稅</u>, 皆入州之山城, 則不三四年而可畜數萬之衆, 數年之食矣.」
32) 중국 전국(戰國)시대 말기 한(韓)나라의 공자(公子)로 법치주의(法治主義)를 주창한 한비(韓非:BC 280?~BC 233)와 그 일파의 논저.
33) 『제자백가서(諸子百家書)』관자(管子) 第一編牧民 國蓄第七十三管子輕重六.
　　(원문) 「租籍者, 所以强求也, <u>租稅</u>者, 所慮而請也.」
34) 『제자백가서(諸子百家書)』한비자(韓非子) 第十七卷 詭使第四十五.
　　(원문) 「悉<u>租稅</u>, 專民力, 所以備難充倉府也.」
35) 『제자백가서(諸子百家書)』묵자(墨子) 第一卷 辭過第六.
　　(원문) 「以其常正. 收其<u>租稅</u>. 則民費而不病.」

의 의미로 사용되었다고 본다.

① 「원년 9월에 죄수를 크게 사면하고, 문무관(文武官)에게 관작 1급씩을 더하여 주고, 여러 주군(州郡)의 1년간 **조세(租稅)**를 면제하였으며, 아찬·원훈으로 중시(中侍)를 삼았다.」[36]

② 「죄수를 대사(大赦)하고 여러 주군(州郡)의 일년간 **조세(租稅)**를 면제하였으며, 황룡사에 백좌(百座)[37]를 베풀고 왕이 친행(親幸)하여 설법을 들었다.」[38]

『고려사』의 전제(田制)편에서는 다음과 같이 조세와 공부(貢賦)를 구분하여 규정하고 있으며, 여기서도 조세는 전세(田稅)를 의미한다.

① 「전제. "경리, 전시과, 공음전시, 공해전시, 녹과전, 답험손실, **조세(租稅)**, 공부"」[39]

② 「태조 원년 7월에 태조가 해당 관료들에게 말하기를 "태봉(泰封)의 군주(즉 궁예'弓裔')는 백성들을 제 욕심대로 다루면서 오직 수탈하는 것만을 일삼아 옛 제도를 준수하지 않았다. 그리하여 1경(頃)의 전답에서 **조세(租稅)** 6섬(碩)[40]을 징수하였고, 관역의 호(管驛之戸)에게서는 실(絲) 3속(束)[41]을 부과하였기에 마침내 백성들로 하여금 밭갈이와 베짜기를 그만 두고 정처 없이 떠나는 자가 연달아 생겼으니 지금부터 조세(租稅)를 징수하는 데는 마땅히 옛 법제를 쓰도록 하여야 할 것이다"라고 하였다.」[42]

③ 「이 달에 왕이 명령하기를 "무릇 주, 현들에서 물, 가뭄, 벌레와 서리의 해로 인한 곡물의 손실이 있는 토지들이 있으면 그 촌전(村典)[43]이 수령에게 보고한다. 수령은 친히 현지에 나가 조사해 본 후 호부(戸部)에 신고하며, 호부에서는 3사(三司)에 보낸다. 3사에서는 공문을 보내 그 허위 여부를 검토 조사한 다음에 또 그 도(界)의 안찰사로 하여금 다른 인원을 파견하여 자세히 검사케 하며 과연 자연 재해에 의한 피해임이 명백할 때 **조세(租稅)**를 감면하도록 한다."라고 하였다.」[44]

---

36) 『삼국사기』 권 제8 신라본기 제8 성덕왕.
　　(원문) 「元年九月, 大赦, 增文武官爵一級, 復諸州郡一年租稅, 以阿湌元訓爲中侍.」
37) 사자좌와 같은 자리 백 자리를 만들어 놓고 높은 승려(僧侶)을 모시고 설법(說法)하는 큰 법회(法會).
38) 『삼국사기』 권 제11 신라본기 제11 진성왕.
　　(원문) 「大赦, 復諸州郡一年租稅, 設百座皇龍寺, 親幸聽法.」
39) 『고려사』 제78권 지제32 식화1 전제.
　　(원문) 「田制 [經理 田柴科 公蔭田 柴公廨田 柴祿科田 踏驗損實 租稅 貢賦].」
40) 1섬은 15말.
41) 묶음을 세는 단위.
42) 『고려사』 제78권 지제32 식화1 전제 租稅
　　(원문) 「太祖元年 七月 謂有司曰 泰封主以民從欲惟事聚歛不遵舊制一頃之田租稅六碩管驛之戸賦絲三束遂使百姓輟耕廢織流亡相繼自今租稅征賦宜用舊法.」
43) 촌장.

이처럼 삼국시대와 고려시대에 사용된 조세(租稅)는 전답에서 징수하는 전세를 의미한다.

나. 조선시대의 조세(租稅)

『경국대전』 호전의 수세조에는 조세를 다음과 같이 규정하고 있어, 조세(租稅)는 전(田)에 부과하는 세(稅)임을 명확히 하고 있다.

> 「조정(朝廷)에서는 조관(朝官)을 파견하여 위의 기록한 장부 및 공증문서를 참고하고 다시 심사하여 임금에게 아뢰어 **조세(租稅)**를 정한다.」[45]

『대전회통』 호전(戶典)에서도 다음과 같이 판적사(版籍司)는 조세(租稅), 부역(賦役), 공헌(貢獻) 등을 관장한다고 하여 조세는 전세(田稅)임을 명시하고 있다.

> 「판적사는 호구(戶口), 토전(土田) **조세(租稅)**, 부역, 공헌, 농사와 잠업의 권장하고 풍흉(豊凶)과 진대(賑貸)의 조사, 염산(斂散)에 대한 사무를 분장한다.」[46]

그리고 『조선왕조실록』의 기사에서도 역시 조세는 다음과 같이 전세의 뜻을 가지고 있다.

① 「만일 녹과(祿科)로 옮기어 정한다면 축적에만 절핍(絶乏)이 생길 뿐 아니라, 중외(中外)의 연례(年例)의 용도도 또한 부족하게 될 것입니다. 만일 변경(邊警)이 있다면 무엇으로 응하겠습니까? 하물며, 원래 정한 녹과(祿科)의 **조세(租稅)**도 수운(輸運)하기가 어려워서 오히려 시기가 뒤지고 있다.[47]

② 「수령이 소재한 해당 각 고을에서 특별히 구제하게 하되 집이 없는 사람은 살 곳을 마련하게 하고, 토착민은 안착하게 하며 이졸(吏卒)과 평민으로서 죽은 자는 묻게 하고 생전(生前)의 신역(身役), 환곡(還穀), 군포(軍布)는 면제하며 의지할 데 없는 고아나

---

44) 『고려사』 제78권 지제32 식화1 전제 답험손실.
　　(원문) 「是月判 凡州縣水旱虫霜禾穀不實田疇村典告守令守令親驗申戶部戶部送三司三司移牒撿覈虛實後又令其界按察使差別員審檢果災傷**租稅**蠲減.」
45) 『경국대전』 호전(戶典) [收稅].
　　(원문) 「遣朝官憑考上項置簿及立案覆審啓定**租稅**」
46) 『대전회통(大典會通)』 권지이(卷之二) 호전(戶典).
　　(원문) 「版籍司掌戶口土田**租稅**賦役貢獻勸課農蠶考驗 豊凶及賑貸斂散等事」
47) 『태조실록』 7년(1398) 4월 3일 4번째기사.
　　(원문) 「若移定祿科, 則非特乏於蓄積, 中外年例之用, 亦且不足矣. 儻有邊警, 何以應之? 況原定祿科**租稅**, 難以轉輸, 尚且後期.」

과부는 모두 더 잘 돌보아 주고 묵은 논밭에 대해서는 **조세(租稅)**를 적당히 감면하라.」[48]

그러나 갑오경장 후 추진된 정치혁신을 위한 기본 강령인 홍범(洪範)[49] 14조(고종 32, 1895년)에 규정된 조세개념은 전세를 포함한 모든 세(稅)로 확장되었다고 본다. 그동안 전세(田稅)만의 한계적 뜻을 가진 조세가, 다음과 같이 포괄적인 세(稅)의 의미로 확대된 것이다.

「1. **조세(租稅)**를 과세하는 것과 경비를 지출하는 것은 모두 탁지아문(度支衙門)에서 관할한다.」[50]

이는 고종 32년에 반포된 다음 '탁지부 관제'의 칙령에 규정된 조세(租稅)란 단어에서 이를 확인할 수 있다. 탁지부 대신이 정부의 재무(財務)를 총괄하여 회계, 출납, 조세(租稅), 국채, 화폐, 은행 등에 관한 일체의 사무를 맡아 처리한다고 규정함으로써 조세(租稅)가 지금과 똑같은 개념으로 사용된 것을 알 수 있다.

「탁지부 관제(度支部官制)　제1조 탁지부 대신은 정부의 재무(財務)를 총괄하여 회계, 출납, **조세(租稅)**, 국채(國債), 화폐, 은행 등에 관한 일체의 사무를 맡아 처리하며 각 지방의 재무를 감독한다.」[51]

결론적으로 조선시대에 조세(租稅)라는 말은 일반적으로 전세(田稅)의 의미로 사용되었지만, 1895년 갑오경장 때 선포된 홍범 14조(고종 32, 1895년)에 규정된 조세(租稅)는 전세를 포함한 모든 세목(稅目)을 총칭하는 확장된 개념으로 사용되어 근대적 조세 개념의 출발점이라고 본다.

---

48) 『고종실록』 31년(1894) 5월 12일 1번째기사.
　　(원문)「其令所在各該邑, 拔例賙救, 糜家者使得奠接, 土着者使得安堵. 其吏卒與平民之致斃者, 使之埋瘞; 生前身、還、布, 蠲除; 孤寡無依者, 並加優恤; 田畓陳廢處, 量減**租稅**」
49) 홍범은 '서경(書經)'의 홍범구주(洪範九疇)편에 나오는 말로 '나라를 다스리는 큰 규범'이란 뜻이다. 홍범 14조는 공식적으로는 한국에 대한 청의 종주권을 부인하며 자주독립국임을 내외에 공포하고 근대적 개혁을 총괄하여 성문화했다는 의미가 있지만 일본의 압력에 의해 작성되어 곳곳에 일본의 간섭과 의도가 배어 있었다.
50) 『고종실록』 31년(1894) 12월 12일 2번째기사(홍범 14조)
　　(원문)「一, **租稅**課稅及經費支出, 總由度支衙門管轄.」
51) 『고종실록』 32년(1895) 3월 26일 2번째기사.
　　(원문)「度支部官制: 第一條. 度支部大臣은 政府의 財務를 總轄ᄒ야 會計、出納、**租稅**、國債、貨幣、銀行等에 關ᄒ 一切事務를 掌理ᄒ며 各地方의 財務를 監督홈.」

다. 조세(租稅)의 유사 용어

조세의 개념이 지금처럼 일의적으로 정의되기 전인 조선시대까지는 전세(田稅)의 의미로 여러 가지 용어들과 혼칭되어 사용되었다. 여기에서는 이러한 유사 용어들을 살펴보고자 한다.

(1) 조부(租賦)

『조선경국전』의 부전에는 "부(賦)라는 것은 군국의 수요를 총칭하는 말이다. 이를 구분해서 말하면, 나라에 쓰는 것을 전곡(錢穀)이라 한다. 그러므로 치전에서 이미 그 출납의 방법을 자세히 설명하였다. 백성으로부터 수취하는 것을 부(賦)라 한다."[52]고 규정하고 있다. 따라서 조부(租賦) 역시 전세(田稅)를 뜻한 것으로 볼 수 있지만 조(租)와 부(賦)의 합성어로 생각할 수도 있다. 우리나라 관련 문헌에서 조부(租賦)란 단어는 중국 진(晉)나라의 학자 진수(陳壽: 233~297)가 편찬한 『삼국지』의 위서 오환선비동이전(三國志 魏書 烏丸鮮卑東夷傳)에 다음과 같이 처음 기록되었다.

> 「부여에서 그 **조부(租賦)**를 너무 많이 요구하였기에 황초 연간(220-226년)에 그것(부여)으로부터 배반하였다. 부여는 그들(읍루)을 수차례 정벌하였지만, 그들의 수가 비록 적긴 하였지만 험한 산속에 있었고 이웃 나라 사람들이 그들의 활과 화살을 두려워하여, 병사들로 하여금 복종시키지 못하였다.」[53]

그 후 조부(租賦)란 말은 삼국시대에도 사용되어, 『삼국사기』와 『삼국유사』에서는 다음과 같이 기록하고 있다. ①의 경우 조부(租賦)란 말이 전세만을 의미하는지는 알 수 없지만 ②에서는 요역(徭役)과 함께 기록되어 있는 것으로 보아 **조부(租賦)**가 전세를 뜻한 것임을 짐작할 수 있다.

① 「수륙제군총관병전량사(水陸諸軍摠管幷轉糧使) 두의적(竇義積)·독고경운·곽대봉 등은 모두 적(勅)의 명령을 받아 하북 여러 주(州)의 **조부(租賦)**는 모두 요동으로 가져다 군용에 쓰게 하였다.」[54]

② 「공이 말하되 "폐하가 만일 소신으로 재상(宰相)을 삼으실진대 (먼저) 신이 국내를 밀

---

52) 『삼봉집』 제13권 『조선경국전』 상 부전(賦典) 총서.
53) 『三國志』 魏書(위서) 烏丸鮮卑東夷傳(오환선비동이전) 第三十 挹婁(읍루).
  (원문) 「夫餘責其租賦重, 以黃初中叛之. 夫餘數伐之, 其人衆雖少, 所在山險, 鄰國人畏其弓矢, 卒不能服也.」
54) 『삼국사기』 권 제22 고구려본기 제10 보장왕 하.
  (원문) 「其水陸諸軍摠管幷轉糧使竇義積獨孤卿雲郭待封等並受勅處分, 河北諸州租賦, 悉詣遼東給軍用」

행하여 민간의 요역의 노일(勞逸)과 **조부(租賦)**의 경중과 관리의 청탁을 본 후에야 직(職)에 나아가고자 하나이다."하니 왕이 그 말을 좇았다.」[55]

『고려사』에는 조부(租賦)란 말이 다섯 번 기록되어 있다. 그 중 ①에서는 조부(租賦)와 전조(田租)가 동시 기록되었는데 조부(租賦)는 전세(田稅)를, 전조(田租)는 사전(私田)의 도지(賭地)로 해석된다. ②에서는 조부(租賦)와 조세(租稅)가 동시 기록되어 있지만 뜻의 차이는 없다고 본다.

① 「**조부(租賦)**는 모두 백성에게서 나옵니다. 그러므로 백성이 빈궁하면 어디에서 충족하게 얻어 내겠습니까? 그런데 혹은 관리들이 불량하여 오직 사리만을 추구하면서 걸핏하면 민간을 침해하며, 또 세도대가의 종들이 경쟁적으로 백성들에게서 전조(田租)를 강제 징수하고 있으니, 백성들이 모두 근심과 고통을 호소하고 있습니다.」[56]

② 「5년 11월에 운중도(雲中道)[57] 감창사가 왕에게 보고하기를 "숙주, 통해현, 영청현, 안융진에서는 봄과 여름에는 날씨가 가물었고, 이른 가을에는 서리와 우박이 내려서 곡식들이 잘 되지 못하였으니, 청컨대 올해의 **조세(租稅)**를 면제하여 주십시오."라고 하였는데 왕이 이 제의를 좇았다. 6년 4월에 해당 관청에서 왕에게 보고하기를 "쌍부, 만경, 옥구, 이성 등 4개 현은 지난해에 오랫동안 가물어서 곡식이 잘 되지 못하여 백성들이 굶주리고 있으니 청컨대 **조부(租賦)**를 면제하여 주십시오."라고 하였더니 왕이 이 제의를 좇았다.」[58]

그러나 『반계수록』의 다음 기록에서는 조세는 전세(田稅)를 의미하지만 조부(租賦)는 삼림, 천택, 과수원, 양어장, 시전 등의 세(稅) 수입을 의미하고 있다.

「한고조는 진나라의 폐허 위에 나라를 세우고 **조세(租稅)**를 경감하여 15분의 1세를 받았다. 이 조세는 관리의 녹봉과 관정의 비용을 타산하여 백성에게 조세를 부과하였으며, 기타 삼림, 천택, 과수원, 양어장, 시전(市廛) 등에서의 **조부(租賦)** 수입과 천자의 탕목읍(湯沐邑)[59]

---

55) 『삼국유사』 권 제2 기이 제2 문호왕 법민.
　(원문) 「公曰, 陛下若以小臣爲宰, 則臣願潛行國內, 示民間徭役之勞逸, **租賦**之輕重, 官吏之淸濁, 然後就職. 王聽之.」
56) 『고려사』 제129권　열전 제42 반역3 최충헌.
　(원문) 「**租賦**皆由民出民苟困竭顧安所取足　吏或不良惟利之從動輒侵損又勢家奴皂爭徵**田租**民皆嗷然愁痛」
57) 평양 일대.
58) 『고려사』 제80권 지제34 식화3 진휼 재해에 대하여 납세를 면세하는 제도.
　(원문) 「五年 十一月 雲中道監倉使奏 肅州通海永淸縣安戎鎭春夏旱乾旱秋霜雹禾稼不登請免今年**租稅** 從之 六年四月 有司奏 雙阜萬頃沃溝利城等四縣往年久旱禾穀不登百姓飢饉請蠲**租賦** 從之」
59) 중국 봉건시대 제후들이 천자에게 조회할 때에 유숙할 곳으로 서울 근처에 일정한 봉지를 주던 작은 고을.

및 봉군들의 탕목읍에서의 수입은 전부 자체의 사용에 충당시키고 전국적인 국가비용에 포함시키지 않았다. 또 장사하는 사람에게는 명주옷을 입거나 수레를 타지 못하게 하는 동시에 세를 중하게 받아서 곤욕을 보였으며 4년에 처음으로 산부(算賦)제도를 실시하였다.」[60]

다음 『조선왕조실록』의 기사에서는 조부(租賦)는 전세(田稅)의 의미로 볼 수 있다.

① 「1. 즉위한 처음부터 교조(敎條)를 내려 백성들의 토지가 묵었나 곡식이 잘되었나를 답사해서 **조부(租賦)**를 적당하게 감하게 한 일정한 제도를 두었다. 금년에 와서는 이미 장맛비와 풍재·상재가 있었고, 또 군역으로 인하여 백성들이 많이 직업을 잃었으니, 그 재해를 우심하게 입은 자는 답사해서 **조부(租賦)**를 면하게 하라. 고려 때도 주현(州縣)의 조(租)가 체납된 것은 모두 면제해 주었다.」[61]

② 「그리고 한양이야말로 팔로(八路)의 근본이 되는 곳으로서 공가(公家)의 **조부(租賦)**나 사실(私室)의 의식(衣食)을 모두 전적으로 외방에서 수송해 오는 것에 의존하고 있는데 지금 각도가 모두 흉년이 들었으니 우리 애달픈 백성들을 장차 어떻게 구해낸단 말입니까.」[62]

(2) 전조(田租)

『삼국유사』나 『삼국사기』에 전조(田租)란 말의 기록이 없는 것으로 보아 삼국시대에는 사용되지 않은 것으로 볼 수 있다.

『고려사』에서는 다음과 같이 전조라는 말이 기록되어 있다. 여기서 ①의 전조는 도조(賭租)를 뜻한다. 그러나 ②의 기록에는 조세(租稅)·조(租)·전조(田租)의 단어가 동시에 사용되고 있다. 하지만 그 뜻은 모두 전세(田稅)이다.

① 「홍영통의 가노(家奴) 등이 술을 먹고 주정을 부리면서 찬성사 심덕부의 집에 뛰어 들어가서 심덕부의 처의 머리칼을 쥐어뜯어 놓았으며, 또 찬성사 도길부(都吉敷)의 가노와 더불어 **전조(田租)**를 가지고 다투다가 검을 빼어 들고 서로 친 일이 있었다. 그가

---

60) 『반계수록』 권지7(卷之七) 전제 후록에 관한 역사적 고찰[田制後錄攷說] 상(上) ㅁ) 부세.
　　(원문) 「漢高承秦之弊 輕**租稅** 十五而稅一 量吏祿度官用以賦於民. 而山川·園池·市肆**租賦**之入 自天子以至封君湯沐邑 皆各爲私奉養 不領於天下之經費. 又令賈人 不得衣絲乘車 重租稅以困辱之 四年初爲算賦.」
61) 『태조실록』 4년(1395) 10월 5일 1번째기사.
　　(원문) 「一, 卽位之初, 每降敎條, 驗民田荒熟, 量減**租賦**, 已有定制. 然至今年, 旣有水潦風霜之災, 又因軍役, 民多失業. 其被災尤甚者, 驗免**租賦**, 前朝之時, 州縣連租, 竝許免徵.」
62) 『정조실록』 22년(1798) 8월 19일 2번째기사.
　　(원문) 「且京師八路之根本也, 公家之**租賦**, 私室之衣食, 專仰於委輸, 而今也各道皆已告歉, 哀我蒼生, 將何以救活乎?」

종을 시켜 불법 행위를 하는 짓이 이와 같았다.」[63]

② 「경종 6년에 성종이 왕위에 오르자 3년간의 부역을 면제하고 **조세(租稅)** 절반을 줄이었다.(중략) 목종 2년 10월에 호경(鎬京-서경)에 가서 재제(齋祭)를 지내었는데 호경의 1년간의 **조(租)**를 면제하고 왕이 돌아다닐 주, 현들은 그것의 2분의 1을 면제하였다. 4년 11월에 왕이 중원부(中原府-충주)에 가서 그 지방의 풍속을 돌아 보았는데 왕이 돌아본 주, 현들의 **전조(田租)**는 1년분을 면제하고 왕이 지나가는 도중에 있어서 왕 일행을 받든 주, 현들은 그 절반을 면제하였다.」[64]

『반계수록』의 다음 기록에서는 전조(田租)·세(稅)·부(賦)·조세(租稅)를 혼용하고 있지만 모두 전세를 뜻한다.

「주자(朱子)가 정전유설(井田類說)을 썼는데 거기에 이르기를 "한(漢)나라 문제(文帝) 13년 6월에 **전조(田租)**를 감면하였다. 순열(荀悅)의 전세론에 이르기를 '옛날에는 10분 1**세(稅)**를 천하의 공전한 세법이라 하였는데 지금 한나라 사람에게는 백분의 1**세(稅)**를 받는 때도 있으니 세상에 드문 일이라고 할 만하다. 그러나 권력을 가진 부자들의 점유한 토지가 너무 많아서 **부(賦)** 총량의 절반 이상을 그들이 실어 간다. 그리하여 국가에서는 백분의 1조세를 받으나 사민들이 절반 이상의 **부(賦)**를 받아먹는다. 그렇다면 국가 혜택은 삼대시절보다 월등하나 부호배의 횡포는 멸망한 진나라보다도 가혹한 것이니 이는 정부의 혜택이 백성들에게 미치지 못하고 이권이 부호의 손에 들어가 있기 때문이다. 이에 대한 근본문제를 바로잡지 않고 **조세(租稅)**를 경감하는 데 치중한다면 다만 부호의 이익을 옹호하게 될 뿐이다. 대체로 토지란 천하의 중요한 근본이다.」[65]

『조선왕조실록』에도 전조(田租)란 말을 다음과 같이 많이 사용하였는데 모두 전세(田稅)를 뜻한다.

---

63) 『고려사』 제105권 열전 제18 홍자번.
　　(원문) 「永通家奴等酗酒突入贊成事沈德符第挫其妻髮 又與贊成事都吉敷家奴爭**田租**拔劍相擊 其縱奴不法類此」
64) 『고려사』 제80권 지제34 식화3 진휼 은혜를 베풀고 면세하는 제도.
　　(원문) 「景宗六年 成宗卽位放三年 役減**租稅**之半.(중략) 穆宗二年 十月 幸鎬京齋祭除鎬京一年 **租**所歷州縣半之 四年 十一月 幸中原府巡省風俗所歷州縣減**田租**一年 其就行程祗奉州縣半之」
65) 『반계수록』 권지5(卷之五) 전제에 관한 역사적 고찰田制攷說〕 상(上) ㄴ) 진(秦), 한(漢) 이후의 정전에 관한 이론들.
　　(원문) 「朱子作井田類說曰 "漢文帝十三年六月 除**田租**. 荀氏論曰'古者什一而**稅** 以爲天下之中正也. 今漢民 或百一而**稅** 可謂鮮矣. 然豪强富人 占田逾侈 此處疑有闕字 輸其**賦**太半. 官收百一之稅 民收太半之**賦**. 官家之惠 優於三代. 豪强之暴 酷於亡秦. 是上惠不通 威福分於豪强也. 今不正其本 而務除**租稅** 適足以資富强. 夫土地者 天下之大本也」.

「3. 궁사·창고의 노속이 **전조(田租)**를 징수하는 일로 인하여 여러 주(州)에 나누어가서, 사람과 말을 많이 거느리고 온갖 방법으로 불법 징수하게 되니, 지금부터는 노(奴) 1명과 말 1필로써 정수(定數)로 삼고, **전조(田租)** 외에 불법 징수하는 것은 엄하게 금단한다.」[66]

(3) 전세(田稅)

전세는 전답에서 수확된 곡식의 일부를 국가에서 수취하는 것을 말한다.

『삼국유사』나 『삼국사기』에는 전세(田稅)란 말의 기록은 없다. 그러나 『고려사』에는 다음과 같이 전세라는 말이 기록되어 있다. ①에서는 전세(田稅)와 부세(賦稅) 및 조(租)의 단어가 함께 사용되어 있지만 그 뜻은 모두 전세라고 본다.

① 「문왕, 무왕, 주공(文武周公)은 정전(井田) 제도를 실시하여 백성들을 잘 살게 하였고 이 때문에 주나라는 800여 년간이나 천하를 통치하였으며, 한 나라는 **전세(田稅)**를 헐하게 받았기에 400여 년간 천하를 통치하였으며, 당나라는 백성에게 토지가 골고루 돌아가게 하였기 때문에 거의 300년간이나 천하를 통치하였습니다. 진나라는 정전 제도를 파괴하여 천하를 얻었기 때문에 2대만에 망하게 되었고, 신라의 말기에 토지는 고르게 돌아가지 못하는데 부세(賦稅)는 무겁게 되어 도적(盜賊)[67]이 집단적으로 일어났습니다. 태조(왕건)가 건국하고 즉위한 지 34일 만에 여러 신하들을 맞아 들여 만나 보고 개탄하면서 말하기를 '근년에 백성들에게 혹독하게 수탈하여 토지 1경(頃)의 조(租)를 6석(石)까지 받아 냈으므로 백성들이 살기 어렵게 되었다. 나는 이것을 아주 가련하게 생각한다. 지금부터는 마땅히 10분의 1을 받는 제도를 써서 밭 한 짐(負)에 조(租) 3되(三升)를 받도록 하여야 할 것이다'라고 하면서 드디어 민간에서 거두어들이는 3년간의 조(租)를 면제하여 주었습니다.」[68]

② 「이득분이 일찍이 보원고제조(普源庫提調)로 있을 때는 **전세(田稅)**를 받아서 제 집으로 가져갔으며, 또 양현고(養賢庫) 밭을 빼앗아 선비에게 부양비를 주지 못하게 하였고 남의 재물을 많이 억탈하고 토지를 강탈하였습니다.」[69]

---

66) 『태조실록』 2년(1393) 11월 28일 3번째기사.
(원문) 「三日宮司倉庫之奴, 因收田租, 分往諸州, 多率人馬, 橫斂多端. 今後奴一名馬一匹, 以爲定數, 田租之外橫斂, 痛行禁斷.」
67) 여기서는 토호들을 반대하여 투쟁한 자.
68) 『고려사』 제78권 지제32 식화1 전제 녹과전.
(원문) 「文武周公井田以養民故周有天下八百餘年 漢薄田稅而有天下四百餘年 唐均民田而有天下幾三百年 秦毀井田得天下二世而亡 新羅之末田不均而賦稅重盜賊群起. 太祖龍興卽位三十有四日迎見群臣慨然嘆曰 近世暴斂一頃之租收至六石民不聊生予甚憫之自今宜用什一以田一負出租三升 遂放民間三年 租」
69) 『고려사』 제122권 열전 제35 환자 이득분.
(원문) 「得芬嘗提調普源庫收田稅入其家 又奪養賢庫田使不得養士多斂人財奪土田」

조선시대에는『경국대전』에도 다음과 같이 전세란 단어를 규정하고 있는 것으로 보아 통상어임을 알 수 있다.

「전세(田稅)로 받아들이는 명주, 무명, 모시, 규격베는 새쉬(升數)에 준하여 두 끝을 푸른 색의 실로 짜고 길이는 35자로 하여 상의원(尚衣院), 제용감(濟用監), 광흥창에 바친다. 새수와 필수(匹數)는 공물대장에 기록되어 있다.」[70]

그리고『반계수록』에서도 다음과 같이 기록하고 있다.

「국법에는 전세(田稅)를 거의 모두 서울까지 운반하게 되어 있고 공물, 진상, 수령들의 녹봉과 지방의 비용 등은 모두 전세 외에 따로 더 내게 되었기 때문에 백성들은 2중~3중으로 물고 있다.」[71]

『조선왕조실록』에서 전세(田稅)의 사용 기록은 태종 이전에는 볼 수 없다. 앞의『고려사』도 세종대왕 이후에 편찬되었기 때문에 전세란 단어가 사용된 것으로 보인다. 다음의 기록에서는 전세와 조세의 단어가 같은 뜻으로 사용되었다. 대부분『조선왕조실록』에 기록된 전세(田稅)라는 말은 나라에 직접 징수하는 조세로 사용되었지만 ②의 경우에는 사찰에서 수조하는 도조(賭租)도 전세라고 하였음을 알 수 있다.

① 「"의주(義州) 백성이 지난해 농사를 실패하였고, 금년에는 분명(奔命)[72]으로 인하여 지쳤사오니, 청컨대, 금년의 전조(田租)를 감면하소서." 임금이 말하였다. "한문제(漢文帝)가 전조(田租)를 감하여 백성들을 구휼해서 아름다운 이름이 후세에 전하였다. 우리나라는 땅이 좁고 사람이 적어서 전세(田稅)가 대단히 적고, 또 군국(軍國)의 일 때문에 조세(租稅)를 감하지 못하나, 의주는 다른 고을에 비할 바가 아니니 아뢴 대로 하라."」[73]

② 「명하기를 원주 목사에게 각림사 중이 수조(收租)한 일을 핵문(覈問)하지 말게 하였다. 원주 각림사 주지 석휴(釋休)가 와서 아뢰었다. "완우(頑愚)[74]한 승도들이 신이 서울에

---

70) 『경국대전』 호전(戶典) 요부(徭賦).
　　(원문)「田稅 紬·綿·苧·正布 准升數 兩端織以靑絲其長三十五尺納尚衣院·濟用監·廣興倉 升數匹數在貢案.」
71) 『반계수록』 권 제2 전제 하 ㄱ. 측량, 병역, 납세에 관한 규정.
　　(원문)「國制 田稅率皆漕京 貢物進上及守令所俸 外方所用 皆出田稅之外 故例爲疊徵於民.」
72) 임금의 명령을 받들기에 분주한 것.
73) 『태종실록』 10년(1410) 11월 21일 1번째기사.
　　(원문)"義州之民, 去年失農, 今年困於奔命, 請減今年田租." 上曰: "漢文減田租, 以恤百姓, 美名傳於後世. 若我國, 地褊人少, 田稅甚寡, 且以軍國, 未減租稅, 然義州非他郡比, 宜從所啓."
74) 완만하고 어리석음.

나아갔을 때, **전세(田稅)**를 후하게 거두어서 전객(佃客)[75]이 관(官)에 고소하였고, 또 요역도 다단(多端)[76]합니다."[77]

(4) 부세(賦稅)

부세(賦稅)란 말은『삼국유사』나『삼국사기』에는 기록되어 있지 않으며,『고려사』에서는 다음과 같이 부세란 말을 많이 찾아볼 수 있다. ①과 ② 모두 전세의 뜻이라고 본다.

① 「당시에 응방(鷹坊)[78]과 겁령구(怯怜口)[79] 그리고 내수(內竪)[80] 같은 천자(賤者)까지 다 사전(賜田)을 받아서 그 중 많은 자는 수백 결(結)에 달하였다. 그들은 보통 농민을 유인해서 전민(佃民)[81]으로 만들고 또 민전(民田)으로서 그 부근에 있는 것에 대하여는 모두 전조(田租)를 받아들였으므로 주, 현에서는 **부세(賦稅)**가 들어올 곳이 없었다. 그리하여 수령 중에서 법에 의하여 바로잡아 보려는 자가 있으면 왕에게 무고하여 죄를 둘러 씌웠다.」[82]

② 「문왕, 무왕, 주공(文武周公)은 정전(井田) 제도를 실시하여 백성들을 잘 살게 하였고 이 때문에 주 나라는 800여 년간이나 천하를 통치하였으며 한 나라는 **전세(田稅)**를 헐하게 받았기에 400여 년간 천하를 통치하였으며 당나라는 백성에게 토지가 골고루 돌아가게 하였기 때문에 거의 300년간이나 천하를 통치하였습니다. 진나라는 정전 제도를 파괴하여 천하를 얻었기 때문에 2대만에 망하게 되었고 신라의 말기에 토지는 고르게 돌아가지 못하는데 **부세(賦稅)**는 무겁게 되어 도적이 집단적으로 일어났습니다.」[83]

하지만 조선시대의 부세는 조·용·조를 포괄하는 개념이다.『조선경국전』부전의 총서조에서는 부세를 다음 ①과 같이 정의하고 있다. 부(賦)란 군국의 수요를 총칭하는 말

---

75) 남의 땅을 빌어 농사(農事)짓는 사람 소작인 전호(佃戶).
76) 사건(事件)이 많음.
77) 『태종실록』 12년(1412) 10월 17일 5번째기사.
   (원문) 「命原州牧使, 勿蔽覺林寺僧收租事. 原州覺林寺住持釋休來告曰: "頑愚僧徒, 値臣赴京, 厚斂田稅, 佃客訴
      于官, 且徭役多端.」
78) 매(鷹)의 사육과 사냥을 맡은 관서.
79) 고려시대 원나라의 공주를 따라온 공주의 사속인.
80) 내시.
81) 지주의 땅을 빌려서 농사를 지은 후에 소작료를 치르던 농민.
82) 『고려사』 제123권 열전 제36 폐행1.
   (원문) 「時鷹坊怯怜口及內竪賤者皆受賜田多至數百結 誘齊民爲佃凡民田在旁近者並收租州縣賦稅無所入 守令有
      繩以法者誣譖抵罪.」
83) 『고려사』 제78권 지제32 식화 1 전제
   (원문) 「文武周公井田以養民故周有天下八百餘年漢薄田稅而有天下四百餘年唐均民田而有天下幾三百年 秦毀井
      田得天下二世而亡新羅之末田不均而賦稅重盜賊群起」

즉 재정(財政)이며, 부세(賦稅)란 부의 헌납으로 지금의 조세를 뜻한 것이다. 그리고 ②에서는 부세가 전세(田稅)와 상요(常搖)·잡공(雜貢)을 포함한 것으로 규정하고 있다.

① 「부(賦)라는 것은 군국의 수요를 총칭하는 말이다. 이를 구분해서 말하면, 나라에 쓰는 것을 전곡(錢穀)이라 한다. 그러므로 치전에서 이미 그 출납의 방법을 자세히 설명하였다. 백성으로부터 수취하는 것을 부(賦)라 한다. 그러므로 여기에서는 부가 나오는 세목에 대하여 설명하려 한다. 주군(州郡)·판적(版籍 호적(戶籍))이란 부의 소출이요, 경리(經理)란 부의 통제이며, 농상(農桑)이란 부의 근본이요, **부세(賦稅)**란 부의 헌납이다.」[84]

② 「우리나라의 **부세법(賦稅法)**은 조(租)는 토지에서 거두어들이고, 이른바 상요(常搖)와 잡공(雜貢)은 지방의 소출에 따라서 관부에 바치게 하고 있는데 이는 당나라의 조(租)·용(庸)·조(調)의 유의인 것이다.」[85]

(5) 부렴(賦斂)

사전적 의미로 부렴(賦斂)이란 말은 "조세 따위를 매겨서 거두던 일"이라고 정의된다. 『삼국사기』에 부렴(賦斂)이란 말을 다음과 같이 조세란 뜻을 갖는다.

「또 (고구려) 법령이 가혹하고 **부렴(賦斂)**이 번중(煩重)하며 강신(强臣)과 호족이 모두 국권을 잡고 붕당의 비주(比周)[86]로써 풍속을 이루고, 뇌물이 시장과 같고, 기중(其中)의 억울한 자는 말을 하지 못하여, 게다가 여러 해 재흉(災凶)으로 백성들은 기근이 들고, 전쟁은 쉴 틈이 없으며, 요역은 기한이 없으므로 민력(民力)은 운반에 다하고, 몸은 구학에 굴러 백성들이 고통 중에 있으니 이에 누가 가서 좇으랴」[87]

하지만 『고려사』에서는 부렴(賦斂)이란 말은 없다. 조선시대에는 『반계수록』에 다음과 같이 부렴은 전세(田稅)의 의미로 사용되었다.

---

84) 『조선경국전』 부전 총서.
　　(원문) 「賦者. 軍國所需之摠名也. 分而言之. 則用之於國曰錢穀. 故治典論出納之節甚詳. 取之於民曰賦. 故於此論其所出之目. 曰州郡曰版籍. 賦之出也. 曰經理. 賦之制也. 曰農桑. 賦之本也. 曰**賦稅**. 賦之貢也.」
85) 『조선경국전』 부전 총서.
　　(원문) 「國家**賦稅之法**. 租則一出於田. 而所謂常徭雜貢者. 隨其地之所出而納之官府. 蓋唐租庸調之遺意也.」
86) 편애(偏愛).
87) 『삼국사기』 권 제20 고구려본기 제8 영양왕(1/1).
　　(원문) 「且法令苛酷, **賦斂**煩重, 强臣豪族, 咸執國鈞, 朋黨比周, 以之成俗, 賄貨如市, 寃枉莫申, 重以仍歲災凶, 比屋饑饉, 兵戈不息, 徭役無期, 力竭轉輸, 身塡溝壑, 百姓愁苦, 爰誰適從」

「또 전례를 보면 전대(前代)에는 8할 이하의 재해에 대하여 모두 세를 면제하여 주었으니 그것은 물론 백성들에게 후하게 배려하겠다는 취지였다. 그러나 8~9등전이라면 재해가 8분으로서 받아들일 세가 전재와 거의 같을 것이며 1등전으로서 8분의 재해라면 그 세도 20두가 되어서 너무 차이가 심하기 때문에 9분재를 두어서 8분재와의 차이를 만들어 균형있게 하여야 할 것이다. 만일 그렇지 않다면 한 경에서도 재해가 있는 묘를 갈라야 옳을 것이다. 그러나 소위 내재(內災)라는 이 법은 간활한 아전배들이 더욱 농간을 부리기 쉽고 장부 정리가 번잡하게 되어서 전제의 문란이 모두 여기에서 기인한다. 만일 전제가 문란하고 **부렴(賦斂)**이 불공평하다 보면 백성들의 생활을 아무리 배려한다 하더라도 오히려 백성들을 해롭게 하고 말 뿐이다.」[88]

그리고 『조선왕조실록』에도 고종말까지 부렴이란 말을 자주 사용하였다. 여기서 부렴은 역시 전세의 뜻을 갖는다.

「독쇄(督刷)[89] 위원(委員)이 **부렴(賦斂)**을 지나치게 받아들이고 여러 모로 주구(誅求)하고 있는데 만약 이런 짓을 그만두지 않는다면 민란(民亂)이 일어날까 걱정됩니다. 또 내장원(內藏院)은 과연 어떤 부서입니까? 여러 가지 조세를 맡아 독촉하는 판에 백성들은 그 명을 감당해내지 못하고 있으니 속히 폐지시켜야 할 것입니다.」[90]

(6) 세렴(稅斂)

『삼국사기』나 『삼국유사』, 그리고 『고려사』에는 세렴이란 단어는 없다. 『반계수록』에는 다음과 같이 사용되어, 세렴이란 말이 조선시대부터 사용된 것으로 본다.

「지난 가을에 이이(李珥)가 이를 개혁할 데 대하여 언급한 바 있었으나 윤허받지 못했다고 합니다. 이 진상의 폐단을 먼저 고치지 않고 수령들의 가렴만을 금한다는 것은 어려운 일입니다. 그러므로 **세렴(稅斂)**을 경하게 받으라, 음식을 간소화하라는 등의 명령을 해마다 파발로 내리고 있지마는 백성들은 하등의 혜택도 입지 못한 원인이 바로 여기에 있습니다."라고 하였다.」[91]

---

88) 『반계수록』 권 제1 전제 분전정세절목.
   (원문) 「又按前代 災傷八分以下皆免稅. 固是優民之意 然八九等田 則八分災所收 與全災不相遠 一等田 則八分災所收 亦爲二十斗 不可無九分災以差均之也. 不然則一頃田內 分畝給災 然後乃可. 然內災之法 猾吏益易行私 而薄書煩碎 田政之紊亂皆由於此. 苟田政紊亂 **賦斂**不公 則求以優民 而適所以害民」
89) 조세 또는 빌려 준 돈이나 물건을 독촉하여 거두어들임.
90) 『고종실록』 37년(1900) 4월 20일 3번째기사.
   (원문) 「督刷委員之**賦斂**過重, 誅求多方, 若此不已, 恐致民擾. 且內藏院, 果何院歟? 管督諸稅, 民不堪命, 當亟廢止. 若其不得已而實之, 亦宜擇人授任矣.」

그리고 『조선왕조실록』에도 세렴(稅斂)이란 말을 다음과 같이 쓰고 있는데 전세란 뜻
이다.

① 「1. 이제 토지의 경계를 바르게 하고 **조세(租稅)**를 정하여 손실법(損實法)을 밝게 하니,
  세렴(稅斂)을 적게 거두고 민생(民生)을 후하게 한다고 이를 만합니다. 오로지 세포전
  (稅布田)[92]만은 이러한 법을 행하지 아니하여, 시절이 풍년이 들거나 흉년이 들어도
  거두는 데는 늘이거나 줄이는 것이 없습니다.」[93]

② 「전 지평(持平) 이의용이 올린 상소의 대략에, "현능(賢能)한 자를 등용하고 상벌을 명
  확히 하며, **세렴(稅斂)**을 가볍게 하고 사치를 금지하여야 하는 이 몇 가지 문제 중에
  서 현능한 자를 등용하는 것이 근본입니다. 공정한 마음도 현능한 자를 등용하는 근
  본입니다."」[94]

제3절　조선시대 세금(稅金)과 세전(稅錢)의 개념

1. 세금(稅金)

가. '강화도조약' 직후 강요된 단어 세금(稅金)

우리는 매일 세금이란 말을 접하면서 산다고 해도 과언은 아닐 것이다. 그만큼 세금이
란 말이 우리 일상생활과 밀착되어 있다. 이 '稅金'이란 말은 한자로 세(稅)자와 금(金)의
결합어로 생각하여 우리는 자연스럽게 사용해 왔고, 또 사용하고 있다. 이때 '세(稅)'자는
조세로, '금(金)'자는 돈이나 화폐의 뜻으로 그 결합어가 세금이라고 생각한다. 따라서 세

---

91) 『반계수록』 권지4 전제 후록(田制後錄) (下) ㄹ. 국조(國朝) 명신들의 정치 폐단에 관한 여러 가지 의견(國朝名臣
　論弊政諸條附)
　　(원문) 「前秋 李珥乃言及此 竟未允許. 此之不先 而欲禁守令之橫斂 不亦難乎? 所以薄**稅斂**簡飮食之敎 歲傳於鋪
　　　馬 而民不蒙澤也."」
92) 일반 민호(民戶)에 대해서 토지의 결수(結數)에 따라 부과하던 포(布).
93) 『태종실록』 9년(1409) 3월 19일 1번째기사.
　　(원문) 「一, 今也正經界、定**租稅**、明損實之法, 可謂薄**稅斂**厚民生矣. 獨稅布之田, 則不行此法, 歲有豐凶, 而收無
　　　盈縮.」
94) 『고종실록』 19년(1882) 8월 12일 5번째기사.
　　(원문) 「前持平李儀用疏略: "用賢能, 明賞罰, 薄**稅斂**, 禁奢侈. 此數件事, 用賢能, 其本也. 公心二字, 又用賢能之
　　　本也."」

금(稅金)이란 말은 '조세(租稅)'의 동의어로 보거나 '조세로서의 돈' 또는 '조세로 바치는 돈'이라고 정의된다.

그래서 우리나라 사람들은 세금(稅金)이란 말을 조세보다 쉬우면서도 더 친근한 느낌을 가진 일상어로 생각한다고 본다. 그래서 국세청에서도 '어린이 세금교실'·'청소년 세금교실' 등 인터넷 사이트를 운영하면서 어린이와 청소년이 조세에 대해서 어릴 적부터 친근감을 가지도록 많은 노력을 하고 있다. 이러한 사이트나 홈페이지에서 조세란 말을 찾아보기 어려울 정도로 세금이란 말이 일상화 되어 있다. 그 이유는 조세(租稅)란 말은 우리들에게 무겁고 권위적이면서 학술적인 느낌을 주는 반면, 세금(稅金)이란 말은 이러한 인상을 주지 않는다고 생각하기 때문이다.

하지만 세금이란 말이 우리나라에서 사용되기 시작된 때는 '강화도조약(江華島條約)'이 체결된 직후이다. 일본은 1875년 9월 20일 운요호 군함을 강화도에 출동시켜 연안 포대의 포격을 유발시킨 사건을 기회로 군사력을 동원한 강력한 교섭을 펴, 마침내 고종 13년(1876) 2월 27일 강화도 연무당에서 12조로 된 강화도조약인 '조일수호조규(朝日修好條規)'를 체결하게 하였다. 강화도조약은 12조로 되어 있는데 전체적으로 국제법에 어두운 조선을 강요하여 체결한 불평등 조약이었다.

그런데 이 강화도조약이 체결된 그 해 7월 6일에 '조선의 여러 항구들에서 일본인들의 무역규칙(於朝鮮國議定諸港日本人民貿易規則)'을 체결하였는데 그 내용 중 제7조 항세(港稅) 조항에 다음과 같이 우리나라의 역사적 기록에서 '稅金'이란 말이 처음 등장한다.

> 「제7조. 항세(港稅). 연외장(連椳檣) 상선 및 증기(蒸氣) 상선의 **세금(稅金)**은 5원(圓)이다.(모선에 부속된 각정(脚艇)은 제외한다.) 단외장(單椳檣) 상선의 세금은 2원이다.(500석(石) 이상의 화물을 실을 수 있는 것이다.) 단외장 상선의 **세금(稅金)**은 1원 50전(錢)이다.(500석 이하의 화물을 실을 수 있는 것이다.) 일본국 정부에 소속된 모든 선박은 항세(港稅)를 납부하지 않는다.」[95]

이 조약은 고종 13년(1876년) 7월 6일자 『고종실록』에 실려 있다. 그 후 『고종실록』에 세금이란 단어를 사용한 두 번째 기록이 고종 26년에 역시 일본과 체결한 '조선과 일본 양국 사이에 통어 장정(朝日兩國通漁章程)' 조약의 기사이다. 이처럼 조약의 내용에 '稅金'이라 말이 명시된 것은 일본 우위적인 조약의 체결 때문이다.

---

95) 『고종실록』 13년(1876년) 7월 6일 1번째기사.
　　(원문) 「第七則, 港稅. 連椳檣商船及蒸氣商船稅金五圓(除附屬脚艇). 單椳檣商船稅金貳圓(載得五百石以上貨物). 單椳檣商船稅金壹圓五十錢(載得五百石以下貨物). 屬日本國政府諸船舶. 不納港稅」

「제8조. 제1조에 규정한 허가증을 휴대하지 않았거나 제4조를 범한 자 및 제6조에 규정된 지방 관리의 조사를 거절한 자에 대해서는 1원 이상 2원 이하의 벌금에 처한다. 다만 제4조를 범한 자에 대해서는 그 포획한 고래를 특별히 몰수하며, 제1조의 승선 인원수를 거짓 보고하고 세금(稅金)을 적게 문 자에 대해서는 적게 낸 금액의 2배에 해당하는 벌금에 처한다. 제3조의 금지된 어개를 판매하거나, 제5조의 어개 및 해산물 번식 방법을 방해하거나 혹은 금지된 어개를 포획한 자에 대해서는, 일본 해변인 경우에는 그 지방 규칙에 의하여 처리하며, 조선 해변인 경우에는 1원 이상 2원 이하의 벌금에 처하고 포획물을 몰수한다.」[96]

이와 같이 세금(稅金)이란 용어가 우리나라에서 사용되기 시작한 것은 일본의 강압에 의해서라고 본다. 그것은 강화도조약이 군사력을 동원한 일본의 강압에 의해 체결한 불평등 조약이며, 이 강화도조약을 강행하기 위해 후속적으로 체결한 '조선의 여러 항구들에서 일본인들의 무역규칙(於朝鮮國議定諸港日本人民貿易規則)'과 '조선과 일본 양국 사이에 통어 장정(朝日兩國通漁章程)' 조약에 우리나라에서 역사적으로 한번도 사용되지 않은 세금(稅金)이란 단어가 사용되었기 때문이다.

일본은 명치 6년(1873년) 세제개혁으로 지조개정법(地租改正法)을 시행하면서부터 '稅金'이란 용어를 법에 명시하여 사용하였다. 즉, 일본의 지조개정법에 다음과 같이 '稅金'이란 단어를 규정하면서 일본에서는 세금이란 말이 일상적으로 사용된 것이다. 특히 이 지조개정법(地租改正法)은 종전에 물납이던 지조(地租)인 전세(田稅)를 전국적으로 금전(金錢)으로 납부하게 함으로써 '세금(稅金)'이라는 말이 일본에서는 더 일상화되었다고 본다. 하지만 그때까지 우리나라에서는 세금(稅金)이란 말을 문헌상 사용한 흔적이 없다.

[태정관포고(제272호), 명치 6년 7월 28일]
「이번 지조(地租) 개정에 따라 옛날의 전답에 대한 공납(貢納)의 법은 모두 폐지한다. 법을 경정(更定)하여 토지소유증서(地券)의 조사를 마친 후에 토지 지가(地價)의 백분의 3을 지조(地租)로 상정(相定)하여 지주에게 고지한다. 명령한 조문 개정의 취지를 별지로 하여 조례를 통하여 상세한 것을 알린다. 한편, 종전 관청 및 군촌(郡村)의 비용 등으로 지소(地所)에서 부과해 징수한 것은 총 지가(地價)에서 충당한다. 그렇지만 그 금액은 본 세금(稅金)의

---

96) 『고종실록』 26년(1889년) 10월 20일 8번째기사.
　　(원문) 「第八條. 遇有不帶第一條准單者, 犯第四條者及拒第六條地方官吏之査驗者, 處壹圓以上、貳圓以下罰金. 但犯第四條者, 另行沒收其所捕獲之鯨鯢; 僞報第一條搭坐人員短納稅金者, 處二倍其短額之罰金; 販賣第三條禁制之魚介及用第五條妨害魚介及海産蕃殖之方法或捕獲禁制之魚介者, 在日本海濱則照地方規則處辨, 在朝鮮海濱則處壹圓以上、貳圓以下罰金, 沒收其所捕獲之物.」

3분 1(즉, 지가의 100분의 1)을 초과할 수 없다.」[97]

우리나라 역사서인 『삼국사기』와 『삼국유사』, 그리고 『고려사』를 비롯한 조선시대의 조세제도를 자세히 기록하고 있는 『반계수록』, 방대한 역사 기록물인 『조선왕조실록』, 『경국대전』이나 『대전회통』 등 각종 법전에서도 세금이란 말을 찾아볼 수 없다.

나. 일제강점기 통용어가 된 단어 세금(稅金)

일본에서 도입된 '稅金'이란 말은 1910년 8월 29일 일본의 강압 아래 대한제국의 통치권을 일본에 양여함을 규정한 '한일병합조약(韓日倂合條約)'이 체결되기 전부터 우리 사회에서 일상적인 말이 되어버렸다.

구한말에 발행된 외고문서와 잡지 등 많은 문헌에서 세금(稅金)이란 말을 찾아보는 것은 어렵지 않다. 다음에서는 이러한 사례들을 살펴보고자 한다. 구한국외교문서를 보면 미공사 안련(安連, 미명; Allen, H. N.)이 우리나라 외부대신 이도재에게 보낸 '미상 매입 목재에 대한 세금 송납의 건(美商 買入 木材에 對한 稅金 送納의 件)'[98]이라는 1903년 5월 22일자 공문에 세금이란 말이 있다.

그리고 『대한자강회월보』[99] 제1호(1906년 7월 31일)의 '각항구세관수입(各港口稅關收入)'이란 기사에 다음과 같이 세금이란 단어를 사용하고 있다. 『대한자강회월보』는 국민교육을 강화하고 국력을 배양함으로써 독립의 기초를 다진다는 취지 아래 설립된 대한자강회가 발행한 월간지이다.

「각 항구세관수입; 광무 구년과 팔년 양 년간에 각 항구 해관에서 **세금(稅金)**수입조사표를 살펴본즉 재작년에는 일백사십팔만일천사원 칠십일전이오 작년에는 일백팔십사만오천십원이니 재작년에 비교하면 삼십사만사천삼백사십오원 삼십구전이 증가하였더라.」[100]

또한 일본 도쿄(東京)의 한국 유학생 모임인 태극학회에서 1906년 8월 24일에 창간한 월간지인 『태극학보』제5호(1906년 12월 24일)의 윤정하(尹定夏)가 쓴 '세계잡관(世界雜

---

97) (원문) [太政官布告（第272号）、明治6年7月28日]「今般地租改正ニ付旧來田畑貢納ノ法ハ悉皆相廢シ更ニ地券調査相濟次第土地ノ代価ニ隨ヒ百分ノ三ヲ以テ地租ト可相定旨被　仰出候條改正ノ旨趣別紙條例ノ通可相心得且從前官廳並郡村入費等地所ニ課シ取立來候分ハ總テ地価ニ腑課可致尤其金高ハ本**稅金**ノ三ヶ一ヨリ超過スヘカラス候」

98) 『구한국외교문서』'미상 매입 목재에 대한 세금 송납의 건.'

99) 1906년 7월 31일 창간된 대한자강회의 회지(會紙). 국판. 월간. 값 15전. 편집인 겸 발행인 김상범(金相範).

100) (원문) 「各港口稅關收入; 光武 九年 及 八年 兩 年間에 各 港口 海關에셔 **稅金**收入調査表를 據ᄒ즉 再昨年에는 一百四十八萬一千00四元七十一錢이오 昨年에는 一百八十四萬五千0十元이니 再昨年에 比較ᄒ면 三十四萬四千三百四十五元三十九錢이 增加ᄒ얏더라.」

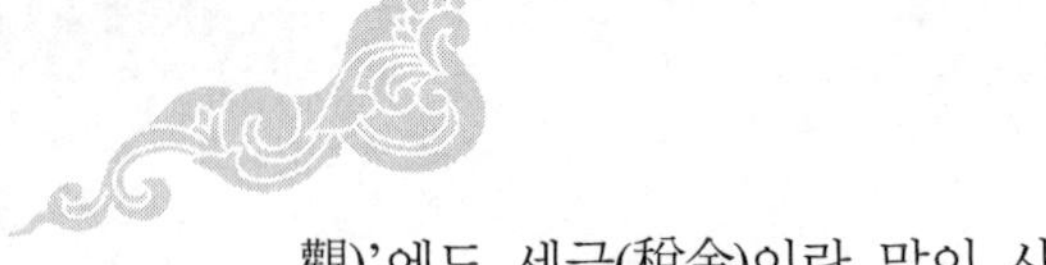

觀)'에도 세금(稅金)이란 말이 사용되었다.

「영국서 연초판매상에게 매년 5실링 3펜스(우리나라도 신화 약 이환 육십전)의 감찰세를
징수하는 규정인데, 작년 이 **세금(稅金)**을 납부한 인수가 삼십만 칠천칠백십이인에 달한지
라. 재작년에 비하면 일만 이천인, 재작년에 비하면 이만 오천인이 증가되었으며, 따라서
작년 동 국내 수요를 충당하기 위하야 저장한 제조연초는 팔천팔만 칠천사백팔십오봉인데
매년 연초액은 이억원 이상이라더라.」[101]

더욱이 한일합병(1910년)이 된 이후에는 신문에 세금이란 말이 사용되면서 우리 사회
에서 보편화되었다고 본다. 신문에는 『每日申報(매일신보)』[102]의 1910년 9월 11일자 '금
년 6월 말 전국 鑛業 현황'의 기사에 다음과 같이 세금이라는 말이 등장한다.

「금년 6월 말 전국 광업 현황은 허가인원수 1,419인(일본인 734인 포함), 광구수 790(일본
인분 503 포함), 광구면적 270,400,000평 및 2,580정보(이 중 일본인분 152,608,000평 포함), **세
금액(稅金額)** 149,070원(일본인분 83,673원 포함)으로 작년 12월 말 현재에 비하면 허가인원
460인 광구수 226광구 면적 80,108,000평 및 761정보, 세금 44,587원이 증가되었다.」[103]

그리고 『동아일보』의 1920년 6월 3일자에 '京城府稅金昂騰(경성부세금앙등), 종래보다
삼사할이나 륙월일일부터 올낫다'의 기사에서 다음과 같이 세금이란 말이 사용되었다.

---

101) (원문) 「英國셔 煙草販賣商의게 每年 五실닝 三뗀스 (我國 新貨 約 二圜 六十錢) 의 鑑札稅를 徵ᄒ는 規定인
딕 昨年 此 **稅金**을 納흔 人數가 三十萬 七千七百十二人에 達흔지라. 再昨年에 比ᄒ면 一萬 二千人 再昨
年에 比ᄒ면 二萬 五千人이 增加되얏스며 且 昨年 同國內 需要ᄒ기 爲ᄒ야 貯置흔 製造煙草는 八千八
萬 七千四百八十五封인딕 每年 煙草額은 二億圓 以上이라더라.」

102) 조선총독부의 기관지. 1910년 8월 29일자 제1461호로 조선총독부에 강제 매수된 『대한매일신보(大韓每日申報)
』가 30일자(제1462호)부터 『매일신보』로 개제하여 발간되었다.

103) (원문) 「금년 6월 말 전국 광업 현황은 허가인원수 1,419인(일본인 734인 포함), 광구수 790(일본인분 503 포함),
광구면적 270,400,000평 및 2,580정보(이 중 일본인분 152,608,000평 포함), **세금액** 149,070원(일본인분
83,673원 포함)으로 작년 12월 말 현재에 비하면 허가인원 460인 광구수 226광구 면적 80,108,000평 및
761정보, 세금 44,587원이 증가되었다.」

[출처: 동아일보1920년 6월 3일 기사]

하지만 이러한 사례에도 불구하고 세금(稅金)이란 말이 우리 사회에서 완벽하게 뿌리를 내리게 하는 역할을 한 것은 '조선총독부관보(朝鮮總督府官報)'라고 본다. 1910년 한일합병으로 인한 국권피탈로부터 1945년 8월 15일 광복까지 35년간 한반도에 대한 식민통치 및 수탈기관인 조선총독부가 발행한 관보가 조선총독부관보이기 때문이다. 이 조선총독부관보에는 1912년 11월 1일자 '이 해의 稅金 徵收 狀況은 다음과 같다.'부터 1937년 3월 31일자의 '조선법인자본세령(朝鮮法人資本稅令)'까지의 사이에 발행된 수많은 조선총독부관보에 세금(稅金)이란 말이 사용되었기 때문이다.

2. 세전(稅錢)

가. 『고려사』와 『조선왕조실록』 등에 기록된 용어 세전(稅錢)

세금이란 말이 일본에 의해서 도입되기 이전에 우리나라에서는 전통적으로 '세전(稅錢)'이란 말을 사용하였다. 따라서 국어사전에도 세전(稅錢)이란 '조세와 같은 말'이라고 정의되어 있다. 이 세전(稅錢)이란 말은 고려 성종 15년(996년)에 최초의 주화가 발행되면서 『고려사』에 기록되었다. 더욱이 『조선왕조실록』에도 세전이란 말이 자주 기록되어 있어 전통적으로 세전이 사용되고 있음을 알 수 있다. 특히 『고종실록』에는 세전이란 단어를 사용한 기사가 무려 25회(『조선왕조실록』에 총 69회)에 이를 만큼 고종때에는 '조세로 바치는 돈'의 의미로 사용되었다.

『고려사』를 살펴보면 철전(鐵錢)의 사용을 설명하면서 세전에 대해서 다음과 같이 기록하고 있다.

「제가 가만히 우리나라의 법제를 보건대 농민들에게서는 경지 면적을 조사하여 세(稅)를 부과하고 수공업자들은 국가를 위하여 노력을 담당하게 되어 있는데 상인들로 말하면 노력의 부담이 없을 뿐만 아니라 세전(稅錢)도 내는 것이 없습니다.」[104]

그리고 조선중기 실학자인 유형원의 『반계수록』에도 다음과 같이 '돈으로 받은 조세'는 모두 세전이라고 기록하고 있다.

① 「지방의 세전(稅錢)은 모두 총수(總首)로 하여금 수납하여 관부에 바치게 하고 관부에서는 색리(色吏)를 지정하여 서울까지 운반하도록 할 것이다.」[105]
② 「점포를 개설하는 자에게도 밭 1경씩을 주고 보포를 면제하여 줄 것이다. 〔각 고을, 영, 진, 역, 참점에는 모두 점포를 설치하는데 적당한 사람을 모집 선택하여 경영케 할 것이며 그들에게도 역시 밭 1경씩을 주고 보포를 면제하여 주지만, 점포 세전(稅錢) 240문 〈쌀로 12두를 표준〉만 내게 할 것이다.」[106]

조선시대의 법을 집대성한 『대전회통』 호전(戶典)의 잡세(雜稅)조에도 '홍삼의 세전'에 대해서 다음과 같이 규정하고 있다.

「홍삼 15,000근(斤)의 세전(稅錢)은 21만양(兩)인데 그 중 6만양(兩)은 사역원에 납부하고 15만냥은 호조(戶曹)의 경비로 납부한다.」[107]

『조선왕조실록』에는 태종때부터 세전(稅錢)이란 말을 쓰기 시작하여 고종때 제일 많이 쓴 것으로 나타났다. 『태종실록』에는 ①과 같이 상세(商稅)에 대해서 세전을 받는다

---

104) 『고려사』 제79권 식화2 화폐(성종 15년 4월에 처음으로 쇠돈(鐵錢)을 사용하였다.)
   (원문) 「竊觀本朝農則履畝而稅工則勞於公室商則旣無力役又無稅錢」
105) 『반계수록』 권 제4 전제 후록(田制後錄) (下) ㄱ. 전폐(錢幣).
   (원문) 「外方稅錢 令各其總首 收合納官 官定色吏 輸納於京」.
106) 『반계수록』 권 제1 전제(田制) 상(上) ㄱ. 토지 분배 및 세액을 정하는 요강[分田定稅節目].
   (원문) 「開立鋪子者 亦受田一頃 免其保布. 各邑 各營鎭 各驛 各站店 皆立鋪子 募人擇可合者開立 受田一頃 免其保布 但納鋪稅錢二百四十文.(準米十二斗也.)」
107) 『대전회통』 호전(戶典) 잡세(雜稅).
   (원문) 「包蔘一萬五千斤稅錢二十一萬兩內六萬兩付之司譯院十五萬兩劃付本曹經費」

는 한차례의 기사가 실려 있으나, 『고종실록』에는 ②와 같이 세전이란 말을 가장 많이 사용하였다. 특히 조선시대에는 과세대상에 따라 어세전(漁稅錢), 염세전(鹽稅錢), 선세전(船稅錢), 삼세전(蔘稅錢), 장세전(場稅錢), 화전세전(火田稅錢) 등으로 결합되어 사용되었다.

① 「민호에 세를 거두는 법[稅戶之法]은 옛 제도에도 약간 있으며, 또 시행한 지도 여러 해가 되었습니다. 더욱이 저화(楮貨)를 사용하여 세를 받는 것이 마땅하며 해(害)가 없을 것입니다. 포백세[108] 같은 것으로 말하면 옛날에는 없었던 것이며, 또 이미 장사아치[商賈]에게 세를 받으면서 또 다시 세전(稅錢)을 받는다면, 이것은 두 차례나 세를 받는 것입니다.」[109]

② 「이처럼 경비가 군색한데다 또 나라의 용도가 이처럼 방대하므로 타개할 대책을 세우지 않을 수 없게 되었습니다. 첫째로 세전(稅錢)을 추가해서 받아들이며, 둘째로 시장의 물건에 인지(印紙)를 붙이는 것입니다.」[110]

『매천야록』[111]에서도 다음과 같이 세전(稅錢)이란 단어가 실무적인 용어로 사용된 것을 볼 수 있다.

① 「9월에 세전(稅錢)과 호전(戶錢)의 납세기한을 2회로 나누어, 세전(稅錢)은 그해 10월과 이듬해 1월에 납부하고, 호전은 그해 3월과 9월에 납부하게 하였다. 그리고 각부에 세무시찰관, 각군에는 세무주사를 두어, 시찰관은 서울에서 파견하고 주사는 지방관을 임명하였다.」[112]

② 「13도에 세무감을 설치하여 관찰사들에게 겸직하게 하고 또 세무관 36명, 세무주사 144명을 두었다. 옛날처럼 결정(結政)과 세전(稅錢)이 수령과 이서들의 손에 돌아가지 않게 하려는 것이다.」[113]

---

108) 포백(布帛)을 사고 팔 때 거두는 조세.
109) 『태종실록』 15년(1415) 4월 9일 2번째기사.
   (원문) 「稅戶之法, 稍有古制, 且行之有年, 尤宜於用楮貨, 取之無害. 若布帛稅, 古所未有, 且旣征商賈, 又取稅錢, 是二次取之.」
110) 『고종실록』 37년(1900년) 10월 17일 3번째기사.
   (원문) 「以若經費之窘絀, 又此國用之鉅大, 不得不有矯捄之策. 而一曰稅錢加斂, 二曰市物印紙是耳.」
111) 한말의 시인·학자·우국지사인 황현(黃玹)이 기술한 한말비사(韓末秘史).
112) 『梅泉野錄(매천야록)』 권지이 고종 삼십이년(1895년) ③納稅期限의 制定.
   (원문) 「九月定稅錢·戶錢刷納期限, 各分兩度, 稅錢限當年十月·翌年正月, 戶錢限當年三月·九月. 置各府稅務視察官·各郡稅務主事, 視察自京派送, 主事命差地方人, 然姦民圖囑郡守私庇, 往往薦他道人, 瞞報京部, 毋論何道, 京師人最多.」
113) 『매천야록』 권지오 광무 십년(1906년) ③ 稅務官吏 設置.
   (원문) 「置稅務監于十三道, 觀察使兼之, 又置稅務官三十六人, 稅務主事一百四十四人, 盖欲結政·稅錢, 不落守

나. 일제강점기까지 사용된 용어 세전(稅錢)

세금이란 말이 우리나라에서 사용된 이후에도 한동안 세전(稅錢)이란 말이 외교문서나 잡지 등에서 사용되고 있었다. 여기에서는 강화도조약이 체결된 이후부터 일제강점기(日帝强占期)까지의 세전(稅錢)이란 말을 사용한 사례를 살펴보고자 한다.

먼저 1897년 12월 14일 우리나라 외무대신 조병식이 영국 총영사 죠던(J.N.Jordan, 朱邇典)에게 보내 '백탁안의 기봉전 및 삼항 미정리 세전 독납사 (柏卓安의 旣捧錢 및 三港 未整理 <u>稅錢</u> 督納事)'에 대한 공문의 제목에서 세전(稅錢)이란 말이 사용되었다. [114] 그리고 1897년 12월 20일 영국 총영사 죠던(J.N.Jordan, 朱邇典)이 우리나라 외부대신 조병식에게 보내 '동상 미정리 관세전에 대한 해명(同上 未整理 關<u>稅錢</u>에 對한 解明)'에 대한 공문의 제목에서도 관세전(關稅錢, Customs revenue)이란 말이 사용되었다.[115]

1903년 9월 28일 일본 순사 소전원정계좌(巡査 小田原正計佐)가 자국의 평양영사분관 주임 신조(平壤領事分館 主任 新庄順貞)에게 보낸 '小田 巡査의 同件에 대한 조사 復命書'[116]에서도 세전(稅錢)이란 말이 다음과 같이 사용되고 있다. 우리나라에 있는 일본인도 세전(稅錢)이란 말을 사용한 것이다.

令·吏胥之手如舊日也.」

114) (원문)

1298. 柏卓安의旣捧錢및三港未整理稅錢督納事 (原 15 冊)

[發] 外部大臣　趙秉式　　　　　　　　　　　光武　元年 西紀1897年 12月14日
[受] 英總領事　朱邇典

照會第二十四號

　　大韓外部大臣趙秉式,爲照會事,現接我度支部照會內開,前顧問官柏卓安之旣捧未勘錢,數旣不些,三港口數朔稅錢亦不爲磨勘,現今捧留條爲屬十萬元,故ㅁ前自敝部以書督納,初不答書,還退本束,事不合理,且況莫重公錢,當此罄渴之時,豈可小緩,玆以仰佈,照亮後,自貴部退(?)速處辦,俾納本部之地,而現今柏卓安現存額十七萬五千元,爲先推納爲要等因.

115) (원문)

1299. 同上未整理關稅錢에對한解明 (原 2 冊)

[發] 英總領事　朱邇典　　　　　　　　　　　光武　元年 西紀1897年 12月20日
[受] 外部大臣　趙秉式

Seoul

December 20th, 1897

Sir,

I have the honour to acknowledge the receipt of your note of the 14th inst., in which you ask me to call upon Mr. Brown, Financial Adviser to the Corean Government and Chief Commissioner of Customs, to pay over to the Finance. Department certain moneys received by him on account of Customs revenue.

116) '소전 순사의 동반에 대한 조사 복명서'; 「주한일본공사관기록 一」. 압록강경영별책(鴨綠江經營別冊) 갑·을 [신장(新庄) 서기생(書記生) 보고서 제47호 및 제49호 사본 진달의 건]

「 一. 용암포[117]에 있어서의 러시아인들의 조차지구내에는 다음과 같음.

(1). 공사전(公私田) 85일 1시 3각경(刻耕)[118]

(1). 답 20석 14두 5승락(升落)[119]

(1). 결 10결 21부

　　대전(代錢)[120] 357량 3전 5분

　　도전(賭錢)[121] 854량 2전 8분

(1). 가사(家舍)[122] 50좌

　　호전(戶錢)[123] 1백 50량

(1). 로판(蘆坂)[124] 6곳

　　<u>세전(稅錢)</u> 31량 2전 」[125]

그리고 신문에 세전(稅錢)의 기록은 「황성신문」에서 볼 수 있는데, 1902년 1월 27일자의 다음과 같은 기사이다.

「금산 고산 부주인(府主人)은 본소완부(本素完府) 김병욱 씨의 전래소유한 임과(任窠)인되 김병욱 씨가 금구군(金溝郡) 공전 5천량을 범용미납(犯用[126]未納)하야 부주인 양과(兩窠)를 서남평 가에 전매(典賣)[127]하고 5천량을 서남평 가에셔 탁지부에 상납한지라. 해(該)부주인의

---

117) 1903년 만주에 주둔하고 있던 러시아군의 일부가 한국인 명의로 토지를 매입하고 병참부로 사용할 창고 및 사무소 건설공사에 착수한 곳이다. 러시아는 그 해 9월 중순부터 용암포의 뒷산인 용암산에 포대(砲臺)를 구축하고 석탄 및 탄약을 적재한 선박을 입항시켰으며, 용암포에서 약 10리 정도 하류에 위치한 두류포(斗流浦)에 망루를 건설하는 등 노골적인 군사기지화정책을 강행하였다.
118) 소로 85일 1시 3각 동안에 갈 수 있는 전토의 넓이.
119) 마지기.
120) 쌀 등 현물 대신으로 주는 돈.
121) 남의 논밭을 빌려서 부치고 그 세로 해마다 내는 돈.
122) 사람이 사는 집.
123) 집집마다 내는 돈.
124) 갈대밭.
125) (원문)
　「一. 龍岩浦ニ於ケル魯人ノ租借地段ハ左ノ如シ
　　　(一). 公私田ハ八十五日一時三刻耕
　　　(一). 畓二十石十四斗五升落
　　　(一). 結十結二十一負
　　　　　代錢三百五十七兩三錢五分
　　　　　賭錢八百五十四兩二錢八分
　　　(一). 家舍五十座
　　　　　戶錢百五拾兩
　　　(一). 蘆坂六塵
　　　　　<u>稅錢</u>三十一兩二錢 」
126) 맡아 있는 남의 것을 승낙(承諾) 없이 마음대로 써버림.
127) 전당잡힌 물건을 매각함.

작금(昨今) 양년분(兩年分) <u>세전(稅錢)</u>을 서남평 가로 여례(如例)추봉(推捧)하고 ..」

잡지에 세전이란 말이 실린 경우는 「서북학회월보」 제6호(1908년 11월 1일)에 '森林法에 對흔 議案 (삼림법에 대한 의안)'이라는 제목의 논설이다.

「서로 수작하여 근일 소위 삼림법이 무엇이며 척식회사가 무엇인고. 이는 다른 까닭이 없다. 법령을 빙자하고 민토를 측량하야 <u>세전(稅錢)</u>을 증수하는 것이 불과라 하고....」[128]

또한 창간때부터 일제의 가혹한 탄압을 받았던 『개벽』[129] 제7호(1921년 1월 1일)의 '辛酉生과 人物(신유생과 인물)'[130]에 대한 기사와 『개벽』 제47호(1924년 5월 1일)의 '天下名物 高麗人蔘(천하명물 고려인삼)'에 대한 논설에서 다음과 같이 세전(稅錢)을 사용하고 있다. 아쉬운 것은 『개벽』 제47호 이후에는 세전이란 단어를 역사적인 문헌에서 찾아보기 힘들어 졌다는 것이다.

① 「천도교 제3세 교주 손병희. 신유 4월 8일에 청주군 대주리에서 태어나니 즉 청주향리 손의조의 서자이라. 임신(12세) 동에 그 적형(嫡兄)[131]의 지시로 <u>세전(稅錢)</u> 40냥을 가지고 관청에 가는 도중에 한 걸인이 배고픔과 추위에 동사케 됨을 보고 세금 중에서 10량전을 꺼내어 부근 여관주인을 주어서 그 걸인의 생명을 구하다.」[132]

② 「11년 신미 6월에 비변사가 사역대신의 소식지로써 계언(啓言)[133]하되 역절행(曆節行)의 포삼을 상년부터 만상(灣商)[134]에게 모두 줌으로 잠월(潛越)[135]하는 폐가 이전보다 심하니, 그 원인은 포삼은 매근 원가와 <u>세전(稅錢)</u>을 합하여 300량이오 잠삼(潛蔘)[136]은 매번 원가와 비용을 합하야 100량에 불과한 이치라.」[137]

---

128) 『서북학회월보』 제6호 "森林法(삼림법)에 대흔 議案(의안)".
　　　(원문)「互相 酬酌ᄒ야 曰 近日 所謂 森林法이 何者이며 拓植會社가 何者인고. 此ᄂ 無他라. 法令을 憑藉ᄒ고
　　　　　　民土을 測量ᄒ야 稅錢을 增收홈이 不過라 ᄒ고....」
129) 1919·3·1운동 이후 천도교(天道敎)를 배경으로 발행된 월간 종합지.
130) 『개벽』 제7호 "辛酉生과 人物".
131) 서자(庶子)가 자기 아버지의 정실에서 난 형을 이르는 말.
132) (원문)「天道敎 第三世交主 孫秉熙. 辛酉 4월 8일에 淸州郡 大周里에서 生하니 즉 淸州鄕吏 孫懿祖의 서자이라.
　　　　　　壬申(12세) 冬에 그 嫡兄의 命敎로 稅錢 40냥을 가지고 관청에 往하는 도중에 一乞人이 飢寒에 被迫하
　　　　　　야 凍死케 됨을 보고 세금 중에서 10兩錢을 끈허내어 부근 여관주인을 주어서 그 걸인을 救活하다.」
133) 관청이나 벼슬아치가 임금에게 올리는 말.
134) 조선 후기 대중국(對中國) 무역 활동을 하던 의주상인(義州商人).
135) 남몰래 우쭐대는 것이 주제넘다.
136) 관청(官廳)의 허가 없이 몰래 홍삼을 만들어 파는 일.
137) (원문)「11년 辛未 6월에 備局이 司驛大臣의 所報로써 啓言하되 曆節行의 包蔘을 上年부터 灣商에게 專付함으
　　　　　　로 潛越하는 弊가 比前甚多하니 盖此는 包蔘은 每斤本價와 稅錢을 幷하야 300兩이오 潛蔘은 每行 本價
　　　　　　와 浮費 幷하야 100兩에 불과한 所以라.」

결론적으로 세전(稅錢)이란 말은 고려 성종 15년(996년)에 최초로 주화가 발행되면서 사용되었다고 보며, 『고려사』에 기록되었다. 그 후 『조선왕조실록』에도 세전이란 말이 자주 기록되어 있어 전통적으로 우리나라에서 통용되고 있음을 알 수 있다. 우리는 전통적으로 돈의 한자는 '錢(전)'자를 사용하였기 때문이다. 그러나 세금이란 말이 도입되면서 우리나라에서 약 1,000년동안 사용된 세전(稅錢)이란 말은 사라져 버렸다.

제4절　조선시대 세법(稅法)과 세무(稅務)의 개념

1. 세법(稅法)

가. 조선시대 세법의 의미

현대에서 세법이란 조세의 부과 및 징수에 관한 법을 말하며, 이러한 의미의 세법이란 말을 역사적으로 살펴볼 때 『삼국사기』와 『삼국유사』의 기록에는 없지만, 『고려사』에는 다음과 같이 한번의 기록이 있다. 따라서 세법(稅法)이란 단어가 고려시대부터 통용되고 있음을 알 수 있다. 다만 『고려사』가 1449년(세종 31)에 편찬하기 시작해 1451년(문종 1년)에 완성된 것을 감안하면 세법(稅法)이란 말은 문헌상 조선초기부터 사용된 것으로 보인다. 『조선왕조실록』에도 세종대왕 이후에 세법이란 말이 기록되었기 때문이다. 이때의 세법(稅法)의 의미는 "조세의 징수에 관한 법"을 뜻한다고 본다.

「충선왕 2년 11월에 재추(宰樞)[138]들이 여러 도(道)들에 채방사(探訪使)[139]를 보내 **세법(稅法)**을 개정할 것을 의논하였는데, 어떤 자가 말하기를 "지금 군, 현들에서 논과 밭들이 모조리 개간되었으니, 마땅히 땅을 재어 세납을 늘리어 국가 비용을 충족시키도록 하여야 한다."고 하였더니 재추들은 자기들이 차지한 전원(田園)이 국가에 회수될까 두려워하여서 그 일이 드디어 중지되고 말았다. 후(後) 원년 3월에 (충선)왕이 명령을 전달하기를 "전 농사(典農司)에서 거두어들인 여러 절(寺)의 토지 및 문서가 있는 공신전의 전세(田稅)는 모두 되돌려 주게 하라. 기타의 전세(田稅)는 용문창(龍門倉)[140]에 옮겨 넣게 하고 쌀 3백과 백 섬을

---

138) 고려시대에 둔 재부(宰府: 중서문하성)와 중추원을 아울러 이르는 말.
139) 고려시대에 지방(地方)의 여러 가지 실정(實情)을 조사(調査)하는 일을 맡아보던 임시(臨時) 벼슬.

대장도감(大藏都監)[141]과 선원사(禪源社)에 나누어 주도록 하라."고 하였다.」[142]

『반계수록』에는 다음과 같이 기록하고 있어 한나라(BC 202~AD 220) 때부터 세법이 란 말을 사용하고 있음을 짐작할 수 있다.

「주자는 말하기를 "한나라가 처음 봉(封)할 때에 소공(김公)[143]은 사공(司空)[144]이 되었으며 왕이 명하여, 그 무리로써 이 성을 쌓게 한 것이니, 소백(김伯)[145]이 사(謝)를 경영하고, 산보 (山甫)가 제나라에 성을 쌓고 춘추에 제후(諸侯)가 형(邢)에 성을 쌓고, 금구(禁丘)에 성을 쌓 고 함과 같은 유(類)이다. 왕은 한후의 선조가 이 백만(百蠻)으로 인하여 장(長)이 된 까닭에 추맥(追貊)을 주어 백(伯)[146]이 되게 하고 그 성지를 닦고 그 전토(田土)를 다스리고 그 **세법 (稅法)**을 바로잡고 하여 거기에 있는 것을 왕에게 바친 것이다"하였다.」[147]

그리고 『조선왕조실록』에서 세법이란 용어가 독립적으로 사용된 처음 기록은 ①과 같 이 세종 18년 때부터이다. 이때 세법은 세종대왕이 입법하고자 한 공법(貢法)을 의미한 다. 이후 『조선왕조실록』에서 세법이란 용어를 자주 볼 수 있다. ②의 세법은 염세와 어 세를 말하고 있다. ③의 세법은 공장세(工匠稅)를 논한 것이다. ④의 세법은 공법을 의미 하는데 "문종조(文宗朝)에 세법(稅法)을 9등으로 정하여"란 기사는 잘못된 말이다. 공법 의 연분9등은 세종대왕이 정하였기 때문이다.

① 「대개 이 법이 한 번 세워지면 사람들이 모두 조세 바치는 수량을 미리 알아서 스스 로 바치게 될 것이니, 한 사람의 관리에게 명령을 내리고 한 장 종이의 글을 허비하 지 않는 이 **세법(稅法)**은 만세에 시행될 것입니다.」[148]

---

140) 개성 선의문 밖에 있던 창고.
141) 대장경의 필사를 위한 임시적 관악.
142) 『고려사』 제78권 지제32 식화1 전제 조세.
  (원문) 「忠宣王二年 十一月 宰樞議遣採訪使于諸道更定稅法 或曰 今郡縣田野盡闢宜量田增賦以瞻國用 宰樞恐其
       所占田園入官事遂寢 後元年 三月 傳旨曰 典農司所收諸寺社及有券功臣田租皆還給其餘田租移入龍門倉以
       米三百石分賜大藏都監禪源社.」
143) 고대 중국 주(周)나라 초기의 정치가.
144) 중국 고대의 벼슬 이름. 삼공(三公)의 하나로, 토지와 민사(民事)를 맡아보았다.
145) 주(周)나라 문왕(文王)의 아들인 소공(召公) 석(奭).
146) 봉작의 등급으로 크게 왕(王)으로 봉해주는 왕작(王爵)과 공·후·백·자·남(公·侯·伯·子·男)의 5등작이
   있었다.
147) 『반계수록』 권 제24 군사 제도 후록에 관한 역사적 고찰 〔兵制後錄攷說〕 ㄱ) 성지(城池).
  (원문) 「朱子曰"韓初封時 召公爲司空 王命以其衆 爲築此城 如召伯營謝 山甫城齊 春秋諸侯城邢 城楚丘之類也.
       王以韓侯之先 因是百蠻而長之 故錫之追貊 使爲之伯 以脩其城池 治其田畝 正其稅法而貢其所有於王也."」
148) 『세종실록』 18년(1436) 10월 5일 4번째기사.
  (원문) 「蓋此制一立, 則人皆預知納租之數而自賦, 不煩一吏之出令, 〔不〕 費一紙之文, 而稅法行於萬世.」

② 「이제 우리나라에서는 고려의 옛일을 익히 보았으므로 생각하기를, ‘소금이나 미역은 백성들이나 취할 것이니 이익을 다툴 일이 아니라.’ 하여, 액수를 **세법(稅法)**으로 정하여 수령(守令)으로 하여금 거두게 하옵는데, 이것이 과연 경비의 만분의 1이나 보탬이 되옵니까.」[149]

③ 「지금 국폐(國幣)에 관한 법이 이미 《대전(大典)》에 실려 있으나, 행용되게 할 방법으로는 별다른 계책이 없으니 예전대로 하소서. 행상(行商)에게서 세를 거두는 것은 《대전》에 이미 적혀 있으나, 정철장(正鐵匠)은 주철장(鑄鐵匠)·수철장(水鐵匠)의 유(類)가 아니므로 《대전》에 세로 거두는 법을 싣지 않았으니, **세법(稅法)**을 새로 세우는 것은 미편(未便)합니다.」[150]

④ 「우리 문종조(文宗朝)에 **세법(稅法)**을 9등으로 정하여, 하등(下等)의 하등은 1결에 세미(稅米)가 4두(斗)입니다.」[151]

이처럼 조선시대의 세법은 단순히 전세만을 징수하기 위한 법이 아니라, 국가에서 수취하는 모든 세목의 법을 의미한다.

나. 『목민심서』의 세법 용어

『목민심서』는 조선후기의 실학자인 정약용이 ‘수령이 지켜야 할 지침’을 저술한 책으로서, 부임(赴任)·율기(律己)[152]·봉공(奉公)·애민(愛民)·이전(吏典)·호전(戶典)·예전(禮典)·병전(兵典)·형전(刑典)·공전(工典)·진황(賑荒)·해관(解官)[153]의 12편으로 나누어져 있으며, 각 편은 다시 6조로 나누어 모두 72조로 편제되어 있다. 이『목민심서』호전(戶典)편 육조(六條)는 전정(田政), 세법(稅法), 곡부(穀簿), 호적(戶籍), 권농(勸農)의 6개의 항목으로 나누어져 있다. 이 중 세법조는 상하(上下)로 나누어져 있다. 세법(稅法)이라는 용어를 사용하여 독자적으로 세법의 규정을 열거하는 최초의 문헌이다.

『목민심서』의 세법은 다음과 같이 상하로 구분되어 있으며, 세법(稅法)에는 10가지 요지를 두고 그에 대한 해설을 하고 있으며, 세법하(稅法下)에는 11가지 요지를 두고 그에

---

149) 『세종실록』 29년(1447) 9월 23일 1번째기사.
　　(원문)「今我國家習視前朝之舊, 以爲鹽藿, 民間之所取, 不可爭利也, 額定稅法, 使守令收之, 是果有補於經費之萬一乎?」
150) 『성종실록』 4년(1473) 2월 11일 3번째기사.
　　(원문)「今國幣之法, 已載大典, 興用之術, 別無他策, 請仍舊. 行商收稅, 已著 《大典》, 正鐵匠非鑄鐵、水鐵匠之比, 《大典》不載收稅法, 新立稅法未便.」
151) 『중종실록』 20년(1525) 10월 23일 1번째기사.
　　(원문)「我文宗朝, 定稅法九等, 下之下一結, 稅米四斗.」
152) 자기 자신을 다스림.
153) 관원을 면직함.

대한 해설을 하고 있다. 하지만 이 모든 내용은 전세(田稅)인 조세에 관한 것이다.

(1) 세법(稅法)

① 전제(田制)가 이미 그러하니 **세법(稅法)**은 따라서 문란하다. 연분(年分)에서 손실을 보고 황두(黃豆)에서 손실을 보니 나라의 세입(歲入)은 얼마 되지도 않는다.[154]

② 집재(執災)[155]·표재(俵災)[156]는 전정의 말단에 속한다. 큰 근본이 이미 흐트러지고 조리가 모두 문란하니 비록 마음과 힘을 다 해서 하더라도 만족하게 될 수는 없다.

③ 서원(書員)이 들에 간평하러 나갈 때에는 면전(面前)에 불러다가 부드러운 말로 타이르기도 하고 위엄있는 말로 겁주기도 해서 지성스럽고 간절하게 함이 족히 감동시킬 만하면 도움됨이 없지 않을 것이다.

④ 큰 흉년에 미처 이앙을 하지 못한 것을 답험하는 경우에는 마땅히 적임자를 골라 임명할 것이다.

⑤ 상사(上司)에 재결을 보고할 때에는 마땅히 실제의 숫자 그대로 좇을 것이요 혹시 삭감을 당할 것 같으면 스스로 허물을 지고 다시 보고할 것이다.

⑥ 표재(俵災) 역시 어려운 일이다. 만일 상사(上司)로부터 허용된 재결이 고을에서 집재(執災)한 것보다 적을 것 같으면 평균 비례하여 각기 얼마씩을 삭감할 것이다.

⑦ 표재(俵災)가 끝나면 이에 작부(作夫)[157]하는데 이래(移來)[158]·이거(移去)[159]는 일체 엄금하되 징미(徵米) 장부에서는 편의에 따를 것을 허용할 것이다.

⑧ 간활(奸猾)한 아전이 민결(民結)을 몰래 취하여 제역촌(除役村)[160]에 옮겨 기재하는 것은 분명하게 조사하여 엄금할 것이다.

⑨ 장차 작부(作夫)하고자 할 때에는 먼저 부호(富戶)를 취하여 따로이 한 장부를 만들어 왕세(王稅)에 충당할 것이다.

⑩ 작부장부에는 허액(虛額)이 있어 그 속에 뒤섞여 있으니 조사 확인하지 않으면 안 된다.

---

154) (역주) 『목민심서』 권2 제6부 호전(戶典) 육조(六條)1 제2장 세법 상(稅法).
　　　(원문) 稅法「田制旣然 稅法隨紊 失之於年分 失之於黃豆 而國之歲 入無幾矣.」
155) 재난을 조사함.
156) 재해입은 전지의 조세를 감하는 것.
157) 토지 여덟 결(結)을 한 부(夫)로 조직하여 결세를 거두어들이던 일.
158) 옮겨 옴.
159) 딴 곳으로 옮기어 감.
160) 일정한 관아의 특수한 역(役)을 지는 대신에 촌락 주민이 공동으로 지는 일반 역을 면제받았던 마을.

(2) 세법 하(稅法 下)

① 작부(作夫)가 이미 끝나면 이에 계판(計版)[161]을 작성하는데 계판의 실제 내용은 면밀하게 살피고 엄격하게 밝힐 일이다.[162]

② 계판이 이미 이루어지면 조목을 열거하여 성책하고 각 면에 반포하여 후일의 상고에 이바지되게 할 것이다.

③ 계판에 실리지 않는 전결 부담도 아직 많다. 그러므로 연결(羨結)[163]의 수는 확정하지 않을 수 없다. 결총(結總)에 이미 여유가 있으면 부세가 약간 너그러워질 것이다.

④ 정월에 조창을 여는데, 백성이 세미를 바치는 날에는 마땅히 수령이 친히 받아야 한다.

⑤ 장차 조창을 열려 할 때에는 창촌(倉村)에 방문을 붙여 잡류(雜流)를 엄금할 것이다.

⑥ 비록 백성들이 바치는 기일을 어겨도 아전을 풀어 납부를 독촉하는 것은 호랑이를 양 우리에 풀어놓는 것과 같으니 결코 그렇게 해서는 안된다.

⑦ 짐을 꾸려 발송하는 일과 조전(漕轉)은 모두 모름지기 법조문을 상세히 검토하여 각별히 준수하고 범하지 말 것이다.

⑧ 궁방전(宮房田)과 둔전(屯田)으로 그 부세 침탈이 심한 것은 살펴서 관대하게 해주어야 한다.

⑨ 남쪽 지방과 북쪽 지방의 습속이 서로 달라서 종자와 부세를 혹은 지주가 내기도 하고 혹은 전부(佃夫)가 내기도 한다. 수령은 다만 습속을 좇아 다스려서 백성들의 원망이 없게 할 것이다.

⑩ 서북 지방과 관동 지방 및 경기 북쪽은 본래 전정(田政)이 없다. 다만 전적(田籍)만을 살펴서 관례에 따를 뿐 마음 쓸 것이 없다.

⑪ 화전세(火田稅)는 관례를 참작하여 비총(比總)을 하되 다만 큰 흉년에만 적당하게 견감(蠲減)하고, 크게 황폐한 마을에만 적당히 건감할 것이다.

다. 세목별 세법(稅法)의 용례

현대에 있어서는 세법(稅法)과 조세법(租稅法)이란 용어는 의미적인 차이가 없이 동의어로 사용되고 있다. 하지만 조선시대에는 조세법이란 용어를 사용한 적은 별로 없다. '조세법(租稅法)'이란 단어를 사용한 문헌은 『조선왕조실록』 이외에서는 찾아볼 수 없기

---

161) 세액의 비율을 정하는 것.
162) (역주) 『목민심서』 권2 제6부 호전(戶典) 육조(六條)1 제2장 세법 상(稅法 下).
　　(원문) <u>稅法 下</u> 「作夫旣畢 乃作計版 計版之實 密察嚴覈 計販旣成 條例成冊」
163) 토지대장에 기재된 이외의 전결로 은결(隱結) 여결(餘結) 따위.

때문이다. 『조선왕조실록』에서도 다음 기사와 같이 한 차례만 기록되어 있다.

> 「처음으로 맥전(麥田) **조세법(租稅法)**을 정하였다. 가을에 심은 대맥(大麥)·소맥(小麥)을
> 이듬해 초여름에 이르러 수확하고 또 콩을 심으나, 예전 예에 다만 1년의 조세(租稅)만 거
> 두었는데, 호조(戶曹)에서 세를 두 번 거두기를 청하였다.」[164]

현대에는 '소득세법'처럼 각 세목에 법(法)자를 붙어 해당 세목의 조세를 부과하고 징
수하는 개별세법을 두는 것이 일반적이지만, 조선시대 말까지는 독립된 개별세법은 없었
다. 독립된 개별세법은 1909년(순종 2년)에 입법되었으며, 『조선왕조실록』의 내용은 다
음과 같다.

> 「법률(法律) 제2호, 가옥세법(家屋**稅法**), 법률 제3호, 주세법(酒**稅法**), 법률 제4호, 연초세법
> (煙草**稅法**)을 모두 재가(裁可)하여 반포하였다.」[165]

2. 세무(稅務)

가. 중국의 세무(稅務) 관청

현대에서 세무란 모든 조세의 부과와 징수에 관한 사무를 말한다. 즉, 조세를 매기고
거두어들이는 일에 관한 사무를 세무라 한다. 『증보문헌비고』에 따르면 다음과 같이『대
명률』의 감수자도(監守自盜)[166]조에 세무(稅務)라는 단어가 기록되어 있다. 하지만 이는
중국의 제도로 우리나라의 경우 다운사(茶運司)·염운사(鹽運司)·세무(稅務)·하박(河
泊)[167] 등의 관청이 존재하지 않았다.

> 「다운사(茶運司)·염운사(鹽運司)·**세무(稅務)**·하박(河泊) 등의 관원으로서 상세(商稅)를 숨
> 기고 속이고 빌어 쓴 자.」[168]

---

164) 『태종실록』15년(1415) 10월 16일 3번째기사.
   (원문) 「初定麥田**租稅法**. 秋種大小二麥, 至翼年初夏收穫, 又種豆, 然舊例只收一年之租, 戶曹請再稅」
165) 『순종실록』2년(1909) 2월 8일 3번째기사.
   (원문) 「法律第二號, 家屋**稅法**. 第三號, 酒**稅法**. 第四號, 煙草**稅法**. 竝裁可頒布.」
166) 감림(監臨; 감독(監督)에 임함)과 주수(主守; 자기가 사는 고을의 수령을 이르던 말)하는 관원이 자기 관할에 속
   하는 물건을 자기가 절도하는 행위. 이러한 죄인의 경우 수종(首從; 수범자(首犯者)와 종범자(從犯者))을 가리
   지 않고, 모두 장물을 합산한 수량으로써 형량(刑量)을 정하여 처벌하였다.
167) 조선시대 고기잡이 세를 맡아 다룬 관청(官廳).
168) (국역) 『증보문헌비고』제139권 형고13 제율유기4 감수자도(監守自盜) 대명률.
   (원문) 「茶鹽運司**稅務**河泊等官商稅隱瞞侵欺借用者」

다산 정약용이 쓴 『경세유표』에서도 다음과 같이 명나라에는 세무관청을 두어, 여기서 술(酒)의 업무를 관장하였음을 알 수 있다.

> 「명나라 제도는 주국무(酒麴務)를 세우지 않고 오직 그 부과를 <u>세무(稅務)</u> 안에 배정했는데, 초에 대한 금령은 없었다.」[169]

『조선왕조실록』에는 세무라는 단어가 고종때에 31번 기록되어 있지만, 그 이전의 경우 정조 12년(1788)에 다음과 같이 한번의 기록이 있을 뿐이다. 또한 여기서 언급된 세무감독(稅務監督)은 중국의 관리를 말하는 것이기 때문에 조선말 이전에는 세무라는 말을 사용되지 않은 것으로 보인다.

> 「동지정사(冬至正使)[170] 유언호와 부사 조환이 돌아와 압록강을 건너 치계[171]하였다. "후시(後市)를 혁파한 뒤로 저 사람들이 불평을 품고 있으니, 혹 사람들을 조종하여 통행을 막을 염려가 없지 않았습니다. 신들이 책문(柵門)[172]에 도착한 뒤에 임역(任譯: 통역)을 시켜 전례대로 책문을 통과하겠다는 것을 <u>세무(稅務)</u> 감독(監督)에게 보고하였더니,"」[173]

『오주연문장전산고』[174]에도 다음과 같이 중국은 세관(稅官)을 두어 세무를 감독하게 한 것을 볼 수 있다.

> 「내가 연경에 들어갈 때 책문(柵門)에 설치했던 변문(邊門)에 머무는 동안 어느 점포에 들렀더니, 늙은 호인(胡人) 하나가 구들장에 앉아 있었다. 그는 바로 세관(稅官)인데, 심양에 있는 병부낭중(兵部郎中)으로 <u>세무(稅務)</u>를 감독하고 있는 자이다.」[175]

---

169) 『경세유표』 11권 地官修制賦(지관수제부) 貢制六(공제6).
   (원문) 「大明之制. 不立酒麴務. 惟攤其課於<u>稅務</u>之中. 醋則無禁.」
170) 조선 시대 동짓날에 중국에 파견하는 수석사신(首席使臣).
171) 말을 달려 와서 아룀.
172) 조선 후기 청(淸) 나라와의 밀무역을 행하던 지명. 구련성(九連城)과 봉황성(鳳凰城) 사이에 위치한 곳으로, 중강후시(中江後市)가 혁파될 무렵인 현종 원년(1660)부터 청나라와 조선의 사신들이 내왕하는 기회를 이용하여 요동의 차호(車戶)와 의주 • 개성의 상인들 사이에 통상이 이루어지기 시작한다.
173) 『정조실록』 12년(1788) 3월 13일 2번째기사.
   (원문) 「冬至正使俞彦鎬、副使趙瑍、以還渡江馳啓言: "一自後市之革罷, 彼人怏怏, 或不無操縱尼行之慮, 而臣等到柵後, 第使任譯, 依例報門于<u>稅務</u>監督,"」
174) 조선 후기의 학자 이규경(李圭景:1788~?)이 쓴 백과사전류의 책.
175) 『오주연문장전산고(五洲衍文長箋散稿)』 人事篇 人事類 氏姓.
   (원문) 「入燕時. 留柵入市鋪. 有老胡坐炕上. 卽稅官瀋陽兵部郎中. 監督<u>稅務</u>者也.」

나. 조선말 관세업무 의미의 세무(稅務)

이헌영(1837~1910)이 저술한 『일사집략(日槎集略)』에 다음과 같이 세무(稅務)란 용어를 기록하고 있다. 『일사집략』은 이헌영이 1881년(고종 18)에 신사유람단의 일원으로 일본에 가서 조사하고 본 바를 기록한 책인데, 여기서 세무란 관세의 업무를 뜻하고 있음을 알 수 있다. 신사유람단은 강화도조약(1876)이 체결된 후 일본의 근대 문물제도를 배우기 위해 정부에서 박정양, 어윤중, 홍영식 등을 일본에 파견한 사신단이다.

「그러므로 신이 횡빈에 머무른 것이 한 달간이나 되었습니다. 신이 매일 세관에 출입하여 세관 <u>세무(稅務)</u>에 대해서 차근차근 탐문한 바로는 그 세무의 혼잡은 조목이 아주 많았고 사례의 크고 작은 것들 또한 예사롭게 터득할 것이 아니었습니다.」[176)

이후 『고종실록』에는 세무라는 말이 자주 사용되는 것을 볼 수 있는데, 다음 기사는 고종이 천진(天津)의 세무(稅務)를 탐지해 오라고 명한 것으로 보아 개항에 관련된 관세에 대해 세무를 알고자 한 것으로 보인다. 천진(天津)은 중국의 항구이다.

「동지사(冬至使)인 세 사신(을 소견(召見)하였다. [정사(正使) 심이택, 부사(副使) 민종묵, 서장관(書狀官) 정하원이다.]사폐(辭陛)하였기 때문이다. 부사를 앞으로 나오라고 명하였다. 하교하기를, "경은 보정부(保定府)에 가서 대원군(大院君)의 기거를 문후드리고 오라. 천진(天津)의 <u>세무(稅務)</u>도 탐지해 오라."하였다.」[177)

그리고 그 다음 해인 고종 20년에 다음 『고종실록』의 기사와 같이 '조일통상장정(朝日通商章程)'이 체결된 것으로 확인할 수 있다. 관세와 관련된 업무에 대해서는 통상적으로 세무(稅務)라는 용어를 사용한 것으로 보인다. 그래서 항구의 관세업무를 담당한 부서를 해관세무사(海關稅務司)라고 칭하고 있다.

「조일통상장정(朝日通商章程)이 체결되었다. 〈통상 장정(通商章程)〉 제1관, 일본 각 상선(商船)이 조선국 통상 항구에 들어오면 즉시 해관(海關)에서 파견한 관리가 갑판의 승강구 및 화물을 실은 다른 곳을 봉쇄하고 잘 관압(管押)한다. (중략) 일본의 구식 범선(帆船)에 실은

---

176) 『일사집략(日槎集略)』日槎集畧[天] [別單].
　　(원문)「故逗遛橫濱. 至爲一朔. 而課日出入於海關. 逐條探問其<u>稅務</u>. 稅務之繽紛. 可謂百十其端事例之巨細. 亦非尋常可攄.」
177) 『고종실록』19년(1882) 11월 6일 1번째기사.
　　(원문)「召見冬至三使臣. [正使沈履澤、副使閔種默、書狀官鄭夏源]辭陛也. 命副使進前, 敎曰: "卿往保定府, 大院君諸節問候以來. 亦探天津<u>稅務</u>以來.」

화물을 관압하는 방법에 대해서는 **해관세무사(海關稅務司)**에서 일본 영사관(領事官)과 함께 취급 방법을 협의하여 시행한다.」[178]

조선말 우리나라는 개항으로 인한 관세 업무를 수행할 능력이 없었던 것으로 보인다. 그래서 조선은 1883년 4월 24일 현재의 관세청에 해당하는 '조선해관'을 창설하고 목인덕(P. G. von Mollendorff)을 총세무사(Inspector General, 현재의 관세청장 해당)로 임명했으며, 그는 고종(高宗)으로부터 전권(全權)을 위임받아, 1883년 6월 16일 제물포(인천) 해관(海關)을 개설하여 해관장(海關長)에 소입불자(邵入佛剌, A. B. Stripling) 세무사(稅務司, Commissioner)를 임명하고, 6월 17일 원산해관을 개설하여 해관장에 뇌액퇴(雷液退, T. W. Wright)를, 7월 3일 부산해관을 개설하고 해관장에 노부(魯富, W. N. Lovatt)를 임명하였다. 그는 1883년 6월 16일부터 시작된 관세(關稅)의 징수를 조미통상조약에 의한 미국세칙을 적용하다가, 11월 3일부터는 일본세칙을 적용했다.

다음의 『고종실록』 기사는 2대 총세무사(總稅務司) 메릴 헨리[墨賢理 : Merrill, Henry]을 호조참판(戶曹參判)에 가자(加資)[179]한다는 내용이다.

　「전교하기를, "해관(海關)에서 관세를 부과하는 것이 점차 두서가 있게 되었으니, 각사(各司) 인원들의 수고가 가상하다. 성의를 표시하는 조처가 없을 수 없으니 **총세무사(總稅務司)** 메릴 헨리[墨賢理 : Merrill, Henry]를 특별히 호조참판에 가자(加資)하고, 부세무사(副稅務司) 하문덕을 호조참의의 직함으로 가자하고, 인천세무사(仁川稅務司) 사납기[史納機], 부산세무사(釜山稅務司) 백려[帛黎], 원산 세무사(元山稅務司) 격류[格類]를 모두 통정대부(通政大夫)로 가자하라." 하였다.」[180]

이처럼 조선시대에 세무(稅務)라는 용어의 개념은 일반적으로 조세를 부과하고 징수하는 의미로 사용되었다기보다는 주로 관세의 업무를 뜻하는 것이다. 다음은 『고종실록』에서 세무(稅務)라는 용어를 사용한 기사를 차례대로 나열한 것이다. 처음 기사를 제외하고는 모두 조약 체결 등 관세에 관한 기사임을 알 수 있다. 처음 기사는 이미 앞에서 살펴본 것으로 "천진(天津)의 세무(稅務)도 탐지해 오라."는 내용이다.

---

178) 『고종실록』 20년(1883) 6월 22일 4번째기사.
　　(원문) 「朝、日通商章程成. 通商章程. 第一款, 日本各商船, 進朝鮮國通商口, 卽由海關派委官吏, 封銷艙口及別載有貨物之處, 安爲管押. (중략) 至於日本舊式帆船所載貨物管押之法, 須**海關稅務司**與日本領事官, 安議辦法施行.」
179) 조선 시대 인사 제도에서 관리들이 임기가 찼거나 근무 성적이 좋은 경우 자급(資級)이나 품계를 올려 주던 일.
180) 『고종실록』 24년(1887) 12월 21일 4번째기사.
　　(원문) 「敎曰: "海關課稅, 漸至就緖, 稅司各員之效勞嘉尙, 不可無示意之擧. **總稅務司**墨賢里, 特加戶曹參判銜; 副稅務司何文德, 加戶曹參議銜; 仁川稅務司史納機、釜山稅務司帛黎、元山稅務司格類, 並加通政階."」

번호	년월일	실록내용
①	고종 19권 19년 11월 6일 (무자) 1번째기사.	동지사 세 사신을 소견하다.
②	고종 20권 20년 4월 1일 (신해) 4번째기사.	승문원에서 북양대신 아문의 자문에 관하여 보고하다.
③	고종 20권 20년 6월 22일 (경오) 4번째기사.	조일통상장정을 체결하다.
④	고종 20권 20년 10월 27일 (갑술) 7번째기사.	조선영국수호조약을 체결하다.
⑤	고종 20권 20년 10월 27일 (갑술) 8번째기사.	조선독일수호조약을 체결하다.
⑥	고종 20권 20년 12월 3일 (기유) 2번째기사.	봉천과 조선 변민 교역 장정을 체결하다.
⑦	고종 21권 21년 5월 26일 (경자) 5번째기사.	중국 길림과 조선 간의 무역규정을 체결하다.
⑧	고종 21권 21년 윤5월 4일 (정미) 3번째기사.	조선과 이탈리아 조약이 맺어지다.
⑨	고종 21권 21년 윤5월 15일 (무오) 2번째기사.	조선과 러시아 조약이 체결되다.
⑩	고종 22권 22년 7월 26일 (임술) 2번째기사.	총세무사 묄렌도르프를 감하하고 인천 세무사 스트리플링을 서리로 삼도록 하다.
⑪	고종 22권 22년 9월 7일 (임인) 2번째기사.	미국인 메릴 헨리를 총세무사에 임명하다.
⑫	고종 23권 23년 5월 3일 (을미) 1번째기사.	조법 조약을 체결하다.
⑬	고종 24권 24년 12월 21일 (계묘) 4번째기사.	해관의 해당 세무사에게 가자하도록 하다.
⑭	고종 25권 25년 12월 10일 (정해) 2번째기사.	파견관리를 마포에 주재시켜 몰래 들어오는 외국 선박을 검찰하게 하다.
⑮	고종 26권 26년 2월 8일 (갑신) 2번째기사.	일본 공사 등을 접견하다.
⑯	고종 27권 27년 12월 26일 (신유) 2번째기사.	관세를 맡아보는 관리들에게 가자하도록 명하다.
⑰	고종 29권 29년 5월 29일 (병술) 2번째기사.	조선과 오스트리아 수호 통상 조약을 체결하다.

다. 현대적 의미의 세무(稅務)

우리나라에서 지금과 같이 세무(稅務)라는 용어가 관세(關稅) 이외에 일반적인 '조세의 부과와 징수에 관련된 업무'의 뜻으로 사용된 기록은 다음 『고종실록』의 기사와 같이 고종 32년(1895) '탁지부 관제'를 반포하면서 부터라고 볼 수 있다. 조세의 업무가 보다 체계화 되면서 세무(稅務)의 의미도 관세(關稅)의 업무에서 완전히 벗어나 지금의 개념으로 사용되고 있음을 알 수 있다.

「제5조, 사세국에서는 다음의 사무를 맡는다. 1. 토지 제도와 조세가 있는 토지에 관한 사항이다. 2. 조세의 부과 징수에 관한 사항이다. 3. <u>세무(稅務)</u>의 관리, 감독에 관한 사항이다. 4. 세관(稅關)의 감독에 관한 사항이다. 5. 세관의 수출과 수입의 상황 조사에 관한 사항이다. 6. 외국 무역 선박과 수출·수입품의 감독에 관한 사항이다. 7. 관청 소유의 재산 수입, 관영 영업의 이익금과 몰수금, 기타 여러 가지 수입에 관한 사항이다. 8. 지방세에 관한 사항이다.」[181]

---

181) 『고종실록』 32년(1895) 3월 26일 2번째기사.

그리고 같은 날 "관세사(管稅司)와 징세서(徵稅署)의 관제"를 반포하였는데, 여기에서는 보다 분명히 세무라는 용어가 지금의 개념과 같은 의미로 사용되었음을 볼 수 있다.

「제1조, 관세사(管稅司)와 징세서(徵稅署)는 탁지부대신(度支部大臣)의 관리에 속하며 조세와 기타 세입(歲入)의 징수에 관한 사무를 맡는다. (중략) 제8조, 관세사(管稅司)는 그 부내의 징세서를 감독하고 또한 각 고을의 <u>세무(稅務)</u>를 감사한다.」[182]

『매천야록』에 따르면 다음과 같이 "각부에 세무시찰관(稅務視察官), 각군에는 세무주사(稅務主事)를 두어"라고 하여 조세의 업무를 담당하는 관리에 '세무(稅務)'자를 붙어 지금과 같이 세무주사(稅務主事) 등으로 호칭하고 있다.

「9월에 세전(稅錢)과 호전(戶錢)의 납세기한을 2회로 나누어, 세전은 그해 10월과 이듬해 1월에 납부하고, 호전은 그해 3월과 9월에 납부하게 하였다. 그리고 각부에 세무시찰관(<u>稅務視察官</u>), 각군에는 세무주사(<u>稅務主事</u>)를 두어, 시찰관은 서울에서 파견하고 주사는 지방관(地方官)을 임명하였다.」[183]

(원문) 「第五條, 司稅局에서는 左開事務를 掌홈: 一, 田制及有稅地에 關혼 事項. 二, 租稅의 賦課·徵收에 關혼 事項. 三, <u>稅務</u>의 管理監督에 關혼 事項. 四, 稅關의 監督에 關혼 事項. 五, 稅關輸出·輸入의 狀況調査에 關혼 事項. 六, 外國貿易의 船舶及輸出入品의 監督에 關혼 事項. 七, 官有財産收入·官業利益金及沒收金·其他雜收入에 關혼 事項. 八, 地方稅에 關혼 事項.」

182) 『고종실록』 32년(1895) 3월 26일 4번째기사.
　　(원문) 「第一條, 管稅司及徵稅署는 度支部大臣의 管理에 屬ᄒ야 租稅及其他歲入의 徵收에 關혼 事務를 掌홈. (중략) 第八條, 管稅司는 其部內徵稅署를 監督ᄒ고 且各邑<u>稅務</u>를 監査홈.」

183) 『梅泉野錄』 제2권 高宗 32년 乙未(1895년) ③ 14. 납세기한의 제정.
　　(원문) 「九月定稅錢·戶錢刷納期限, 各分兩度, 稅錢限當年十月·翌年正月, 戶錢限當年三月·九月. 置各府<u>稅務</u>視察官·各郡<u>稅務主事</u>, 視察自京派送, 主事命差地方人.」

02

『조선경국전』의 조세개념과 조세체계

제1절　의의

　정도전은 조선건국의 정치이념을 대변하고, 형률에 국한했던 재래의 법전형식을 탈피한 국가제도의 전반을 포괄하는 법전형식을 취할 수 있는 『조선경국전』을 편찬하였다. 따라서 『조선경국전』이 통일법전의 형식으로 편찬된 것은 그 자체로 대단한 의미를 가지며, 유교 혹은 성리학의 인정(仁政) 이념을 실현하기 위한 통일법전이라는데 그 의의가 있는 것이다. 이『조선경국전』은 정도전의 사찬(私撰)으로 조선왕조가 재정한 법전은 아니지만 조선조의 최초 헌법이라고 할 수 있으며, 훗날『경제육전』과『경국대전』의 편찬에 큰 영향을 미쳤다는 것이 공통된 견해이다. 즉,『조선경국전』은 조선왕조가 제정한 공식적인 법전이 아니지만 조선왕조의 문무조직과 통치방향에 결정적인 영향을 주었으며, 개국 후 조선왕조 치국의 지침이나 방향을 제시한 법서로『경국대전』등 법전편찬의 근간이 되었기 때문이다. 한영우 등에 따르면『조선경국전』은 정도전의 대표적인 정치이론서인 동시에 조선왕조 최초의 헌법에 해당하며, 우리나라 최초의 성문화된 헌법이라고 하였다.

　한영우는 "『조선경국전』은 정도전의 대표적인 정치이론서인 동시에 조선왕조 최초의 헌법에 해당한다. 태조는 이 책을 금궤에 보관하게 하고, 정충으로 하여금 서문을 짓게 하였으며, 자손만대의 귀감으로 삼도록 하였다. 이로써 조선왕조는 인치(人治)가 아닌 법치(法治)의 국가로 출발하게 되었으며, 일종의 입헌군주제에 가까운 국가형태를 취하게 되었었다."184)라고 하여『조선경국전』이 조선왕조 최초의 헌법임을 말하고 있다.

　김일환(2008)은 "정도전은 조선 건국 지식인의 중심인물이자 조선 5백년 정치이념과 제도, 법제도의 근간을 만들었으며, 그의 사상은 조선 왕조사에서 절대적인 영향을 미쳤다.『조선경국전』은 이러한 측면에서 각별한 의미를 가지고 있는데 고려와 조선의 국가 운영에서의 차이를 가장 선명하게 드러내는 것은 법전체제의 유무이며, 고려의 경우에는 각 행정 부서들의 독자적인 관례나 규정에 의해서 통치가 이루어졌을 뿐, 일관되고 체계적인 법전을 갖추고 있지 못하였다. 조선의 건국 주체는 집권적 국가 운영체제를 확립하기 위해서 법체계를 수립하려고 하였다. 그 최초의 법전이 정도전에 의한『조선경국전』이다. 이를 통해서 건국 주체는 자신들이 세운 정치세계에 공공성을 부여하려고 하였으며, 이후『경제육전』과『경국대전』으로 이어졌다. 그리고『조선경국전』은 조선왕조가 제정한 공식적인 법전이 아닌 사찬으로써 통치방향을 제시한 법서에 불과하였으나 조선왕조의 문무조직과 통치방향에 결정적인 영향을 주었다."185)고 하였다. 이는『조선경국전』은 조선의 국가 운영체제를 확립하기 위한 법체계를 수립하고, 통치방향에 영향을 주었으며, 이후『경제육전』과『경국대전』으로 이어졌다는 것이다.

양승태는 "정도전의『조선경국전』은 성리학적 이데올로기를 기반으로 국가를 새롭게 건설한다는 관념이 명시적으로 나타나 있으므로 한국 헌정사에서 근대 헌법의 맹아로 해석된다. 하지만,『조선경국전』에 내포된 근대 헌법의 맹아는『경국대전』에서 다시 전통주의적 왕권이념으로 회귀함에 따라 사라졌다."186)고 주장하였다.

『조선경국전』은『주례(周禮)』187)와『대명률』188)을 바탕으로 하여, 치전(治典)·부전(賦典)·예전(禮典)·정전(政典)·헌전(憲典)·공전(工典) 등을 대강(大綱)으로 하고, 각 전(典) 밑에 세목(細目)을 열거하여 치국의 대요와 국가제도 및 그 운영 방침을 정함으로써 조선 법제의 기본을 이룩하게 한 것이다.『조선경국전』은 상하부로 나누어져 있으며, 상부에서는 이성계의 조선왕조 개국의 정당성을 논하고, 국호를 조선으로 할 것과 군왕의 명령은 교서로서 그것은 곧 법적 성질을 가짐을 기술하고 있다. 하부에서는 중국의『주례(周禮)』를 따라서 관제를 6전으로 나누고, 그 각 전(典)이 관장할 관할 사무를 기술하였다.『조선경국전』은 서문의 내용으로 미루어보면 집권 이후 발표한 수교를 모으고, 여기에 조선의 현실에 맞게 정도전 자신이 수정하거나, 새로운 내용을 추가하여 편찬한 것으로 보인다.

『조선경국전』중 조세와 관련된 내용은 부전(賦典)에 규정되어 있다. 부전에는 국가의

---

184) 한영우. 2002.『왕조의 설계자 정도전』. 지식산업사. p.114.
185) 김일환. 2008. "입법가로서 정도전에 관한 헌법사적 고찰"『성균관법학』제20권 제1호.
186) 양승태. 2008. "한국 헌정이념사 연구서설"『정치사상연구』. 제14집. 제2호.
187) 주(周) 왕실의 관직 제도와 전국 시대(戰國時代) 각 국의 제도를 기록한 책으로 후대 중국과 우리나라에서 관직 제도의 기준이 되었다. 원래의 이름은 ≪주관 周官≫ 또는 ≪주관경 周官經≫이었는데 전한(前漢) 말에 이르러 경전에 포함되면서 예경(禮經)에 속한다고 '주례'라는 명칭을 얻게 되었다.
188) 조선시대 현행법·보통법으로 적용된 중국 명나라의 형률서이다.

재정을 위하여 수입과 지출이 유기적으로 연관되어야 하고, 국가 재정수입을 늘리기 위해 군현제도와 호적제도를 정비하고, 농상(農桑)을 장려할 것을 강조하고 있다. 무엇보다 중요한 것은 부전(賦典)에는 "부세는 국방 및 국가의 재정수요 충당을 위하여 백성들이 바치는 전곡(錢穀)이다"라는 조세정의와 "통치자는 법을 가지고 그들을 다스려서 다투는 자와 싸우는 자를 평화롭게 해 주어야만 민생이 편안해지는 것이다. 그러나 그 일은 농사를 지으면서 병행할 수 없는 것이므로 백성은 10분의 1을 세로 바쳐서 통치자를 봉양하는 것이다."라는 조세근거를 명시하고 있다는 것이다. 그리고 이에 따른 조세체계를 제시하고 있다. 조선시대의 조세제도 역시 조세의 근본 목적인 재정수요 충족을 위하여 조세(租稅)를 근간으로 하여 많은 변화를 겪었지만, 법전(法典)에 규정되어 체계적인 조세법으로의 형성된 것은 『조선경국전』부터라고 본다.

따라서 조선시대의 조세법제사의 이해는 『조선경국전』에 규정된 조세개념과 체계를 먼저 살펴보는 것이 무엇보다도 중요하다. 특히 『조선경국전』에 규정된 조세정의와 조세근거는 조선시대의 최고법인 『경국대전』을 비롯한 그 어떠한 법전에도 규정되어 있지 않기 때문이다.

제2절 『조선경국전』의 조세개념

1. 조세의 정의

조세(租稅)의 개념은 시대와 사회에 따라 차이가 있을 수 있다. 하지만 고대국가로부터 현대국가에 이르기까지 그 형태와 명칭은 달라도 한 국가가 지속적으로 발전하고 성장하기 위해서 필요한 재화를 그 구성원인 백성으로부터 강제적으로 징수한 것이 조세라는 사실은 변하지 않는다. 그래서 조세란 "국가나 공공단체가 그의 일반적인 경비를 충당하기 위해 그 구성원으로부터 강제적으로 징수하는 재화"라고 정의하는 것이 통설이다. 다시 말해 조세는 국가 또는 지방자치단체가 재정수요를 충족하기 위하여 국민경제 내부에서 생산된 부(富)의 일부를 국가 또는 지방자치단체로 이전시키는 수단인 것이다.

일본의 다나가(田中二郎) 교수는 "조세는 국가 또는 지방 공공단체가 특별한 급부에 대한 반대급부로서가 아니라, 이들 단체의 경비에 충당하기 위한 재원조달을 목적으로,

그 과세권에 기초하여 법률이 정한 과세요건에 해당하는 모든 자에 대해 일반적 표준에
의하여 균등하게 일반국민에 부과하는 금전급부이다.”라고 정의하였으며, 미국의 R. M.
Summerfeld와 H. M. Anderson, H. R. Brock 교수들은 공저 ‘An introduction to Taxation’ 에
서 “조세를 납세자가 받는 특정의 급부와는 무관하게 국가의 경제적·사회적 목적을 달
성하기 위해 사전적으로 결정된 법률에 기초하여 이루어지는 민간부문에서 공공부문으
로의 자원의 강제적 이전으로서 벌금이 아닌 것”이라고 정의하였다.

현대의 실정세법에서는 조세를 법률적 조항으로 정의하고는 있지 않지만, 과거 유일
한 입법례는 1919년의 “독일조세통칙법” 제1조 제1항에 규정되어 있는데, 그 내용은 “조
세는 특별한 급부에 대한 반대급부가 아니며, 납부의무에 따라 법률이 정하는 요건에 해
당되는 모든 자에 대해 공법상의 단체가 수입을 얻을 목적에서 부과하는 1회의 또는 계
속적인 금전급부를 말한다. 관세는 이에 해당되나 행정행위를 특별히 청구하는 것에 대
한 수수료 및 부담금(수익자 부담)은 이에 해당되지 않는다.”고 정의하고 있다.

때문에 『조선경국전』에 규정된 조세정의는 근대적 조세개념을 살펴보는데 의미가 있
다. 이는 『조선경국전』에 규정된 조세정의가 세계 역사 가운데 법전(法典)에 규정된 최
초의 정의라고 생각되기 때문이다.[189] 『조선경국전』 부전(賦典)의 총서조(總序條)에 규
정된 조세정의는 다음과 같다.

> 「부(賦)라는 것은 군국(軍國)의 수요를 총칭하는 말이다. 다른 말로하면 나라에서 쓰는 전
> 곡(錢穀)을 말한다. (중략) 백성으로부터 수취하는 것을 부(賦)라 한다. 그러므로 여기에서는
> 부(賦)가 나오는 세목에 대하여 설명하려 한다. 주군(州郡)·판적(版籍)[190]은 부의 출처요, 경
> 리(經理)란 부의 통제이며, 농상(農桑)이란 부의 근본이요, 부세(賦稅)란 부(賦)를 바치는 것(貢)
> 이요.」[191]

이 내용을 요약하면 “부(賦)란 국가재정 즉, 국가 및 국방의 수요를 총칭하는 말로서
백성으로부터 수취하는 전곡(錢穀)이며, 부세(賦稅)란 부(賦)를 바치는 것이다”라고 하여
조세를 뜻하는 조선 초기 단어는 부세(賦稅)이였음을 알 수 있다. 따라서 이러한 『조선경
국전』상의 조세정의는 “부세는 국방 및 국가의 재정수요를 충당하기 위하여 백성들이
바치는 전곡(錢穀)이다”라고 요약할 수 있는데, 이는 현대의 일반적인 조세정의인 “조세
란 국가나 공공단체가 그의 일반적인 경비를 충당하기 위해 그 구성원으로부터 강제적

---

189) 이 주장에 대해서는 앞으로 좀 더 연구해야할 과제라고 본다.
190) 호적(戶籍).
191) 『삼봉집』 제13권 『조선경국전』 상(上) 부전(賦典) 총서(總序).
　　(원문)「賦者. 軍國所需之摠名也. 分而言之. 則用之於國曰錢穀. …… 取之於民曰賦. 故於此論其所出之目. 曰州郡
　　　　曰版籍. 賦之出也. 曰經理. 賦之制也. 曰農桑. 賦之本也. 曰賦稅. 賦之貢也」

으로 징수하는 재화이다'와 유사하다고 본다. 현물납세의 조선시대에 '전곡'이란 돈과 곡식으로 현대의 금전·재화와 같은 의미로 볼 수 있다.

한영우에 의하면 『조선경국전』의 부(賦)는 협의와 광의 두 가지 뜻이 있다고 하였다. "광의의 부는 국가수입 일체를 뜻하는 것으로, 여기에는 부의 기본을 이루는 조(組; 전조(田租))·용(庸; 상요(常徭))·조(調; 잡공(雜貢)) 외에 부의 보조인 공(工)·상(商)·선세(船稅)와 염(鹽)·철(鐵)·산장(山場)·수량(水梁)의 수입까지도 포함된다. 이에 대하여 협의의 부는 부(賦)의 기본적인 것, 즉 조(組)·용(庸)·조(調)를 의미하며, 이것은 특히 부세(賦稅)라고 부르기도 한다. 그리고 부세 가운데는 용(庸), 즉 상요(常徭)=역(役)이 포함되므로 부세를 부역이라고도 부른다."라고 하였다.[192]

그래서 『조선경국전』에는 국가재정인 부(賦)의 흐름에 대한 행정지침을 다음과 같이 규정하고 있다. 국가재정인 부와 부의 출처인 백성의 관계를 규정한 것이다.

「부의 출처를 안다면 민생을 후하게 하지 아니할 수 없고, 주군(州郡)을 다스리지 않을 수 없으며, 판적(版籍)[193]을 상세하게 하지 않을 수 없다. 부의 통제를 안다면 경리(經理)[194]를 올바르게 하지 않을 수 없다. 부의 수송을 안다면 백성들의 힘을 피곤하게 할 수 없고, 조운(漕運)을 강구하지 않을 수 없다. 부의 근본을 안다면 농상을 중요시하지 않을 수 없다. 부의 보조를 안다면 과세법을 세우지 않을 수 없다. 부의 소용을 안다면 출납을 조절하지 않을 수 없다. 부의 완화[195]를 안다면 백성들의 재산을 모조리 수탈할 수 없는 것이다.」[196]

이 내용들을 나누어 설명하면 다음과 같다.
① 부의 출처를 안다면 민생을 후하게 하지 아니할 수 없고, 주군(州郡)을 다스리지 않을 수 없으며, 판적(版籍)을 상세하게 하지 않을 수 없다. : 부(賦)는 국가재정으로 백성으로부터 수취하는 전곡(錢穀)이다. 따라서 국가는 먼저 백성들의 삶을 넉넉하게 하는 것이 절대적이다. 그러하기 위해서는 지방행정 체제를 굳건히 하고 백성들의 호적관리를 철저히 하여야 한다는 것이다.

---

192) 한영우. 1987. 『정도전사상의 연구』. 서울대학교 출판부.
193) 호구(戶口)를 적은 책.
194) 經理(전지(田地)의 경영 관리): (국역)『증보문헌비고』제141권 전부고 1 경계 1 고려. 공민왕(恭愍王) 11년(1362)에 하교(下敎)하기를,"전법(田法)의 폐단이 오래 되어 나라가 궁핍하고 백성이 가난하니, 도평의사사(都評議使司)는 마땅히 농극(農隙 농한기)에 관리(官吏)를 가려 경리(經理)를 고쳐 행하여서 공사(公私)에 모두 편리하게 하라."하였다.
195) 감면.
196) 『삼봉집』제13권 『조선경국전』 상 부전(賦典) 총서(總序).
　　(원문)「知賦之所出. 則民生不可不厚而州郡不可不治也. 版籍不可不詳也. 知賦之所制則經理不可不正也. 知賦之所輸則民力不可困. 而漕運不可不講也. 知賦之所本則農桑不可不重也. 知賦之所助則課程不可不立也. 知賦之所用則出納不可不節也. 知賦之所寬則民財不可盡取也.」

② 부를 만드는 곳을 안다면 경리(經理)를 올바르게 하지 않을 수 없다. 전지의 관리를 올바르게 하여야 한다. : 국가재정이 전적으로 농업에 의존하는 조선에서 전지(田地)는 생산의 근원이다. 따라서 전지의 소유자 및 비옥도의 관리가 올바르게 되어야만 조세가 바르게 부과될 수 있다. 전국의 전결수(田結數)를 정확히 파악하고, 양안(量案)[197]에 누락된 토지를 적발하여 탈세를 방지하며, 토지경작 상황의 변동을 조사하여 국가재정의 대부분을 차지한 조세(租稅)를 징수하기 위해서는 양전을 철저히 하여야 한다는 것이다.

③ 부의 수송을 안다면 백성들의 힘을 피곤하게 할 수 없고, 조운(漕運)을 강구하지 않을 수 없다. : 조세의 운송관리를 철저히 하여야 한다는 것이다. 조선시대의 조세는 쌀이나 콩 등 현물로 납부하였기 때문에 징수한 곡물을 한양까지 운송하는 일은 매우 중요하였다. 조선시대에는 도로망의 미비, 운송수단의 제약 등의 이유로 육로운송이 크게 발달하지 못하여 일찍부터 해운에 의존하였다. 더구나 중앙집권적인 지배체제하에서 지방물자를 중앙에 조달하여야 했기 때문에 조운의 비중은 그만큼 컸다. 따라서 부의 수송으로 백성들이 힘들지 않게 하기 위해서는 그 당시의 운송수단인 조운(漕運)을 강구할 것을 강조한 것이다. 이는 조운에 대한 비용과 노동을 납세자인 백성들이 직접 부담하였기 때문이다.

④ 부의 근본을 안다면 농상(農桑)을 중요시하지 않을 수 없다. : 농상이란 농사와 누에를 뜻하는 것으로 그 당시 농업의 대표적인 유형으로, 조선시대에 의식(衣食)의 근원이다. 국가의 주된 재정수입은 물론 백성들의 삶은 농업에 의존하므로, 국가는 농업의 성장과 지속적인 발전으로 생산성 향상을 위해 노력하여야 한다는 것이다.

⑤ 부의 보조를 안다면 과세법을 세우지 않을 수 없다. : 조선은 중농주의 시대이므로 주된 재정수입인 농상의 정책을 중시하였다. 하지만 재정수입의 보조 수단으로 염(鹽)·철(鐵)·산장(山場)·수량(水梁)의 전매사업 및 공용화, 그리고 잡세에 속하는 공장세(工匠稅)·상세(商稅)·선세(船稅)의 징수를 과세법을 만들어 철저히 할 것을 주장한 것이다. 조선시대에 농업은 본실(本實)이라하고 상공업을 말작이라 하여 경시하였다. 『조선경국전(상)』부전의 공상세조에서 "우리나라에서는 이전에는 공(工)·상(商)에 관한 제도가 없어서 백성들 가운데서 게으르고 놀기 좋아하는 자들이 모두 공과 상에 종사하였으므로 농사를 짓는 백성이 날로 줄어들었으며, 말작이 발달하고 본실이 피폐하였다. 이것은 염려하지 않을 수 없는 일이다. 그러므로 신은 공과 상에 대한 과세법을 자세히 열거하여 이 편을 짓는다."[198]라고 하였다. 공

---

197) 토지대장.
198) 『삼봉집』 제13권 『조선경국전』 상 부전(賦典) 工商稅

장세(工匠稅)·상세(商稅)는 말작으로 억제하여 백성들이 본실(本實)에 돌아가게
하기 위한 특별 목적의 조세임을 말하고 있다. 이는 농업소득은 과세하고 상공업의
소득에 대해서는 과세하지 않음으로써 발생되는 조세 불균형을 해소하면서 재정을
확보하고, 상공업에 종사하는 사람을 억제고자 하는 조세정책의 목적을 달성하고
자 한 것이다. 그리고 잡세 등을 징수하는 경우에도 명확한 법이 있어야 한다는 것
을 강조하고 있다.

⑥ 부의 소용을 안다면 출납을 조절하지 않을 수 없다. 부의 회계를 명확하게 하고, 부
의 출납을 조절하여야 한다는 것이다. : 조선시대 재정은 수입을 헤아려 보고 지출
을 조절하는 '量其入以爲出(양기입이위출)' 또는 '量入制出(양입제출)'이라는 원칙
이다. 하지만 조선시대의 재정은 사용처는 많고 이에 따른 수입은 항상 부족하였기
때문에 수납된 부의 출납 조절이 필요하였다. 이에 국가는 회계를 명확히 하여 재
정 관리를 철저히 하여야 한다는 것을 강조하고 있다.

⑦ 부의 완화[199]를 안다면 백성들의 재산을 모조리 수탈할 수 없는 것이다. : 부의 완
화는 조세의 감면을 말한다. 조선시대에 조세의 감면은 기근과 재난 등에 처한 백
성들에 대한 긍휼과 구제를 위한 정책 수단의 전부였다고 말할 수 있을 정도로 중
요하였다. 따라서 조세 감면을 이용하여 백성들의 생활을 돌아보아야 한다는 것이
다. 그리고 조세로 백성의 재산권을 지나치게 침해해서는 안 된다는 것이다.

2. 조세의 근거

현대에 조세를 부과하는 근거로 크게 두 가지 학설이 있다. 하나는 조세를 국가가 개
인에게 제공해 주는 국방·치안 등 유형·무형의 이익에 대한 대가로서 생각하는 '이익
설'이고, 다른 하나는 조세를 국가가 개인에 대한 편익 제공의 여부와 관계없이 구성원
인 개인의 의무로 보는 '의무설'이다. 이익설은 조세는 마치 개인이 시장에서 재화가격
을 지불하는 것과 같이 국가가 개인에게 제공하는 편익의 대가로 본다. 그리고 의무설은
국가의 활동에는 최소한의 경비가 필요한데 그 경비에 충당할 재원은 국가를 구성하고
있는 국민이 제공하는 수밖에 없다는 것이다.

과거 고전적인 조세론의 입장을 취하는 학자들은 조세를 국가가 개인에게 제공해주는
국방·치안 등 유형·무형의 이익에 대한 대가로서 생각했다. 이러한 견해는 국가는 개
인의 집합체에 의하여 구성되며, 따라서 국가와 개인간의 계약관계로 파악하는 개인주의

(원문) 「民之遊惰者皆趨之. 而南畝之民日益減. 末作勝而本實耗. 不可不慮也. 臣故備擧工商課稅之法.」
199) 감면.

적 국가관에 의해 뒷받침되고 있다. 때문에 이익설은 자본주의의 초기에 국가의 성립에 관한 국가계약설과 함께 유럽의 사상가들에 의하여 주장된 학설이다. 이것은 먼저 프랑스의 중농학파에 의하여 주창되었고, 영국의 고전학파인 Hobbes, J.J. Rousseau, Adam smith 이후에는 널리 받아들여졌다. 프랑스의 루소(1712~1778)가 완성하였다는 조세이론인 이익설에 따르면 "조세는 국가(즉 정부)가 경찰을 길러 국민들이 평안하게 잠잘 수 있도록 도둑을 지켜주는 것과 같은 이익 즉 편익(편리하고 유익함)에 대한 대가"라고 설명되어 있다.200) 이 학설에는 자본주의 초기의 개인주의적 사고방식이 반영되어 있어 "받을 이익이 있기 때문에 조세를 납부할 필요가 있다"고 설명함과 동시에 "이익이 없으면 조세도 없다"고 하여 과세권에 제한을 두려는 사고가 엿보인다.

그렇다면 『조선경국전』에 나타난 조세의 근거는 무엇일까? 한마디로 『조선경국전』에 나타난 조세근거는 '이익설'의 입장이라고 볼 수 있다. 『조선경국전』의 부세조(賦稅條)에서는 부세(賦稅) 즉, 조세를 부과하는 근거에 대해서 다음과 같이 '이익설'을 규정하고 있다. 부세는 백성의 민생을 편안하게 하는 대가로 10분의 1세를 바친다는 것이다.

「옛날 성인(聖人)이 부세법(賦稅法)을 만든 것은 다만 백성으로부터 수취하여 자기를 봉양하자는 것은 아니었다. 백성들이 서로 모여 살게 되면 음식과 의복에 대한 물욕 때문에 외부에서 공격하고, 남녀에 관한 정욕은 내부에서 공격한다. 미움(醜)이 있으니 서로 다투게 되고, 힘으로 겨루니 싸우게 되어 서로 죽이기까지 하는 것이다. 통치자는 법을 가지고 그들을 다스려서 다투는 자와 싸우는 자를 평화롭게 해 주어야만 민생이 편안해지는 것이다. 그러나 그 일은 농사를 지으면서 병행할 수 없는 것이므로 백성은 10분의 1을 세로 바쳐서 통치자를 봉양하는 것이다. 통치자가 백성으로부터 수취하는 것이 큰 만큼, 자기를 봉양해 주는 백성에 대한 보답도 역시 중한 것이다. 후세 사람은 부세법을 만든 의의가 이러한 것을 모르고, '백성들이 나를 공양하는 것은 직분상 당연한 것이다.'라고 말한다. 그리하여 가렴주구를 자행하면서도 오히려 부족하다고 걱정하는데, 백성들이 또한 이를 본받아서 서로 일어나 다투고 싸우니 화란(禍亂)이 일어나게 되었다.」201)

이를 나누어 설명하면 다음과 같다.

첫째, 통치자는 법을 가지고 그들을 다스려서 다투는 자와 싸우는 자를 평화롭게 해

---

200) 송쌍종. 2011. 『조세법 총론』. 제4편 도서출판 빛누리.

201) 『삼봉집』 제13권 『조선경국전』 상 부전(賦典) 부세(賦稅).
　　(원문)「古之聖人. 立賦稅之法. 非徒取民以自奉. 民之相聚也. 飮食衣服之欲攻乎外. 男女之欲攻乎內. 在醜則爭之. 力敵則鬪之. 以至於相殘. 爲人上者. 執法以治之. 使爭者平鬪者和. 而後民生安焉. 然不可耕且爲也. 則民之出乎什一. 以養其上. 其取直也大. 而上之所以報其養者亦重矣. 後之人. 不知立法之義. 乃曰民之供我者. 乃其職分之當然也. 聚斂掊克. 猶恐不勝. 而民亦效之. 起而爭奪. 禍亂生焉.」

주어야만 민생이 편안해지는 것이다. : 이는 법치주의를 강조한 것으로서 통치자의 임무는 법을 세우고, 그 법에 따라 민생을 치안해야 한다는 말이다. 즉, 왕이나 관리들의 행정은 재량적이어서는 안되며, 법에 따라 집행하여 민생을 편안케 하여야 한다는 것이다.

둘째, 그 일은 농사를 지으면서 병행할 수 없는 것이므로 백성은 10분의 1을 세로 바쳐서 통치자를 봉양하는 것이다. : 통치자가 조세를 받는 근거를 제시한 것이다. 통치자가 법을 만들고 치안하는데 전념하기 위해서는, 그 당시의 생산 수단인 농사를 지으면서할 수 없기 때문에 구성원인 백성이 조세를 부담하여야 한다는 것이며, 이때 적정 조세부담세율은 십일조로 할 것을 강조한 것이다.

셋째, 통치자가 백성으로부터 수취하는 것이 큰 만큼, 자기를 봉양해 주는 백성에 대한 보답도 역시 중한 것이다. : 통치자의 책무로 조세에 대한 반대급부를 강조하는 것이다. 조세에 대한 대가로 통치자는 백성에게 국방이나 치안 등의 서비스를 제공하여 민생을 편안케 하여야 한다. 통치자는 현대의 공무원같이 백성에 대한 봉사자세를 갖추어야한다는 것이다.

결론적으로 "부세(賦稅)는 통치자가 백성들의 삶을 평화롭게 해주어 민생이 편안케 하는 대가로서 수취하는 것이다."라고 정의할 수 있으며,『조선경국전』에 나타난 조세근거는 역사적으로 근대 조세사상의 발달에 유용한 역할을 한 이익설적인 측면에 이루어 진것이라 할 수 있다.

제3절 『조선경국전』의 조세체계

1. 부세(賦稅)

『조선경국전』 부전(賦典)의 부세조에는 부세를 다음과 같이 조(租), 상요(常搖) 및 잡공(雜貢)의 3세제로 규정하였다. 이는 당나라 조(租)·용(庸)·조(調)의 세제를 따른 것이다.

「우리나라의 부세법은 조(租)는 토지에서 거두어들이고, 이른바 상요(常搖)와 잡공(雜貢)은
지방의 소출에 따라서 관부에 바치게 하고 있는데 이는 당나라의 조(租)·용(庸)·조(調)의

의미를 따른 것이다.」[202]

　여기서 조(租)는 토지로부터 징수하는 세이며, 용(庸)은 잡공으로 '역(役)'에 해당하는 것으로서 백성의 노동력을 직접적으로 사역(使役)하는 것이고, 조(調)는 상요로 '공물(貢物)'에 해당하는 것으로써 호(戶)를 대상으로 부과하여 토산물을 상납하는 것이다. 이에 대해서 『증보문헌비고』에서는 이를 "有田則有租(유전즉유조), 有家則有調(유가즉유조), 有身則有庸(유신즉유용)"이라고 기록하고 있다.

　정도전은 조선초 이러한 부세제도의 문제점을 인식하고 이에 따른 개선의 필요성과 개선 방안을 다음과 같이 제시하였다. 특히 상요와 잡공에 문제가 더 많음을 강조하고 있다.

「전하는 오히려 부세가 너무 무거워서 우리 백성들이 곤란을 겪고 있는 것을 염려하여, 이에 유사(攸司)[203]에게 명하여 전부(田賦)를 개정하고 상요와 잡공을 상정(詳定)하게 해서, 거의 중정(中正)의 도를 얻게 되었다. 그러나 조(租)로 말하면, 토지가 개간되어 있는가 황폐되어 있는가를 조사하면 소출의 수효를 계산할 수 있지마는, 상요와 잡공으로 말하면, 다만 관부에서 바치는 액수만을 정해 놓았을 뿐, 가호에 대해서 무슨 물건을 내는 것이 조가 되고, 인구에 대해서 무슨 물건을 내는 것이 용이라는 것을 분명히 말하지 않았다. 그래서 관리들이 이러한 약점을 이용하여 간계를 써서 함부로 수탈한 때문에 백성들은 더욱 곤궁해지고 호부들은 곳곳으로 피해서 국가의 재용은 도리어 부족해지고 있다. 전하가 백성을 사랑하는 마음에서 만들어 놓은 부세법의 의의를 아래에서 강구하지 않으니 이는 즉 유사의 책임이다. 그러므로 무사하고 한가한 시간을 만나면 강구하여 시행해야 옳을 일이다.」[204]

　이 내용을 살펴보면 조(租)는 토지의 개간 여부 및 황폐 여부를 조사하여 소출의 수효에 따라 조세를 내지만, 상요와 잡공은 관부에 바치는 액수만을 정해 놓았을 뿐 각 가호(家戶)에 대해서 어떤 물건을 내는 것이 조(調)가 되고, 각 사람에 대해서 어느 정도의 역(役)을 부과하는 것이 용(庸)인지가 분명하지 않다는 것이다. 명확한 과세대상과 과세표준이 명시되지 않았다는 것이다. 이러한 조세문제는 고려말부터 심각해졌기 때문에 조선

---

202) 『삼봉집』 제13권 『조선경국전』 상 부전(賦典) 부세조.
　　(원문)「國家賦稅之法. 租則一出於田. 而所謂常徭雜貢者. 隨其地之所出而納之官府. 蓋唐租庸調之遺意也」
203) 해당 관청.
204) 『삼봉집』 제13권 『조선경국전』 상 부전(賦典) 부세조.
　　(원문)「殿下尙慮賦稅之重. 有以困吾民. 爰命攸司. 改正田賦. 詳定常徭. 雜貢. 庶幾得中正之道. 然租則驗其田之
　　　　開荒. 所出之數可稽. 其常徭雜貢者. 但定其官府所納之數. 不分言其有戶則出某物爲調. 有身則出某物爲庸.
　　　　吏因緣爲姦. 濫徵橫斂. 而民益困. 豪富之家多方規避. 而用反不足. 殿下愛民定賦之意. 不得下究. 有司之責
　　　　也. 幸當無事閒暇之時. 講而行之可也.」

의 건국과 함께 해결할 것을 강조한 것이다. 다음『고려사』의 기사는 그 당시 문제점을 언급한 것으로 고려말 태조(이성계)가 왕(신우)에게 말한 것이다. 조세를 징수할 때 전답의 다소를 기준하지 않고 호의 대소에 따른 것은 잘못된 것이라고 하였다.

「우리 태조(이성계)가 변강을 안온케 하는 계책을 왕(신우)에게 제기하기를 "동북 1도(東北一道)[205]의 주, 군들은 산과 바다 사이에 위치하고 있어 지역이 좁고 토지가 척박한 데 지금 그곳에서는 조세를 거두어들이되, 경작자의 다소를 문제로 하지 않고 다만 호(戸)의 대소(大小)만을 보고 조세를 받고 있는가 하면, 화녕(和寧) 고을은 도내에서 토지가 가장 넓고 비옥한 데 모두 그 고을 이민(吏民)[206]에게 떼어 준 땅이 지록(地祿)[207]으로 되고 있어 그 지세(地稅)는 국가에서 받아들이지 못하고 있습니다. 이리하여 백성들에게서 징수하는 것이 공평하게 되지 못하고 군량을 배정하는 것도 고정되지 못하고 있습니다. 금후에는 도내의 여러 고을들과 화녕에 대하여 다 같이 경작지의 다소에 따라서 조세를 부과함으로써 공사(公私)가 다 편리하도록 합시다."라고 하였다.」[208]

아무튼『조선경국전』에 이처럼 부세의 문제점을 언급한 것은 조세가 백성들의 삶과 직결되기 때문에 조세의 부패를 척결하고자 하는 의지라고 본다.

가. 조(租)

조(租)는 토지에 대한 과세이며 조선초기에는 조(租)와 세(稅)로 대별된다. 조(租)는 경작자가 수확의 일부를 공전(公田)의 경우 국가에, 사전(私田)의 경우 전주(田主)에게 바치는 것이며, 세(稅)는 전주가 경작자부터 받은 조(租) 중에서 일부를 국가에 바치는 것이다. 그러나 세조 12년(1466)에 직전법(職田法)이 시행된 후에는 이러한 과전법[209]상의 조세구별은 사실상 폐지되고, 조(租)와 세(稅)를 관부에서 직접 징수하였기 때문에 조세 또는 세(稅)라고 통칭되었다.

『조선경국전』은 조(租)는 토지에서 거두어들인다고 규정하고 있다. 따라서 조(租)를 전부(田賦)라 하였다. 조(租)는 토지의 기경 여부와 황폐 여부를 조사하고, 소출의 수효를

---

205) 동북면.
206) 아전들과 일부 백성들.
207) 녹봉내지 보수 대신에 받는 토지로부터의 수입.
208) (국역)『고려사』제78권 지제32 식화1 전제 조세.
209) 1388년(우왕 14) 위화도회군(威化島回軍)으로 정권을 장악한 이성계와 개혁파 사대부들은 본격적으로 사전개혁에 착수하였다. 곧 1388년(창왕 즉위년)의 교서, 같은 해 조준(趙浚)·이행(李行)·황순상(黃順常)·조인옥(趙仁沃) 등의 상소와 남부6도의 양전(量田), 그리고 1389년의 조준의 2차상소, 공양왕 즉위(1389년)에 뒤이은 조준의 3차상소를 거쳐 공양왕 2년에는 구래의 공·사전 전적을 소각하였고, 공양왕 3년 5월에는 과전법이라는 이름으로 개혁안이 공포되었다.

계산하여 징수하였다. 그러나『조선경국전』에는 조(租)의 수세에 대한 구체적인 규정은 없다. 다만, 부전의 부세조에서 백성은 '10분의 1의 세'를 바치는 것으로 되어 있다.

조선은 다음『세종실록』의 기사와 같이 기본적으로 1결당 수전에서는 쌀 30두, 한전에서는 콩 30두의 세율로 수취하였다. 이것은 1결당 생산량인 300두의 10분의 1에 해당하는 액수이다. 이는 고려 말기인 1391년(공양왕 3)의 전제개혁 때 과전법에 의한 전조율(田租率)을 그대로 적용한 것이다.

「우리 성조(聖朝)[210]께서 하늘에 순응하여 혁명을 일으켜 토지제도를 일체 바로잡아, 수세의 법은 수전(水田) 1결에 조미(糙米) 30두를, 한전(旱田) 1결에 잡곡 30두를 징수하여 일정한 법식으로 삼았으며, 그 후에는 해마다 조관을 보내어 연사의 풍년과 흉년을 비교하여서 수손급손(隨損給損)하여 만세의 떳떳한 법이 되었는데, 다만 이를 받들어 시행하는 사람을, 그 적임자를 얻지 못하여 오래 되매 폐단이 발생하였습니다.」[211]

조선은 국가의 재정수입을 부세로 충당하였으며, 그 중에서도 가장 많은 비중을 차지했던 것이 전조(田租)였다. 때문에『조선경국전』부전의 농상조에 농업을 장려 하도록 하였는데 다음과 같이 농사와 양잠은 의식(衣食)의 근본이며, 왕도정치(王道政治)에 우선할 제일의 국가정책이었다.

「농사와 양잠은 의식의 근본이니, 왕도정치(王道政治)[212]의 우선이 되는 것이다. 우리나라에서는 중앙에 사농관(司農官)을, 지방에 권농관(勸農官)을 두어 백성들의 부지런함과 게으름을 조사하여, 부지런한 사람은 장려하고, 게으른 사람은 징계하게 하였으며, 풍기를 맡은 관리로 하여금 그들의 직책 수행 여부를 조사하여 잘하는 사람은 승진시키고 잘못한 사람은 폐출시키게 하였다.」[213]

나. 상요(常搖)

상요란 말은 나라가 백성의 노동력을 무상으로 사역(使役)시키는 것으로 고려시대와

---

210) 태조.
211)『세종실록』18년(1436) 10월 5일 4번째기사.
  (원문) 惟我聖朝應天革命, 一正田制, 收稅之法, 每水田一結糙米三十斗, 旱田一結雜穀三十斗, 以爲定式. 厥後歲遣朝官, 視年豐歉, 隨損給損, 萬世之彝憲, 但奉行者不得其人, 久而生弊.
212) 인(仁)과 덕(德)을 바탕으로 하는 정치.
213)『삼봉집』제13권『조선경국전』상 부전(賦典) 농상조.
  (원문)「農桑. 衣食之本. 王政之所先. 國家內而司農. 外而勸農. 使驗民之勤惰而勸懲之. 風紀之司. 察其職之稱否而黜陟之.」

조선초기에 사용된 용어로 본다. 상요는 백성을 중앙관청이나 지방관청의 토목공사(土木工事)나 영선(營繕), 특정한 물품의 생산과 수송, 기타 육체적인 일에 종사케 하는 노역이다. 조선시대에 와서 상요라는 말은 주로 부역이나 요역(徭役)으로 사용되었지만, 역, 역역(力役), 잡역(雜役), 차역(差役) 혹은 잡요(雜徭) 등 다양하게 명칭되었다.

『조선경국전』 부전의 부세조는 상요를 부세의 하나로 규정하고 있으며, "상요와 잡공은 관부에서 바치는 액수만을 정해 놓았을 뿐 각 인구에 대해서 무슨 물건을 내는 것이 용(庸)이라는 것을 분명하지 않다."고 규정하고 있다. 과세물건이 불명확 하다는 것이다.

상요라는 말은 『고려사』 식화지(食貨志)의 진휼조에 있는 고종 13년 3월의 기록에 처음 나타났다.214) 그 후 『고려사』에서는 상요와 잡공이란 말이 자주 등장한다.215) 따라서 상요는 고려 고종 13년 이전에 국가의 재정적 차원에서 부과된 후 하나의 세목으로 자리잡아 조선초기로 이어진 것으로 보인다. 『세조실록』에는 상요라는 말을 쓴 기사가 다음과 같이 두 번 있는데, 상요(常徭) 등으로 백성을 귀찮게 하지 말라는 것이다.

① 「의정부에 전지하기를, "민간이 본래 일이 없는데 여러 읍(邑)의 수령이 공사(公事)를 빙자하여 자기 이익만을 꾀하기 때문에 침학(侵虐)하여 일이 많은 것이다. 금후로 공세(貢稅)・상요(常徭)・군역 및 임시로 수교하여 행이(行移)한 일을 제외하고 감히 백성을 번거롭게 하는 자가 있으면 내가 반드시 크게 징치(懲治)하겠다. 그것을 속히 8도에 행문이첩(行文移牒)216)하여 알리라."하였다.」217)

② 「이제 이미 영(令)을 내렸으니 공세(貢稅)・상요사역(常徭事役) 및 임시로 수교(受敎)하여 행문이첩(行文移牒)한 일 외에 백성을 성가시게 하는 일은 일체 금단한다.」218)

하지만 '상요'란 말은 조선초부터 '부역'이란 말로 사용되었다. 『증보문헌비고』에 따르

---

214) (국역)『고려사』제80권 지 제34 식화 3 진휼 수해, 한재, 전염병에 대하여 구제하는 제도 : 13년 3월에 왕이 명령을 내려 이르기를 "전라도에서는 굶주림이 심하니 저축이 있는 주, 군들에서는 창고를 열어 구제해 주도록 하고 저축이 없는 주, 군들에서는 각각 사사로히 가진 곡식들의 남는 부분을 내게 하여 구제해 주고 풍년을 기다려 갚아 주도록 하게 할 것이며 갑신년(고종 11년, 1224년) 이후의 3세(三稅), 상요(常徭), 잡공물(雜貢)은 모두 정지하며 감액하고 풍년이 되기를 기다려 받아 들이도록 할 것이다"라고 하였다.

215) (국역)『고려사』제80권 지 제34 식화 3 진휼.
"은혜를 베풀고 면세하는 제도34년 8월에 충선왕이 다시 왕위에 올랐는데 11월에 명령을 내리기를 "여러 주, 부, 군, 현들의 조세 및 싱공과 잡공세, 모든 돈과 쌀, 각 역에서 바치던 땔나무, 숯을 못 바쳤거나 부족한 것이 있더라도 그 기한을 1년간 연기하여 금년에는 징수하지 말도록 할 것이다"라고 하였다.

216) 관청에서 문서를 발송하여 조회한다.

217) 『세조실록』 2년(1456년) 11월11일 최종기사.
(원문) 「傳旨議政府曰: "民間本來無事, 而諸邑守令憑公營私, 故侵虐多事. 今後除貢稅、常徭、軍役及臨時受敎行移事外, 敢有擾民者, 予必大懲. 其速移八道知會."」

218) 『세조실록』 2년(1456) 11월23일 최종기사.
(원문) 「今旣下令貢稅常徭事役及臨時受敎行移之事外, 擾民之事一切禁斷」

면 "태조 원년(1392)에 호조를 두어 호구(戶口)·공부(貢賦)·전량(田糧)·식화(食貨)의
정무를 맡겼는데 그 소속은 판적사가 있어 호구·토전(土田)·조세·부역(賦役)·공헌
(貢獻)·권과농상(勸課農桑)·고험풍흉(考驗豊凶) 및 진대(賑貸)·염산(斂散)[219] 등의 일
을 맡았고,"[220]라는 기록이 있어 부역이란 용어가 처음 사용되었다. 그리고 태조의 즉위
교서에서 "1.환과고독(鰥寡孤獨)[221]은 왕정(王政)으로서 먼저 할 바이니 마땅히 불쌍히
여겨 구휼해야 될 것이다. 소재관사(所在官司)에서는 그 굶주리고 곤궁한 사람을 진휼(賑
恤)하고 그 부역(賦役)을 면제해 줄 것이다."[222]라고 하여 부역이란 말을 사용하고 있다.
  그리고『경국대전』호전의 요부조에는 부역에 대해서 다음과 같이 규정하고 있다. 따
라서 조선시대에는 '상요'보다는 '부역'이란 말이 법적 용어인 것을 알 수 있다.

　「토지 8결에서 농부 1명을 내며 1년에 부역일수는 6일을 초과하지 않는다. 만약 6일 이
상 걸리는 먼 노정이면 이듬해의 부역일수를 그만큼 감해준다. 한 해에 두 번 부역을 시켜
야 할 경우에는 반드시 임금에게 보고한 다음에 집행한다. 고을원이 부역동원을 골고루 시
키지 않거나 부역을 감독하는 관리[領役官]가 질질 끌면서 기한을 넘길 경우에는 법조문에
따라 죄를 벌한다.」

  조선초기의 요역제는 인정(人丁)의 다과를 기준으로 하는 계정법(計丁法)을 시행하였
으나, 이후 소유 토지의 다과를 기준으로 하는 계전법(計田法)[223] 혹은 양자를 절충한 절
충법 등으로 시행되다가, 세종 초기에 계전법으로 정착되었다.[224]

다. 잡공

  잡공(雜貢)은 앞에서 살펴본 것처럼 고려 고종 13년 이전에 징수되기 시작한 후 중요
한 세목으로 자리 잡아 조선초로 이어진 것이다.『고려사』병지의 둔전조(屯田條)에 있
는 충렬왕 16년 9월의 전지(傳旨)에 의하면, "쌍성(雙城) 근처 주현의 그 해 잡공(雜貢)이

---

219) 수납과 방출.
220) (국역)『증보문헌비고』제218권 직관고5 육관 호조 조선.
221) 홀아비와 과부와 고아와 늙어서 자식이 없는 사람.
222)『태조실록』1년(1392년) 7월 28일(정미) 3번째기사.
    (원문)「一, 鰥寡孤獨, 王政所先, 宜加存恤. 所在官司, 賑其飢乏, 復其賦役.」
223) 계전법(計田法)은 소경전결수(所耕田結數)를 기준으로 출정(出丁)시키는 것으로서 50결 이상을 대호(大戶), 30
    결 이상을 중호(中戶), 10결 이상을 소호(小戶), 6결 이상을 잔호(殘戶), 5결 이하를 잔잔호(殘殘戶)(서울은 집칸
    이 40間 이상이 大戶, 30間 이상이 中戶, 10間 이상이 小戶, 5間 이상이 殘戶, 4間 이하가 殘殘戶)로 나누어 차
    등(差等) 시행(施行)하였다(『世宗實錄』卷67-21, 世宗 17年 3月 戊寅). 그런데 수세전(收稅田) 매(每)8결에서 1부
    (夫)(농부1명)를 낸다는 규정은 성종(成宗) 2년(年) 3월(月)에 만들어졌다(『성종실록』2년 3월 임신).
224)『한국사』중세사회의 발전 조선 전기의 경제와 사회 - 조선 전기의 과전법체제와 수취제도 - 과전법체제하의
    수취제도 요역(한길사 편)

피곡(皮穀)으로 절납(折納)225)되어, 쌍성과 진수에 있는 별초(別抄)의 마료(馬料)로 충당되었다.”는 기록이 있다.226)

『조선경국전』에 규정된 잡공은 공물의 일종이라고 본다. 공물은 일반적으로 중앙관서와 궁중의 수요를 충당하기 위하여, 여러 군현에 부과하여 상납하게 한 특산물을 말하며, 전통 세제인 조(租)·용(庸)·조(調) 가운데 조(調)에 해당하는 것이다. 다음 『태조실록』의 기사에서는 군·현별로 토산물에 따라 공물의 액수가 정해진 것으로 기록되어 있다.

「군현(郡縣)의 공물(貢物)은 그 토지의 생산227)에 따라 다시 그 액수를 정하고, 그 생산되지 않는 물건은 수납을 면제하게 할 것이다.」228)

『세종실록지리지』에는 각 도의 공물로 잡공과 약제를 열거하고 있다. 다음 『세종실록지리지』는 평안도 공물에 대한 기록이다. 이 기록의 말미에 '이상의 잡공(雜貢) 및 약재는'이라고 기술하고 있어, 그 당시 공물 중 약재를 제외한 것을 잡공으로 규정한 것이라 볼 수 있다.

「공물은 쇠털·말털·개가죽·표범가죽·사슴가죽·노루가죽·여우가죽·삵가죽·수달피·돈피가죽·날다람쥐가죽·돼지가죽·건녹포(乾鹿脯)·건장포(乾獐脯)·건저포(乾猪脯)·정향포(丁香脯)·숭어·민어·상어·조기·가물치·준치·넙치·오징어·큰새우·굴·족제비털·산양이뿔·돼지쓸개·고슴도치쓸개·옻·지마유(芝麻油)〔향명(鄕名)은 참기름(眞油)이다.〕·차조기기름(蘇子油)·석밀(石蜜)·꿀·밀(黃蠟)·지초(芝草)·오미자·개암열매·잣·느타리·싸리버섯(鳥足茸)·잇(紅花)이다. 약재(藥材)는 곰쓸개·녹각교·사향·범의 정강이뼈·소유(酥油)·녹용·말벌집 (중략) 〔이상의 잡공(雜貢) 및 약재는, 이제 토산의 희귀한 것은 각읍(各邑)의 밑에 적고, 그 매읍(每邑) 마다의 소산으로 여기에 적힌 보통의 것은 다시 적지 아니한다.〕」229)

---

225) 대납(代納). 원형 조세를 본색(本色)이라 하고 본색이 절납된 것을 절색(折色)이라고 하였다.

226) 『고려사』 제82권 지제36 병2 둔전.
(원문) 「雙城旁近盈德長鬐德原興海淸河延日安康杞溪神光等州今年雜貢皮穀計折輸送.」

227) 토산물(土産物).

228) 『태조실록』 7년(1398) 9월 12일.
(원문) 「一, 郡縣貢物, 隨其土産, 更定其額, 其不産之物, 許免收納.」

229) 『세종실록지리지』 평안도
(원문) 「厥貢, 牛馬毛、狗皮、豹、鹿、獐、狐、狸、水獺、貂、靑鼠、猪皮、乾鹿、乾獐、乾猪、丁香脯、水魚、民魚、沙魚、石首魚、加火魚、準魚、廣魚、烏賊魚、大蝦、石花、黃毛、羚羊角、猪膽、猬膽、漆、芝、麻油、[鄕名眞油]蘇子油、石蜜、蜂蜜、黃蠟、芝草、五味子、榛實、松子、眞茸、石茸、鳥足茸、紅花. 藥材, 熊膽、鹿角膠、麝香、虎脛骨、酥油、鹿茸、露蜂房、蛇脫皮、鱉甲、黃精、甘朮、當歸、細辛、白朮、草烏頭、地楡、白芷、桔梗、薯蕷、白附子、獨活、貫衆、藍漆、天南星、菖蒲、蘭蘆、射干、白頭翁、苦蔘、芍藥、半夏、車前子、羊蹄根、木賊、葛根、白鮮皮、馬兜苓、苓茹、大戟、

동 『지리지』에 의하면 잡공은 도자기·목기·유기·저포·마포·각종 종이·자리·대나무류 등 수공업품(手工業品)과 광산물·수산물·모피류·육류·과실·목재·녹용·산삼 등 그 종류가 매우 많고 다양하다. 이를 도별로 헤아려 보면 경기도 191종, 충청도 229종, 경상도 283종, 전라도 258종, 황해도 272종, 강원도 228종, 평안도 138종, 함길도 131종으로 규정되어 있다. 그 중 주된 종목은 약재류이다.230) 공물에는 상공(常貢)과 별공(別貢)이 있는데 별공(別貢)은 그 지방의 특산물 여부를 가리지 아니하고, 품목과 수량을 정해 놓고 해마다 상납케 하는 것이다.

『조선경국전』의 내용처럼 잡공은 관부에 바치는 액수만을 정해 놓았을 뿐, 가호(家戶)에 대해서 무슨 물건을 얼마나 내는 것이 분명하지 않았다. 그래서 관리들이 이러한 허점을 이용하여 간계를 써서 함부로 수탈하였기 때문에 백성들은 경제적 어려움에 처해졌다. 이러한 문제를 해결하기 위해 태조는 '즉위교서'에 다음과 같이 명하고 있다. 고려시대에 호포와 잡공을 함께 징수하는 것을 폐지하여 잡공만 징수하게 하고, 그 부족분을 소금의 매매 대금으로 충당하게 한 것이다.

「1. 호포(戶布)를 설치한 것은 다만 잡공(雜貢)을 감면하기 위함인데, 고려의 말기에는 이미 호포(戶布)를 바치게 하고 또한 잡공(雜貢)도 징수하여 백성의 고통이 적지 않았으니, 지금부터는 호포를 일체 모두 감면하고, 그 각도에서 구은 소금은 안렴사(按廉使)에게 부탁하여 염장관(鹽場官)에게 명령을 내려 백성들과 무역하여 국가의 비용에 충당하게 할 것이다.」231)

조선왕조가 들어선 후 태조 1년(1392)에는 다음『태조실록』의 기사와 같이 '공부상정도감(貢賦詳定都監)'을 설치하여 고을별 공물의 품목과 수량을 정하고, 남자의 장정수를 기준으로 하던 고려시대와는 달리 토지 면적을 기준으로 하여 공물을 부과하였다.

「공부상정도감(貢賦詳定都監)232)에서 상서(上書)하였다. "삼가 생각하옵건대, 전하께서 하늘

茜草根、澤瀉、紫莞、生菴蘭蒿、蘿麻、馬藺膽、蒼朮、升麻、玄胡索、鷄蘇、酸漿、兔絲子、忍冬草、商陸、牛膝、徐長卿、茵陳、黃耆、百合、前胡、蛇床子、小紫胡、葛花、白芨、防風、遠志、葎草、虎杖根、茺蔚子、沙蔘、薺苨、葳靈仙、人蔘、安息香、五加皮、黃蘗皮、茯苓、蚤休、躑躅、桑白皮、楡皮、海東皮、白斂、鵝管石、郁李仁. [已上雜貢及藥材, 今將土産稀貴者, 錄于各邑之下, 其每邑所産, 但存其凡于此, 不復錄云.]」

230)「대전회통연구」 대전회통해설 호전 조선시대의 공납제도(貢納制度) 제1장 조선전기의 수취제도(收取制度)와 그 폐단(弊端) 1. 경비(經費)와 공안(貢案) 및 공물(貢物)
231)『태조실록』 1년(1392년) 7월 28일 3번째기사.
(원문)「一, 戶布之設, 只爲蠲免雜貢. 前朝之季, 旣納戶布, 又收雜貢, 民瘼不小. 今後戶布, 一皆蠲免. 其各道燔煮之鹽, 仰按廉使下鹽場官, 與民貿易, 以充國用.」
232) 공부(貢賦)를 상정(詳定)하기 위하여 설치한 임시 관청.

의 뜻에 응하고 사람의 마음에 따라서 문득 국가를 차지하시고 왕위에 오르신 초기에, 맨 먼저 신 등에게 명하여 고려 왕조 공안(貢案)에서 세입의 다과와 세출의 경비를 상고하여 손익을 짐작하여 오랫동안 쌓인 폐단을 제거하고 일정한 법을 세우게 하셨으니, 실로 백성의 복인 것입니다. (중략) 옛날의 그 나라를 잘 다스리는 사람은 토지의 생산을 헤아려 그 공부(貢賦)를 정하고, 재물의 수입을 헤아려 그 용도를 절약하였으니, 이것이 경상의 법입니다. (중략) 신 등이 삼가 예전 전적(田籍)을 상고하여 토지의 물산(物産)을 분변하여, 공부의 등급을 마련해서 전의 액수를 적당히 감하여 일정한 법으로 정하고, 그 철따라 나는 물건[233]으로써 일정한 공부가 될 수 없는 것은 일정한 공부 외에 열록(列錄)하고, 이를 명칭하여 별공(別貢)이라 했으니, 귤(橘)과 유자(柚子)의 유와 같은 것이 이것입니다. 비록 그러하나 위에서 취(取)하는 것을 '부(賦)'라 하고 아래에서 바치는 것을 '공(貢)'이라 하여, 이를 취하되 그 제도에 지나치지 아니하고, 이를 바치되 그 법도를 지나치지 않게 하는 것이 성인(聖人)이 공부(貢賦)를 만든 뜻입니다.」[234]

『조선경국전』 부전의 상공(上供)[235]조에는 공물을 바치는 이유에 대해서 다음과 같이 언급하고 있다. 즉, 군왕은 토지와 인민을 전부 소유하고 있으므로 군왕에게 필요한 물품을 공물로 받쳐야 한다는 것이다. 왕은 국가의 모든 것을 소유하지만 개인적으로는 사유재산이 없기 때문에 상공한다는 것이다.

「인군은 광대한 토지와 많은 인민을 전유하니, 그 소출의 부(賦)는 무엇이든 자기의 소유가 아닌 게 없고, 무릇 나라의 경비도 무엇이든 자기의 소용이 아닌 게 없다. 그러므로 인군에게는 사유 재산이 없는 것이다. 이 책에서 상공(上供)과 국용(國用)을 나누어서 이야기하는 것은 그만한 까닭이 있는 것이다. 음식과 의복은 왕의 봉양에 이바지하기 위한 것이요, 분반(匪頒)은 왕의 사여(賜與)[236]를 이바지하기 위한 것이요, 진보(珍寶)는 왕의 완호(玩好)[237]를 이바지하기 위한 것이다. 이것들을 모두 상공이라고 부른다.」[238]

---

233) 時物(시물).
234) 『태조실록』 1년(1392) 10월12일 2번째기사.
　　(원문) 「貢賦詳定都監上書曰: 恭惟殿下應天順人, 奄有國家. 踐祚之初, 首命臣等考前朝貢案, 歲入多寡、歲支經費, 斟酌損益, 以祛積弊, 以立常法, 實生民之福也. (중략) 古之善治其國者, 量地之産而定其貢, 量物之入而節其用, 此經常之法也. 凡爲國者必先謹乎此, 況創業之初乎? (중략) 臣等謹稽舊籍, 辨土地之物産, 立貢賦之等第, 量減前額, 定爲常法. 其時物之不可爲常貢者, 則列於常貢之外, 名之曰別貢, 如橘柚之類是已. 雖然上之所取, 謂之賦, 下之所供, 謂之貢. 取之不過其制, 供之不過其度, 聖人作貢之意也.」
235) 상공이란 조선 때 대궐에서 필요한 경비(經費)를 일컫던 말 또는 대궐에서 필요한 물품을 바치는 것.
236) 나라나 관청에서 금품을 내려 줌.
237) 사랑하여 곁에 두고 즐기며 좋아한다.
238) 『삼봉집』 제13권 『조선경국전』 상 부전(賦典) 상공.
　　(원문) 「人君. 專土地之廣. 人民之衆. 其所出之賦. 何莫非已分之所有. 凡國之經費. 何莫非已分之所用. 故曰人君無私藏. 此書曰上供曰國用. 岐而言之. 亦有說乎. 飮膳衣服. 所以供王之奉養也. 匪頒. 所以供王之賜與也.

이처럼 '잡공'이란 용어는 조선초까지만 사용되었던 것으로 보인다. 문종[239] 이후 문헌에서는 더 이상 잡공이란 말이 나타나지 않는다.

2. 부(賦)의 보조

조선시대 부과된 조세 즉, 전세의 주된 목적은 국가의 재정수입이다. 특히 주된 세목인 조세(租稅)의 경우 중앙의 재정수입이 절대적인 목적이었지만, 잡세의 경우에는 중앙과 지방 재정수입 충당 이외에 상업과 공업을 억제하고, 조세와의 공평과세 목적을 가지고 과세되었다.

『조선경국전』 부전(賦典)의 총서조에는 염(鹽)·철(鐵)·산장(山場)·수량(水梁)·공장세(工匠稅)·상세(商稅)·선세(船稅)는 부의 보조라고 규정하고 있다.[240] 여기서 부(賦)라는 것은 군국(軍國)의 수요인 국가재정을 말하며 백성들로부터 수취하는 것이다. 조선의 국가재정은 앞에서 살펴본 부세인 조(租)와 상요 및 잡공에 의하여 대부분 충당되었다. 그러나 국가재정인 부(賦)의 확보차원에서 보조수단을 간구하였는데 세(稅)로서 징수된 공장세·상세·선세가 있지만, 세(稅)에 해당하지 않은 염(鹽)·철(鐵)·산장(山場)·수량(水梁) 등이 포함되어 있다. 이와 같은 '부의 보조'는 재정확보 수단에 따라 다음과 같이 구분할 수 있다.

첫째는 국가의 전매사업이다. 전매사업이란 국가가 수입을 얻을 목적으로 특정한 종류의 물품에 대해 판매를 법률상 독점하는 사업이다. 조선 초기의 소금은 이에 해당하며 연해(淵海)의 주군마다 염장(鹽場)을 설치하고, 관에서 소금을 구어 백성들에게 판매하였다.

둘째는 특정 자원의 국유화이다. 산장과 수량을 공가(公家)의 소용으로 하여 거기로부터 채집한 목재나 물고기를 관(官)의 재용으로 사용하였다. 특히 금·은 및 주옥과 동·철에 대해서는 국가가 직접 채취권을 가지고 제련·주조하였다.

셋째는 조세 이외의 상공업에 잡세를 부과하는 것이다. 여기서 잡세란 말은『경국대전』 잡세조에 규정된 것으로 공상세(工商稅) 등을 말한다. 공상세(工商稅)의 수입은 국가재정에 충당되었지만,『반계수록』에는 전세(田稅) 이외의 세(稅) 즉, 잡세를 부과하는 목적

珍寶. 所以供王之玩好也. 是數者. 今皆謂之上供.」
239)『문종실록』 즉위년 10월 경자 : 문종 즉위년 10월 사간원 우사간대부 최항(崔恒) 등이 상소하기를 공물의 방납을 금지한다는 규정은『경제육전』에 있는데도 각 도의 잡공을 승려들이 방납하면서 그 대가(代價)를 거두는 날에는 무리를 지어 주군(州郡)을 출입(出入)하면서 방자하게 구는데도 감사와 수령들이 그들을 왕사(王使)같이 대접한다는 것과 그 값을 배로 받는데 조금이라도 협조하지 않으면 채찍질하는 등으로 민폐와 원망의 소리가 크다고 하였다.
240)『삼봉집』 제13권『조선경국전』 상 부전(賦典) 총서(總序).
(원문)「曰鹽鐵. 山場水梁. 曰工商船稅. 賦之助也.」

을 다음과 같이 기록하고 있다. 이는 농민의 이탈을 방지하면서, 농업 이외의 상업이나 공업 등에 종사하여 소득이 발생하면 전세와 공평하게 조세를 부과하여야 한다는 부수적인 목적을 강조한 것이다.

「이익이 있는 곳에는 백성들이 반드시 따라가는 것이므로 이익이 많은데다가 세를 받지 않으면 백성들 중에는 본래 직업인 농업을 버리고 영리 행위에만 종사하는 자가 많아질 것이다. 또 농민에게는 세를 받으면서 영리하는 자에게 세를 안 받는다는 것은 가장 불공평한 법이기 때문에 그들에게도 세를 받지 않을 수 없게 된다.」[241]

가. 공상세(工商稅)

공상세는 공장(工匠)[242]과 행상(行商)에 부과된 잡세로 공장세와 상세를 말한다. 이는 국가의 재정 부담을 농민 이외의 상인이나 수공업자들에게도 지우는 조세이다. 『조선경국전』 부전(賦典)의 공상세(工商稅)조에는 공상세에 대해서 다음과 같이 규정하고 있다. 조선 정부가 공상세를 상공업을 억제하고 농업을 중요시하는 정책의 수단으로 생각하였으며, 전세와의 공평과세를 위해 징수한 것이다.

「선왕이 공상세(工商稅)를 제정한 것은 말작(末作)[243]을 억제하여 본실(本實)[244]에 돌아가게 하기 위한 것이었다. 우리나라에서는 이전에는 공(工)·상(商)에 관한 제도가 없어서 백성들 가운데서 게으르고 놀기 좋아하는 자들이 모두 공과 상에 종사하였으므로 농사를 짓는 백성이 날로 줄어들었으며, 말작이 발달하고 본실이 피폐하였다. 이것은 염려하지 않을 수 없는 일이다. 그러므로 신은 공과 상에 대한 과세법을 자세히 열거하여 이 편을 짓는다. 이것을 거행하는 것은 조정이 할 일이다.」[245]

상공업에 대한 이러한 부정적인 경제개념은 조선시대 내내 지속되었는데 『태종실록』에도 다음과 같이 기록하고 있다. 장사치는 수고로움 없이 이익을 얻고 식량 생산에 도움이 되지 않다는 것이다.

---

241) 『반계수록』 권지1 전제(田制) 상. 잡설(雜說).
　　(원문) 「但利之所在 民必趨之 利重而無稅 則民多棄本事末. 且農民有稅 而末作無稅 亦非至公之法 故未免有稅」
242) 수공업에 종사하던 장인.
243) 공·상업(工商業)을 말한다.
244) 농업.
245) 『삼봉집』 제13권 『조선경국전』 상 부전(賦典) 공상세.
　　(원문) 「先王制工商之稅. 所以抑末作. 而歸之本實. 國家前此未有定制. 民之遊惰者皆趨之. 而南畝之民日益減. 末作勝而本實耗. 不可不慮也. 臣故備擧工商課稅之法. 著之於此. 擧而行之. 在朝廷焉.」

「전(傳)에 말하기를, '다스림은 농사에 근본을 둔다.'하였고, 또 말하기를, '장사하는 자가 많으면 시전(市廛)을 두어 억제한다.'하였습니다. 대저 농사라는 것은 몸이 땀에 젖고 발에 흙을 묻히니, 그 수고로움이 심하고, 무(畝)를 계산하여 요역(徭役)에 나가니, 그 괴로움이 많습니다. 장사하는 사람은 천한 물건으로 귀한 물건을 바꾸니, 그 이익이 배나되고, 수고로운 일 대신에 편안한 일을 하니, 그 즐거움이 많습니다. 그러므로 농부(農夫)는 날로 적어지고 장사치[商賈]는 날로 많아져서, 한 사람이 경작하여 열 사람이 먹으니, 나라의 창고가 어떻게 넉넉하며, 백성의 식량이 어떻게 풍족하겠습니까?」[246]

나. 선세(船稅)

『조선경국전』 부전(賦典)의 선세조에는 선세(船稅)에 대해서 다음과 같이 규정하고 있다. 당시 선세의 수입이 얼마인지는 정확히 알 수 없지만 국가재정에 보탬이 되고, 그 이득이 적지 않다고 한 것을 보면 상당한 수입인 것으로 보인다.

「우리나라는 바다에 접근해 있으므로 어염(魚鹽)의 이득이 많을 뿐 아니라, 공·사의 조운(漕運)이 동·서의 강에 폭주하고 있다. 그래서 사수감(司水監)을 설치하여 이 일을 맡게 하고 선세를 징수하여 국가 재정에 보태고 있는데, 그 이득이 또한 적지 않다.」[247]

다음『태조실록』의 기사를 보면 이러한 선세는 조선 건국초부터 징수되었다.

「삼사(三司)에 명하여 각도의 경차관과 함께 바다를 졸이[煮海]고 모래를 굽[燔沙]는 염세(鹽稅)의 다소와, 어량(魚梁)과 선세(船稅)의 다소를 조사하게 하였다.」[248]

다. 염법(鹽法)

조선초 소금은 국가가 수입을 얻을 목적으로 민간인이 생산하여 판매하는 것을 금지하여, 국가가 그 판매를 법률상 독점하는 전매사업이다. 따라서『조선경국전』부전(賦典)

---

246)『태종실록』10년(1410년) 10월 29일 3번째기사.
　　(원문)「《傳》曰: "治本於農." 又曰: "逐末者多, 則廛以抑之." 夫農也者, 沾體塗足, 其勞甚矣; 計畝徭役, 其苦多矣. 商賈之人, 則以賤易貴, 其利倍矣; 以勞役佚, 其樂多矣. 故農夫日寡, 商賈日衆, 一人耕之, 十人食之. 國廩何由而裕, 民食何由而足乎?」
247)『삼봉집』제13권『조선경국전』상 부전(賦典) 선세(船稅).
　　(원문)「本朝濱海以國. 魚鹽之利爲多. 而公私漕運輻湊於東西之江. 置司水監以掌之. 而收其稅以助國用焉. 其利亦厚矣.」
248)『태조실록』7년(1398년) 4월4일.
　　(원문)「三司, 同各道敬差官, 點煮海燔沙鹽稅多少及魚梁船稅多少.」

의 염법조에는 소금에 대해서 다음과 같이 규정하고 있다. 소금의 전매사업은 백성과 함께 이익을 나누고자 한 것이지, 국가가 이익을 독점하기 위한 것이 아니라는 것이 특징이다.

「소금은 바다에서 나는 것으로 백성들이 이를 사용하니, 없어서는 안 될 물건이다. 전조에서는 충선왕(忠宣王) 때부터 염법을 마련하여 백성들로 하여금 베[布]를 바치고 소금을 받아가게 하여, 그 베를 국가 재정에 보탰던 것이다. 그러나 염법이 문란해지면서 베만 관에 흡수될 뿐, 소금은 백성들에게 돌아가지 않아서 백성들은 큰 곤란을 당하였다. 전하는 즉위하자 맨 먼저 윤음을 내리어 전조의 문란한 염법을 크게 개혁하였다. 연해의 주군마다 염장(鹽場)을 설치하고, 관에서 소금을 굽고 백성들로 하여금 베든 쌀이든, 또 그것이 질이 좋은 것이거나 나쁜 것을 묻지 않고 자기가 갖고 있는 쌀과 베를 가지고 염장에 가서, 먼저 시가의 고하에 따라 값을 계산하고 소금을 받은 다음에 쌀과 베를 소금 값으로 내게 하였다. 이는 국가가 백성과 함께 이익을 나누고자 하는 것이지, 사적으로 굽는 것을 금지하여 국가가 이익을 독점하려는 것은 아니다. 염장의 소재와 그 소출량을 자세히 적어서 회계에 참고가 되게 한다.」[249]

따라서 조선초 소금은 공염(公鹽)으로 관에서 직접 생산 판매하였으며, 소금을 판매한 이익은 지방재정과 군자에 큰 몫을 담당하였다. 다음 『태조실록』의 기사도 소금은 백성들과 무역하여 국가 비용에 충당하게 하였다.

「그 각도에서 구은 소금은 안렴사(按廉使)[250]에게 부탁하여 염장관(鹽場官)[251]에게 명령을 내려 백성들과 무역하여 국가의 비용에 충당하게 할 것이다.」[252]

그러나 태종 14년에 호조 판서 박신이 건의한 과염법(課鹽法)이 입법 되면서 염세가 조세로서 징수되었다. 과염법은 국가의 재정수입에도 기여하지만 일반 백성들에게 적정한 가격으로 소금의 공급을 원활히 하는 목적도 있었다. 이에 대한 『태종실록』의 기사는

---

249) 『삼봉집』 제13권 『조선경국전』 상 부전(賦典) 염세조.
　　(원문) 「鹽出於海. 而民用之不可無者也. 前朝自忠宣王立鹽法. 使民納布受鹽. 以資國用. 及其法弊. 布入於官. 鹽不及已. 民甚苦之. 殿下卽位. 首降德音. 一革前朝弊法. 每沿海州郡. 置鹽場而官爲煮鹽. 聽民將其所有之物. 或布或米. 無論精粗多寡. 親就鹽所. 稱時價之高低. 計直受鹽. 然後納價物焉. 蓋與民同其利. 非禁而榷之也. 其鹽場所在與所出之數備書焉. 以憑會計.」
250) 고려시대의 지방관직.
251) 고려 후기 소금을 생산·저장하는 염장(鹽場)을 관리하던 관원.
252) 『태조실록』 1년(1392년) 7월28일 최종기사.
　　(원문) 「其各道燔煮之鹽, 仰按廉使下鹽場官, 與民貿易, 以充國用.」

다음과 같다.

「호조 판서 박신이 과염법(課鹽法)을 아뢰었다. 계문(啓聞)[253]은 이러하였다. "소금은 백성들의 자뢰(資賴)하여 살아가는 것이니, 그 중함이 오곡에 다음가는 까닭에 옛날에 과법(課法)이 있었습니다. 이제 국가의 연해(沿海) 주군에 공염간(貢鹽干)[254]을 두고 사염세(私鹽稅)를 거두니, 그 수가 많다고 하지 않을 수 없습니다. 그러나 그 무역하는 것이 거개가 다 불긴(不緊)[255]한 물건이므로 흥리(興利)[256]하는 사람에게 많이 돌아갑니다. 또 각도 감사가 혹은 마음대로 옳지 않은 곳에 쓰기 때문에 나라에 보탬이 없습니다. 원컨대, 이제부터 각도의 염세(鹽稅)를 공조(工曹)[257]에 바치는 것과 그 도의 일년 경비를 제외하고, 평민으로 하여금 잡곡을 논하지 말고 가격을 감하여 역환(易換)[258]하도록 허락하여서 군자(軍資)에 보충한다면, 민호는 의염(義鹽)을 즐겨 얻을 것이며, 일년에 거두는 곡식은 1만여 석을 내려가지 않을 것입니다. 각도의 공염간(貢鹽干)[259]이 많고 적은 것이 고르지 않고 거두는 세(稅)의 액수도 또한 다르니, 다시 참작하여 액수를 정하여서 그 역(役)을 고루도록 하소서." 임금이 그대로 따랐다.」[260]

라. 산장(山場)과 수량(水梁)

산장은 산지(山地)를 말하며, 수량은 하천이나 호수를 말한다. 산장에서는 땔나무나 재목을 채취하고 수량에서는 물고기를 채취한다. 『조선경국전』 부전(賦典)의 산장수량(山場水梁)조에는 산장·수량에 대해서 다음과 같이 규정하고 있다. 그 당시에도 생태계의 보호를 강조하면서 산장과 수량에서 채취한 것은 공가(公家)의 소용으로 하도록 하였다.

「옛날에는 망이 총총한 그물을 못에 넣지 못하게 하였고, 초목의 잎이 다 떨어진 뒤에야 도끼를 들고 산에 들어가게 하였다. 이것은 천지 자연의 이익을 아껴서 쓰고, 사랑하고 기

---

253) 신하가 정무에 관하여 임금에게 아룀.
254) 소금을 만들어 나라에 바치는 사람.
255) 긴하지 아니하거나 반갑지 아니함.
256) 이식이 더하여 재물이 늘어 감.
257) 조선 시대에 육조(六曹) 가운데 산택·공장·영선(營繕)·도야(陶冶)를 맡아보던 정이품 아문.
258) 물물교환.
259) 나라에 소금을 공납(貢納)하는 염간, 여기서 염간은 소금을 굽는 사람을 말한다.
260) 『태종실록』 14년 갑오(1414) 9월8일 최종기사.
   (원문)「戶曹判書朴信啓課鹽法. 啓曰: "鹽乃民之所資以生者, 其重次於五穀, 故古有課法. 今國家沿海州郡, 置貢鹽干, 又收私鹽稅, 其數不爲不多. 然其貿易, 率皆不緊之物, 多歸興利之人, 又各道監司或擅用於非處, 故無補於國. 願自今將各道鹽稅, 除工曹所納與其道一年經費外, 許令平民勿論雜穀, 減價易換, 以補軍資, 則民戶樂得義鹽, 而一年所收之穀, 不下萬餘石矣. 其各道貢鹽干多少不均, 所收稅數亦異, 更令參酌定額, 以均其役." 從之.」

르기 위한 것이다. 이야말로 산장과 수량을 이용하는 근본이 되는 것이다. 전조(前朝)[261]에서는 산장과 수량이 모두 호강자(豪強者)[262]에게 점탈되어 공가에서는 그 이득을 얻지 못하였다. 전하는 즉위하자 전조의 잘못된 제도를 고쳐서 산장과 수량을 몰수하여 공가(公家)의 소용으로 하였다. 산장은 선공감(繕工監)[263]에 소속시켜서 거기에서 나오는 재목을 채취하여 영선(營繕)[264] 등에 이용하고, 수량은 사재감(司宰監)[265]에 소속시켜 거기에서 나오는 어류를 채취하여 내외의 반찬과 제사 및 손님 접대용으로 공급하였다. 산장과 수량의 소재지를 아는 대로 모두 적는다.」[266]

『태조실록』에는 산장(山場)과 수량(水梁)을 권세가들이 독점하는 것을 금지하고 온 나라 인민이 함께 이롭게 할 것을 강조하고 있다. 산장과 수량의 공적 이용의 필요성을 말하는 것이다.

「산장(山場)과 수량(水梁)은 온 나라 인민이 함께 이롭게 여기는 것인데, 혹 권세 있는 자가 마음대로 차지하여 이익을 독점하는 일이 있으니, 심히 공의(公議)가 아닙니다. 원컨대 지금부터는 주부(州府)·군현에 영을 내려 경내의 산장과 수량을 조사하여, 만일 마음대로 독점한 자가 있으면 그 성명을 일일이 헌사(憲司)[267]에 보고하여, 헌사에서 계문(啓聞)하여 과죄(科罪)해서 그 폐해를 일체 금하고, 수령이 세력에 아부하고 위엄을 두려워하여 숨기고 보고하지 않는 자가 있으면 죄를 같게 하소서." 임금이 유윤(俞允)하여 시행하였다.」[268]

그러나 태조 6년 이후부터는 산장(山場)과 수량(水梁)에 대해서 세를 거두게 하였다. ①은 태조 6년의 기사로 수량(水梁)을 답사하여 소출의 많고 적은 것을 헤아려서 세(稅)를 정하여 장적(帳籍)을 만들게 한 것이고, ②는 태조 7년에 반포된 '즉위교서'에서는 산장(山場) 등의 사점(私占)을 금하며 세(稅)를 헐하게 정할 것을 명하고 있다.

---

261) 고려왕조.
262) 향촌에 토착화한 지배세력으로서 관권(官權)에 어느 정도 대립적인 위치에 있었던 세력을 가진 사람.
263) 조선시대 토목·영선에 관한 일을 맡아본 관청.
264) 건축물 따위를 새로 짓거나 수리한다.
265) 어염(魚鹽)·봉화(烽火) 등에 관한 일을 맡은 관청.
266)『삼봉집』제13권『조선경국전』상 부전(賦典) 산장·수량조.
　　(원문)「古者. 數罟不入洿池. 草木零. 落然後斧斤入山林. 蓋因天地自然之利而撙節愛養之. 此山場水梁之所由本也. 前朝之時. 山場水梁. 皆爲豪強所占奪. 公家不得其利焉. 殿下卽位. 革其弊法. 收而爲公家之用. 以山場屬繕工. 取其材木以充營繕. 以水梁屬司宰. 取其魚鹽以供內外之膳及祭祀賓客之用. 其山場水梁所在可考者. 悉書之.」
267) 사헌부(司憲府).
268)『태조실록』6년(1397) 4월25일 2번째기사.
　　(원문)「山場水梁, 一國人民所共利者也. 或爲權勢, 擅執権利者有焉, 甚非公義也. 願自今下令州府郡縣, 考其境內山場水梁, 如有專擅者, 則將其姓名, 一一告于憲司, 憲司啓聞科罪, 痛禁其弊; 守令有阿勢畏威, 匿不申報者, 罪同. 上兪允施行.」

① 「감찰을 각도에 나누어 보내되, 신이충은 우도(右道)[269]와 풍해도(豊海道)[270]에, 박헌은 충청도에, 최호는 경상도에, 고휴는 전라도에 보내어 연해변에 있는 주군(州郡)의 염분(鹽盆)·염구(鹽區)·어량(魚梁)·수량(水梁)을 답사하여 소출의 많고 적은 것을 헤아려서 세(稅)를 정하여 장적(帳籍)을 만들게 하였다.」[271]

② 「산장과 초지(草枝)는 선공감(繕工監)의 관장한 바이니, 사점(私占)을 하지 말게 하고 그 세(稅)를 헐하게 정하여 백성의 생계를 편리하게 할 것이다.」[272]

마. 금·은·주옥·동·철(金銀珠玉銅鐵)

『조선경국전』부전(賦典)의 금·은·주옥·동·철조에는 금·은·주옥·동·철에 대해서 다음과 같이 규정하고 있다. 금·은·주옥은 백성들의 생활에 도움을 주는 것이 아니나 조상을 받들고 사대(事大)[273]의 예를 행함에 있어서 필요하고, 동·철은 그릇과 농구를 만들어 백성들이 생활하는 데 매우 요긴한 것이며, 특히 무기를 만들기 때문에 매우 중요하다고 하였다. 따라서 금·은 채취제도는 조선초 폐지되었고, 철이 생산되는 곳에는 철장관(鐵場官)을 두고 제련 또는 주조하였다.

「속미(粟米)[274]와 포백(布帛)[275]은 백성들이 생활하는 데 재료가 되는 것이지만, 금·은·주옥은 백성들의 생활에 도움을 주는 것이 아니니, 정치하는 데 있어서 급무로 삼아야 할 것은 아니다. 그러나 종묘(宗廟)[276]는 지극히 경건한 곳이므로 거기에서 쓰는 그릇은 반드시 금이나 옥으로 장식하고, 갓과 면류관은 대중보다 높은 지위에 있는 사람이 쓰는 것이므로 역시 주옥으로 장식하는 것이다. 더구나 우리나라는 명나라를 섬기고 있는 처지이므로 세시(歲時)[277]와 경절(慶節)[278]에 보내는 사신들은 반드시 금·은을 가지고 가게 됨에랴? 대개 금은과 주옥은, 조상을 받들고 사대(事大)의 예를 행함에 있어서 없어서는 안될 것이다.

동과 철은 그릇을 만들기도 하고 농구를 만들기도 하므로 백성들이 생활하는 데 매우

---

269) 조선시대 지방 행정구역의 명칭. 좌도(左道)에 대칭하는 말로서, 강원도·평안도·함경도를 제외한 경기도·충청도·전라도·경상도·황해도를 두 부분으로 나눈 한쪽의 이름이다. 서부 지방에 해당한다.
270) 황해도.
271) 『태조실록』6년(1397) 10월8일 최종기사.
　　(원문)「丙戌/分遣監察於各道. 愼以衷右道豊海道, 朴軒忠淸道, 崔滈慶尙道, 高休全羅道, 踏驗沿海州郡鹽盆、鹽區、魚梁、水梁, 量所出多少, 定其稅成籍.」
272) 『태조실록』7년 (1398년) 9월12일(갑신) 최종기사.
　　(원문)「山場草枝, 繕工所掌, 勿令私占, 輕定其稅.」
273) 소국(小國)이 대국(大國)을 떠받들어 섬김.
274) 좁쌀.
275) 베와 비단을 아울러 이르는 말.
276) 조선시대에 역대 임금과 왕비의 위패(位牌)를 모시던 왕실의 사당.
277) 1년 동안의 제철.
278) 제왕·후비·태자의 탄일.

요긴한 것이다. 더구나 이를 녹여서 무기를 만들기 때문에 군국의 수용으로서 이보다 더 중요한 것이 없다. 전조(前朝)에서는 금소(金所)·은소(銀所)가 있어서 관에서 금과 은을 채취하였다. 우리나라에서는 무릇 철이 생산되는 곳에는 철장관(鐵場官)을 두고 정부(丁夫)[279]를 모집하여 철을 제련 또는 주조하고 있으며, 일반 백성들이 철을 제련·주조하는 경우에는 과세를 하지 않고 있지만 금·은 채취 제도는 지금은 모두 폐지하였다. 그러나 금·은은 매장량이 일정하고 사대하는 시일은 제한이 없으니, 이것에 대한 채취법도 역시 강구하지 않을 수 없는 일이다. 신은 여기에서 금소·은소 및 철장(鐵場)[280]의 소재를 모두 적어서 참고에 도움이 되게 한다.」[281]

『세종실록지리지』를 보면 철장이 있는 곳에서는 생철(生鐵)[282]이나 정철(正鐵)[283] 등으로 세공(歲貢)[284]을 하였다.[285] 여기서 금·은과 철 등을 부의 보조로 규정한 것은 그만큼 국가에서 필요한 재화이기 때문이다. 특히 철은 농기구와 무기를 만드는데 절대적으로 중요한 재료이므로 국가에서 직접 제련하고 주조하였지만, 일반 백성이 철을 제련하고 주조하는 경우에도 과세하지 않았다.

제4절 조세의 견면(蠲免)

농업의 경우 수해·한해·풍해·충해 등의 자연재해에 따라 곡식의 수확량이 감소하는 것은 불가피하다. 따라서 조선시대의 경우 재해로 인한 백성들의 기아와 질병은 끊임

---

279) 정역(丁役)의 일과 잡역(雜役)의 일을 하는 장정.
280) 철점에서 쇠를 단련(鍛鍊)하는 곳.
281) 『삼봉집』 제13권 『조선경국전』상 부전(賦典) 금·은·주옥·동·철.
　　(원문)「粟米布帛. 民資以生. 至於金銀珠玉. 無補於民用. 宜非爲政之所急. 然宗廟至敬之所在. 故器必飾以金玉.
　　　冠冕加於衆體之上. 亦以珠玉飾之. 況本國臣事天朝. 其歲時慶節之所修. 必以金銀將之. 蓋金銀珠玉. 在奉
　　　先事大之禮. 不可無者也. 至於銅鐵. 以爨以耕. 尤切於民用. 又鑄爲兵具. 軍國之須. 莫重於此. 前朝有金銀
　　　所. 官爲採之. 國家凡産鐵之處. 每置鐵場. 官集丁夫鑄冶之. 民所鑄冶則不課焉. 而採金銀之法. 今皆廢矣.
　　　然金銀有見數. 事大之日無窮. 則其採之之法. 亦不可不講也. 臣於此取金銀所及鐵場. 悉著于篇. 以備參考
　　　焉.」
282) 무쇠. 아직 정련(精鍊)하지 아니한 쇠.
283) 무쇠를 불려서 순도를 높인 쇠.
284) 해마다 지방에서 나라에 바치던 공물(貢物).
285) 『세종실록지리지』 전라도 남원 도호부 무주현 : 철장(鐵場)이 1이요, [현의 동쪽 10리 봉촌(蓬村)에 있는데, 연철(煉鐵) 2천 2백 근을 선공감(繕工監)에 바치고, 9백 14근을 전주(全州)에 바친다.]

없이 발생하였으며, 왕도정치의 구현과 민생안정의 구제를 위하여 '조세의 감면과 면세' 를 국가정책의 가장 중요한 수단으로 사용하였다. 따라서『조선경국전』부전(賦典)의 견면(蠲免)조에는 조세의 감면에 대해서 다음과 같이 규정하고 있다. 그 당시에 시행되고 있는 손분감면법(損分減免法)을 잘 거행하라는 것이다.

「나라는 백성을 근본으로 삼고, 백성은 먹을 것을 하늘로 삼는다. 그러므로 요역(徭役)과 부세(賦稅)를 가볍게 하여 백성들의 식생활을 풍족하게 해 주어야 한다. 불행히도 백성이 홍수 · 한발 · 서리 · 곤충 · 바람 · 우박 등으로 피해를 입었을 때에는, 그 피해의 다과에 따라서 부역을 차등 있게 감면시켜 주어야 한다. 그래서 나라의 근본인 백성을 후하게 해 주어야 한다. 우리나라에서는 손분감면법(損分減免法)이 이미 시행되고 있어, 법령에 뚜렷이 나타나 있다. 유사(有司)는 이 법을 살려서 거행해야 할 것이다.」[286]

여기서 손분감면법(損分減免法)이란 곡물 손실에 따라 조세를 감면하는 제도이다. 예컨대 손(損)을 10등으로 나누어서 손이 1분이면 조세 10분의 1을 감하고, 손이 2분이면 10분의 2를 감한다. 이런 비율로 차례로 조세액을 감면하여 손이 8분이면 조세의 전액을 면제하는 것을 말한다. 이 손분감면법은 작황의 손실을 전 · 답 현지에서 조사하는 작업이 선행되어야 했기 때문에 답험손실법(踏驗損實法) 또는 수손급손법이라고도 하였다. 이 답험손실법(또는 수손급손법)은 바로 철법(撤法)의 원리에서 출발한 것이다.[287] 철법은 중국 주(周)나라 때의 조세제도로 공전(公田) · 사전(私田)의 구별을 없애고, 풍흉(豊凶)에 따라 수확의 10분지 1을 세로 징수하였다. 따라서 손분감면법(損分減免法)은 각 개인의 풍흉 상태를 답험하여 납세액을 정하는 제도로 백성들의 '응능부담과 공평과세'를 실현할 수 있는 그 당시 최고의 실질과세 제도라고 본다.

하지만 철법은 매년 풍흉을 답험하여 조세를 징수해야 하기 때문에 복잡하고, 관리의 공평무사함이 전제가 되지 않으면 수많은 폐단이 발생 할 수 있기 때문에, 정도전은『조선경국전』부전(賦典)의 견면(蠲免)조에서 손분감면법(損分減免法)의 올바른 시행을 강조하고 있는 것이다. 그러나 답험손실법(踏驗損實法)에 의한 조세감면은 다음『태종실록』의 기사와 같이 대부분 공평하게 이루어 지지 못하였다.

---

286)『삼봉집』제13권『조선경국전』상 부전(賦典) 견면조.
　　(원문)「國以民爲本. 民以食爲天. 故輕徭薄賦. 以裕其食. 不幸被水旱霜蟲風雹之災. 隨其傷損之多寡. 蠲免賦役有
　　　　差. 蓋所以厚其本也. 國家損分減免之法已自行之. 著在甲令. 有司宜當審而行之也.」
287) 최윤오.1999, 2007.

「어진 정새(仁政)는 반드시 경계(經界)로부터 시작됩니다. 지난날에 각도에서 전지를 측량한 바가 경(輕)하고 중(重)한 것이 고르지 못하여, 혹은 원망하기에 이르고, 바닷가에 있는 땅에 이르러서는 곧 측량을 하지 않았고, 또 그 결실되고 결실되지 못한 것을 공평하게 답험(踏驗)치 못하여, 결실된 것은 조세를 감면하고, 결실되지 않은 것은 도리어 조세를 바치니, 그 폐단이 적지 않습니다.」[288]

---

288) 『태종실록』 5년(1405년) 9월 10일(임인) 1번째기사.
　　(원문) 「仁政必自經界始. 在前各道量田, 輕重不均, 或至怨咨. 至於濱海之地, 不卽打量, 又其荒熟, 不公踏驗, 實者免租, 荒者反輸, 其弊不小」

제 **2** 편

조선시대의 전세법(田稅法)

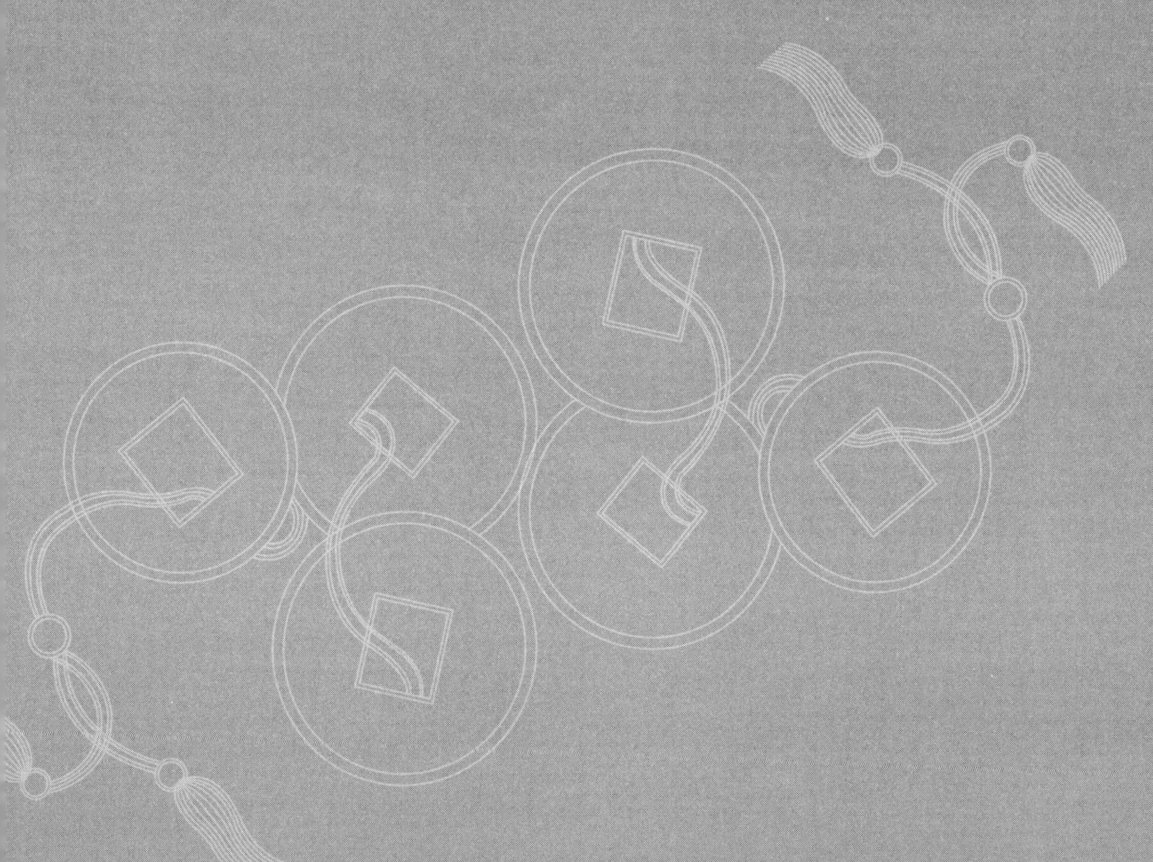

01 조선시대의 **법전 고찰**

제1절   의의

조선은 법전(法典)을 끊임없이 정비하고 반포한 왕조이다. 이는 조선왕조가 성문법전의 편찬을 통하여 정치의 타당성과 통일성을 높여 중앙집권을 강화하고, 관습법으로 인한 불합리성을 해소함으로써 사회적 통합을 이루기 위함이다. 그 결과 조선은 최초법전인『경제육전』, 최고법전이라 일컬은『경국대전』을 비롯한『속대전』및『대전통편』, 그리고 마지막 법전인『대전회통』을 편찬하였는데 이 5가지 법전이 조선의 기본법전이다.

조선의 법전 편찬은 법을 새로 만드는 것이 아니라, 각 관아에 등록되어 있는 수교를 수집 정리하는 과정이다. 수교를 법조문화 한 것을 조례(條例)·조령(條令)·조건(條件)이라 한다. 각 관아에서 이것을 년월일을 붙여 모아 놓으면 등록(謄錄)이 된다. 세월이 경과하면서 등록 상호간의 모순이나 중복, 영구적으로 시행해야 할 것과 편의에 따라 준용해야 할 것과의 구별이 생겨남으로써 법령 상호간의 혼란을 해결하기 위해 새로운 법전의 필요성이 생겨난 것이다. 따라서 법전 편찬은 일시적인 법령[權宜之法(권의지법)]과 영구적인 법령[經久之法(경구지법)]을 각각 구별하여 경구지법(經久之法)만을 육조(六曹)별로 정리하여 모으는 과정이며, 편찬과정에서는 '조종성헌존중의 원칙'289)과 '법전 법령집 구분의 원칙'290)이 준수되었다.

조선의 법전은 "세상을 다스리는 법이다"라는 이념과 사상에 기반을 두고 있음을 다음『성종실록』에서 볼 수 있다. 법으로 나라를 다스려야 한다는 법치주의를 말한 것이다.

---

289) 원전(元典)의 조문은 그대로 두고, 그 조문 밑에 고쳐야 할 내용만을 각주로 명기하는 방식.
290) 영구히 시행해야 할 '경구지법'은 전(典), 편의에 따라 시행해야 할 '권의지법'은 록(錄)으로 구분하는 방식.

「신(臣)들이 가만히 생각하건대, 나라가 있어도 법이 없으면 나라가 다스려지지 않고, 법이 있어도 신의가 없으면 법이 행하여지지 않습니다. 나라가 다스려지지 않고 법이 행하여지지 않으면, 백성이 있더라도 어떻게 보전할 수 있겠으며, 곡식이 있더라도 어떻게 먹을 수 있겠습니까? 예전의 성군(聖君)·양신(良臣)[291]이 금석(金石)처럼 굳게 법을 지키고 사시(四時)[292]처럼 미덥게 법을 집행한 것은 참으로 이 때문이었습니다. (중략)《대전》[293]은 세상을 다스리는 법이므로 지켜서 바꾸지 않아야 할 것인데, 대신이 의논한 것이라 하여 가볍게 바꾸어 지키지 않는다면, 이는 세상을 다스리는 법이 도리어 대신의 의논만 못하다는 것입니다. 무릇 대신에게 의논하는 까닭은 일에 의심스러운 데가 있어서 하나로 결정하지 못하기 때문입니다. 장리나 인신을 위조한 자라면 그 과죄(科罪)[294]하는 법이 분명히《대전》에 있으므로, 그 자손이 응시할 수 있는지에 대해서는 처음부터 의심스러운 일이 아니었는데, 반드시 의논하는 것은 무슨 까닭입니까? 법을 지키지 못할 뿐 아니라 따라서 가볍게 바꾸어, 장리의 자손이 사류(士類)[295]에 낄 수 있게 하는 것이 옳겠습니까? 바라건대 전하께서는 대신의 말을 주장삼지 말고 삼가 성법(成法)[296]을 지키소서.」[297]

『경국대전』을 비롯한 조선의 각 법전은 정치, 경제, 문화, 군사 등 각 분야의 법규를 포괄적으로 규정한 종합법적 성격을 가진 통일법전이다. 각 법전은 정부체제인 육전체제(六典體制)에 따라 6전으로 구성되었으며, 그 중 호전(戶典)은 재정을 비롯하여 호적·조세·녹봉·통화와 상거래 등에 대한 규정을 실었다. 따라서 조세법은 각 법전의 호전에 규정되어 있다. 각 법전의 호전에 규정된 조세법은 시대의 상황을 반영하여 실질적으로 많은 변화를 겪었고, 조세제도 또한 매우 큰 폭으로 달라졌다. 그러므로 각 법전상 조세제도는 큰 차이를 가지고 있는데『경제육전』에는 답험손실법,『경국대전』에는 공법,『속대전』에는 영정법 그리고『대전통편』에는 비총법이 각각 규정되어 있다.

조선시대의 세법은 대법(大法)이라고 일컬을 정도로 중요시 하였다. 다음『세종실록』의 기사는 세종대왕이 공법을 입법하는 과정에서 논의된 내용으로 '공법(貢法)은 대법

---

291) 어질고 충성스러운 신하.
292) 사철.
293) 『경국대전』을 말한다.
294) 죄를 처단함.
295) 학문을 연구하고 덕을 닦는 선비의 무리.
296) 이미 이루어져 지켜 온 법.
297) 『성종실록』 17년(1486) 7월 19일 2번째기사.
　　(원문) 臣等竊念有國而無法, 國不可治, 有法而無信, 法不可行. 國不治、法不行, 雖有民, 焉得而保之? 雖有粟, 焉得而食哉? 古之聖君良臣, 所以守法堅如金石、行法信如四時, 良以此也. (중략)《大典》, 經世之法, 所當遵守而不易者也. 若以大臣之議, 輕變而不守, 是經世之典, 反不如大臣之議也. 凡所以議諸大臣者, 事有所可疑而不能定一故也. 若贓吏、若印信僞造者, 其科罪之法, 昭在《大典》, 其子孫赴試與否, 初非可疑之事也, 而必議之何哉? 非惟不能守法, 又從而輕變之, 乃使贓吏之子孫, 得齒士類可乎? 願殿下勿以大臣之言爲主, 愼守成法.

(大法)'이라고 한 것이다. 여기서 뜻한 것은 '공법이 대법'이라는 것보다는 '세법이 대법'이라는 것으로 본다. 이는 "백성은 나라의 근본이요, 먹는 것은 백성의 하늘이다"라는 사상하에서 백성에게 취하는 법인 조세법보다 더 중요한 법은 없다는 뜻이다.

「우리 태조께서 창업하시어 대통을 전하고, 상경(常經)[298]을 세우고 기강을 베풀어, 은나라와 주나라의 조법(助法)[299]과 철법(撤法)[300]의 뜻을 참작하여 토전(土田)의 손실법(損實法)을 세워, 수전 1결마다 조미(造米)[301] 30두를 거두고, 한전 1결마다 잡곡 30두를 거두고, 또 전(田) 1결에 베 한 필을 거두어 일대의 성헌(成憲)[302]을 만들고, 처음부터 공법의 의논이 없었습니다. 태종께서 계승하시어 답험의 법을 세워 공사(公私)가 모두 유족하였는데, 어찌하여 지금에 이르러 갑자기 공법(貢法)을 시행하십니까, (중략)" 하니, 임금이 말하기를, "지금 대법(大法)을 세우고자 하는데 너희들이 어찌 이렇게 번거롭게 청하는가."」[303]

하지만 조선시대의 조세법을 이해하기 전 알아야할 점은 조선시대의 수세와 감면의 개념을 현대적인 개념으로 접근하여서는 안된다는 것이다. 현대에는 소득이 있으면 과세되는 것이 원칙이지만, 조선시대에는 소득이 없어도 과세하는 경우가 있기 때문이다. 특히 정전(正田)[304]의 경우는 경작하지 않는 경우에도 조세를 징수하였는데, 이는 "타농을 경계하고 개간을 유도할 수 있다"는 명분이 있지만 백징(白徵)[305] 등의 문란이 발생하게 하였다. 정전(正田)에 대한 과세 문제는 다음 『성종실록』의 기사에서 확인할 수 있다.

「《대전(大典)》에 이르기를, '속전(續田)은 경작하는 것을 따라 조세를 거둔다.' 하였은즉, 정전(正田)은 비록 흉년이 들었더라도 마땅히 예에 따라 그 조세를 거두어야 하나, 산 위와 산 중턱은 해마다 경작할 만한 땅이 아닌데도 모두 정전(正田)이라 이름하고, 비록 풀이 우

---

298) 사람이 마땅히 지켜야 할 올바른 도리.
299) 조법(助法)은 은나라(또는 상나라)의 조세제도로 1구역당 70묘(畝)를 기준으로 하여 630묘로 구획되는 정전제(井田制)이며, 9구역 중심에 공전(公田)을 두고 주변 8가(家)에 1구역을 나누어 주었으며, 공법은 단지 농민의 노동력을 빌려 경작을 돕게 하였다. 세율은 1/9로서 국가에 내는 조세는 풍흉을 가리지 않고 다만 공전에서 수확한 것만큼만 납부하게 하니 인정(仁政)의 표본이 되었다.(최윤오. 2007. pp.461-496, 최윤오. 1999. pp.3-14)
300) 철법(撤法)은 중국 주대(周)나라 때의 조세제도로 공전(公田)·사전(私田)의 구별을 없애고, 풍흉(豊凶)에 따라 수확의 10분지 1을 징수하였다. 철법은 매년 풍흉을 답험하여 조세를 징수하기 때문에 복잡하고 관리의 공평무사함이 전제가 되지 않으면 수많은 폐단이 생긴다. 조선초기의 답험손실법(또는 수손급손법)은 바로 철법의 원리에서 출발한 것이다.(최윤오. 2007. pp.461~496. 최윤오.1999. pp.3-14)
301) 왕겨만 벗긴 쌀.
302) 성문헌법.
303) 『세종실록』 21년(1439) 7월 21일 2번째기사.
(원문) 惟我太祖創業垂統, 立經陳紀, 酌殷、周助徹之意, 立土田損實之法, 每水田一結取造米三十斗, 旱田一結收雜穀三十斗, 又田一結收布一匹, 以爲一代之成憲, 而初無貢法之議. 太宗繼述, 仍立踏驗之法, 公私俱裕, 何至於今遽行貢法歟? (중략) 上曰: "今欲立大法, 而汝等何煩請如是乎?"
304) 양안(量案)에 기록된 전지로서 토질이 좋아 해마다 쉬지 않고 계속 경작이 가능하여 수세 대상이 되는 토지.
305) 조세를 징수할 이유가 없는 사람에게 억지로 조세를 거두는 일.

거지고 나무가 무성하였더라도 또한 모두 조세를 거두니, 어찌 억울하지 않겠습니까? 《대전》에 비록 이르기를, '20년마다 양전(量田)하여 개정한다.' 하였더라도 이 같은 토지는 이제 모름지기 개량하시어 백성의 억울함을 풀게 하소서.」[306]

제2절　조선시대의 입법과 법전 편찬의 원칙

1. 입법절차

조선시대 법의 특징은 명나라의 법을 계수(繼受)[307]하였지만 조선의 실정에 맞게 법을 개정한 것이다. 즉, 고려가 주로 당·송율(唐·宋律)을 계수하되 개별적인 왕법과 관습법을 기반으로 집권체제를 유지하였다면, 조선은 명나라의 『대명률』을 포괄적으로 계수하되 조선의 실정에 맞추어 꾸준한 보완 및 개정 작업을 추진함으로써 정치·사회적 환경 변화에 따른 집권체제를 확립하기 위하여 통일법전을 편찬하였다.

조선은 군주국가이자 중앙집권적 양반관료 사회로 왕명이 곧 법률이 되고, 행정명령이 되고, 판결이 되었다. 따라서 모든 법률은 왕명으로 이루어졌으며, 이러한 왕의 명령은 교(敎)·판(判)·제(制)라 하고, 그 내용이나 문서는 왕지(王旨)·상지(上旨)·판지(判旨)·교지(敎旨)라 하였으며, 하달된 왕명을 받들어 전달하는 것을 전지(傳旨), 왕지나 교지를 아래에 시달하는 것을 하지(下旨) 또는 하교(下敎)라 하였다.[308]

조선시대에 있어서 입법은 '교(敎)'라고 표현되는 국왕의 명령으로 이루어졌다는 점에 특색이 있다. '敎(교)'의 구체적인 방식이 교지 또는 전지이며, 이러한 명령을 각 관아에서 받게 되면 이를 수교(受敎)라 한다. 이 수교를 법조문화한 것이 조례·조령·조건 등이다. 각 관아에서 이것들에 년월일을 붙여 모아 놓으면 등록(謄錄)[309]이 된다. 세월이 지나면서 등록 상호간의 모순이나 중복, 영구적으로 시행해야 할 것과 편의에 따라 준용해야 할 것 등의 구별의 필요성이 생겨남으로써 법령 상호간의 혼란을 해결하기 위해 법전의 편찬이 필요한 것이다. 따라서 법전의 편찬은 법을 새로 만드는 것이 아니라, 각 관

---

306) 『성종실록』 2년(1471) 11월 11일 3번째기사.
307) 외국의 법을 채용함.
308) 김기춘. 1990.
309) 관청에서 조치하여 행한 일이나 사실 가운데 중요한 것을 주무 관서에서 그대로 기록하여 만든 책.

아에 등록되어 있는 수교를 수집 정리하는 과정인 것이다. 이 가운데 일시적인 법령(權宜之法)과 영구적인 법령(經久之法)을 각각 구별하여, 후자만을 육조(六曹)별로 정리하여 모으는 과정이 법전 편찬의 핵심이었다. 조선초기에 여러 차례의 『경제육전』의 속육전 편찬과정에서 나타난 '조종성헌준수의 원칙'과 '법전 법령집 구분의 원칙'이 이러한 것이었고, 이후 조선시대 법전편찬의 기본원칙이 되었다.

입법은 수교(受教) 시행이라는 방식을 사용하였으며, 여기에는 국왕이 자발적으로 명을 내리는 경우와 해당기관이나 중신이 상주(上奏)[310]하면 왕이 윤허하는 형식의 두 가지가 있었다. 입법의 과정은 역대 왕들이 매우 신중을 기하였다. 신법 제정에 관하여 의정(議政)[311]이나 육조(六曹)의 건의가 있으면 의정부의 심의를 거치고, 다시 사헌부와 사간원(司諫院)에 회부하여 서경(署經)[312]이라는 인준절차를 거쳐야만 예조(禮曹)가 이를 공포하였다. 특히 법 개정이나 보완이 아닌 신법의 제정시에는 의정부를 비롯한 많은 관계기관의 신중한 협의 및 합의절차를 거쳐 국왕의 윤허가 있은 다음에만 시행하였다. 『태조실록』에는 이에 대해서 다음과 같이 기록하고 있다.

「무릇 법을 세우는 소이(所以)[313]는 반드시 이를 만세에 전하는 것이지만, 그러나 폐단이 없는 뒤에라야 가히 법으로 삼을 수 있습니다. 각사(各司)의 원리(員吏)가 각각 소견을 고집하여 새로운 법을 만들기를 좋아하고, 당해 관리가 준수하기에 어려운 것을 생각하지 않으니, 폐단이 다시 전과 같습니다. 금후로는 각사에서 무릇 새로운 법으로 가히 세울 만한 일은, 반드시 정부에 보고하여, 정부에서 가히 시행할 만한 사건인지를 상량하여 의논하고서 수판(受判)[314]하여 시행할 것이요.」[315]

『경국대전』에는 다음과 같이 입법절차를 규정하고 있다. 먼저 해당 관서에서 신법 제정이나 구법 개정안을 의정부[316]에 올리면 의정부에서 논의하여 왕에게 올려 결재 받았다. 그 뒤 예조가 사헌부·사간원의 동의와 서경(署經)[317]을 받아서 법으로 확정하여 해

---

310) 임금에게 말씀을 올림.
311) 조선시대 의정부의 영의정·좌의정·우의정을 통칭하는 말.
312) 관리의 임명이나 법령의 제정 등에 있어 대간(臺諫)의 서명을 거치는 제도.
313) 일이 생기게 된 원인이나 조건.
314) 수교(受教).
315) 『태종실록』 4년(1404) 10월 28일 2번째기사.
　　(원문) 凡所以立法者, 必傳之萬歲而無弊, 然後可以爲法也. 各司員吏, 各執所見, 喜作新法, 不惟當該官吏難於遵守, 弊復如前. 今後各司凡可立新法之事, 必報政府, 政府以可行事件, 擬議受判施行.
316) 『경국대전』 예전의 '의첩(依牒)' 항목에서는 "새 법을 제정하거나 옛 법을 고치거나 거상 중에 있는 관리를 불러내다가 벼슬을 시키는 것은 의정부에서 토의하여 임금에게 보고하고 본조에서 사헌부, 사간원의 수표를 상고하여 문건의 부본을 내준다"고 함으로써 법의 제정에서도 의정부의 의결을 받도록 규정하였다.
317) 사헌부와 사간원의 두 대간이 결점이 없다고 서명하여 동의하는 것을 말한다.

당 관청에 통지하였다.[318]

> 「새법을 제정하거나 옛법을 개정할 때 및 상중(喪中)에 있는 관인(官人)을 불러내다가 벼슬을 시키는 경우에는 의정부에서 미리 의논(擬議)하여 임금에게 보고하고 예조(禮曹)에서 사헌부와 사간원의 서경(署經)를 고려하여 의첩(依牒)을 내준다.」

곧 관서의 입안 → 의정부 의결 → 왕의 결재 → 사헌부와 사간원의 동의·서명 → 예조의 해당관서 통지의 절차를 차례로 밟아 입법하게 하였다. 그런데 각 관서에서는 이러한 까다로운 절차를 피하기 위하여 해당 사무처리에 필요한 사목(事目)[319]이나 조건을 바로 왕에 올려, 해당 관청에만 유효한 규정으로 성립시키는 경우가 많았다. 그리하여 관서의 입안(→의정부 논의) → 왕의 결재가 오히려 일반적인 절차였다.

2. 조종성헌존중의 원칙

조선초 태조 6년(1397)에 『경제육전』이 편찬된 후 새로운 법령에 따른 후속 법전의 편찬에서 한 가지 짚고 넘어갈 부분이 있었다. 즉, 『원육전』[320]과 『속육전』 사이 및 이들 법전과 새 법령 사이에 모순이 되거나 저촉되는 규정이 생기는 경우, 이 문제를 어떻게 해결하느냐 하는 것이었다. 이를 해결하기 위하여 태종은 15년(1415) 8월에 중대한 원칙을 발표하였다. 즉, 모든 법령은 한결같이 원전(元典)의 규정을 본위로 하여야 하며, 원전의 규정과 모순되거나 개정된 속전의 규정은 모두 삭제되어야 한다는 것이다. 그리고 부득이한 경우에는 원전의 규정을 그대로 두고, 그 조문 밑에 각주를 작게 표시함으로써 법의 통일을 유지하도록 하였다. 이에 대한 『태종실록』의 기사는 다음과 같다.

> 「무릇 조획(條劃)[321]은 한결같이 원육전(元六典)을 따르고, 왕지(王旨)·속육전(續六典) 안에 원전(元典)의 조획을 고치는 것이 미편한 것은 다시 참고하여 예전대로 시행하고, 그 중에 부득이하여 조획을 고치는 것은 상량하고 의논하여 계문(啓聞)하라. (중략) 하교하여, 원전을 고쳐서 속전에 실은 것을 모두 다 삭제하고, 그 중에 부득이한 일은 원육전 각 조목 아래에 그 각주를 쓰라.」[322]

---

318) 『경국대전』 예전 의첩(依牒)조
319) 공사(公事)에 관하여 정한 규칙.
320) 『경제육전』을 말한다.
321) 수교로써 법조화된 것을 조례(條例)·조획(條劃)·조령(條令)이라 하였다.
322) 『태종실록』 15년(1415) 8월 13일 1번째기사.
   (원문) 凡條畫, 一從《元六典》王旨. "《續六典》內, 元典條畫, 更改未便, 更令參考, 仍舊施行, 其中不得已更改

이는 법전편찬에 있어서 '원전존중의 원칙'을 천명한 것이고, 원전인『경제육전』은 개국의 조종이 만든 성헌(成憲)이기 때문에 절대로 존중하여야 하며, 속전이나 후의 법령으로 개폐할 수 없게 하는 이른바 조종성헌존중주의(祖宗成憲尊重主義)를 명백히 밝힌 것으로서, 조선 500년 동안 법전편찬의 기본원칙으로 지켜지게 되었다. 다음『세종실록』의 기사에서는 후대의 왕이 조종성헌존중주의를 실천하고 있음을 확인할 수 있다.

「수찬색이 속육전과 등록(謄錄)을 편찬하여 바쳤는데, 그 서문에 이르기를, "『경제육전』은 우리 태조 강헌 대왕 때 정한 법전으로서 좌정승 조준 등이 찬집(撰集)[323]한 것입니다. 국초로부터 시작해서 정축(丁丑)년에 이르러 그친 것이니, 일국의 제도의 규모가 이미 여기에 모두 갖추어져 있습니다. 그 찬집(撰集)은 각각 원본(元本)에 의한 것이기 때문에 간혹 방언이 들어 있었는데, 태종 공정대왕 때에 좌정승 하윤 등이 한문으로 바꾸고 쓸데없는 말을 빼어버리고 이를 『경제육전원집상절』이라 이름하였습니다. 또 속전(續典)을 편찬하였는데, 무인(戊寅)년으로부터 시작하여 정해(丁亥)년에서 그쳤습니다. 을미(乙未)년 8월 18일에 이르러 태종께서 예조에 명하여, 속육전 내에 원전을 고친 것은 모두 삭제하고, 부득이 하여 둔 것은 원전(元典) 본조(本條) 밑에 주(註)를 달도록 했었습니다.」[324]

제3절 조선왕조의 법전 고찰

1. 『경제육전』

조선은 개국 이후 유교정치에 입각한 중앙집권적 관료국가의 확고한 기반을 닦기 위하여, 여러 가지 시책 중 통치의 기준이 될 법전을 편찬하여 성문화하는 것을 정치의 근

條畫, 擬議啓聞." (중략) 敎曰: "《元典》更改, 《續典》所載, 竝皆削除. 其中不得已事, 《元六典》各其
條下, 書其注脚."
323) 사실을 수집하여 기록함.
324)『세종실록』8년(1426) 12월 3일 4번째기사.
　　(원문) 修撰色撰進 《贖六典〔續六典〕》 及謄錄. 其序曰:《經濟六典》, 乃我太祖康獻大王朝定制, 左政丞趙俊等
撰集, 自國初至于丁丑年而止, 一國制度之規模, 已具於此. 其撰集各因元本, 故間有方言者, 太宗恭定大王
朝, 左政丞河崙等, 以文易之, 刪其繁辭, 名之曰《經濟六典元集詳節》. 又撰《續典》, 始自戊寅, 終於丁
亥. 至乙未年八月十八日, 太宗命禮曹, 《續六典》內, 更改《元典》者, 竝皆削除, 其不得已而存之者, 註脚
於《元典》本條之下.

본으로 하였다. 그리하여 조선왕조를 창건한지 6년만에 당시 법 관계를 담당하던 도평의
사사(都評議使司)의 검상조례사(檢詳條例司)325)에 법전의 편찬을 명하여 태조 6년(1397)
12월에 『경제육전』을 편찬하였다. 이는 태조가 1388년(우왕 14) 고려의 수문하시중(守門
下侍中)326)에 오른 이후부터 태조 6년에 이르기까지 발표하였던 각종 조례를 모아 육전
의 형식으로 편찬한 것으로 우리나라 최초의 법전이다.

따라서 『경제육전』은 첫째로 이성계가 위화도 회군을 단행하여 실권을 잡은 1388년
이후부터 1397년(조선 태조 6)까지의 10년간에 받은 국왕의 지시와 당시 실시하고 있던
규례들을 모아 분류해 놓은 일종의 '수교집(受敎輯)'적 성격을 띤 법전이다. 둘째로 이는
정도전의 『조선경국전』과 같이 개인의 견해를 피력한 것이 아니라, 국가의 통일법전으
로 법적 효력을 가지는 관찬(官撰) 법전이다. 한마디로 초기 『경제육전』의 성격은 '수교
집'적 성격을 띤 조선 최초의 성문법전이라고 말할 수 있다.327)

『경제육전』의 작업은 조준이 주도하였으며, 이두를 사용했으므로 『이두육전』이라고도
한다. 『경제육전』을 발행한 다음 해부터 1407년(태종 7)까지 새로 추가한 법령을 하륜(河
崙)·이직(李稷)이 찬집하고, 이두를 모두 한문으로 바꿔 1415(태종 15)에 『경제육전원집
상절』과 『경제육전속집상절』이란 2책으로 간행했다. 이후로 조준이 편찬한 법전을 『원
전』 혹은 『원육전』, 이후에 편찬한 것을 『속육전』이라고 부르게 되었다. 태조 이후 세종
15년(1433)까지 3번의 『경제육전속전』과 『등록(謄錄)』이 간행되었지만 이 모든 법전의
원문은 전해지지 않는다.

2. 『경국대전』

조선은 건국 후 곧바로 법전 편찬에 착수하여 태조 6년(1397년) 12월에 『경제육전』을
간행했다. 그러나 바로 개정작업을 벌여 세종 15년(1433년)까지 3번의 『경제육전속전』과
『등록(謄錄)』을 간행하였다. 이것은 건국 후 국가제도 전반에 대한 개혁과 수정이 계속
되었기 때문이다. 세종 15년 이후에도 이 추세는 여전하였다. 따라서 법조문과 현실 행
정과의 괴리, 법조문 간의 모순 현상도 계속되었고, 만세불변의 법전을 편찬하려는 정부
의 의도도 실현될 수가 없었다.

그래서 세조는 즉위하자마자 당시까지의 모든 법을 전체적으로 조화시켜 후대에 길이
전할 법전을 만들기 위해 육전상정소(六典詳定所)를 설치하고, 최항 등에게 명하여 편찬

---

325) 조선 전기에 법제업무를 관장한 관청으로 그 임무는 각사(各司)에 내려가는 수교를 등록하고, 이전에 내린 법
　　령과의 중복 여부를 검토하는 일이었다.
326) 중서문하성(中書門下省)의 종1품 재신(宰臣)이다.
327) (국역)『경국대전』 경제육전의 편찬과 그 원형 제1절 『경제육전』의 편찬경위.

작업을 시작하게 하였다. 그리하여 세조 6년(1460년) 7월에 재정·경제의 기본이 되는 호전과 호전등록을 완성하여 『경제육전 호전』이라 이름을 지었다. 다음 해인 세조 7년(1461년) 7월에는 형전을 완성하고 이를 인쇄하여 반포 시행하였다. 세조 12년에는 나머지 4전인 이전·예전·병전·공전도 완성됨에 따라 이미 시행중인 호전 및 형전과 함께 전면적으로 재검토한 다음 세조 14년(1468년) 1월부터 시행할 계획이었으나 왕이 갑자기 서거함으로써 예정대로 실시되지 못하였다. 세조가 사망하자 법전은 다시 수정되었다. 수정본은 예종 1년(1469년)에 일단 완성했으나 예종 역시 갑자기 사망하는 바람에 법전의 간행은 이루어지지 못하였다.

성종은 즉위 후 바로 『경국대전』의 교정을 착수하여 성종 2년(1471년) 1월에 반포했다. 그 해가 신미년이었기 때문에 이를 『신미대전』이라고도 한다. 하지만 5월에 예조에서 법전에 수록해야 할 조문으로 『신미대전』에 누락된 조문을 130여 개 조문을 거론했다. 그 결과 누락 조문의 보충뿐 만 아니라 대대적인 수정작업을 진행하여 성종 5년(1474년) 새 법전과 72개조의 『속록(갑오대전)』을 반포했다. 이들 법전간의 내용차이를 밝히는 것은 중요한 과제이지만, 이 수정본들은 현재 전하지 않는다. 성종 12년(1481년) 당시 개정 논의가 대두하자 감교청(勘校廳)을 설치하고 개수사업을 진행하여, 성종 16년(1485년)에 최종본을 완성 반포했다. 성종 16년에 반포된 『경국대전』은 『을사대전』이라고도 하는데 이는 영세불변의 조종성헌으로서 조선통치의 기본법이 되었다.[328] 이 『경국대전』역시 조선의 성문헌법으로서 시대의 흐름이나 사회적 변천에 따른 개정의 필요에도 불구하고 조문의 첨삭이 허용되지 않았다.

『경국대전』은 6조(曹)의 직능에 맞추어 이·호·예·병·형·공전의 6전(典)으로 구성하였다. 조선의 행정사무는 모두 6조에 집중되었으며, 이 중 영구히 시행해야 할 법령들을 편집하여 6개의 전(典)으로 묶은 것이다.

① 이전(吏典)은 총 29항목으로 국가의 통치기구와 조직체제, 동반의 경·외관직, 아전·토관의 직제와 인사고과제도가 가장 큰 비중을 차지하였다. 이밖에 노인직·추증·급가·한품서용 등 관료제 운영규정도 있다.

② 호전(戶典)은 30항목으로 재정·토지·조세·녹봉·공물·양전·부역·토지매매·상속에 관한 규정들을 수록했다.

③ 예전(禮典)은 61항목으로 교육·문과와 잡과의 시험규정·외교·의장·오복(五服)·의례에 관한 규정이 주요 내용인데, 그밖에 각종 공문서 양식과 음악·인장·구호사업 규정과 불교관계 규정을 수록했다.

④ 병전(兵典)은 51개 항목인데 경외의 군사기구와 무반직, 무과와 취재 규정, 군사기

---

328) 김기춘. 1990, 30-31.

구 검열과 번상규정, 면역·급보·성곽·역마·봉수(烽燧) 규정을 수록했다. 이 밖에 비상시의 소집과 행동지침, 순찰규정을 상당히 상세하게 수록해두었다.

⑤ 형전(刑典)은 28개 항목으로 크게 형법제와 노비규정으로 나누어진다. 형법제는 형벌과 금령, 각종 형구와 형집행 방법, 재판규정을 수록했다. 그러나 이것이 형법의 전부는 아니다. 형전 첫머리 용률(用律)조에서 대명률329)을 의용한다고 규정했는데, 각종 형법은 『대명률』을 따르고, 형전에는 『대명률』과 다르거나 『대명률』에는 없는 법만 수록한 것이다. 그러므로 『경국대전』의 형법제를 이해하기 위해서는 『대명률』을 함께 참조해야 한다.

⑥ 공전(工典)에는 도로·교량·도량형(度量衡)·재식(裁植)330)에 관한 규정들이 포함되어 있다.

중요한 것은 『경국대전』의 호전에 규정된 양전조와 수세조의 항목은 대부분 세종대왕이 제정한 공법(貢法)의 조문을 수록하고 있다는 것이다.

3. 『속대전』

『속대전(續大典)』은 『경국대전』 편찬 이후 최초로 개정된 정식 법전으로 이후에 편찬된 『대전통편』·『대전회통』과 함께 조선시대 4대 법전 중 하나이다. 조선시대에 법전에 수록된 조문은 만세불변의 조문이어야 했다. 그러나 실제로는 사회가 변화함에 따라 새로운 수교들이 계속 발효되었다. 그 결과 『경국대전』 이후에 반포된 수교(受敎)·조례(條例) 등이 번잡하게 되어, 그 해석과 시행에 어려움이 많아 『대전속록』·『대전후속록』·『수교집록』·『전록통고』 등 여러 추가법령집이 간행되었다. 이 때문에 법조문 참고가 불편하고 법 적용에 일관성이 없어졌다. 더욱이 임진왜란 이후 사회·경제·법제 모든 면에서 환경이 크게 변동함에 따라 새로운 법전의 편찬이 요구되었다.

이에 숙종 14년(1688년) 박세채가 『속대전』 편찬을 건의했는데, 『속대전』이라는 이름은 이때 처음 등장했다. 그러나 법전 편찬은 영조대에 비로소 이루어졌다. 영조 6년(1730

---

329) 명의 홍무제(洪武帝)는 당률을 이상으로 하여 1367년 《대명률》을 제정하고 이듬해 이를 공포하였다. 이후 《대명률》은 1374년, 1389년, 1397년에 걸쳐 수정되었다. 《대명률》의 기본원칙은 당률과 대동소이하나 당률의 형벌체계가 태(笞)·장(杖)·도(徒)·유(流)·사(死)의 오형이며 사형(死刑)의 경우 교(絞)와 참(斬)으로 나누어져 있는 데 대해 자자(刺字)의 형을 추가하고 사형에도 능지처사(凌遲處死)와 같은 극형을 새로 넣는 등 엄격한 성격을 보여준다. 법률의 적용에서도 당률은 범죄 당시의 법을 적용하는 것을 원칙으로 하는 데 비해 《대명률》은 재판 당시의 법을 그 이전의 행위에 대해서까지 적용하는 소급처벌을 행함으로써 전단적(專斷的) 경향을 지닌다.

330) 나무심기.

년) 영조는 오래전부터 새 법전의 편찬에 뜻을 가졌음을 밝히고 준비를 명했다. 이후 1740년경부터 편찬 작업을 진행하다가 1744년에는 찬집청을 설치하여 최종 편찬에 들어 갔다. 영조는 직접 각 전(典)의 서문을 써서 내릴 정도로 관심이 높아 법전편찬에 깊이 관여했다. 그는 특히 형법에 관심이 많았는데, 효수(梟首)[331]는 군법이므로 법전에 싣는 것은 부당하다고 삭제할 것을 명하기도 했다. 같은 해 11월에 완성하여 교정을 거쳐 1746년에 인쇄, 반포했다. 『속대전』에는 영조의 서문 외에 예문관 직제학이었던 원경하 의 서문과 김재로 등이 쓴 전(箋)[332]이 있다.

『속대전』은 『경국대전』이 반포 시행된 후 260여 년이 지난 뒤 편찬에 착수하여 약 8년 만에 완성되었으며, 이로써 법전은 2개가 되었다. 이 법전은 『경국대전』의 총 213항목 가운데 76항목을 제외한 137항목을 개정 증보하였으며, 주로 호전·형전 등의 18항목이 새로 추가되었다. 책의 편제는 『경국대전』의 예에 따라 이(吏)·호(戶)·예(禮)·병(兵)· 형(刑)·공(工)의 육전으로 분류하였다. 6전(典)으로 나누어 각 항목은 『경국대전』을 따 랐으나, 수정된 내용만 수록하였으므로 『경국대전』에 있어도 빠진 항목이 있고, 새로 추 가한 항목도 있었다. 추가된 것은 이전의 잡령, 호전의 창고, 형전의 살옥(殺獄)·검험(檢 驗)[333]·간범(奸犯)·사령(赦令)[334]·속량(贖良)[335]·보충대(補充隊)[336]·청리(聽理)[337]·문기(文記)[338]·잡령(雜令)·태장도류속목(笞杖徒流贖木) 등 형법에 관계된 것이 많았다. 각 전(典)의 서두에는 영조가 직접 8자의 제목을 내려 법의 취지와 지향을 밝힌 점이 특이하다. 일례로 호전에서는 "均貢愛民 節用蓄力(균공애민 절용축력)"의 제목으로 "세를 균등하게 하여 백성을 사랑하고, 재정을 절약하여 힘을 축적한다."라고 썼다. 『속 대전』은 『경국대전』과 별개의 책으로 편찬되었으나, 정조 때 다시 『대전통편』을 편찬하 면서 2개 법전은 하나로 합쳐졌다.

『속대전』의 호조편에는 양전(量田)과 제전(諸田), 수세(收稅) 등에 관한 조세 규정을 두고 있는데, 그 중 수세편에는 "무릇 전지 1결에는 전세는 4두(斗)를 징수한다."는 영정 법의 규정이 있다.

---

331) 죄인(罪人)의 목을 베어 높은 곳에 매다는 처형(處刑).
332) 자기의 의사를 남에게 표현하는 것으로 전(牋)자와 통용하여 쓴다.
333) 죄수가 죽었을 때 죽은 원인을 밝히기 위해 담당 관원이 시체를 검증하고 검안서(檢案書)를 작성하던 제도.
334) 사면의 명령. 혹은 은사(恩赦)의 명령.
335) 조선시대 노비에게 대가를 받고 그들의 신분을 풀어주어 양인(良人)이 되게 하던 제도.
336) 조선시대 양(良)·천(賤) 사이의 신분 변별책으로 설치되어 오위(五衛) 중 의흥위(義興衛)에 소속된 병종(兵種).
   천인종량자(賤人從良者)가 일정한 기간 복무하면 양인이 될 수 있었던 제도이다.
337) 송사(訟事)를 자세히 듣고 심리함.
338) 땅이나 집 또는 그밖의 권리를 증명하는 문서.

4. 『대전통편』

　『속대전』이후에도 국가체제의 재정비 작업은 많은 논란과 변동을 거치면서 계속되었다. 또한『속대전』은『경국대전』과 별책으로 편찬되어 참조해야 할 법전이 또 하나 늘어난 셈이 되었다. 이에 정조는 법전을 하나로 통합하고, 『속대전』의 미진했던 부분을 보완하기 위해 새로운 법전 편찬을 명하였다. 그 결과『대전통편』은 정조 9년(1785년)에 편찬하여 1786년 1월부터 시행했다. 원래 정조의 구상은 명나라의『대명회전(大明會典)』처럼『국조오례의』·『속오례의』같은 예서(禮書)까지 통합하는, 대 편찬 사업을 하고자 하였으나 이루지 못하고 일단 통합법전만 편찬했다. 체제는 조선시대 법전 편찬의 기본 원칙대로 기존 법전의 체제와 조문을 그대로 두고, 변동된 내용을『속대전』·『대전통편』조문 순으로 수록했다.『경국대전』조문은 앞에 '原'(원),『속대전』은 '續'(속),『대전통편』은 '增'(증)자를 표시하여 구별했다. 추가한 조문의 내용과 성격은 크게 다음과 같이 세 가지로 나눌 수 있다.
　① 『속대전』규정을 보완하거나 사례를 들어 구체적으로 설명한 부분
　② 전랑권(銓郎權)[339] 부활과 같이『속대전』규정을 번복·수정한 내용
　③ 새로 추가한 내용

　추가한 조문은『속대전』이후의 것만이 아닌 조선후기에 발효한 여러 수교를 대상으로 했고, 변동이 많았던 내용은 어느 왕 몇 년의 조치라고 주에 표기하기도 했다.『경국대전』규정으로 사문화한 내용은 원문을 그대로 두고 '今廢'(지금은 폐지되었다)와 같은 설명을 넣었다. 사실상 폐지되었으나『속대전』에서는 언급하지 않았던 부분도 모두 찾아 기록해 적극적이고 상세하게 국가체제 전반을 재구성했다. 이 역시 정조 때까지 국가체제 정비작업이 부분별로 계속 진행된 결과이다. 따라서『속대전』은 조선후기의 사회변동과 국가정책을 이해하는 데 필수적인 자료이다.

5. 『대전회통』

　『대전회통』은 고종 2년에 편찬된 조선왕조 법규를 전부 수록한 조선시대의 마지막 법전이다. 고종 2년(1865년) 왕명에 따라 조두순·김병학 등이『대전통편』이후 80년간 반포 실시된 왕의 교명과 규칙 및 격식 등을『대전통편』아래에 추보한 뒤 출판했다. 체제

---

339) 관원의 천거는 의정부의 삼정승이 아니라 이조에서도 정랑과 좌랑만이 그 권한을 가지고 있었다. 즉, 정랑과 좌랑의 인사 천거권을 전랑권이 한다.

는 주관제도(周官制度)와 『대명회전(大明會典)』을 모방하여 이·호·예·병·형·공전의 6전으로 나누어 편집했다. 이전 31, 호전 29, 예전 62, 병전 53, 형전 39, 공전 14개 항목으로 총 228개 조목을 담고 있다. 또한 『경국대전』·『속대전』·『대전통편』 등을 보완하는 의미에서 편찬한 것이므로 이들 법전의 내용을 모두 수록하고 있다. 『경국대전』의 본문은 '原'(원), 『속대전』은 '續'(속), 『대전통편』은 '增'(증), 새로 보록한 것은 '補'(보)자를 음각(陰刻)하여 구별했다. 그러므로 조선시대 전반의 각종 제도와 관습을 이해하는 데 편리한 점이 있으며, 특히 일종의 행정 법전으로서 관리가 준수해야 할 각종 규준(規準)340)도 잘 보여주고 있다. 그러나 육부분류(六部分類)의 체제를 기본으로 하고 있기 때문에 궁중에 관계되는 사항과 부중(府中)341)에 관계되는 사항을 나누지 않았으며, 사인(私人)에 대한 포고와 관리에게 내리는 훈유(訓諭)342), 의례, 금제(禁制)를 모두 일괄하여 규정함으로써 이해하기 어려운 점이 없지 않았다. 또 조종(祖宗)의 유법(遺法)343)을 바꾸지 않는다는 원칙에서 당시에 실제로 시행되지 않는 법조문을 존속시키거나 대외적 체면을 중요시하여 실행 불가능한 규정을 그대로 두기도 하였다.

이 『대전회통』은 조선후기, 특히 19세기에 들어서면서 심화된 중세 체제의 위기에 대한 수습책의 일환으로서 그 정비의 전제가 되는 새로운 법전이 요청되어 편찬된 것이다. 19세기에 들어오면서 봉건사회의 모순은 더욱 심화되어갔고, 이러한 체제 위기에 대한 수습책의 일환으로서, 특히 문제가 되었던 삼정(三政)344)의 개혁을 위해 『대전회통』을 편찬했다. 따라서 『대전회통』은 체제 위기에 대응하여 통치 체제를 유지하고자 했던 조선후기 지배층의 입장을 이해하는 데 도움이 된다.

---

340) 규범으로 되는 표준.
341) 관아.
342) 교훈과 경계의 글.
343) 선왕이 남긴 법.
344) 18, 19세기 조선에서 재정의 주종을 이루던 전정(田政)·군정(軍政)·환정(還政)을 통칭하는 말.

02

각 법전의 **전세법(田稅法) 규정**

제1절   의의

　조세법은 과세권의 주체인 국가와 경제활동의 주체로서의 국민과의 사이에 이루어지는 조세법률관계를 규율하는 법을 말한다. 조선시대의 조세법은 4대 법전인 『경국대전』·『속대전』·『대전통편』과 『대전회통』의 호전(戶典)에 규정되어 있다. 각 법전의 호전에는 경비(經費)·호적(戶籍)·양전(量田)·적전(籍田)345)·녹과(祿科)346)·제전(諸田)·전택(田宅)·급조가지(給造家地)347)·무농(務農)348)·잠실(蠶室)·창고(倉庫)·회계(會計)·지공(支供)349)·해유(解由)350)·병선재량(兵船載粮)351)·어염(魚鹽)·외관공급(外官供給)352)·수세(收稅)·조전(漕轉)·세공(稅貢)·잡세(雜稅)·국폐(國幣)353)·장권(獎勸)354)·비황(備荒)355)·매매한(買賣限)356)·징채(徵債)·진헌(進獻)357)·요부(徭賦)·잡령(雜令)에 관한 조문을 규정하고 있다. 이 중에서 전세(田稅)인 조세와 직접 관련된 조문

---

345) 조선시대 권농책으로 국왕이 농경의 시범을 보이기 위해 의례용(儀禮用)으로 설정한 토지.
346) 관리들의 녹을 지급하기 위해 규정.
347) 조선시대 도성 내의 가옥 건축용 대지의 분급 절차와 신분별 한도를 명시한 규정.
348) 임금이나 관리들이 백성들에게 농사에 힘쓰게 권장함.
349) 조선시대 관비물품(官備物品)의 지급을 뜻하는 말.
350) 조선시대 관원의 교체시 전임자와 후임자 사이에 인수 인계하는 법률적 절차.
351) 병선에 양곡을 싣는 규례.
352) 지방관리에 대한 공급.
353) 조선시대 때 나라에서 공식으로 인정하여 쓰던 화폐.
354) 농사와 누에치기, 나무심기, 가축 기르기와 같은 일들의 장려.
355) 흉년구제에 대한 준비.
356) 토지와 가옥의 매매 기한.
357) 조선 시대에 중국에 조공하는 공물과 임금에게 바치는 예물.

은 양전(量田)과 제전(諸田), 수세(收稅), 조전(漕轉), 세공(稅貢), 잡세(雜稅), 징채(徵債), 잡령(雜令) 등의 조항이다.

호전의 양전조(量田條)는 전세의 과세대상인 전지의 등급을 어떻게 정하는가 하는 절차와 방법 및 양전할 때 위법한 자의 처벌 등을 규정하고 있다. 농업을 기반으로 하는 조선사회의 성격상 토지를 측량하고 등급을 정하는 것은 매우 중요한 일이다. 수세조(收稅條)는 세율 및 고을별 수확량을 적정하게 산정하는 연분의 절차와 방법을 규정하고, 재해 등에 따른 감세 정도를 자세히 규정하여 전세부담을 공평하도록 하였다.

징채(徵債)조는 조세를 미납할 경우 독촉 및 추징 절차, 납부기한이 지난 경우 징수하지 못한 관원의 처벌 등을 규정하고 있어, 지금의 국세징수법 내용을 담고 있다. 제전(諸田)조는 면세전에 대해서 규정하고 있으며, 잡령(雜令)조에는 조세를 수납할 공리(貢吏)[358]의 선발과 공리의 수납 방법을 구체적으로 규정하고 있으며, 전세와 공물의 수납 및 창고에 납부하는 과정에서 발생될 수 있는 범죄에 대한 처벌에 관한 규정을 하고 있다. 조전(漕轉)조에는 수납시기와 상납기한, 배로 운반하는 방법 등을 자세히 규정하고 있다. 세공(稅貢)조에는 세공으로 거두는 물품은 다음해 6월을 기한으로 하여 상납하도록 규정하고 있다.

다음에서는 『경국대전』을 비롯한 『속대전』과 『대전통편』, 그리고 『대전회통』 등 호전(戶典)의 전세(田稅) 관련 주요 조문과 규정들을 살펴본다. 다만, 조선시대의 조세범처벌 규정과 조세감면 규정은 중복을 피하기 위해서 뒤의 해당 장(章)에서 설명하기로 한다.

제2절　호전의 양전조(量田條)

조선시대 양전은 전분육등법에 따라 전세의 과세대상인 전지(田地)의 소유와 등급을 정하는 절차였다. 농업을 기반으로 하는 조선사회의 성격상 국가의 재정수입에 가장 큰 비중[359]을 차지하는 조세는 토지와 관련된 전세이므로 양전은 매우 중요한 절차였다. 양전은 전국 토지 중 소유자별 전결(田結) 수를 정확히 파악하고, 양안에 누락된 토지를 적

---

358) 공리(貢吏)는 각 고을에서 조세와 공물의 수납을 담당하는 향리(鄕吏; 아전)로서 수호장(首戶長)·기관(記官) 등 지식이 있고 부실(富實)한 자 중에서 골라서 정하도록 하였다.

359) 조선전기에는 전세와 공부(貢賦)가 국가세입의 대종이었으나, 조선후기 18~19세기에는 전세를 포함한 결세(結稅)수입이 46%, 환곡이자수입이 36%, 신공(身貢)수입이 16%이였다(金玉根, 1984,「朝鮮王朝財政史硏究」).

발하여 탈세를 방지하며, 토지경작 상황의 변동을 조사하는 등 국가재정의 기본을 이루는 전세(田稅)의 징수를 충실히 할 목적으로 실시되었다. 즉, 양전을 정확히 하는 것은 전세의 과세대상인 전답(田畓)의 토질을 정확히 조사하고, 전지의 비옥도에 따라 1결의 넓이를 차등주어 측정함으로써, 재정수입을 늘리고 근거과세의 확립에 의한 공평과세를 실현하는 것이다. 그러나 전국에 걸친 정확한 양전은 제대로 실시되지 못하였는데, 그 까닭은 전형(田形)[360]이 자주 바꾸어지는 것과 양전사업의 경비가 많이 들어 백성들의 피해가 많았고, 양전의 결과가 공정하지 못하여 원망이 일어났기 때문이다. 특히 전세(田稅)의 경우에는 경작자 사정과 자연 조건 등으로 항상 전지의 상태가 변동되므로 조정에서는 20년에 한 번씩 양전을 실시하여 과세대상으로서의 토지를 측량하고, 경작상태에 따라 정전·속전·강등전·강속전·가경전·화전 등으로 구분하여 과세지와 면세지를 파악하게 하였다.

양전조의 규정은 다음과 같이 나누어 볼 수 있는데,『경국대전』의 조문이 개정되면서 폐지되거나 추가되어『속대전』에 수록된 것을 볼 수 있지만, 그 후 법전에는 개정된 내용은 없다.

(1) 양전(量田) 기간과 대장 관리

구분	규정
경국대전	○ 모든 전지는 6등급으로 나누며, 20년마다 다시 측량하여 대장을 만들어 호조와 해당 도 및 해당 읍(本邑)에서 보관한다.

전분육등법은 세종대왕이 만든 공법의 핵심적인 규정으로 조선말까지 유지되었다. 양전조에 따르면 토지 조사를 한 후 양안(量案)이라는 토지대장에 기록하도록 하였다. 양안에는 지금의 토지대장처럼 토지의 번지, 위치, 등급, 용도, 면적, 전주 등을 기록하였다. 이렇게 만든 양안은 해당 읍·면과 도, 그리고 서울의 호조에 각각 한 부씩 보관하도록 하였다.

양전은 법적으로 20년마다 실시하도록 되어 있었지만 인력·경비 등이 막대하게 소요되는 대규모 사업이라 규정대로는 실시하지 못하여, 수십 년 혹은 백 년이 더 지난 뒤에 실시하기도 하여, 조선 개국 직전인 1391년(고려 공양왕 3) 이성계의 전제개혁(田制改革) 때와 조선의 태종·세종 때에 전국적인 양전이 실시되었지만, 성종 때 하삼도(下三道: 경상·전라·충청)에 부분적으로 실시된 것과 임진왜란 이후 황폐화한 국토를 정리하기 위하여 지역별로 시행된 정도였다. 숙종 46년(1720)의 경자양전(庚子量田) 역시 하삼도를

---

360) 논이나 밭의 꼴.

중심으로 한 양전이었다. 결국 조선시대 500년 동안 전국적 규모의 양전(量田)은 4차례[361] 정도 이루어졌을 뿐이며, 도 단위의 양전이 행해지거나, 필요에 따라서 지역별로 양전을 실시했다. 이는 양전이 아담 스미스가 「국부론」에서 말하는 것처럼 "나라의 토지 전체를 실제로 측량하고 평가하는 것은 힘들고 비용이 많이 드는 사업"이기 때문이다.[362] 양전 후 만들어진 양안을 기초로 해마다 전주의 변화와 농지의 수확량을 조사해 개별 가구마다 징수할 전세를 결정했다.

『반계수록』에서 유형원은 "세상에 전정(田政)보다 더 중대한 일은 없다. 전정이란 민생의 큰 업(業)이요 국가의 근본이니, 전정에 유익한 것이라면 세상에 무엇을 아끼겠는가?"[363]할 만큼 전세의 징수에 있어서 전정(田政)의 하나인 양전은 중요하였다.

(2) 양전의 척도(尺度)

구분	규정
경국대전	○ 1등전을 재는 자의 길이는 주척(周尺)으로 환산하면 4자7치7푼5리에 해당하고 2등전을 재는 자의 길이는 5자1치7푼9리, 3등전을 재는 자의 길이는 5자7치3리, 4등전을 재는 자의 길이는 6자4치3푼4리, 5등전을 재는 자의 길이는 7자5치5푼, 6등전을 재는 자의 길이는 9자5치5푼에 해당한다.
속대전	○ 무릇 전지는 모두 1등척(尺)으로 측량한다. 2등이하의 척도는 경국대전에 있으나 지금은 쓰지 않는다. ○ 1등 전척이 사방 1만척인 경우, 2등 전척은 0.8501, 3등 전척은 0.7011, 4등 전척은 0.5507을 각각 곱하면 경국대전의 각 등급의 척수(尺數)에 부합한다. 이때 파(把)의 경우 6파(把)가 미만이면 버린다(5捨6入). 묵은 논밭이나 개간한 밭(起耕田)임을 막론하고 5결이 되면 일자호(一字號)를 써서 지번(地番)을 표시한다. 천자문으로서 차례를 매기며 글자내에서는 1·2·3으로 차례를 삼는다. ○ 전형(田形)이 명확하지 않는 곳은 방전(方田)[364]이나 직전(直田)[365]으로 만들어 측량하되 경사져서 떨어져 나간 곳은 별도로 전형(田形)을 만들어 측량한다.

조선시대 과세대상인 전지를 측정하는 자는 매우 중요하였다. 그래서 『경국대전』에는 토지를 측량할 때 쓰는 자를 주척으로 정하면서, 토지의 등급에 따라 그 길이를 다르게 하는 수등이척법(隨等異尺法)을 규정하고 있다. 주척을 이용한 양전척은 세종대왕의 공법에 따른 것이다. 1등전의 양전척은 주척(周尺)으로 4.775척, 2등전은 5.179척, 3등전은

---

361) ① 을유양전(乙酉量田) : 태종 원년(1401)부터 시작하여 태종5년에 끝남.
　　② 무신양전(戊申量田) : 세종 10년(1428)에 시작하여 세종 14년까지 계속됨.
　　③ 계묘양전(癸卯量田) : 선조 36년(1593)부터 선조 37년에 걸쳐 실시.
　　④ 광무양전(光武量田) : 광무 2년(1898)에서 1904년에 이르기까지 행해진 양전사업.
362) 최호진·정해동. 1992. p.425.
363) 『경세유표』 제9권 지관수제(地官修制) 전제별고(田制別考)2 어린도설(魚鱗圖說)
364) 네모반듯한 논.
365) 네모반듯하면서 길쭉하게 생긴 밭.

5.703척, 4등전은 6.434척, 5등전은 7.55척, 6등전은 9.55척이며, 이때 2등전의 자는 1등전의 자보다 8.4%를 길며, 6등전의 자는 1등전의 자보다 2배 더 길다.

『속대전』에서는 수등이척법(隨等異尺法)을 폐지하고 양척동일법을 규정하면서, 모든 전지의 양전척을 1등 전척으로 통일시켜 양전하도록 하였다. 따라서 1등 전척으로 전지의 면적으로 계산하면 1등전은 1결이 되고, 2등전은 85부(負) 1파(把)가 되고, 3등전은 70부(負) 1속(束) 1파가 되고, 4등전은 55부 7파가 되고, 5등전은 40부가 되고, 6등전은 25부가 되었다. 그리고 『속대전』에서 전형(田形)이 명확하지 않는 곳은 방전(方田)이나 직전(直田)으로 만들어 측량하라는 것은, 전형(田形)의 계산하는 방법 중 방전법과 직전법을 이용하라는 것이다. 방전법은 각양각색의 토지를 방형(方形)으로 계산하여 토지의 면적을 측량하는 방법이다.

(3) **결부법**

구분	규정
경국대전	○ 평방면적에서 4방 한자를 파(把)라 하고 10파(把)를 1속(束)이라 하고 10속(束)을 1부(負)라 하고 100부(負)를 1결이라고 한다. ○ 1등전 1결은 38무(畝)에 해당하고 2등전은 44묘7푼, 3등전은 54묘2푼, 4등전은 69묘, 5등전은 95묘, 6등전은 152묘에 해당한다. ○ 각 등급의 토지 14부(負)가 중국의 1묘에 해당한다.
속대전	○ 전지의 등급이 내려 올 경우마다 결부(結負)[366]를 낮게 풀어서 정한다. ○ 1등전 1부(負)는 2등전 8속(束)5파(把), 3등전 7속, 4등전 5속5파, 5등전 4속, 6등전 2속 5파로 각각 푼다. 이는 각 등급마다 1부(負)에서 1속(束)5파(把) 씩 감한 것으로서, 1등척의 평방척이 10부(負)인 경우, 2등전은 8부 5속이 되고 6등전에 이르면 2부5속이 되며 나머지 등급은 이에 준하는 것이다. ○ 화전은 25일경(耕)[367]을 1결로 하고 별도로 대장을 만들며, 천자문(千字文)의 글자로서 배열하지 않고 단지 지명만을 써서 원전(元田)과 섞이지 않도록 한다.

토지를 과세대상으로 하는 전세에 무엇보다도 중요한 것은 전지의 등급을 정하는 방법이다. 조선시대에 전지의 등급을 정하는 방법은 결부법이었다. 결부법은 단순히 토지의 면적만 측정하는 것이 아니라 토지의 비옥도에 따른 수확량을 고려하여 토지의 면적을 계산하는 방법이다. 곡식의 수확량으로서 전지의 면적을 파악하고, 이를 기준하여 과

---

366) 結負法은 곡식 수확량으로서 전지(田地)의 면적을 파악하고 이를 기준하여 과세의 표준을 삼았던 한국 특유의 토지제도이다. 結・負・束・把・握을 단위로 하며, 벼 한줌인 1악을 1파, 10파를 1속, 10속을 1부, 100부를 1결로 하였다. 결부법은 토지등급에 따라 1결의 넓이는 달랐으나 거기에서 생산되는 수확량과 그에 대한 세율은 같은 동과수조제(科收租制)다.

367) 양전(量田)을 실시하지 않은 고을에 밭갈이 하는 날수 곧 삭(朔)・일(日)・조(朝)・반조(半朝) 등으로 전지를 계산하던 법. 『영조실록』에 의하면 1일경전(日耕田)은 대략 10여부(餘負)이며 생산되는 곡식은 1곡(斛)(20斗)이 채 못된다고 하였다.(『영조실록』 20년 9월 12일 4번째기사)

세표준을 삼았던 우리나라 특유의 토지제도이다. 세종대왕의 공법에 따른 결부법은『경국대전』에 규정되어 조선말까지 약 450년 동안 바뀌지 않고 유지되었다.[368] 『경국대전』에 규정된 "1등전 1결은 38무(畝)에[369] 해당하고, 2등전은 44무7푼, 3등전은 54무2푼, 4등전은 69무, 5등전은 95무, 6등전은 152무에 해당한다."는 것은 2등전의 면적은 1등전에 비해서 17.6%가 더 넓으며, 6등전은 1등전에 비해서 4배가 넓다는 것이다. 하지만 수확량은 1결당 수전은 쌀 40석, 한전은 콩 40석으로 모두 같으며, 이에 따른 조세도 상상년의 경우 모두 20두로 같다.

『속대전』에서 "전지의 등급이 내려 올 경우마다 결부(結負)를 낮게 풀어서 정한다."는 것은 전지의 양전척을 1등 전척으로 통일시켜 양전하도록 하는 양척동일법을 시행하면서, 사방 10,000척은 1결로 한『경국대전』의 면적을 환산하면 1등전은 1결이 되고, 2등전은 85부(負) 1파(把)가 되고, 3등전은 70부(負) 1속 1파가 되고, 4등전은 55부 7파가 되고, 5등전은 40부가 되고, 6등전은 25부가 된다는 것이다. 그리고『속대전』에서 화전(火田)의 규정을 추가한 것은 산중 고을들이 화전에서 거두는 세가 지나쳤기 때문이다.[370]

(4) 전지의 구분

구분	규정
경국대전	○ 항상 경작하는 토지를 정전(正田)이라 하며, 경작하기도 하고 묵히기도 하는 토지를 속전(續田)이라 한다. ○ 정전이라고는 하지만 토질이 메말라서 곡식이 잘되지 않는 토지라든가 속전이라고는 하지만 땅이 기름져서 소출이 곱절이나 많이 나는 토지에 대해서는 고을 수령이 대장에 기록하여 두었다가 관찰사에게 보고하여 다음 번 식년(式年)[371]에 고친다.
속대전	○ 속전이나 가경전(加耕田)도 이미 상시경작 하는 경우에는 모두 정전(正田)의 예에 의하여 등급을 나눈다. ○ 화전(火田)은 모두 6등으로 하여 둔다. 등급수를 올렸다가 내렸다가 할 때에 수령이 실제대로 하지 않는 경우에는 잡아다가 심문한 후 정죄한다. ○ 함경도에서는 양전한 후 새로이 개간한 토지가 있을 때에는 원결(元結)에 첨가하여 넣지 않고 모두 속전으로서 시행하여 경작할 때에만 세를 거둔다.

전지의 유형은 전지의 상태에 따라 정전·속전·가경전·화전 등으로 나누었다. 정전(正田)은 해마다 경작하는 전지이고, 속전(續田)은 토지의 천박으로 경작하기도 하고 묵

---

368) 광무(光武) 2년(1898)에 양지아문(量地衙門)을 설치하고 양지감리(量地監理)를 각도(各道)에 차견하여 학도(學徒)를 가려 인솔하고····(중략) 양전(量田)하였다. 양전사목(量田事目) 전답의 등급을 나누고 결부(結負)을 정하는 규례(規例)는 모두 국조(國朝)의 옛 전법(典法)에 의하여 6등급으로 나누고, 전답의 지적(地積) 1만 척의 1등은 1결이고, 2등은 85부, 3등은 70부, 4등은 55부, 5등은 40부, 6등은 25부이다.

369) 38무=2,753.1평=9101m²

370) 『숙종실록』 20년(1694) 11월 6일 1번째기사.

371) 자(子), 묘(卯), 오(午), 유(酉) 따위의 간지(干支)가 들어 있는 해. 3년마다 한 번씩 돌아온다.

히기도 하는 전지이다. 가경전은 개간하여 아직 양안에 오르지 아니한 농지이다.『경국대전』에서는 정전은 경작 여부와 관계없이 매년 과세하며, 속전은 경작한 경우에만 과세하였다. 그러나『속대전』에서는 속전(續田)이나 가경전(加耕田)도 이미 상시경작 하는 경우에는 모두 정전(正田)의 예에 의하여 등급을 나누며, 화전(火田)은 모두 6등으로 하도록 하였다.

(5) 전지 전주의 기록

구분	규정
속대전	○ 모든 전지는 4방의 경계표시와 전주의 이름을 양안에 기록하여 둔다. 서로 소송중인 토지가 판결이 난 경우에는 승소자로서 전주(田主)를 삼으나, 판결이 나지 않은 경우에는 임시로 경작인(耕作人)을 전주로 기록한 후에 조사하여 변별하되 양안(量案)의 전주 이름에 구애되지 않는다. ○ 묵은 논밭[陣田]에도 모두 전주를 기록하여 두며, 전주가 없는 곳은 무주(無主)라고 기록하여 둔다.

『속대전』의 양전조에 따르면 모든 전주는 양안(量案)이라는 토지대장에 기록하도록 하였다. 이 양안에는 전지의 번지, 위치, 등급, 용도, 면적, 전주 등을 기록했다. 그리고 묵은 논밭에도 모두 전주를 기록하게 하였으며, 전주가 없는 곳은 무주라고 기록하게 하였다.

(6) 지역별 전지 등급 등

구분	규정
속대전	○ 경기의 논은 4등을 첫 머리로 하고 밭은 모두 6등으로 하여 둔다. ○ 각종의 위전(位田) 및 관둔전(官屯田)은 전에 이미 등급수를 정하여 두었으면 모두 올렸다가 내렸다가 할 수가 없다. 각 도에서도 같다.

『속대전』에서 "경기의 논은 4등을 첫 머리로 하고 밭은 모두 6등으로 하여 둔다."는 것은 경기도의 논은 모두 4등전 이하로 하여 결수를 정한다는 것이다. 그리고 각종의 위전(位田) 및 관둔전(官屯田)의 등급수를 변경하지 못하도록 한 것은 관(官) 소속의 전지를 관청이 마음대로 정할 경우 소작하는 농민에게 농간을 부릴 수 있기 때문이다.

　　조선시대 공평한 전세의 부과 요인 중 첫번째는 과세대상인 전지의 등급을 명확히 하는 것이고, 두번째는 전답에서 거둘 곡물의 수확량에 따라 연분을 적정하게 산정하는 것이다. 따라서 호전의 수세조(收稅條)는 전세의 세율 및 곡물의 수확량을 적정하게 산정하는 연분의 절차와 방법 등을 규정하고, 재해 등에 따른 감면 정도를 자세히 규정하여 납세자인 농민의 전세부담을 공평하도록 하였다. 또한 수세조에는 전세를 부과하고 징수할 때 발생할 수 있는 범죄의 유형과 처벌에 대해서 규정하고 있다.

(1) 연분결정과 재상답험(踏驗) 방법

구분	규정
경국대전	○ 모든 전지는 매년 9월 보름 전에 수령이 그해 농사형편을 심사(審査)하여 연분등제(年分等第)를 정하고, 읍내(邑內)와 사면(四面)을 각각 나누어 등급을 정한다. 관찰사가 다시 심사하여 임금에게 보고하며, 의정부와 육조(六曹)가 함께 의논하여 다시 임금에게 아뢰고 수세한다. ○ 새로 개간하여 늘인(加耕) 전지, 전부가 재해를 입은 전지, 반이 넘게 재해를 입은 전지, 병으로 경작하지 못해 완전히 묵혀진 전지 등은 모두 경작농민이 권농관에게 문서로 신고하는 것을 허용하고, 권농관(勸農官)이 그곳을 직접 심사하여 8월 보름 전에 수령에게 보고한다. ○ 경작농민이 사고로 말미암아 직접 문서로 신고하지 못하는 경우는 권농관이 신고한다. 수령은 현장에 직접 가서 농작 상태를 헤아려 개간하여 늘인 전지는 옆에 있는 전지의 등급에 준하여 헤아린다. 관찰사에게 보고하면, 관찰사는 사실을 조사하여 대장에 올린 뒤에, 보고된 공증문서를 수령에게 돌려주고, 9월 보름 전에 수치(數値)를 갖추어 임금에게 보고한다. ○ 조정(朝廷)에서는 조관(朝官)을 파견하여 위의 기록한 장부 및 공증문서를 참고하고 다시 심사하여 임금에게 아뢰어 조세를 정한다.
속대전	○ 수령은 재해와 생산물의 실(實)함 및 진황(陳荒)과 기경(起耕) 등을 답사(踏査)하여 이를 관찰사에게 보고하고 관찰사는 순찰심사하여 이를 임금에게 보고한다. ○ 관찰사는 연분등제(年分等制)가 아직 거행함에 이르지 못했더라도 만약 재해가 있으면 먼저 임금에게 보고하여 9월초에 경차관을 파견한다. ○ 경차관과 도사경기(都事京畿)·강원·황해도에서는 도사(都事), 3남(南)의 우도(右道)에서는 도사, 좌도(左道)는 경차관, 함경남도면 도사, 북도(北道)의 경우 평사(評事)는 호조에서 추첨으로 대상지역을 배당받아, 다시 심사 고험(考驗)[372]한다. ○ 수령 및 경차관은 비록 심산유곡이라 할지라도 반드시 직접 답험(踏驗)한다. ○ 경차관·도사(都事)가 복심(覆審)할 때 각읍(各邑)의 토지대장에 혹 재해와 실(實)함에 맞지 않는 것이 있으면 한편으로는 이를 임금에게 보고하고 또 한편으로는 이를 정정(訂正)한다. 일을 끝마치고 임금에게 보고하면 호조는 이를 검산하여 세를 정한다.

구분	규정
대전통편	○ 경차관·도사(都事)가 그 해의 풍흉을 답험(踏驗)하는 규정은 호조가 필요할 때 임금에게 보고하여 정하되, 만약 감사(監司)[373]에게 명하여 마감시킬 때에는 그 해 8월에 호조에서 각 도의 농사형편을 참고하고, 이와 상당한 해의 수세총수(收稅總數)와 비교(比摠)하여 임금의 재가(裁可)를 얻으며, 관찰사는 가을에 조사한 후에 등급(等級)을 나누어 임금에게 보고한다.

『경국대전』은 연분구등법에 따라 수령이 연분을 정하고, 관찰사가 다시 심사하여 임금에게 보고하면 의정부와 육조가 함께 의논하여 다시 임금에게 아뢰어 수세하도록 하였다. 이 연분구등법은 세종대왕이 답험손실법의 폐단을 척결하기 위하여 만든 방법이므로, 『경국대전』의 수세조에는 답험에 관한 규정이 없는 것이 특징이다. 다만, 재상(災傷)된 전지에 대해서는 감면을 행하기 때문에, 경작농민이 권농관에게 문서로 신고하는 것을 허용하고, 권농관(勸農官)이 그곳을 직접 심사하여 8월 보름 전에 수령에게 보고하도록 하였다.

『경국대전』의 연분구등법은 약 190년간 지속되다가 1635년(인조 13) 풍흉에 관계없이 1결에 4두의 세율로 징수하는 영정법[374]으로 개정되어 『속대전』에 규정되었다. 세종대왕이 입법한 연등구등법이 빈번한 재해의 발생과 관리들의 의지 부족으로 15세기 말부터 엄격히 적용되지 못하고, 1결에 최저 세율인 4~6두(斗)를 징수하는 것이 관례화된 것이다. 더욱이 임진왜란 등 전란을 겪으면서 백성들의 삶이 더욱 황폐해짐에 따라 풍흉을 따지지 않고 1결에 4두의 세율로 정액화한 것이다. 이는 아담 스미스가 「국부론」에서 "전국적인 토지 측량과 평가에 따라서 부과되는 지조(地租)는 그 최초에는 제아무리 공평할지라도 극히 짧은 기간이 경과하면 반드시 불공평하게 되는 것이다"라고 하면서, "이것을 방지하기 위해서는 나라는 각 전답의 상태와 생산물의 일체의 변화에 대해서 정부는 끊임없이 힘든 주위를 할 필요가 있다."[375]고 말한 것처럼 조선 정부는 연분구등법에 따른 전세의 징수에 많은 어려움을 겪었기 때문이다.

『속대전』의 영정법은 재해에 따른 감면의 답험을 규정하고 있으며, 수령은 재해와 생산물의 실(實)함 및 진황(陳荒)과 기경(起耕) 등을 답사(踏查)하여 이를 관찰사에게 보고하고, 관찰사는 순찰 심사하여 이를 임금에게 보고하도록 하였다. 그리고 경차관·도사

---

372) 신중히 생각하여 조사함.

373) 조선시대 각 도(道)의 장관인 관찰사를 말한다.

374) 영정법은 세수를 늘리기 위해 그 해의 풍흉에 관계없이 하하년 쌀 4두로 한정하였다. 그러나 그 당시에는 농지에는 전세 외에도 1결당 대동미 12두, 삼수미(三手米) 2두, 결작(結作) 2두의 정규 부세와 여러 가지 명목의 수수료·운송비·자연소모비 등의 잡부금이 부가되어 과중한 부담이 되었다. 더구나 이러한 부담은 소작농민에게 전가되기 마련이었으므로 임진왜란 이후 국가의 전세 수취에는 많은 곤란이 있었다.

375) 최호진·정해동. 1992.

의 추천받은 지역을 철저한 심사하여 보고하도록 하였다. 이는 영정법이 재상분간(災傷分揀)을 통해 전세를 차등 징수하는 재종급재방식의 수세법이기 때문에, 단일세율인 영정법에서 재상 답험에 따른 감면을 철저히 하기 위한 것이다.

『대전통편』은 비총법을 규정하고 있으며, 경차관·도사(都事)가 그 해의 풍흉을 답험(踏驗)하는 규정은 호조가 필요할 때 임금에게 보고하여 정하되, 이와 상당한 해의 수세총수(收稅總數)와 비교(比摠)하여 임금의 재가(裁可)를 얻으며, 관찰사는 가을에 조사한 후에 등급(等級)을 나누어 임금에게 보고하도록 규정하고 있다.

(2) 전세의 세율과 납세 곡물

구분	규정
경국대전	○ 생산물이 10분(100%) 충실하면 상상년(上上年)으로 하여, 1결에 20말을 거두고, 9분(分)이면 상중년(上中年)으로 하여 18말을, 8분(分)이면 상하년(上下年)으로 하여 16말을, 7분(分)이면 중상년(中上年)으로 하여 14말을, 6분(分)이면 중중년(中中年)으로 하여 12말을, 5분(分)이면 중하년(中下年)으로 하여 10말을, 4분(分)이면 하상년(下上年)으로 하여 8말을, 3분(分)이면 하중년(下中年)으로 하여 6말을, 2분(分)이면 하하년(下下年)으로 하여 4말을 각각 거둔다. 1분(分)은 면세한다.
속대전	○ 무릇 전지 1결에는 전세(田稅)는 4말 모든 전답(田畓)의 하지중(下之中) 이상의 수세는 이 규정에 따르지 않는다. 전세(田稅)는 논(畓)에는 쌀로 징수하고, 밭에서는 대두(콩) 즉, 황두(콩)로써 징수한다. ○ 평안도의 밭의 수세로서 6분(分)은 콩, 4분(分)은 좁쌀로 징수하고 함경도에는 2분(分)은 좁쌀, 1분(分)은 황두로 징수한다. ○ 평안도의 강변(江邊) 7읍(邑) 및 평양부(平壤府)는 전례(前例)에 따라 3분의 1을 감하고 그 나머지 읍(邑)은 전(田) 1결에 좁쌀 5되 6합(合) 8작(勺), 콩 1말 8되, 답(畓) 1결에 조미(造米) 3말 3되 3합(合) 4작(勺)을 징수한다. ○ 함경도에서는 전(田) 1결에 좁쌀·콩 합하여 1말 5되 9합(合) 9작(勺), 답(畓) 1결에 조미(造米)[玄米] 2말 6되 6합(合)을 징수한다.
대전통편	○ 호남·호서(湖西)·경기의 화전은 매결 콩 8말을 수세하고 강원도의 화전(火田)은 원전(元田)으로 등록되면 매결에 콩 4말을 수세한다. ○ 모든 화전(火田)은 기경함에 따라 수세한다. 평안도·함경도에서도 이와 같다. ○ 해서(海西)의 원양안(元量案)에 화전으로 기록된 토지에 대한 세는 매결(每結) 좁쌀 100말이며, 순영(巡營)[376)이 혁파한 화전(火田)은 매결에 반세(半稅)를 받되 좁쌀·콩 각각 25말을 징수한다. ○ 원양안외(元量案外)로 가경(加耕)한 화전·속전(續田)은 매결에 세로서 좁쌀 15말을 징수한다. ○ 전라도 영암·고부, 충청도 공주에서는 세(稅)로 내는 콩 매 2석은 쌀 1석을 대신하도록 값을 정하여 상납한다.

---

376) 감사(監司)가 일을 보던 관아.

『경국대전』의 세율은 공법의 연등구등분법에 따른 1결당 상상년 20말에서 하하년 4말까지의 세율로 규정하고 있다. 세종대왕의 공법에 따른 것이다. 『속대전』의 세율은 모든 전지 1결에 전세(田稅) 4말의 단일세율로 정하면서, 전세(田稅)로 징수하는 곡물을 논에는 쌀로 밭에서는 콩을 원칙으로 하였다. 다만, 평안도 같은 경우는 밭은 6분(分)은 콩으로, 4분(分)은 좁쌀로 징수하고, 함경도는 2분(分)은 좁쌀로, 1분(分)은 황두로 징수하는 예외 규정을 두었다.

그리고 『대전통편』에서는 화전의 세율과 수세 규정을 신설하였다. 화전(火田)은 기경함에 따라 수세하되, 호남·호서·경기의 화전은 매결 콩 8말을 수세하고, 강원도의 화전(火田)은 원전(元田)으로 등록되면 매결에 콩 4말을 수세하도록 하였다. 하지만 해서 지역은 매결 좁쌀 100두를 징수하도록 하여, 화전의 세율은 지역적으로 너무나 큰 편차를 보이고 있는데 자세한 사정에 대해서는 알 수 없다. 정약용도 『경세유표』에 이에 대해서 "법전을 본다면 소위 1결의 세에 다소 경중이 천차만별이다. 혹은 미(米) 4두, 혹은 미 6두, 혹은 미 8두, 혹은 미 15두, 혹은 미 25두, 혹은 미 50두, 혹은 미 100두 그리고 3분의 1을 감하기도 하며[평안도 광변 7읍에서], 혹은 4분의 1을 감하게 하며[함경도에서], 혼란하고 착잡하여 들쑥날쑥 도대체 일정한 기준이 없다. 비록 유안(劉晏)[377]이 재정을 맡고 양염(楊炎)[378]이 장부를 처리한다 하여도 반드시 그 세액을 균등하게 만들지 못할 것이며 그 법을 통일시키지 못할 것이다."[379]라고 하였다.

(3) 작목(作木) 등과 환산율

구분	규정
속대전	○ 산간지역 군(山郡)에서는 포목으로 바꾸어 징수하는데 삼남지방(三南地方)은 세미(稅米) 1석은 포목 3필 반, 콩 1석은 2필 반, 삼수미(三手米) 1석은 3필로 징수하고, 황해도에서는 쌀 1석은 3필, 좁쌀 1석은 2필 반, 콩 1석은 1필 반으로 징수한다. ○ 강원도 중 영서(嶺西)의 선로(船路)가 없는 읍은 마포로써 대납한다. 세미(稅米) 1석은 3필 반, 세대두(稅大豆) 1석은 2필 반, 삼수미(三手米) 1석은 3필로 대납한다.
대전통편	○ 황해도의 전세는 지금은 포목으로 대납(代納)하지 않는다. ○ 강원도 중 영서(嶺西)의 선로(船路)가 없는 읍(邑)은 마포로써 대납한다. 영동의 9읍(邑)도 이와 같다. ○ 영남의 공작목(公作木)[380]은 전세에 비하여 각각 반필을 감해 준다. ○ 해서(海西)의 노전(蘆田)[381]은 매결당 세로 면포 1필을 징수한다.
대전회통	○ 전라도 해남·강진의 세로 받을 콩 또한 쌀로써 값을 정하여 바치도록 한다.

---

377) 당나라 현종 때 사람.
378) 당나라 덕종 때 사람.
379) 『경세유표』 제7권 지관수제 전제8.
380) 공목(公木)을 마련하려고 전세미를 무명으로 바꾸어 징수하던 일. 여기서 공목이란 조선시대에 외국과의 공무

작목(作木)이란 쌀이나 콩 대신에 무명으로 전세(田稅)를 징수하는 것을 말한다. 대동법(大同法) 실시 이후 전세는 원칙적으로 쌀·콩으로 납부하였으나, 산지(産地) 사정에 따라 작목으로 납부할 수 있도록 하였다. 따라서 작목은 『속대전』에 신설되어 산간지역 군(郡)에서는 포목으로 바꾸어 내는데 삼남지방은 세미(稅米) 1석은 포목 3필 반, 콩 1석은 2필 반, 황해도에서는 쌀 1석은 3필, 좁쌀 1석은 2필 반, 콩 1석은 1필 반으로 징수하도록 하였다. 그리고 강원도 중 영서(嶺西)의 뱃길이 없는 읍은 마포로써 대납하게 하였는데 세미(稅米) 1석은 3필 반, 대두(大豆) 1석은 2필 반으로 하였다. 그리고 『대전통편』에서는 강원도의 작목 지역을 영동의 9읍(邑)까지 확대하면서, 황해도 노전(蘆田)의 경우에도 면포 1필을 징수하도록 하였다.

(4) 작전(作錢)과 현산물

구분	규정
속대전	○ 영구히 돈으로 바꾸어 징수하는 읍(邑)은 쌀 1석에 7냥, 콩 1석에 3냥, 좁쌀 1석에 5냥으로 하여 징수한다.
대전통편	○ 황해도 산군의 4읍(邑)은 영구히 돈으로 납부하되 미 1석에 5냥, 콩 1석에 2냥 5전(錢), 좁쌀 1석에 4냥으로 한다. ○ 장산 이북의 11읍(邑)은 별도로 돈으로 납부하게 하되 미 1석에 4냥 5전(錢), 콩 1석에 1냥 7전(錢), 좁쌀 1석에 3냥 5전(錢)으로 한다. ○ 경상도 영저 7읍(邑)과 죽령 5읍(邑)은 영구히 돈으로 납부하도록 하되 쌀 1석에 5냥, 콩 1석에 2냥 5전(錢)으로 한다. ○ 영남의 화전은 매결당 세로서 면포 10필을 받되 돈으로 대납하면 매필에 2냥 3전(錢)으로 한다. ○ 경기도 장단의 전세는 돈으로 납부하도록 쌀 1석에 8냥, 콩 1석에 4냥을 징수한다. ○ 황해도 토산, 강원도 이천 등 5읍(邑), 충청도 연풍 등 5읍에서는 모두 돈으로 납부하도록 미 1석에 5냥, 콩 1석에 2냥 5전(錢), 좁쌀 1석에 4냥으로 한다. ○ 전세인 면포와 마포의 대전(代錢)은 매필(每匹) 2냥으로 한다.

작전(作錢)이란 조선시대 현물로 내던 조세를 돈으로 환산하여 내는 것을 말한다. 조선전기까지는 전세를 쌀 또는 콩과 같은 현물로 납부하였으나, 조선후기에 들어서면서 현물 징수의 곤란을 해소하고 유통을 활성화하기 위해 일정의 현물세를 돈으로 환산하여 납부하게 하였다. 작전의 비율은 전국에 걸쳐 일정하지 않고 지역의 물가에 따라 편차를 두어 정하였다. 『속대전』에는 영구히 돈으로 바꾸어 징수하는 읍(邑)은 쌀 1석에 7냥, 콩 1석에 3냥, 좁쌀 1석에 5냥으로 정하여 징수하게 하였다. 그리고 『대전통편』에는

역(公貿易)에 쓰인 무명을 말한다.
381) 갈대밭.

작전(作錢)하는 지역을 확대하였으며, 쌀과 콩 등 물가가 낮은 경기도 장단의 경우 작전은 쌀 1석에 8냥, 콩 1석에 4냥을 징수하도록 하였으며, 쌀과 콩 등 물가가 높은 장산 이북의 11읍(邑)은 작전으로 쌀 1석에 4냥 5전(錢), 콩 1석에 1냥 7전(錢), 좁쌀 1석에 3냥 5전(錢)으로 정하였다.

(6) 전세의 부가세

구분	규정
속대전	○ 각 도의 전세를 상납할 때에는 더 보내는데 매석(每石)에 가승(加升)[382]으로 3되, 곡상(斛上)[383]으로 3되, 창고의 역가(役價)[384]로 6되를 추가로 징수한다. ○ 상납하는 세미(稅米)의 원수(元數)가 천석(千石)을 초과할지라도 창작지(倉作紙)[385] 즉 지가(紙價)는 2석을 넘을 수 없으며 호조 입고시의 지가(紙價) 및 공인(貢人)[386]의 역가미(役價米)는 5석을 넘어서는 안된다. ○ 쌀 60석 미만, 콩 100석 미만이면 지가(紙價)는 감해주고 2종(種)의 역가(役價)는 매석의 본색(本色)[387]에 따라서 7합(合)5작(勺)을 징수한다.

전세에 대한 부가세(附加稅)는 본래 전세의 수납부터 상납까지 소요되는 각종 수수료, 하역료, 운송료 등 잡다한 경비에 충당하기 위하여 부과한 세(稅)이다. 『속대전』에는 전세의 부가세로 가승미(加升米), 곡상미(穀上米), 창역가미(倉役價米), 이가미(二價米), 창작지미(創作紙米), 호조작지미(戶曹作紙米), 공인역가미(貢人役價米)의 7종을 법적으로 규정하고 있다.[388] 가승미와 곡상미는 세곡의 손실을 보충하기 위한 것이며, 창역가미는 창고에 출입할 때의 수수료이고, 이가미는 선박에 싣고 내릴 때 인부에게 지급하는 것이

---

382) 일반 결손의 구실로 매석 당 3 승을 추가 징수하는 것.
383) 쥐의 피해와 부식의 손실 결손 구실로 매 석당 3승 추가 징수.
384) 납입 사무를 맡은 京主人 보수 구실로 매 석당 6승 추가 징수[下船入倉].
385) 창고에 물품을 넣는 데 따르는 납세의 수수료인 용지대.
386) 조선 후기 중앙 각 궁(宮)·관부(官府)에 필요한 물자의 조달을 맡았던 어용적 공납청부업자.
387) 전세로 납부한 쌀류의 상태를 말함.
388) 『속대전』에 규정된 전세의 부가세 - 전세 쌀 1석(15말)당 약 3말 3되의 부가세 납부.

유형	세율(1석당)	비고
가승미(加升米)	3되	부패와 건조로 유실될 세곡을 미리 보충
곡상미(斛上米)	3되	쥐나 새가 먹어서 축나는 세곡을 미리 보충
인정미(人情米)	2되	창고 관리와 출납 관리의 수고 위로비
이가미(二價米)	7홉5작	배에 싣고 내리는데 매 석당 인부 2명이 필요하다는 전제하에 그 노임 구실로 매 석당 3승 추가 징수
창역가(倉役價)	6되	세곡 창고 출입 때의 수수료, 창고 관리인의 보수
호조작지가(戶曹作紙價)	1.25말	호조에 내는 납세 수수료(인지대)
창작지가(倉作紙價)	5되	창고(京倉)에 입고시킬 때의 수수료
공인역가(貢人役價)	1되	대동법 이후 공물 수납 대행자(貢主人)의 보수
합계	3말 3되	

다. 그리고 창작지미는 경창(京倉)에 입고시킬 때의 수수료이고, 공인역가미는 호조 및 경창에 전속된 공인의 품삯을 지급하기 위한 것이다. 『속대전』에 규정된 부가세는 전세 1석당 약 3말 3되가 징수되었다.

구분	규정
속대전	○ 매 8결을 1부(夫)로 삼으며, 혹 4결이나 또는 영수(零數)[389]가 있다 하더라도 구애 받지 않고 다만 경작 농부에 따라 그가 거주하는 부근에서 8결을 경작하도록 한다. ○ 면세전(免稅田)은 8결의 경작지 속에 포함시키지 않는다. ○ 경작 농부 중 살림이 유족(裕足)하고 근면한 자를 가려 뽑아서 호수(戶首)를 삼는다. ○ 무릇 그 8결의 세미(稅米)를 납부하는 일은 호수(戶首)로 하여금 그 전결내(田結內)의 경작자로부터 이를 징수하여 바치게 한다. 호수(戶首)가 징수할 때 대두(大斗)를 사용하는 것은 엄금한다.

『속대전』에 세미(稅米)를 납부하는 일은 호수(戶首)로 하여금 그 전결내(田結內)의 경작자로부터 이를 징수하여 바치게 하였다. 이 때 호수(戶首)는 경작 농부 중 살림이 유족(裕足)하고 근면한 자를 임명하도록 하였다. 이와 같이 토지 8결을 한 부(夫)로 조직하여 결세(結稅)를 거두는 것을 작부(作夫)라고 한다. 『목민심서』에는 호수의 역할과 그들의 횡포를 다음과 같이 기록하고 있다.

　「실결(實結) 8결을 1부(夫)로 삼아 그 여러 전부(佃夫)[390] 중에서 살림이 유족(裕足)하고 근면한 자(饒實勤幹者) 1인(人)을 호수로 삼아 부내(夫內) 전부(佃夫)로부터 전세를 받아서 관(官)에 바치는 것을 책임지웠다. 지방 토호(土豪) 중에는 혼자서 많은 경우 수십개 부(夫), 적어도 십여개 부(夫)의 호수를 겸하여 1결당 정조(正租) 100두(斗)씩을 전부(佃夫)로부터 징렴(徵斂)하는 자도 있었다.」[391]

---

389) 정수(整數)에 차지 못하거나 차고 남은 수.
390) 소작인(小作人)
391) 『목민심서』 권2 제6부 호전 육조(六條)1 제2장 세법상(稅法上)

1. 세공조(稅貢條)

구분	규정
경국대전	○ 무릇 세공(稅貢)으로 거두는 물품은 다음해 6월을 기한으로 하여 상납하도록 한다. 전세외의 공물은 2월을 기한으로 한다.
속대전	○ 여러 도(道)의 공물(貢物)은 지금은 미(米)·포(布)로써 상납(上納)한다. 평안도의 공물(貢物)은 지금은 상납(上納)하지 않고, 그것을 공인(貢人)이 대신 바친 경우에 그 대가(代價)는 호조(戶曹)의 미(米)·전(錢)·포(布)로써 공인(貢人)에게 지급한다. 방민(坊民)을 선택하여 물품의 조달인(主人)으로 정하고 그 가격을 넉넉하게 산정하여 미리 준비시켜 공납하도록 하되, 미곡류[本色]로 상납하는 경우에는 기한에 맞추어야 한다.

　세공(稅貢)이란 전세(田稅)와 공물을 합칭한 말이다. 『경국대전』의 세공조에는 무릇 세공(稅貢)으로 거두는 물품은 다음해 6월을 기한으로 하여 상납할 것과 대납 및 방납의 방법에 대해서 규정하고 있다. 그리고 『속대전』의 세공조는 대동법이 시행된 이후에 각 도(道)의 공물은 쌀·포(布)로써 상납하도록 규정하고 있다.

2. 요부조(徭賦條)

　요부란 요역(徭役)과 공부(貢賦)를 합친 말이다. 요역은 나라에서 공적인 일에 필요한 노동력의 동원을 위해 부과되는 국역(國役)의 하나로서 중앙관청이나 지방관청의 토목공사(土木工事)나 영선(營繕), 특정한 물품의 생산과 수송, 기타 의무적으로 종사하는 노역(勞役)을 말하며, 부역(賦役)·차역(差役)·역역(力役)이라고도 하였다. 공부(貢賦)는 공물의 납부를 말하며, 조선시대의 경우 1392년(태조 1) 10월에 공부상정도감(貢賦詳定都監)을 설치하여 각 지방의 토산물을 기준으로 공물의 품목과 수량을 정하고, 그 징수 장부인 공안(貢案)을 마련하면서 시작되었다. 각 지방의 공물의 품목과 수량을 정할 때에는 토지 면적을 기준으로 하여 그 지방의 생산물로 부과하는 것을 원칙으로 하되, 중앙 정부의 1년 경비를 참작하도록 하였다.

　『경국대전』 호전의 요부조에는 전세의 납부처와 대납 등에 관련된 법이 다음과 같이

규정되어 있다.

(1) 전세의 납부처

구분	규정
경국대전	○ 여러 고을의 전세(田税)로 내는 쌀·콩은 먼저 내자시(內資寺)392)·내섬시(內瞻寺)393)·예빈시(禮賓寺)394)·사도시395)·풍저창(豊儲倉)396)·광흥창(廣興倉)397)·소격서(昭格署)398)·양현고(養賢庫)399) 등 각사(各司)에 납부하여 수를 채우고, 나머지 쌀·콩을 군자(軍資) 삼감(三監)에 나누어 납부한다. 본감(本監)·강감(江監)·분감(分監)400)이다. ○ 전세(田税)로 내는 주(紬)401)·면(綿)·저(苧)402)·정포(正布)는 승수(升數)에 맞추어 양끝을 푸른 실로 짜서 그 길이는 35척으로 하여, 상의원(尚衣院)403)·제용감(濟用監)404)·광흥창(廣興倉)에 납부하도록 한다. 승수(升數)와 필수(匹數)는 공안(貢案)에 있다.
대전통편	○ 본감(本監)과 분감(分監)은 이번에 폐지한다. 사도시는 공납으로 바꾸고 소격서(昭格署)는 혁파(革罷)한다.

『경국대전』 호전의 요부조에는 여러 고을은 전세(田税)로 내는 쌀·콩은 먼저 내자시·내섬시·예빈시·사도시·풍저창·광흥창·소격서·양현고 등 각사(各司)에 납부하여 수를 채우고, 나머지 쌀·콩을 군자(軍資) 삼감(三監)에 나누어 납부하도록 하였다. 그리고 전세로 내는 주(紬)·면(綿)·저(苧)·정포(正布)는 상의원·제용감·광흥창에 납부하도록 하였다.

---

392) 조선시대에 호조에 속하여 대궐에서 쓰는 여러 가지 식품, 직조(織造)와 내진연(內進宴)에 관한 일을 맡아보던 관아.
393) 조선시대에 각 궁(宮)에 올리던 토산물, 이품 이상 벼슬아치에게 주던 술, 일본인·여진인(女眞人)에게 주던 음식과 필목(疋木) 따위를 맡아보던 관아.
394) 조선시대에 빈객의 연향과 종재(宗宰)의 공궤를 맡아보던 관아.
395) 조선시대에 쌀·간장·겨자 따위를 궁중에 조달하는 일을 맡아보던 관아.
396) 조선시대에 중앙의 모든 경비에 관한 일을 맡아보던 관아.
397) 조선시대에 호조(戶曹)에 속하여 관원의 녹봉에 관한 사무를 맡아보던 관아.
398) 조선시대에 하늘과 땅, 별에 지내는 도교의 초제(醮祭)를 맡아보던 관아.
399) 조선시대에 호조(戶曹)에 속하여 성균관 유생에게 주는 식량에 대한 일을 맡아보던 관아.
400) 조선시대 군자감(軍資監)에 소속된 창고. 광통교에 있던 본감(本監), 용산강(龍山江) 가에 있는 강감(江監)다, 송현의 분감(分監)과 함께 군자 삼감(軍資三監)이라고 불리었음.
401) 명주(明紬).
402) 모시.
403) 조선시대 임금의 의복을 진상하고, 대궐 안의 재물과 보물 일체의 간수를 맡아보던 관서.
404) 조선시대의 진헌하는 포물(布物)과 인삼(人蔘), 하사하는 의복 및 사(紗)·나(羅)·능(綾)·단(段)·포화(布貨)·채색입염(綵色入染)·직조(織造) 등의 일을 관장하는 관서.

구분	규정
속대전	○ 미(米)은 바로 밥해 먹을 수 있는 쌀을 말하고, 면포는 정오승(正五升)을 말한다. 장(長) 35척, 광(廣) 7촌을 표준으로 한다. 마포도 같다 ○ 전세(田稅)·삼수미(三手米)·위미태(位米太)를 면포·마포로 바꾸어 낼 때도 승(升)·척(尺)은 이와 같다.
대전통편	○ 면포는 6승포(升布)로 한다.

『속대전』 호전의 요부조에는 미(米)는 '바로 밥해 먹을 수 있는 쌀'이라고 정의하고, 면포는 '정오승(正五升)'으로 장(長) 35척, 광(廣) 7촌을 표준으로 정하였다. 여기서 오승포란 다섯 새의 베나 무명의 말하며, '승(升)'은 가늘고 굵음의 정도를 표시하는 단위로 곧 품질이 중쯤 되는 것을 말한다. 하지만 『대전통편』에서는 5승포를 기준한 면포를 6승포로 개정하였다.

구분	규정
속대전	○ 전세(田稅)로서의 주(紬)[405]·면(綿)[406]·저(苧)[407]·정포(正布)[408]는 지금은 쌀과 콩으로 바꾸며, 이를 위미(位米)·위태(位太)라 칭하나 모두 전세(田稅)로써 그 명색(名色)만을 달리 한다. 삼남(三南)과 강원도가 이(位米太)에 해당한다.
대전통편	○ 충청도 제천(堤川)의 위미태(位米太), 영춘(永春) 등 세 고을의 위미태는 돈으로 바꾸어 납부하고, 경상도 상주(尙州) 등 12읍의 위미태도 돈으로 바꾸어 납부한다. ○ 군위(軍威)의 세작목(稅作木)은 돈으로 대납하며, 강원도 이천(伊川) 등 세 고을의 위미태도 돈으로 납부한다.

조선전기에는 전세(田稅)로 납부한 쌀과 콩 등을 중앙으로 수송하기 편리하게 하기 위하여, 그 일부를 쌀이나 콩 대신에 명주·모시·면포·정포 등으로 내게 하였는데, 선조 41년(1608) 대동법이 실시된 후『속대전』에서는 이 전공(田貢)을 다시 논에서는 쌀로, 밭에서는 콩으로 선혜청에 내도록 하고, 이것을 위미태라고 불렀다. 그리고『대전통편』에는 충청도 제천(堤川), 영춘(永春) 등 세 고을, 경상도 상주(尙州) 등 12읍의 위미태는 돈으로 납부하도록 하였다.

---

405) 명주.
406) 무명.
407) 모시.
408) 오승마포(五升麻布).

(4) 전(錢)·쌀·포(布)의 환산 대가

구분	규정
대전통편	○ 전미(田米)이면 황해도는 1석에 3냥 5전, 강원도는 1석에 6냥으로 한다. 위미태(位米太)의 환전(換錢)은 충청도·경상도에서는 세곡례(稅穀例)에 의하며, 강원도에서는 콩 1석에 3냥으로 한다. ○ 전(錢)·쌀·포(布)의 대가는 그 때의 품귀(品貴)에 따라 올랐다가 내렸다가 한다.

『대전통편』 호전의 수세조에서 작전(作錢)하는 비율을 지역별로 상세히 규정하고 있다. 그러나 『대전통편』 호전의 요부조에서도 "황해도는 쌀 1석에 3냥 5전, 강원도는 쌀 1석에 6냥, 강원도에서는 콩 1석에 3냥으로 한다."고 규정하여 차이가 있다. 중요한 것은 『대전통편』 호전의 요부조에서 "전(錢)·쌀·포(布)의 대가는 그 때의 품귀에 따라 올랐다가 내렸다가 한다."라고 규정하여 지역마다 작전의 환산율이 물가에 따라 달라질 수 있다는 것이다.

(5) 전세의 방납(防納) 금지 등

구분	규정
속대전	○ 전세(田稅) 및 대동미(大同米)를 다른 곳에 옮겨 놓고 이를 방납하는 것을 각별히 엄금한다. ○ 전세·대동미를 면포로 바꾸어 상납할 때 수령이 전(錢)으로 수납하고도 이를 면포로 환납받는 경우에는 탐오률(貪汚律)로써 논죄하며 종신 금고한다.
대전통편	○ 중앙과 지방에서 위미태(位米太)를 방납(防納)하는 것과 각 군문(軍門)에서 위미태(位米太)를 청구하여 취득하는 것을 일체 엄금한다.

조선시대 조세의 큰 폐해 중 하나는 공물(貢物)의 납부를 대행하고 중간 이윤을 취하는 방납이었다. 방납은 각 지역의 토산물이 아닌 공물로 책정된 경우에 현물을 구매해서라도 상납하여야 하므로, 이런 기회를 이용 이서(吏胥)와 상인들이 이익을 노리면서 발생하였다. 즉 이서·상인들이 이러한 물품을 구입·공납하는 것을 대납(代納)이라 하였는데, 그들이 중간 이익을 취하기 위해 정상적인 상납을 막는 일이 빈번이 발생하면서 '방납'이라는 명칭이 생겨나게 된 것이다.

그래서 『속대전』에서는 이러한 전세 등의 방납을 금지하도록 규정하였다.

3. 조전조(漕轉條)

  조선시대 운수방법에는 해운과 육운이 있으나, 육운은 도로망의 불비, 운송수단의 제약 등의 요인으로 크게 발달하지 못하였기 때문에 해상교통인 조전에 의존했다. 그래서 『경국대전』 등 호전의 조전조에는 전세 등의 조운에 관한 많은 규정을 두고 있는데, 이것은 중앙집권적인 지배체제 하에서 지방 물자를 중앙에 조달하는 일이 매우 중요했기 때문이다. 조전(漕轉)에는 내륙의 수로를 이용하는 수운(水運) 또는 참운(站運)[409]과 해로(海路)를 이용하는 해운(海運)이 있었으며, 지방의 세곡(稅穀)을 수송하기 위하여 강변에는 수운창(水運倉), 해변에는 해운창(海運倉)을 설치하여 세곡을 모으고, 선박을 항상 준비시켜 두어 매년 일정 기간을 정하여 중앙의 경창(京倉)에 수송하도록 하였다.

(1) 지역별 조세창(漕稅倉)과 납입방법

구분	규정
경국대전	○ 여러 도의 조세창(漕稅倉)은 경기의 모든 고을, 강원도의 회양·금성·김화·평강·이천·안협·철원 등 고을의 전세는 경창(京倉)에 직접 납부한다. 아산의 공세관창(貢稅串倉)은 충청도의 전세를 거둔다. 충주의 가흥창(可興倉)은 충청·경상도의 전세를 거둔다. 함열의 덕성창(德城倉), 영광의 법성포창(法聖浦倉), 나주의 영산창(榮山倉)은 모두 전라도의 전세를 거둔다. 원주의 흥원창(興原倉), 춘천의 소양강창(昭陽江倉)은 모두 강원도의 전세를 거둔다. 백천의 금곡포창(金谷浦倉), 강음의 조읍포창(助邑浦倉)은 모두 황해도의 전세를 거둔다.
대전통편	○ 덕성창(德城倉)은 이번에 성당창(聖堂倉)으로 한다. 아산창(牙山倉)은 이번에 혁파한다. ○ 조운선(漕運船)에 소속된 고을의 세곡은 수령(守令)이 직접 이를 수령하여 조창(漕倉)에 납입한다.

  『경국대전』 호전의 조전조에는 위와 같이 조운(漕運)할 세곡(稅穀)을 쌓아두는 창고인 조세창(漕稅倉)을 지역별로 구체적으로 규정하고 있으며, 『대전통편』 호전의 조전조에는 조운선에 소속된 고을의 세곡은 수령이 직접 이를 수령하여 조창에 납입하도록 규정하여, 조창까지의 납부는 수령의 책임을 명시하고 있다.

---

409) 수참(水站)의 배로 실어 나르던 일. 이 때 수참이란 내륙지방의 하천망을 이용한 세곡의 운송을 위해 설치한 역참을 말한다.

구분	규정
경국대전	○ 감납관(監納官)410)은 곡(斛)·두(斗)·승(升)을 법대로 교정(校正) 낙인(烙印)411)하여, 사용하게 하되 훼손되는 대로 고쳐 만들게 한다.

『경국대전』에서는 조세를 징수하는 관리인 감납관(監納官)이 조세를 징수하는 곡(斛)·말(斗)·되(升)를 법으로 정한 규격대로 교정(校正)하고, 불에 달군 쇠도장을 찍어 사용하게 하였다.

(3) 전세 수납과 상납 기한

구분	규정
경국대전	○ 11월초 1일에 시작하여 다음해 정월에 수세를 끝낸다. 해당관은 기한에 앞서 선척(船隻)을 점검하여 조전(漕轉)한다.
속대전	○ 여러 도(道)의 세곡운송은 기한 내에 선박을 출항시켜 상납하게 한다. 충청도·황해도는 2월 20일 이전에 선박을 출항시켜 3월 10일 내에 상납하여야 한다. 전라도는 3월 15일 이전에 선박을 출항시켜 4월 10일 내에 상납하여야 한다. 경상도는 3월 25일 이전에 선박을 출항시켜 5월 15일 내로 상납하여야 한다. ○ 출항기한이 지나도록 선박이 출항하지 못한 경우에는 해당 수령의 임명장(告身)을 박탈하고 파견원·해운판관(海運判官)을 파직할 것을 논의한다. 기한내에 선박을 출항시켰어도 상납기한이 지나서 상납한 경우에는 감관(監官)·색리(色吏)·사공 및 격군(格軍)412)은 장(杖)100에 처한 후 정배(定配)413)한다.
대전통편	○ 경상도는 3월 15일 이전에 선박을 출항시켜야 하며, 경기도의 출항·상납기한은 충청도·황해도와 같다. ○ 각 도(道)의 수조안(收租案)은 세전(歲前)을 기한으로 마련하여 상송(上送)하며 기한이 지나면 감사를 문책한다.

『경국대전』에서는 "전세는 11월초 1일에 시작하여 다음해 정월에 수세(收稅)를 끝낸다."라고 규정되어 있으며,『속대전』에서는 각 도별 세곡운송(稅穀運送)은 기한을 설정하여 상납하게 하였다. 즉, 충청도·황해도는 2월 20일 이전에 선박을 출항시켜 3월 10일 내에 상납하고, 전라도는 3월 15일 이전에 선박을 출항시켜 4월 10일 내에 상납하도록 하였다.『대전통편』에서는 경상도는 3월 15일 이전에 선박을 출항시켜야 하며, 경기도의 출항·상납기한은 충청도·황해도와 같다고 규정하였다. 그리고 각도(各道)의 수조안(收

---

410) 조세 따위를 거두어들이는 일을 감독하던 벼슬아치.
411) 불에 달구어 찍는 쇠도장.
412) 사공(沙工)의 일을 돕던 수부(水夫).
413) 장소를 정하여 귀양을 보냄.

租案)은 세전(歲前)[414]을 기한으로 하여 상송(上送)하도록 하였다.

(4) 배삯(船價) 지급

구분	규정
대전통편	○ 조운선이 아닌 경우에는 모두 배삯을 지급한다. 조운선에는 배삯이 없다. 그러나 만일 조운선에도 대동미를 적재하였으면 배삯을 전부 지급하고, 만일 위미태를 적재하였으면 배삯의 3분의 1을 지급한다. ○ 수참선(水站船)이 운송을 담당했을 때는 각 고을으로부터 미(米)·대두 1석마다 7합(合) 5작(勺)을 거두어 배삯으로 지급한다. ○ 모든 선가미(船價米)[415]는 각 창(倉)에서 지방관이 파견원과 더불어 전세를 함께 받아들이는 뱃머리에서 이를 지급한다.

조선시대 조운은 사선(私船)과 조선(漕船)을 사용하였다. 『대전통편』에서는 조선은 배삯(船價)이 없고, 사선(私船)은 배삯을 지급하도록 하였다. 이 때 선가(船價)는 규정되어 있지 않지만 『성종실록』에 따르면 "전세 1두(斗)마다 선가를 그 지역의 멀고 가까움에 따라 혹은 6, 7합(合)씩, 혹은 1승(升) 7합(合)"[416]을 지급하였다. 배삯은 백성들의 부담이 되었기 때문에 세종대왕은 조선(漕船)을 만들어 배삯의 부담을 줄였다.[417]

4. 징채조(徵債條)

징채(徵債)조는 조세를 미납할 경우 독촉하는 절차와 추징방법, 납부기한이 지난 경우 징수하지 못한 관원의 처벌 등을 규정하고 있다. 징채조에서는 조세뿐만 아니라 공·사채에 관한 채무 이행을 강제하는 조문도 함께 규정되어 있는데, 조세를 공채로 간주하여 징수하도록 한 것이 특징이라 할 수 있다. 『경국대전』 호전의 징체조에서는 전세(田稅)를 갚지 못하고 본인이 죽더라도 처자(妻子)에게 재산이 있을 경우에는 추징하는 것을 허용하였다. 그리고 『속대전』에서는 공사(公私)의 부채는 친부자(親父子) 외에 형제 및 일족에게 일체 추징하지 못하도록 하였다. 하지만 『속대전』이 편찬되기 전까지는 다음 『성종실록』의 기사와 같이 사촌(四寸)까지 징수한 것을 볼 수 있다.

---

414) 새해가 되기 이전.
415) 세곡(稅穀)을 중앙으로 옮기는데 선박을 사용할 경우 운임.
416) 『성종실록』 2년(1471) 2월 30일 3번째기사.
417) "전라도(全羅道)의 조운(漕運)은 조종조(祖宗朝)에 사선(私船)을 사용하였는데, 선가(船價)가 비싸고 더러는 패몰(敗沒)하는 근심이 있기 때문에 세종(世宗)께서 조선(漕船)과 조졸(漕卒)을 배치하고 병선(兵船)을 겸해서 사용하도록 하셨으므로 국가에 이익이 있는 듯하였습니다.(『성종실록』 19년(1488) 5월 25일 1번째기사)

"모든 공채(公債)는 사촌(四寸)에게까지만 나누어 거두고, 그 중에서 부처(夫妻)가 함께 쓴 물건이면 처의 사촌인 친족에게서도 아울러 거두게 하소서."[418]

그리고 『속대전』호전의 징체조에서는 모든 채무의 징수에 있어서 공채(公債)·사채를 막론하고 이자를 월 2할(割) 이상 받지 못하도록 규정하였다.

구분	규정
경국대전	○ 무릇 전세와 공물인 쌀과 밀가루를 받아들이고서도 규정된 수량대로 납부하지 않은 자, 금은(金銀)의 그릇(器皿)을 거두고서도 바치지 않은 자, 고의로 패선(敗船)을 시킨 자, 공사(公私)의 빚을 오래동안 갚지 못한 자 등은 비록 본인이 죽더라도 처자(妻子)에게 재산이 있을 경우에는 추징하는 것을 허용한다.
속대전	○ 공사(公私)의 부채(負債)는 친부자 외는 형제 및 일족의 우거자(寓居者)[419]에게는 일체 추징하지 못한다. ○ 국고를 결손내거나 도용(盜用)함으로 인하여 추징해야 할 물품이 있거나 미수(未收)한 전세·공물이 있을 경우 서울에서는 한성부, 지방에서는 여러 고을에 공문서를 보내어 징수를 독려한다. 기한이 지나도록 징수하지 못하면 관원은 추고하여 1계(階)를 강등하며, 이를 징수하고도 상납하지 않는 자는 파출(罷黜)한다. ○ 맡아 지키는 곡물에 결손이 생긴 경우에는 타곡(他穀)의 잉여가 있으면 이를 옮겨 그 수를 채운다. 벼·염(鹽)·대맥(大麥) 1두(豆)는 미(米) 4승(升)과 같다. 팥 1두는 미(米) 6승, 직(稷) 1두는 미(米) 3승, 당서(唐黍) 1두는 미(米) 4승(升) 2합(合), 서(黍)·속(粟)·맥(麥), 콩 1두(斗)는 미(米) 5승(升)으로 계산한다. ○ 무릇 본인이 사망하면 미(米)·면(麵)·포화(布貨)·잡물(雜物)에 결손(缺損)이 있어도 추징을 면제한다. ○ 모든 채무의 징수에 있어서 공채(公債)[420] 사채를 막론하고 이자(利子)를 월 2할(割) 이상을 받는 자는 장(杖)80 도(徒) 2년(年)에 처한다.

여기서 공채란 현대적 의미의 '국가나 공공단체가 일정한 목적을 달성하는 데 필요한 재원을 조달하기 위해 지는 부채'가 아니라 '백성이 국가에 공과미납(公課未納) 등으로 진 빚'을 말한다. 이 공채에는 다음 『중종실록』의 기사와 같이 조세의 포흠(逋欠)[421] 즉, 체납액까지 포함된 것이다. 따라서 조세의 가산금의 징수도 연 240%를 초과하지 못하였다고 본다.

---

418) 『성종실록』 4년(1473) 3월 28일 4번째기사.
419) 남의 집에 임시로 사는 사람.
420) 백성이 국가에 공과미납(公課未納)으로 진 빚.
421) 국가의 조세를 납부하지 않는 것.

「팔도의 공채(公債)에 대한 일은 백성이 먹는 양식에 관계되니 가벼이 의논해서는 안 됩니다. 다만 신이 듣기로는 40년전의 미납된 공채의 수가 4~5만 석에 이른다고 하는데, 이같이 극심한 흉년에 상께서 조정에 의논하여 줄여 주는 것이 어떻겠습니까? 오랫동안 모자란 곡식을 흉년에 독려해서 받아들이는 것은 매우 온당치 못합니다. 그러므로 옛날의 성주(聖主)는 자주 백성의 조세를 면제해 주었습니다. 40년 전의 조세를 덜어주거나 면제하는 명을 내리신다면 백성이 실제로 그 은혜를 입게 될 것입니다.”」 [422]

---

422) 『중종실록』 36년(1541) 11월29일 최종기사. (원문)「且八道公債之事, 係於民食, 不可輕議, 但臣聞四十年前, 公債未納之數, 至四五萬石. 如此極凶之年, 則自上議于朝廷, 蠲減何如? 積年耗穀, 凶歲督納, 至爲未安. 是以古昔聖主, 屢免民租. 四十年前之租, 若誕降蠲免之命, 則民得蒙其實惠矣.”」

03

『경국대전』 **호전에 규정된 공법(貢法)**

1. 『세종실록』의 공법 내용

'세종대왕의 공법'은 세종 26년(1444) 11월 13일에 최종 완성되어 시행되었다. 세종 21년에 "내가 공법을 행하고자 한 것이 이제 20여 년이고, 대신들과 모의한 것도 이미 6년이었다."라고 한 『세종실록』의 기사를 고려하면 세종대왕이 공법을 행하고자 한지 25년만이며, 대신들과 모의한지 11년만이다. 세종대왕은 이 많은 기간 동안 공법에 대해서 대신들과 논의하고, 여론조사를 하고, 일부지역에서 시험하여 절충안을 만들었다. 절차상으로는 세종대왕이 전제상정소에 공법의 입법안을 만들도록 명하고, 전제상정소가 공법안을 의논하여 제안하고, 이를 세종대왕이 윤허하는 것으로 마무리된 것이다. 전제상정소가 올린 최종 공법의 내용은 다음과 같다.423) 여기서 각 조항의 제목은 이해를 돕기 위하여 임의적으로 붙인 것이다.

① [전분육등법]

「본국은 고려 때의 옛 법을 그대로 써서 토지를 3등급으로 나누어 모두 방면(方面)의 수

---

423) 『세종실록』 26년(1444) 11월 13일 1번째기사.

를 쓰고 면적을 계산하지 아니합니다. 지질의 고척(膏堉)[424]이 남쪽과 북쪽이 같지 아니한데, 그 전품(田品)의 분등(分等)을 8도를 통(通)한 표준으로 계산하지 아니하고 다만 1도(道)로써 나누었기 때문에, 세 등급의 전지三等田가 고척이 같지 않으므로 납세의 경중이 아주 달라서, 부자는 더욱 부자가 되고 가난한 자는 더욱 가난하게 되니, 심히 옳지 못한 일입니다. 만약 여러 도의 전품을 통고(通考)[425]하여 6등급으로 나눈다면 거의 전품이 바로잡히게 되고 조세도 고르게 될 것입니다.」

② [1결 57무 기준 전분6등전의 소출]

「하등전 1결의 면적은 57무(畝)[426]로 기준을 삼고서 먼저 그 소출의 수량을 정하는데, 대체로 상상년의 1등 수전의 소출을 80석으로 정하고, 6등 수전의 소출을 20석으로 정하고, 그 사이의 4등급을 고르게 나누어 2등 수전의 소출을 68석, 3등 수전의 소출을 56석, 4등 수전의 소출을 44석, 5등 수전의 소출을 32석으로 정하며, 한전의 소출은 수전의 수량에 준하여 전례에 따라 절반으로 정할 것이니, 가령 상상년의 수전의 세납이 쌀 20말(斗)이면, 하전의 세납은 콩으로는 20말, 쌀로는 10말로 정하는 방식입니다.」

③ [57무 기준 1결당 수세율]

「1결의 면적 57무(畝)의 수세(收稅)도 역시 이에 의하여 20분의 1비율로 합니다.」

④ [1결 57무 기준 전분6등전의 세액]

「상상년의 1등 전지의 전세는 30말, 2등 전지의 전세는 25말 5되, 3등 전지의 전세는 21말, 4등 전지의 전세는 16말 5되, 5등 전지의 전세는 12말, 6등 전지의 전세는 7말 5되 입니다.」

⑤ [1결 57무 기준 연분9등의 세액]

「연분(年分)을 9등으로 나누고 10분 비율로 정하여 전실(全實)을 상상년으로 하고, 9분실(九分實)을 상중년, 8분실(八分實)을 상하년, 7분실을 중상년, 6분실을 중중년, 5분실을 중하년, 4분실을 하상년, 3분실을 하중년, 2분실을 하하년으로 하여서, 상중년(上中年)이 된 1등 전지의 전세는 27말, 2등 전지의 전세는 22말 9되, 3등 전지의 전세는 18말 9되, 4등 전지의 전세는 14말 8되, 5등 전지의 전세는 10말 8되, 6등 전지의 전세는 6말 7되이고...」[427]

---

424) 기름지거나 척박하다.
425) 고금(古今)의 문헌을 통달하고 이를 체계적으로 서술한 것을 일컬음.
426) 토지를 측량할 때 쓰던 면적 단위로 중국 한나라 이후부터는 5자 평방의 넓이를 1보, 240보의 넓이를 1묘, 100묘의 넓이를 1경으로 하였다.
427) 이하는 반복되는 내용임으로 지면상 생략하고 뒤쪽 [표 3]에 요약한다.

⑥ [결부법에 따른 연분구등법의 세율]

「6등의 전지를 다 57무(畝)로 1결을 삼되, 이에 의하여 전세 징수를 각각 다르게 하자면 절목(節目)이 번잡할 뿐 아니라, 토지의 비례로 군대에 나가고 부역(賦役)에 응하는 등의 일에 계산하기도 매우 곤란하니, 마땅히 전례에 의하여 결복(結卜)의 광협(廣狹)을 등급마다 각기 다르게 분정(分定)하고 동과(同科)로 수조(收租)할 것입니다. 가령 6등 전지의 전세 7말 5되에 따라서 동과(同科)로 결(結)을 정하면, 1등·2등의 전지는 너무 좁게 되고, 1등 전지의 전세 30말에 따라서 같은 비례로 결(結)을 정하면, 5등 6등의 전지는 너무 넓게 되어서, 이로 말미암아 넓고 좁음이 알맞지 않게 됩니다. 그러므로 57무(畝)로 정한 수로써 미루어 절충하여, 20말로써 동과(同科)로 결(結)을 정하면, 6등 전지의 1결은 1백 52무(畝), 5등의 1결은 95무, 4등 전지의 1결은 69무, 3등 전지의 1결은 54무 2분, 2등 전지의 1결은 44무 7분, 1등 전지의 1결은 38무로서, 전세액은 상상년은 20말, 상중년은 18말, 상하년은 16말, 중상년은 14말, 중중년은 12말, 중하년은 10말, 하상년은 8말, 하중년은 6말, 하하년은 4말로 되옵니다.」

⑦ [전분6등의 수등이척법]

「6등급의 전지 결복(結卜)의 실지 면적을 평방(平方)으로 계산할 때는 1면(面)에 대한 숫자에 가끔 몇 치(寸) 몇 푼(分)의 끝수가 있어서 계산이 매우 곤란하게 되므로, 6등급의 전지를 매(每) 1면(面)마다 백으로 평분하여 그땅 그땅에 대한 계량의 척도(尺度)로 합니다. 1등 전지의 척(尺)은 주척(周尺) 4척 7촌 7분이고, 2등 전지의 척은 주척 5척 1촌 8분이고, 3등 전지의 척은 주척 5척 7촌이고, 4등 전지의 척은 주척 6척 4촌 3분이고, 5등 전지의 척은 주척 7척 5촌 5분이고, 6등 전지의 척은 주척 9척 5촌 5분이니, 이렇게 하면, 척(尺)은 6등급의 긴것과 짧은 것이 있으나, 수량은 다 〈그 척(尺)으로〉 1백 척을 1면(面)으로 하고, 1만 척을 적(積)으로 하는 것이니, 비록 계산에 익숙하지 못한 자라도 계산하기가 어렵지 아니합니다.」

⑧ [군·현 단위의 연분구등법]

「각도 감사는 각 고을마다 연분(年分)을 살펴 정하되, 재상(災傷)외의 곡식의 실(實)·불실(不實)이 비록 다 같지 아니할지라도 총합하여 10분으로 비율을 삼아서, 전실(全實)을 상상년(上上年), 9분실(九分實)을 상중년, 8분실을 상하년, 7분실을 중상년, 6분실을 중중년, 5분실을 중하년, 4분실을 하상년, 3분실을 하중년, 2분실을 하하년으로 하고, 수전과 한전을 각각 등급을 나누어서, '아무 고을 수전 아무 등년(等年), 한전 아무 등년(等年)'으로써 아뢰게 하고, 1분실(分實)은 9등분에는 미치지 아니하니, 마땅히 전세를 면제할 것입니다.」

⑨ [연분 결정의 절차]

「각도 감사의 계본(啓本)428)을 혹 의정부에나 육조(六曹)에 내려서 의논한 후에 아뢰어서 그 연분(年分)을 정하든지, 혹은 조관(朝官)을 파견하여 다시 심사한 후에 아뢰어서 연분을 정하든지는 그때마다 의논해서 분부에 따라 시행할 것입니다.」

⑩ [정전 및 진전(陳田)의 무경 과세]

「정전(正田)429) 내의 묵은 전지[陳荒田]는 다 해마다 경작할 수 있는 토지인데, 사람들이 혹은 토지를 많이 가지고서 해를 갈아 묵히기도 하고, 혹은 농사를 게을리 해서 경작하지 아니하기도 하여, 토지가 묵는 것이 많으니 심히 옳지 못합니다. 이러한 것은 일부 묵은[內陳] 것이나 전부 묵은[全陳] 것임을 물론하고 다 전세를 받을 것입니다.」

⑪ [속전의 기경 과세]

「속전(續田)430) 내에 만약 묵은 땅이 있으면 수령들로 하여금 경작자의 신고서를 받아서 친히 심사한 후에 감사에게 보고하게 하고, 감사나 수령관이 다시 그 수량을 조사하여 위에 아뢰고 전세를 면제할 것입니다.」

⑫ [재해 전답의 면세]

「정전(正田)이나 속전(續田) 안에 수해로 침몰된 토지도 역시 경작자의 신고를 받아서 수령이 친히 답사하여 감사에게 보고하고, 감사나 수령관이 사실을 조사하여 서울에서 내려오는 관원의 고험(考驗)을 받은 후에, 그 관리로 하여금 결복(結卜)의 수량을 문서에 기록하게 하고, 위에 아뢰어 면세하게 할 것입니다.」

⑬ [재해 전답의 면세 기준]

「재해를 입은 전지는 일부분의 재해를 제한 외에 일반 사람들에게 널리 알려진 10결 이상의 넓은 면적이 전부 손상한 전지는 수령이 친히 심사하여 감사에게 보고하고, 감사가 위에 아뢴 후에, 파견된 경차관이 재해의 수량을 위에 아뢰어서 분부에 따라 전세를 감면하게 할 것입니다.」

⑭ [허위 손실에 대한 처벌]

「앞에 말씀한 묵은 토지나, 수해로 침몰된 토지나, 재해를 입은 토지는 그 고을 수령이 만일 사고가 있어 친히 살필 수 없을 때는, 감사가 사람을 보내서 실지로 사실을 살필 것이며, 수령이 게을러서 친히 살피지 아니한 자와 경작지를 묵은 땅으로 하거나, 묵은 땅을

---

428) 조선시대 왕에게 중대한 일로 올리던 문서양식.
429) 양안(量案)에 올려 있고 해마다 농사짓는 논밭.
430) 토박하여 해마다 농사도 짓지 못하는 땅.

경작지로 하거나, 해 입은 토지나, 묵은 토지나, 침몰된 토지를 허황하게 거짓 보고한 자는 원전(元典)의 '실(實)을 손(損)으로 삼은 조문'에 의하여 죄[431]를 다스릴 것입니다.」

⑮ [공법의 적용 예외]

「그 밖의 여러 가지 전지는 이번 상정(詳定)[432]으로 고치기 전까지는 우선 옛 기본법 그대로 하고, 계산의 끄트머리 남는 소수도 아울러 다 넣기로 할 것입니다.」

⑯ [양전 대장의 작성법]

「1자 5결(一字五結)[433] 의 법은 앞서부터 행하여 오는 격례(格例)에 의하여 시행할 것입니다.」

2. 『세종실록』의 공법(貢法) 분석

위의 내용 중 "① [전분육등법]·② [1결 57무 기준 전분6등전의 소출]·③ [57무 기준 1결당 수세율]·④ [1결 57무 기준 전분6등전의 세액]·⑦ [전분6등의 수등이척법]·⑮ [공법의 적용 예외]·⑯ [양전 대장의 작성법]"은 양전(量田)에 관련된 항목이며, "⑤ [1결 57무 기준 연분9등의 세액]·⑥ [결부법에 따른 연분구등법의 세율]·⑧ [군·현 단위의 연분구등법]·⑨ [연분 결정의 절차]·⑩ [정전의 무경 과세]·⑪ [속전의 기경 과세]·⑫ [재해 전답의 면세]·⑬ [재해 전답의 면세 기준]·⑭ [허위 손실에 대한 처벌]"은 수세(收稅)와 관련된 항목이다. 양전은 전답의 비척에 따라 전국 토지의 전결수(田結數)를 정확히 파악하고, 양안에 누락된 토지를 적발하여 탈세를 방지하며, 토지경작 상황의 변동을 조사하여 국가재정의 충실과 공평과세의 목적으로 실시되었다. 따라서 공법에서는 양전의 실시를 위해서 과거 3등전법의 전분육등법으로 전환 방법, 결부법에 따른 전답의 수확량과 면적, 결마다 전답의 크기를 재는 주척의 길이 등을 규정하고 있다. 그리고 수세를 위해서 연분구등법의 구분 방법과 절차, 세율, 재상답험 방법, 정전의 수세, 속전의 면세, 재상전의 면세, 그리고 손실의 허위신고 등에 대한 조세범의 처벌 등을 규정하고 있다.

여기서 중요한 문제는 기존 답험손실법에 따라 전분3등에 의한 1결의 면적과 30말을 수세하는 것을 기준으로 하여, 공법의 전분6등에 따른 1결의 면적과 수세액을 어떻게 결정하느냐 하는 것인데, 그 계산 방법이 위 ②부터 ⑦까지에 규정된 것이다. 이를 자세히 설명하면 다음과 같다.

---

431) 『경제육전』 원전(元典)의 이실위손조(以實爲損條).
432) 국가의 제도나 법규 등을 상세하게 논의하여 정하는 것.
433) 토지의 한 필(筆)마다 천자문(天字文)의 글자 순으로 기호를 붙여 나가는데, 이를 자정(字丁)이라 한다. 1자정(字丁)을 5결(結)로 하는 법을 말한다.

먼저 답험손실법의 3등전법에 따른 1결의 면적과 1무당 세액 등을 살펴보면 [표 1]과 같다. 공법의 전분6등 구분은 답험손실법 때의 하전을 기준으로 하였기 때문에 먼저 하전(下田)의 면적과 세액을 설명한다. 3등전법에 의한 하전의 면적을 척(尺)으로 산정하면 345,744척(尺)이고, 무(畝)로 산정하면 57무(畝) 6분(分)이며, 1결당 세액은 30말이기 때문에 1무(畝)당 세액은 5.21되(升)가 된다.

[표 1] 답험손실법에 따른 삼등전(三等田)별 1결 면적과 1무당 세액

구분	상전	중전	하전
척(尺) - 넓이	152,568	239,414	345,744
무(畝)	25.4	39.9	57.6
수확량(石)	20	20	20
수세액(斗)	30	30	30
1무당 세액(되)	11.81	7.52	5.21

※ 전제상정소준수조화 참고(한동일, 1966)

다음 [표 2]는 상상년에 57무를 기준하여 전분6등으로 환산한 수확량을 나타낸 것이다. 즉 전지를 6등으로 나눌 경우 1등전은 57무에서 수전의 경우 쌀 40석이 한전은 콩 40석이 수확되며, 6등전은 57무에서 수전의 경우 쌀 10석이 한전은 콩 10석이 수확된다는 것이다. 여기서 '57무'로 한 이유는 답험손실법에 따른 하등전의 넓이 57.6무를 기준으로 하였기 때문이다.

[표 2] 상상년 57무 기준 전분6등으로 환산한 수확량

등 급		수확량
1등전	수전	쌀 40석(벼 80석)
	한전	콩 40석 · 조20석
2등전	수전	쌀 34석(벼 68석)
	한전	콩 34석 · 조17석
3등전	수전	쌀 28석(벼 56석)
	한전	콩 28석 · 조14석
4등전	수전	쌀22석(벼 44석)
	한전	콩22석 · 조11석

등 급		수확량
5등전	수전	쌀16석(벼32석)
	한전	콩16석·조8석
6등전	수전	쌀10석(벼20석)
	한전	콩10석·조5석

그리고 [표 3]는 하전 57무을 기준으로 한 공법에 따른 전분6등의 환산 세액을 나타낸 것인데 앞의 공법 규정 ④와 ⑤를 표로 만든 것이다. [표 3]의 특징은 먼저 답험손실법 때의 10분실을 상상년으로 하여, 세액을 각 전등별로 차등하여 계산한 다음 분실에 따라 세액을 차감하는 방법이다.

[표 3] 3등전법 하전 57무 기준 공법 전분6등의 환산 세액(단위 : 말)

전분	상상년 수확량	상상년 10분실	상중년 9분실	상하년 8분실	중상년 7분실	중중년 6분실	중하년 5분실	하상년 4분실	하중년 3분실	하하년 2분실
1	80석	30	27	24	21	18	15	12	9	6
2	68석	25.5	22.9	20.4	17.8	15.3	12.7	10.2	7.6	5.1
3	56석	21	18.9	16.8	14.7	12.6	10.5	8.4	6.3	4.2
4	44석	16.5	14.8	13.2	11.5	9.9	8.2	6.6	4.9	3.3
5	32석	12	10.8	9.6	8.4	7.2	6	4.8	3.6	2.4
6	20석	7.5	6.7	6	5.2	4.5	3.7	3	2.2	1.5

[표 4]은 위 [표 1]과 [표 3]에 따라 등급별 면적과 1무당세액을 산정한 것이다. 전등별 무(畝)의 면적은 공법의 상상년 세액을 등급에 관계없이 20말로 할 경우 [표 3]의 환산세액을 고려하여 각 등급별 무(畝)의 면적을 계산하였다. 1등전은 57무에 30말의 세액을 징수 할 수 있기 때문에 20말을 징수할 수 있는 면적은 38무가 필요하다. 척(尺)은 [표 1]의 하전 345,744척을 57.6무로 나누어, 각 등급별 무(畝)를 곱하여 계산한다. 양전하는 주척(周尺)의 길이는 등급별 환산된 척(尺)을 10,000으로 나누고, 면적이기 때문에 제곱근한 값이다. 그리고 공법의 모든 1결당 세액은 20말이므로 1무당세액은 각 등급의 무(畝)로 나누어 계산한다. 그 결과 공법의 1무당세액은 답험손실법에 의한 것보다 감소한 것을 알 수 있다. 공법 1등전의 1무당세액은 5.26되인데, 답험손실법의 상전의 1무당세액은

11.81되이다. 공법 6등전의 1무당세액은 1.32되에 불과하도록 산정되었다.

표 4 답험손실법 하전(下田) 기준 공법의 전분 환산 면적과 세액

전분	무(畝)	척(尺) – 넓이	주척(周尺)– 자(尺)	1무당세액(되)	상상년 세액(말)
1등전	38	228,000	4.77	5.26	20
2등전	44.7	268,200	5.18	4.47	20
3등전	54.2	325,200	5.7	3.69	20
4등전	69	41,4000	6.43	2.90	20
5등전	95	570,000	7.55	2.11	20
6등전	152	912,000	9.55	1.32	20

① 무(畝)환산 : 57무*20/[표 2]의 각 등급별 상상년 세액
② 척(尺)환산 : 하전척(345,744)/57.6(무)*각 등급별 무(畝)
③ 주척(周尺)의 길이는 등급별 환산된 척(尺)을 10,000으로 나누고 제곱근한 값
   (1척(尺)은 파(把),10척은 속(束), 100척은 부(負), 10,000척은 1결(結))
④ 1무당세액 : 1결당 세액은 20말이므로 20말을 각 등급의 무(畝)로 나눈다.
※ 『전제상정소준수조화』 참고(한동일, 1966)

제2절 공법(貢法)과 『경국대전』 호전의 규정 차이

1. 의의

다음 『세조실록』의 기사를 보면 세조 즉위 때까지 세종대왕의 공법이 온전히 시행되지 못하고 있음을 알 수 있다.

「집현전 직제학 양성지가 상소하기를, (중략) 본조(本朝)에 와서는 태조·세종 때 원전(原典)과 속전(續典)이 있었고, 또 등록(謄錄)이 있었으니, 이는 모두 좋은 법이었습니다. 그러나 전제(田制)와 의주(儀註)[434]가 아직 일정한 법제를 이루지 못하였고, 병제(兵制)와 공법도 임시로 적당하게 한 법이 많았으니, 어찌 성대(盛代)[435]의 불충분한 전장(典章)[436]이 아니겠습

434) 의례(儀禮)의 절차.
435) 성대한 세상.

니까? 빌건대 대신에게 명하시어 이에 다시 검토를 더하여 한 조대(朝代)의 제도를 정하시어 자손 만대의 법칙으로 삼게 하시면 매우 다행하겠습니다.」[437]

이러한 가운데 세조는 즉위 후 양성지의 건의를 받아 당시까지의 모든 법을 전체적으로 조화시켜 후대에 길이 전할 법전을 만들기 위해 1457년(세조 3) 육전상정소를 설치하고, 최항 등에게 명하여 『경국대전』의 편찬 작업을 시작하게 하였다. 그래서 세조 6년(1460) 7월에 『경국대전』 중 첫번째로 재정·경제의 기본이 되는 호전(戶典)을 반포하고 시행하였다. 이때에 공법의 규정이 『경국대전』 호전에 실린 것이다. 세종대왕이 공법을 제정한지 약 17년이 지난 후에 조선왕조의 완전한 조세법의 지위를 얻게 된 것이다.

다음 『세조실록』의 기사를 보면 그동안 『경제육전』의 원속전(元續典)과 등록(謄錄) 내의 호전(戶典)을 거두도록 하였는데, 이는 건국이후 시행된 답험손실법을 폐지하고 세종대왕이 입법한 공법을 조선조의 기본적인 조세법으로서 기능하게 한 것이다.

「명하여 새로 제정한 『경국대전』 호전을 반행(頒行)[438]하고 《원속전(元續典)》과 《등록(謄錄)》 내의 호전을 거두도록 하였다.」[439]

그리고 다음 『성종실록』의 기사를 보면 『경국대전』의 최종본이 완성되기 전에 호전은 이미 『경국대전』으로서 효력을 가지고 있음을 알 수 있다. 성종 3년의 기사이다.

「호조에서 경기 관찰사의 계본(啓本)에 의거하여 아뢰기를, "이보다 앞서 손실의 폐단으로 민간이 이를 괴로워하나, 공법은 행해진 지가 이미 오래 되었고 《대전(大典)》에도 실려 있어서, 이제 다시 손실을 행하기가 어렵게 되었습니다. 청컨대 경인년의 예에 의하여 재상전(災傷田) 외의 것만 등제(等弟)를 매기는 것이 어떻겠습니까?" 하니, 그대로 따랐다.」[440]

---

436) 국가의 제도와 문물.

437) 『세조실록』 1년(1455) 7월 5일 3번째기사. .
   (원문) 「集賢殿直提學梁誠之上疏曰: (중략) 本朝太祖、世宗之時有《元典》,《續典》, 又有謄錄, 皆良法也. 然田制、儀注未成一定之制, 兵制、貢法多爲權宜之法, 豈非盛代之闕典歟? 乞命大臣更加商確, 以定一代之制, 以爲萬世子孫之則, 幸甚.」

438) 반포(頒布)하여 시행함.

439) 『세조실록』 6년(1460) 7월 17일 2번째기사.
   (원문) 「命頒行新定《經國大典》戶典, 收《元》、《續典》及《謄錄》內戶典.」

440) 『성종실록』 3년(1472) 8월 4일 5번째기사.
   (원문) 「戶曹據京畿觀察使啓本啓: "前此損實之弊, 民間苦之, 貢法行之已久, 載在《大典》, 今復行損實爲難. 請依庚寅年例, 災傷田外等第, 何如?" 從之.」

2. 연분(年分) 판정의 기준

세종대왕이 공법을 입법하고자 한 가장 큰 이유는 답험손실법에 따른 농민의 피해를 줄이고 세법을 간편하게 만들기 위함이다. 세종대왕은 답험(踏驗)하는 일은 수세에서 지극히 중대한데 근래에 답험이 알맞음을 잃고,441) 답험할 즈음에 그 적당한 사람을 얻지 못하여서, 혹은 우매하게도 제대로 살피지 못하기도 하고, 혹은 사정에 이끌려 손(損)을 실(實)로 하기도 하고, 실(實)을 손(損)으로 하기도 하여, 호족(豪族) 또는 부유한 자의 전지는 잘 결실되었다는 것이 많지 않고, 가난하고 천한 자의 전지는 감손되었다는 것이 있지를 않은 폐단이 있다고442) 지적하였다. 한마디로 전세의 징수는 관리의 답험에 의하여 좌우되었으며, 그 결과는 항상 부정부패로 이어졌던 것이다. 이와 같이 답험의 폐단에 대해 세종대왕이 많은 문제점을 지적하고 있지만, 선왕인 태종때도 다음과 같이 그 폐단이 지적되었다.

> 「어진 정사는 반드시 경계(經界)로부터 시작됩니다. 지난날에 각도(各道)에서 전지를 측량한 바가 경(輕)하고 중(重)한 것이 고르지 못하여, 혹은 원망하기에 이르고, 바닷가에 있는 땅에 이르러서는 곧 측량을 하지 않았고, 또 그 결실되고 결실되지 못한 것을 공평하게 답험(踏驗)치 못하여, 결실된 것은 조세를 면하고, 결실되지 않은 것은 도리어 조세를 바치니, 그 폐단이 적지 않습니다.」443)

따라서 세종대왕은 매년 답험하지 않고 여러 해의 중간 수량을 참작하여 세액을 결정하는 공법을 시행하여, 답험손실법의 폐해를 영구히 없애고자 하였다.444) 하지만 중국식 공법은 매년 답험하지 않고 평균 수확량을 고려하여 전세를 징수하는 방법이므로, 세종대왕은 이 중국식 공법 또한 우리 실정에 맞지 않기 때문에, 전답의 개별적인 답험은 배제하면서 좀 더 공평한 과세를 위해 군현(郡縣) 단위의 고을별 연분구등법을 시행한 것이다. 세종대왕의 공법은 개별적인 농민의 기본적 조세부담능력은 양전에 의한 전분육등법에 의하여 판단하지만, 농사는 기후의 영향을 많이 받기 때문에 이를 고려하여 연분구등법을 채택한 것이다.

하지만 다음『문종실록』의 기사들처럼 군현 단위의 연분결정에 문제가 있음을 지적하

---

441)『세종실록』18년(1436) 2월 23일(기미) 2번째기사.
442)『세종실록』20년(1438) 7월 10일(임진) 1번째기사.
443)『태종실록』5년(1405) 9월 10일 1번째기사.
　　(원문)「仁政必自經界始. 在前各道量田, 輕重不均, 或至怨咨. 至於濱海之地, 不卽打量, 又其荒熟, 不公踏驗, 實者免租, 荒者反輸, 其弊不小.」
444)『세종실록』18년(1436) 10월 5일 4번째기사.

고 있다. 모두 군현(郡縣) 단위의 연분을 면(面) 단위로 개정하자는 내용이다.

① 「전라도 도관찰사 성봉조가 상서하기를, (중략) 우리나라의 산천은 험악하여 하나의 산과 하나의 내가 서로 막혀 기후와 토품(土品)이 두드러지게 같지 아니합니다. 심지어 한 면의 산곡(山谷)과 한 면의 평야와 같은 것도 산곡(山谷)의 땅은 오히려 천방(川防)[445]으로 물을 끌어들여 가뭄에 대비할 수 있으나, 평야의 백성들은 우택(雨澤)[446]이 아니면 진실로 가뭄에 대비할 방책이 없습니다. 비록 한 읍(邑)이라고 하더라도 화곡의 손실은 따라서 아주 다릅니다. 지금은 경내 전체를 합하여 총체적으로 논하여서 10분 율(率)로 하여, 그 연분(年分)의 상·하를 정하니 상으로 화곡이 익은 면(面)의 백성들이 혹은 다수에 따라서 해(下)로 화곡이 익은 조세를 바치기도 하고, 해(下)로 화곡이 익은 면(面)의 백성들이 혹은 다수에 따라서 상으로 화곡이 익은 조세를 바치기도 합니다. 상으로 화곡이 익은 백성들이 하로 화곡이 익은 조세를 바치는 것도 오히려 말할 만한데, 하로 화곡이 익은 백성들이 상으로 조세를 바치는 경우에는 그 전지를 농사지어도 부족하고, 또 환자(還子)[447]를 꾸어서 보태니, 진실로 한심합니다. 의논하는 자가 말하기를, '비록 방면(方面)으로 나누어 그 등급을 매긴다고 하더라도 한 면(面) 안에서도 또한 같지 아니하여 득중(得中)[448]을 구하는 데에 도리어 번잡하게 된다.'고 하나, 신은 생각건대 한 면(面)의 땅이 기후와 토성(土性)과 그 천택(川澤)[449]의 이익이 대략 서로 비슷하여 한 읍(邑)으로서 크게 서로 멀리 떨어진 경우와는 같지 않으니, 번잡한 것은 작은 일일 뿐이므로 백성의 병폐는 구제하지 않을 수 없습니다.」[450]

② 「경상도·전라도·충청도 관찰사에게 유시하기를, "공법의 연분의 제도는 각각 그 고을의 등급으로 세를 거두는 것인데, 갑은 말하기를, '한 고을(邑)안의 사면(四面) 사이에도 비가 고르지 못하여 풍흉이 각각 다른데, 한 고을(邑)의 예로 연분을 같게 하여 세를 거두면 반드시 경하고 중한 차가 있을 것이니, 각각 그 지방에 따라 그 풍흉을

---

445) 하천을 막아 물을 끌어대기 위한 수리시설의 일종.
446) 비의 은택.
447) 각 고을의 사창(社倉)에서 백성에게 꾸어 주었던 곡식을 가을에 이자를 붙이어 받아들이던 일.
448) 지나치거나 모자람이 없음.
449) 내와 못.
450) 『문종실록』 즉위년(1450) 10월10일 22번째기사.
　　(원문)「全羅道都觀察使成奉祖上書曰: (중략) 我國山川險阻, 一山一川之相隔, 風氣土品, 縣絶不同. 至若一面山谷, 一面平野, 則山谷之地, 猶可川防引水, 以備旱暵, 平野之民, 非雨澤, 固無備旱之策. 雖曰一邑也, 而禾穀之損實, 從以頓殊. 今也闔境, 摠論十分爲率, 定其年分之上下, 上熟之面之民, 或從多而納其下熟之稅, 下熟之面之民, 或從多而納其上熟之稅 上熟之民, 納其下熟之稅, 猶可言也, 下熟之民, 納其上熟之稅, 則糞其田而不足, 又稱貸而益之, 誠可寒心. 議者曰: "雖分爲方面, 次其等第, 一面之內, 亦有不同, 求以得中, 而反爲煩瑣." 臣以謂, 一面之地, 風氣土(姓) 〔性〕, 與夫川澤之利, 大略相似, 非若一邑之大相遠也. 煩瑣, 是小事耳, 民瘼不可不療也.」

살펴서 연분을 정하는 것이 적당하다.”하고...」[451]

이에 단종 2년(1454)에 다음과 같이 연분을 정할 때 1개 군현을 묶어 하나의 연분등제 단위로 삼는 것을 면(面) 단위 연분등제 방식으로 고쳤으며, 이 내용이 『경국대전』에 규정되었다.

「의정부에서 호조의 정문(呈文)[452]에 의거하여 아뢰기를, “우리나라는 산천이 험조(險阻)[453]하여, 한 고을[邑]의 고척(膏瘠)[454]이 사면(四面)이 같지 않습니다. 지금 공법에 세(稅)를 거두기를, 연분9등으로 하여, 한 고을의 전지를 모두 한 등(等)으로 같게 하였기 때문에, 세에 경중이 있어서 백성의 원망이 대단히 많습니다. 또 읍내는 사람들이 조밀하게 거주하여 분전(糞田)[455]으로 바꾸어져서, 그 지품(地品)이 사면과 아주 다르니, 청컨대 지금부터 여러 고을의 사면의 지품 아무 자호(字號)에서 아무 자호(字號)까지의 등급과, 읍내(邑內)의 아무 자호(字號)에서 아무 자호까지의 등급을 각각 다시 매겨 연분을 정하소서.”하니, 그대로 따랐다.」[456]

3. 재상(災傷)에 따른 면세

(1) 10결이상 연복(連伏)한 경우 면세(공법 규정)

세종대왕이 입법한 공법에는 “재해를 입은 전지는 일부분의 재해를 제외하고, 일반 사람들에게 널리 알려진 10결 이상의 넓은 면적이 전부 손상한 전지는 수령이 친히 심사하여 감사에게 보고하고, 감사가 위에 아뢴 후에, 파견된 경차관이 재해의 수량을 위에 아뢰어서 분부에 따라 조세를 감면한다.”고 규정하고 있다. 농민 개개인의 조세부담은 전분6등과 연분9등으로 합리적으로 산정되지만, 재해로 ‘10결 이상이 연복(連伏)’한 경우 개개인의 사정을 고려하여 면세하고자 한 것이다. 그 이유는 공법은 여러 해의 평균 수확량을 기준하여 세액을 정하였기 때문에 한해의 수확량에 따라 세액이 좌우되어서는

---

451) 『문종실록』 1년(1451) 3월 21일 5번째기사.
　　(원문)「諭慶尙、全羅、忠淸道觀察使曰: "貢法年分之制, 各以其邑等第收稅, 甲者以爲: '一邑之內, 四面之間, 雨水不齊, 豊歉各異, 例以一邑, 同其年分, 收稅, 必有輕重之殊, 各隨其面, 審其豊歉, 定其年分爲便.」
452) 하급관청에서 상급관청에 보내던 공문서.
453) 지세가 높고 가파르며 험하여 막히고 끊어져 있음.
454) 비옥하고 척박함.
455) 분료를 준밭.
456) 『단종실록』 2년(1454) 8월28일 3번째기사.
　　(원문)「議政府據戶曹呈啓: "我國山川險阻, 一邑膏瘠四面不同. 今貢法收稅, 年分九等, 而一邑之田, 同爲一等, 故稅有輕重, 民怨不貲. 且邑內則人居稠密, 易以糞田, 故地品與四面頓殊, 請自今諸邑四面自某字至某字幾等、邑內自某字至某字幾等, 各定年分." 從之.」

안된다는 것이며, 만일 좁은 면적의 재상을 일일이 인정하는 것은 답험손실법에서 발생한 폐단이 똑같이 일어나기 때문이라고 생각한 것이다.

이에 대해서는 다음 『세종실록』의 기사와 같이 공법이 시행된 직후부터 논의된 문제였다.

> 『성균주부(成均注簿) 이보흠이 글을 올리기를, (중략) 신은 공법(貢法) 한 가지 일에 있어서는 그 폐해를 상시 보고 있기 때문에 일찍이 하루라도 잠시 마음속에서 잊지 못하여, 옛날의 제도를 조사하여 찾고 농촌에 자세히 물어서 그 중도를 찾은 지가 대개 여러 날이 되었습니다. 경상도 한 도에서 들은 바와 본 바로써 전일의 잘되고 잘못된 것을 조목별로 열거한 후에 감히 어리석은 견해를 진술하오니, 삼가 성상(聖上)의 재가를 바라옵니다.
>
> 1. 처음 공법을 제정할 적에 10결이 연복(連伏)되어 한 사람의 경작하는 것이 모두 완전히 손실이 된 후에야 전세를 면제하도록 허가하고 오래된 진전(陳田)은 모두 전세를 바치게 하였으니, 이것이 그 입법의 상세하지 못한 점입니다. 지금 국가에서 이미 그 폐해를 알고 이를 고치게 하니 신은 감히 여러 말로 의논하지 않겠습니다.」[457]

(2) 5결이상 연복한 경우 면세로 개정

따라서 10결 이상이 연복(連伏)한 후에야 그 재상을 인정하여 전세를 면세하도록 한 것은, 공법이 입법된지 2년도 되지 않아 다음 『세종실록』의 기사와 같이 '5결 이상이 연복(連伏)한 경우' 그 재상을 인정하여 면세하는 것으로 개정되었다.

> ① 「공법이 비록 좋은 법이기는 하나, 우리나라는 산과 계곡이 험한 것이 중국의 평평하고 넓은 땅과 달라서, 좋은 밭은 적고 척박한 밭이 많은데, 품등(品等)을 나누어 관원이 잠깐 경과(經過)하는 사이에 갑작스레 6등의 밭으로 나누어 좋은 밭을 나쁜 밭으로 하고, 나쁜 밭을 좋은 밭으로 하여, 등급의 법칙(法則)을 그르친 것이 많고, 또 재해로 상한(災傷) 밭이 반드시 5결이 연복(連伏)되어 있어야 면세(免稅)를 허락하고, 만일 경작하는 밭이 혹은 1결, 혹은 2결, 혹은 3결, 혹은 1결 미만(未滿)인 것이 모조리 재해를 입었어도 연복(連伏)의 예에 얽매이면 면세를 받지 못하고, 꾸어서 창고에 바치게 되니 근심과 탄식이 일어납니다. 비옵건대, 태조(太祖)의 성헌(成憲)에 의하여 손(損)에 따라 손(損)을 주어서 민생을 편안하게 하소서.」[458]

---

457) 『세종실록』 28년(1446) 7월 2일 1번째기사.
  (원문)「戊辰/成均注簿李甫欽上書曰: (중략) 臣於貢法一事, 常目其弊, 未嘗一日暫忘于懷, 講求古制, 廉問田野, 以求厥中, 蓋亦有日. 以慶尙一道所聞所見, 條列前日之得失, 然後敢陳其愚衷, 伏惟聖裁.
    一, 初立貢法也, 以連伏十結一人所耕皆全損, 然後許令免稅, 久遠陳田, 幷令納稅, 此其立法之未詳也. 今國家旣知其弊而改之, 臣不敢多論也.」

② 「의정부에서 호조의 정장(呈狀)에 의거하여 아뢰기를, "지난 6월 일 수교(受敎)에 재상(災傷)한 전지(田地)가 연 5결 이상이나 되는 것은 사실을 조사해서 계문(啓聞)하게 하여 그 조세(租稅)를 감면하게 하였지마는, 그러나 반드시 연 5결 이상이 되어야만 그제야 답험(踏驗)하여 조세를 면제하게 하였으니, 1읍(邑) 안에 5결이 차지 않는 곳은 비록 많더라도 조세를 면제받지 못하므로 원망이 일어나게 됩니다. 그 사소한 재상(災傷) 외에 온 1구역의 전지가 재상(災傷)이 된 것은 권농(勸農)으로 하여금 몸소 조사하여 수령(守令)에게 자세히 보고하게 하고, 수령은 모름지기 즉시 몸소 조사하여 감사(監司)에게 보고하게 하되, 감사는 엄격히 사실을 조사하여 장부에 올리고 위에 계문(啓聞)한 후에 조관(朝官)을 보내서 다시 검사하여 조세를 면제하게 하소서."하니, 그대로 따랐다.」[459]

(3) 전전(全田)이 재상인 경우 면세료 개정

재상(災傷)한 전지(田地)에 대한 면세가 당초 '연복 10결 이상'에서 '연복 5결 이상'으로 개정되었다. 하지만 이 또한 문제가 많음을 대신들이 상소 하였는데, 세종대왕의 뜻은 다음 『세종실록』의 기사와 같이 5결 미만(未滿)인 재해지(災害地)를 반드시 일일이 두루 돌아본다면 이것은 손실(損實)의 법과 다름이 없다는 것이다. 답험손실법처럼 사정(私情)에 따라 경(輕)하게 하고 중(重)하게 할 경우, 말류(未流)의 폐단이 염려되기 때문이다.

「계전(季甸)이 대답하기를, "5결이 연복한 밭을 가령 다섯 사람이 경작하는데, 네 사람의 밭은 모두 재상(災傷)을 입었는데 한 사람이 옆 밭旁田의 결실[實] 때문에, 네 사람에게 똑같이 그 세(稅)를 거두고, 한 사람의 밭이 5결이 연복되었는데, 1부(負)의 결실로 4결 99부(負)의 세를 아울러 바치며, 작은 백성의 밭이 1, 2결에 지나지 못하는 것이 많은데, 경작하는 1, 2결의 땅이 모두 재상(災傷)을 입어도 국가에서 반드시 그 세(稅)를 받는다면, 백성이 장차 무슨 물건으로 부세(賦稅)를 충당하며, 장차 무슨 물건으로 부모를 봉양하고 처자를 기르겠습니까. 백성의 근심과 탄식을 이루 말할 수 있겠습니까. 이 법은 결코 행할 수 없는 것입니다."하였다. 임금이 말하기를, "이 폐단은 참으로 그러하지마는, 그러나 5결 미만(未滿)

---

458) 『세종실록』 28년(1446) 4월 30일 2번째기사.
　　(원문)「貢法雖是良法, 然我國山谿之險, 異於中國平衍之地, 良田少而薄田多. 分品之官, 瞬息經過之際, 遂分六等之田, 以良爲薄, 以薄爲良. 失誤等則者, 比比有之. 且其災傷之田, 須連伏五結, 方許免稅, 若所耕或一結或二結或三結或未滿一結, 而盡被災傷, 拘於連伏之例, 未蒙免稅, 稱貸納倉, 遂興愁嘆. 乞依太祖成憲, 隨損給損, 以安民生.」
459) 『세종실록』 28년(1446) 8월 16일 1번째기사.
　　(원문)「議政府據戶曹呈啓: "去六月日受敎: '災傷田連五結以上者, 覈實啓聞, 減其租稅.' 然必連五結已上, 然後方許踏驗免稅, 則一邑之內, 未滿五結處雖多, 未得免稅, 怨咨必興. 其些少災傷外, 全一田災傷者, 令勸農親審, 具報守令, 守令須卽親審, 報于監司, 監司嚴加覈實, 置簿啓聞後, 遣朝官再檢免稅" 從之.」

인 재해지(災害地)를 반드시 일일이 두루 돌아본다면, 이것은 손실(損實)의 법과 다름이 없다.”」[460)]

하지만 다음 『문종실록』의 기사와 같이 문종때 ‘5결이 연복(連伏)한 경우의 면세’ 규정 또한 ‘전전(全田)이 재상한 경우의 면세’로 개정되었으며, 더 나아가 재상(災傷)이 반(半)이 넘는 전지에 대한 면세도 시행하였다. 기사 ①에서는 문종이 ‘전전(全田)이 재상인 경우의 면세’는 이미 개정되었지만 이 또한 재손(災損)이 비록 8, 9분(分)에 이르러 취득(取得)한 것이 1, 2분(分)에 불과한 경우에도 그 전답의 조세를 전액 바치게 되어, 백성들의 삶이 고단하기 때문에 재실(災實)에 따른 면세를 인정하는 것이 바람직하다고 하였다. 그리고 ②에서는 재상(災傷)이 반(半)이 넘는 전지와 혹은 질병(疾病)으로 인하여 능히 경작하지 못하여 온전히 묵어서 황폐하게 된 전지는 손(損)에 따라 조세(租稅)를 감면하도록 하였다.

「임금이 좌승지(左承旨) 정이한(鄭而漢)에게 이르기를, “공법(貢法)을 의논하여 결정할 때에 재상(災傷)이 10결을 연달아 든 것은 무릇 면세(免稅)하도록 허가하였으나, 그 후에는 이를 고쳐서 전전(全田)의 재상(災傷)이라야 면세하도록 했는데, 그렇다면 반드시 전전(全田)을 기다린 후에야 재상(災傷)의 예에 들어갈 수가 있으니, 그런 까닭으로 재손(災損)이 비록 8, 9분(分)에 이르더라도 취득(取得)한 것이 1, 2분(分)에 불과한 것도 또한 모두 예에 따라서 그 전세(全稅)를 바치게 하니, 이로 말미암아 소민(小民)은 그 안정된 처소를 얻지 못한 사람이 자못 많아져서 원망이 실로 깊어졌던 것이다. 내가 절반 이상의 재상(災傷)도 또한 면세해 주려고 하나, 의논하는 사람이 말하기를, ‘이같이 된다면, 수손급손법(隨損給損法)이 다시 살아나게 되니, 실로 공법의 본의(本意)에 어그러짐이 있을 것입니다.’고 하는데, 나의 생각으로는 이 의논은 옳은 듯하면서도 실상은 그르다고 여겨진다. 대저 그 연분(年分)의 법을 정할 적에 그 많은 것을 따르게 되어 결실(結實)이 많으면 상등(上等)에 따르고, 재손(災損)이 많으면 하등(下等)에 따르게 되니, 비록 한 구역의 안이라도 토지의 비옥함과 척박함이 같지 않는데 어찌 토지의 척박한 이유를 가지고 재상(災傷)으로 인정하겠는가? 과연 만약 한 동리(洞里)의 안에 비옥함과 척박함이 같지 않은 전지(田地)를 가지고 그 척박한 것에 모두 따라서 재상(災傷)으로 인정한다면 진실로 의논하는 사람의 폐단과 같을 것이다. 이른바 재

---

460) 『세종실록』 28년(1446) 6월 18일 1번째기사.
　　(원문) 「季甸對曰: “連伏五結之田, 假令五人耕之, 而四人之田, 盡被災傷, 以一人旁田之實, 四人例收其稅; 一人之田連伏五結, 而以一負之實, 竝納四結九十九負之稅. 小民之田, 不過一二結者多矣. 一二結所耕之地, 盡被災傷, 而國家必徵其稅, 則其民將以何物充賦稅, 將以何物養父母育妻子乎? 其民之愁歎, 可勝言哉? 此法決不可行也.
　　上曰: “此弊誠然矣. 然未滿五結, 災傷之地, 必一一遍閱, 則是與損實之法無異矣.”」

상이란 것은 혹은 서리와 우박으로 인하여 모두 말라 떨어지든지 혹은 비가 옴으로 인하여 모래가 덮히고, 물에 잠기든지, 혹은 사람의 질병(疾病)으로 인하여 전지(全地)를 다 개간하지 못하고 묵게 되는 것이니, 이같은 등류가 곧 이른바 재상(災傷)인 것이다. 허실(虛實)이 환하게 판명(判明)되므로 징험하기가 어렵지 않으니, 어찌 수손급손(隨損給損)하여 마음대로 짐작(斟酌)하게 하는 비교이겠는가? 하물며 이와 같은 재상의 곳이 많지 않을 것인데 어찌 그 번거로움을 감내하지 못할 염려가 있겠는가? 금후에는 매 한 구역 안에 절반 이상이 재상된 곳에는 경작자(耕作者)가 수령(守令)에게 고(告)하면 수령은 감사(監司)에게 전보(傳報)하고, 감사가 호조(戶曹)에 관문(關文)461) 을 보내어 경차관(敬差官)을 파견하게 하여 보고한 재상을 낱낱이 살펴서 재손(災損)에 따라 면세하는 것이 어떻겠는가? 만약 전전(全田)이 재상인 것만을 면세하도록 한다면 1백 인의 안에서 반드시 한 백성만이 살 곳을 얻지 못할 이가 있을 것이니 이미 백성들이 살 곳을 얻지 못함을 알고서 그 폐해를 구제하지 않는 것이 옳겠는가? 그것을 의정부(議政府)와 전제 제조(田制提調)와 더불어 자세히 의논하라.”」462)

재상(災傷)이 반(半)이 넘는 전지는 다음『문종실록』의 기사와 같이 재상(災傷)을 10분(分)의 율(率)로 삼아 손(損)에 따라 전세를 감면하도록 개정되었다.

「호조(戶曹)에 전지(傳旨)하기를, “재상전(災傷田) 안에 완전히 재상(災傷)을 입은 것은 이미 조세(租稅)를 감면하도록 허락하였으나, 그러나 하나의 전지(田地)에 손(損)이 8, 9분(分)에 이르러서 수획(收獲)한 바가 1, 2분(分)에 지나지 않는 것은 모두 연분법(年分法)에 따라서 그 온전한 조세를 바치게 한다. 이로 말미암아 소민(小民)이 원망함이 없지 않으니, 내가 심히 염려한다. 금후로는 재상(災傷)이 반(半)이 넘는 전지와 혹은 질병(疾病)으로 인하여 능히 경작하지 못하여 온전히 묵어서 황폐하게 된 전지는 일일이 결복(結卜)의 수를 갖추어서 아뢰어라.”하고, 이에 조관(朝官)을 보내어 다시 살펴서 손(損)에 따라서 조세(租稅)를 감면하였다.」463)

---

461) 조선조 때 상하 관청 사이에 서로 왕래하던 공문서.
462)『문종실록』즉위년(1450) 9월 21일 5번째기사.
　　(원문)「上謂左承旨鄭而漢曰: “貢法議定之時, 災傷連伏十結者, 方許免稅, 其後改爲全田災傷, 乃令免稅. 然必待全田, 然後得入災傷之例, 故所損雖至八九分, 而所取不過一二分者, 亦皆隨例, 納其全稅, 由是小民之不得其所者頗多, 爲怨實深. 予欲過半災傷, 亦令免稅, 議者以爲: ‘如此, 則隨損給損之法復生, 實有乖於貢法之本意.’ 予意以爲是論, 似是而實非. 大抵定其年分之法, 從其多者. 實多則從上, 損多則從下, 雖一區之內, 膏堉不同, 豈可以堉, 而爲災傷乎? 果若以一洞之內, 膏堉不同之田, 盡逐其堉以爲災傷, 誠如議者之弊矣. 所謂災傷云者, 或因霜雹, 盡爲枯零, 或因雨水, 覆沙沈溺, 或因疾病, 未得盡墾而陳荒, 如此之類, 乃所謂災傷也. 虛實判然, 驗之不難, 豈隨損給損, 任意斟酌之比乎? 況如此災傷之處不多矣, 何有不勝其煩之慮乎? 今後每一區內, 過半災傷處, 佃者告于守令, 守令傳報監司, 移關戶曹, 發遣敬差官所報災傷, 逐一審驗, 隨損免稅何如? 若全田災傷者, 乃令免稅, 則百人之內, 必有一民不得其所, 旣知民之必不得所, 而不救其弊可乎? 其與政府及田制提調, 熟議.”」
463)『문종실록』즉위년(1450) 10월 7일 1번째기사.

그 결과 다음과 같이 『경국대전』 호전의 수세조에서는 재해율에 따라 감면하거나 면세하도록 하였다.

「전부 재해를 입은 전지 및 전부가 묵혀진 전지는 면세하고, 반이 넘게 재해를 입은 전지는 그 재해가 6분(分)에 이른 것은 6분(分)을 면세하고 4분(分)을 수세하며, 9분에 이르기까지 모두 이 예에 의한다.」

제3절 입법 과정에서 나타난 공법의 특징

1. 과거시험 문제에 출제된 백성을 위한 조세법

세종대왕은 조선에 맞는 조세법을 입법하기 위하여 많은 연구와 논의를 하였다. 그 첫 번째가 당하관의 과거시험 문제의 출제이다. 다음 『세종실록』의 기사와 같이 세종 9년 (1427)에 당하관의 과거시험에 "공법을 사용하면서 이른바 좋지 못한 점을 고치려고 한다면 그 방법은 어떻게 해야 하겠는가."464)의 문제를 출제하여 조선만의 공법을 만들고자 하였다.

이 기사를 분설하면 ①은 고대 중국에서부터 시행된 조세법의 기본으로 삼는 공법(貢法), 조법(助法), 철법(徹法)에 대한 역사와 편의성에 대한 언급이며, ②는 당시 조선의 조세법인 답험손실법의 문제점으로 '손실(損實)을 실지로 조사하여 적중을 얻기를 기하였으나 간혹 사자로 간 사람이 세종대왕의 뜻에 부합되지 않고, 백성의 고통을 구휼(救恤)하지 아니하여 이를 못 마땅하게 여겼다'는 것이다. 그리고 ③은 결론적으로 '공법을 사용하면서 이러한 답험손실법의 좋지 못한 점을 고치려고 한다면 그 방법은 어떻게 해야 하겠는가'하는 질문이다.

(원문) 「傳旨戶曹曰: "災傷田內, 全被災傷者, 已許免稅 然一田損至八、九分, 而所獲不過一、二分者, 皆隨年分, 納其全稅 由是小民不無怨咨, 予深慮焉. 今後災傷過半田, 及或因疾病不能耕耘, 全致陳荒之田, 開具結卜之數以啓." 乃遣朝官, 更審隨損免稅」

464) 『세종실록』 9년(1427) 3월 16일 1번째기사.
　　(원문) 「用貢法而去. 所謂不善, 其道何由?」

① 「인정전(仁政殿)에 나아가서 문과(文科) 책문(策問)의 제(題)를 내었다. "왕은 이렇듯 말하노라. 예로부터 제왕이 정치를 함에는 반드시 일대의 제도를 마련하는 것이니, 방책에 살펴보면 이를 알 수 있다. 전제(田制)의 법은 어느 시대에 시작되었는가. 하후씨(夏后氏)465)는 공법(貢法)으로 하고, 은인(殷人)466)은 조법(助法)467)으로 하고, 주인(周人)468)은 철법(徹法)469)으로 한 것이 겨우 전기(傳記)에 나타나 있는데, 삼대(三代)의 법을 오늘날에도 시행할 수 있겠는가. (중략)

② 일찍이 듣건대 다스림을 이루는 요체는 백성을 사랑하는 것보다 앞서는 것이 없다고 하니, 백성을 사랑하는 시초란 오직 백성에게 취하는 제도가 있을 뿐이다. 지금에 와서 백성에게 취하는 것은 전제와 공부(貢賦)만큼 중한 것이 없는데, 전제는 해마다 조신(朝臣)을 뽑아서 여러 도에 나누어 보내어, 손실을 실지로 조사하여 적중을 얻기를 기하였다. 간혹 사자로 간 사람이 나의 뜻에 부합되지 않고, 백성의 고통을 구휼(救恤)하지 아니하여, 나는 매우 이를 못 마땅하게 여겼다. (중략) 손실을 실지로 조사하는 일도 구차스러이 사랑하고 미워하는 감정 여하에 따라, 올리고 내림이 자기 손에 달리게 되면, 백성이 그 해를 입을 것이니, 이 폐단을 구제하고자 한다면 마땅히 공법(貢法)과 조법(助法)에서 이를 구해야 될 것이다.

③ 공법(貢法)은 하(夏)나라의 책에 기재되어 있고, 비록 주(周)나라에서도 또한 조법(助法)이 있어서 향(鄕)과 수(遂)470)에는 공법(貢法)을 사용하였다고 하나, 다만 그것이 여러 해의 중간을 비교하여 일정한 것을 삼음으로써 좋지 못하였다고 이르는데, 공법을 사용하면서 이른바 좋지 못한 점을 고치려고 한다면, 그 방법은 어떻게 해야 하겠는가. (중략) 그대子大夫들은 경술(經術)에 통달하고 정치의 대체를 알아 평일에 이를 강론하여 익혔을 것이니, 다 진술하여 숨김이 없게 하라. 내가 장차 채택하여 시행하겠노라."하였다.」

이러한 과거시험 문제는 세종대왕이 '백성을 위한 조세법'을 만들고자한 진정성을 볼

---

465) 중국의 고대 왕조. 요순시대 이후 우(禹)가 세운 왕조이다. 기원전 2070년경에서 기원전 1600년까지로 추정.
466) 중국의 고대 왕조(BC1600~BC 1046).
467) 조법(助法)은 은나라(또는 상나라)의 조세제도로 1구역당 70묘(畝)를 기준으로 하여 630묘로 구획되는 정전제(井田制)이며, 9구역 중심에 공전(公田)을 두고 주변 8가(家)에 1구역을 나누어 주었으며, 공법은 단지 농민의 노동력을 빌려 경작을 돕게 하였다. 세율은 1/9로서 국가에 내는 조세는 풍흉을 가리지 않고 다만 공전에서 수확한 것만큼만 납부하게 하니 인정(仁政)의 표본이 되었다.(최윤오. 2007. pp.461-496, 최윤오. 1999. pp.3-14)
468) 중국의 고대 왕조(BC 1046~BC 771).
469) 철법(撤法)은 중국 주대(周)나라 때의 조세제도로 공전(公田)·사전(私田)의 구별을 없애고, 풍흉(豊凶)에 따라 수확의 10분지 1을 징수하였다. 철법은 매년 풍흉을 답험하여 조세를 징수하기 때문에 복잡하고 관리의 공평무사함이 전제가 되지 않으면 수많은 폐단이 생긴다. 조선초기의 답험손실법(또는 수손급손법)은 바로 철법의 원리에서 출발한 것이다.(최윤오. 2007. pp.461~496. 최윤오.1999. pp.3-14)
470) 주대의 지방 행정 단위 구역.

수 있다. 즉, 세종대왕은 이미 중국의 고대부터 시행하고 있는 조세제도의 유형에 따른 장단점을 알고 있었으며, 조선을 개국한 태조 때부터 시행되어 온 답험손실법의 문제점을 정확히 파악하고 있었지만, 조세가 백성의 삶에 미치는 영향이 매우 크기 때문에 과거시험을 통하여 전국의 젊은 유생들이 생각하고 있는 조세문제의 해결책을 구하고자 한 것이다.

세종대왕이 지적한 답험손실법의 폐단 형태는 다음『세종실록』의 기사에서 확실히 볼 수 있다. 첫째는 답험에 대한 적임자를 얻지 못함이요, 둘째는 위관이 곡식의 허실을 함부로 헤아리는 것이요, 셋째는 위관들에 대한 접대의 폐단이요, 넷째는 답험에 소요되는 명목없는 비품[471]이 많다는 것이다. 그 결과 답험손실법은 관청과 민간 모두에게 이롭지 못하였다는 것이다. 이러한 조세행정상의 문제점은 정도의 차이는 있지만 과학적이고 체계적으로 조세제도를 운영하고 있는 현대에서도 똑같이 발생되고 있다.

> 「추수기의 전지를 간심(看審)할 때에는 으레 시골에 항시 거주하는 사람을 위관(委官)으로 삼게 되니, 거의 모두 자질구레하고 용렬하여 사물의 대체를 알지 못하고, 혹은 무지하고 몽매한 소견으로 그 허실을 함부로 헤아리기도 하고, 혹은 사정을 끼고 다소를 가감하기도 합니다. 또 따라다니는 하인들의 접대비가 모두 민간에서 나오게 되는데, 그들이 밭 사이의 길을 달리면서 여염을 소란하게 하매, 그 전지를 경작하는 사람은 술과 음식을 싸가지고 여러 날 동안 기다려 영접하면서 다투어 후하게 먹여 간청하여 후하게 보아주기를 바라고 자 하니, 명목 없는 비품이 일정한 공부(貢賦)의 수량에 가깝게 되어, 관청과 민간에 이롭지 도 못하고, 여러 해 동안의 큰 폐단이 되었습니다.」[472]

세종대왕은 이러한 이유로 답험손실법을 폐지하고 공법을 통하여 조세제도를 개혁하고자 하였다. 하지만 이미『경제육전』호전에 규정되어 시행되고 있는 선왕의 답험손실법을 폐지하고 공법으로 개정하는 것은, 조종성헌존중의 원칙을 어기는 것이므로 쉬운 정책결정은 아니었다. 그래서 세종대왕은 세종 21년에 "내가 공법을 행하고자 한 것이 이제 20여 년이고, 대신들과 모의(謀議)한 것도 이미 6년이었다."[473]라고 하여 공법을 입법하는데 어려움이 얼마나 컸는지 말하고 있다. 이러한 어려움을 극복하면서 새로운 조세법인 공법을 만들고자 한 세종대왕의 뜻은 백성을 넉넉하게 하고 백성을 편하게 하기

---

471) (원문)無名之備.
472)『세종실록』18년(1436) 10월 5일 4번째기사.
　　　(원문)「當秋成審田之時, 例以鄕曲恒居之人, 定爲委官, 率皆猥瑣庸劣, 不識大體, 或無知瞻見, 妄度虛實, 或挾私任情, 增減多少. 且騶從供億, 皆出民間, 馳驅阡陌, 騷擾閭閻, 其爲田者齎持酒食, 累日迎候, 爭欲厚饋干請, 以冀從優, 無名之備, 迨幾於常賦之數, 不利於公私, 而爲積年之巨弊.」
473)『세종실록』21년(1439)　5월 4일 7번째기사.

위함뿐만 아니라, 수세에 대한 나라의 일도 간략하게 줄이기 위함임을 다음『세종실록』의 기사에서 볼 수 있다. 이는 공법이 국가의 재정수입을 확충하기 위함이 아니라 백성들에게 편하게 하려 함을 말하고 있다.

「지상원군사 정포와 개녕현감 강자신이 하직하니, 임금이 불러 보고 말하기를, "공법(貢法)을 세운 것은 백성에게 편하게 하려고 한 것이다. 그러나 백성들이 나를 보고 조세를 가혹히 징수한다고 여길까 염려되니, 그대들은 이를 알 것이다.」[474]

2. 군주시대에 전국적인 여론조사에 의한 입법

세종대왕은 재위 12년(1430년) 3월 5일 호조에서 "이제부터는 공법(貢法)에 의거하여 전답 1결마다 조세 10말을 거두게 하되, 다만 평안도와 함길도만은 1결에 7말을 거두게 하여, 세종대왕은 다음과 같이 "정부·육조와, 각 관사와 서울 안의 전함(前銜)[475] 각 품관, 각도의 감사·수령 및 품관으로부터 여염(閭閻)의 세민(細民)에 이르기까지 모두 가부를 물어서 아뢰게 하라."하였다.[476]

「"이제부터는 공법에 의거하여 전답 1결마다 조세 10말을 거두게 하되, 다만 평안도와 함길도만은 1결에 7말을 거두게 하여, 예전부터 내려오는 폐단을 덜게 하고, 백성의 생계를 넉넉하게 할 것이며, 그 풍재·상재(霜災)[477]·수재·한재로 인하여 농사를 완전히 그르친 사람에게는 조세를 전부 면제하게 하소서" 하니 세종대왕이 "정부·육조와, 각 관사와 서울 안의 전함(前銜)[478] 각 품관, 각도의 감사·수령 및 품관으로부터 여염(閭閻)[479]의 세민(細民)[480]에 이르기까지 모두 가부를 물어서 아뢰게 하라."하였다.」[481]

호조는 그 해 8월 10일 공법의 가부에 대한 의논을 갖추어서 아뢰었는데 그 기간이 무

---

474)『세종실록』24년(1442) 12월 22일 2번째기사.
　　(원문)「知祥原郡事鄭抱、開寧縣監姜子愼辭, 引見曰: "貢法之立, 欲便於民也. 然恐民以予爲聚斂, 爾等知之."
475) 전직.
476)『세종실록』12년(1430) 3월 5일 4번째기사.
477) 서리가 일찍 내리거나 또는 너무 많이 와서 곡식이 해를 입음.
478) 전직.
479) 백성의 살림집이 많이 모여 있는 곳.
480) 가난하고 비천한 백성.
481)『세종실록』12년(1430) 3월 5일 4번째기사.
　　(원문)「請自今依貢法, 每一結收租十斗, 唯平安、咸吉道, 一結收七斗, 以除舊弊, 以厚民生. 其因風霜水旱等災傷, 全失農者, 全免租稅" 命自政府六曹各司及京中前銜各品, 各道監司守令品官, 以至閭閻小民, 悉訪可否以聞.」

려 5개월이 걸렸으며, [표 5]는 호조에서 올린 공법에 대한 여론조사의 결과이다. 공법의 시행에 무릇 가하다는 자는 98,657명이며, 불가하다는 자는 74,149명이였다. 총 172,806명[482])에 대한 여론을 수렴한 것이다. 그 당시 『세종실록지리지』에 기록된 조선의 인구가 692,477명인 것을 고려한다면 인구의 4분의 1이 참여한 것이다.[483]) [표 5]의 결과를 분석하여보면 찬성이 57.1%로 반대의 42.9%보다 많았지만 세종대왕은 공법을 바로 시행하지 않았다. 그 이유는 조정의 대신들의 반대가 너무 컸기 때문이다. 공법의 시행을 반대하는 대신 등은 무려 90.2%로 나타났다.

표 5 공법관련 여론조사의 찬성과 반대 분석 (단위 : 명, %)

	대신 관찰사 도사 등				수령				품관 촌민				합계			
	찬성		반대		찬성		반대		찬성		반대		찬성		반대	
	인수	%	인수	%	인수	%	인수	%	인수	%	인수	%	인수	%	인수	%
대신 등	21[1])	9.8	194[2])	90.2									21	9.8	194	90.2
3품 이하 현직	259	39.7	393	60.3									259	39.7	393	60.3
3품 이하 전직	443	79.1	117	20.9									443	79.1	117	20.9
유후사[484])									1,123	94.1	71	5.9	1,123	94.1	71	5.9
경기도					29	85.3	5	14.7	17,076	98.6	236	1.4	17,105	98.6	241	1.4
평안도			1		6	14.6	35	85.4	1,326	4.4	28,474	95.6	1,332	4.5	28,510	95.5
황해도					17	50.0	17	50.0	4,454	22.2	15,601	77.8	4,471	22.3	15,618	77.7
충청도			2		35	57.4	26	42.6	6,982	33.3	14,013	66.7	7,017	33.3	14,041	66.7
강원도					5	33.3	10	66.7	939	12.0	6,888	88.0	944	12.0	6,898	88.0
함길도			1		3	17.6	14	82.4	75	1.0	7,387	99.0	78	1.0	7,402	99.0
경상도					55	77.5	16	22.5	36,262	99.0	377	1.0	36,317	98.9	393	1.1
전라도			2		42	77.8	12	22.2	29,505	99.1	257	0.9	29,547	99.1	271	0.9
	723	50.5	710	49.5	192	58.7	135	41.3	97,742	57.1	73,304	42.9	98,657	57.1	74,149	42.9

출처 : 『세종실록』 12년(1430) 8월 10일

---

482) 『세종실록』 12년(1430) 8월 10일 5번째기사.
483) 강만길 외 공저한 『한국사』에 의하면 " 『세종실록지리지』의 각도 군현별로 실려 있는 호(戶)·구(口)의 전국 합계는 20만 1, 853호, 69만 2,475구인데 그 구수(口數)란 곧 남정을 가리키는 숫자이다."고 하였다.
484) 조선 초기에, 개성(開城)을 통치하기 위하여 둔 지방 관아. 서울을 한양으로 옮긴 뒤에 그 뒤처리를 위하여 두었는데, 뒤에 개성부로 고쳤다.

다음은 『세종실록』에 나타난 기사는 대신들의 반대이유이다. 그 이유는 공법에 대해서 백성들이 원망한다는 것이다.[485]

① 「형조 판서 김자지 등은 "우리나라의 토지가 그 비옥하고 척박함이 각각 달라서 상·중·하와 이갑(二甲)[486]·삼신(三申)의 토품을 일찍이 조사 측량하여 그 고하(高下)를 정하였습니다. 그러하오나 거기에 심은 벼와 곡식이 그해의 가뭄 또는 장마에 따라 풍작 흉작이 달라지고, 또 모래와 자갈로 된 척박한 밭들은 몇 해 뒤에 바로 묵어 버리는 것이 상례이온데, 만약 이를 답험하지 않고 일반적으로 공법을 시행하여 조세를 거둔다면 잔약한 백성들 중에 어찌 원망하고 탄식하는 자가 없겠습니까. 또 위관의 답험이 잘되지 않고 수령들이 다 심찰하지 못한다 하여 갑자기 옛 법을 변경한다는 것도 역시 온당치 않습니다.

② 「이조 판서 권진 등은 "전지를 답험할 때 그 증감을 적중하게 하지 못하는 폐단과 〈그에 따른〉 분주한 접대의 노고 등 실로 호조에서 아뢴 바와 같은 것이 없잖아 있습니다. 그러하오나 전지에는 비척(肥瘠)의 차이가 있고, 연사에도 풍흉이 바뀌는 수가 있어, 가령 좋은 전답 1결을 경작하는 자가 풍년을 만났다면, 비록 전체가 잘된 것으로 보고 조세를 받더라도 조금도 과할 것이 없지만, 10말만 거두고 만다면 국가의 세입이 줄어들 것이요, 만약 척박한 땅 1결을 경작하는 자가 수재(水災)나 한해(旱害)를 당하여 겨우 몇 부(負)의 작물 밖에 된 것이 없는데도 전체적인 감손은 아니라 하여 10말을 다 채워 받는다면 반드시 꾸어서 보태어 내는 경우가 있을 것이니, 인민들은 곤란할 것입니다. 이렇게 되면 공법의 폐해는 앞으로 답험의 폐단보다도 더 심한 것이 있을 것입니다.」

여론조사 결과를 도별로 찬반을 살펴보면 경기도, 경상도 및 전라도는 전체적으로 찬성하였으며, 평안도, 황해도, 충청도, 강원도 및 함길도는 반대하였다. 그런데 이러한 찬반의 결과는 도별로 너무 극한 대립을 보인 것이 특징이다. 경기도와 경상도, 전라도는 거의 99%정도가 공법을 찬성하였으며, 평안도 및 함길도는 90% 이상이 반대하였다. 그 이유는 비옥한 지역은 조세부담이 줄어든다고 생각하고, 척박한 지역은 조세부담이 늘어난다고 생각하였기 때문이다. 세종대왕이 여론조사를 한 공법 안(案)은 토지의 3등급에 따라 한해의 풍흉에 따른 연분을 고려하지 않고 조세를 전답 1결당 10말을 징수하는 것이었다. 하지만 그 당시 상황은 경상·전라도와 같은 연해 지대의 논에는 1, 2두의 볍씨

---

485) 『세종실록』 12년(1430) 8월 10일 5번째기사.
486) 토지의 척박에 따라 나눈 전세세율의 하나로 인조(仁祖) 12년(1634)에 평안도의 각 고을을 토지의 척박에 따라 단갑·이갑(二甲)의 두 등급으로 나누었다. 단갑은 이갑보다 낮은 등급으로서 연분(年分)의 3분의 1만을 거두었다.

를 뿌리면 그 소출이 10석이 달하여, 1결의 소출이 많으면 5, 60석을 넘고 적어도 2, 30석을 내려가지 않으며 밭도 역시 아주 비옥하여 소출이 매우 많은 데 반하여, 경기·강원도와 같은 산을 의지해 이루어진 고을들은 비록 1, 2석의 볍씨를 뿌린다 해도 소출이 5, 6석에 불과하였다.

세종대왕이 공법을 입법하는 과정에서 전국적인 여론조사를 실시한 것은 역사적으로 세계사적인 사건이다. 왕권시대이며 봉건적 양반관료 사회인 조선시대에 조세법인 공법을 입법하고자 정부 및 육조를 포함한 전현직 관료와 각 품관, 그리고 각도의 감사·수령 및 품관으로부터 일반 백성에 이르기까지 찬반을 물었다는 것은 세종대왕의 민주적 사고를 엿 볼 수 있다. 또한 세종대왕이 공법에 대한 여론조사를 대신부터 촌민까지 모든 백성을 대상으로 하였다는 것은 양반에 의하여 정치적 결정이 이루어진 사회에서, 조세와 직접 관련된 농민의 의사를 중시하고자 한 민주적 애민사상의 총합이라 볼 수 있다.

공법의 입법을 위한 여론조사에 대해서 손보기는 "세종대왕이 세법의 공정성과 실제로 거두어들이는 양에 따라 조세를 부과하여야 이치에 맞는데, 일정의 세곡을 정해 놓고 조세를 납부하게 하는 법을 주장하는 관료와 양반들과 맞섰다. 이에 세종대왕은 아마도 세계에서 가장 먼저 국민투표(여론수렴) 형식을 통해서 그 문제를 해결하려 하였다, 그러나 그 국민투표가 부정을 저지른 결과 농민들의 뜻과는 반대로 나타났다. 이러한 잘못된 정보의 왜곡을 막기 위해 전제상정소를 만들고 그 뒤 세종대왕은 여러 해를 기다려 부정 투표를 못하게 하고 다시 수의(국민투표)하도록 하였다. 그 결과 세종대왕이 생각했던 것과 같이 농민들의 뜻에 맞는 실수확에 따른 공정한 세법을 시행하기 이르렀다."라고 주장하였다.[487]

뿐만 아니라 세종대왕은 공법의 입법과 시행을 진정으로 '백성의 뜻'에 따라 행하고자 하였다. 이에 대한 『세종실록』의 기사는 다음과 같다. ①은 공법에 대한 신하들과 백성의 의견은 제각기 달라 세종대왕은 편부를 시험하고 신중하게 민의를 수렴하게 한 것이고, ②은 공법의 입법을 강행하지 않고 여론을 수렴하여 3분의 2가 찬성하여야 시행하겠다는 기사이다. 참으로 현대의 조세법 입법자들에게 귀감이 되는 조세정책이다. 절대군왕인 세종대왕이 공법을 입법할 때도 오르지 백성을 위하여 편부를 시험하고, 여론조사를 한 것은 현대의 입법에서도 절대적으로 필요하기 때문이다.

① 「지난해에 공법을 시행하려고 했던 것을, 중외의 인민들은 거개 알고 있을 것이다. (중략) 공법은 지금 행하지 않더라도 후세 자손들이 반드시 다시 의논하여 행하려는 자가 있을 것이기는 하나, 이제 법제를 이미 제정하여 인민들도 익히 알고 있는 터인

---

487) 손보기. 1993. "세종대왕의 민본정신을 되살리자면", 『세종학연구』 제8호.

지라, 경솔히 버릴 수도 없거니와, 만약 고식적으로 여러 해 미루어 가게 되면, 그 일의 어렵고 쉬운 사정도 다시 거리가 멀게 될 것이다. 나는 경상·전라 양도의 인민들 가운데 공법의 시행을 희망하는 자가 3분의 2가 되면 우선 이를 양도에 시행하려니와, 3분의 2에 미달한다면 기어이 강행할 필요는 없다고 본다. 만약 이 법을 시행하여 어떤 폐단이 생기게 되면 즉시 이를 개정하곤 하면, 거의 그 폐단도 없게 될 것이다. 그러나 내 마음은 반드시 이 법을 시행하려는 것도 아니니, 경들은 이 법의 이해를 잘 알아서 속히 의논하여 아뢰도록 하라.”」[488]

② 「전라·경상·충청도 관찰사에게 전지하기를, (중략) 내가 공법의 편부를 시험하려고 우선 하삼도에 시험한 것이 이미 여러 해 되었으나, 내가 깊이 궁궐 속에 있으므로 민간의 일을 알지 못하니, 어찌 공법과 손실의 편부를 살펴서 하나로 정하겠는가. 민간에 물어서 백성이 바라는 것으로 가부를 살피고자 하나, 서민의 마음이 무상하여서, 한 사람이 가하다고 하면 다 가하다고 말하고, 한 사람이 옳지 않다고 하면 역시 옳지 않다고 말하여, 바람에 타고 따라가는 것은 형세가 진실로 그러한 것이라, 내가 이미 실험하여 알고 있는 것이다. 감사와 수령은 백성에게 가까운 직무이니, 이 법의 편부를 자세하게 갖추 알 수 있을 것이요, 서민들의 원하는 바를 역시 알지 못하는 것이 없을 것이다. 여러 사람의 일치하지 못한 말에서 지당한 하나의 결론을 듣고자 하니, 경은 나의 지극한 마음을 알아서, 그 각 고을 수령들과 여러 사람의 뜻을 참작하고, 자기의 의견도 합하고, 각기 경내 인민의 바라는 것과 두 가지 법 가운데에 행해서 폐단 없는 것과 마땅히 행할 수 있는 조건을 다시 생각하고 의논을 더하여 밀봉해서 아뢰라.”하였다.」[489]

결국 세종대왕은 공법의 제정을 마무리하기 위하여 세종 25년(1443) 11월에 전제상정소(田制詳定所)[490]를 설치하고, 1년여의 논의 끝인 세종 26년(1444)에 공법을 마무리 하

---

488) 『세종실록』 20년(1438) 7월 10일 1번째기사.
　　(원문) 「故去年欲行貢法, 中外之民, 擧皆知之, (중략) 貢法今雖不行, 後世子孫, 必有更議而欲行之者. 今法制已定, 民已熟知, 不可輕易棄之也, 若姑息曠年, 則事之難易, 相去遠矣. 予聞慶尙、全羅兩道之民, 望其貢法之行者多矣. 今令兩道訪于民間, 民之欲者三分之二, 則姑試於兩道; 未滿三分之二, 則不必强行. 若行此法而弊生, 則隨卽改定, 庶乎無弊. 然予心, 非必欲行此法也. 卿等熟知此法利害, 速議以啓.”」
489) 『세종실록』 25년(1443) 7월 19 5번째기사.
　　(원문) 「傳旨全羅、慶尙、忠淸道觀察使: (중략) 予(斂)〔欲〕試驗貢法之便否, 姑試之於下三道, 已有年矣. 然予深居九重之內, 未諳民間之事, 安能察貢法損實便否之歸一乎? 伊欲訪於民間, 以審民望之可否, 然庶民之心無常, 一人可則皆曰可, 一人否則亦曰否, 乘風趨向, 勢固然也. 予已驗之審矣. 監司守令, 近民之職, 玆法之便否, 備詳知之; 庶民之趨向, 亦莫不知, 肆將衆人不一之說, 欲聞至當歸一之論, 卿其體予至懷, 其與各官守令酌衆人之意, 參一己之見, 各其境內人民之望及兩法中行之無弊合行條件, 更加商確, 密封啓聞.」
490) 1443년 경무법(頃畝法)·오등전품제·연분구등제(年分九等制)를 골격으로 하는 갱정공법(更定貢法)이 제정되었다. 그러나 공법을 시행하려면 전국적으로 새로운 양전(量田)과 전품의 등급(等級)을 매겨야 했으므로 이를 위한 많은 실험과 준비가 필요하였다. 그래서 그 해 11월 전제상정소를 설치하였다. 전제상정소는 설치된 직후

였다. 군주시대의 왕인 세종대왕이 보여준 공법을 입법하는 과정과 절차는 민주시대인 지금의 입법 과정과 절차에 조금도 뒤지지 않는다. 지금도 조세법을 입법하기 위해서 공청회 등을 통한 여론조사와 논의 절차를 실시하고 있지만, 세종대왕이 보여준 전국적인 여론조사를 하고 편부를 시험하고 무려 25년 이상 논의하는 입법절차에는 미치지 못한다.

3. 세계적으로 최장기(最長期) 논의에 의한 입법

『세종실록』에 따르면 세종대왕 21년에 "내가 공법을 행하고자 한 것이 이제 20여 년이고, 대신들과 모의한 것도 이미 6년이였다."하였다. 세종대왕이 조선만의 공법을 입법하고자 한 목적은 오로지 백성들에게 불편함 없고, 관리들의 농간에 시달리지 않는 완전하고 공평한 조세법을 제정하기 위한 것이다.

당시 대신들과 공법에 대해서 논의한『세종실록』의 주요한 기사는 다음과 같다. ①은 공법의 시행을 논의하고도 지금까지 정하지 못하였으니 슬픈 일이다라는 것이고, ②는 공법(貢法) 원하지 않는 자가 적고 행하기를 원하는 자가 많다는 것이며, ③은 백성에게 불편이 있을까 염려하는 까닭으로 이제 전라·경상 두 도에만 행하여 그 편리한 여부를 시험하게 하였다는 내용이다. 마지막 ④는 조세의 일은 반복해 생각하여도 그 요령을 얻지 못하겠다는 심경을 토로한 내용이다.

① 세종 11년「좌우에게 이르기를, "연전에 공법의 시행을 논의하고도 지금까지 아직 정하지 못하였으나, 우리나라의 인구가 점점 번식하고, 토지는 날로 줄어들어 의식이 넉넉하니 못하니, 가위 슬픈 일이다.」[491]

② 세종 19년「내 항상 공법을 행하고자 하여 몇 해 동안의 중간 수량을 참작해서 답험하는 폐단을 없애버리고, 여러 대소 신료로부터 서민에 이르기까지 물어 보았더니, 공법(貢法) 원하지 않는 자가 적고 행하기를 원하는 자가 많으니, 백성들의 지향하는 바가 가히 알았었다. 그러나 조정의 논의가 분분해서 잠정적으로 그대로 두고 행하지 않은 지가 몇 해가 되었다."」[492]

부터 경무법에 의한 양전을 실험하였다. 그리하여 1444년 6월 결부제(結負制)를 따르되 주척(周尺)에 의거해 양전하고, 육등전품제·연분구등제를 뼈대로 하는 공법수세제(貢法收稅制)를 제정하였다. (한국학자료셀터「고문헌용어 디지털사전」)

491) 『세종실록』 11년(1429) 11월 16일 1번째기사.
   (원문)「又謂左右曰: "年前議行貢法, 迄今未定. 我國生齒漸繁, 土地日窄, 衣食不裕, 可謂於悒."」
492) 『세종실록』 19년(1437) 7월 9일 1번째기사.
   (원문)「予常欲行貢法, 酌數歲之中, 以除踏驗之弊, 訪諸大小臣僚, 以至庶民, 不願者少, 願行者多, 民之志向可知. 然朝論紛紜, 姑寢不行者有年矣.」

③ 세종 21년 「경상도 관찰사 이선에게 전지하기를, " (중략) 내가 공법을 행하고자 한
것이 이제 20여 년이고, 대신들과 모의한 것도 이미 6년이었다. 공법을 이제 정하였
으나 오히려 백성에게 불편이 있을까 염려하는 까닭으로, 이제 전라·경상 두 도에만
행하여 그 편리한 여부를 시험하게 하였다.」[493]

④ 세종 25년 「임금이 좌우에게 이르기를, "조세의 일은 반복해 생각하여도 그 요령을
얻지 못하겠으니 장차 무슨 방법으로 대처한 연후에야 정리에 합하겠는가. 또 1결의
소출이 몇 석 몇 말이나 되는가."하니, 여럿이 아뢰기를, "여러 도의 토품이 각각 달
라 소출이 같지 아니하오니, 하나로 미루어 논할 수는 없습니다."하였다.」[494]

[표 6]은 『세종실록』과 『증보문헌비고』에서 일자별로 살펴본 공법에 대한 기사이다.
기사 내용은 약 30년 동안 총 68건으로 『증보문헌비고』의 3건을 제외한 65건이 『세종실
록』에 기록된 것이다. 세종대왕은 백성을 위한 조선만의 공법을 입법하기 위하여 25년의
긴긴 세월 지속적인 연구와 논의를 하여 공법을 입법한 것이다.

표 6 『세종실록』과 『증보문헌비고』의 일자별 공법에 대한 기사

년월일	공법관련 내용	비고
세종 3년(1421)	충청도에 금년부터 비로소 공법(貢法)을 시행하기를 계청하니	증보문헌비고
세종 9년(1427) 3월 16일	책문의 제(題)를 내다. "공법을 사용하면서 이른바 좋지 못한 …	실록본문
세종 11년(1429) 11월 16일	연전에 공법의 시행을 의논하고도 지금까지 아직 정하지 못하다.	〃
세종 12년(1430) 3월 5일	호조에서 공법에 의거하여 전답 1결마다 조 10두를 거둘 것…	〃
세종 12년(1430) 7월 5일	공법의 편의 여부 등의 일들을 백관으로 하여금 숙의케 하라	〃
세종 12년(1430) 8월 10일	호조에서 공법에 대한 여러 의논을 갖추어 아뢰다 ①·②	〃

---

493) 『세종실록』 21년(1439) 5월 4일 7번째기사.
  (원문) 「傳旨慶尙道觀察使李宣曰: (중략) 肆予欲行貢法, 于今二十餘載, 謀議大臣, 又已六年, 而貢法乃定, 猶慮不
   便於民, 故令行於全羅、慶尙兩道, 試(險)〔驗〕便否.」
494) 『세종실록』 25년(1443) 9월 11일 1번째기사.
  (원문) 「上謂左右曰: "租稅之事, 反復思之, 未領其要, 將何術以處之, 然後乃合情理歟? 且一結所出幾石幾斗?" 僉
   曰: "諸道土品各異, 所出不同, 不可以一槪論也."」

년월일	공법관련 내용	비고
세종 13년(1431)	공법을 고쳤다	증보문헌비고
세종 18년(1436) 2월 23일	공법 시행에 대한 의논	실록본문
세종 18년(1436) 5월 21일	황희·안순·신개·하연·심도원 등과 공법을 의논하다	〃
세종 18년(1436) 5월 22일	황희 등과 공법의 절목을 의논하다	〃
세종 18년(1436) 윤6월 15일	공법 상정소를 두다	〃
세종 18년(1436) 10월 5일	내가 일찍이 개연히 생각하여 공법을 시행하여 …	〃
세종 19년(1437) 7월 9일	공법의 시행 방안을 의논하여 아뢰게 하다	〃
세종 19년(1437) 7월 27일	황해도 감사가 공법 시행 보류를 건의했으나 윤허하지 아니하다	〃
세종 19년(1437) 7월 28일	함길도 각 고을의 백성에게 공법의 수량을 감해주다	〃
세종 19년(1437) 8월 22일	경상도 감사가 공법 시행으로 인한 피해를 구제할 것을 건의하다	〃
세종 19년(1437) 8월 27일	공법의 시행 여부를 다시 의논하게 하다	〃
세종 19년(1437) 8월 28일	공법을 버리고 예전대로 손실법을 행하게 하다	〃
세종 20년(1438) 7월 10일	의정부와 육조에서 답험손실법과 공법에 대하여 의논하다	〃
세종 20년(1438) 7월 11일	경상·전라 양도에 공법을 시험 실시하게 하다	〃
세종 20년(1438) 10월 12일	공법의 시행 여부에 대해 논의하다	〃
세종 20년(1438) 10월 15일	공법의 시행에 있어 조관을 파견하여 심사하도록 하다	〃
세종 20년(1438) 11월 20일	…공법에 의거하여 전손한 집은 면세하다	〃
세종 21년(1439) 5월 4일	공법의 시행에 대해 이선에게 전지하다	〃
세종 21년(1439) 6월 16일	정종성이 공법의 절차에 대해 아뢰다	〃
세종 21년(1439) 7월 21일	지금 큰 법(공법)을 세우고자 하는데 너희들이 어찌 이렇게 …	〃
세종 21년(1439) 8월 15일	제주도는 공법을 쓰지 않다	〃
세종 21년(1439) 9월 18일	사간원에서 장수의 선택·공법 시행의 불가 등을 … 상소하다	〃

년월일	공법관련 내용	비고
세종 22년(1440) 5월 8일	우선 경상·전라 양도에 공법을 시행하다	〃
세종 22년(1440) 6월 4일	공법 실시를 위해 지품을 3등으로 나누어 아뢰도록 하다	〃
세종 22년(1440) 6월 13일	의정부에서 각조의 공법을 정하여 상정하다	〃
세종 22년(1440) 7월 5일	임금이 공법 시행의 폐단에 대해 전지하다	〃
세종 22년(1440) 7월 13일	의정부가 공법의 편의성에 대해 아뢰다	〃
세종 22년(1440) 8월 16일	호조에서 명주 징수와 공법에 대해 보고하다	〃
세종 22년(1440) 8월 30일	의정부가 미진한 공법의 보완책을 건의하다	〃
세종 23년(1441) 7월 5일	공법에 관해 묻고 의정부로 하여금 논의하게 하다	〃
세종 23년(1441) 7월 7일	충청도에 공법을 시행하다	〃
세종 23년(1441) 12월 17일	하삼도에 공법을 먼저 행하여 편리한 여부를 시험한 것이고…	〃
세종 24년(1442) 6월 1일	이흘·전유선 등이 공법을 도용하니 징계하다	〃
세종 24년(1442) 7월 21일	…공법과 환곡을 민생을 위해 처리하도록 말하다	〃
세종 24년(1442) 7월 27일	…민생을 살펴 공법과 의창을 실행할 것을 말하다	
세종 25년(1443) 7월 11일	하삼도에 우선 공법을 실시하다	〃
세종 25년(1443) 7월 15일	승정원에 공법의 실행 여부를 묻다	〃
세종 25년(1443) 7월 19일	공법의 실행에 대해 자신과 고을 수령·백성들의 의견 등을 수렴…	〃
세종 25년(1443) 8월 5일	공법의 실행하는 데에는 덕을 잃는 것이 국가의 입법한 데에 …	〃
세종 25년(1443) 10월 23일	… 밭에 대한 조세의 기준·해의 등급을 나누는 일 등을 묻다.	〃
세종 25년(1443) 10월 27일	양전의 실시 등을 의논하다	〃
세종 25년(1443) 11월 2일	호조에 공법을 실시할 방도를 하교하고 중외에 이를 알릴 것…	〃
세종 26년(1444) 1월 10일	… 백성으로 하여금 국가에서 후렴하려는 의사가 없음을 알게 …	〃
세종 26년(1444) 6월 6일	신하들과 함께 폐단이 없이 공법을 시행할 방도에 대해 의논하다	〃

년월일	공법관련 내용	비고
세종 26년(1444) 윤7월 23일	임금이 한확·김종서 등과 복식과 공법 문제에 대해 논의하다	〃
세종 26년(1444) 윤7월 23일	경덕궁직 오흠로의 군의 징집·공법 등에 대한 상소	〃
세종 26년(1444) 윤7월 26일	내가 공법을 시행하고자 하나 대소 신민들이 입법의 뜻을 알지 …	〃
세종 26년(1444) 윤7월 27일	… 공법을 정지할 것을 건의하였으나 윤허하지 않다	〃
세종 26년(1444) 윤7월 28일	지평 김인문과 우헌납 신후갑의 공법을 반대하는 상소	〃
세종 26년(1444) 8월 1일	…벼곡식을 살펴보게 하니, 장차 공법을 정하기 위한 것이었다.	〃
세종 26년(1444) 11월 13일	…시행할 수 있는 조건들을 의논하여 올리라.	〃
세종 27년(1445) 11월 12일	…공법을 시행하지 않는 지역은 세를 감하게 하다	〃
세종 27년(1445) 1월 1일	새로 공법을 시행하는 지역에서는 묵은 토지의 조세를 받지 …	〃
세종 27년(1445) 7월 9일	농사에 실패한 경기 충청도에 공법 시행을 정지하게 하다	〃
세종 28년(1446) 4월 30일	공법·입거·축성·의염의 법 등에 관한 사간원 우사간 변효경 등…	〃
세종 28년(1446) 5월 3일	축성·공법·입거에 관한 집현전 직제학 이계전 등의 상소문	〃
세종 28년(1446) 5월 4일	평안도·함길도의 축성·공법·입거에 관한 절목을 마련하게 하다	〃
세종 28년(1446) 6월 18일	공법의 폐단을 논한 이계전 등의 상소가 있어 이를 의논하다	〃
세종 28년(1446) 7월 2일	공법의 폐단 및 그 방책에 관한 성균 주부 이보흠의 상소문	〃
세종 28년(1446) 11월 10일	시위패의 번상을 공법의 연분법을 사용하여 하게 하였다	〃
세종 30년(1448)	… 중외의 벼슬아치에게 공법·답험의 편부를 물었다.	증보문헌비고

『증보문헌비고』에는 세종 3년부터 충청도에 공법을 시행하였다는 기록이 있지만,『세종실록』에는 세종 11년 신하들과 공법의 시행을 논의하기 시작한 후 세종 19년(1437) 8월에 전라도와 경상도에, 22년(1440) 역시 경상·전라 양도에 공법을 시범적으로 시행하였으며495), 세종 26년(1444)에 완성된 공법이 공포 되었다. [표 7]은 시범실시한 공법과 완성된 공법의 내용을 비교한 것이다.

표 7 시범실시한 공법과 완성된 공법의 비교

구분	년도	전품	답험	결당세액(수전)
시범실시 공법	세종19년	도별 3등전 9등급	답험 없음	정액세 12말~20말
	세종22년	도별 3등전 18등급		
완성 공법	세종26년	전분6등	답험 없음 (군현 단위 연분구등)	정액세 4말~20말

세종 26년(1444)에 최종 입법된 공법은 군주시대의 군왕인 세종대왕이 백성을 위한 조세법을 제정하기 위하여, 25년 이상 뜻을 두고 고심하면서 15년 이상 조정의 대신들과 논의한 결과물이었다. 세종대왕은 조선에 맞는 공법을 입법하기 위하여 세종 9년(1427년)에 당하관의 과거시험에 '공법을 사용하면서 이른바 좋지 못한 점을 고치려고 한다면 그 방법은 어떻게 해야 하겠는가.'의 문제를 내고, 많은 기간 동안 군신과 촌부까지 다양한 계층과 의사소통을 한 것이다. 역사적으로 위대하고 세제사(稅制史)에 기록되어야 할 세계적인 사건이라고 본다.

4. 전제군주 스스로 근대적 조세원칙을 추구한 입법

조선왕조에 있어서 최고의 통치자는 국왕이며, 그 국왕은 전제군주(專制君主)였다. 비록 조선의 정치는 군주의 전제화를 견제하게끔 관제의 일부가 편제되어 있었다고 하여도, 기본적으로 권력구조는 왕권 중심으로 마련되어 있었다. 실로 조선왕조의 군왕은 만인지상(萬人之上)이며 하늘과 다름없는 절대적 존재였다. 조세에 있어서도 왕은 조세법의 입법권과, 부과하고 징수하는 과세권을 가지고 있었으며, 또한 조세법과 관련된 사법

---

495) 우선 경상·전라 양도에 공법을 시행하다.(『세종실록』22년(1440) 5월8일)

권을 가진 무소불위(無所不爲)의 존재였다.

　이러한 조선시대의 세종대왕은 아담 스미스보다 약 300년 전의 군주로서 자본주의나 산업시대와는 연결 지울 수 없는 농본주의 시대의 절대군왕이다. 이 세종대왕이 심사숙고 하고 논의하여 입법하고자한 공법(貢法)은 백성에게 공평하고, 편의하며, 징세비용이 적게 드는 조세법을 입법하는 것이었다. 물론 국가의 지배구조나 조세제도의 차이, 그리고 시대적인 차이로 인하여 공법의 입법과정에서 세종대왕이 추구한 조세원칙을 아담 스미스가 『국부론』에서 제시한 체계적인 조세원칙과 직접 비교할 수는 없다. 또한 세종대왕이 '조세원칙'이라고 명확히 밝히면서 이를 추구한 것도 아니다. 다만, 공법의 입법과정과 공법의 규정 속에 들어있는 개념을 아담 스미스가 제시한 조세원칙과 비교하여 설명하고자 한다.

　조세원칙은 국가가 경비를 조달하기 위하여 국민에게 과세함에 있어서 지켜야할 원칙이며, 조세제도와 조세정책을 결정하는 기초가 되는 원칙이다. 이제까지 널리 알려져 있는 조세원칙은 아담 스미스의 '조세의 4원칙'[496]과 A.바그너의 조세원칙이 있으며, 최근의 혼합경제체제(混合經濟體制)하에서 대표적인 것은 R.A.머스그레이브의 '조세 5원칙' 등이 있다. 이 중 아담 스미스는 산업자본을 대표하여 개인주의적 법치국가의 이념하에서 조세의 원칙을 제시함으로써 절대제왕에 의한 수탈에 대하여 시민사회를 옹호하였다. 즉, 아담 스미스는 '절대제왕의 조세에 의한 수탈'로 부터 백성을 지키기 위하여 근대적 조세원칙을 제시한 것이다. 하지만 세종대왕은 '제왕 스스로 백성을 조세로부터 보호'하기 위하여 조세원칙을 추구한 것이다.

가. 공평의 원칙

　공법(貢法)은 전분육등법에 의한 양전과 연분구등법에 따라 세액을 산정하여 징수하는 조세법이다. 전분육등법은 전국의 토지를 비옥하고 척박한 정도에 따라 6등급으로 나누고, 등급마다 결의 넓이를 달리하는 결부법이다. 전분육등에 의한 상상년(上上年)의 경우 1결당 수확량은 수전의 경우 쌀 40섬, 한전의 경우에는 콩 40섬 또는 조 20섬을 기준으로 하여 등급별 그 넓이를 달리하였지만 세액은 같다.[497] 연분구등법은 각 고을(군·현별)마다 연분을 살펴 정하되, 재상(災傷) 외의 곡식의 실·불실(實·不實)이 비록 다 같

---

496) 아담 스미스가 1776년에 발간한 「국부론」에 제시한 조세원칙.
　① 공평의 원칙: 국민은 누구나 그 능력에 따라 비례적으로 조세를 부담한다.
　② 확실의 원칙: 조세의 납세방법·시기·금액 등은 모든 사람이 알 수 있도록 간단·명료하여야 한다.
　③ 편의의 원칙: 조세는 납세자에게 편리한 시기, 가장 편리한 장소, 가장 편리한 방법으로 징수되어야 한다.
　④ 징세비 최소의 원칙: 조세의 징수하는 비용이 가장 적게 들도록 하여야 한다.
497) 토지등급에 따른 1결의 면적은 1등전이 약 2,753평, 2등전이 약 3,246여 평, 3등전이 3,931여 평, 4등전이 4,723여 평, 5등전이 약 6,897평, 6등전이 약 11,035평 정도이었다(한국민족문화대백과).

지 아니할지라도 총합하여 10분으로 비율을 삼아서, 전실(全實)을 상상년, 9분실을 상중년, 8분실을 상하년, 7분실을 중상년, 6분실을 중중년, 5분실을 중하년, 4분실을 하상년, 3분실을 하중년, 2분실을 하하년으로 하고, 수전과 한전의 등급을 나누어 1분실은 9등분에는 미치지 아니하니 조세를 면제하였다. 세율은 작황에 따라 상상년 1결 20두에서 상중년 18두, 이하 차례로 2두씩 체감하여 하하년 4두로 하고, 그 이하는 면세하였다. 이러한 조세부담액은 소출액의 20분의 1에 해당하는 것이다.

세종대왕이 입법한 신공법에 대해 손보기는 "세종대왕의 민본정신은 모든 분야에 걸쳐 나타났지만 그 가운데 가장 뜻 깊은 시책의 하나는 공법의 시행이다. 우리는 전분육등 연분구등이라는 말로 알고 있지만 이를 시행에 옮기는 데는 세종대왕의 고심이 컸다. 그 결과 세종대왕이 생각했던 것과 같이 농민들의 뜻에 맞는 실수확에 따르는 공정한 세법을 시행하게 되었다. 근대형의 진보된 세법을 시행하게 했던 것이다."라고 주장하였다.[498]

따라서 세종대왕이 만든 공법은 양전에 의하여 전답을 6등급으로 나눈 다음, 매년 군·현단위로 수확량을 답험하여 9등급의 세율을 적용하여, 각 전답의 산출세액을 계산하여 공평과세를 추구한 세법이다.

나. 확실의 원칙

확실의 원칙은 조세의 납세방법·시기·금액 등은 모든 사람이 알 수 있도록 간단·명료하여야 한다는 것이다. 세종대왕은 공법에 전답을 양전하는 방법과 답험하는 방법들을 상세히 규정함으로써 조세의 불확실성을 배제하려 하였다. 『세종실록』의 공법 규정[499]을 보면 다음과 같이 ① 전분(田分)의 등급과 등급에 따른 면적, ② 실(實)에 따른 연분 결정, ③ 1분실의 조세 면제, ④~⑥ 토지 상태에 따른 과세 여부 등을 보다 확실히 규정함을 알 수 있다.

① 6등 전지의 1결은 1백 52묘(畝), 5등 전지의 1결은 95묘, 4등 전지의 1결은 69묘, 3등 전지의 1결은 54묘 2분, 2등 전지의 1결은 44묘 7분, 1등 전지의 1결은 38묘다.

② 연분(年分)을 9등으로 나누고 10분 비율로 정하여 전실(全實)을 상상년(上上年)으로 하고, 9분실(九分實)을 상중년, 8분실(八分實)을 상하년, 7분실을 중상년, 6분실을 중중년, 5분실을 중하년, 4분실을 하상년, 3분실을 하중년, 2분실을 하하년으로 하여서,

③ 각도 감사는 각 고을마다 연분을 살펴 정하되, 재상(災傷)외의 곡식의 실(實)·불실

---

498) 손보기. 1993. 전계서
499) 『세종실록』 26년 갑자(1444) 11월 13일.

(不實)이 비록 다 같지 아니할지라도 총합하여 10분으로 비율을 삼아서, 전실(全實)을 상상년, (중략) 1분실(分實)은 9등분에는 미치지 아니하니, 마땅히 조세를 면제할 것입니다.

④ 정전(正田) 내의 묵은 전지는 다 해마다 경작할 수 있는 토지인데, 사람들이 혹은 토지를 많이 가지고서 해를 갈아 묵히기도 하고, 혹은 농사를 게을리 해서 경작하지 아니하기도 하여, 토지가 묵는 것이 많으니 심히 옳지 못합니다. 이러한 것은 일부 묵은 것이나 전부 묵은 것임을 물론하고 다 조세를 받을 것입니다.

⑤ 속전(續田) 내에 만약 묵은 땅이 있으면 수령들로 하여금 경작자의 신고서를 받아서 친히 심사한 후에 감사에게 보고하게 하고, 감사나 수령관이 다시 그 수량을 조사하여 위에 아뢰고 조세를 면제할 것입니다.

⑥ 정전(正田)이나 속전(續田) 안에 수해로 침몰된 토지도 역시 경작자의 신고를 받아서 수령이 친히 답사하여 감사에게 보고하고, 감사나 수령관이 사실을 조사하여 서울에서 내려오는 관원의 고험(考驗)을 받은 후에, 그 관리로 하여금 결복(結卜)의 수량을 문서에 기록하게 하고, 위에 아뢰어 면세하게 할 것입니다.

더욱이 공법은 과세하는데 보다 객관적이고 과학화를 위하여 다음과 같이 전답의 측정 방법을 자세히 규정하면서, 이전의 수지척(手指尺)[500]에 의한 측량을 주척(周尺)으로 통일시켰다.

「6등급의 전지 결복(結卜)[501]의 실지 면적을 평방으로 계산할 때는 1면(面)에 대한 숫자에 가끔 몇 치[寸] 몇 푼[分]의 끝수가 있어서 계산이 매우 곤란하게 되므로, 6등급의 전지를 매(每) 1면(面)마다 백으로 평분하여 그 땅에 대한 계량의 척도로 합니다. 1등 전지의 척(尺)은 주척(周尺) 4척 7촌 7분이고, 2등 전지의 척은 주척 5척 1촌 8분이고, 3등 전지의 척은 주척 5척 7촌이고, 4등 전지의 척은 주척 6척 4촌 3분이고, 5등 전지의 척은 주척 7척 5촌 5분이고, 6등 전지의 척은 주척 9척 5촌 5분이니, 이렇게 하면, 척(尺)은 6등급의 긴것과 짧은 것이 있으나, 수량은 다 〈그 척으로〉 1백 척을 1면(面)으로 하고, 1만 척을 적(積)으로 하는 것이니, 비록 계산에 익숙하지 못한 자라도 계산하기가 어렵지 아니합니다.」[502]

---

500) 농부의 손마디 길이를 표준으로 한 자(尺).
501) 토지에 매기는 목[結]·짐[負·卜]·뭇[束]을 통틀어 이르는 말.
502) (원문)「以六等田結實, 積開方所得一面之數, 各有寸分之奇, 計算甚難, 故六等田每一面, 分爲百, 爲其田所量之尺. 一等田尺, 周尺四尺七寸七分; 二等田尺, 周尺五尺一寸八分; 三等田尺, 周尺五尺七寸; 四等田尺, 周尺六尺四寸三分; 五等田尺, 周尺七尺五寸五分; 六等田尺, 周尺九尺五寸五分. 如此則尺有六等長短, 而數則皆以百尺爲面, 萬尺爲積, 雖不熟算者, 計之無難.」

이태진은 공법의 이러한 제도에 대해서 "공법에서의 전분과 연분의 새로운 기준은 결국 그 기준 자체의 객관성을 높임에 따라 이서배(吏胥輩)[503] 및 관리의 작위를 그만큼 배제시켜, 일반 부담자 측으로서는 수탈당하는 기회가 줄어드는 결과를 가져왔다."라고 하였다.[504] 세종대왕의 공법은 조세의 확실성을 높였다는 것이다.

다. 편의의 원칙

조세는 납세자에게 편리하게 징수되어야 한다는 것이 편의의 원칙이다. 이 원칙은 아담 스미스 이후 주장되어 온 것으로 납기 또는 납세방법이 납세자에게 편리하도록 정해지는 것을 요구한다. 납세를 할 때 불편이 적으면, 납부하는 세액이 동일하다고 해도 그 고통이 적은 것이므로, 이에 따라 조세의 체납도 적어져서 국고의 수입이 증가한다는 것이다.

세종대왕은 공법(貢法)을 세우게 된다면, "반드시 백성들에게는 후하게 되고, 나라에서도 일이 간략하게 될 것이다."라고 말하였다. 그 내용을 다음 『세종실록』의 기사에서 살펴볼 수 있다. 이는 아담 스미스보다 훨씬 이전 사람인 세종대왕이 '조세편의의 원칙'을 실현하고자 한 것을 보여 준 것이다.

> 「임금이 좌우 신하들에게 이르기를, "연전[505]에 공법(貢法)의 시행을 논의하고도 지금까지 아직 정하지 못하였으나, 우리나라의 인구가 점점 번식하고, 토지는 날로 줄어들어 의식이 넉넉하지 못하니, 가위 슬픈 일이다. 만일 이 법을 세우게 된다면, 반드시 백성들에게는 후하게 되고, 나라에서도 일이 간략하게 될 것이다.」[506]

여기서 '후하게 된다'는 말은 백성에게 이익이 된다는 것이고, '나라 일이 간략하게 된다'는 것을 절차가 간편하게 된다는 것이다. 다음 『세종실록』의 기사를 보면 세종대왕이 입법하고자한 공법이 납세자인 농민의 명색 없는 비용을 줄이고, 복잡한 문서를 줄이며, 관가의 일을 줄이기 위한 것임을 알 수 있다. 조세를 부과하고 징수함에 있어서 편의의 원칙을 다시 한번 강조한 기사이다.

---

503) 각 관아(官衙)에 딸린 구실아치의 통틀어 일컬음.
504) 이태진. 1989. 『朝鮮儒敎社會史論』. 지식산업사.
505) 몇 해 전.
506) 『세종실록』 11년(1429) 11월 16일 1번째기사.
   (원문) 又謂左右曰: "年前議行貢法, 迄今未定. 我國生齒漸繁, 土地日窄, 衣食不裕, 可謂於悒. 若立此法, 則必優於百姓, 而略於公家矣."

「태종조에서도 또 조관(朝官)을 보내 심검(審撿)하는 법을 세워서, 제도가 지극히 세밀하여 실로 아름다운 법이었다. 그러나 봉행하는 관리들이 능히 그 아름다운 뜻을 체득해서 지당하게 행하는 자가 대개 적었다. 답험할 때에 으레 향곡(鄕曲)[507]에 항상 거주하는 사람을 위관(委官)으로 삼는데, 〈이들은〉 대개 용렬하고 대체를 알지 못하여, 혹은 허실을 요망스럽게 헤아리고, 혹은 사정을 끼고 더하기도 하고 감하기도 하며, 또 그 하인들의 접대도 모두 민간에서 나오고, 논밭의 두둑에 함부로 급히 다니고 여염을 시끄럽게 한다. 그 농민들은 다투어 가면서 술과 음식을 가지고 후하게 대접하면서 청탁하므로, 명색 없는 비용이 거의 보통 부세(賦稅)의 수효에 맞먹으며, 문서가 복잡하고 관가에서 일이 많아지는 것도 역시 이 때문이다. 공사간에 이롭지 못하며 여러 해 쌓인 폐단이 되었다.」[508]

라. 징세비 최소의 원칙

세종대왕은 즉위하면서부터 백성을 위한 조세제도에 대해서 고뇌하였다. 세종대왕은 백성을 사랑하는 시초란 오직 백성에게 취하는 제도에서 시작되기 때문에 전제(田制)와 공부(貢賦)만큼 중한 것이 없다고 하였다. 하지만 전제의 손실이 조신(朝臣)들의 손에 의하여 올리고 내림으로 백성이 그 해를 입었는데, 이는 '답험하는 데에는 지대(支待)하는 폐해가 있고, 종이와 필묵의 비용'[509]이 있기 때문이라고 하였다. 세종대왕은 답험손실법은 국가나 납세자에게 비용이 많이 들기 때문에 전분육등과 군·현단위의 연분구등제의 공법을 시행함으로써 비용을 최소화할 수 있다고 생각한 것이다. 다음『세종실록』의 기사는 공법을 통하여 징세비용을 줄일 수 있다는 것을 말하고 있다.

「경상도 관찰사 이선에게 전지하기를, "이제 온 계본(啓本)의 뜻이 본래 백성을 위하는 일에 관계되므로 나는 지나치다고는 생각하지 아니한다. 다만 처음에 공법(貢法)을 의논해 정할 때에, 조세(租稅)가 전의 수량보다 더한 것을 미리 요량하지 못하고 정한 것은 아니었다. 그러나 비교해 보면, 위관(委官)이 답험할 즈음에 추종(騶從)[510]과 공억(供億)[511]의 명색 없는 비용이 공부(貢賦)의 수량보다 갑절이나 되었다.」[512]

---

507) 시골 또는 지방.
508) 『세종실록』19년(1437) 7월 9일 1번째기사.
  (원문)「太宗朝, 又立遣朝官審檢之法, 制度纖悉, 誠爲美法. 然奉行之吏, 能體美意而行之至當者蓋寡. 踏驗之際, 例以鄕曲恒居之人爲委官, 率皆庸劣, 不識大體, 或妄度虛實, 或挾私增減, 且騶從供億, 皆出民間, 驅馳阡陌, 騷擾閭閻, 其農民爭持酒食, 厚饋干請, 無名之費, 殆幾於常賦之數. 文籍浩繁, 官家多事, 亦此之由. 不利於公私, 而爲積年之弊.」
509) 『세종실록』24년(1442) 7월 21일 3번째기사.
510) 윗사람을 따라다니는 종.
511) 음식물을 준비하여 접대하는 것.
512) 『세종실록』21년(1439) 5월 4일 7번째기사.

5. 조선왕조의 근간(根幹) 조세법

전국적인 여론조사와 오랫동안 군신 등과의 수많은 논의를 거쳐 입법된 공법은 세종 26년(1444)에 공포되어 시행되었다. 그리고 이 공법은 『경국대전』의 호전에 실렸다. '세종대왕의 공법'이 입법되고 단계적으로 시행된지 약 17년 후인 세조 6년(1460년)에 『경국대전』에 실렸다. 세종대왕의 공법이 『경국대전』에 규정되어 조선말까지 조세의 기본법으로 유지되면서 조선왕조의 근간 조세법이 된 것이다. 세종대왕이 입법한 공법의 규정은 호전의 양전조와 수세조에 규정되었으며, 그 주요 규정은 다음과 같다.

(1) 호전의 양전조(量田條)

『경국대전』의 양전조에는 ① 전분육등법 및 양전기간, ② 전답의 크기를 재는 주척, ③ 결부법, ④ 전지의 유형 등을 다음과 같이 규정하고 있는데 세종대왕의 공법이 조항들이다.

① 모든 전지는 6등급으로 나누며, 20년마다 다시 측량하여 대장을 만들어 호조와 해당 도 및 해당 읍(本邑)에서 보관한다.

② 1등전을 재는 자의 길이는 주척(周尺)으로 환산하면 4자7치7푼5리에 해당하고 2등전을 재는 자의 길이는 5자1치7푼9리, 3등전을 재는 자의 길이는 5자7치3리, 4등전을 재는 자의 길이는 6자4치3푼4리, 5등전을 재는 자의 길이는 7자5치5푼, 6등전을 재는 자의 길이는 9자5치5푼에 해당한다.

③ 평방면적에서 4방 한자를 파(把)라 하고 10파(把)를 1속(束)이라 하고 10속(束)을 1부(負)라 하고 100부(負)를 1결이라고 한다. 1등전 1결은 38묘(畝)에 해당하고 2등전은 44묘7푼, 3등전은 54묘2푼, 4등전은 69묘, 5등전은 95묘, 6등전은 152묘에 해당한다. 각 등급의 토지 14부(負)가 중국의 1묘에 해당한다.

④ 항상 경작하는 토지를 정전(正田)이라 하며, 경작하기도 하고 묵히기도 하는 토지를 속전(續田)이라 한다. 정전이라고는 하지만 토질이 메말라서 곡식이 잘되지 않는 토지라든가 속전이라고는 하지만 땅이 기름져서 소출이 곱절이나 많이 나는 토지에 대해서는 고을 수령이 대장에 기록하여 두었다가 관찰사에게 보고하여 다음 번 식년(式年)[513)에 고친다.

(원문)「傳旨慶尙道觀察使李宣曰: 今來啓本之意, 本係爲民之事, 予不以爲過也. 但初議定貢法之時, 租稅加於前數, 非不預料而詳處之也. 然較委官踏驗之際騶從供億無名之費, 倍於賦數.」

513) 자(子), 묘(卯), 오(午), 유(酉) 따위의 간지(干支)가 들어 있는 해. 3년마다 한 번씩 돌아온다.

(2) 둔전의 수세조(收稅條)

『경국대전』의 수세조에는 면단위의 ① 답험 방법, ② 연분구등법에 따른 세율, ③ 특별 조세감면 지역, ④ 개간 및 재해 전지의 답험, ⑤ 재해에 따른 면세 등을 다음과 같이 규정하고 있는데 세종대왕의 공법 조항들이다.

① 모든 전지는 매년 9월 보름 전에 수령이 그해 농사형편을 심사(審査)하여 연분등제(年分等第)를 정하고 읍내와 사면(四面)을 각각 나누어 등급을 정한다. 관찰사가 다시 심사하여 임금에게 보고하며, 의정부와 육조가 함께 의논하여 다시 임금에게 아뢰고 수세한다.

② 생산물이 10분(100%) 충실하면 상상년(上上年)으로 하여, 1결에 20말을 거두고, 9분(分)이면 상중년으로 하여 18말을, 8분이면 상하년으로 하여 16말을, 7분이면 중상년으로 하여 14말을, 6분이면 중중년으로 하여 12말을, 5분이면 중하년으로 하여 10말을, 4분이면 하상년으로 하여 8말을, 3분(分)이면 하중년으로 하여 6말을, 2분(分)이면 하하년(下下年)으로 하여 4말을 각각 거둔다. 1분(分)은 면세한다.

③ 영안도·평안도는 3분의 1을 줄이고, 제주 3읍(邑)은 반을 줄인다.

④ 새로 개간하여 늘인 전지, 전부가 재해를 입은 전지, 반이 넘게 재해를 입은 전지, 병으로 경작하지 못해 완전히 묵혀진 전지 등은 모두 경작농민이 권농관에게 문서로 신고하는 것을 허용하고, 권농관이 그곳을 직접 심사하여 8월 보름 전에 수령에게 보고한다. (중략) 조정에서는 조관(朝官)[514]을 파견하여 위의 기록한 장부 및 공증문서를 참고하고 다시 심사하여 임금에게 아뢰어 조세를 정한다.

⑤ 전부 재해를 입은 전지 및 전부가 묵혀진 전지는 면세하고, 반이 넘게 재해를 입은 전지는 그 재해가 6분(分)에 이른 것은 6분(分)을 면세하고 4분(分)을 수세하며, 9분에 이르기까지 모두 이 예에 의한다.

---

514) 조신(朝臣).

1. 공평한 조세부과를 위한 주척(周尺) 사용

세종대왕은 공법을 입법하면서 조세의 과학화를 추구하였는데, 그 중 하나가 주척(周尺)[515]을 사용하여 전지를 측량하도록 하였다. 여기서 주척이란 이름은 중국의 모든 문물제도(文物制度)[516]가 주대(周代)에 기원을 두고 있다는 유가사상(儒家思想)[517]에서 나온 것이다. 따라서 주척은 가장 오래된 자(尺)로 모든 자의 기준이 되는 자를 말한다.

『조선왕조실록』의 기사 중 처음 주척(周尺)을 기록한 것은『태종실록』이다. 다음『태종실록』에 따르면 각 품의 관원과 서인의 분묘 면적을 제한하는 규정을 상정케하면서 주척을 사용하게 하였다.

> 「1품(品)의 묘지는 90보(步) 평방(平方)에, 사면(四面)이 각각 45보(步)이고, 2품은 80보 평방, 3품은 70보 평방, 4품은 60보 평방, 5품은 50보 평방, 6품은 40보 평방이며, 7품에서 9품까지는 30보 평방이고, 서인(庶人)은 5보 평방인데, 이상의 보수는 모두 주척(周尺)을 사용한다.」

하지만 세종대왕이 공법에서 전지의 측량에 주척을 사용하도록 규정하기 전까지는 농부의 수지척(手指尺)[518]을 사용하였다. 이에 대한 기사는 다음『세종실록』에서 볼 수 있다.

> 「전조(前朝)로부터 다만 상·중·하의 3개 등급으로 법식을 정해 왔사온데, 농부의 손 이지(二指)로 열 번을 재서 상전척(上田尺)으로 삼고, 이지(二指)로 다섯 번 재고, 또 삼지(三指)로 다섯 번을 재서 중전척(中田尺)으로 삼고, 삼지(三指)로 열 번을 재서 이를 하전척(下田尺)으로 삼고는, 〈이 재尺를 사용하여〉 6척(尺)을 1보(步)로 치고, 둘레 3보(步) 3촌(寸)을 1부(負)로 치며, 25보(步)를 1결로 쳐서 계산하고, 거두는 조세는 모두 30두를 받고 보니, 3개 등급의 전세의 차이가 그리 많지 않으며, 또 상등전(上等田)은 오직 경상·전라도 등에 1천 결에 겨우 1, 2 결이 있고, 중등전(中等田)도 역시 1백 결에 1, 2 결이 있을 뿐, 그 밖에 각

---

515) 세종대의 주척 1척은 20.81cm이었으며, 영조대의 주척 1척은 20.83cm이었다.
516) 문물과 제도를 아울러 이르는 말이다. 문물이란 문화의 산물로 곧 정치, 경제, 종교, 예술, 법률 따위의 문화에 관한 모든 것을 통틀어 이르는 말이다.
517) 공자를 개조(開祖)로 하여 발전해 온 중국의 대표적 철학사상.
518) 농부의 손마디 길이.

도에는 다만 중등전이 역시 1천 결에 겨우 1, 2 결이 있는 정도입니다.」[519]

하지만 세종대왕은 합리적이고 객관적인 조세를 징수하기 위하여 공법에 의한 양전시 수지척의 사용을 폐지하고 주척(약 20.81㎝)을 사용하도록 하였다. 다음『세종실록』의 기사에서 이를 확인 할 수 있다. ①과 ② 모두 양전할 때 주척을 사용할 것을 세종대왕이 직접 명령하였다. 주척(周尺)을 사용하게 한 이유는 수지척으로 측량할 경우 실지 면적의 차가 고르지 못할 뿐만 아니라 편하지 못하기 때문이었다.

① 「호조에 하교하기를, (중략) 종전에는 3등 전척(田尺)의 장단과 3등 전방면(田方面)이 그 차(差)가 고르기는 하나, 실지 면적의 차는 고르지 못하였으니, 지금 각 등급의 한전과 수전을 한 모양으로 고쳐 측량하여, 조세(租稅)를 등급을 보아 가감하여 고제(古制)에 따르게 하라. 이미 고제를 따른 것이라면, 밭을 계산하는 자(尺)와 결·복·속·파를 옛날 제도에 의하지 않고, 종전 그대로 하는 것은 편하지 못하니 마땅히 주척(周尺)을 써서 고쳐 측량하여야 할 것이나, 1, 2년 내에는 고쳐 측량하기가 쉽지 않으니 우선 구전안(舊田案)을 가지고 먼저 5등의 전품으로 나누고, 결·복·속·파를 고쳐 경(頃)·묘(畝)·보(步)의 법으로 만들어 5등의 조(租)를 거두면, 거의 고제(古制)와 시무(時務)[520]가 아울러 행하여져 어긋나지 않을 것이다.」[521]

② 「임금이 말하기를, "경무보법(頃畝步法)을 고쳐서 예전대로 결(結)·부(負)·속(束)·파(把)로 하고, 5등전의 1, 2등을 추이하여 6등으로 하며, 그 6등의 전지는 모두 주척으로 측량하고 토지의 넓고 좁은 것을 따라 동과(同科)[522]로 조세를 거두는 것이 어떻겠는가."하니, 여럿이 아뢰기를, "상교(上敎)가 윤당하옵니다."하였다.」[523]

---

519)『세종실록』12년(1430년) 8월 10일 5번째기사.
　　(원문)「自前朝只以上中下三等定制, 將農夫手二指計十爲上田尺, 二指計五、三指計五爲中田尺, 三指計十爲下田尺, 六尺爲一步, 以三步三寸, 四方周廻爲一負, 二十五步爲一結而打量, 其收租則皆取三十斗, 三等之田, 差等不遠. 且上等之田, 惟慶尙、全羅等道, 於千結僅有一二結焉, 中田, 於百結亦有一二結焉, 其餘各道, 只有中田, 亦於千結僅有一二結焉.」
520) 그 시대에 중요한 정무나 사무.
521)『세종실록』25년(1443년) 11월 2일 1번째기사.
　　(원문)「下敎戶曹. (중략) 前此三等田, 尺長短三等田方面, 其差雖均, 然實積之差不均. 今各等旱田水田, 一樣改量, 租稅視等加減, 以遵古制. 旣遵古制, 則其計指田尺結卜束把, 不依古制, 仍舊未便, 宜用周尺改量. 然一二年內, 未易改量, 姑將舊田案, 先分五等田品結卜束把, 改作頃畝步法, 以收五等之租, 庶幾古制時務, 並行不悖.」
522) 같은 세액.
523)『세종실록』26년(1444년) 6월 6일 1번째기사.
　　(원문)「上曰: "改頃畝步法, 仍舊爲結負束把, 以五等之田一二等推移爲六等, 其六等之田, 皆用周尺量之, 隨地廣狹, 同科收稅何如?" 僉曰: "上敎允當."」

2. 연분(年分) 결정을 위한 측우기 사용

세종대왕은 조세를 징수하는 과정에서 관리들이 재량권을 남용하여 농간을 부리는 폐단이 답협에 있으므로, 이를 결단코 배제하기 위하여 군현단위의 연분구등법을 도입하였다. 하지만 그 당시 군현 단위로 연분을 결정하는 방법 또한 쉽지가 않았다. 이에 세종대왕은 연분(年分) 결정에 강우량을 이용하였고, 그 도구로 측우기를 사용하였다. 수리시설이 부족한 조선에서 농사의 풍흉 결정은 강우량이 절대적이기 때문이다.

조선초기의 강우량 측정법은 비가 땅 속에 스며든 빗물의 깊이로 측정하였다. 이러한 방법도 처음에는 정기적으로 시행된 것이 아니고 농경기나 한발(旱魃)[524]이 계속될 경우 토성(土性)의 조습(燥濕)[525] 정도를 알 필요가 있을때 그때마다 영을 내려 조사케 했다. 그러나 이러한 측정법은 땅이 말랐을 때와 젖어 있을 때에 따라서 땅 속에 스며드는 빗물의 깊이가 같지 않아, 그것을 헤아리기가 어려우므로 보다 과학적인 측정법이 요청되었다. 이에 세종 23년(1441) 8월에 세계에서 최초로 원통형 철제우량계(鐵製雨量計)의 측우기를 만든 『세종실록』의 기사는 다음과 같다. 호조에서 서운관과 각 고을의 관청 뜰 가운데에 측우기를 설치하고, 수령이 측우기 물의 천심을 재어서 감사(監司)에게 보고하게 하고, 감사가 전문(傳聞)[526]하게 하는 절차이다.

「호조에서 아뢰기를, "각도 감사가 우량을 전보(轉報)[527]하도록 이미 성법(成法)[528]이 있사오니, 토성(土性)의 조습(燥濕)이 같지 아니하고, 흙속으로 스며 든 천심(淺深)[529]도 역시 알기 어렵사오니, 청하옵건대, 서운관에 대(臺)를 짓고 쇠로 그릇을 부어 만들되, 길이는 2척이 되게 하고 직경은 8촌이 되게 하여, 대 위에 올려놓고 비를 받아, 본관(本觀) 관원으로 하여금 천심을 척량하여 보고하게 하고, 또 마전교 서쪽 수중(水中)에다 박석(薄石)[530]을 놓고, 돌 위를 파고서 부석(趺石) 둘을 세워 가운데에 방목주(方木柱)를 세우고, 쇠갈구리[鐵鉤]로 부석을 고정시켜 척(尺)·촌(寸)·분수(分數)를 기둥 위에 새기고, 본조(本曹) 낭청이 우수(雨水)의 천심 분수(分數)를 살펴서 보고하게 하고, 또 한강변의 암석(巖石) 위에 푯말[標]을 세우고 척·촌·분수를 새겨, 도승(渡丞)이 이것으로 물의 천심을 측량하여 본조(本曹)에 보고하여 아뢰게 하며, 또 외방(外方) 각 고을에도 경중(京中)의 주기례(鑄器例)에 의하여, 혹은 자기를 사용하던가, 혹은 와기(瓦器)를 사용하여 관청 뜰 가운데에 놓고, 수령이 역시 물의

---

524) 장기간에 걸친 물부족으로 나타나는 기상재해를 말하며 가뭄이라고도 한다.
525) 마름과 축축함.
526) 전(傳)하여 들음.
527) 남을 통하여 소식을 알림.
528) 실정법(實定法).
529) 얕음과 깊음.
530) 얇은 돌.

천심을 재어서 감사(監司)에게 보고하게 하고, 감사가 전문(傳聞)하게 하소서.˝하니, 그대로 따랐다.」531)

그리고 1년 후 개량된 측우기의 규격과 측우기를 이용하여 측정한 강우량을 주척(周尺)으로써 물의 깊고 얕은 것을 측량(測量)하고, 기록하여 수령이 임금에게 바로 보고하고, 이를 후일의 참고에 전거(典據)532)로 삼게 한 『세종실록』의 기사는 다음과 같다.

「호조에서 아뢰기를, ˝우량을 측정하는 일에 대하여는 일찍이 벌써 명령을 받았사오나, 그러나, 아직 다하지 못한 곳이 있으므로 다시 갖추어 조목별로 열기(列記)합니다.

1. 서울에서는 쇠를 주조하여 기구를 만들어 명칭을 측우기라 하니, 길이가 1척(尺) 5촌(寸)이고 직경이 7촌입니다. 주척(周尺)을 사용하여 서운관에 대(臺)를 만들어 측우기를 대(臺) 위에 두고 매양 비가 온 후에는 본관의 관원이 친히 비가 내린 상황을 보고는, 주척으로써 물의 깊고 얕은 것을 측량하여 비가 내린 것과 비오고 갠 일시와 물 깊이의 척·촌·분(尺寸分)의 수를 상세히 써서 뒤따라 즉시 계문(啓聞)533)하고 기록해 둘 것이며,

1. 외방(外方)에서는 쇠로써 주조한 측우기와 주척 매 1건(件)을 각도에 보내어, 각 고을로 하여금 한결같이 상항(上項)534)의 측우기의 체제에 의거하여 혹은 자기(磁器)든지 혹은 와기(瓦器)든지 적당한 데에 따라 구워 만들고, 객사의 뜰 가운데에 대(臺)를 만들어 측우기를 대(臺) 위에 두도록 하며, 주척도 또한 상항(上項)의 체제에 의거하여 혹은 대나무로 하든지 혹은 나무로 하든지 미리 먼저 만들어 두었다가, 매양 비가 온 후에는 수령이 친히 비가 내린 상황을 살펴보고는 주척으로써 물의 깊고 얕은 것을 측량하여 비가 내린 것과 비오고 갠 일시와 물 깊이의 척·촌·분(尺寸分)의 수를 상세히 써서 뒤따라 계문하고 기록해 두어서, 후일의 참고에 전거(典據)535)로 삼게 하소서.˝하니, 그대로 따랐다.」536)

---

531) 『세종실록』 23년(1441년) 8월 18일 4번째기사.
　　(원문)「戶曹啓: ˝各道監司轉報雨澤, 已有成法. 然土性燥濕不同, 入土淺深, 亦難知之. 請於書雲觀作臺, 以鐵鑄器長二尺、徑八寸, 置臺上受雨, 令本觀官員尺量淺深以聞. 又於馬前橋西水中, 置薄石, 石上刻立趺石二, 中立方木柱, 以鐵鉤鑲趺石, 刻尺寸分數於柱上, 本曹郞廳審雨水淺深分數以聞. 又於漢江邊巖石上立標, 刻尺寸分數, 渡丞以此測水淺深, 告本曹以聞. 又於外方各官, 依京中鑄器例, 或用磁器, 或用瓦器, 置廨宇庭中, 守令亦量水淺深報監司, 監司傳聞.˝」

532) 규칙이나 법칙으로 삼는 근거.

533) 조선 시대에 신하가 글로 임금에게 아뢰던 일.

534) 윗항목.

535) 옛일의 근거 또는 내력.

536) 『세종실록』 24년(1442년) 5월 8일 1번째기사.
　　(원문)「戶曹啓: ˝測雨事件, 曾已受敎. 然有未盡處, 更具條列. 一, 京中則鑄鐵爲器, 名曰測雨器, 長一尺五寸、(經)〔徑〕七寸, 用周尺. 作臺於書雲觀, 置器於臺上, 每當雨水後, 本觀官員親視下雨之狀, 以周尺量水深

여기서 수령이 강우량을 기록하여 임금에게 계문하고, 이를 전거(典據)[537]로 삼도록 한 이유는 무엇일까? 이태진은 "세종 26년에 확정된 새 세제인 공법이 전품과 연분을 함께 참작한 새로운 제도라는 것은 주지하는 사실이다, 그런데 이 세제의 논의에서 풍흉의 연분이 본격적으로 거론된 것은 최종 결정이 있기 바로 한해 전, 측우기의 시험 사용을 일년 거친 시점에서였다. 그리고 확정된 세제에서 매년의 연분등제는 매번 측정된 강우량이 보고되는 계통과 똑같은 각급 관에서 심사 또는 확인하는 것으로 규정되었다. 말하자면 측우기의 제작이 새 세제의 가장 중요한 면모인 연분등제를 가능하게 하였던 것이다."[538] 라고 하여 측우기를 공법에 따른 연분 결정의 근거로 사용한 것임을 말하였다.

그리고 이영훈은 "각종 수취의 전제가 되는 것은 그 해의 농사 상황이다. 수령은 기경(起耕)에서 제초에 이르는 노동과정의 진행 상황, 특히 풍흉에 결정적 영향을 미치는 강우량의 세밀한 상황을 다달이 농형보첩(農形報牒)으로서 감영에 보고 한다. 감영은 이 농형보첩을 검토하여 각읍(各邑)의 연분(年分)을 구별하여 수취량을 지정하는데, 연분의 고저는 결세(結稅)뿐 아니라 군포(軍布) 등 제반 수취에 대해서도 영향을 미친다."[539]라고 하면서, 조선시대에 있어서 하급관청이 상급관청에 대하여 행정상의 보고나 청원을 위하여, 혹은 판결이나 지시를 구하기 위하여 상송(上送)한 공문서가 보첩(報牒)[540]인데 그 내용 중 한 가지가 강우량이었다는 것이다.

『만기요람』 재용편의 연분조에서는 다음과 같이 호조에서 각도의 우택(雨澤)과 농형(農形)을 참고하여 연분사목을 정하여 비총(比摠)[541]하도록 한 것을 확인할 수 있다.

「매년 추(秋) 8월이면 호조에서 각도의 우택(雨澤)과 농형(農形)을 참고하되, 상당년(相當年)[542]과 비교 상량(商量)[543]해서 총수를 결정하고, 급재할 것을 구별하여 사목(事目)[544]을 성출(成出)해서, 대신에게 의논하고, 입계하여 윤허를 얻은 뒤에, 비국(備局)[545]에 등초(謄抄)[546]

淺, 具書下雨及雨晴日時、水深寸分數, 隨卽啓聞置簿.
一, 外方則以鑄鐵測雨器及周尺每一件, 送于各道, 令各官一依上項測雨器體制, 或磁器或瓦器, 隨宜燔造, 作臺於客舍庭中, 置器臺上. 周尺亦依上項體制, 或竹或木, 預先造作, 每當雨後, 守令親審下雨之狀, 以周尺量水深淺, 具書下雨及雨晴日時、水深尺寸分數, 隨卽啓聞置簿, 以憑後考." 從之.」

537) 규칙이나 법칙으로 삼는 근거.
538) 이태진. 1989.「朝鮮儒敎社會史論」지식산업사. pp.51-72.
539) 이영훈편. 2001. 「한국지방사자료총서(韓國地方史資料叢書)」 보첩편(報牒篇) 제일책(第一冊) 보첩편(報牒篇) 지방관(地方官) 보첩류(報牒類) 해제(解題) 이(二).
540) 무엇을 알리는 공문이나 통지문.
541) 전체의 수량이나 분량을 일정한 기준에 맞추어 합하는 것 또는 합한 총액.
542) 기준년.
543) 헤아려 잘 생각함.
544) 행정(行政) 혹은 군정(軍政), 법률의 적용 등에 관한 규정.
545) 조선시대 비변사(備邊司)의 별칭. 조선중기 이후 군사업무를 비롯하여 정치·경제의 중요문제를 토의하던 문무합의기구. 비변사 업무가 확대되고 권한이 강화됨에 따라 상대적으로 의정부는 실권을 상실했다.
546) 원본에서 옮겨 베낌.

하여 보고하고, 사헌부에 이문(移文)하여 곧 각도에 사목을 반포해서, 재결(災結)[547]을 분표 (分俵)[548]하고 [사목 이외에는 조정에 아뢰지 않고, 만일 분표를 제멋대로 한 것이 있으면, 해당 도의 관찰사를 나처(拿處)[549]할 일로 영조 22(1746)에 특지를 받았음. 사목으로 급재를 반포한 것이 혹 부족한 것이 있어서, 관찰사가 사유를 갖추어 장문(狀聞)[550]하면, 조정으로 부터 참작하여 가급(加給)[551]함 서북양도(西北兩道)[552]에는 원세(元稅) 내에서 3분의 1을 예감 (例減)[553]하기 때문에 사목(事目)시에 급재하지 않고, 다만 실결(實結)로써 상당년(相當年)에 준하여 비총(比摠)한다.」[554]

3. 표준화된 말[斗]과 되[升]의 사용

　쌀과 콩 등의 곡물로 조세를 현물납세하는 조선시대에 그 곡물의 수량을 재는 말[斗] 과 되[升]의 통일된 규격은 매우 중요하다고 할 것이다.『태종실록』을 보면 다음과 같이 ① 수조(收租)할 때 통일된 규격의 말[斗]과 되[升]를 쓰지 않는 것을 금지하고, ② 각관 (各官)의 말[斗]과 되[升]를 마음대로 조작한 경우 처벌하였다.

　　①「관리에게 명하여 공사전(公私田)의 수조하는 폐단을 엄하게 금지하였다. 간혹 평교(平 校)[555]의 말[斗]과 되[升]를 쓰지 않고 큰 말[大斗]로 중하게 거두어, 폐단을 일으키기 때문이었다.」[556]

　　②「서흥현령 박지를 인주로 귀양 보내었다. 사헌부에서 상언하기를, "박지는 정해년에 풍해도[557] 녹전(祿轉)[558]차사원(差使員)[559]이 되어 계수관(界首官)[560]의 평교두승(平校斗

---

547) 재해를 당한 전답의 면세.

548) 모든 물품을 나누어 줌.

549) 중죄인을 의금부로 잡아들여서 조치를 취함.

550) 장계(狀啓)를 올려 임금에게 아룀.

551) 정한 액수를 올려서 더 줌.

552) 평안도·함경도.

553) 정례에 의하여 감해 주는 것.

554)『만기요람』재용편2 연분(年分).
　　　(원문)「每年秋八月. 戶曹參考各道雨澤農形狀. 比較於相當年. 商量定摠. 區別給災. 成出事目就議大臣. 入啓蒙允 後. 謄報備局. 移文憲府. 仍頒事目于各道. 使之分俵災結. 事目外. 不稟朝家. 若有擅分. 則該道道臣拿處事. 英宗丙寅. 受特敎. 事目頒災. 或有不足. 道臣具由狀聞則自朝家參量加給. 西北兩道. 元稅內. 例減三分一. 故事目時不爲給災. 只以實結準相當年比摠.」

555) 평교(平校)는 각종 도량형(度量衡) 기구(器具)인 자와 되·말 등의 장단(長短)과 대소(大小)를 가지런하게 통일 하고 저울의 경중(輕重)의 차(差)를 고르게 하는 등, 바르게 고치는 것을 말한다.

556)『태종실록』7년(1407) 12월 28일 1번째기사.
　　　(원문)「命官吏痛禁公私田收租之弊. 或有不用平校斗升, 而以大斗重斂作弊故也.」

557) 황해도.

558) 녹봉.

559) 조선시대 각종 특수임무의 수행을 위하여 임시로 차출 임명되는 관원.

升)을 쓰지 않고 임의로 각관(各官)의 말[斗]과 되[升]를 마음대로 조작하여, 매 한 말에 한 되를 남기고, 한 되에 두 홉을 남기었으니, 백성을 병들게 하고 환(患)을 끼친 죄가 심합니다."하여, 귀양 보내었다.」[561]

하지만 말[斗]과 되[升]를 속이는 경우는 세종대에서도 마찬가지였다. 공전(公田)이나 사전(私田)에 조(租)를 받아들이면서 표준이 균평하게 검정되지 아니한 말[斗]이나 되[升]를 사용한 경우인데, 이를 죄로 다스리게 한 기사가 다음과 같이 『세종실록』에 기록되어 있다.

「예조에서 계하기를, "《원(元)·속육전(續六典)》 안에 실려 있는 여러 해 동안 내린 판지(判旨)[562]를 서울에서나 지방 관리들이 받들어 시행하지 아니하니, 그 받들어 시행하지 않는 조건을 삼가 기록하여 올리오니, 청컨대 지금부터 더욱 명백히 거행하도록 하고, 이에 어긴 자는 논죄하소서.(중략) 영락 5년[563]의 일인데, 공전(公田)이나 사전(私田)에 조(租)를 받아들이면서 표준이 균평하게 검정되지 아니한 말[斗]이나 되[升]를 가지고 받아들이다가 소작인의 고발이 나오게 되면, 소재지 수령이 죄를 받아야 되고, 심한 자는 관찰사에게 보고하 여 죄를 다스리게 하라 하였고...」[564]

따라서 공법을 최종 입법하여 시행한지 2년이 안된 세종 28년(1446) 9월에 새로 만든 영조척(營造尺)[565]을 기준으로 하여 곡(斛)·두(斗)·근(斤)·합(合)의 양기(量器) 체제를 바로 잡았다. 이에 대한 『세종실록』의 기사는 다음과 같다.

「의정부에서 호조의 정장(呈狀)[566]에 의거하여 계청(啓請)[567]하기를, "새 영조척으로써 곡(斛)·두(斗)·승(升)·흡[合]의 체제를 다시 정하여 곡(斛)의 용량이 20두(斗)인 것은 길이는 2

---

560) 조선시대의 계수관은 도와 군현(郡縣) 사이의 중간적 존재로서 도의 지시를 소령(所領)의 군현에 전달하면서 군현을 통합하기도 하였고, 계수관 자체 지역을 지배하기도 하였다.

561) 『태종실록』 8년(1408) 3월 21일 6번째기사.
  (원문) 「流瑞興縣令朴持于仁州. 憲府上言: "持爲丁亥年豐海道祿轉差使員, 不用界首官平校斗升, 擅將各官斗升, 自加雕掘, 每一斗剩一升, 每一升剩二合, 病民貽患, 其罪甚矣." 乃流之.」

562) 임금의 명령, 곧 교지.

563) 태종 7년(1407).

564) 『세종실록』 2년(1420) 11월 7일 3번째기사.
  (원문) 「禮曹啓: "《元續六典》 內: '各年判旨, 中外官吏或不奉行.' 其不奉行條件, 謹錄以聞, 請申明擧行, 違者論罪. (중략) 永樂五年公私田收租者, 以不平校斗升收納, 爲佃客所告者, 所在守令論罪, 甚者報觀察使治罪.'」

565) 영조척은 두승(斗升)과 같은 계량기를 만드는 기준척이어서 매우 중요했다. 영조척은 시대에 따라 척도가 여러 번 바뀌었으며 약 30.65cm이다.

566) 소장(訴狀)을 관청에 냄.

567) 임금께 아뢰어 청함.

척(尺), 넓이는 1척 1촌(寸) 2푼(分), 깊이는 1척 7촌 5푼으로서 용적(容積)이 3천 9백 20촌이 되게 하고, 용량이 15두(斗)인 것은 길이는 2척, 넓이는 1척, 깊이는 1척 4촌 7푼으로서 용적이 2천 9백 40촌이 되게 하며, 두(斗)의 길이는 7촌, 넓이도 7촌, 깊이는 4촌으로서 용적이 1백 96촌(약 5,964㎤)이 되게 하고, 승(升)의 길이는 4촌 9푼, 넓이는 2촌, 깊이도 2촌으로서 용적이 19촌 6푼이 되게 하고, 홉(合)의 길이는 2촌, 넓이는 7푼, 깊이는 1촌 4푼으로서 용적이 1촌 9푼 6리가 되게 하소서."하니, 그대로 따랐다.」[568]

이 때 영조척(31.24cm)을 기준으로 하여 곡(斛)·두(斗)·근(斤)·합(合)의 양기(量器)를 표준화 시킨 목적에 대해서는 명확히 제시하지 않고 있지만, 도량형(度量衡)의 관장 부서인 공조(工曹)가 아닌 호조에서 용기의 개정을 제시한 것은 조세 징수의 공평을 위해서라고 본다. 조세를 징수할 때 관리와 서리들이 눈속임할 수 있는 말[斗]과 되[升]를 명확히 표준화 하는 것은 세종대왕이 공법을 입법한 취지와 합치되기 때문이다.

4. 명확한 조세부과를 위한 「지리지(地理志)」 편찬

정도전이 편찬한 『조선경국전』의 총서조에는 "주군(州郡)·판적(版籍)[569]이란 부의 소출이요, 경리(經理)[570]란 부의 통제이며, 농상(農桑)이란 부의 근본이요, 부세(賦稅)란 부의 헌납이다."라고 하면서 "부의 소출임을 안다면 민생을 후하게 하지 아니할 수 없고, 주군을 다스리지 않을 수 없으며, 판적을 상세하게 하지 않을 수 없다. 부의 통제인 것을 안다면 경리를 올바르게 하지 않을 수 없다."[571] 라고 하였다. 이는 농업국가인 조선에 있어서 부세인 조세를 확충하기 위하여 국가의 행정구역을 체계화하고, 인구를 명확히 파악하여 관리하며, 또한 전지(田地)의 결수와 비척의 기록과 관리가 필요하다는 것이다.

국가재정은 나라의 성패를 결정할 수 있기 때문에 조선왕조 역시 행정구역을 체계화하고, 인구와 전지의 관리를 체계화할 필요가 있었던 것이다. 더욱이 조세의 과학화와 선진화를 이룩하려는 세종대왕에게는 행정구역별 인구의 실태와 전지(田地)의 결수와 비옥도의 파악은 공평하고 명확한 조세의 부과와 징수를 위한 첩경이라고 생각하였을 것이다. 그래서 세종대왕은 새로운 공법을 시행하고자 하면서 다음 『세종실록』의 기사

---

568) 『세종실록』 28년(1446년) 9월 27일 1번째기사.

569) 호적(戶籍).

570) 經理(전지(田地)의 경영 관리): (국역)『증보문헌비고』제141권 전부고 1 경계 1 고려. 공민왕(恭愍王) 11년(1362)에 하교(下敎)하기를, "전법(田法)의 폐단이 오래 되어 나라가 궁핍하고 백성이 가난하니, 도평의사사(都評議使司)는 마땅히 농극(農隙 농한기)에 관리(官吏)를 가려 경리(經理)를 고쳐 행하여서 공사(公私)에 모두 편리하게 하라."하였다.

571) 『조선경국전』 상 부전(賦典) 총서(總序).

와 같이 "우리나라는 판적이 밝지 못하다"라고 강조하고 있다. 호적관리가 제대로 되지 못한 것은 백성들이 호구의 증감에 따른 조세의 증감을 의심하였기 때문이다.

> 「우리나라는 판적이 밝지 못하여 가끔 헌의(獻議)572)하는 자가 말하기를, '중외의 백성 수효를 호적에 올려 호구의 증감을 보게 하소서.' 하였으나, 다만 어리석은 백성들이 대체를 모르고 새 법이라 하여 놀래고 의심하고 소동할까 두려워 지금까지 거행하지 못하였다. 변군(邊郡)573)의 백성들이 비록 피살되고 사로잡혔어도 국가에서 그 수효를 알 수 없으므로 변방 장수가 임금과 윗사람을 속이는 것이 바로 이 까닭이다. 근래 경원(慶源)574)의 일이 족히 밝은 거울이 될 만하니, 이것으로 말한다면 변경 백성의 수를 더욱 알지 않을 수 없는 것이다. 경이 엄자치에게 이르기를, '네 진의 백성 수를 일찍이 진제 때에 이미 태반은 알았으니, 올 가을 입보(入保575)할 때에 수령들이 마음만 쓴다면 거민의 수효를 빠짐없이 다 호적에 올릴 수 있다.'고 하였다니, 내 생각에는 경의 계획이 그럴 듯하다. 그러나 대개 백성의 마음이란 오랜 습관을 편안히 여기고 새 법은 싫어하여, 비록 백성을 이롭게 하는 일이라도 오히려 모두 꺼리거든, 하물며 판적의 법은 요역(徭役)이 관계되는 것이니, 변경의 무지한 백성들이 반드시 싫어하고 꺼릴 것이다. 576)

따라서 세종대왕은 왕명으로 1425년(세종 7)에 발간된 『경상도지리지』를 비롯한 8도 지리지를 편찬케하고, 1432년(세종 14) 1월에 『신찬팔도지리지(新撰八道地理志)』를 편차 하게 하였다. 그리고 이를 수정한 『세종실록지리지』가 1454년(단종 2)에 만들어져 『세종실록』의 제148권에서 제155권까지 8도에 관한 내용이 8권으로 실려 있다.

『세종실록지리지』에는 당시의 지방 명칭의 변천, 행정 단위의 승강(陞降)577) 등이 기록된 연혁·소관조 등의 행정 관계 사항과 호구(戶口)·군정·공부(貢賦)·전결·토산 등의 경제·재정 관계 사항, 명산·군영·성곽·목장·관방(關防)578)조 등의 군사 관계 사항, 성씨·인물조 등 주민들의 신분 구성에 관한 사항 등이 상세히 수록되어 있다. 그 중에서도 호수와 인구, 토지의 비옥도와 경지 면적, 해당 지역에서 잘되는 농작물뿐만 아니라 현물납세 하는 곡식의 종류와 공물의 종류까지 기술하였다는 것은 조세를 체계적으로 부과하기 위한 세종대왕의 의지로 볼 수 있다. 다음 『세종실록』의 기사를 보면

---

572) 윗사람에게 의견을 아룀.
573) 변경에 있는 군.
574) 함경북도 경원군에 있는 면.
575) 보(堡) 안에 들어와 보호를 받음. 여기서 보(堡)란 작은 성(城)을 말한다.
576) 『세종실록』 19년(1437) 3월 19일 4번째기사.
577) 오르고 내리는 것.
578) 국경을 지킴.

『지리지(地理誌)』에 기록된 토지의 비옥도에 따라 각도의 토지 등급을 나눌 것을 언급하고 있는데, 『세종실록지리지』 또한 조세 징수를 위한 근거 자료의 역할을 한 것이다.

「만약 마지못하여 전지의 품등(品等)을 고쳐 바로잡게 된다면 또 설명이 있습니다. 경상도 한 도로써 말한다면 진주·하동·곤양·남해·거제·안음·함양·산음·합천·초계·진해·고성·창원·김해·동래·기장·울산 등 각 고을의 인민들은 진실로 흉년만 아니라면 공법(貢法)으로써 기뻐하는 사람이 많게 되니, 대개 그 전세가 손실(損實)을 시행하던 시기보다 가벼움이 있기 때문이요, 다른 나머지 상도(上道)의 각 고을에서는 공법(貢法)으로써 원망하는 사람이 많으니, 대개 그 전세가 손실을 시행하던 시기보다 무거움이 있기 때문입니다. 신이 망령되이 생각하건대, 그 지리지(地理誌)를 상고하여 토지를 비옥하였다고 인정하는 것을 10분으로 율(率)을 삼아, 상등 전지를 3등급으로 나누고 중등 전지를 3등급으로 나누며, 하등 전지를 3등급으로 나누되, 나머지는 또 평지의 일갑전(一甲田)은 20분의 1로 하고, 토지의 비옥하고 척박함이 서로 반반이 된 것은, 상등의 전지는 1등급으로 나누고, 중등의 전지는 3등급으로 나누고, 하등의 전지는 5등급으로 나누며, 평지의 일갑전(一甲田)은 1등급으로 나누고, 토지가 척박한 것은, 상등의 전지는 20분의 1로 하고, 중등의 전지는 10분의 2로 하고, 하등의 전지는 6등급으로 나누되, 일갑전(一甲田)은 2등급으로 나누어, 대략 이것으로써 예로 삼아 토지를 친히 조사하고 참작하여 가감(加減)한다면, 그것이 건국 초기의 3등급의 제도에 있어서는 진실로 배나 거듭될 것입니다.」[579]

그리고 이를 위하여 『세종실록지리지』의 각 관(官)에는 해당 지역의 비척을 표시하였다. 땅이 기름지다는 '비(肥)', 메마르다는 '척(塉)'과 두 표현을 사용한 '비척상반(肥塉相半)[580]', 비소척다(肥少塉多)[581] 등으로 그 지역의 비옥도를 나타내고 있는데, 이는 그 지역의 전품(田品)의 상중하를 반영한 것이다. 예를 들면 비척상반(肥塉相半)의 토지는 경기도의 광주목에 속하는 여흥도호부, 음죽현, 천녕현 등에 나타나며, 비소척다(肥少塉多)의 토지는 충청도의 연기현과 공주목의 정산현, 홍산현, 석성현 등에 기록되어 있다. 다음 [표 8]은 비척(肥塉)별 군현수를 『세종실록지리지』에 있는 각 군현별 비척평가를 종합 정리한 것이다.

---

579) 『세종실록』 28년(1446) 7월 2일 1번째기사.
580) 기름지고 메마른 것이 반반임.
581) 기름진 것이 적고 메마른 것이 많음.

표 8 『세종실록지리지』의 비척별 군현수 현황

	비후 (肥厚)	비 (肥)	비다 (肥多)	비척 상반	비척 반지 (半之)	비소 척다	척다 (塉多)	척 (塉)	다척 (多塉)	비(肥)+ 분수(分數)	척(塉) +분수	기 타	합 계
경기도		3		20				14	3			1	41
충청도		1		26		8	1	19					55
경상도		26		27				13					66
전라도		10	1	4	9		1	20	3	7	1	1	57
황해도		1		2			16		4				24
강원도				2			1	17	4			1	24
평안도	3			15			11		17				47
함길도		2							1			12	15
합계	3	43	1	96	9	8	30	83	32	7	1	15	329

출처: 강제훈. '답험손실법의 시행과 전품제의 변화'. 「한국사학보」 2000년 3월

　『세종실록지리지』 중 경상도와 전라도편을 보면, 다음과 같이 호수와 인구, 결수, 부세(賦稅)의 곡물과 공물(貢物)의 유형 등을 기록하여, 도별로 조세부과의 근거를 체계화 하고 있음 알 수 있다. 따라서 『세종실록지리지』는 정치·경제·국방의 필수적인 내용을 담고 있지만, 조세부과의 체계화를 위해 편찬한 것이라 볼 수 있다.

① [경상도]

　「호수는 4만 2천 2백 27호, 인구가 17만 3천 7백 59명이다. 군정(軍丁)은 시위군(侍衛軍)이 2천 6백 30단(單) 1명, 영진군(營鎭軍)이 3천 8백 76명, 선군(船軍)이 1만 5천 9백 34명이다. 간전(墾田)이 30만 1천 1백 47결이다. 부세(賦稅)는 쌀[稻米] [흰쌀[白米]·조미(糙米)·찹쌀[糯米]·좁쌀이 있다.]·콩 [콩과 녹두가 있다.]·밀[小麥]·참깨[芝麻]·향유(香油)·차조기기름[蘇子油]·꿀·밀[黃蠟]·명주[綿紬]·모시[苧布]·무명[綿布]·베[正布]·풀솜[雪綿子] [품질이 가장 좋으며, 타도에는 없다. 또, 상면자(常綿子)가 있다.]·면화(綿花)이다. 공물은 호랑이가죽[虎皮]·표범가죽[豹皮]·곰가죽[熊皮]·사슴가죽[鹿皮]·노루가죽[獐皮]·여우가죽[狐皮]·삵가죽[狸皮]·잘[山獺皮]·수달피(水獺皮) 말가죽[馬皮]·쇠가죽[牛皮]·돼지가죽[猪皮]·점찰피(占察皮)·어피(魚皮)·가죽줄[皮絃]·표범꼬리[豹尾]·여우꼬리[狐尾]·족제비털[黃毛]·돼지털·늑(肋)·잡깃[雜羽]·쇠뿔[牛角]·마른 사슴고기[乾鹿]·마른 돼지고기[乾猪]·마른 노루고기[乾獐]·녹포(鹿脯)·사슴꼬리[鹿尾]·대구어(大口魚)·문어(文魚)·상어[沙魚]·마른 물고기[乾水魚]·백조(白條)·전포(全鮑)·홍합(紅蛤)·어교(魚膠)·곽(藿)·해모(海毛)·우무[牛毛]·참가사리[細毛]·오해조(吾海曹)·칠(漆)·송연(松煙)·송진[松脂]·밤·대추·홍시(紅柿)·곶감[乾柿]·모과[木瓜]·석류[石榴]·배개암[榛子]·잣·송화(松花)·귤(橘)·호도(胡桃)·치자(梔子)·작설차(雀舌茶)·석이[石茸]·느타리[眞茸]·표고버섯·겨자[芥子]·마른 죽순[乾竹笋]·지초(芝草)·홍화(紅花)·괴화(槐花)·뇌록[磊碌]·저마승색(苧麻繩索)5068)·마의(馬衣)·지차(紙箚) [중국에 바치는 표지(表紙)와 나라에서 쓰는 표지, 도련지(擣錬紙)·안지(眼紙)·백주지(白奏紙)·상주지(常奏紙)·장지(狀紙) 등이 있다.]·유둔(油芚)·유기(柳器)·목기(木器)·자기·초마선석(哨麈船席) [중국에 바치는 황화석(黃花席)·채화석(彩花席)·만화침석(滿花寢席)·만화석(滿花席)·염석(簾席)·방석(方席) 등이 있고, 타도에는 없다. 또 나라에서 쓰는 만화 각색석(滿花各色席)·별문상석(別文上席)·답석(踏席)·상문답석(常文踏席)·백문석(白文席)·초석(草席) 등이 있다.]·죽피방석(竹皮方席)·가는대[篠] [검은대[烏竹]와 살대[箭竹]가 있다.]·왕대[簜] [통대[全竹]와 쪽대[片竹]가 있다.]·입초(笠草)·자단향(紫檀香)·백단향(白檀香)·정철(正鐵)이다.」582)

② [전라도]

「호수[戶]는 2만 4천 73호요, 인구[口]는 9만 4천 2백 48명이다. 군정(軍丁)은 시위군(侍衛軍)이 1천 1백 67명이요, 영진군(營鎭軍)이 2천 4백 24명이요, 기선군(騎船軍)이 1만 1천 7백 93명이다. 간전(墾田)이 27만 7천 5백 88결이다. [논이 10분의 4이다.] 그 부세(賦稅)는 볍쌀 [찹쌀·멥쌀.]·콩 [누렁콩·팥·녹두.]·밀[小麥]·참깨[芝麻]·차조기씨[蘇子]·모시[苧布]요, 그 공물은 꿀·밀[黃蠟]·범가죽[虎皮]·표범가죽[豹皮]·곰가죽·쇠가죽·말가죽·이긴 사슴가죽[熟鹿皮]·이긴 노루가죽[熟獐皮]·여우가죽·삵괭이가죽·잘[山獺皮]·수달가죽[水獺皮]·활줄[弓絃]·표범꼬리[豹尾]·여우꼬리[狐尾]·족제비털[黃毛]·사슴·돼지·토끼·산돼지·말린 사슴·말린 노루·말린 돼지·정향(丁香)·포(脯)·사슴꼬리[鹿尾]·돼지털·쇠뿔·녹각(鹿角)·갖풀[阿膠]·힘줄[筋]·잡깃[雜羽]·가뢰[斑猫]·대모(玳瑁)·고니[天鵝]·상어·말린 숭어·전복·생복[生鮑]·말린 홍합·낙지·굴·감합(甘蛤)·대합조개·은어·붉은 큰새우·인포(引鮑)·조포(條鮑)·오징어·옥등어[玉頭魚]·다시마·부레·칠(漆)·겨자·황밤[黃栗]·대추·곶감·연감[紅柿子]·모과·석류·배[梨]·개암·가시연밥[芡仁]·유자(柚子)·감자나무열매·비자[榧子]·유감(乳柑)·동정귤(洞庭橘)·금귤(金橘)·푸른귤[靑橘]·산귤(山橘)·마름[菱仁]·분곽(粉藿)·상곽(常藿)·올먹[早藿]·해모(海毛)·우무·해각(海角)·황각(黃角)·

---

582) 『세종실록지리지』경상도편.

매산이(苺山伊)·김[海衣]·감태(甘笞)·오해자(烏海子)·송이·석이·느타리·표고·새
앙·고사리·지초·회화나무꽃·치자·작설차[雀舌茶]·송화(松花)·소나무그을음[松
煙]·송진[松脂]·목화·모시·삼[麻]·삼노·각색 종이 [표전지(表箋紙)·자문지(咨文
紙)·부본단자지(副本單子紙)·주본지(奏本紙)·피봉지(皮封紙)·서계지(書契紙)·축문
지(祝文紙)·표지(表紙)·도련지(擣鍊紙)·중폭지(中幅紙)·상표지(常表紙)·갑의지(甲衣
紙)·안지(眼紙)·세화지(歲畫紙)·백주지(白奏紙)·화약지(火藥紙)·장지(狀紙)·상주지
(常奏紙)·유둔지(油芚紙)·유둔(油芚).]·자리[席] [별무늬돗자리[別紋踏席]·보통무늬돗
자리[常紋踏席]·흰무늬돗자리[白紋席]·왕골 자리[草席].]·대껍질방석[竹皮方席]·가는
대[篠]·오죽(烏竹)·화살대[箭竹]·바닷대[海竹]·등상자[土藤箱子]·대껍질[竹皮]·말
린 죽순[乾筍]·자기(磁器)·나무그릇[木器]·버들고리[柳器]이다.약재(藥材)는 우황(牛
黃)·쇠쓸개[牛膽]·범의 뼈[虎骨]·고슴도치가죽[蝟皮]·곰쓸개[熊膽]·녹용·녹각상(鹿
角霜)·토끼머리[兎頭]·녹각(鹿角)·담비쓸개[獺膽]·산양이뿔[羚羊角]·도아조기름[島
阿鳥油]·두꺼비[蟾蛛]·뽕나무벌레[桑螵蛸]·자라껍데기[鱉甲]·오징어뼈[烏魚骨]·말
린 잉어[乾鯉]·잉어쓸개[鯉膽]·자네[蜈蚣]·등에[蝱蟲]·매미허물[蟬脫皮]·거북껍데기
[龜甲]·결명초[石決明]·인삼(人蔘)·영릉향(零陵香)·곽향(藿香)·박상(舶上)·회향(茴
香)·가시연밥[鷄頭實]·연꽃[蓮花蘂]·겨우살이꽃[金銀花]·궁궁이[芎藭]·나팔꽃씨·
으름덩굴[木通]·호라비좆뿌리[天門冬]·겨우살이풀뿌리[麥門冬]·패랭이꽃이삭[瞿麥
穗]·수자해좆뿌리[天麻]·택사(澤瀉)·새삼씨[兎絲子]·탱알[紫莞]·탱알뿌리·연밥[蓮
子]·회초미뿌리[貫衆]·파고지(破古紙)·삽주뿌리[蒼朮]·쪽[藍]·칠[漆]·감제뿌리[虎
杖根]·당귀(當歸)·하국[旋覆花]·하눌타리[括蔞]·작약(芍藥)·끼무릇뿌리[半夏]·부들
꽃[蒲黃]·끼절가리뿌리[升麻]·도라지[桔梗]·꽃창포[馬藺花]·족두리풀뿌리[細辛]·칡
꽃[葛花]·버들옷[大戟]·검화뿌리껍질[白蘇皮]·두여머조자기[天南星]·쇠무릎지기[牛
膝]·범부채[射干]·쓴너삼뿌리[苦蔘]·구리때뿌리[白芷]·사양채뿌리[前胡]·바곳[草烏
頭]·계소(鷄蘇)·병풍나물뿌리[防風]·숭나물[蒿本]·자리공뿌리[商陸]·다시마[昆布]·
흰띠[茅香]·겨우살이덩굴[忍冬草]·아기풀[遠志]·갈뿌리[蘆根]·박새[莒蘆]·암눈바앗
씨[蔚子]·진득찰[稀薟]·꽈리[酸醬]·검산풀뿌리[續斷]·할미씨깨비[白頭翁]·향부자(香
附子)·심황[鬱金]·수자해좆씨[赤前子]·난향[蘭香]·지치[紫草]·현삼(玄蔘)·멧미나리
[柴胡]·매자기뿌리[京三稜]·흰바곳[白附子]·등대풀싹[澤漆]·가위톱[白歛]·대왕풀[白
芨]·오미자(五味子)·창이(蒼耳)·외나물뿌리[地楡]·창포(菖蒲)·자주연꽃[紫荷藥]·개
구리밥[水萍]·감국화(甘菊花)·더위지기[茵陳]·절국대[漏蘆]·수뤼나물[葳靈仙]·영생
이[薄荷]·속수자[續隨子]·꼭두서니뿌리[茜草根]·두루미냉이씨[葶子]·단너삼[黃耆]·
순비기나무열매[蔓荊子]·쥐방울[馬兜苓]·게로기뿌리[薺苨]·항가새[大薊草]·조방가새

[小薊草]·사하(蘘荷)·파초·산해박[徐長卿]·익관초(益貫草)·초결명씨[決明子]·백작약(白芍藥)·모시잎[苧葉]·석골풀[石]·골풀[草]·말오줌나무[蒴藋]·마뿌리[山藥]·두릅뿌리[獨活]·속수자[蜀有子]·소태나무열매[川練子]·석류껍질[石榴皮]·흰매화[白梅]·매화열매[烏梅]·탱자껍데기[枳殼]·괴좆나무열매[枸杞子]·흰매화열매[鹽梅實]·복령(茯苓)·모란껍데기[牧丹皮]·닥나무열매[楮實]·솜대속껍질[竹茹]·괴좆나무뿌리껍질[地骨皮]·죽력(竹瀝)·황경나무껍데기[黃蘗皮]·조피나무열매[川椒]·백복령(白茯苓)·호도(胡桃)·오갈피[五加皮]·솜대잎[淡竹葉]·철쭉꽃[躑躅花]·쥐엄나무열매[皂莢]·쥐엄나무가시[皂角刺]·산이스랏씨[郁李仁]·말린 모과[乾木瓜]·살구씨[杏仁]·오배자(五倍子)·복숭아씨[桃仁]·삿갓나물[蚤休]·측백나무잎[側栢葉]·아가위[棠]·배[梨]·잣[松子仁]·묵은 귤껍질[陳皮]·엄나무껍질[海桐皮]·푸른 귤껍질[靑皮]·후박(厚朴)·두충(杜沖)·솔씨[松實]·담배[八角]·복신(茯神)이다.」583)

5. 전품(田品)의 균등화를 위한 『농사직설(農事直說)』

서정상은 "『농사직설』이 공법(貢法)의 전국적 시행이라는 정책적 목적과 연관되어 편찬되었다"584)고 편찬 동기를 말하고 있다. 또한 김상태 역시 "『농사직설』을 편찬하고 전국적으로 보급하게 된 데에는 공법시행이라는 문제와 밀접한 관계를 가지고 있다"585)고 하였다. 다시 말해『농사직설』의 편찬과 보급이 표면적으로는 양계(兩界)586) 지방의 농업생산력을 향상시키기 위한 것이었지만, 실제로는 공법과 관련하여 전국적으로 농업생산력을 향상시켜 균등한 조세부과를 위한 것이었다는 말이다. 그 이유로 공법은 전품(田品)에 따른 결(結)당 정액수세제(定額收稅制)이기 때문에 전국적인 전지(田地)의 비척 차이를 해소할 필요가 있었다. 즉, 공법에 따른 공평한 조세징수를 위해서 농업에 있어 가장 먼저 해결해야 하는 커다란 문제는 전국적으로 전품의 차이를 극복하는 것이었다. 전품의 차이를 극복하고 생산력을 높이기 위하여 하삼도 지방에서 행해지고 있던 농법 가운데 진전된 농업기술을 보급할 수 있도록 『농사직설』을 엮어낸 것이다.

이러한 주장을 뒷받침 할 수 있는『세종실록』의 기사는 다음과 같다. "우리나라는 토지의 비옥하고 척박한 것이 고을마다 다르기 때문에 공법을 시행할 수 없다."는 빈번한 대신들의 반대에 부딪치면서 결당 생산성이 낮은 지역의 수확량을 높여 공법 시행의 타당성과 과세의 중용을 얻기 위해서 『농사직설』을 편찬 한 것이라고 볼 수 있다.

<hr>

583)『세종실록지리지』전라도편.
584) 서정상, 1999. "『農事直說』의 農法과 老農" 「태동고전연구」 16. 한림대학교 태동고전연구소 pp.43-84.
585) 김상태. 2010. "『農事直說』의 편찬과 보급에 대한 재검토". 「한국민족문화」 36 한국민족문화연구소.
586) 1413년(조선 태종 13)에 북계가 평안도, 동계가 영길도(永吉道)로 개칭됨.

「우리 동방 토지의 비옥하고 척박한 것이란 반 걸음 한 걸음 사이도 서로 달라서 비옥한 토지를 경작하는 자는 별로 인력을 들이지 않고도 1결의 논에서 1백 석을 거둘 수 있고, 척박한 땅을 짓는 자는 인력을 다 들여도 1결의 소출이 10두에 지나지 않사온데, 정말 이렇게 10두의 세를 정해 받는다면 비옥한 토지를 받아 가지고 경작하는 자만이 혜택을 누리게 되고, 척박한 땅에다 거름을 줘가며 지은 자는 빚을 얻어 충당하는 억울함을 면치 못할 것이니, 그런 공법을 어떻게 행할 수 있겠습니까. 또 더욱이 흉년에 백성들은 기근 속에 허덕이고 있는데도 기어코 10두를 다 받는다면 과중하여 중용을 잃는 결과가 될 것이요, 풍년에 곡식이 지천(至賤)[587]할 만큼 많은 수확을 보았는데도 10두만을 거둔다면 이는 너무 경하여 역시 중용을 잃는 결과가 되어 국가의 공용이 이 때문에 혹 말라버리기도 할 것이요, 민생도 이 때문에 생활을 이루어 나가지 못할 것이니 시행하지 말아야 할 것은 분명합니다.」[588]

또한 공법을 실현하고 전조(田租)의 수취를 통해 토지지배를 관철하기 위해서는 농지의 상경화가 전제되어야 했다. 농지의 상경화를 위해서는 휴한법(休閑法)의 제약에서 벗어나 해마다 땅을 놀리지 않고 농사를 지을 수 있게 농사기술의 발전이 요구될 수밖에 없었고, 『농사직설』의 편찬으로 이를 해결하려 하였던 것이다.

---

587) 매우 흔함.
588) 『세종실록』 12년(1430) 8월 10일 5번째기사.

04 조선시대의 법전과 전세(田稅)제도

제1절 의의

조선시대의 주요 전세제도는 답험손실법, 공법, 영정법 및 비총법의 4가지로 구분할 수 있으며, 이들 전세제도는 『경제육전』을 비롯한 『경국대전』·『속대전』 및 『대전통편』에 각각 규정되어 있다. 답험손실법은 고려말 1391년(공양왕 3) 전제개혁 후 시행된 것으로 조선건국 후 6년만에 『경제육전』에 규정되었다. 그리고 공법(貢法)은 세종대왕이 입법한 전세법으로 제정된 후 16년만에 『경국대전』에 규정되었다. 『경국대전』은 성종 16년(1485)에 최종 편찬되었지만 호전은 세조 6년(1460)에 편찬되어 먼저 시행되었다. 영정법은 1634년(인조 12)년부터 시행된 후 111년만에 『속대전』에 규정되었다. 비총법은 1760년(영조 36)에 법적으로 추인된 후 25년 만에 『대전통편』에 규정되었다. 조선시대의 마지막 법전인 『대전회통』은 비총법을 따랐다. 따라서 『대전회통』을 제외한 각 법전마다 각기 다른 전세제도를 규정하고 있는 것을 볼 수 있는데, 여기에서는 각 법전에 수록된 전세제도의 개념과 규정에 대해서 살펴보고자 한다. [표 9]는 조선시대 법전과 전세제도의 관계를 분석 요약한 것이다.

표 9 조선의 법전과 전세제도 비교.

법전(法典)		전세(田稅) 제도			비고
구분	최종 편찬연도	유형	시행기간	시행기간	
『경제육전』	태조 6년(1397)	답험손실법	1391~1444년	54년	건국 후 6년만에 『경제육전』에 규정
『경국대전』	성종 16년(1485)	공법	1445~1634년 (1421년부터 일부지역 시행)	190년간 (213)	최종 입법 후 16년에 『경국대전』에 규정(호전은 세조 6년(1460) 먼저 시행)
『속대전』	영조 22년(1746)	영정법	1635~1760년	126년간	시행 후 111년에 『속대전』에 규정
『대전통편』	정조 9년(1785)	비총법	1760~1894년	135년간	시행 후 25년에 『대전통편』에 규정

[표 9]를 보면 각 전세제도의 시행시점과 각 법전에 규정된 시점에 많은 편차가 있는 것을 알 수 있다. 그것은 법전편찬은 국가적 사업으로 쉽지 않았으며, 또한 조선시대의 법은 왕명으로 입법되지만 그 법이 영구적인 법(經久之法)으로 인정된 경우에만 법전에 실렸기 때문이다. 이러한 어려움에도 불구하고 조선조는 왜 답험손실법부터 공법, 영정법, 그리고 비총법에 관련된 조세법을 매번 각 법전에 규정하였을까 하는 것이다. 그것은 법에 따라 조세를 징수하기 위한 것이다. 조세 징수를 법에 따르게 하면서 조세의 타당성과 체계성을 높여, 양반을 비롯한 백성들의 조세저항을 줄이고, 재정수입을 원만하게 하려는 것이다. 한마디로 조세법치주의를 실행하기 위한 것으로 볼 수 있는데, 이는 공법의 논의 과정에서 나타난 다음 『세종실록』의 기사에서 엿볼 수 있다. 백성 스스로 알아서 조세를 바치게 할 세법은 시행하고자 한 것이다.

「대개 이 법[공법]이 한 번 세워지면 사람들이 모두 조세 바치는 수량을 미리 알아서 스스로 바치게 될 것이니, 한 사람의 관리에게 명령을 내리고 한 장 종이의 글을 허비하지 않더라도 세법은 만세에 시행될 것입니다.」[589]

현대의 조세법에서도 법의 예측가능성은 중요한데 조선시대에도 이러한 점을 인식하고 있었다고 볼 수 있다. 즉, 조세법치주의의 목적에서 관련 조세제도를 각 법전에 규정한 것이다. 이렇게 각 법전에 규정된 조세제도는 그 자체 타당성을 가지고 시행되었지만

---

589) 『세종실록』 18년(1436) 10월 5일 4번째기사.
　　(원문) 蓋此制一立, 則人皆預知納租之數而自賦, 不煩一吏之出令, 〔不〕 費一紙之文, 而稅法行於萬世.

조세원칙의 측면에서 각 조세제도는 차이가 있는데, 그 결과를 요약하면 다음과 같다.

첫째, 『경제육전』의 답험손실법은 농사의 풍흉에 따라 개별 전지에 대한 완전한 답험으로 응능과세와 공평과세를 실현할 수 있었지만, 답험에 따른 전문 인력부족과 답험관의 무제한적 재량권에 따른 부패가 만연하였다.

둘째, 『경국대전』의 공법은 세종대왕이 25여년을 걸처 논의와 여론수렴을 통하여 제정된 조선조의 체계적이고 합리적인 조세법으로 응능과세와 공평과세를 추구하고, 징세비 최소화와 부정부패의 척결을 실현하고자 하였지만, 연분구등법의 목적을 상실케 한 중복적인 재상감면의 시행으로 더욱 복잡해진 세제에 대한 전문 인력의 부족 및 관리들의 비협조와 무능으로 시행상의 어려움이 많았다.

셋째, 『속대전』의 영정법은 1결당 4두의 세율로 고정하고 호조가 재해명을 반포한 지역의 경우에만 해당 수령과 관찰사가 재상을 답험하도록 하여, 백성들의 조세저항을 줄이면서 관리들의 답험에 따른 부패를 척결하려 하였지만 토지의 비옥도와 생산량에 따른 공평과세를 포기함으로써 힘없는 소농민의 조세부담이 컸다.

마지막으로 『대전통편』의 비총법은 오르지 재정수입만을 목적으로, 호조는 각 도에 조세를 비총하고 급재하였다. 비총법은 중앙정부가 조선시대 내내 부정부패의 원초가 된 답험과 납세액의 결정을 지방관청에 떠넘긴 것이다. 그리고 사목재(事目災) 결수가 실제 급재대상 결수에 훨씬 못 미치는 경우가 많아, 향촌 사회에서의 급재는 형식적으로 이루어질 수밖에 없었다. 그 결과 백징(白徵)·인징(隣徵)[590]·족징(族徵)[591] 등의 폐단은 심화되었으며, 각종 부세가 가난한 백성에게 전가되는 결과를 초래하였다.

---

590) 조선 후기에 도망자·사망자·실종자의 각종 세(稅)의 체납을 대충(代充)하기 위하여 그 이웃에게 부과 징수한 세금.

591) 조세를 납부하지 못하거나 고리대를 갚지 못하고 도피하여 받기 어려운 사정이 있을 때 그 친족에게 대신 징수하는 것.

1. 답험손실법의 개념

조선은 건국한지 6년이된 1397년(태조 6)에 당시 법 관계를 담당하던 도평의사사의 검상조례사(檢詳條例司)를 주축으로 조준의 주관하에, 1388년(고려 우왕) 이후 10여 년간 시행된 법령과 규정들을 수집·분류하여 『경제육전』을 편찬하고 전국에 공포하였다.[592] 이 『경제육전』에 규정된 전세제도가 답험손실법(踏驗損失法)이다. 답험손실법(踏驗損失法)은 수손급손법(隨損給損法) 또는 손실답험법이라고도 한다.

답험손실법은 고려말의 조세 문란을 해결하기 위하여 제정한 제도이며, 건국과 함께 계승된 것으로 그 내용은 『고려사』에 다음과 같이 기록되어 있다. 여기서 답험(踏驗)이라 함은 농지의 작황을 실지로 조사하여 수확량을 결정하는 것을 말한다. 답험손실법의 특징은 수확이 1할 감소할 때마다 조(租)도 1할씩 감면해 주었다. 답험은 3심제로 1차는 고을 수령이, 2차는 감사가 파견한 위관이, 3차는 감사의 수령관이 하도록 하였다.

「공양왕 3년 5월에 도평의사사에서 왕에게 청하여 손실(損實)에 대한 처리 규정을 제정하였는바 10분(十分)의 비율로 계산하여 감수가 만일 1분(一分)이면 1분조(一分租: 조(租)의 10분의 1)를 감해 주고 감수가 2분이면 2분조(二分租)를 감해 준다. 이러한 기준에 따라서 감해 주되 감수가 8분에 이르면 그 조세를 전부 감해 주기로 하며, 답험(踏驗)을 그 고을의 수령이 자세히 검사 분간하여 감사(監司)에게 보고하고 감사는 위관(委官)[593]을 파견하여 다시 심산하고, 감사의 수령관(首領官)[594]이 또 한번 심사하여 만일 답험이 사실과 같지 않으면 그렇게 한 관원에게 죄를 주게 하고 각품(各品)[595]이 받은 과전(科田)의 손실(損實)은 그 밭주인(田主)으로 하여금 자신이 심사하여 조(租)를 받도록 하기로 제정하였다.」[596]

『고려사』의 손실 규정은 공전(公田)과 사전(私田)을 막론하고 손실의 정도를 10등분하

---

592) 『태조실록』 6년(1397) 12월 26일 2번째기사.
593) 그 임무를 위임 맡은 관원.
594) 이 시기에 감사(관찰사)의 밑에 경력사(經歷司)를 두었는데 그 관원인 경력(經歷) 도사(都事) 등을 수령관이라고 한다.
595) 품계(品階), 벼슬의 등급(等級).
596) 『고려사』78권 지제32 식화1 전제 답험손실.
　　(원문) 恭讓王三年 五月 都評議使司請定損實十分爲率損一分減一分租損二分減二分租以次准減損至八分全除其租踏驗則其官守令審檢辨報監司監司差委官更審監司首領官又審之如有踏驗不實者罪之各品科田損實則令其田主自審收租

고, 예년에 비해 수확이 10%(1분) 감소할 때마다 조(租)도 10%씩 감면하여 주되 수확이
80%(8분) 이상 감소하면 조(租)는 전액 면제하였다. 공전의 답험(踏驗)은 3차에 걸친 관
답험(官踏驗)을 시행하고, 사전은 전주답험제(田主踏驗制)를 채택하였다. 그러나 사전(私
田)의 전주답험제는 세종대왕 1년에 다음『세종실록』의 기사처럼 공전과 사전 구분 없이
모두 관답험으로 개정되었다. 사전(私田)의 답험을 지주에게 맡기면 지주들의 횡포로 인
정이 없고 삭막한 사례가 많았기 때문이다.

「임금이 말하기를, "공전과 사전은 다 나라의 땅이니, 수확 실태의 현지 검사에 다른 점
이 있어서는 아니 되오. 내가 듣기로는, 옛날에는 공전의 현지 검사는 경차관에 맡겼기 때
문에 허위와 소략을 초래한 일이 많았고, 사전은 지주에게 맡겼기 때문에 각박한 사례가
많았다는 거요. 올해는 공전과 사전의 〈수확 실태의 현지 검사는〉 다 경차관에게 맡기고,
경차관이 떠날 때에 재삼 타일러서 실제와 꼭 맞는 검사를 하도록 힘쓰게 한다면야, 어찌
사전(私田)에서만 다 허위와 소략을 초래하게 되겠소. 하물며 주·현마다 위임관이 많지 않
은데도, 오히려 맞지 않는 자가 생기는데, 전지(田地)를 받은 각품의 관원이 시키는 현지
검사하는 종들이야 어떻게 그들이 민폐가 되지 않는다는 것을 보증하겠소. 만세를 두고
〈변치 않는〉 법을 만들려고 한다면, 경차관을 시켜서 현지 검사케 하는 것보다 더 좋은
것은 없을 것이오. 법을 세우고 제도를 정하는 것은 오랫동안 전하는 것을 필요로 하는 것
이니 풍년과 흉년을 어찌 달리 보겠는가. 금년에 쌀이 귀한 것은 오로지 흉년이 든 까닭이
오. 사전(私田)에서 걷은 조(租)의 소입(所入)이 적어서 그러한 것은 아니리라."하였다.」[597]

이처럼 답험손실법은 매년 풍흉을 조사하여 수확의 증감에 따라 세액을 정함으로써,
흉작으로 인한 농민의 고충을 덜어 줄 목적에서 시행되었지만, 법 집행의 불합리성으로
인하여 여러 차례에 걸쳐서 시정되었음에도 실제로는 별다른 효과를 거두지 못하고 오
히려 농민의 부담만 가중시켰다. 즉, 관내의 모든 농지를 수령이 한번 답험하게 되어 있
으나 사실상 불가능하여서 토착 향리에 의해 실시되었으며, 그 과정에서 여러 가지 협잡
이 자행되면서, 불필요한 경비를 농민에게 전가시켰다. 사전(私田)의 경우에는 전주(田
主)들이 손실을 인정하지 않아 더욱 폐단이 컸다. 다음『세종실록』에서는 답험손실법의
요지와 문제점을 명확히 기록하고 있다.

---

597)『세종실록』1년(1419) 9월 19일 3번째기사.
　　(원문) 上曰: "公田、私田均是國田, 損實檢踏, 不當有異. 予聞, 昔公田檢踏, 委敬差官, 故多致虛疎; 私田委田主,
　　故多刻迫. 今歲公私皆委敬差官, 其拜辭之際, 再三諭之, 務要適中, 何獨於私田, 皆致虛疎? 況每州縣不多
　　委官, 尙有不中者, 受田各品所使檢踏之奴隸, 寧保其不爲民弊乎? 欲爲萬世之法, 莫若令敬差官檢踏之爲良
　　也. 立法定制, 要傳悠久, 豐年、凶年豈可殊觀? 若今年米貴, 則專是年歉所致, 非緣私田收租所入之小也."

「우리 성조(聖朝)[598] 께서 하늘에 순응하여 혁명을 일으켜 토지 제도를 일체 바로잡아, 수세의 법은 수전(水田) 1결에 조미(糙米) 30두를, 한전(旱田) 1결에 잡곡 30두를 징수하여 일정한 법식으로 삼았으며, 그 후에는 해마다 조관을 보내어 연사의 풍년과 흉년을 비교하여서 수손급손(隨損給損)하여 만세의 떳떳한 법이 되었는데, 다만 이를 받들어 시행하는 사람을, 그 적임자를 얻지 못하여 오래 되매 폐단이 발생하였습니다. 추수기의 전지를 간심(看審)할 때에는 으레 시골에 항시 거주하는 사람을 위관(委官)으로 삼게 되니, 거개 모두 자질구레하고 용렬하여 사물의 대체를 알지 못하고, 혹은 무지하고 몽매한 소견으로 그 허실(虛實)을 함부로 헤아리기도 하고, 혹은 사정을 끼고 다소를 가감하기도 합니다. 또 따라다니는 하인들의 접대비가 모두 민간에서 나오게 되는데, 그들이 밭 사이의 길을 달리면서 여염(閭閻)을 소란하게 하매, 그 전지를 경작하는 사람은 술과 음식을 싸가지고 여러 날 동안 기다려 영접하면서 다투어 후하게 먹여 간청하여 후하게 보아주기를 바라고자 하니, 명목 없는 비품이 일정한 공부(貢賦)의 수량에 가깝게 되어, 관청과 민간에 이롭지도 못하고, 여러 해 동안의 큰 폐단이 되었습니다. 문적(文籍)이 대단히 많아지고, 관가에 일이 많아진 것도 또한 이 때문입니다.」[599]

결론적으로 답험손실법은 농민의 조세부담에 공정을 기하고자 한 것이 목적이었지만, 실제 운영에 있어서는 조사관의 잘못된 조사와 전주(田主)의 가혹한 답험 등의 폐단으로 세종대왕 재위 26년(1444)에 공법으로 개정하였다.

2. 『경제육전』의 답험손실법 규정

『경제육전』은 원본이 존재하지 않기 때문에 답험손실법에 대한 완전한 조문은 파악할 수 없지만, 다음과 같이 『조선왕조실록』 등의 문헌에 답험손실법과 관련된 조문들이 적지 않게 실려 있어, 어느 정도 실체를 파악할 수 있다. 여기서 「원전(元典)」이나 「육전(六典)」은 『경제육전』을 말한다.

---

598) 태조.
599) 『세종실록』 18년(1436) 10월 5일 4번째기사.
   (원문) 惟我聖朝應天革命, 一正田制, 收稅之法, 每水田一結糙米三十斗, 旱田一結雜穀三十斗, 以爲定式. 厥後歲遣朝官, 視年豐歉, 隨損給損, 萬世之彝憲, 但奉行者不得其人, 久而生弊. 當秋成審田之時, 例以鄕曲恒居之人, 定爲委官, 率皆猥瑣庸劣, 不識大體, 或無知瞶見, 妄度虛實, 或挾私任情, 增減多少. 且騶從供億, 皆出民間, 馳驅阡陌, 騷擾閭閻, 其爲田者齎持酒食, 累日迎候, 爭欲厚饋干請, 以冀從優, 無名之備, 迨幾於常賦之數, 不利於公私, 而爲積年之巨弊. 文籍浩繁, 官家多事, 亦此之由.

(1) 세율

> ○ 조세를 징수하는 법도 원전(元典)에 실려 있으며, 한전(旱田) · 수전(水田)을 막론하고 1결에 벼 30말의 수량을 징수하는 법을 써서.[600]

『경제육전』의 전세는 결부법에 따라 1결당 30말을 징수하였다. 이는 십일제(什一制)를 표방한 세율로 1결당 수확량이 평균 20석인 것을 고려한 것이다. 그 당시 경상도와 전라도와 같은 연해 지대의 논에는 1결의 소출이 많으면 50~60석을 넘고, 적어도 20~30석을 내려가지 않았다.[601]

여기서 결부법은 전지의 비옥도와 곡식 수확량으로서 전지의 면적을 차등하고, 이를 기준하여 조세를 징수한 우리나라 특유의 토지제도이다. 결(結) · 부(負) · 속(束) · 파(把) · 악(握)을 단위로 하며, 벼 한줌인 1악을 1파, 10파를 1속, 10속을 1부, 100부를 1결로 하였다. 결부법은 토지등급에 따라 1결의 넓이는 달랐으나, 1결에서 생산되는 수확량과 그에 대한 세율이 같은 동과수조제(同科收租制)이다. 따라서 조선초기 결부법의 특징은 다음과 같이 세가지로 요약할 수 있다.

첫째, 토지의 등급은 그 비척(肥墝)의 정도에 따라 상 · 중 · 하의 3등전으로 구분하였다.[602] 이때 상등전 1결은 25.4묘이고, 중등전은 39.9묘이며 하등전은 57.6묘였다.

둘째, 각 전지의 결 · 부수를 산출하는 양전의 척도를 수지척(手指尺)[603]을 근거로 하여 상 · 중 · 하 등전에 각기 20 : 25 : 30의 차등을 주었다.

셋째, 동과수조제(同科收租制)를 적용하였다. 즉, 1결의 실제 면적이 각기 다른 전지에 대해 수조액은 모두 동일하게 30두를 징수하였다.

(2) 손실(損實)의 답험

> ○ 「헌의(獻議)하는 자가 말하기를, '손실답험(損實踏驗)은 《원전(元典)》에 기재되어 있느니만큼 진실은 좋은 법이나...」[604]
> ○ 「손실위관(損實委官)은 일찍이 현달한 직질(職秩)[605]을 경력한 자로서 택하여 임명한다고 육전(六典)에 실려 있사온데...」[606]

---

600) 『세종실록』 12년(1430) 8월 10일 5번째기사.
　　　(원전) 其收租之法, 用元典所載, 旱田水田每一結, 收租三十斗之數
601) 『세종실록』 12년(1430) 8월 10일 5번째기사.
602) 「1. 본국은 고려 때의 옛법을 그대로 써서 토지를 3등급으로 나누어 모두 방면(方面)의 수(數)를 쓰고 면적을 계산하지 아니합니다.」(『세종실록』 26년(1444) 11월 13일 1번째기사)
603) 전조(前朝)로부터 다만 상 · 중 · 하의 3개 등급으로 법식을 정해 왔사온데, 농부의 손 이지(二指)로 열 번을 재서 상전척(上田尺)으로 삼고, 이지(二指)로 다섯 번 재고, 또 삼지(三指)로 다섯 번을 재서 중전척으로 삼고, 삼지(三指)로 열 번을 재서 이를 하전척으로 삼고는,,(『세종실록』 12년(1430) 8월 10일 5번째기사)
604) 『세종실록』 25년(1443) 7월 19일 5번째기사.

답험손실법은 한 해의 농사 작황을 현지에 나가 조사해 분실을 정하는 '답험법'과, 조사한 작황 분실에 따라 해당 비율로 전세를 감면해주는 '손실법'을 합칭한 것이다. 손실 규정은 공전(公田)과 사전(私田) 모두 손실의 정도를 10등분하고, 명년에 비해 수확이 1할 감소할 때마다 조(租)도 1할씩 감면해 주도록 하였다. 그리고 수확이 8할 이상 감소하면 조(租)는 전액 면제시켰다. 때문에 손실답험법에서는 전답의 재해에 따른 감면은 별도로 규정할 필요가 없었다.

앞에서 살펴본 것과 같이 『고려사』의 답험의 절차는 수령 - 감사의 위관 - 감사의 수령관의 3심제로 실시하였다. 그러나 『증보문헌비고』는 답험절차에 대해서 다음과 같이 처음에는 수령 등의 3심제를 말하고 있지만, 태조 2년(1393) 후에는 경차관이 답험한 것으로 기록하고 있다.

　『답험의 법은 수령이 처음 심사하면 감사가 위관을 정하여서 다시 심사하고, 수령관이 또 심사하였습니다. 태조 2년(1393)에 다시 손실법을 정하였으니, 손실(損失)이 2분이면 전액을 거두고, 3분 인상은 손실에 따라 감하였으며, 절목(節目)은 모두 전(前)의 제도를 써서 처음에 경차관으로 하여금 두루 다니면서 조사하여 살피게 하였으니…』[607]

또한 『태종실록』에도 다음과 같이 경차관이 답험한 것으로 기록하고 있어, 태종 때에도 경차관의 답험은 계속되었다.

　『경차관을 각도(各道)에 나누어 보내어 화곡(禾穀)의 손실을 검사하게 하였다. 처음에 대사헌 박신 등이 청하기를, "금년에 가뭄과 흉년으로 인하여 각도 주군(州郡)의 화곡의 손실이 한결같지 않으니, 원컨대, 경차관을 나누어 보내어 손실을 조사하소서."』[608]

　(원문) 獻議者曰: "損實踏驗, 載諸 《元典》, 固爲良法, 然奉行者不能得中. 且奸吏運謀百端, 貽患生靈, 不可殫記, 遂使良法美意不行於民間, 是可歎已.
605) 관위(官位).
606) 『세종실록』 12년(1430) 8월 10일 5번째기사.
　(원문) 損實委官, 擇曾經顯秩者差定, 載諸六典.
607) 『증보문헌비고』 제142권 전부고2 경계2 조선.
608) 『태종실록』 2년(1402) 8월 18일 5번째기사.
　(원문) 分遣敬差官于各道, 檢禾穀損實. 初, 大司憲朴信等請曰: "今年因旱荒, 各道州郡禾穀, 損實不一. 願分遣敬差官, 審其損實."

1. 공법의 개념

중국식 공법(貢法)은 중국 하(夏)나라 때 시행된 것으로 연평균 수확량을 고려하여 풍흉 관계없이 매년 똑같은 10분의 1의 단일세율로 과세하는 정액세제였다. 하지만 세종대왕의 공법은 농사의 작황을 감안하여 다단계 세율로 조세를 차등 징수하도록 함으로써 공평과세를 추구한 것이 특징이다. 세종대왕은 답험손실법을 폐지하고 공법을 통하여 조세제도를 개혁하고자 하였다. 답험손실법의 폐단은 앞에서 살펴본 것과 같이, 첫째는 답험에 대한 적임자를 얻지 못함이요, 둘째는 위관이 곡식의 허실을 함부로 헤아리는 것이요, 셋째는 위관들에 대한 접대의 폐단이요, 넷째는 답험에 소요되는 명목없는 비용[609]이 많다는 것이다.

따라서 세종대왕이 공법을 제정하고자 한 뜻은 오르지 백성을 넉넉하게 하고 백성을 편하게 하기 위함이며, 수세에 따른 나라의 일도 간략하게 하기 위함임을 다음 『세종실록』의 기사에서 볼 수 있다.

> 「임금이 좌우 신하들에게 이르기를, "연전에 공법(貢法)의 시행을 논의하고도 지금까지 아직 정하지 못하였으나, 우리나라의 인구가 점점 번식하고, 토지는 날로 줄어들어 의식이 넉넉하지 못하니, 가위 슬픈 일이다. 만일 이 법을 세우게 된다면, 반드시 백성들에게는 후하게 되고, 나라에서도 일이 간략하게 될 것이다."」[610]

이 세종대왕의 공법은 세조 6년(1460)에 『경국대전』의 호전에 실린 것이다. 공법(貢法)이 제정된 후 16년만에 『경국대전』에 규정된 것이다. 『경국대전』은 성종 16년에 반포되어 그대로 영세불변의 조종성헌으로서 조선 통치의 기본법이 되었다. 그러나 『경국대전』의 호전은 최종본이 완성되기 전 이미 시행되었다. ①은 『세조실록』의 기사로 그동안 『경제육전』의 《원속전(元續典)》과 《등록(謄錄)》 내의 호전(戶典)을 거두도록 하였는데, 이는 건국이후 시행된 답험손실법은 폐지하고 세종대왕이 입법한 공법을 조선조의 기본적인 조세법으로서 기능을 하게 한 것이다. 그리고 ②는 성종 3년의 『성종실록』의 기사

---

609) (원문) 無名之備.
610) 『세종실록』 11년(1429) 11월 16일 1번째기사.
　　(원문) 又謂左右曰: "年前議行貢法, 迄今未定. 我國生齒漸繁, 土地日窄, 衣食不裕, 可謂於悒. 若立此法, 則必優
　　　於百姓, 而略於公家矣."

로 호전은 『경국대전』의 최종본이 완성되기 전에 이미 조세법의 효력을 가진 것이다.

① 「명하여 새로 제정한 『경국대전』 호전을 반행(頒行)하고 원속전(元續典)과 등록(謄錄) 내의 호전을 거두도록 하였다.」[611]

② 「호조에서 경기 관찰사의 계본(啓本)에 의거하여 아뢰기를, "이보다 앞서 손실의 폐단으로 민간이 이를 괴로워하나, 공법은 행해진 지가 이미 오래 되었고 『대전(大典)』에도 실려 있어서, 이제 다시 손실을 행하기가 어렵게 되었습니다. 청컨대 경인년의 예에 의하여 재상전(災傷田) 외의 것만 등제(等弟)를 매기는 것이 어떻겠습니까?" 하니, 그대로 따랐다.」[612]

세종대왕이 입법한 이 공법을 『만기요람』에서는 시년상하작렴법(視年上下作斂法)이라고 하여 다음과 같이 기록하고 있다. 연분구등법의 세율을 적용하되 관서와 관북은 3분의 1을 감하고, 제주 3읍은 반을 감면하도록 하였다.

「세종 갑자(1444, 세종 26)에 전제상정소를 설치하고, 연의 상하를 보아서 작렴(作斂)[613]하는 법은 매년 9월 15일 이내에 관찰사와 수령이 연분의 등제(等第)를 심정(審定)하여, 계문(啓聞)하여 시행하였다. 연분은 9등이 있으니, 실 10분(分)은 상상년(上上年)이라 하여 매 1결에 20두를 징수하고, 9분은 상중년(上中年)이라 하여 18두를 징수하고, 8분은 상하년(上下年)이라 하여 16두를 징수하고, 7분은 중상년이라 하여 14두를 징수하고, 6분은 중중년이라 하여 12두를 징수하고, 5분은 중하년이라 하여 10두를 징수하고, 4분은 하상년이라 하여 8두를 징수하고, 3분은 하중년이라 하여 6두를 징수하고, 2분은 하하년이라 하여 4두를 징수하고, 1분은 면세로 하되 관서·관북은 3분의 1을 감하고 제주 3읍은 반을 감하였다.」[614]

그러면서 『만기요람』에는 다음과 같이 인조 12년에 공법인 시년상하(視年上下)법이 혁파되었음을 기록하고 있다. 연분구등법의 개정을 의미한 것이다.

「인조 갑술(1634, 인조 12)에 양전한 뒤에는 시년상하(視年上下)의 법을 혁파하여, 3남에는 처음 각등(各等)의 소정된 결수로써 그대로 조안(租案)에 기록하되, 영남은 다만 상지하(上之下)만 있게 하고, 양호(兩湖)는 다만 중지중(中之中)만 있게 하고, 나머지 5도는 모두 하지하

---

611) 『세조실록』 6년(1460) 7월17일 2번째기사.
  (원문) 命頒行新定《經國大典》戶典, 收《元》、《續典》及《謄錄》內戶典.
612) 『성종실록』 3년(1472) 8월4일 5번째기사.
  (원문) 戶曹據京畿觀察使啓本啓: "前此損實之弊, 民間苦之, 貢法行之已久, 載在《大典》, 今復行損實爲難. 請依庚寅年例, 災傷田外等第, 何如?" 從之.
613) 전세 징수.
614) 『만기요람』 재용편2 수세(收稅) 시년상하작렴법(視年上下作斂法)

(下之下)로 정하여 전례에 의하여 징수한다.」615)

2. 『경국대전』의 공법 규정

『경국대전』 호전의 수세조에 규정된 공법은 세종대왕이 입법한 것으로, 그 핵심적인 조문은 다음과 같다.

(1) 연분구등법의 세율

○ 소출이 10분의 10이면 상상년으로 잡아 매 1결에 20말씩 거두며, 9분이면 상중년으로 잡아 18말씩 거두고, 8분이면 상하년으로 잡아 16말씩 거둔다. 7분이면 중상년으로 잡아 14말씩 거두며, 6분이면 중중년으로 잡아 12말씩, 5분이면 중하등으로 잡아 10말씩, 4분이면 하상년으로 잡아 8말씩 거두며, 3분이면 하중년으로 잡아 6말씩, 2분이면 하하년으로 잡아 4말씩을 거두며 1분이면 조세를 면제한다.

공법의 특징은 연분구등법이다. 본래 공법은 중국 하(夏)나라 때 시행된 것으로 연 평균 수확량을 고려하여 매년 똑같은 세율로 과세하는 정액세제이다. 하지만 세종대왕은 농사의 작황을 감안하여 조세를 차등 징수하도록 함으로써 공평과세를 추구하였다. 이는 1결당 면(세종땐 군현)단위로 농사의 상태를 상상년(上上年)부터 하하년까지의 아홉 등급으로 나눠 상상년 20말에서 하하년 4말까지의 다단계 세율로 전세를 거두는 것이다. 즉, 풍작일 때를 상상년으로 하여 1결마다 20말씩 징수하고, 이하 2말씩 체감하여 농사의 상태가 아주 좋지 못한 하하년에는 4말을 거두도록 하였다. [표 10]은 연분구등법의 세율을 나타낸 것이다.

[표 10] 연분구등법에 의한 결당 세율

구분	1결당 세율
상상년	쌀 20말
상중년	쌀 18말(20×0.9)
상하년	쌀 16말(20×0.8)
중상년	쌀 14말(20×0.7)
중중년	쌀 12말(20×0.6)
중하년	쌀 10말(20×0.5)
하상년	쌀 8말(20×0.4)
하중연	쌀 6말(20×0.3)
하하연	쌀 4말(20×0.2)

---

615) 『만기요람』 재용편2 수세(收稅) 각도 수세(各道收稅)

(2) 연분 결정

○ 모든 전지는 매년 9월 보름 전에 수령이 그해 농사형편을 심사(審査)하여 연분등제(年分等第)를 정하고 읍내(邑內)와 사면(四面)을 각각 나누어 등급을 정한다. 관찰사가 다시 심사하여 임금에게 보고하며, 의정부와 육조(六曹)가 함께 의논하여 다시 임금에게 아뢰고 수세한다.

세종대왕은 답험에 따른 폐단을 방지하기 위하여 개별적인 답험을 폐지하고, 군현단위로 연분을 정하도록 하였지만 후에 면단위로 개정되어 『경국대전』에 규정되었다. 『경국대전』에는 수령은 매년 9월 15일 전에 그 해의 풍흉을 심사하여 등급을 나누어서 관찰사에게 보고하였고, 관찰사는 이를 다시 심사하여 국왕에게 계문(啓聞)하게 하였다. 그리고 관찰사의 상계(上啓)에 따라 의정부와 육조가 합의하여 징수세액을 결정하고, 임금에게 보고하여 수세하였다. 연분등제(年分等第)의 권한은 원칙적으로 왕이 가지고 있다. 15세기 말까지는 현지의 수령이나 관찰사의 보고보다 중앙에서 등수를 높여 정하는 것이 상례로 되었는데, 이는 향리나 수령이 연분을 너무 낮게 하는 경우가 많았기 때문이다. 이러한 내용은 다음 『성종실록』의 기사에서 볼 수 있다.

「옛날에 하후씨(夏后氏)는 50묘(畝)에서 5묘를 세금으로 바치는 공법(貢法)을 썼고, 은(殷)나라에서는 70묘에서 7묘를 세금으로 바치는 조법(助法)을 썼으니, 실지로는 모두 십일(什一)이었으며, 이보다 많이 바치게 하면 걸(桀)[616]과 같고 적으면 맥(貊)과 같습니다. 우리나라의 백성에게서 세금을 거두는 제도는 20분의 1인데, 지금의 감사(監司)와 수령(守令)은 백성만을 위하고 나라는 위하지 아니하여 연분등제(年分等第) 때에 비록 풍년이 들었다 하더라도 모두 하등(下等)으로 등급을 매기니, 국용이 넉넉하지 못한 것은 이 때문입니다. 세종조에 감사가 등제하여 계문(啓聞)하면 육조(六曹)에서 1등을 더할 것을 의논하였고, 의정부에서 또 1등을 더할 것을 의논하였는데, 청컨대 다시 이 법을 시행하면 국용이 넉넉해질 것입니다. 이제부터 연분등제는 감사가 사실대로 계문하지 않은 것은 청컨대 죄주소서.」[617]

---

616) 하(夏)나라 말기의 폭군.
617) 『성종실록』 16년(1485) 9월 16일 1번째기사.

○ 새로 개간하여 늘인 전지, 전부가 재해를 입은 전지, 반이 넘게 재해를 입은 전지, 병으로 경작하지 못해 완전히 묵혀진 전지 등은 모두 경작농민이 권농관에게 문서로 신고하는 것을 허용하고, 권농이 그곳을 직접 심사하여 8월 보름 전에 수령에게 보고한다. 경작농민이 사고로 말미암아 직접 문서로 신고하지 못하는 경우는 권농관이 신고한다.
○ 수령은 현장에 직접 가서 농작 상태를 헤아려 개간하여 늘인 전지는 옆에 있는 전지의 등급에 준하여 헤아린다. 관찰사에게 보고하면, 관찰사는 사실을 조사하여 대장에 올린 뒤에, 보고된 공증문서를 수령에게 돌려주고, 9월 보름 전에 수치를 갖추어 임금에게 보고한다.
○ 전부 재해를 입은 전지 및 전부가 묵혀진 전지는 면세하고, 반이 넘게 재해를 입은 전지는 그 재해가 6분에 이른 것은 6분을 면세하고 4분을 수세하며, 9분에 이르기까지 모두 이 예에 의한다. 앞에서 전부면세(一分免稅)라고 말한 것은 그 해가 부실하여 세를 매길 수 없기 때문에 일률적으로 면세한다는 것이고, 이 경우는 그 해는 풍년이더라도 혹 재해를 입음이 있으면 그 다소를 살펴 단지 재해를 입은 곳의 세만을 면제한다는 것이다.

국가경제가 농업에 의존한 조선시대에 재해는 매우 중요한 과세요인이었다. 그러나 공법은 면단위 연등으로 각 전답에 대한 개별적인 답험은 하지 않기 때문에, 재해를 입은 농민들의 불만은 커질 수밖에 없었다. 따라서 『경국대전』에는 세종대왕이 입법할 당시의 '10결 연복(連伏)'의 재해감면 규정을 개정하여 '전부가 재해를 입은 전지'와 '병으로 경작하지 못해 완전히 묵혀진 전지'618)는 면세하고, '반이 넘게 재해를 입은 전지'는 그 재해의 분실에 따라 감면하도록 하였다. 즉, 전(田)의 재상을 10분(分)의 율(率)로 나누어 재상(災傷)이 8분(分)에 이르면 2분의 세를 징수하고, 9분이면 1분의 세를 징수하는 것이다.

재해에 따른 감면은 백성들의 입장에서는 절대적으로 필요하지만, 공법에서는 연분구등제와 상충되어 공법(貢法)의 근간을 흔드는 중복감면의 문제가 발생했다. 때문에 공법을 제정한 세종대왕은 이러한 문제점을 알고 재해를 일일이 심사하여 감면하는 것은 답험손실법과 다름없다고 하여 반대하였다. 공법의 경우 전지가 재해를 입은 경우 연분 등급이 낮아져 징수세액이 줄어들었는데, 또다시 개별적으로 재해에 따른 감면을 하는 것은 '손실의 법이 사정에 따라 경(輕)하게 하고 중(重)하게 하는 말류(末流)619)의 폐단'을 차단하고자 하는 공법의 가장 큰 기능을 상실케 하는 것이기 때문이다. 세종대왕은 이에 대해서 『세종실록』에서 다음과 같이 말하고 있다.

「"5결이 연복한 밭을 가령 다섯 사람이 경작하는데, 네 사람의 밭은 모두 재상을 입었는데 한 사람이 옆 밭의 결실 때문에, 네 사람에게 똑같이 그 세(稅)를 거두고, 한 사람의 밭

---

618) 陳田 : 진전이란 농지로서 실제로 경작하지 않은 묵은 전지이다.
619) 낮은 계급의 관리.

이 5결이 연복되었는데, 1부(負)의 결실로 4결 99부의 세를 아울러 바치며, 작은 백성의 밭이 1, 2결에 지나지 못하는 것이 많은데, 경작하는 1, 2결의 땅이 모두 재상을 입어도 국가에서 반드시 그 세를 받는다면, 백성이 장차 무슨 물건으로 부세를 충당하며, 장차 무슨 물건으로 부모를 봉양하고 처자를 기르겠습니까. 백성의 근심과 탄식을 이루 말할 수 있겠습니까. 이 법은 결코 행할 수 없는 것입니다.”하였다. 임금이 말하기를, “이 폐단은 참으로 그러하지마는, 그러나 5결 미만인 재해지를 반드시 일일이 두루 돌아본다면, 이것은 손실의 법과 다름이 없다.”[620]

『경국대전』의 재상답험은 경작 농민이 권농관에게 문서 등으로 신고하고, 권농관이 그 곳을 직접 심사하여 8월 보름 전에 수령에게 보고하도록 하였다. 수령은 현장에 직접 가서 농작 상태를 헤아려 관찰사에게 보고하면, 관찰사는 사실을 조사하여 대장에 올린 뒤에, 보고된 공증문서를 수령에게 돌려주고, 9월 보름 전에 수치를 갖추어 임금에게 보고하도록 하였다. 만일 경작 농민이 사고로 말미암아 직접 문서로 신고하지 못하는 경우는 권농관이 신고하도록 하였다. 재해 등을 입은 농민이 직접 권농관에게 재해 사실을 신고하게 하고, 수령과 관찰사가 복심으로 해당 사실을 조사하도록 한 것은 개개의 농민에 대한 실질과세를 중시한 것이다.

(4) 결부법과 수등이척(隨等異尺)

○ 1등전(一等田)을 재는 자의 길이는 주척(周尺)으로 바꿔 4자 7치 7푼 5리에 해당하고, 2등전을 재는 자의 길이는 5자 1치 7품 9리, 3등전을 재는 자의 길이는 5자 7치 3리, 4등전을 재는 자의 길이는 6자 4치 3푼 4리, 5등전을 재는 자의 길이는 7자 5치 5푼, 6등전을 재는 자의 길이는 9자 5치 5푼에 해당한다.
○ 평방면적에서 4방 한자를 파(把)라 하고 10파(把)를 1속(束)이라 하고 10속(束)을 1부(負)라 하고 100부(負)를 1결이라고 한다.
○ 1등전 1결은 38무(畝)에 해당하고 2등전은 44무7푼, 3등전은 54무2푼, 4등전은 69무, 5등전은 95무, 6등전은 152무에 해당한다.
○ 각 등급의 토지 14부(負)가 중국의 1무에 해당한다.

공법의 전제조건은 전분육등법으로 전국의 토지 등급을 6등으로 세분하였으며, 1결의 면적은 비척에 따라 등급별 차등을 주는 결부법을 사용하였다. 이 결부법은 조선말까지

---

620) 『세종실록』 28년(1446) 6월 18일 1번째기사.
　　(원문) “連伏五結之田, 假令五人耕之, 而四人之田, 盡被災傷, 以一人旁田之實, 四人例收其稅; 一人之田連伏五結, 而以一負之實, 竝納四結九十九負之稅. 小民之田, 不過一二結者多矣. 一二結所耕之地, 盡被災傷, 而國家必徵其稅, 則其民將以何物充賦稅, 將以何物養父母育妻子乎? 其民之愁歎, 可勝言哉? 此法決不可行也. 上曰: “此弊誠然矣. 然未滿五結, 災傷之地, 必一一遍閱, 則是與損實之法無異矣.”

시행되었다. 결부법은 단순히 토지의 면적만 측정하는 것이 아니라 토지의 비옥도에 따른 수확량을 고려하여 1결의 면적을 계산하는 방법이다. 비척에 따른곡식의 수확량으로써 등급별 전지의 면적을 파악하고, 이를 기준하여 세액을 정하는 우리나라 특유의 토지제도이다.『경국대전』의 규정을 면적비율로 보면 1등전을 기준하여 2등전은 1.18배, 3등전은 1.43배, 4등전은 1.82배, 5등전은 2.50배, 6등전은 4배이므로, 1무당 세액 비율로 보면 1등전을 기준하여 2등전은 85%, 3등전은 70%, 4등전은 55%, 5등전은 40%, 6등전은 25% 정도이다. 공법의 토지 측량은 각 등마다 길이가 다른 자(尺) 6개를 이용하였는데 이를 수등이척법(隨等異尺法)이라 한다. 이때 1등전의 자는 주척으로 4자 7치 7푼 5리이며, 6등전의 자는 9자 5치 5푼 이므로, 6등전의 자는 1등전의 자의 2배였다.

제4절 『속대전』의 영정법

1. 영정법의 개념

『속대전』에는 전세제도인 영정법이 규정되어 있으며, 정식명칭은 영정과율법(永定課率法)이다. 세종대왕이 입법한 공법이 약 190년간 지속되다가 1634년(인조 12)에 영정법[621]으로 개정되었는데, 영정법이『속대전』에 실린 것은 그 보다 훨씬 뒤인 1746년(영조 22)이다.『조선왕조실록』과『만기요람』에 따르면 공법은 16세기에 이르러서는 연분이 무시된 채 최저세율로 과세되다가 1634년(인조 12)에 영정법으로 개정되었다. 하지만 영정법이 시행된 이후 1698년(숙종 24)에 편찬된『수교집록』과 1706년(숙종 32)에 편찬된『전록통고』의 법령집에 공법의 규정이 그대로 실려 있었고 영정법에 관한 조문은 없다. 이것은『속대전』이 편찬되기 전까지 영정법은 경구지법(經久之法)으로 인정되지 않았다고 본다.

영정법은 재상답험에 따른 관리와 위관들의 부정을 차단하기 위하여, 호조의 연분사

---

621)『만기요람』재용편 2 수세(收稅) 각도 수세(各道收稅) 「인조(仁祖) 갑술(1634, 인조 12)에 양전(量田)한 뒤에는 시년상하(視年上下)의 법을 혁파하여, 3남에는 처음 각등(各等)의 소정된 결수(結數)로써 그대로 조안(租案)에 기록하되, 영남은 다만 상지하(上之下)만 있게 하고, 양호(兩湖)는 다만 중지중(中之中)만 있게 하고, 나머지 5도는 모두 하지하(下之下)로 정하여 전례에 의하여 징수한다. 경기·삼남·해서·관동은 모두 1결에 조세 4두를 징수한다.」

목재(年分事目災) 반포와 경차관·도사의 철저한 재상분간(災傷分揀)[622]을 통해 조세를 징수하는 '재종급재방식(災種給災方式)[623]'의 수세법이다.

공법이 영정법으로 개정된 이유는 여러 가지가 있다. 그 중 하나는 양전이 제대로 실시되지 못함으로써 전분육등법에 의한 '비옥도에 따른 공평과세'가 이루어 지지 못했다는 점이다. 또 다른 하나는 연분구등법에 의한 면단위의 연분 결정과 개별적인 전지의 재상답험간의 충돌이다. 공법은 개별적으로 일일이 전답을 답험하는 답험손실법의 폐단을 근절하기 위하여 면(面)단위[624]로 연분을 결정하였다. 따라서 재상(災傷)을 개별적으로 답험하여 감면하는 것은 공평과세 측면에서 필요하지만, 이는 공법의 근간을 흔드는 문제를 발생시켰다. 그러나 농민들은 빈번히 발생하는 재해에 대해서 개별적으로 일일이 재상을 답험하여 감면할 것을 요구하였다. 결국 연분결정과 재상답험의 갈등 속에서 연등이 법대로 이루어지지 못하였고, 매년 재상에 따른 감면과 함께 거의 하하년의 4두로 수세하므로 세수부족이 발생하였는데, 이에 대한 『성종실록』의 기사는 다음과 같다.

「호조에서 진언한 제1조에는 이르기를 대전(大典)에 해의 풍년과 흉년을 따져서 9등급으로 나눠 조세를 정하게 되었는데, 우리나라의 토지는 메말라서 상등에 해당되는 해는 얻기가 쉽지 않고 중등에 해당되는 해는 또한 자주 만날 수 있지만, 수령들이 조심해서 살피지 않기 때문에 비록 풍년이 들었더라도 으레 모두 하등으로 판정할 뿐 아니라, 심한 자는 실제로 재앙이 들은 것같이 관찰사에게 전보하고 관찰사 또한 직접 자세히 살펴서 판단하지 않고 그 보고받은 것을 그대로 임금께 보고하는데, 이 때문에 부고(府庫)[625]의 저축이 적어지게 됩니다.」[626]

『반계수록』에는 그당시 백성의 조세부담을 다음과 같이 기록하고 있다.

「우리나라 제도에 정세(正稅)는 당년 농형[年分][627]에 따라 일정한 규정이 있으나 정세 이외에 공납물과 잡다한 부역을 내게 되므로 그의 복잡하고 간단한 정도에 따라 고되고 수월한 것이 대중없었으며, 중엽 이후부터는 지방관을 함부로 채용하기 때문에 상하부가 서로

---

622) 농사의 재상을 철저하게 구별함.
623) 재상(災傷)의 유형에 따라 재상을 입은 전지(田地)에 대하여 전세 등을 감면, 혹은 면제해 주는 방식.
624) 세종대왕이 입법한 것은 군현 단위임.
625) 재물(財物)을 넣어 곳간으로 지은 집.
626) 『성종실록』 16년(1485) 10월 8일 3번째기사.
　　(원문) 戶曹陳言第一條曰: "《大典》以年之豐歉分九等, 定租稅, 我國土地縣薄, 上等之年則不易得也, 如中等之年則亦屢矣. 而守令不謹驗察, 雖年豐, 例皆以下等審定, 甚者以實爲災轉報觀察使, 觀察使亦不親審, 從其所報, 轉聞于上, 府庫儲積之少, 實由於此.
627) 당년 농형[年分]이라고 하는 것은 매년 지방관이 들판에 돌아다니면서 실지 심사를 한 다음 그 지방 노인[鄕老]들과 함께 그 해의 흉풍과 등급을 사정하여 상부에 보고하는 것을 말한 것이다.

기만하여 당년 농형을 실지대로 사정하지 않는다. 이것이 구례로 되어 아무리 풍작을 이룬 해라도 거개 하하년으로 치기 때문에 정세만은 한 결에 4두(斗)를 넘는 법이 없으나 잡다한 부역과 잡세가 점차 불어서 헐한 자도 20~30말 이상이요, 과중하게 되는 경우에는 혹 70~80말에 달하는 것도 있다.」[628]

이러한 영정법의 실시로 "대개 부자는 좋은 전지를 많이 차지하고 있고, 빈민들이 경작하고 있는 전지는 거의가 다 척박한 상황" 때문에 공평과세는 무너졌고, 국가경제의 부익부(富益富) 빈익빈(貧益貧) 현상은 심화되어 갔다.

2. 『속대전』의 영정법 규정

(1) 세율

○ 무릇 전지 1결에는 조세는 4말. 모든 전답(田畓)의 하지중(下之中) 이상의 수세는 이 규정에 따르지 않는다. 조세는 논(畓)에는 쌀로 징수하고, 밭에서는 콩 즉, 콩으로써 징수한다.

『속대전』에는 "무릇 전지 1결에는 조세는 4말이고, 모든 전답의 하지중(下之中) 이상의 수세는 이 규정에 따르지 않는다."라고 규정하여 영정법을 명시하고 있다. 『성종실록』에는 그 당시의 상황에 대해서 다음과 같이 기록하고 있다. 하지하(下之下)로 연분을 매긴 것은 관찰사가 백성의 칭찬을 들을 수 있지만 적중하지 못한 폐단이 있었다는 것이다.

「호조에서 아뢰기를, "금년 농사는 조금 풍년이 들었는데 여러 도(道)의 연분(年分) 을 관찰사가 모두 하지하로 매겼으니, 이는 반드시 백성의 칭찬을 요하는 것이어서 적중하지 못한 폐단이 없지 않습니다.」[629]

『선조실록』에서도 이와 유사한 기사를 볼 수 있다. 영정법의 시작은 조세의 징수를 법대로 하지 않았기 때문이다.

「국가에서 분전(分田)을 함에 있어서는 육등법을 두었고, 수세할 적에는 구등제를 두고 있어 규획(規畫)[630]이 매우 엄밀한데도 국가의 법이 시행되지 않고 인정이 타성에 젖어 세

---

628) 『반계수록』 권지6(卷之六) 전제(田制)에 관한 역사적 고찰[田制攷說] 하(下) ㄷ) 우리나라의 전제[國朝田制]
629) 『성종실록』 10년(1479) 9월 21일 5번째기사.
　(원문) 戶曹啓: "今年農事稍稔, 諸道年分, 觀察使, 皆第以下之下, 此必要民稱譽, 不無不中之弊.
630) 법조문.

상에서 양리(良吏)[631]라고 이름난 사람도 백성들에게 호감을 사고 은혜를 베푸는 것만을 주로 하고 있습니다. 이래서 등급을 나누고 전세를 매김에 있어 모두 하지하를 따를 뿐 중이나 상이 있는 줄을 모르고 있는데 이를 그대로 답습하여 드디어 상전(常典)[632]이 된 것입니다.」[633]

○ 매년 호조는 그 해의 풍흉을 보고 연분사목(年分事目)을 각 도에 내려 보내고 재해를 만나면 재해명(災害名)을 반포한다.
○ 전반적인 재해나 처음부터 파종하지 못한 따위의 전지에 대해서는 그 해가 풍년이라 할지라도 재해명을 내려 준다.
○ 연분사목(年分事目)에 기록되어 있는 외에 함부로 재해명을 내려준 자가 경차관·도사(都事)면 먼저 파직한 뒤에 죄인을 붙잡는다.
○ 하천 연안의 한쪽이 물의 범람으로 유실되어 이미 경작할 수 없게 되면 다른 쪽에 생긴 진흙 땅을 조사하여 기록한다. 모래가 덮힌 곳은 그 해는 재해명을 기록하고, 다음해에 덮힌 모래를 파내고 다시 경작한 후에는 수세한다.
○ 수령은 재해와 생산물의 실(實)함 및 진황(陳荒)과 기경(起耕) 등을 답사(踏査)하여 이를 관찰사에게 보고하고 관찰사는 순찰심사하여 이를 임금에게 보고한다.
○ 관찰사는 연분등제(年分等制)가 아직 거행함에 이르지 못했더라도 만약 재해가 있으면 먼저 임금에게 보고하여 9월초에 경차관을 파견한다.
○ 경차관과 도사경기(都事京畿)·강원·황해도에서는 도사(都事), 3남(南)의 우도(右道)에서는 도사(都事), 좌도(左道)는 경차관, 함경남도(咸鏡南道)면 도사(都事), 북도(北道)는 평사(評事)는 호조에서 추첨으로 대상지역을 배당받아, 다시 심사 고험(考驗)[634]한다.
○ 수령 및 경차관은 비록 심산유곡이라 할지라도 반드시 직접 답험(踏驗)한다.
○ 경차관·도사(都事)가 복심(覆審)할 때 각읍(各邑)의 토지대장에 혹 재해와 실(實)함에 맞지 않는 것이 있으면 한편으로는 이를 임금에게 보고하고 또 한편으로는 이를 정정(訂正)한다. 일을 끝마치고 임금에게 보고하면 호조는 이를 검산하여 세를 정한다.

영정법은 하지하(下之下) 수세이므로 연분 판정은 필요 없지만, 재상(災傷)에 따른 감면을 위한 답험이 필요하였다. 하지만 답험에 따른 관리와 위관들의 폐해가 커서 『속대전』에는 재상답험에 대해서 보다 상세히 규정하여 '호조의 재명(災名)을 지정한 연분사목의 반포'와 '수령의 재실진기(災實陳起)[635]의 보고 → 관찰사의 복심(覆審) 계문(啓聞)[636] → 경차관·도사[637]의 복심 고험(考驗)'의 절차를 정하였다. 『속대전』에 규정된

---

631) 백성(百姓)을 잘 다스리는 벼슬아치.
632) 변하지 않는 일정한 규정·규칙이나 사물의 표준.
633) 『선조실록』 39년(1606) 6월 25일 10번째기사.
　　(원문) 國家分田有六等之法; 收稅有九等之制, 規畫經紀, 極其嚴密, 而國綱不行, 人情狃常, 世之號爲良吏者, 亦以悅民行惠爲主. 分等出稅, 盡從下下, 不知有中上之法, 因循蹈習, 遂爲常典.
634) 신중히 생각하여 조사함.
635) 재해와 생산물의 실(實)함 및 진황(陳荒)과 기경(起耕).
636) 계품과 같은 말로 조선 시대에 신하가 글로 임금에게 아뢰던 일.

영정법은 연분사목재(年分事目災)의 반포와 경차관·도사의 철저한 재상분간(災傷分揀)을 통해 전세를 징수하는 재종급재방식의 수세법이었다. 하지만 영정법 역시 답험손실법과 같이 다음『선조실록』의 기사에 나타난 것처럼 경차관이 복심하여 재상을 결정하는 과정에서 인정에 끌리고, 영송의 폐단과 접대에 따른 문제가 발생하였다.

「경차관이 복심하는 것 또한 한바탕의 겉치레인 것으로, 각 고을에서 영송(迎送)하는 폐단과 전부(田夫)가 지대(支待)하는 비용이 끝이 없는데 반하여 국가의 경비에는 털끝만큼도 유익함이 없습니다. 세입을 조사하는데 있어서는 전의 장부만을 그대로 따를 뿐 조금도 가감하는 것이 없는데, 이는 답험을 사실대로 하지 않고 수세를 모두 하지하를 따른 데에서 연유된 것입니다.」[638]

(3) 양척동일법(量尺同一法)

○ 무릇 전지는 모두 1등척(尺)으로 측량한다. 2등이하의 척도는 『경국대전』에 있으나 지금은 쓰지 않는다.
○ 전지의 등급이 내려 올 경우마다 결부(結負)를 낮게 풀어서 정한다.
○ 1등전 1부(負)는 2등전 8속(束)5파(把), 3등전 7속(束), 4등전 5속(束)5파(把), 5등전 4속(束), 6등전 2속(束) 5파(把)로 각각 푼다. 이는 각 등급마다 1부(負)에서 1속(束)5파(把) 씩 감한 것으로서, 1등척의 평방척이 10부(負)인 경우, 2등전은 8부(負) 5속(束)이 되고 6등전에 이르면 2부(負)5속(束)이 되며 나머지 등급은 이에 준하는 것이다.
○ 1등 전척이 사방 1만척인 경우, 2등 전척은 0.8501, 3등 전척은 0.7011, 4등 전척은 0.5507을 각각 곱하면『경국대전』의 각 등급의 척수(尺數)에 부합한다. 이때 파(把)의 경우 6파(把)가 미만이면 버린다(5捨6入). 묵은 논밭이나 개간한 밭(起耕田)임을 막론하고 5결이 되면 일자호(一字號)를 써서 지번(地番)을 표시한다. 천자문으로서 차례를 매기며 글자내에서는 1·2·3으로 차례를 삼는다.

효종 4년(1653)에 『경국대전』의 수등이척(隨等異尺)의 법을 폐지하고, 균일한 양전척을 사용해 전등(田等)별 결을 환산하는 전제상정소준수조획(田制詳定所遵守條劃)이 간행되었고, 그 규정이『속대전』에 실린 것이다. 양척동일법(量尺同一法)[639]으로 개정된 것이다.

양척동일법(量尺同一法)은 종래의 1등급 자인 주척 4자 7치 7푼(99.36cm)을 1자[尺]로 통일하고, 토지의 등급에 상관없이 측량하여 사방 100척을 1등전의 1결로 정하였다. 그리고 1등전의 1결을 100으로 하여 2등전은 85, 3등전은 70, 4등전은 55, 5등전은 40, 6등

---

637) 조선시대 때 감영(監營)의 종5품(從五品) 벼슬. 감사(監司; 관찰사)의 다음가는 벼슬임.
638) 『선조실록』39년(1606) 6월 25일 10번째기사.
　　(원문) 敬差官覆審, 又爲一場文具, 列邑迎送之弊; 田夫支待之費, 罔有紀極, 而無一毫有益於國計. 視其稅入, 惟案舊簿, 無少加(減) 〔減〕, 此由踏驗, 不以其實, 收稅盡從惟下.
639) 토지의 등급에 따라 길이가 다른 자를 사용하여 토지를 측량할 때의 복잡함과 불편함을 없애기 위해 자를 통일한 것이다.

전은 25의 비율로 결의 면적을 환산하였다. 따라서 가장 질이 좋은 토지인 1등전 1결의 면적은 2,987여평(9,872㎡)이었고, 가장 메마른 토지인 6등전 1결은 1등전의 약 4배인 11,948평 정도였다. 이때의 개정은 결부법 자체의 변화가 아니라, 토지를 측량할 때 쓰는 자의 길이를 토지 등급에 따라 달리하던 것을 하나로 통일한 정도에 불과하였다. 결부법의 동일면적의 토지에 대한 상이한 세액을 징수하는 동적이세(同積異稅)는 변하지 않았다.

제5절 『대전통편』의 비총법

1. 비총법의 개념

『속대전』은 『경국대전』의 별책으로 편찬되어 참조해야 할 법전이 또 하나 늘어난 셈이 되었다. 이에 정조는 법전을 하나로 통합하고 『속대전』의 미진했던 부분을 보완하기 위해 새로운 법전의 편찬을 명하여, 정조 9년(1785)에 『대전통편』을 편찬하여 1786년 1월부터 시행하였다. 『대전통편』의 체제는 조선시대 법전 편찬의 기본원칙대로 기존 법전의 체제와 조문을 그대로 두고, 변동된 내용을 『속대전』·『대전통편』 조문 순으로 수록했다. 『경국대전』 조문은 앞에 '원'(原), 『속대전』은 '속'(續), 『대전통편』은 '증'(增)자를 표시하여 구별했다. 이때 추가한 조문은 『속대전』 이후의 것만이 아닌 조선후기에 명령한 여러 수교를 대상으로 했고, 변동이 많았던 내용은 어느 왕 몇 년의 조치라고 주에 표기하도록 했다. 『경국대전』 이후 300년 만에 편찬된 새로운 통일법전이다.

이 『대전통편』에는 비총법(比摠法)이 규정되어 있다. 비총법은 매년 가을에 경차관(敬差官)을 파견하여 농사상황을 직접 조사하여 재상(災傷)에 따라 전세를 감면해주던 제도를 폐지하고, 국가에서 거두어들일 전세의 총액을 미리 정해놓고 지방에 할당하는 방식이다. 본래 비총법은 재해 등으로 수확량이 감소하여 정상적으로 경차관의 답험에 의한 징수가 불가능할 때 호조에서 각도별 수세액을 결정 분배하여 전세를 징수한 방법이었다. 즉, 국가에서 거두어들일 전세의 총액을 미리 정해놓고 지방에 할당하는 방식에서 시작되었는데, 이에 대한 『영조실록』의 기사는 다음과 같다.

「호조 판서 김약로가 아뢰기를, "금년은 일찍 가물고 늦게 물이 졌으나 이미 대단한 재

해는 없었으니, 연분(年分)의 사목(事目)을 본조(本曹)에서 그 비총(比摠)을 참작해 정하여 도신(道臣)으로 하여금 상세히 조사하여 고르게 분배하게 하고, 경차관을 차송할 필요는 없습니다."하니, 임금이 윤허하였다.」[640]

비총법에 따라 호조는 원장부 전답을 바탕으로 하여, 그 해의 농작 상황을 평년의 수조실답(收租實畓)과 급재명(給災名)·급재결수를 비교하여, 실총(實摠)과 재총(災摠)을 반포함으로써 연분총수(年分摠數)의 감소를 막을 수 있었다. 그러나 비총법은 그 운영 과정에서 재정을 확보하려는 조정과 수취의 운영을 맡은 감사·수령·향촌의 지배세력, 그리고 농민과의 사이에 이해관계가 상충하면서 여러 가지 문제점을 낳았다. 그 이유는 비총법의 기본적인 원칙이 당해 연도의 농작상황과 가장 비슷한 지난 연도의 수세실결과 재결의 수를 비교하여 급재결수(給災結數)를 책정하는 것인데, 실지와 차이가 날 수밖에 없기 때문이다.

결국 이러한 갈등과정 속에서 '비총액만 채우면 된다.'는 식의 수령과 토호들의 농간 때문에 실제로 전세를 거둘 수 있는 토지보다 더 많은 양의 토지를 장부에 올려 전세를 착복하는 백징(白徵)[641], 실제 세액의 몇 배를 징수하여 착복하는 도결(都結)[642]과 방결(防結)[643] 등 관리들의 부정부패가 심화되었다. 다음 ①은 백징의 사례이며, ②는 도결의 사례이고, ③은 방결의 사례에 대한 실록의 기사이다.

① 「초산 부사 조흥진이 공문을 올려 아뢰기를, "본부의 화전에서 매년 세미(稅米)로 바쳐야 할 실제 수량은 1천 6백여 섬인데, 올 가을에 집복(執卜)[644]한 수량에 준하여 묵은 밭과 폐기한 밭을 계산하면 백지(白地)에서 징수한 조세가 7백여 섬이나 됩니다."」[645]

② 「신이 일찍이 촌락의 책임자들에게 얼핏 듣고 보았는데, 군포를 친족과 이웃에게 두루 징수하고, 조세를 도결(都結)로 더 거두어 원망이 사방에서 일어나고 있다고 하였습니다.」[646]

---

640) 『영조실록』 20년(1744) 7월 20일 2번째기사.
　　(원문) 戶曹判書金若魯啓言: "今年雖旱早晚水, 旣無大叚災害, 年分事目, 自本曹酌定比摠, 使道臣詳查均分, 不必差送敬差官." 上允之.
641) 조세를 면제할 땅이나 납세 의무가 없는 사람에게 세금을 물리거나, 아무 관계없는 사람에게 빚을 물리는 일.
642) 조선조 말기에 고을 아전들이 공전(公錢)이나 군포(軍布)를 사사로이 축내고 그것을 채워 놓으려고 결세(結稅)를 정액(定額)보다 덧거리로 물리는 일.
643) 조선 시대에 징수관리와 아전들이 백성에게 논밭의 조세를 감액하여 주고 기한 전에 받아서 아전들끼리 돌려 쓰기도 하고 또는 사사로이 융통하여 쓰기도 하던 일. 곧 방납(防納)을 말함.
644) 전답의 농작물에 대한 풍흉과 손실을 실지답험(實地踏驗)하여 그 토지에 대한 조세를 매기는 일.
645) 『정조실록』 17년(1793) 10월 13일 4번째기사.
646) 『순조실록』 27년(1827) 4월 17일 3번째기사.

③ 「고양군수 조덕행은 사람됨이 용렬하고 어리석은데다가, 행실이 탐욕스럽고 비루합니다. 영문(營門)[647]에서 획급한 쌀을 죄다 작전(作錢)하고, 청나라에 무역하여 방결(防結)하고는 민간에서 억지로 값을 갑절이나 받아들였습니다. 그래서 한 지경 안에서는 침을 뱉으며 비루하게 여기고, 다만 속히 떠나기만 원하고 있었습니다.」[648]

비총법은 국가재정의 확보에만 주력함으로써 중앙집권에 의한 농민 개개인의 공평과세를 포기했다. 집단공납제인 비총법은 납세의무의 과세요건으로 가장 중요한 법정 세율의 의미를 퇴색시켰기 때문이다. 비총법은 세종대왕의 공법에서 형성된 '백성 중심의 조세제도'를 공평과세를 고려하지 않은 '국가 중심의 조세제도'로 바꿨다. 과세권의 중앙집권을 포기한 것이다. 결국 조세원칙 없는 비총제는 조선후기의 전정(田政)을 문란 시키는 원인이 되었다.

2. 『대전통편』의 비총법 규정

(1) 비총 절차

> ○ 경차관·도사(都事)가 그 해의 풍흉을 답험(踏驗)하는 규정은 호조가 필요할 때 임금에게 보고하여 정하되 만약 감사(監司)에게 명하여 마감시킬 때에는 그 해 8월에 호조에서 각 도의 농사 형편을 참고하고 이와 상당한 해의 수세총수(收稅總數)와 비교(比摠)하여 임금의 재가(裁可)를 얻으며 관찰사는 가을에 조사한 후에 등급(等級)을 나누어 임금에게 보고한다.

『만기요람』(1808년)에는 비총법에 따른 수세방법에 대해서 다음과 같이 자세히 설명하고 있는데, 이는 『대전통편』의 비총법 규정을 해석한 내용이다. ①은 영조 36년부터 비총법을 시행하였으며, ②는 비총 방법과 연분사목의 반포, ③은 수령의 심찰(審察)과 감사의 검핵(檢覈)[649], ④는 실총에 따른 수세에 대해서 말하고 있다.[650] 비총법은 호조에서 각도의 우택과 농형을 참고하되, 상당년과 비교해서 수세총액을 결정하였다.

① 「구제(舊制)는 조정에서 경차관을 제도(諸道)에 나누어 보내서 재해의 실지를 고험(考驗)하며 마감 계문(啓聞)하거나, 혹은 호조로부터 비총하여 급재(給災)하였다. 영조 36년(1760)에는 경차관을 보내지 아니하고 비총법(比摠法)을 사용하여, 지금까지

---

647) 감영(監營)이나 군영(軍營).
648) 『영조실록』 51년(1775) 2월 25일 1번째기사.
649) 사실대로 조사해 파헤침
650) 『만기요람』 재용편2 연분(年分).

시행한다.」

② 「매년 가을 8월이면 호조에서 각도의 우택(雨澤)과 농형(農形)을 참고하되, 상당년(相當年)과 비교 상량(商量)651)해서 수세총수를 결정하고, 급재(給災)652)할 것을 구별하여 사목(事目)을 성출(成出)해서, 대신에게 의논하고, 입계하여 윤허를 얻은 뒤에, 비국(備局)에 등초하여 보고하고, 헌부에 이문(移文)하여 곧 각도에 사목을 반포해서, 재결(災結)을 분표(分俵)하고 사목 이외에는 조정에 아뢰지 않고, 만일 분표를 제멋대로 한 것이 있으면, 해당 도의 관찰사를 나처(拿處)653)한다.」

③ 「연분사목(年分事目)654)을 반하(頒下)655)한 뒤에 각읍의 수령이 몸소 심찰(審察)하고 실지를 조사하여 재실의 형지(形止)656)를 감사에게 보고하면, 감사는 다시 검핵(檢覈)하여 도내 각읍을 분등하여 계문하되, 화곡이 잘 익은 것은 초실(稍實)657)로 잡고 재겸(災歉)658)을 당하여 손실된 것은 '우심(尤甚)659)'으로 잡고, 중간에 있는 것은 그 '지차(之次)660)'로 하여 읍에서 보고한 재결을 모두 모아 연분의 획급한 것과 비교한 뒤에 읍을 배정하여 양급(量給)661)하고 각읍에는 모두 서원을 두어 전정(田政)·재실(災實) 등 사무를 맡아보게 한다. 연분의 성책(成冊)662)을 마감하여 계문하고 호조에 등초하여 보고한다.」

④ 「각도의 연분은 재실을 마감한 뒤에 원장부전답(元帳付田畓)에서 제반 면세(免稅)·진잡탈(陳雜頉)과 당년의 재결을 덜어 내고, 그 실총(實總)을 등급에 따라 세를 내게 하되663) 쌀·콩·무명·포(布)의 수량을 일일이 어람(御覽)664)하는 성책에 개록(開錄)665)해서 세전(歲前)666)에 계문하고 호조에 등초하여 보고하니, 이것을 '수조안(收租案)'이라 하는데, 호조에서 고준(考準)667)하고 장부를 참고하여 수세한다.」

---

651) 헤아려서 잘 생각함.
652) 재해(災害)를 입은 논밭의 조세를 면제(免除)하여 줌.
653) 조선 시대에 중죄인을 의금부로 잡아들여 조처하던 일.
654) 비총법이 시행된 뒤에는 해마다 호조는 연분사목을 반포하였다. 하지만 여기서의 연부사목은 농사의 흉풍에 따라 각도의 조세를 결정하는 것이지, 공법처럼 연분을 그 해의 농사의 풍흉에 따라 해마다 토지를 상상(上上)부터 하하(下下)까지의 아홉 등급으로 나누어 이에 따라 조세(租稅)를 내게 하는 것과는 차이가 있다.
655) 나누어 줌.
656) 사실(事實)의 전말.
657) 조금 익은 것.
658) 자연 재해로 흉년이 들다.
659) 더욱 심(甚)함.
660) 다음이나 버금.
661) 미루어 생각하거나 짐작으로 따지고 살피어서 지급함.
662) 책을 만듦.
663) (원문) 各道年分. 災實磨勘後. 就元帳付田畓. 除減諸般免稅, 陳雜頉及當年災結. 以其實摠. 隨等出稅
664) 임금이 봄.
665) 임금에게 올리는 문서의 말미에 의견 또는 용건을 열기(列記)하는 것.
666) 새해가 되기 이전(以前).
667) 베낀 책이나 서류를 원본과 맞추어 봄.

(2) 전재(田災)의 감면

> ○ 전재(田災)는 답재(畓災)와 다르다 할지라도 면전(綿田)[668]의 백징처(白徵處)[669]는 그 사실 여부를 조사하고 재해명을 내려 보내는 것을 허용한다.

답험손실법과 공법에서는 한전과 수전 구별 없이 재해를 인정하였다. 하지만 영정법을 시행하면서 한전에 대해서는 급재를 주지 않았다. 그 이유는 다음『증보문헌비고』기사처럼 대개 한전은 1년에 두 번 수확하기 때문입니다. 그러나 이러한 한전불급재(旱田不給災)에 대한 백성의 원망과 폐단은 클 수밖에 없었다.

「사간원(司諫院)에서 아뢰기를, 대저 한전(旱田)에 급재(給災)하지 않는 것은, 대개 1년에 두 번 수확하기 때문입니다. 두 번 수확하는 가운데 비록 한 번을 실농한다 하더라도 한 번 수확하는 바가 있으면 전부 실농하는 데 이르지는 않을 것이므로, 급재하지 않는 것이 진실로 마땅하나.」[670]

따라서『대전통편』에서는 면전(綿田)의 백징처에 대해서는 밭(田)의 재해이지만 재해명을 인정해 주어 농민의 불만을 다소나마 줄이도록 하였다.

---

668) 목화밭.
669) 과세 대상물이 없는 곳.
670)『증보문헌비고』전부고9 조세2.

제 **3** 편

조선시대의 조세감면법과 조세범처벌법

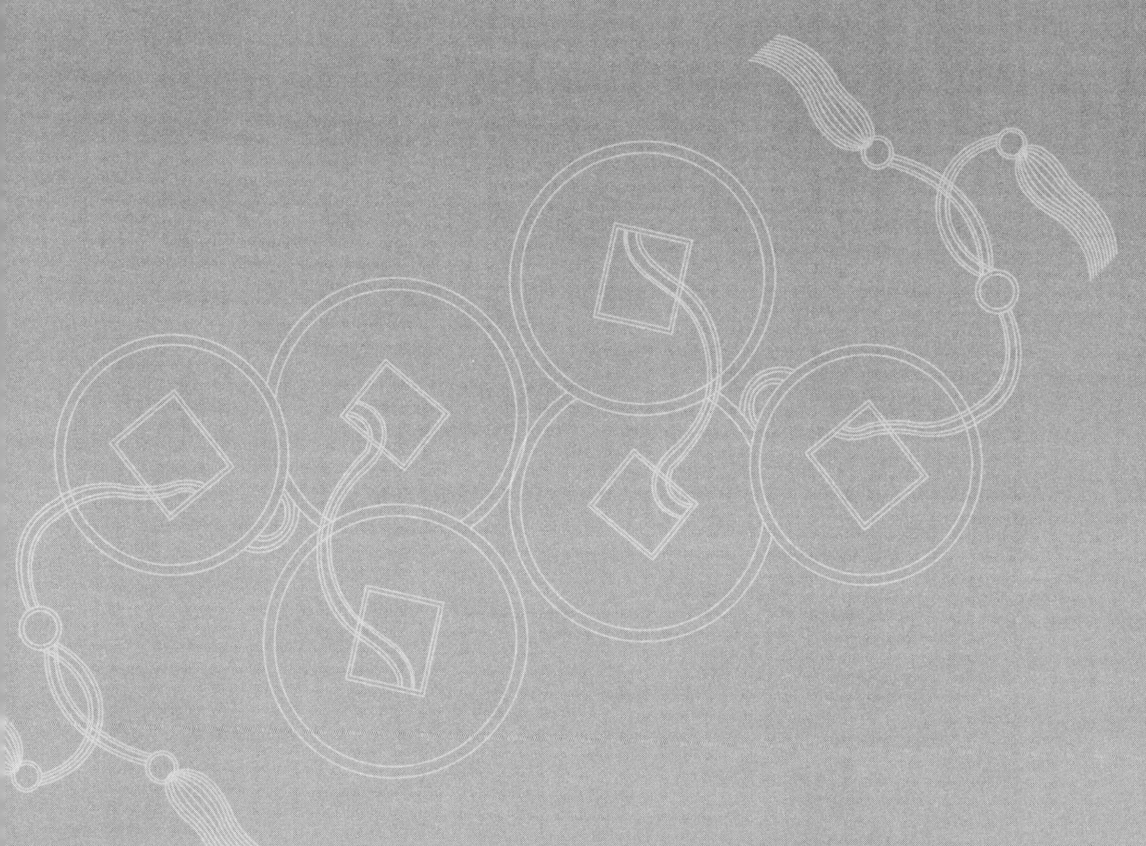

01 조선시대의 **조세감면법**

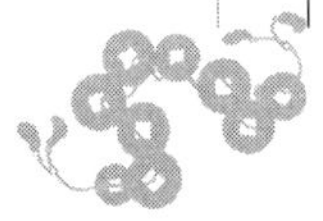

제1절   조선시대의 조세감면 사상

자고이래(自古以來) 조세의 본래 목적은 재정수입을 충당시키는 것이다. 그러나 현대에 있어서 조세는 이러한 목적 이외에도 경제적·사회적 목적을 달성하기 위하여 경제정책이나 사회정책 등 비국고적 목적에 이용된다. 그리고 그 기능으로 조세감면과 면세가 이용된다. 특히 중소기업육성, 인구집중의 분산, 기술개발의 촉진, 지방경제의 활성화, 재무구조개선, 투자촉진, 근로자 등의 복지정책 등을 위하여 조세를 감면하거나 면제 또는 비과세하는 경우가 그것이다.

하지만 이러한 조세감면은 공평과세를 위하여 엄격히 제한된다. 우리나라 「조세특례제한법」 제1조에서는 "조세의 감면 또는 중과 등 조세특례와 이의 제한에 관한 사항을 규정하여 과세의 공평을 기하고 조세정책을 효율적으로 수행함으로써 국민경제의 건전한 발전에 이바지함을 목적으로 한다."라고 규정하여 「조세특례제한법」의 목적을 명시하고 있다. 「조세특례제한법」이 주로 각 세법의 감면과 면세를 포괄적으로 규정한 점을 고려한다면 이는 '조세감면의 원칙과 목적'을 제시한 것이다. 그리고 「국세기본법」 제17조에는 "정부는 국세를 감면한 경우에 그 감면의 취지를 성취시키거나 국가정책을 수행하기 위하여 필요하다고 인정하는 때에는 세법이 정하는 바에 의하여 감면한 세액에 상당하는 자금 또는 자산의 운용범위를 정할 수 있다"라고 하여 조세감면사후관리를 규정하고 있다. 그 만큼 조세감면의 기능과 목적이 중요하기 때문이다.

그러나 조선시대의 조세감면은 현대의 조세감면 보다 훨씬 더 중요한 정책이었다. 그것은 국가의 재정수입이 절대적으로 농업경제에 의존하고 있는 현실에서, 재해 등에 따른 조세의 감면은 국가의 재정수입뿐만 아니라 백성들의 삶 그 자체였기 때문이다. 그래서 정도전도『조선경국전』부전(賦典)의 견면(蠲免)조에 조세감면에 대해서 다음과 같이 규정함으로서 그 중요성을 강조하였다. 여기서 "백성은 먹을 것을 하늘로 삼는다."는 말은 쌀과 콩 등 식량이 백성들의 삶에 가장 중요하기 때문에, 재해 등으로 이러한 곡식이 줄어들 경우 조세를 감면해 주어 백성들의 식생활을 풍족하게 해 주어야 한다는 것이다.

> 「나라는 백성을 근본으로 삼고, 백성은 먹을 것을 하늘로 삼는다. 그러므로 요역(徭役)과 부세(賦稅)를 가볍게 하여 백성들의 식생활을 풍족하게 해 주어야 한다. 불행히도 백성이 홍수·한발·서리·곤충·바람·우박 등으로 피해를 입었을 때에는, 그 피해의 다과에 따라서 부역을 차등 있게 감면시켜 주어야 한다.」[671]

이러한 조선시대의 조세감면은 왕이 백성에게 베푸는 부모와 같은 애심(哀心)에 의하여 행하여졌다. 즉, 조선시대의 조세감면은 봉건국가[672]에서 왕이 백성에게 베푸는 은전(恩典)[673]으로 행해 졌다는 것으로 다음『정조실록』의 기사에서 확인 할 수 있다.

> 「호서의 대소 백성들에게 유시하기를, "아! 조정에서 백성을 보는 것이 마치 부모가 자식을 보듯이 보고 있다. 열 자식을 둔 사람이 아홉 명은 배가 부른데 한 명이 부황(浮黃)[674]이 들 경우 그 부모 마음이 아홉 명의 자식에 안심하고 한 명의 자식은 도외시한 채 따뜻하게 해주고 맛있는 음식을 먹여줄 것을 생각지 않겠는가? 현재 호서의 일은 바로 이러한 일과 같은 것이다. 올해 농사 형편은 오도(五道)와 양도(兩都)[675]는 다행히도 큰 흉년은 면하였으나, 경기·호서·영남은 재해를 입었다. 내가 이 때문에 두려워서 아침부터 밤에까지 편안할 겨를이 없다. 어찌 감히 한두 가지 감면해 주고 돌보아 주는 정사를 가지고 부모의 책

---

671)『삼봉집』제13권『조선경국전』상 부전(賦典) 견면조.
　　　(원문)「國以民爲本. 民以食爲天. 故輕徭薄賦. 以裕其食. 不幸被水旱霜蟲風雹之災. 隨其傷損之多寡. 蠲免賦役有差.」
672) 국가봉건제는 유일의 토지 소유자인 국가 또는 군주가 직접생산자에게 경작권을 이양하는 대가로 잉여생산물 및 잉여노동을 지대형태로 수취하는 생산양식이다.
　　● 마르크스는 봉건제도를 "만일 직접적인 토지소유자로서 동시에 주권자로서 그들과 대립하는 자가 사적 토지소유자가 아니라, 아시아의 경우처럼 국가라면 지대와 조세는 일치한다.…국가는 여기에서 최고의 영주이다. 주권은 여기서는 국가적 규모로 집중된 토지소유이다." 라고 말하였다.(CapitalⅢ 47장 2절)
　　● 조선시대의 봉건제도는 논란의 여지가 많이 있지만『왕토사상=토지국유원칙』의 입장에서 접근하고 있다. 전제군주 또는 국가가 전국토의 궁극적인 토지소유자라는 사실은 단지 명목적 의미밖에 가지고 있지 않고, 그 내용의 본질은 오히려 그러한 조세적지대를 성립시키고 있는 강제의 성격 즉, 토지경작권을 가지고 있는 농민에 대한 국가권력에 의한 지배양식의 성격 안에서 찾아볼 수 있다.(김홍식,「조선시대 봉건사회의 기본구조」, 박영사, 1982, pp.17-20)
673) 나라에서 은혜를 베풀어 내리던 특전.
674) 오래 굶주려서 살가죽이 들떠서 붓고 누른 빛깔이 나는 병(病).
675) 개성과 강화.

임을 다했다고 여기겠는가?」[676]

또한 이 같은 조세감면 사상은 다음 『선조실록』의 기사에서도 볼 수 있는데, 조세의 감면이 "왕이 백성을 구휼하는 입장에서 베푸는 덕음(德音)[677]"이라는 것이다.

「일곱째는 백성을 구휼하는 것입니다. 신은 삼가 듣건대, 백성은 나라의 근본이니 근본이 견고해야 나라가 편안하다 하였습니다. 근본이 견고하지 아니하고 나라를 보존하는 자는 있지 않습니다. 중국군이 철수한 후에 상께서 조세를 감면하라고 누차에 걸쳐 덕음(德音)을 내리셨으니, 백성을 구휼하는 정성이 과연 지극하십니다. 보고 듣는 모든 사람이 누군들 감읍하지 않겠습니까.」[678]

따라서 조선시대의 조세감면은 『경국대전』 등 법전에 규정되어 시행되었지만, 법에 규정된 감면보다는 왕명에 의해 특별히 행하여진 경우가 더 많았다. 하지만 조선시대의 조세감면은 법에 의하든 왕명에 의하든 적정과세를 위한 수단의 역할도 하였다고 본다. 다음 『선조실록』의 기사는 전세(田稅)의 경우 재상을 답험하여 세액을 정하였는데, 답험 후에 재해를 당한 경우에는 별도의 감면 규정이 없어 백성들이 허세를 부담하기 때문에, 이러한 피해를 줄이기 위하여 조세의 감면을 청한 것은 적정과세를 실현하기 위한 것이라고 볼 수 있기 때문이다.

「허욱이 아뢰기를, "각 고을의 재상(災傷)은 으레 7월 보름 전에 심정(審定)하는데 이것을 청초도목(靑草都目)이라고 합니다. 금년의 풍수재는 청초답험(靑草踏驗) 뒤에 갑자기 발생하였으니, 예에 따라 경차관을 내려보내면 한결같이 당초의 도목에만 따라 복심(覆審)하게 될 것입니다. 그렇게 되면 얼핏 보아넘길 적에 그 실상을 제대로 파악하지 못하게 되어 수재를 입은 백성들이 거듭 허세(虛稅)를 바치느라 시달리게 될 것이니, 그 형세가 보존될 수 없게 될 것입니다. 그러니 각도의 감사에게 다시 답험하게 하여, 그 가운데 피해가 극심한 곳에 대해서는 조세를 완전히 면제시켜 줄 수는 없더라도 한결같이 수재를 입은 분수(分數)에 따라 상세히 살펴서 징납하게 하소서. 그렇게 하면 죽어가는 백성들이 조정의 분에 넘치는 은택을 받게 될 것입니다."하고, 희수는 아뢰기를, "전에는 논 곡식이 혹 여물지 않아도 밭 곡식은 꽤 먹을 수가 있었습니다. 그런데 금년의 경우에는 논과 밭의 곡식이 모두

---

676) 『정조실록』 6년(1782) 11월 3일 1번째기사.
677) 임금의 말.
678) 『선조실록』 38년(1605년) 7월 27일 6번째기사.
　　(원문) 「其七曰: 恤民. 臣伏聞, 民惟邦本, 本固邦寧. 本不固而保其邦者, 未之有也. 天兵撤後, 自上屢降德音, 蠲賦 減租, 其恤民之誠, 可謂至矣, 凡在瞻聆, 孰不感泣?」

여물지 않아서 백성들이 굶어 죽을 날이 눈앞에 박두하였으니, 특별한 조처를 취하지 않는 다면 이들을 구제할 방법이 없습니다."하였다.」[679]

제2절   제전조(諸田條)의 면세지(免稅地)

1. 총칙적 규정

조세의 공평은 조세혜택의 특권층이 존재하지 않는 것이다. 그러나 조선왕조는 국가 재정과 왕실재정, 지방재정이 명확히 구별되지 못하였고, 그 수입 또한 충분치 못하여서 왕실이나 관아 및 군영을 운영하는데 필요한 경비를 충당하기 위하여 조세를 바치지 않 는 면세전을 법전에 규정하고 있다. 면세전을 법전에 제한하여 규정하고 있는 자체가 공 평과세의 의의가 있다고 본다.

그래서 『경국대전』 호전의 제전조(諸田條)에는 면세 전답을 자경무세지(自耕無稅地), 무세지(無稅地), 각자수세지로 구분하고 있다. 여기서 자경무세지(無稅地)는 해당 기관에 종사하는 자들이 스스로 경작하여 세(稅)를 내지 않고 그 수확물로서 해당 기관 경비에 충당한다는 것이며, 무세지(無稅地)는 전지의 수급자(受給者)가 경작자로부터 전조(田租) 를 징수하여 그것을 전부 독점하고 국가는 그 전조(田租)에 대하여 세를 부과하지 않는 토지이다. 그리고 각자수세지(各自收稅地)는 민전(民田)으로 절급한 것에서 나오는 조세 를 국가에 납입하지 않고, 토지를 절급받은 자가 직접 지조(地租)를 거두어 생활하는 토 지를 말한다. 즉, 각자수세지는 사전(寺田)이나 아록전[680] 등으로 수세권을 국가가 해당 사찰 등의 경비 마련을 위하여 사찰 등에게 이전한 것이다. 『경국대전』 호전의 제전조에 규정된 내용은 다음과 같다.

---

679) 『선조실록』 38년(1605) 8월 1일 2번째기사.
680) 조선 시대 지방 관청의 경비와 수령의 봉록(俸祿)에 사용하도록 나라에서 지급하던 토지.

> ○ 관둔전(官屯田)[681]·마전(馬田)[682]·원전(院田)[683]·진부전(津夫田)[684]·빙부전(氷夫田)[685]·수
>   릉군전(守陵軍田)[686]은 자경(自耕)하되 무세지이다.
> ○ 국행수륙전(國行水陸田)[687]·제향공상(祭享供上)[688]·제사채전(諸司菜田)[689]·내수사전(內需司
>   田)[690]·혜민서(惠民署) 종약전(種藥田)[691]은 모두 무세지이다.
> ○ 국둔전(國屯田)은 그 땅이 있는 고을(官)의 경내의 진수군(鎭戍軍)[692]이 경작하여 수확하도록
>   해서 군량으로 충당한다.
> ○ 사전(寺田)[693]·아록전(衙祿田)[694]·공수전(公須田)[695]·도전(渡田)[696]·숭의전전(崇義殿田
>   )[697]·수부전(水夫田)[698]·장전(長田)[699]·부장전(副長田)[700]·급주전(急走田)[701]에 있어서는 각
>   자 자체에서 수세한다.

하지만 『속대전』에서는 ‘자경무세지’를 “모든 면세전은 해당 궁방(宮房)과 해당 아문
(衙門)에서 각자 수세한다.”고 개정하면서, “각 아문의 면세전은 소정 한도액을 넘어서
수세할 수 없으며 1결마다 쌀 23말로 한다.”라고 한 규정을 신설하였다. 이는 궁방이나
아문 등이 직접 지조(地租)를 받으면서 병작반수(並作半收)[702]의 문제가 발생하였기 때

---

681) 관둔전(官屯田)은 고려와 조선 때 지방관청의 부족한 경비를 보충하기 위하여 아록전(衙祿田)이나 공수전(公須
　　 田) 이외에 따로 설정한 둔전이다.
682) 마전(馬田)이란 조선 시대에 역마를 기르는 데 필요한 경비를 충당하기 위하여 역참에 설정된 토지로서 면세전
　　 이다.
683) 원전(院田)이란 조선시대에 원(院)을 운영하는 데 필요한 경비를 충당하기 위하여 설정한 토지로서 조세를 바
　　 치지 않는 면세전이다.
684) 진부전(津夫田)이란 관청 소속의 나룻배를 부리는 댓가로 사공들에게 조세를 면제하여 준 토지이다.
685) 빙부전이란 조선시대 나라에서 얼음을 캐는 고역의 댓가로 빙부들에게 조세를 면제하여 준 토지이다.
686) 수릉군전(守陵軍田)은 능을 지키는 수릉군(守陵軍)에게 지급한 전지이다.
687) 국행수륙전(國行水陸田)이란 나라와 왕실의 안녕을 비는 수륙재(水陸齋)를 지내는 절에 지급한 토지이다.
688) 제향공상(祭享供上) 제사채전(諸司菜田)은 여러 궁전의 제사용 채소를 마련하기 위하여 전사사(典祀寺)·내자
　　 사(內資寺)·내섬사(內贍寺)·공안부(恭安府) 등에 지급한 채소밭으로서 경작할 노비도 지급하였다
689) 내수사전(內需司田)은 왕실내(王室內)의 제반경비 조달을 목적으로 설정된 토지로서 왕궁소유(王宮所有)의 전
　　 지뿐만 아니라 민전(民田) 위에도 광범위하게 설정되어 수조권(收租權)을 분급(分給)받았다.
690) 내수사전(內需司田)은 왕실내(王室內)의 제반경비 조달을 목적으로 설정된 토지로서 왕궁소유(王宮所有)의 전
　　 지뿐만 아니라 민전(民田) 위에도 광범위하게 설정되어 수조권(收租權)을 분급(分給)받았다.
691) 혜민서(惠民署) 종약전(種藥田)은 혜민서(惠民署), 활인서(活人署) 등 서민용(庶民用) 의료시설에서 소용되는 약
　　 재(藥材) 마련을 위하여 설정된 전지이다.
692) 변경(邊境)을 지키는 군인.
693) 사전(寺田)이란 절에 지급된 전지이다.
694) 아록전(衙祿田)은 지방관(地方官)의 녹봉에 상당하는 전지이다.
695) 공수전(公須田)이란 지방관청의 손님 접대와 기타 경비에 충당하도록 지급된 전지이다.
696) 도전(渡田)은 나룻터의 책임자인 도승(渡丞)에게 주었던 아록전(衙祿田)으로서 8결 정도 주었다(위의 실록).
697) 숭의전전(崇義殿田)은 고려 태조(太祖)와 현종(顯宗)·문종(文宗)·원종(元宗) 등 4왕(王)의 제위전(祭位田)이다.
698) 수부전은 한강(漢江)에서의 교통(交通)을 관장하는 수참(水站) 소속의 수부(水夫)들에게 주어진 전지이다.
699) 장전(長田)이란 역장(驛長)에게 주어졌던 전지이다.
700) 부장전(副長田)이란 부역장(副驛長)에게 주어진 전지이다.
701) 급주전(急走田)은 역(驛) 소속의 급주졸(急走卒)에게 주어진 전지이다.
702) 전주(田主)가 소작전호(小作佃戶)에게 땅을 빌려 주어 농사짓게 하고, 그 해의 소출(所出)을 반반씩 나누는 관
　　 행. 이 때 경작자는 단순히 농사만을 짓고, 땅주인은 필요한 종자를 댈 뿐만 아니라 그 땅에 대한 국가의 세금
　　 도 내는 것을 원칙으로 하였다. 「품관(品官)과 향리(鄕吏)들이 전토(田土)를 널리 점령하고, 유망인(流亡人)을
　　 불러들여 병작(並作)하여 그 반(半)을 거두니, 그 폐단이 사전(私田)보다도 심합니다. 사전(私田) 1결에서는 풍
　　 년이 든 해에만 2석(石)을 거두는데, 병작(並作) 1결에서는 많으면 10여 석까지는 취(取)합니다.(『태종실록』 6년

문이다. 따라서 궁방과 아문 등의 면세전(免税田)의 소작에 따른 수세는 1결마다 미(米) 23두(斗)를 넘어설 수 없도록 하였다.

> ○ 모든 면세전(免税田)은 해당 궁방(宮房)과 해당 아문(衙門)에서 각자 수세한다.
> ○ 각아문(各衙門)의 면세전(免税田)은 소정 한도액을 넘어서 수세할 수 없으며 1결마다 미(米) 23두(斗)로 한다.
> ○ 충훈부전(忠勳府田)은 이미 절급(折給)[할애]된 땅 이외에는 형질을 변경[築堰]하거나 매입한 경우에도 면세를 허용하지 아니한다.

그리고 『대전통편』에서는 다음과 같이 면세전 중 각영문과 각아문의 둔전을 '면부출세(免賦出税)'로 개정하여 공부(貢賦)인 대동세를 면제하고 조세를 내도록 하였다. 이는 균역법의 시행을 반영한 법 개정이다. 그리고 "적몰(籍沒)[703]된 전답은 비록 다른 관청으로 이속되더라도 면세하지 아니한다."는 규정을 추가하여 관청의 면세전 소유를 제한하였다.

> ○ 각영문(各營門)과 각아문(各衙門)의 둔전(屯田)은 면부출세(免賦出税)[704]한다.
> ○ 적몰(籍沒)[705]된 전답(田畓)은 비록 다른 관청으로 이속되더라도 면세하지 아니한다.

2. 관둔전(官屯田)

『경국대전』 호전의 제전조(諸田條)에 있는 관둔전(官屯田)은 각 관청별로 다음과 같이 면세전의 결수를 한정하면서, 등록된 결수 이외의 둔전은 농민들에게 주어 경작시키고 세를 받도록 하였다.

> ○ 관둔전으로 주진(主鎭)[706]은 20결, 거진(巨鎭, 절제사의 진영)은 10결, 기타 진은 5결, 대도호부·목(牧)은 각 20결, 도호부·군은 각각 16결, 현·역은 각각 12결을 면세한다.
> ○ 등록된 결수 이외의 둔전과 공유지로 넘긴 토지는 모두 가난한 농민들에게 주어 경작시키고 세를 받는다.[707]

(1406) 11월 23일 2번째기사)」

703) 중죄인(重罪人)의 재산을 몰수하고 가족까지도 처벌하던 일.
704) 면부출세(免賦出税)란 공부(貢賦)를 면제하고 조세(租税)를 내도록 한다는 것이다.
705) 중죄인(重罪人)의 재산을 몰수하고 가족까지도 처벌하던 일.
706) 절도사가 주영(駐營)하는 병영·수영.
707) 『경국대전』 호전(戶典) 제전 관둔전.

여기서 관둔전은 지방 관아의 각종 경비를 충당하기 위하여, 지방의 각 관아에 분여한 조선시대의 공유지를 말한다. 관둔전은 본래 각 관아에 예속하는 관노비를 사역하여 경작하는 것이 원칙이었지만, 다음『태종실록』의 기사에 따르면 관둔전은 실재로는 농민의 부역에 의하여 경작되었고, 나아가서는 그들의 생산수단까지도 탈취하는 근거가 되었다.

「성주목사 이백지·영해부사 권만·지울주사(知蔚州事) 양오복·지영주사 이백함·울진만호(蔚珍萬戸) 권소·횡천감무(橫川監務) 구익령·가평감무 김욱 등을 자원(自願)에 따라 부처(付處)708)하였으니, 경차관이 돌아와서 아뢰기를, "평민을 역사시켜 관둔전(官屯田)을 경작하였습니다."고 하였기 때문이다.」709)

따라서 조선시대의 둔전은 문란해진 토지제도를 정비하는 차원에서 여러 차례 폐지와 복구를 거듭하면서 지방관청과 함께 중앙기관의 재정기반의 확충을 위하여 더욱 확대되었다.『세종실록』의 기사에는 다음과 같이 세종대왕이 관둔전을 혁파하게 한 것을 알 수 있다.

「호조에 전지하여 각도의 국둔전(國屯田)과 관둔전(官屯田)을 모두 혁파하게 하였다.」710)

하지만 세종대왕이 관둔전을 혁파한 다음 해에도 똑같은 폐단이 일어난 것을 다음『세종실록』의 기사에서 볼 수 있다.

「호조에 전지하기를, "각도의 수령들이 관둔전(官屯田)이라고 칭탁(稱託)711)하고서 백성에게 폐단을 끼치는 자가 있으니, 감사들로 하여금 엄중히 조사하여 들추어내도록 하라."하였다.」712)

이 후에도 여전히 관둔전의 폐해는 다음 실록의 기사들처럼 사라지지 않았다. ①은 관둔전(官屯田)을 사사로이 세가(勢家)713)에 증여한 경우이고, ②는 기름진 민전(民田)을 관둔전에 배속시켜 복호(復戸)714)해 주고, 그 땅주인이 낸 조세는 모두 사사로이 쓰고 재상(災祥)을 조사할 때는 모두 빼버림으로써 국가의 재정을 결핍하게 하였다는 것이다.

---

708) 중도부처(中途付處)의 준말로 벼슬아치에게 어느 곳을 지정하여 머물러 있게 하던 형벌.
709)『태종실록』9년(1409) 7월 24일 2번째기사.
710)『세종실록』8년(1426) 5월 11일 3번째기사.
711) 사정이 어떠하다고 핑계를 댐.
712)『세종실록』9년(1427) 5월 19일 7번째기사.
713) 세력가(勢力家)
714) 조선시대 국가가 호(戸)에 부과하는 요역(徭役) 부담을 감면하거나 면제해 주던 제도.

① 「여주목사 조지주가 전에 양주목사가 되었을 적에 관둔전(官屯田)을 사사로이 세가(勢
   家)에 증여하였다가 이때에 이르러 발각이 되어 파직되었다.」715)

② 「사헌부가 아뢰기를, "각 고을의 관둔전(官屯田)은 자연 그 수가 있고 또 그 장소도
   있는 것인데, 난리를 겪은 뒤로 수령들이 고을의 경비가 부족하다는 이유로 본래의
   둔전 외에 피난간 백성이 묵혀둔 땅을 백성들에게 농사지어 거두도록 하고서 관둔전
   이라고 이름을 붙이고 있으며 혹 땅 주인이 옛 고향을 찾아 돌아온 자가 있어도 돌려
   주지 않아 생업을 되찾을 수가 없게 하고 있으니, 이는 매우 옳지 못한 것입니다. 심
   지어는 땅 주인과 한마음이 되어 기름진 민전(民田)을 관둔전에 배속시켜 복호(復戶)해
   주고 그 땅주인이 낸 조세는 모두 사사로이 쓰고 재상(災祥)716)을 조사할 때는 모두
   빼버리므로, 농사짓는 곳은 해마다 늘어나고 있어도 세입은 날로 줄어들고 있습니다.
   그리하여 겨우 살아남은 백성들만 지나치게 온갖 역사(役使)의 고초를 받고 있으니, 매
   우 한심합니다. 앞으로는 각 고을의 본래의 둔전 외에 그 나머지 둔전에 대해서는 각
   도의 감사와 경차관으로 하여금 하나하나 적발하여 조세를 거두게 하소서.」717)

결국 이러한 관둔전은 다음 『선조실록』의 기사와 같이 명종 이후인 16세기 중엽에는
사대부들의 사전(私田)으로 변질되기도 하였다.

「헌부가 아뢰기를, "정묘년(丁卯年) 이후에 사대부들이 외람하게 차지한 해택(海澤)718)과
관둔전을 모두 관(官)으로 몰수하소서."하니, 상이 그대로 따랐다.」719)

3. 궁방전(宮房田)

『경국대전』 호전의 제전조(諸田條) 직전(職田)에서는 다음과 같이 대군(大君)에게는
225결, 군(君)에게는 180결의 전답을 지급하도록 규정하고 있다.

○ 왕자 대군(大君) 225결, 군(君) 180결

---

715) 『성종실록』 12년(1481) 2월 22일 2번째기사.
716) 재앙(災殃)과 복됨.
717) 『성종실록』 33년(1600) 8월 20일 2번째기사.
718) 간석지.
719) 『선조실록』 7년(1574) 3월 8일 3번째기사.

하지만 선조대에 이르러서는 직전제는 거의 형해화(形骸化)되었고, 더욱이 임진왜란을 거치면서 농민은 이산하고 전답은 황폐화됨으로써 왕자·왕녀가 계속해서 출생해도 사여할 전답이 없게 되었다. 이에 다음『명종실록』의 기사와 같이 어전(漁箭)[720]등의 소출지를 절수(折受)[721]함으로써 그 수요를 충당하였는데, 이것이 이후 절수법(折受法)으로 굳어져 왕실이 사적으로 토지를 광점(廣占)하는 계기가 되었다.

「헌부가 어전(漁箭)의 일에 대하여 아뢰니, 답하기를, "조종조에서는 유생들의 양육을 사재감(司宰監)의 어물(魚物)로 지공하였었는데, 중종 때에 와서 관학(館學)[722] 전복(典僕)[723]들의 상언에 의하여 처음으로 어전을 하사하였던 것이다. 공주(公主)로 말하면 사패전(賜牌田)[724]을 많이 절수(折受)받지 못했기 때문에 이 어전으로 사패전의 부족한 부분을 충당하게 한 것이므로 지금 고칠 수 없다. 허다한 것이 어전이니 관학에서 원하는 대로 고르게 하여 절수하게 하라."하였다.」[725]

때문에 처음 절수(折受)의 대상은 다음『인조실록』의 기사와 같이 시장(柴場)[726]·제언(堤堰)[727]·해택(海澤)[728]·어전(漁箭)등 이었지만, 절수를 핑계로 전지를 불법으로 점유하는 폐단이 많아진 것을 알 수 있다.

「헌부가 아뢰기를, "예전에는 산림(山林)과 천택(川澤)에 금법이 없이 백성들과 함께 이용하였으나, 근년 이래 내수사(內需司)와 여러 궁가(宮家) 및 사대부들이 서로 앞 다투어 불법으로 점유하는가 하면, 심지어 주인이 있는 전지를 공공연히 빼앗기까지 하므로 백성들이 매우 고통을 당하고 있습니다. 이제부터는 시장(柴場)·제언(堤堰)·해택(海澤)·어전(漁箭) 중 입안절수(立案折受)하는 것은 일체 금단하여 불법으로 점유하는 폐단을 개혁하소서."하니, 답하기를, "산림과 천택을 백성과 함께 이용하는 것은 참으로 오늘날 시행해야 될 일이다. 그러나 선왕 때 내려준 곳만은 금혁(禁革)하기가 어렵다."하였다.」[729]

---

720) 물고기를 잡기 위하여 물 속에 둘러 꽂은 나무 울

721) 국가로부터 일종의 토지 소유권 증명서인 입안(立案)을 발급받거나 전조(田租)의 수조권(收租權)을 지급받는 행위.

722) 조선 시대 교육 기관인 성균관과 사학(四學)을 통틀어 이르던 말.

723) 조선 시대 각사(各司)와 시(寺), 성균관(成均館)·사학(四學)·향교(鄕校) 등에 딸려 음식을 만들거나 수직(守直) 혹은 건물을 짓는 등의 잡역을 맡아 하는 노복(奴僕)을 말함.

724) 국가나 왕실에 대해 공을 세운 사람에게 왕이 임의로 주는 토지.

725)『명종실록』4년(1549) 10월 24일 4번째기사.

726) 땔나무를 파는 시장(市場)

727) 물을 가두어 놓기 위하여 강이나 계곡을 가로 질러 쌓아올려 막은 둑.

728) 갯가의 진흙 땅. 간석지.

729)『인조실록』1년(1623) 윤10월 28일 3번째기사.

더욱이 조선후기에는 국가가 진전의 개간을 장려하기 위한『경국대전』호전(戶典)의 전택조(田宅條)에 규정된 "3년이 지난 진전(陳田)은 다른 사람이 신고하여 경작하도록 허가한다."라는 조문을 이용하여, 전국의 많은 토지가 무주진전(無主陳田)이라는 명목으로 궁방에 절수되었다. 특히 선조계묘년(宣祖癸卯年)[730]에 실시된 경기, 황해, 강원, 평안 및 함경의 5도의 양전과 인조갑술년(仁祖甲戌年)[731]에 실시된 충청, 경상 및 전라의 3도 의 양전은 임진왜란 직후였기 때문에 무주진전이 많을 수밖에 없었다.

다음『숙종실록』에서는 이러한 무주진전의 폐단을 말하고 있다.

「사간원에서 아뢰기를, "근래 여러 궁가에서 양안(量案)에 주인이 없는 묵정밭을 가지고 연이어 계하(啓下)[732]를 받아 농장을 설치할 계획을 세우고 있습니다. 비록 양안에는 주인이 없더라도 갑술년[733] 이후 40여 년 동안 백성들이 입안(立案)에 올리고 힘들여 일구어 그대 로 자기 밭을 삼아 서로 매매를 하였고, 차례차례 건네 준 문서까지 있는데, 이를 통틀어 양안에 주인이 없다 하여 마음대로 빼앗고 있습니다. 청컨대 양전(量田)한 뒤에 일구어서 문서가 있는 토지는 도로 내어 주고, 이제부터는 이러한 길을 영원히 막아서 함부로 차지 하는 폐단을 막아버리소서."하였으나, 임금이 따르지 않았다.」[734]

본래『경국대전』에는 궁방전에 대해서 조세를 징수하게 하였는데, 절수되면서 다음『 인조실록』의 기사와 같이 사문화되어 국가의 재정수입이 줄어들게 하였다.

「이에 앞서 홍문관이 차자를 올려 궁가에 세금을 면제해 주는 폐단에 대해 논했는데, 호 조가 복계(覆啓)[735]하기를, "『경국대전』제전조(諸田條)를 상고해 보니 '관둔전(官屯田)・마전 (馬田)・원전(院田)・진부전(津夫田)・빙부전(氷夫田)・능군전(陵軍田)과 국행수륙전(國行水陸田) 과 제향(祭享)에 공급하여 올리는 제사(諸司)의 채전(菜田)[736], 내수사전(內需司田)과 혜민서(惠 民署)의 종약전(種藥田)은 모두 세(稅)가 없고, 그 밖의 직전(職田)・사전(賜田)[737]의 조세는 모 두 초가(草價)[738]와 아울러 경창(京倉)에 바친다.'라고 되어 있습니다. 이것으로 보면 본래 내 수사전(內需司田)이라도 이미 제궁가(諸宮家)에 사패(賜牌)[739]하였으면 법에 있어 당연히 세금

을 받아야 합니다. 더구나 궁가가 사들인 전토를 내수사에 소속되었다고 핑계대고서 세금을 면제 시킬 수 있겠습니까. 또 더구나 여러 상사(上司)에서 절수(折受)한 전토인 데이겠습니까. 신들은 유사로 있으면서 금석(金石) 같은 조정의 법이 무너지는 것을 민망히 여기고 국가의 세입이 줄어들까 염려하고 있습니다. 지금 의논하여 처리하라는 명을 받들었습니다만 조종의 법제를 거듭 밝히기를 청할 따름이요 별로 의논드릴 만한 일이 없습니다."하니, 답하기를, "그렇게 해 온 지가 이미 오래되었으니 갑자기 고치기는 어려울 듯하다."하였다.740)

그래서 궁방전의 이러한 폐단을 줄이기 위하여 『현종실록』에서는 다음과 같이 각 궁방전에 절수할 결수를 제한하였다.

「사간 이민적이 아뢰기를, "신이 지난번에 궁가의 면세전을 6백결로 하는 것은 너무 많다고 진달741)드렸는데 성상의 마음을 돌리지 못했으므로 삼가 안타깝게 생각하고 있습니다."하니, 상이 이르기를, "그때 내가 결수(結數)를 정하려고 하다가 못했는데, 5백 결로 한도를 정하면 어떻겠는가?" 하자, 명하와 민적이 모두 너무 많다고 하였는데, 김좌명은 아뢰기를, "전일 인견한 뒤에 신들이 물러가 상의했었는데, 모두들 5백결이라면 너무 많은 것은 아닌 듯하다고 하였습니다."하였다. 상이 좌우에 하문하자 삼사(三司)의 제신(諸臣) 역시 대부분 수긍하는 모습을 보였다. 이에 대군(大君)과 공주는 5백결로써 한도를 정하고, 왕자와 옹주는 350결로 한도를 정하되, 절수한 것 가운데 진결(陳結)742)이 있으면 모두 실결(實結)로 보충해 주도록 하였다.」743)

그리고 『속대전』 호전의 제전조(諸田條)에서는 다음과 같이 궁방전의 면세전 결수를 구체적으로 규정하여 궁방전의 확대를 막고자 하였다.

> ○ 구궁(舊宮)·신궁(新宮)을 막론하고 왕패(王牌)744)가 있어 특별히 사여(賜與)된 경우에는 전결수(田結數)에 정수(定數)가 없다.
> ○ 궁가의 면세전은 전결원장부(田結元帳簿)에 기재된 결수(結數)로써 정급(定給)하여 사방 경계의 표지를 명백히 정하되 다른 토지가 혼입(混入)745)되는 것을 엄금한다.

문서.
740) 『인조실록』 3년(1625) 10월 21일 3번째기사.
741) 말이나 편지를 받아서 올림.
742) 묵은 논밭에서 거두던 조세(租稅).
743) 『현종실록』 3년(1662) 9월 5일 2번째기사.
744) 임금이 궁가 또는 공신에게 논·밭·산판·종 등을 주거나 또는 공로가 큰 향리에게 면역(免役)시킬 때에 내려주던 서면.

○ 1결에 대한 수세는 미(米) 23두(斗)를 초과하지 못하며 영구히 궁둔(宮屯)으로 삼은 전지는 매 부당(每負當) 세조(稅租) 2두(斗)를 징수하며 선(船)·마(馬)의 값 및 잡비는 모두 그 중에서 지출한다.
○ 원장부(元帳簿)에 등재된 전결(田結)은 면세하되 속전(續典)[746]을 실시하기 이전에 할애받은 것 이외에는 모든 할애받은 땅을 일체 허용하지 않는다.
○ 평안도와 황해도 및 강화의 전지는 일체 할애받는 것을 허용하지 않는다.
○ 대왕의 사친궁(私親宮)[747]에는 500결을 준다. 아들인 왕(王)이 재위할 때에는 1,000결을 준다.
○ 세자사친궁(世子私親宮)에는 300결을 준다. 세자로 있을 때는 800결을 준다.
○ 사궁(四宮) 명례궁(明禮宮)[748]·어의궁(於義宮)[749]·용동궁(龍洞宮)[750]·수진궁(壽進宮)[751]에는 각각 1000결을 준다. 수진궁에는 제위전(祭位田)[752]이 있으며 이 위전은 소정 결수(結數)에 따라 면세한다.
○ 새 임금의 후궁에게는 800결, 대군·공주에게는 850결, 왕자·옹주에게는 800결을 준다. 이것은 제궁(諸宮)방주(房主)[753]가 생존할 때에 그러한 것이다.
○ 옛 임금의 후궁에게는 200결, 대군·공주에게는 250결, 왕자·옹주에게는 200결을 준다. 이것은 제위조(祭位條)이니 4대(代)에 한한다.

『속대전』에 규정되어 있는 각 궁방의 면세전결의 결수에는 원결(元結)[754]과 이전의 면세절수액이 합쳐져 언급되고 있는 것이다. 그러나 실제로 이 면세전답의 정액은 거의 준수되지 않았고 궁방전은 계속하여 증가되는 추세에 있었다. 그 결과 『탁지지(度支志)』[755]에는 57궁방의 27,760결이, 『만기요람』에는 68궁방의 37,927결이 면세되었다.

하지만 『속대전』에 궁방전이 규정된 이후 많은 폐단이 있었기 때문에, 『대전통편』 호전(戶典)의 제전(諸田)조에서는 다음과 같이 각궁방(各宮房)의 무토면세(無土免稅)와 도장(導掌)[756]을 파견하는 법규는 모두 폐지하고, 매 결마다 미곡으로는 23두(斗), 전(錢)으로는 7냥(兩) 6전(錢) 7분(分)을 당해 읍(邑)에서 호조에 바로 납부하게 하고, 호조에서 이를 궁방에 내주도록 개정하였다.

---

745) 한데 섞이어 들거나, 또는 한데 섞어 넣음.
746) 『경제속육전』 (조선 태종 13년(1413)에 하윤 등이 ≪경제육전≫이 편찬된 뒤에 나온 교지와 조례를 모아 만든 법전).
747) 종실로서 임금의 자리에 오른 임금의 생가 어버이가 거처하는 궁.
748) 덕수궁의 옛 이름. 본래 조선 덕종의 맏아들인 월산대군의 사저였는데, 선조가 임진왜란 뒤 의주에서 환도하여 머무르면서 궁으로 사용하게 됨.
749) 인조가 왕위에 오르기 전에 머물던 잠저이다.
750) 조선 명종의 맏아들 순회세자의 궁.
751) 봉작(封爵)을 받기 전에 죽은 대군·왕자와 출가하기 전에 죽은 공주··옹주(翁主)를 제사지내던 곳.
752) 제사에 드는 비용을 충당하기 위하여 지급된 토지.
753) 집주인.
754) 본래부터 경작하여 오던 전결(田結).
755) 조선시대 호조의 모든 사례를 엮은 책. 탁지란 <탁용지비(度用支費)>의 약칭으로 호조를 가리켰다. 1788년(정조 12) 박일원이 왕명을 받아 편찬하였다.
756) 조선 후기 궁방전을 관리하고 조세를 거두는 사무를 담당한 궁방의 청부인.

> ○ 관동지방의 전지(田地)도 할애받는 것을 허용하지 않는다.
> ○ 각궁방(各宮房)의 무토면세(無土免稅)와 도장(導掌)을 파견하는 법규는 모두 폐지하고 매결의 미곡으로는 23두(斗), 전(錢)으로는 7양(兩) 6전(錢) 7분(分)을 당해 읍(邑)으로부터 호조에 바로 납부하게 하고 호조에서 이를 궁방에 내준다.
> ○ 군주(郡主)[757]에게는 400결을 준다. 옛 임금의 군주이면 100결이다.

그 결과 순조 8년(1808)에 편찬된 『만기요람』에는 궁방전을 유토와 무토로 구분하고 있다. 이에 따르면 "절수전결과 궁에서 매득한 토지는 호조에 망정(望定)[758]하여 영구히 궁둔(宮屯)으로 만들어 비록 진폐된 땅일지라도 이환(移換)[759]할 수 없는 것을 유토면세(有土免稅)라 하고, 호조에서 실결을 획급하여 3년을 기한으로 도내 각 읍에 윤차(輪次)[760]로 정하는 것을 무토면세(無土免稅)[761]라 한다."고 되어 있다. 그리고 이 때 유토에서는 매 부(負)[762] 벼(租) 2두씩 수세하며, 무토에서는 매결 미 23두를 수세한다고 규정되어 있다. 3년 주기로 윤차로 정하는 규례는 정종조에 다시 10년으로 연정하였다.

여기서 유토면세는 일정한 토지의 관할권과 수조권(收租權)을 아울러 소유한 것으로 공전(公田)에 속하였으며, 무토면세는 일정한 땅의 수조권만을 가진 사전(私田)으로 다같이 면세되었다. 궁방전을 획득하는 방법으로는 ① 국비를 지출하여 사들이거나, 궁방 스스로 사서 호조에 신청하여 면세조처를 받음, ② 국유지 또는 다른 궁방·관청 등에서 이속(移屬), ③ 미간지(未墾地)의 개간, ④ 범죄자에게서 몰수한 토지의 분급, ⑤ 소속노비의 자손 단절로 그들의 토지 인계, ⑥ 농민들이 피역(避役)[763]이나 기타의 편의를 위하여 투탁(投託)[764]한 토지, ⑦ 궁방의 권세로써 남의 토지를 빼앗음 등의 수법을 썼다.

『만기요람』에 의하면 전국의 전답(田畓) 1,456,000결 중 궁방전이 88,000결(6%)에 달하였다.[765]

---

757) 조선시대 외명부인 왕세자녀에게 내린 정2품 작호.
758) 후보자를 정하여 바치는 것.
759) 옮겨 바꾸다.
760) 차례대로 돌아가는 번.
761) 조선조 때 호조(戶曹)에서 거두어들일 결세(結稅)를 궁방(宮房)이나 관아(官衙)에 끊어 주거나 또는 베어주는 일.
762) 1결(結)은 100부(負)이다.
763) 백성들이 역역(力役)을 도피함.
764) 남의 세력에 기댐.
765) 「한국학대백과사전」 사회·경제 ㄱ 궁방전.

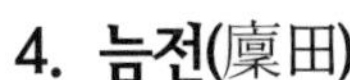

4. 늠전(廩田)

늠전(廩田)이란 유수(留守)766) 또는 수령의 녹봉을 위한 아록전(衙祿田)767)과 지방관청·역(驛) 등의 경비를 충당하기 위한 공수전(公須田)768) 및 수릉군(守陵軍)·수부(水夫)769)·빙부(氷夫) 등 일정한 역무에 종사하는 자에게 지급하는 전지를 통틀어 일컫는 말이다. 이 늠전은 면세지이며,『경국대전』호전의 제전조에 정한 늠전(廩田)의 면세결수는 다음과 같다. 많게는 부(府), 대도호부, 목(牧) 등에는 50결을, 적게는 수부에게 1결을 지급하였다.

부(府),대도호부,목(牧)	각각 고을 녹봉 몫의 토지(衙祿田) 50결, 판관이 있으면 40결을 더 준다. 도호부도 마찬가지이다. 원이 가족을 데리고 가지 않은 고을이면 절반을 줄인다. 도호부, 군, 현도 마찬가지이다. 공용 몫의 토지(公須田) 15결, 도호부, 군, 현도 마찬가지이다. 도로 연선일 경우에는 큰 도로이면 10결, 중간도로이면, 5결을 각각 더 준다.
도호부	고을녹봉 몫의 토지 50결
군, 현	각각 고을녹봉 몫의 토지 40결
역(驛)	공용 몫의 토지가 큰 도로에는 20결, 황해도에는 25결, 동북계와 서북계(兩界)에는 10결을 더 준다. 중간 도로에는 15결, 동북계와 서북계에는 7결을 더 준다. 작은 도로에는 5결, 동북계와 서북계에는 3결을 더 준다. 역의장에게는 2결, 부장에게는 1결 50부(負), 급히 달리는 역졸에게는 50부, 큰말에는 7결, 보통 말에는 5결 50부, 작은말에는 4결, 긴요한 도로이면 급히 달리는 역졸 몫으로 50부, 큰말에는 1결, 보통 말과 작은 말에는 50부를 더 준다.
참(站)	고을녹봉 몫의 토지 5결
원집[院]	원집 주인에게는 큰 도로이면 1결 35부, 중간도로이면 90부, 작은 도로이면 45부
나루[渡]	고을녹봉 몫의 토지는 8결, 사공 몫의 토지는 큰 나루면 10결 50부, 중간나루면 7결, 작은 나루면 3결 50부
능지기[守陵軍]	1명마다 2결
수부(水夫)	1명마다 1결 35부(『속대전』에서는 폐지함)
빙부(氷夫)	1명마다 1결(『속대전』에서는 폐지함)

---

766) 수도 이외의 요긴한 곳을 맡아 다스리던 특수 외관직.

767) 아록전(衙祿田)은 지방관(地方官)의 녹봉에 상당하는 전지(田地)로서 세종(世宗) 8년(年)(1426) 현재 2만결 정도 지급되었다. 세종(世宗) 27년에 유수부(留守府) 60결, 목(牧)·대도호부(大都護府) 각 55결, 도호부(都護府) 50결, 지관(知官) 및 목(牧)의 판관(判官) 45결, 현(縣) 40결로 책정하였다

768) 공수전(公須田)이란 지방관청의 손님 접대와 기타 경비에 충당하도록 지급된 전지(田地)이다. 세종(世宗) 27년(年)에 주부군현(州府郡縣)의 크기에 따라 대(大)·중(中)·소로(小路)로 나누어 최고 30결, 최하 10결을 주었으나 각관(各官)(守令) 임내(任內)의 속현등의 공수전(公須田)은 모두 혁파하였다(위의 실록). 경국대전(經國大典)에서는 15결로 통일하되 중요 교통로에 있는 고을에는 5-10결을 더 주도록 하였다.

769) 허드렛일을 맡아하는 하급 선원.

조선후기에는 역(驛)이 점차 쇠퇴하고 마위전에서의 수확물은 역졸들의 사식(私食)에 맡겨져 일부 역졸들은 마위전의 경작권(賭租權)을 전매하였으며, 심지어는 마위전을 도매(盜賣)770)하기까지 하였다. 따라서 『속대전』 호전의 제전조에서는 역위전(驛位田)을 매매하는 자, 도지(賭地)를 함부로 매매하는 자는 장일백・도삼년(杖一白・徒三年)에 처하도록 하였다. 하지만 대부분의 역토는 마호(馬戶)가 아닌 일반 사람들에 의하여 도지(賭只)771) 혹은 병작의 형식으로 경작되었고, 역위전의 도매(盜賣) 현상은 빈번하였다. 그러다가 1895년 각 역이 폐지됨으로써 마위전은 마(馬) 호수들의 손으로부터 회수되었다.

5. 기타 면세전(免稅田)

(1) 제전(祭典) · 학전(學田)

제전(祭田)은 숭의전(崇義殿)772)의 수호와 제수에 소요되는 비용에 충당하기 위하여 절급한 전지로 『경국대전』 호전의 제전조에는 12결을 규정하고 있다.

○ 숭의전은 12결이다.

학전(學田)은 성균관・사학(四學)773)・주・부・군・현의 향교 및 사액서원에 획급한 전지이다. 『속대전』 호전의 제전조에는 성균관 400결, 사학에 각 10결, 주・부 향교 각 7결, 군・현 향교 각 5결, 그리고 사액서원(賜額書院) 각 3결로 규정되어 있다.

○ 숭의전(崇義殿)은 12결이다.
○ 학전(學田)의 세곡(稅穀)을 출납할 때에는 감찰의 서명・날인이 필요하지 않으며 성균관 및 사학(四學)이 이를 관장하고 향교전(鄕校田)은 수령이 이를 검찰한다.
○ 서원전(書院田)은 해당 서원에서 스스로 마련하여 비록 3결에 미달하는 경우라 할지라도 백성의 전지로써 보충하여 지급하지 못한다.
○ 성균관은 4백결이다.
○ 사학(四學)은 각각 십결이다.
○ 주(州)・부(府)의 향교 7결이다.
○ 군(郡)・현(縣)의 향교 5결이다.
○ 사액서원 3결이다. 사액(賜額)774)을 받지 못한 서원이면 면세위전(免稅位田)을 가질 수 없다.

---

770) 남의 물건을 훔쳐서 팖.
771) 풍년이나 흉년에 관계없이 해마다 일정한 금액으로 정하여진 소작료.
772) 숭의전전(崇義殿田)은 고려 태조(太祖)와 현종(顯宗)・문종(文宗)・원종(元宗) 등 4왕(王)의 제위전(祭位田)으로서 매(每) 1위(位)에 3결씩 지급하였다.
773) 한성의 中部・東部・南部・西部의 네 곳에 두었던 학교.

(2) 능(陵)·원(園)·묘(墓)의 위전(位田)

　능(陵)·원(園)·묘(墓)의 위전(位田)은 각 능원(陵園)에 속한 전지로서 수확물은 능원(陵園)의 유지와 관리 비용에 충당되었다. 능(陵)은 왕과 왕비의 무덤이고, 원(園)은 세자 및 세자빈과 세자를 낳은 후궁인 빈(嬪)의 무덤이며, 묘(墓)는 기타의 무덤이다.(예외, 景宗의 모인 장씨(張氏)의 무덤은 묘이다.)

　『대전통편』 호전의 제전조에는 각릉원위전(各陵園位田)은 80결로 하였다.

각릉원위전(各陵園位田)은 80결로 한다.

　『만기요람』에 따르면 "건원릉의 예에 의하여 80결로써 한정하고, 정종 1년(1777년)의 특교로 각 능·원·묘의 위전은 80결로써 한정하되, 그 중에 위전이 없는 곳과 준결(準結)되지 못한 것은 물론 한다. 광릉의 87결과 명릉의 100결은 마땅히 감할 수량이 현격하게 다르지 않으므로 조금도 감하지 않는다. 수릉군[775])에게는 각각 2결을 준다."고 하였다.[776]

(3) 각양(各樣) 잡위전(雜位田)

　「만기요람」에 따르면 "각양(各樣) 잡위(雜位)[777]와 진상하는 청죽전[778]·관죽전[779])·저전[780]은 면세·면부한다."고 하였다. 그리고 죽전·저전 이외에 또 칠전(漆田)[781]·완초전(莞草田)[782]이 있으면 모두 면부·면세하도록 하였다. 각양 잡위로 면세되는 토지는 전국적으로 118,584결이 되었다. 이를 지역별로 살펴보면 경기에 9,153결, 호서에 10,597결, 호남에 12,445결, 영남에 16,651결, 해서에 5,213결, 관동에 10,340결, 관서에 8,361결, 관북에 42,808결, 수원부에 1,367결, 광주부에 1,204결, 개성부에 361결, 강화부에 84결이었다.[783]

---

774) 임금이 사당(祠堂), 서원(書院), 누문(樓門) 등에 이름을 지어 편액(扁額)을 내림.
775) 조선시대 왕과 왕비 및 왕족의 무덤인 능(陵)·원(園)·묘(墓)를 지키는 군인.
776) 『만기요람』財用編 二, 免稅條, 免稅式.
777) 조선(朝鮮) 때 일정한 목적사업에 쓰던 여러 가지 위전(位田).
778) 청대가 산출되는 밭.
779) 나라에서 쓰는 대를 심기 위하여 둔 대밭.
780) 닥이 산출되는 밭.
781) 옷나무가 산출되는 밭.
782) 왕골밭.
783) 『만기요람』財用編 二, 免稅條, 八道四都免稅田畓結數.

1. 수확량 1분실(分實) 면세

『경국대전』 호전의 수세조는 세종대왕이 제정한 연분구등법에 따라 1결당 상상년 20말에서 하하년 4말까지의 세율로 조세를 징수하도록 하면서 '1분(分)은 면세한다.'고 규정하고 있다. 여기서 '1분 면세'란 한해 곡식의 결실률이 10%이하일 경우 면세한다는 것이다. 즉, 평년에 비해 수확이 9할 이상 감소하면 조세를 면세하는 것이다.

> ○ 생산물이 10분(100%) 충실하면 상상년(上上年)으로 하여, 1결에 20말을 거두고, 9분(分)이면 상중년으로 하여 18말을, 8분(分)이면 상하년으로 하여 16말을, 7분(分)이면 중상년으로 하여 14말을, 6분(分)이면 중중년으로 하여 12말을, 5분(分)이면 중하년으로 하여 10말을, 4분(分)이면 하상년으로 하여 8말을, 3분(分)이면 하중년으로 하여 6말을, 2분(分)이면 하하년으로 하여 4말을 각각 거둔다. 1분(分)은 면세한다.

2. 재해에 따른 감면

(1) 『경국대전』의 규정

『경국대전』 호전 수세조의 규정은 세종대왕이 입법한 공법(貢法) 규정을 개정한 것으로 전부 재해를 입은 전지 및 전부가 묵혀진 전지는 면세하고, 반이 넘게 재해를 입은 전지는 그 재해의 분실에 따라 면세하도록 하였다. 여기서 전부가 묵혀진 전지란 진전(陳田)을 말하며, 재해가 반이 넘게 재상(災傷)을 입은 전지(田地)로서 그 재상이 6분에 이른 것은 6분을 면세하고 4분을 수세하되, 9분에 이르기까지 차례대로 면세하도록 하였다. 이처럼 재해를 입은 전지의 비율에 따라서 감세 혜택을 주는 것을 분재(分災)라고 한다.

> ○ 전부 재해를 입은 전지(災傷田) 및 전부가 묵혀진 전지(全陳田)는 면세하고, 반이 넘게 재해를 입은 전지는 그 재해가 6분에 이른 것은 6분을 면세하고 4분을 수세하며, 9분에 이르기까지 모두 이 예에 의한다. 앞에서 전부면세(一分免稅)라고 말한 것은 그 해가 부실하여 세를 매길 수 없기 때문에 일률적으로 면세한다는 것이고, 이 경우는 그 해는 풍년이더라도 혹 재해를 입음이 있으면 그 다소를 살펴 단지 재해를 입은 곳의 세만을 면제한다는 것이다.

『속대전』 호전의 수세조에 규정된 징수법은 영정법이다. 영정법은 세종대왕이 제정한 공법의 연분구등법(年分九等法)이 관리들의 인식부족 등으로 제대로 적용되지 못하고, 임진왜란과 병자호란을 겪고 난 뒤 농지가 황폐되고 농민이 날로 궁핍해지는 상황 속에서 재정을 충당하지 못하게 되자, 그 해의 풍흉에 관계없이 공법(貢法)의 하하년 세율인 쌀 4두로 고정하여 조세를 징수하는 제도이며, 정식명칭은 영정과률법(永定課率法)으로 1635년(인조 13)부터 실시되어『속대전』에 규정되었다.

『속대전』에서는 재해감면의 규정을 개정하여 풍흉에 따라 연분사목(年分事目)을 각 도에 내려 보내고, 재해에 따른 재해명(災害名)을 반포함으로써 재해에 따른 감면을 좀 더 명확히 하였다.

○ 매년 호조는 그 해의 풍흉을 보고 연분사목(年分事目)을 각 도에 내려 보내고 재해를 만나면 재해명(災害名)을 반포한다.
○ 전반적인 재해나 처음부터 파종하지 못한 따위의 전지에 대해서는 그 해가 풍년이라 할지라도 재해명을 내려 준다.
○ 하천 연안의 한쪽이 물의 범람으로 유실되어 이미 경작할 수 없게 되면 다른 쪽에 생긴 진흙 땅을 조사하여 기록한다. 모래가 덮힌 곳은 그 해는 재해명을 기록하고, 다음해에 덮힌 모래를 파내고 다시 경작한 후에는 수세한다.

3. 전지(田地)의 유형에 따른 감면

가. 진전(陳田)의 면세

조선시대 조세의 징수는 경작자의 사정과 자연조건 등으로 인하여 그 상태가 변동함으로, 나라에서는 20년에 한 번씩 양전을 실시하여 과세대상인 토지의 실태를 파악하게 하였다. 그리고 토지의 상태에 따라 정전(正田)·진전(陳田)·속전(續田)·강등전(降等田)·강속전(降續田)·가경전(加耕田)·화전(火田) 등으로 구분하였으며, 이에 따른 조세 감면도 그 형태 또는 유형에 따라 달리하였다. 토지의 유형에 따른 감면은 현대적 과세표준의 산정방식에 의하면 개념적으로 감면이라 할 수 없다. 왜냐하면 현대에는 토지의 생산력이 떨어지면 소출이 감소할 것이고, 소출이 감소하면 당연히 과세표준이 줄어들어 납부할 세액이 감소하기 때문에 감면이라 할 수 없는 것이다.

아무튼 조선시대는 절대적인 농업국가이므로 전지의 유형에 따라 과세와 면세 유무는 필요하였다. 이 중에서 조세정책상 과세와 면세를 반복한 진전(陳田)을 먼저 살펴본다.

진전이란 토지대장에는 등록되어 있으나 경작되지 않는 묵정밭을 말하며, 진시전(陳市田)·영진전(永陳田)이라고도 하였다. 조선시대에 전지가 진전화 하는 이유는 ① 토질이 나빠 투입 노동력에 비해 수확이 적은 경우, ② 조세부담이 너무 커 잉여농산물이 남지 않는 경우, ③ 과다한 농경지 점유로 경작에 필요한 여유 노동력이 없는 경우, ④ 농민이 질병에 걸리거나 사망 한 경우 등을 들 수 있다. 즉, 오래 동안 황폐된 토지, 전란으로 농민이 죽거나 흩어져서 자연히 버려진 토지, 또는 수해·한해 등 천재를 입어 정부가 진전으로 규정한 경우 등이 있는데, 소유자의 유무에 따라 유주(有主)·무주(無主) 진전으로 구분하여 기재하였다. 따라서 진전은 상경전(常耕田)[784]이라 일컫는 정전(正田)이나 경작하다가 묵히기도 하는 속전과 대조된다. 진전 중 1년 묵은 것은 금진전(今陳田), 2년 이상 묵은 것은 구진전(舊陳田)이라고 하였다.

그런데 조선초기에는 진전은 과세가 원칙이었다. 다음 『세종실록』의 기사와 같이 세종대왕이 입법한 공법에서도 진전(陳田)은 과세하였음을 알 수 있다. 진전에 대한 과세는 타농(惰農)[785]을 경계하고 세수를 확충하기 위한 것이다.

> 「1. 처음 공법(貢法)을 제정할 적에 10결이 연복(連伏)되어 한 사람의 경작하는 것이 모두 완전히 손실이 된 후에야 전세를 면제하도록 허가하고 오래된 진전(陳田)은 모두 전세를 바치게 하였으니, 이것이 그 입법의 상세하지 못한 점입니다.」[786]

진전 과세는 정전(正田)에서는 타농이나 토지의 지나친 광점 외에 어떠한 다른 이유로든 진황이 발생하지 않는다는 인식에서 나온 것으로, 진전을 수세하면 타농을 경계하고 개간을 유도할 수 있다는 명분이 크게 작용한 것이다. 그러나 진전 과세에 대한 비판과 반대여론이 적지 않았고, 시행과정에서도 산전(山田)과 구황전(久荒田)이 정전으로 처리되어 모두 수세되는 등 여러 폐단이 발생하였다. 재상전(災傷田)을 감면한다면 진황지(陳荒地)도 마땅히 면세해야 한다는 주장 등으로, 진전에 대한 과세의 부당함이 지적되었다. 결국 『경국대전』 호전의 수세조에는 "진전(陳田)은 조세를 면제한다."고 규정하였다. 진전에 대한 과세 여부는 공법의 논의와 수정과정에서 진전의 일괄수세에서, 전진전(全陳田)만의 면세 등으로 변경을 거듭하다가 최종적으로 『경국대전』의 정전과 속전(續田)의 구분에 의한 정전의 수세와 속전의 수기수세(隨起收稅)[787], 진전의 면세로 확정된 것이다.

---

784) 전품(田品)의 동급은 상경전(常耕田)을 상등, 간년휴경(間年休耕)하는 토지를 중등, 간이년휴경(間二年休耕)의 것을 하등으로 구분해 수전(水田)·한전(旱田) 모두 상·중·하등의 전품에 따라 수조율을 차등 있게 규정함.
785) 농사를 게을리 함.
786) 『세종실록』 28년(1446) 7월 2일 1번째기사. (원문)「一, 初立貢法也, 以連伏十結一人所耕皆全損, 然後許令免稅, 久荒陳田, 幷令納稅, 此其立法之未詳也. 今國家旣知其弊而改之, 臣不敢多論也.」
787) 경작하고 있는 토지에서민 조세을 징수하는 것.

○ 진전(陳田)은 조세를 면제한다.(全陳田則免稅)

하지만 이러한 『경국대전』의 규정에도 불구하고 진전은 여전히 과세되고 있음을 다음 『명종실록』의 기사에서 볼 수 있다.

「전교하기를, "이제 청홍도(淸洪道)[788] 재상경차관(災傷敬差官)의 장계를 보니, 진전(陳田)은 백성들이 농사를 게을리 해서 그렇게 된 것이 아닌데도 일체 조세를 거둔다 한다. 만약 이 것이 사실이라면 가난한 백성들이 떠돌게 될 폐단이 없지 않다. 이 뜻을 호조에 이르라."하 였다. 호조가 아뢰기를, "연분(年分)의 등급은 대신과 육조가 함께 의논하여 계하(啓下)된 것 을 이미 이문(移文)하였습니다. 본조(本曹)에서 추후로 개정하기는 곤란하니, 대신에게 의논 하게 하소서."하니, 전교하기를, "진전의 조세는 전부를 면제할 수는 없으나 반은 감할 수 있지 않겠는가? 이는 백성들이 농사를 게을리 하였기 때문만이 아니라 수령들도 마음을 다 하여 권농하지 않은 탓이니, 이런 자는 살펴서 추고하라."하였다.」[789]

이러한 진전수세(陳田收稅)는 농민들이 경간(耕墾)[790]하지 못하는 진전이 지주층에 의 해 토지집적(土地集積)의 수단으로 이용되어 절수(折受)[791]되고 탈점[792]되었으며, 타농 (惰農)의 법을 적용하여 조세를 인근 경내의 백성들에게 분담시켜 징수하는 폐단이 발생 하게 하였다. 다음 『명종실록』의 기사를 살펴보면 진전의 과세는 악순환을 가져와 백성 을 유랑(流浪)하게 하고, 부족한 재정을 채우기 위하여 남아있는 백성에게 진전의 조세 를 독촉하니, 쟁기를 메고 쳐다보기만 할 뿐 감히 개간을 하지 못하였다는 것이다.

「오래된 진전(陳田)을 조세를 감면하지 않기 때문에 떠돌아다니느라 절호(絶戶)[793]가 되고 따라서 초목이 무성하여 숲이 되었어도 반드시 일족과 절린[794]에게 징수하므로 경작하여 수확하는 땅과 조금도 차등이 없게 하니, 이것이 세째입니다. 이 세 가지 폐단이 백성을 구 렁텅이에 끌어넣는 큰 걱정거리인데도 조정에서는 감히 경장(更張)[795]하지 못하고, 수령도 감히 진달[796]하지 못하여 그 괴로움이 일족의 일족, 절린[797]의 절린에까지 미쳐서 그 형세

---

788) 충청도를 달리 이르던 말.
789) 『명종실록』 6년(1551년) 12월 9일 1번째기사.
790) 논이나 밭을 개간(開墾)하여 갊.
791) 봉록(俸祿)으로 토지(土地) 또는 결세를 자기(自己) 몫으로 떼어 받던 일.
792) 남의 것을 강제로 빼앗아 차지함.
793) 호(戶)가 끊어져 없어짐.
794) 범인의 이웃에 사는 사람.
795) 사회적(社會的)·정치적(政治的)으로 부패(腐敗)한 모든 제도(制度)를 개혁(改革)함.
796) 관하(管下)의 공문 서류를 상급 관청으로 올려 보냄.

가 반드시 온 나라 백성이 모두 도망하게 되고 온 나라의 전지가 모두 황폐하게 되고야 말 것입니다. 비록 조정이 맑아지고 정치가 잘 다스려지더라도 이러한 근심을 제거하지 않으면 백성이 다 흩어질 것이니, 나라가 무엇에 의지하겠습니까. (중략) 그리고 진전에 조세를 징수하지 않으면, 세입(稅入)이 전보다는 감소되어 국고나 약간 넉넉하지는 못하겠습니다. 지금 황무지가 되어 버린 비옥한 땅을 다시 일궈 경작하는 백성이 있으면 겨우 몇 이랑의 땅만 일궈도 곧바로 백결(百結)에 대한 조세로 독촉하기 때문에 쟁기를 메고 쳐다보기만 할 뿐 감히 개간을 하지 못하니, 이 때문에 진전이 점점 많아져서 눈에 보이는 곳이 모두 황량할 뿐입니다. 이제 만일 개간하는 만큼만 조세를 징수한다면, 생업이 없는 백성들이 다투어 와서 개간하여 10년도 못가서 복구될 것이며 민생들은 굶주림을 면하게 될 것이니 국가의 경비가 잠시는 군색할지라도 영원히 풍부하게 될 것입니다.」[798]

더욱이 임진왜란 이후에는 농민들이 토지를 버리고 이농하는 현상이 많이 일어났으며, 동시에 진전이 확대되어 국고수입은 줄어들었다. 조정에서는 이에 대한 대책을 강구하기 위하여 1664년(현종 5) 좌의정 민희원의 건의에 따라 진전강하법(陳田降下法)을 제정, 진전을 무세지(無稅地)로 하는 한편, 미개간지(未開墾地)의 개간을 장려하는 뜻에서 새로 황무지를 개간하는 경우에 "개간 후 3년간을 면세, 4년째부터는 일반 조세의 반을 징수"하도록 하였다.[799] 이 진전강하법(陳田降下法)은 악용되어 오히려 국고수입이 감소되는 경향도 있었으나, 진전의 개간정책은 조선후기까지 꾸준히 계속되었다.

아무튼 이 법이 법전에 규정되기 까지는 많은 시간이 걸렸으며, 그 내용도 개정되었다. 『속대전』 호전의 수세조에서는 다음과 같이 진전을 개간한 경우 세를 반감하도록 하였다. 그리고 개간한 전지가 다시 진전으로 되면 수세하지 않도록 하였다.

○ 매년 진전을 개간한 곳은 일일이 이를 기록하여 호조에 보고하며 세는 반감한다.
○ 이미 개간한 전지가 다시 진전으로 되면 수세하지 않는다.

그리고 『대전통편』 호전의 수세조에서는 진전의 개간에 따른 감면을 『속대전』의 규정보다 기간을 늘려 3년동안 반감하도록 하였다.

---

797) 범인의 이웃에 사는 사람.
798) 『명종실록』 21년(1566년) 5월 12일 2번째기사.
799) 「한국학대백과사전」 사회 · 경세(社會 · 經濟) ㅈ 진전(陳田)

○ 매년 진전을 개간한 곳은 일일이 이를 기록하여 호조에 보고하며 세는 반감한다. 이 경우 3년 간 세를 감한다.

또한 『대전회통』호전의 수세조에서는 전주가 아닌 타인이 개간하여 경작하는 것을 허용하였으며, 3년간 조세를 면제하게 하였다. 실 경작지의 확대를 위한 조세정책이었다.

○ 진전을 개간 경작한 경우에는 백성이 관(官)에 보고하여 경작함을 허용하며, 3년후에 비로소 납세하게 한다. 만약 전주(田主)가 와서 다투면 개간한 땅의 3분의 1을 전주에 주고 3분의 2를 개간한 자에게 주되, 개간자가 갈아 먹은 지가 10년이 되면 그 전지는 양자에게 균등하게 나 누게 한다.

다음은 진전에 대한 『조선왕조실록』의 기사인데, ①은 진전의 면세를 확대한 것이며, ②는 진전의 면세가 적절하게 이루지지 못함을, ③은 전라도 내의 진전 상황에 대해서 기록하고 있다.

① 「제3조에 '진전을 면세로 경작하는 자는 종전 사목대로 3년을 한정하여 조세를 물 리지 말되 간사한 백성이 조세를 내는 숙전(熟田)[800]을 버려두고 조세가 없는 진전을 경작하는 자는 진전의 조세를 절대로 감하여 주지 말라.'고 하였습니다.」[801]

② 「십수 년이나 황폐하게 묵혀버린 전지일지라도 진전에 대한 조사를 거치기 전에는 본디 면세해 줄 길이 없습니다. 그간에 일찍이 진전을 조사하여 면세해 주라는 조정 의 명령이 있었기는 합니다. 그러나 호조의 신하는 반드시 진전과 기경전을 서로 비 슷하게 맞춰놓으려고 하여 예전의 전결 총수보다 조금이라도 줄어들 경우에는 일체 기각시켜 버립니다.」[802]

③ 「전라 감사 조봉진의 장계에 이르기를, 병신년에 진전을 조사한 이후, 도내의 재탈이 자그마치 15,428결이 되기 때문에 별도로 수재(守宰)[803]를 신칙(申飭)[804]하여 장부를 대 조하여 고찰하여 보니, 기경으로 조사된 것이 4,849결이고 기경하도록 권장한 것이 270결이 되는데, 기경으로 조사된 것은 올가을부터 조세를 내고, 기경하도록 권장한 것은 규례에 의하여 3년을 한정하여 면세하도록 하였습니다.」[805]

---

800) 숙전: 해마다 농사를 지어 잘 길들인 밭.
801) 『인조실록』 14년 7월 26일
802) 『정조실록』 22년 12월 16일
803) 수재 : 수령.
804) 신칙 : 단단히 타일러서 경계함.
805) 『순조실록』 26년 10월 5일

나. 속전(續田)의 면세

속전(續田)은 토질이 비옥하지 못하여 때로는 휴경함으로써 경작한 때에만 과세하는 토지를 말한다. 다시 말해 속전은 토지의 척박으로 경작하기도 하고 묵히기도 하는 세역전(歲易田)[806]이었다. 세종대왕 때 마련한 공법수세제(貢法收稅制)는 '속전의 진황[807]은 면세한다'고 규정하고, 『경국대전』 호전의 수세조에서는 다음과 같이 속전은 "기경하는 대로 수세한다."고 규정하였다.

> ○ 부치다가 묵히다가 하는 토지[續田]와 더 개간한 토지는 기경(起耕)하는 데 따라 조세를 거둔다.

이 속전은 전분육등법에 따라 6등급에 속하는 박토 중에서도 가장 심한 것으로, 경작에 따라 세를 내는 것인데, 양전(量田) 후에는 묵히는 것을 인정하지 않아 폐해가 있었음을 다음 『현종실록』의 기사에서 볼 수 있다.

「양전(量田)의 실시는 백성의 요역을 균등히 하기 위한 것인데, 전지의 등급은 내리고 부세는 올렸다는 탄식이 이미 전지의 등급을 올렸을 때보다 극심합니다. 더구나 그 6등급 중에 이른바 속전(續田)이란 것은 박토 중에서도 가장 심한 것으로 경작에 따라 세를 내는 것인데, 양전(量田) 후에는 묵히는 것을 인정하지 않으니, 이는 대개 허실이 뒤섞일까 염려한 것입니다. 그렇지만 황폐한 밭에 모두 세를 징수하니 생업을 잃은 궁한 백성이 어찌 원망하지 않겠습니까. 가호(家戶)를 뒤져 인정(人丁)[808]을 통괄하는 일은 실로 토호들이 자기 울타리에다 그들을 보호하는 데에서 비롯된 것인데, 수령된 자는 조정의 본의는 생각지 않은 채 궁한 백성의 형제가 한 지붕 밑에서 한솥밥을 먹으며 사는 자에게도 그 사람수를 따져 등록하며, 가난한 선비로서 본래 노복이 없는 자에게도 강제로 군안에 편입시키므로 선비와 서민이 함께 곤욕을 겪습니다.」[809]

따라서 18세기 말까지도 속전에서의 백징(白徵)[810] 등 부작용이 나타났다. 다음은 『영조실록』의 속전에 대한 감면 기사인데, 속전(續田)에 대한 감면이 지역에 따라 공평하지 못하였다.

---

806) 한 해 농사지은 다음에는 농사짓지 못하고 놀리는 전답.
807) 진황(陳荒) 돌보지 않고 버려 두어 거칠어진 땅.
808) 호등(戶等)을 구분한 제도.
809) 『현종실록』 5년(1664) 10월 12일 5번째기사.
810) 백징 ; 白地 즉, 空地를 장부에 올리고 강제로 징수하는 행위

「왕세자가 덕성합(德成閤)에 좌정하여 대신들과 비국 당상을 인접(引接)하였다. 호조 판서 홍봉한이 말하기를, "모든 속전(續田)은 비록 혹은 기경하는 대로 조세를 거두지만, 조세를 거둘 적에 원전(元田)의 세액에서 감해 주는 바가 없습니다. 이것에서부터 전정(田政)의 법례가 되는데, 오로지 황주·봉산 두 고을의 속전에서만 매 결에서 4두(斗)를 감해서 받았으며, 이를 그대로 따르고 고치지 않으니, 비단 그 부세(賦稅)하는 법이 법전에도 어긋남이 있을 뿐만 아니라, 또 이것은 다른 고을에도 없는 바이므로, 그 명분도 바르지 못하고 뒷날의 폐단도 있으니, 금년을 시작으로 하여 다른 예에 의하여 일체로 조세를 내게 하는 것이 마땅합니다."하니, 왕세자가 그대로 따랐다.」[811]

다. 개간지(開墾地)와 간석지에 대한 감면

조선시대는 개간자에게 개간지에 대한 소유권과 이용권을 보장해 주고, 일정기간 면세의 혜택을 부여하여 토지의 개간(開墾)을 장려하였다. 개간의 면적이나 자격, 신분에는 제한이 없었다. 누구든 개간을 원하면 관(官)에서는 이를 들어주고 관여하지 않았다. 관사(官司)에서는 개간자에게 입안(立案)을 발급하여 진황지의 개간과 소유를 인정하였다. 새로 개간한 토지의 조세감면에 관한 내용은 『경제육전』에도 규정되어 있었는데, 다음과 같이 『태종실록』에 있다. 『경제육전』에서는 새로 개간한 토지의 경우 조세를 초년(初年)에는 전제(全除)하고, 2년에는 반제(半除)하고, 3년에는 조세를 징수하도록 하였다. 하지만 개간에 따른 감면 역시 법대로 잘 이행되지 않음을 알 수 있다.

「내자소윤(內資少尹) 이영 등이 진언하기를, "오직 우리 태조께서 창업하던 처음에 백성의 식량이 넉넉하지 못함을 염려하여 새로 개간한 토지로 하여금 〈조세를〉 초년(初年)에는 전제(全除)하고, 2년에는 반제(半除)하고, 3년에는 전수(全收)하는 것을 허락한다고 육전(六典)에 실렸으니, 실로 좋은 법입니다. 이제 모두 조세를 거두는데, 원컨대, 육전에 의하여 이 법을 거행하게 하소서."하니, 하교하였다. "이는 곧 육전에 실린 것인데, 관리들이 봉행하지 않았을 뿐이다. 제도(諸道)에 이문(移文)[812]하여 이를 거행하도록 하라."」[813]

그러나 『경국대전』을 비롯한 『속대전』 및 『대전통편』에는 앞에서 보았듯이 진전(陳田)을 개간할 경우 조세를 반감하지만, 새로 개간한 토지에 대한 면세 규정은 없다. 다만, 『경국대전』 호전의 수세조에는 다음과 같이 간석지를 개간할 경우 첫 해에는 조세를 면

---

811) 『영조실록』 34년(1758) 7월 20일 2번째기사.
812) 동등한 아문(衙門)에 보내는 공문서로 이문(移文)은 2품 이상 중앙 관아 및 지방 관찰사 등 조선 시대 최고 관서 사이에 행정적으로 협조할 필요가 있을 경우에 사용하였음.
813) 『태종실록』 18년(1418) 16년) 7월 2일 7번째기사.

제하고 이듬해에는 절반을 징수하도록 하였다.

> ○ 간석지[海澤]에 대해서는 첫 해에는 조세를 면제하고 이듬해에는 절반을 징수한다.

라. 화전(火田) 등에 대한 감면

『속대전』호전의 양전조에는 "화전(火田)은 모두 6등으로 하여 둔다."라는 규정하여 화전을 6등전으로 등록하여 1결의 세율을 적용하여 징수하도록 하였다. 여기서 화전(火田) 1결의 넓이는 일반적인 전지의 1결보다 훨씬 넓은 25일경(耕)[814]으로 하였다. 화전 1결의 면적을 넓힘으로써 1차적으로 감면효과를 줄 수 있도록 하였다.

> ○ 화전(火田)은 모두 6등(等)으로 하여 둔다.
> ○ 화전(火田)은 25일경(耕)을 1결로 하고 별건(別件)으로 대장을 만들며 천자문(千字文)의 글자로서 배열하지 않고 단지 지명만을 써서 원전(元田)과 섞이지 않도록 한다.

하지만 비총법이 시행되면서 화전에 대한 과중한 조세부담이 지워지면서,『대전통편』호전의 수세조에는 화전에 대해서 다음과 같이 지역에 따라 조세를 차등 감면하도록 규정하였다. 그러나 화전 1결에 좁쌀 100말부터 8말까지 편차가 큰 이유는 정확히 알 수 없다.

> ○ 해서(海西)[815]의 원양안(元量案)에 화전으로 기록된 토지에 대한 세는 매결 좁쌀 100말이며, 순영(巡營)[816]이 혁파한 화전은 매결에 반세(半稅)를 받되 좁쌀·콩 각각 25말을 징수한다.
> ○ 원양안외(元量案外)로 가경(加耕)한 화전·속전은 매결에 세로서 좁쌀 15말을 징수한다.
> ○ 호남·호서·경기의 화전은 매결 콩 8말을 수세하고, 강원도의 화전은 원전(元田)으로 등록되면 매결에 콩 4말을 수세한다.
> ○ 모든 화전은 기경함에 따라 수세한다. 평안도·함경도에서도 이와 같다.

『정조실록』의 다음 기사는 화전세에 대해 비총(比摠)에 따라 정확한 실태를 파악하지 않고 강제적으로 징수한 것을 볼 수 있다.

「화전세(火田稅)를 너무 지나치게 거두는 것도 진실로 백성들이 지탱하기 어려운 일이거니와, 협기전에 대해 징세하는 것은 더욱더 심한 고통입니다. 대체로 화전은 묵히고 일구는

---

814) 일경이란 한 마리의 소가 하루에 논이나 밭을 갈 만한 면적을 나타내는 단위.
815) 황해도(黃海道)를 이르는 말.
816) 감영.

것이 일정하지 않은데, 고을에서는 비총(比摠)에 따라 조세를 강징(强徵)하고, 아전들은 더 착취하여 자신의 이익으로 삼기 위해 화전의 소재지는 따지지 않고 멀리서 짐작으로 구실을 매깁니다. 이른바 호미로 일구는 농사란 공지(空地)를 호미로 일구어 한 되 곡식이나 한 말 곡식의 수확을 바라는 데 불과한 것인데, 또 여기에 강제로 조세를 내게 합니다. 도신과 어사에게 엄히 신칙하여 한결같이 현재 경작하고 있는 화전의 예에 따라 구실을 매기고, 비록 1파(把)·1속(束)이라도 만약 백징(白徵)한 것이 있으면 일일이 낸 자를 찾아서 되돌려 주게 하소서. 그리고 백징한 것이 적으면 아전과 향임(鄕任)을 징계해 다스리고, 백징한 것이 많으면 장계(狀啓)로 아뢰어 논죄하게 할 것이며, 호미로 일군 협기전에 대한 조세는 일체 혁파하는 것이 마땅합니다."하고, 성원이 아뢰기를, "화전세를 멀리서 짐작으로 매기는 폐단은 본도만이 그런 것이 아니지만, 본도에는 산골이 많기 때문에 더욱 심합니다. 호미로 일군 협기전은 본래 징세 대상이 아닌데 이처럼 마구 징수하니 불쌍하기 그지없습니다. 혁파하는 것을 결단코 그만둘 수 없습니다."하고, 제공이 아뢰기를, "화전에 대해 반드시 비총(比摠)을 높이고자 하는 것은 본래 탐관오리들의 일입니다. 풍흉을 따지지 않고 비총대로 백징(白徵)하는 자를 도신이 자세히 살펴 고과(考課)를 엄격히 한다면 거의 두려워 꺼리는 효과가 있을 것입니다.」[817]

마. 강속전(降續田)·강등전(降等田)에 대한 감면

전지는 경작지의 수로 사정이나 토질의 저하 또는 자연조건 등으로 그 상태가 늘 변동되므로, 국가에서는 정기적으로 양전을 실시하여 본래의 등급을 유지할 수가 없다고 인정되는 토지는 그 등급을 낮추어 주었다. 그래서 강등전(降等田)이란 양전할 때에 등급은 높았으나, 그후 진폐된 전지로 강등하여 감세하고 경작하도록 권한 토지를 말하며, 강속전이란 강등전으로 강등한 뒤에 경작하기를 원치 아니하면 또 강등해서 속전으로 하는 토지를 말한다. 하지만 이러한 구분은 다음의 사례에서 볼 수 있듯이 명확하게 구분되어 집행되지는 아니하였다. 다음 사례는『조선왕조실록』의 기사인데 ①은 강등전과 강속전의 구별이 확실하지 않다는 것이며, ②는 양전 후 강속전에 대해서 감면하여 주는 것이며, ③은 백성들이 강속전을 이용하여 탈세하였다는 것이다.

---

817) 『정조실록』 12년(1788년) 10월 29일 1번째기사.
　　(원문)「火稅太濫, 固是小民難支之端, 而挾起徵稅, 尤爲切肌之苦. 大抵火田, 陳起無常, 官以比摠責徵, 吏以加括自利, 不問其處, 遙執其卜. 所謂鋤農, 不過隙地鋤治, 僥倖升斗之收, 而又從而勒稅之. 嚴飭道臣、御史, 一從時起執卜, 雖把、束, 如有白徵, 一一推給. 小則懲治吏、鄕, 大則狀聞論罪. 鋤農挾起之稅, 一切革罷爲宜." 性源曰: "火稅遙執之弊, 不獨本道爲然, 而本道峽多之故, 爲尤甚. 若鋤農, 本非可以徵稅, 而如是勒徵, 極爲事矜, 革罷, 斷不可已." 濟恭曰: "火田必欲高摠, 自是貪官事. 不問豊歉, 比摠白徵者, 道臣詳察, 嚴其殿最, 則庶有畏憚之效.」

① 「강등전(降等田)과 역시 분명히 그 개념이 구분되어 정해져 있습니다. 그런데 양안(量案)에 등재된 6등(等) 이상의 토지에 대해 매년 일정한 조세를 부과하되 6등으로 낮추는 것까지도 잘 알지 못하는 자들은 강등전이라고 하여 6등의 정전(正田)에 포함시키지 않는가 하면, 속전(續田)의 예에 따라 경작하는 대로 조세를 거두는 토지에 대해서도 강속전이라고 하는 등 법례(法例)와는 전혀 딴판인데, 어떤 때는 강등전이라 하고 어떤 때는 강속전이라고 하면서 또 일정한 명칭으로 부르고 있지도 않습니다.」[818]

② 「송인명이 말하기를, "공흥도 경차관 홍익삼이 양전(量田)한 후에 묵은 전답은 강속전(降續田)으로 세미(稅米)를 감면해 줄 것을 청했는데, 그 청을 허락하는 것이 마땅할 것입니다."하니, 그대로 따랐다.」[819]

③ 「임금이 명하여 호남 지방에서 강속전(降續田)의 5년 동안 기한을 정하는 법을 중지하도록 명하였는데, 이보다 앞서 경자년[820]에 양전(量田)한 뒤에 진전(陳田)에서 백징(白徵)하는 폐단이 있어서 도신이 장계하여 청하였으므로, 속전(續田)의 예에 의하여 기경하면 조세를 받고, 묵히면 조세를 받지 않게 하였었다.」[821]

4. 산간 지역 등에 대한 감면

조선시대는 결부법에 의하여 비옥도에 따라 등급별 1결당 면적을 산정하고, 결당 수확량을 과세표준으로 계산하여 조세를 징수하였다. 따라서 결부법은 단순히 토지의 면적을 측정하는 것이 아니라 토지의 비옥도에 따른 수확량을 고려하여 면적을 계산하는 방법이다.

『경국대전』 호전의 수세조에는 "1등전 1결은 38묘(畝)에 해당하고 2등전은 44묘7푼, 3등전은 54묘2푼, 4등전은 69묘, 5등전은 95묘, 6등전은 152묘에 해당한다."라고 규정하였으며, 전분6등에 따른 1결의 면적은 달라도 1결 모두 동일한 세율로 조세를 징수하도록 하였다. 따라서 토질이 좋지 않는 지역이라 하여 별도로 조세를 감면하는 것은 공평측면에서 바람직하지 않지만, 수리시설 등이 없는 척박한 지역은 기후에 따라 생산량의 편차가 크기 때문에 『경국대전』 호전의 수세조에는 다음과 같이 토질이 척박한 도의 감면을 규정한 것이다.

---

818) 『정조실록』 23년(1799) 11월 17일 9번째기사.
819) 『영조실록』 18년(1742) 1월 4일 1번째기사.
820) 1720 숙종 46년.
821) 『영조실록』 20년(1744) 12월 25일 3번째기사.

○ 영안도[822] · 평안도는 3분의 1을 줄이고, 제주 3읍(邑)은 반을 줄인다.

다음 『실록』의 기사에 따르면 함경도와 평안도는 척박한 토지뿐만 아니라 방어(防禦)에 힘쓰고 사신의 접대에 시달리기 때문에 조세를 감면해 주었으며, 제주도 역시 토질이 척박하여 조세를 감면한 것을 알 수 있다.

① 「비변사가 함경감사 장만의 진폐차자(陳弊箚子)[823]에 대하여 회계(回啓)[824]하기를, "함경도는 (중략) 지대가 북쪽으로 아주 멀리 떨어져 있어서 기후가 몹시 춥고 토지가 척박한데다, 또 호인(胡人)[825]의 부락과 강 하나만을 사이에 두고 있습니다. 생활의 어려움이란 이루 형언할 수 없지만, 그러나 여느 때는 번호(藩胡)[826]와 고기 및 소금을 무역하여 입에 풀칠을 하여 왔는데, 지금에 와서는 호인의 부락마저 다 비고 초서(貂鼠)[827] 따위의 물건을 매매할 길이 없어서 떠돌며 고생하는 모양이 날이 갈수록 더 심각합니다.」[828]

② 「평안도는 토지가 척박하고 백성이 가난한데, 다만 방어하는 일이 긴급할 뿐 아니라, 조정 사신과 매년 중국에 가는 사신의 행차에 영송(迎送)하는 군사와 타고 싣고 하는 등의 일이 다른 도에는 없는 것입니다. 이것으로 인하여 군사와 백성이 괴로움을 이기지 못하여 유망(流亡)하는 자가 많습니다.」[829]

③ 「제주의 토지는 본래 메말라서 농사짓는 사람이 토지에서 부지런히 일하여, 애쓰고 힘써서 그 공력을 백배나 들여도 항상 한 해 동안의 양식이 모자랄까 걱정하여, 농업을 하지 아니하고 상업에만 힘쓰는 자가 매우 많습니다.」[830]

그리고 『속대전』 호전의 수세조에서도 다음과 같이 척박한 산간지역 등에 세율을 낮추고, 감면을 실시하여 과세공평을 실현하고자 하였다. 또한 산간지역에서는 쌀과 콩 대신 포목으로 대신 징수하게 조세징수의 편의를 도모하였다. 조선시대 쌀이나 콩 대신에 무명으로 전세를 징수하거나, 무명이 나지 않고 베가 나는 곳에서는 베로 징수하는 것을

---

822) 함경도.
823) 폐단을 진소(陳疏)함. 곧 출사(出使)하였다가 돌아와서 복명하는 관원이 민간의 폐단이 되는 일을 임금에게 올리던 간단한 서식의 상소문.
824) 임금의 물음에 대하여 신하들이 심의하여 대답하던 일.
825) 오랑캐
826) 회령 · 종성 · 온성 등 국경 지대에 사는 여진족을 일컬음.
827) 노랑가슴담비.
828) 『광해군일기』 즉위년(1608) 8월 16일 2번째기사.
829) 『성종실록』 1년(1470) 2월 24일 4번째기사.
830) 『세종실록』 1년(1419) 9월 11일 7번째기사.

작목(作木)이라고 하였다.

> ○ 평안도의 강변 7읍(邑) 및 평양부는 전례에 따라 3분의 1을 감하고, 그 나머지 읍(邑)은 전 1결에 좁쌀 5되 6합(合) 8작(勺), 콩 1말 8되, 답 1결에 조미(造米) 3말 3되 3합(合) 4작(勺)을 징수한다.
>
> ○ 산간지역 군(山郡)에서는 포목으로 바꾸어 징수하는데 삼남지방은 세미(稅米) 1석은 포목 3필 반, 콩 1석은 2필 반, 삼수미 1석은 3필로 징수하고, 황해도에서는 쌀 1석은 3필, 좁쌀 1석은 2필 반, 콩 1석은 1필 반으로 징수한다.

02 조선시대 **조세감면의** 사유와 실태

제1절　구제를 위한 조세감면

1. 조세감면에 의한 구제(救濟)의 필요성

　조선의 주된 산업은 농업이다. 그런데 조선시대의 농사는 한해(旱害)를 비롯한 수해·풍해·충해 등의 자연재해를 피할 수 없었고, 그에 따른 곡식의 수확량 감소는 불가피하였다. 그리고 그 재해로 인한 백성들의 기아와 질병은 끊임없이 발생하였으며, 그에 따른 민생안정은 국가정책 중 가장 중요한 부분이었다. 그래서 세종대왕은 다음과 같이 "흉년이 되어 기아가 발생하면 환곡의 법을 정하여 관의 창고를 열어 굶주린 사람을 진제(賑濟)831)케 하고, 시행치 않는 수령은 벌로써 다스리라."하였다.

　「왕지(王旨)하기를, "백성이란 것은 나라의 근본이요, 백성은 먹는 것을 하늘과 같이 우러러 보는 것이다. 요즈음 수한풍박(水旱風雹)832)의 재앙으로 인하여, 해마다 흉년이 들어 환과고독(鰥寡孤獨)833)과 궁핍한 자가 먼저 그 고통을 받으며, 떳떳한 산업을 지닌 백성까지도 역시 굶주림을 면치 못하니, 너무도 가련하고 민망하였다. 호조에 명령하여 창고를 열어 구

---

831) 흉년을 당하여 가난한 백성을 도와줌.
832) 홍수와 가뭄, 바람과 우박.
833) 늙고 아내가 없는 사람, 늙고 남편이 없는 사람, 어리고 어버이가 없는 사람, 늙고 자식이 없는 사람. 곧 홀아비·홀어미·고아 및 자식 없는 사람.

제하게 하고, 연달아 지인(知印)[834]을 보내어 나누어 다니면서 고찰하게 한 바 수령으로서 백성의 쓰라림을 돌아보지 않는 자도 간혹 있으므로, 이미 유사로 하여금 죄를 다스리게 하였다. 슬프다, 한많은 백성들의 굶어 죽게 된 형상은 부덕한 나로서 두루 다 알 수 없으니, 감사나 수령으로 무릇 백성과 가까운 관원은 나의 지극한 뜻을 몸받아 밤낮으로 게을리 하지 말고 한결같이 그 경내의 백성으로 하여금 굶주려 처소를 잃어버리지 않게 유의할 것이며, 궁벽한 촌락에까지도 친히 다니며 두루 살피어 힘껏 구제하도록 하라. 나는 장차 다시 조정의 관원을 파견하여, 그에 대한 행정 상황을 조사할 것이며, 만약 한 백성이라도 굶어 죽은 자가 있다면, 감사나 수령이 모두 교서를 위반한 것으로써 죄를 논할 것이라."고 하였다.」[835]

이처럼 조선 정부는 평시에 곡식을 저장해두었다가 흉년이 들었을 때 굶주린 사람을 구호하거나 가난한 사람에게 대여해 주고, 가을에 갚도록 하는 의창제도를 운영하여 백성들의 구제에 힘썼다. 하지만 백성들을 구제하기 위한 직접적인 수단인 의창제도는 많은 한계점을 가지고 있었다. 의창(義倉)은 흉년과 춘궁기에 국가가 농민에게 양곡을 대여해 주고 수확기에 갚게 한 제도로, 농민들의 직접적인 몰락을 막고 농업의 기본적인 재생산조건을 유지하는 기능을 하였다. 그러나 의창에 저장한 곡식이 부족[836]하고 결손[837] 등의 폐단이 늘 발생하였으며, 조선후기에는 삼정의 하나로 오히려 국가재정 확보의 수단으로 전락하였다. 그래서 의창제도로 백성을 구제하는 것은 역부족이었다.[838]

조선시대에 기근 등으로 유리한 자[839]가 많이 있었다는 것은 의창이 제대로 기능하지 못하였고, 그에 따른 폐단이 있었기 때문이다. 세종 21년의 『세종실록』에는 의창의 폐단에 대해서 네 가지를 기록하고 있다. ① 의창미가 부족한 경우 군량미로 대용하였으며,

---

834) 녹사(錄事)와 비슷한 신분으로서 토관들 밑에서 주로 지방행정 및 군사에 관한 일을 담당하였다.

835) 『세종실록』 1년(1419) 2월 12일 4번째기사.

836) 「굶주린 백성이 도토리[橡實]를 주어 연명하는데, 도토리가 이미 다 없어졌고, 의창(義倉)에 저장한 곡식도 구제하기에 부족합니다.」[『태종실록』 9년(1409) 3월 16일 5번째기사. 『세종실록』 6년(1424) 1월 20일 4번째기사, 『세종실록』 7년(1425) 4월 28일 2번째기사. , 『세종실록』 9년(1427) 5월 7일 4번째기사. 등]

837) 「그 뒤에 혹은 흉년으로 인하여, 혹은 관리가 직책을 태만히 하여, 꾸어 간 백성이 다 바치지 아니하고, 또 쥐가 축내고 썩어서 손실되는 것이 있어, 결손을 가져와서 의창의 저축이 점점 모손(耗損)되어 꾸어 주기에 부족하므로, 많이 군자(軍資)로써 의창의 부족한 수량을 보충하였습니다.」[『세종실록』 21년(1439) 9월 10일 6번째기사.]

838) 1392년(태조 1)에는 의창을 두어 연 1~2할의 이식을 징수하였고, 1451년(문종 1)에는 의창의 보조기구로 각 촌락에 사창(社倉)을 두어 의창에서는 10말에 2되의 이식을, 사창에서는 15말에 3말의 이식을 각각 받았고, 1458년(세조 4)에는 흉년에 대비, 임시기구로 상평창을 두었고, 1626년(인조 4)에는 상평창을 진휼청(賑恤廳)에 통합, 평시에는 상평창으로 물가 조절을, 흉년에는 진휼청으로 곡식의 대여를 담당하였다. 이와 같이 의창이 주체가 되어 환곡의 사무를 운영하였으나 원활히 실시되지 않았으며, 그 후 임진왜란·병자호란으로 국가의 재정이 어려워지자 환곡 본래의 기능이던 비황(備荒)과 궁민 구제는 관청의 재정확보로 전환되었다.

839) 도내 영서(嶺西)의 각 고을에 옛부터 내려오고 있는 민호(民戶)의 원수(元數)는 9천 5백 9호인데, 근래에 기근으로 인하여 유리(流離)하여 없어진 호수가 2천 5백 67호이고, 현재에 거주 호수가 6천 9백 43호입니다.(『세종실록』 6년(1424) 3월 28일 3번째기사.)

② 환곡의 환수가 어려웠으며, ③ 감고(監考)와 색리(色吏)의 농간으로 그 혜택은 부자에게로 돌아가는 등 혜택이 고르지 아니하고, ④ 의창의 목적이 아닌 사신과 빈객(賓客)[840]의 접대에 쓰고 환납하지 아니하였다는 것이다. 이러한 현상은 조선시대 내내 이어졌다고 본다.

「의창의 거두고 헤치는 법이 지극히 자세하옵지만, 각 고을 수령이 폐기하고 거행하지 아니하여서 모손하는 데 이르렀사온데, 그 폐단은 네 가지가 있습니다. 백성의 생계와 빈부를 미리 분별하여 놓지 아니하였다가 그 환자 내어 줄 때를 당하여 빈부를 가리지 아니하고 일률로 다같이 헤쳐 주므로, 남는 것이 없어 마침내는 군량을 대용하기에까지 이르오니, 이것이 그 하나이요, 그 환자를 거두어들일 때에 이르러서는 헤쳐 준 것이 많았기 때문에 거두어 받지 못하고서도 책망을 면하려고 석수(石數)[841]를 허망하게 늘여서 필납한 것으로 거짓 보고하니, 이 때문에 헤쳐 놓은 것은 많으나, 거두어들인 것은 적사오니, 이것이 그 둘째이며, 양곡을 내고 들이는 권한을 감고(監考)와 색리(色吏)에게 맡겨 주어서 제 마음 내키는 대로 내고 들이게 함으로써 환자 주는 혜택은 먼저 부자에게로 돌아가고 거둘 때에는 바치라는 명령이 빈민에게 미치게 되매, 혜택이 고르지 아니하고 거두고 헤치는 것이 분명치 아니하오니, 이것이 그 세째이요, 사신과 빈객(賓客)이 오고갈 때에 공용(公用)이 부족하면 의창의 전청(傳請)[842]이라 하여 마음대로 대출해 쓰고 끝내 환납하지 아니하니, 이것이 그 네째이옵니다.」[843]

더욱이 이러한 의창제도의 단점은 흉년이나 춘궁기(春窮期)에 곡식을 빈민에게 대여해 주고 추수기에 이를 환수하여야 했다는 것이다. 그것도 환곡의 이식과 함께 환납하게 하여 그 이식을 국가의 부족한 재원에 충당하게 한 것이다. 그래서 조선중기 이후 삼정(三政)의 문란 중 이 환곡제도의 폐단이 가장 컸으며, 각처에서 민란이 일어나는 등 사회적 혼란을 발생시켰다. 민생의 구제를 위한 의창제도는 오히려 백성을 핍박하는 제도로 전락하고 만 것이다.

이러한 상황에서 조세감면은 재해를 입은 백성에 대하여 직접적이고 실질적인 혜택을 줄 수 있는 유일한 정책이었다. 그 결과 조선시대의 조세감면은 군왕이 베풀어 주는 시혜(施惠)[844]로 백성의 생활 안정에 중요한 역할을 하였다. 물론 국가의 재정수입이 절대

---

840) 손님.
841) 곡식을 섬으로 센 수효.
842) 다른 사람을 사이에 넣어 간접적으로 청함.
843) 『세종실록』 21년(1439) 10월 10일 1번째기사.
844) 은혜를 베풂.

적으로 농업에 의존하고 있는 현실에서 재해 등에 따른 조세감면은 국가에도 큰 부담으로 작용하였지만 다른 대안이 없는 상태에서 최선의 구제정책인 것이다. 다음『중종실록』의 기사는 조세감면이 구제의 개념을 포괄하고 있음을 말하고 있다.

「'산재(散財)하고 박정(薄征)한다.' 하였으니, 이는 흉년을 구제하는 큰 강령인데, 여조겸(呂祖謙)[845]이 '산재란 이미 저장한 국가 재물을 방출하는 것이고, 박정이란 바치지 못한 백성들의 조세를 감하는 것이다.' 하였습니다. 곤궁한 민생들은 오로지 국가의 곡식에 의존하는 것인데, 수십 년이 된 포흠(逋欠)[846]이 아직도 문서에 없어지지 않아, 죽은 사람이나 도망한 자의 것을 해마다 바치기를 독촉하여, 이웃과 족속들에게 부담시켜 받으므로, 마침내 바칠 길이 없게 되어 한갓 파산하게 되니, 이 어찌 국가에 유익한 일이겠습니까? 마땅히 요량해서 감해야 합니다.」[847]

그리고 다음『중종실록』기사는 조세의 감면이 구제에 대한 실질적인 혜택이라고 말하고 있다.

「영사 남곤이 아뢰기를, "조세 감하는 일을 두 차례나 하문하시니 이는 진실로 아름다운 정책이기는 하지만, 연도가 지난 환상(還上) 같은 것은, 비록 감하도록 하시더라도 백성들이 본디 상환할 뜻이 없는 것이기에, 반드시 실다운 혜택으로 여기지 않을 것이고, 조세를 감해 준다면 실다운 혜택을 받음이 매우 클 것입니다."」[848]

2. 조세감면에 의한 구제 사례

태조는 즉위교서에서 다음과 같이 환과고독(鰥寡孤獨)[849]의 구휼은 왕이 가장 먼저 할 일이라 하면서, 굶주리고 곤궁한 사람을 진휼(賑恤)하고 그 부역(賦役)을 면제해 줄 것을 명하였다.

「환과고독(鰥寡孤獨)은 왕정(王政)으로서 먼저 할 바이니 마땅히 불쌍히 여겨 구휼해야 될 것이다. 소재(所在)관사(官司)에서는 그 굶주리고 곤궁한 사람을 진휼하고 그 부역(賦役)을 면

---

845) 송대의 학자. 자는 백공(伯恭), 호는 동래(東萊), 시호는 성(成). 저서에 《고주역(古周易)》·《동래박의(東萊博議)》·《춘추좌씨전설(春秋左氏傳說)》 등이 있다.
846) 국가의 조세(租稅)를 납부하지 않는 것.
847)『중종실록』20년(1525) 7월 27일 4번째기사.
848)『중종실록』20년(1525) 7월 22일 1번째기사.
849) 홀아비·과부, 어리고 부모 없는 사람, 늙고 자식이 없는 사람 등을 일컫는 말.

제해 줄 것이다.」[850]

그리고 재해에 따른 감면은 다음의 『정조실록』과 같이 유교사상을 바탕으로 왕이 백성에 대한 부모와 같은 심정에서 행하여 졌다는 것을 알 수 있다. 정조는 재해지의 조세를 감면해 준 것을 모든 백성이 알게 할 것을 명하고 있다.

「올해 농사 형편은 오도(五道)와 양도(兩都)[851]는 다행히도 큰 흉년은 면하였으나, 경기·호서·영남은 재해를 입었다. 내가 이 때문에 두려워서 아침부터 밤에까지 편안할 겨를이 없다. 어찌 감히 한두 가지 감면해 주고 돌보아 주는 정사를 가지고 부모의 책임을 다했다고 여기겠는가? (중략)

아! 환곡 이외에 또 백성에게 긴절한 한두 가지 일이 있으니, 재해지의 조세를 감면해 주는 것과 진휼을 시작하는 것이다. 각 고을의 재해지의 조세를 감면해 주는 것이 한 줌이나 한 다발의 벼도 틀리지 않아 생판으로 징수당하는 억울함이 없으며, 대파(代播)[852]도 면하여 누런 곡식을 베는 효과가 있는지의 여부를 내가 알 수 없다. (중략)

또 하교하기를, "유시 한 통을 호서 도백에게 내려 보내어 도내의 백성들을 잘 깨우쳐서 각자 본거지에 정착하여 생에 종사하게 하여 유산(流散)[853]의 지경에 이르지 않게 하라. 이처럼 간곡하고 애써서 유시하는데 일부일부(一夫一婦)라도 세금을 감해준다는 영을 듣지 못하였거나 유시한 일을 듣지 못하여 민정(民情)이 한결같이 허둥지둥할 경우 이와 같은 도백[854]을 쓸 것이 뭐가 있겠는가? 앞으로 특별히 안렴사를 보내서 그 실적을 확인해 볼 것이니, 명심해서 거행하라고 하라." 하였다.」[855]

따라서 『조선왕조실록』에서는 구제에 대한 많은 기사가 있으며, 그 중에서도 조세를 감면하여 구제하게 한 사례가 많이 있다. 다음 『태종실록』 기사는 태종 6년 풍수해를 입은 강원도에 조세를 감면하게 한 사례이다.

「강원도의 금년 전조(田租)의 수량을 감하였다. 관찰사가 상언(上言)하였다. "본도의 전지(田地)가 척박하여 화곡의 결실이 다른 도에 미치지 못합니다. 그러므로 수전(水田) 1결에 조미(糙米) 26두(斗) 5승(升)을, 한전(旱田) 1결에 보리 25두(斗)를 거두고, 창고·궁사(宮司)[856]

---

850) 『태조실록』 1년(1392) 7월 28일 3번째기사.
851) 개성과 강화.
852) 모를 내지 못한 마른논에 대신(代身) 다른 곡식(穀食)을 심는 일.
853) 흩어지다.
854) 관찰사.
855) 『정조실록』 6년(1782) 11월 3일 1번째기사.

의 전조(田租)는 유밀(油蜜)[857]과 포화(布貨)[858]를 자원하여 수납하게 하는 것은 고례(古例)입니다. 임오년(壬午年)부터 조세를 거두는 수량을 이에 다른 도의 예로 하여, 수전(水田) 1결에 쌀 30두(斗)를 거두고, 한전 1결에 보리 30두(斗)를 거두니, 백성들이 심히 괴로워합니다. 금년에 또 큰 바람과 큰물로 인하여 손상이 심히 많으니, 원하건대, 전에 있었던 과식(科式)대로 수조하게 하고, 포화(布貨)·유밀(油蜜)도 또한 자원(自願)에 따라 수납하게 하여, 생민(生民)을 위로하게 하소서." 임금이 이를 윤허하였다.」[859]

그러나 재해의 구제를 위한 조세감면이 늘 시행되지는 못하였다. 조세감면은 국가재정을 부족하게 하였기 때문이다. 다음『중종실록』의 기사는 이러한 내용을 담고 있다.

「우리나라는 중국과 달라, 한갓 3년 쓸 저축이 없을 뿐만 아니라 1~2년 쓸 저축도 없는데, 객인(客人)들 대접이나 백관들의 봉록(俸祿) 등 모든 경비를 모두 조세로 충당하고 있습니다. 조종(祖宗)들께서 여러 대를 저축했으나 1백만 석(石)이 되지 못했는데, 폐조(廢朝)[860] 때에 이르러 용도를 절제없이 하였기에 겨우 50만 석이 있었습니다. 경창(京倉)은 지금 상께서 항시 비용을 절약하시느라 연향(宴享)[861]도 거행하지 않는데, 다만 세입이 적어 한 해의 세입이 겨우 한 해의 비용을 충당하기 때문에 더 군자(軍資)를 저축한 것이 있지 않습니다. 또 근년에는 백관들의 녹봉도 부족하므로, 고형산이 호조 판서 때 공물을 쌀과 바꾸어 사용했었으니, 만일 조세를 감한다면 반드시 경비가 부족하여 나라 모양이 되지 못할 듯싶습니다."」[862]

---

856) 궁원(宮院)의 사무를 맡은 기관.
857) 꿀.
858) 화폐로 쓰이는 포목(布木).
859) 『태종실록』4년(1404) 9월 25일 2번째기사.
860) 연산군(燕山君).
861) 국빈을 대접하는 잔치.
862) 『중종실록』20년(1525) 7월 22일 1번째기사.

제2절　유교이념의 실현을 위한 조세감면

　조선은 건국이념으로 숭유배불주의(崇儒排佛主義)를 내세워 불교를 배척하고, 유교를 정치·문화·사상의 지도적 근본이념이 되게 하였으며, 교육·과거시험·의례는 유교적인 체제로 바뀌어 갔다. 따라서 조선은 유교의 가르침에 따른 생활 예절과 풍속을 정착시키기 위해 많은 노력을 기울였다. 이에 조선의 모든 백성들은 삼강오륜을 알고 실천하도록 하였다. 여기서 삼강은 군위신강(君爲臣綱)·부위자강(父爲子綱)·부위부강(夫爲婦綱)을 말하며, 이것은 임금과 신하, 어버이와 자식, 남편과 아내 사이에 마땅히 지켜야 할 도리이다.

　이러한 유교이념은 실천하는 행위는 충신·효자·열녀의 결과로 나타났는데, 조정에서는 이 유교이념의 실천을 위하여 정문(旌門)[863]을 내려 표창하고, 녹(祿)을 주거나, 조세를 감면시켜 주었다. 태조의 '즉위교서'에서도 다음과 같이 충신·효자·의부(義夫)[864]·절부(節婦)[865]는 풍속으로 권장할 것을 명하고 있다.

> 「1. 충신·효자·의부(義夫)·절부(節婦)는 풍속에 관계되니 권장해야 될 것이다. 소재(所在) 관사(官司)로 하여금 순방하여 위에 아뢰게 하여 우대해서 발탁 등용하고, 문려(門閭)[866]를 세워 정표(旌表)[867]하게 할 것이다.」[868]

　그래서 『경국대전』 예전(禮典)의 장권(獎勸)조에는 다음과 같이 효자·순손(順孫)[869]·절부(節婦)[870] 등에 대해서는 정문을 세워주었고 호역(戶役)을 면제해주게 하였다.

○ 부모에게 효도하고 형제간에 우애가 있으며, 절개와 의리를 지킨 자는 예컨대 효자(孝子)·순손(順孫)·절부(節婦), 나라를 위하여 죽은 자의 자손·친족간에 화목하거나 환란을 구제한 사람 등에 대해서는 매년 말 예조(禮曹)에서 초록[871]하여 임금에게 보고하여 장려한다. 상으로 관직을 주거나 물건을 주며 특이한 자에게는 정문을 세워주었고 호역(戶役)을 면제(復戶)한다. 나라를 위하여 죽은 자의 처가 절개를 지켰을 경우에도 역시 호역(戶役)을 면제한다.

---

863) 조선시대에 충신·효자·열녀 등 모범이 되는 사람을 표창하고자 그 사람이 사는 마을 입구나 집 문 앞에 세우던 붉은 문.
864) 아내가 죽은 뒤 재취하지 아니한 남편.
865) 절개가 굳은 부인.
866) 마을 어귀의 문(門).
867) 착한 행실을 칭송하고 이를 세상에 드러내어 널리 알림.
868) 『태조실록』 1년(1392) 7월 28일 3번째기사.
869) 조부모를 잘 받들어 모시는 손자.
870) 절개가 굳은 부인.

따라서 충신에게는 다음『실록』기사들과 같이 녹(祿)을 후하게 주도록 하였다.

① 「충신하며 녹(祿)을 후하게 주는 것은 관리를 권려(勸勵)[872]하려는 까닭이니,. 정성으로 대하고 후하게 기르면 관리가 부모를 섬기고 자녀를 기르는 데에 걱정이 없어서 일에 나아가고 공을 세우기를 즐겨하기 때문에, 여러 신하를 내 몸처럼 하면 관리가 예로써 보답함이 중하다고 이르는 것인데, 몸처럼 한다는 것은 자신을 그 처지에 두어서 그 마음을 살피는 것을 이르는 것입니다.」[873]

② 「1. 충신 한 사람에게 중록(重祿)[874]을 주는 것은 선비를 권하는 것이 온데, 국가의 봉록 제도가 1품(品)에서 9품까지를 18과(科)로 나누어 매년 봄·가을에 반사(頒賜)[875]하니, 선비를 권하는 도(道)가 후하다 하겠습니다.」[876]

③ 「"충신중록(忠信重祿)은 임금이 신하를 대우하는 도(道)인데, 녹봉을 감하는 것은 아름다운 일이 아니니, 청컨대 용관을 태거하소서." 하였다.」[877]

그리고 효자 및 절부(節婦) 등에게는 다음『실록』기사와 같이 조세를 감면해 주고, 복호(復戶)[878]를 해 주었다. 이처럼 조선시대에 조세감면은 국가가 백성에게 직접적으로 혜택을 주어 시행할 수 있는 문화·복지 정책이었다.

① 「서인(庶人)[879] 가운데 부모에게 효도하고 형제에게 우애하고 농사에 힘쓰는 사람에게는 조세의 반을 감면하여 주어 풍속을 권장할 것이다.」[880]

② 「예조에서 경기 관찰사의 계본(啓本)에 의거하여 아뢰기를, "사성(司成)[881] 홍의달의 처 김씨는 남편이 죽은 뒤에도 살아 있을 때와 같이 섬기고, 3년 동안 분묘를 지키면서 아침저녁으로 친히 제사지냈으며, 복(服)을 벗은 뒤에는 따로 깨끗한 방을 만들어 신주(神主)[882]를 모시고, 친히 삭제(朔祭)[883]와 조석전(朝夕奠)[884] 드리기를 처음부터 끝까

---

871) 필요한 부분만을 뽑아서 적음.
872) 어떤 일을 하도록 부추기거나 장려함.
873) 『성종실록』 9년(1478) 4월 3일 1번째기사.
874) 많고도 후한 녹봉(祿俸).
875) 임금이 녹봉이나 물건을 내려 나누어 주던 일.
876) 『세종실록』 17년(1435) 5월 25일 6번째기사.
877) 『세조실록』 2년(1456) 2월 30일 3번째기사.
878) 조선시대 때 충신(忠臣)과 효자(孝子)·절부(節婦)가 태어난 집의 조세나 그밖의 국가적 부담을 면제하여 주던 일.
879) 서민(庶民).
880) 『태조실록』 1년(1392) 9월 24일 1번째기사. (원문)「庶人孝悌力田者, 免租一半, 以勵風俗.」
881) 조선시대 성균관에 둔 종삼품(從三品) 관직으로 정원은 1명이다.
882) 죽은 사람의 위(位)를 베푸는 나무패.
883) 매달 음력 초하루마다 조상에게 지내던 제사.
884) 장사에 앞서 아침저녁으로 영전에 지내는 제사.

지 한결같이 하여, 절행(節行)[885] 이 탁이(卓異)[886] 하오니, 포장을 더하여 풍속을 권려(勸勵)함이 마땅합니다. 청컨대 《대전(大典)》에 의거하여 소재관(所在官)에 명하여 정문(旌門)을 세우고 복호(復戶) 하게 하소서."하니, 그대로 따랐다.」[887]

③ 「예조(禮曹)에서 임무생의 상언에 의거하여 아뢰기를, "삼가 영락 22년(세종 6년, 1424) 본조(本曹)의 수교를 살피건대 이르기를, '한림(翰林)[888] 조탁의 아내 나씨와 그 동생 임윤덕의 아내 나씨는 모두 남편이 죽자 3년 동안 여묘(廬墓)[889]살이 하고 형제가 종신토록 같이 살면서 우애의 도리를 다하였으므로 모두 높일 만하니, 복호(復戶)하고 정문(旌門)하여 포장(褒獎)하라.' 하였고, 정통 9년(세종 26년, 1444) 3월 초 10일에 도승지 이승손의 봉교(奉敎)[890]에 이르기를, '나씨 자매의 자손은 복호(復戶)하고, 전세의 모든 요역(徭役)을 면제하라.'고 하였습니다.」[891]

제3절   조세감면의 그밖의 사례

1. 체납된 조세의 감면

현대에는 조세를 납부하지 않을 경우 강제처분하고, 강제처분에 의하여도 징수하지 못한 경우 과세관청이 결손처분을 하게 된다. 그러나 조선시대에서는 이러한 결손처분 제도가 없었으며, 그 대신에 밀린 조세를 왕이 직접 감면해 주었다. 다음의 『실록』기사 중 ①은 성종 9년의 기사로 체납된 전세를 감면한 내용인데 이 경우 면세율을 살펴보면 체납이 15년이상인 경우 100% 면제하고, 14년 이상의 체납이면 세번 반감하여 87.5%를 면제하고, 12년 이상의 체납이면 두 번 반감하여 75%를 면제하고, 8년 이상의 체납이면 반감하여 50%를 감면하는것이다. ②는 성종 12년, ③은 명종 12년, ④는 선조 29년의 기사로 모두 전세(田稅) 등의 체납이 아직 민간에 많이 남아 있어 백성들에게 괴로움을 주

---

885) 절개를 지키는 행실.
886) 보통 사람보다 뛰어나게 다름.
887) 『성종실록』 7년(1476) 9월 14일 6번째기사.
888) 조선시대 예문관(藝文館)에 두었던 정칠품(正七品) 관직.
889) 상제(喪制)가 무덤 근처에 여막을 짓고 살면서 무덤을 지키는 일.
890) 임금의 명령을 받듦.
891) 『성종실록』 9년(1478) 8월 24일 2번째기사.

고 있기 때문에 감면한다는 것이다.

① 「호조에서 아뢰기를, "지금 받들은 전교에, '각년(各年)에 받지 못한 전세를 적당히 감면하여 주고, 징수할 빚도 이같이 하라.' 하셨습니다. 신들이 각년의 사문(赦文)[892]을 참고하여 보니, 계미년(세조 9년, 1463) 이상은 전부를 면제하고, 갑신년(세조 10년, 1464)이상은 세 번 반감(半減)하고, 병술년(세조 12년, 1466) 이상은 두 번 반감하고, 경인년(성종 원년, 1470) 이상은 반감해서 아울러 주창(州倉)에 납부하게 하였습니다. 가령 40석을 반감하면 실제로 납부하는 것은 20석이고, 두 번 반감하면 실제로 납부하는 것은 10석이고, 세 번 반감하면 실제로 납부하는 것은 5석인데, 지금 거두지 못한 석수(石數)[893]를 차례차례로 헤아리어 감하기가 어렵습니다. 청컨대 전에 세 번 감한 자는 전부를 면제하고, 두 번 반감한 자는 세번째로 반감하고, 반을 감한 자는 두번째로 반감하고, 전혀 반감하지 않은 자는 갑오년(성종 5년, 1474)이상은 반감한 전례에 의해서 아울러 주창(州倉)에 납부하게 하고 그 나머지 몇 말 몇 되와 같은 얼마 안 되는 것은 전부를 면제하도록 하소서. 사문(赦文)에 무릇 도용(盜用)[894]에 관련된 것이라 한 것 및 일체 소급하여 몰수한 잡물(雜物), 각 관사에서 재화를 늘리는 것, 중국과 무역하는 잡물 등은 징수하기 시작한 이후 반 이상을 받지 못하였는데, 다 징수하기가 어려우니, 10년 된 것은 전부를 면제하고, 5년 이상 된 것은 반감하고, 그 중에 술책을 써서 면하려고 전혀 납부하지 않은 자와 반 이상을 납부하지 않은 자는 감면하지 마소서." 하니, 그대로 따랐다.」[895]

② 「호조에 전지하기를, "인사(人事)[896]가 아래에서 감동하면 천변(天變)이 위에서 응험하는 것이니, 이 가뭄은 허물이 참으로 나에게 있으나, 부흠(負欠)[897]한 백성이 징납(徵納)에 괴로우면 화기(和氣)[898]를 손상하여 재변을 부르는 것이 또한 여기에서 말미암는다. 병신년[899] 이전의 아직 거둬들이지 못한 노비의 신공(身貢)[900]과, 경자년[901] 이전의 파손되고 유실된 잡물과, 계사년[902] 이전의 모든 도용에 관계된 것 및 모든 소급하여 몰수할 잡물과, 제사(諸司)에서 식화(殖貨)[903]·당 무역하던 잡물들 중에서 징납하

---

892) 임금이 내리던 글.
893) 곡식을 섬으로 센 수효.
894) 남의 물건이나 명의를 몰래 씀.
895) 『성종실록』 9년(1478) 2월 2일 7번째기사.
896) 사람으로서 해야 할 일.
897) 납세가 밀림.
898) 생기 있는 기색.
899) 1476 성종 7년.
900) 노비가 신역(身役) 대신에 바치던 공물.
901) 1480 성종 11년.
902) 1473 성종 4년.

기 시작한 뒤로 반이 넘게 납입한 자는 모두 면제하고, 병신년 이전의 어염세(魚鹽稅)로 거두지 못한 것과, 경자년 이전의 제사(諸司)의 채전(菜田)·제언(堤堰)[904]·목장 안에서 몰래 경작한 자의 화리(禾利)[905] 및 남의 배(船)를 맡은 것이 명백한데 잃은 자가 낼 값과 전에 방납(防納)[906]하던 때 법을 어겨 방납한 자의 잡물과 고발하고 상으로 받은 뒤에 다시 분간하여 도로 속공(屬公)[907]된 노비의 신공과 벼슬을 받은 뒤로 기한 안에 그전의 가자(加資)[908]가 맞지 않은 자의 녹봉은 10분의 5를 감면하고, 기해년[909] 이전의 공처(公處)[910]의 창고 안에서 포흠(逋欠)[911]이 드러난 것은 3분의 1을 감면하고, 정유년[912] 이전의 전세 중에서 무면(無面)[913]한 자는 피곡(皮穀)[914]으로 주창(州倉)에 납입하게 하여, 민원(民怨)[915]을 풀어서 하늘의 꾸짖음에 보답하라."하였다.[916]

③「정원에 전교하였다. "지금 정사년 7월 이전의 포흠(逋欠)〔외방에서 받지 못한 조세와 서울에서 걷어야 할 전곡이다.〕은 면제하도록 사문(赦文)에 아울러 적을 일을 호조에 이르라."」[917]

④「지금 봄 날씨가 따뜻하여 얼어붙었던 것이 점점 풀린다. 화풍(和風)[918]이 불고 감우(甘雨)[919]가 내리는 곳에 말라 있던 것이 소생하고 유폐되었던 것이 드러난다. 이처럼 온갖 물건이 모두 활기를 띠어 낙생(樂生)[920]의 뜻을 가지는데, 불쌍한 우리 백성만이 그렇지 못하여 죽은 자는 다시 살아날 수 없고 산 자도 스스로 살아갈 수 없어, 길에는 굶어 죽은 시체가 널려 있고 들에는 삭은 해골이 널려 있으니, 무슨 죄가 있어 이처럼 극한 지경에 이르렀단 말인가. 말이 여기에 이르니 마음이 아파서 밤에는 잠을 이루지 못하고 음식을 대하여도 먹을 생각이 없다. 백성을 도울 수 있는 일이라면 생각하지 않는 것이 없으나 진대(賑貸)[921]를 의논하니 창고가 비었고 복제(復除)[922]를 생

---

903) 재화를 늘림.
904) 물을 가두어 놓기 위하여 강이나 계곡을 가로 질러 쌓아올려 막은 둑.
905) 농사에서 얻은 이익.
906) 백성들이 그 지방에서 산출되는 토산물로 공물을 바치는데, 농민이 생산할 수 없는 가공품이나 토산이 아닌 공물을 바쳐야 할 경우에 공인(貢人)들이 공물을 대신 바치고 그 값을 백성에게서 갑절이나 받던 일.
907) 죄인을 관청의 노비로 떼어붙임.
908) 조선시대 품계를 올리거나 혹은 정3품 이상의 품계를 말함.
909) 1479 성종 10년.
910) 관가에 속함.
911) 관물(官物)을 사사로이 써서 모자라는 물건.
912) 1477년 성종 8년.
913) 돈이나 곡식 따위의 물건에 부족이 생기는 일.
914) 겉곡식.
915) 백성의 원망.
916) 『성종실록』 12년(1481) 7월 3일 4번째기사.
917) 『명종실록』 12년(1557) 8월 17일 4번째기사.
918) 솔솔 부는 화창한 바람.
919) 때를 잘 맞추어 알맞게 내리는 비.
920) 삶을 즐기다.

각하니 방비가 시급하다. 내가 백성을 사랑하는 마음이 여기에까지 이르렀어도 시행하는 바가 없으니, 백성들이 나의 허물을 용서한다 한들 내가 무슨 면목이 있겠는가. 들건대, 계사년 전세(田稅)의 미납이 아직 민간에 많이 남아 있어 오랫동안 궁한 시골 백성들에게 심장을 에이는 듯한 괴로움을 주고 있다고 하는데, 지금 특별히 일체 감면을 허락한다.」[923]

조선시대에는 체납한 조세를 포흠이라 하였으며, 이러한 포흠을 감면하는 것은 다음『선조실록』의 기사와 같이 백성의 인심을 진정시키고 위로하는 데 그 목적을 두고 있음을 알 수 있다.

「세금과 부역을 감면하는 문제로 말하면, 이 또한 인심을 진정시키고 위로하는 데 있어 하나의 큰 도움이 될 것입니다. 또 이런 어지러운 때를 당하여 이미 조세를 책납(責納)하게 할 수 없으니 설령 감면하지 않아도 내년에 추후로 독촉하기가 어렵습니다. 결국은 거두어 들이지 못할 것이니 차라리 감면한다는 명을 위에서 내려 그 은혜가 백성들에게 골고루 돌아가게 하는 것이 어떻겠습니까?」[924]

2. 국방과 보훈 등을 위한 조세감면

가. 방수와 축성에 따른 감면

세종대왕 19년에 다음『세종실록』의 기사와 같이 함길도 백성의 방수와 축성 등에 따른 노고에 대한 보답으로 조세를 감면케 하였다.

「"함길도의 백성이 근래에 북쪽 변방의 방수(防守)와 축성(築城)과 이사로 인하여 노고가 다른 도보다 갑절이나 되니, 내 심히 불쌍하게 여긴다. 금년 정사년의 조세를 지금 행하는 공법의 수효보다 3분의 1을 감하게 하라."하였다.」[925]

나. 접경지역의 한시적 감면

지금도 지역경제의 활성화를 위해 지역별로 조세의 우대 정책을 시행하고 있는데, 조

---

921) 재난이나 흉년 든 해에 어려운 백성에게 나라의 곡식을 꾸어 주던 일.
922) 노인이나 병자, 학자, 군인 등에 부과한 부역이나 조세를 면제하던 일.
923) 『선조실록』 29년(1596) 2월 19일 1번째기사.
924) 『선조실록』 25년(1592) 5월 24일 2번째기사.
925) 『세종실록』 19년(1437) 7월 11일 2번째기사.

선시대에도 접경지역에 대해서 조세를 감면해 주는 정책을 다음『세종실록』과 같이 시행하였다. 북방의 접경지역은 야인(野人)들의 침략926)이 빈번하였기 때문에 이에 대한 방어로 고통이 심하였기 때문이다.

> 「호조에서 아뢰기를, "평안도 연변의 창성·삭천·벽동·이산·강계·자성·무창 등 고을은 도적의 소굴과 가까와서 방어가 아주 긴급하므로, 언제나 군사들과 백성들의 쉴 날이 적어서 이로 인하여 번성해질 수 없사오매 장래가 염려되오니, 5개년을 한하여 조세와 상납을 감면하기를 청하옵니다."하니, 그대로 따랐다.」927)

다. 국가 보훈에 따른 감면

전쟁 중 죽은 군사들의 자손에 대한 보훈정책으로 조세를 감면한 사례는 다음『세종실록』의 기사와 같다.

> 「바다와 육지에서 전쟁에 죽은 사졸(士卒)의 자손들은, 있는 곳의 수령이 그 호(戶)의 요역(徭役)을 면제하고, 특별히 구휼하고, 그 재능이 있어 임용할 만한 자는 위에 아뢰어 서용(敍用)928)되도록 할 것이다.」 929)

특히『대전회통』병전(兵典)의 복호(復戶)조에는 다음과 같이 공무로 죽은 자에게는 3년, 전사자에게는 5년의 복호를 하도록 하였다. 여기서 복호란 나라에서 호(戶) 단위로 부과하는 요역을 면제하는 것이다.

○ 공무로 인하여 죽은 자에게는 3년 동안 복호(復戶)한다. 전사자(戰死者)인 경우에는 5년 동안 복호한다. 930)

---

926) 평안도 병마 도절제사가 급보하되, "야인(野人) 40여 명이 여연군(閭延郡)에 들어와 거주민 남녀 70인과 소 8마리를 약탈해 가지고 돌아왔는데, 지군사(知郡事) 박자검이 군사를 거느리고 쫓아가 약탈해 간 바를 모두 도로 빼앗아 가지고 돌아왔으며, 이에 즉시 강계(江界)·이산(理山)·희천(熙川) 등 고을의 군마(軍馬) 3백 50을 조발(調發)하여 수비하게 하였다."(『세종실록』즉위년(1418) 9월 7일) 4번째기사)

927) 『세종실록』25년(1443) 1월 9일 5번째기사.

928) 관직을 주어 씀.

929) 『세종실록』즉위년(1418) 11월 3일 12번째기사.

930) 『대전회통』권지사(卷之四) 병전(兵典) 복호(復戶).

3. 귀화인과 유민 정착 등을 위한 조세감면

가. 귀화인에 대한 감면

『조선왕조실록』에는 몽고족과 왜인 등이 귀화한 경우 옷·갓·신·세간·하인과 안장 갖춘 말 등을 하사하고, 장가들게 하였다는 기록[931]이 있으며,『경국대전』호전의 수세조에는 귀화인에게는 3년동안 조세를 면세하도록 하였다.

> ○ 귀화한 사람[向化人]에 대해서는 3년 동안 조세를 면제해 준다.

이처럼 귀화인에게 3년동안 면세하도록 한 것은 다음『세종실록』의 기사와 같이 야인이나 왜구들의 귀화를 장려하여 도발을 막기 위한 조세정책이라 할 수 있다.

「평안도 도절제사 이천이 상서하기를, "(중략) 신은 여러모로 생각하여도, 야인들이 사단을 꾸민 이래로 우리가 좌절당한 것으로는 오늘날 같은 때가 없었는데, 방수를 갖추어서 스스로 다스림이 비록 저들의 원망을 적게 하는 길이기는 하나, 포악한 자를 금하고 어지럽히는 자를 죽이는 것은 성인으로서도 또한 부득이한 일입니다. 신의 생각으로는 근래에 귀화하여 온 야인을 미리 후하게 대접하여 그들의 바람에 지나도록 하는 것입니다.」[932]

또한 귀화인에게는 조세뿐만 아니라 요역도 감면하여 주었는데『세종실록』의 기사는 다음과 같다.

① 「전지하기를, "이후로는 새로 귀화해 온 사람에게는 토지 조세는 3년을 기한으로, 요역(徭役)은 10년을 기한으로 면제하여 주라."하였다.」[933]

② 「함길도 도절제사가 치계(馳啓)[934]하기를, "귀화한 야인들이 장(狀)을 올려 고하기를, '신묘년에 밭을 받은 이래로 모두 조세를 거두지 않았었는데, 지금 다른 호의 예에 따라 전조을 바치게 하니 매우 답답합니다. 비옵건대, 전보(傳報)[935]하여 감면하여 주소서.' 하였습니다. 이것이 신의 직책은 아니오나, 지금 야인을 귀순시키는 때를 당하여 마땅히 별달리 조치가 있어야 하겠사오니, 전부 감면하든지 혹은 3분의 2를 감하

---

931)『세종실록』7년(1425) 10월 18일 2번째기사.
932)『세종실록』20년(1438) 2월 23일 2번째기사.
933)『세종실록』6년(1424) 7월 17일 5번째기사.
934) 말을 달려 와서 아룀.
935) 아래 관아에서 위 관아를 통하여 임금에게 보고하던 일.

든지 하여, 오는 사람들을 권하는 것이 어떠합니까." 하니, 임금이 말하기를, "아직 모두 면제하라." 하였다.」[936]

그래서 『대전회통』 병전(兵典)의 복호(復戶)조에는 다음과 같이 귀화인에게 10년동안 복호를 하도록 하였다.

> ○ 새로 귀화하여 온 사람에게는 10년 동안 복호(復戶)한다.[937]

조선시대에 귀화는 조선초 태조때부터 야인(野人)에 대한 회유책으로 실시되었다. 귀화한 경우 다음 『태조실록』의 기사와 같이 우리나라 사람과 서로 혼인을 하도록 하는 등 모든 것을 우리나라 백성과 똑같이 대하였다.

「임금이 즉위한 뒤에 적당히 만호(萬戶)[938]와 천호(千戶)의 벼슬을 주고, 이두란을 시켜서 여진을 초안(招安)[939]하여 피발(被髮)[940] 하는 풍속을 모두 관대(冠帶)[941]를 띠게 하고, 금수(禽獸)와 같은 행동을 고쳐 예의의 교화를 익히게 하여 우리나라 사람과 서로 혼인을 하도록 하고, 복역(服役)과 납부를 편호(編戶)[942]와 다름이 없게 하였다. 또 추장에게 부림을 받는 것을 부끄럽게 여겨 모두 국민이 되기를 원하였으므로, 공주(孔州)에서 북쪽으로 갑산(甲山)에 이르기까지 읍(邑)을 설치하고 진(鎭)을 두어 백성의 일을 다스리고 군사를 훈련하며, 또 학교를 세워서 경서를 가르치게 하니, 문무(文武)의 정치가 이에서 모두 잘되게 되었고, 천리의 땅이 다 조선의 판도(版圖)로 들어오게 되어 두만강으로 국경을 삼았다.」[943]

나. 왜인 소유 토지의 면세

다음 『성종실록』의 기사와 같이 왜인이 매입한 전지에 대해서 조세를 면세해 주었다. 하지만 백성 중에 간사한 자가 자기의 전지를 몰래 왜명(倭名)으로 등록하여 면세를 받을 수 있기 때문에 면세를 하지 말아야 한다는 주장도 있음을 알 수 있다.

---

936) 『세종실록』 19년(1437) 3월 1일 2번째기사.
937) 『대전회통』 병전(兵典) 복호(復戶).
938) 조선 시대 외침 방어를 목적으로 설치된 만호부의 관직.
939) 못된 짓을 하는 자를 불러 설득하여서 편안하게 살도록 하여 줌.
940) 머리를 풀어 헤치는 것
941) 관리들이 입는 의복에 대한 총칭으로 관리들이 쓰는 관면(冠冕)과 허리에 두르는 신대(紳帶)를 뜻함.
942) 호적에 편입하거나 호적을 편성함.
943) 『태조실록』 4년(1395) 12월 14일 2번째기사.

「좌승지 신준이 경상도 관찰사 윤효손의 계본에 있는, 삼포의 왜전(倭田)에 대한 수조의 일을 아뢰니, 임금이 좌우에게 물었다. 예조 판서 이승소가 대답하기를, "왜인이 사사로이 매입한 민전(民田)을 만약 수조하지 않는다면, 백성 중에 간사한 자가 자기의 전지를 몰래 왜명(倭名)으로 등록할 것이니, 그 조짐을 자라게 할 수 없습니다. 더구나 조세를 감하여 특별히 조그마한 혜택을 준다하더라도 왜인이 감사하게 여기지 않을 것입니다."하고, (중략) 임금이 말하기를, "과연 이러한 폐단이 있겠다. 그러나 왜인이 어찌 토지에 조세 제도가 있음을 알겠는가? 부질없이 노여움만 사게 될 따름이다."하였다. 한성부판윤(漢城府判尹) 어세공이 아뢰기를, "왜인에게 조세를 면제하는 것은 여태까지의 상례인데, 지금 갑자기 조세를 거두는 법은 틈만 생길 것이 분명합니다."하니, 임금이 말하기를, "아직은 조세를 거두는 것을 정지하라."하였다.」[944]

다. 유민 정착의 감면

조선시대 유리하는 자들이 발생하는 이유는 외적에게 약탈당하거나 군역을 피하여 도망하는 경우도 있지만, 농민들이 재해 등의 이유로 농사를 짓지 못하고 이에 따른 조세의 부담을 이겨내지 못하여 고향을 떠나는 경우도 많았다. 이러한 유민이 정착하도록 유도하는 정책으로 조세를 면제하거나 감면하여 주었는데『세종실록』의 기사를 보면 다음과 같다.

「병조에서 아뢰기를, "강원도의 인민들은 경지가 척박하므로 인해 실농하여 유리하는 데 이르렀사오니, 4월 이후에 본 고향에 돌아온 각호(各戶)에 대하여서는, 청하건대, 금년 전세를 감면하여 그 생활을 구휼하옵소서."하니, 그대로 따랐다.」[945]

특히 명종 16년 평창군수 양사언이 상소하여 유민의 정착을 위하여 세 가지 계책을 제시하였는데, 그 내용은 다음『명종실록』과 같이 부역과 공물, 그리고 조세를 부과하지 않는 것이었다.

「열 집에 아홉 집이 빈 고을이 무익하게 허명(虛名)만 있으니 삭제하고 다른 고을에 합쳐 다스리기만 하고 부역을 시키지 않는 것이 계책의 한 가지입니다. 46호의 주민들을 위로하고 각종 명목의 신구(新舊) 공물을 면제하는 것이 계책의 한 가지입니다. 미수한 대여 양곡은 포기하고 10년 동안 산림세를 면제하는 것이 계책의 한 가지입니다. 이 세 가지 계책을

---

944)『성종실록』 8년(1477) 12월 6일 1번째기사.
945)『세종실록』 13년(1431) 6월 9일 2번째기사.

쓰고도 유민(流民)이 돌아오지 않거나 양곡이 저축되지 않았다는 것은 들어본 적이 없습니다. 불쌍한 이 백성들이 전하의 어진 정치를 받아 10년간 부역도 공물도 조세도 부담하지 않게 된다면 어찌 한 고을만의 다행이겠습니까. 온 나라의 유민들이 다 고향으로 돌아갈 마음을 가지게 될 것입니다. 신이 외람되이 수령의 적에 있으니 직분을 다할 것을 생각해야 할 것이요, 허기(虛器)만 안고 앉아 있을 수는 없겠기에 쇠잔한 고을 잿더미 위에서 먼저 세 가지 계책을 바치고, 다음으로 도형(圖形) [상소문 아래에 그 고을의 산천을 그리고 또 민호(民戶)·전결(田結)과 창고 양곡의 해마다의 모곡(耗穀)946)을 조목조목 열기하였다.]을 그려 올리니 전하께서 밝게 살피소서. 아아, 눈앞의 참담하고 급박한 상황은 문사로만 애통해 할 정도가 아니니, 어찌 여유를 두고 말할 수 있겠습니까. 전하께서 대신들과 상의하여 안으로는 해사에 위임하고 밖으로는 관찰사에게 하유하여 결단을 내려 시행하신다면 백성을 은혜롭게 보호하는 정치가 이번 이 일에서 실천될 것입니다. 전하께서는 저의 어리석은 소견을 용서하소서."하니, 정원에 전교하기를, "이 상소의 내용을 보니 백성을 사랑하는 심정에서 나온 것이다. 그림까지 그려 계책을 진술하였으니 그 정성이 가상하다. 해조(該曹)로 하여금 헤아려 조처하게 하고 그 뜻으로 군수에게 회유(回諭)947)할 것을 감사에게 하서하라."하였다.」948)

4. 국가 보상을 위한 감면

가. 토지 보상 등에 따른 감면

조선시대의 경우 왕이 토지의 소유자이지만 토지의 경작권을 가지고 있는 농민의 토지를 길을 내는데 사용한 경우, 이에 대한 보상 차원에서 조세를 면제하여 주었다. 다음은 연로에 들어간 토지에 대해서 면세하는 『정조실록』의 기사이다.

「현륭원에 행행할 연로949)를 새로 닦게 하되, 길로 들어가는 백성들의 토지를 계산하여 지적 10보마다 1부의 조세를 면제해주도록 명하였다.」950)

또한 임금이 궁궐 밖으로 행차할 때 길 양쪽의 보리밭이 상하였는데 이에 대한 보상차

---

946) 각 고을 창고에 저장한 양곡을 봄에 백성에게 대여했다가 추수 후 받아들일 때, 말[斗]이 축나거나 손실을 보충하기 위하여 10분의 1을 덧붙여 받던 곡식.
947) 도라오도록 타이름.
948) 『명종실록』 16년(1561) 2월 17일 1번째기사.
949) 연로 : 거둥길.
950) 『정조실록』 22년 1월 4일.

원에서 다음『태종실록』의 기사와 같이 조세를 감면하였다.

「행행(行幸)[951]이 지나간 양쪽의 보리밭에 요량하여 그 조세를 감면하라고 명하였다.」[952]

나. 사신 접대에 따른 감면

평안도에 사는 백성들은 고통이 다른 도보다 배나 되었다. 그것은 군사적 방어와 중국에서 온 사신을 지공(支供)[953]하고 접대하였기 때문이다. 이에 다음『성종실록』과 같이 사신 행렬이 지나가는 평안도 백성의 조세를 감면해 주었다.

「대사헌 김양경이 아뢰기를, "이번의 서정(西征)[954]은 사세(事勢)[955]가 매우 어려웠는데도 다만 성상의 덕으로 인하여 다행히 큰 공을 이루게 되었으니, 누구든지 기뻐서 하례하지 않겠습니까? 그러나 평안도의 백성은 곤궁하고 피폐함이 겹쳐서 무거우므로, 지금 호조에서 교명(敎命)[956]을 받아 공문을 보내어 백성의 고통을 묻고 있습니다. 그러나 신의 생각으로는, 백성이 실제의 은혜를 받는 것은 전조(田租)를 감면해 주는 것보다 나은 것이 없으니, 비록 다 감면해 주지는 못하더라도 그 반의 양을 감면해 주기를 청합니다."하니, 임금이 옳게 여기어 들어주면서 말하기를, "경의 말이 진실로 옳다. 옛날에도 전조 가운데 반의 양을 감면해 준 일이 있었는데, 평안도의 백성이 곤궁하여 고생함이 한두 가지가 아니다. 지금 주문사(奏聞使)[957]가 갈 적에 야인이 길에서 몰래 일어날 것을 염려하여, 김교에게 명령하여서 요해지에 군사를 주둔시켜 적로(賊路)를 제어하도록 하고, 또 군관 20명을 선발하여 데리고 가도록 했으니, 폐단이 비록 무겁지마는 뜻밖의 일이 있을까 염려하여 마지못해서 이를 보낸 것이다. 또 주문사가 북경으로 간 후에는 비록 명나라 사신이 없더라도 마땅히 사은사(謝恩使)[958]를 보내야 할 것이니, 평안도 백성의 힘이 곤궁할 것을 이루 말할 수 있겠는가? 전조(田租)를 적당히 헤아려서 감면해 주어라."하였다.」[959]

---

951) 임금의 나들이
952)『태종실록』16년(1416) 2월 18일 2번째기사.
953) 음식 따위를 대접하여 받듦.
954) 서쪽을 정벌함.
955) 일이 되어 가는 형세.
956) 임금이 훈유(訓諭)하는 명령.
957) 조선 시대에 중국에 주청할 일이 있을 때 보내던 사절.
958) 조선시대 때 나라에 베푼 은혜에 감사한다는 뜻으로 외국에 보내던 사신.
959)『성종실록』10년(1479) 12월 21일 2번째기사.

5. 왕친에 대한 사적(私的) 감면

현대에는 조세를 감면하는 경우에도 공평과세를 해치지 않도록 하여야 하며, 특정의 개인 등이 감면혜택을 받지 않도록 하여야 한다. 하지만 조선시대에는 다음 『세종실록』과 같이 왕친 등에게 법에 없는 조세의 감면을 시행한 경우도 있었다.

「호조에 전지하기를, "충청도 아산(牙山)에 사는 학생 이수인(李守仁)·이수의(李守義) 등은 태조·태종의 유복지친(有服之親)[960]인데, 시골에 침체(沈滯)[961]하여 곤궁하게 살아가고 있으니 진실로 불쌍히 여길 만하다. 놀고 있는 빈 땅 5, 6결을 주고 조세를 감면하여 그들의 생계를 넉넉하게 하여 주라."하였다.」[962]

---

960) 복(服)을 입는 8촌 이내의 가까운 친척.
961) 오래도록 벼슬이 오르지 않음.
962) 『세종실록』 15년(1433) 11월 23일 2번째기사.

03 조선시대 **조세감면의 문제점**

1. 답험손실법(踏驗損失法)의 감면

답험손실법에 의하면 공전(公田)과 사전(私田)을 막론하고 재해 등에 의한 손실의 정도를 10등분하고, 평년에 비해 수확이 10% 감소할 때마다 조세 10%씩 감면하여 주되 수확이 80% 이상 감소하면 조세는 전액 면제하였다. 따라서 답험손실법의 경우 손실의 정도에 따라 조세도 자동 감면되도록 하였기 때문에, 재해 등에 의한 별도 감면은 왕의 허락을 받아야 했다. 다음 『태종실록』에서 이러한 내용을 살펴볼 수 있다. 태종 13년 평안도 도순문사 최이가 상서하여 재해에 따른 전지의 조세를 감면해주도록 청하였지만 허락하지 않은 기사이다.

「옛날에 하루갈이[一日耕963)]에서는 세를 7두(斗)씩 받았는데, 이제 다른 도의 예에 의해서 양전(量田)하니 1석(石)입니다. 지난해에 비록 10분의 2를 감면하였다고 하더라도 환상(還上964)을 거두어들이는 데 백성들이 괴로움을 참지 못합니다. 청컨대, 금년에 그 세를 다시 감면하소서." 하였지만 이숙번이 진언하였다. "수손급손(隨損給損)은 이미 나타난 법령이 있

---

963) 양전(量田)을 실시하지 않은 고을에 밭갈이 하는 날수 곧 삭(朔)·일(日)·조(朝)·반조(半朝) 등으로 전지를 계산하던 법. 『영조실록』에 의하면 1일경전(日耕田)은 대략 10여부(餘負)이며 생산되는 곡식은 1곡(斛)(20斗)이 채 못된다고 하였다.(『영조실록』 20년 9월 12일 4번째기사)
964) 흉년 또는 춘궁기에 곡식을 빈민에게 대여하고 풍년과 추수기에 이를 반납시키는 제도로 환곡(還穀)이라고도 한다.

습니다. 이제 평안도의 화곡이 비록 부실하다고 하더라도 다른 예에 따라서 급손(給損)할 따름입니다. 어찌 세를 감면하도록 청하겠습니까?" 임금이 옳게 여겨 감면을 허락하지 아니하였다.」[965]

『세종실록』에서도 이와 유사한 이유로 조세의 감면을 허락하지 아니하였다. 답험손실법에 따라 자동 감면되기 때문에 재해에 따른 감면은 이중감면으로 타당하지 않다는 것이다.

「평안도는 해마다 기근이 거듭되고, 더구나, 사신의 내왕과 말 1만 필을 바친 것으로 백성이 폐해를 입은 것이 다른 도보다 배나 되니, 청컨대, 금년의 전조(田租)를 감하여 민생을 살려야 될 것입니다." 하니, 임금이 말하기를, "이 뜻은 매우 좋으나, 그러나, 옛날에 한나라 문제(文帝)는 혹은 전조(田租)를 전면하기도 하고, 혹은 전조의 반만 감면하기도 했는데, 내가 생각하기는, 옛날에는 손실을 답험하는 일이 없기 때문인 것이다. 지금은 손해에 따라 손해를 급여하게 되니, 또 무슨 전조를 감면하겠는가?"라고 하였다. 대신들도 또한 모두 말하기를, "명년의 기근을 금년에 감면하지 않으면, 묵은 곡식을 종자로 쓸 수 없습니다. 지금 비록 조세를 감면하더라도, 무지한 굶주린 백성이 햇곡식을 다 먹어버리면, 명년의 종자가 반드시 없어질 것입니다."라고 하였다. 이로 말미암아 윤허하지 아니하였다.」[966]

하지만 이러한 이중적인 감면에도 불구하고 다음 『태종실록』의 기사와 같이 구제 차원에서 별도의 재해감면을 인정하는 경우가 있었다.

「의정부에서 강원도 여러 고을의 조세를 감면하기를 청하니, 그대로 따랐다. "회양·정선은 풍재(風災)로 인하여 화곡의 3분의 1이 손상되었으니, 그 조세를 미(米)·포(布) 반반으로 하고, 춘주·양주·간성·통주·우계는 풍재·수재(水災)·충재(蟲災)로 인하여 화곡의 2분의 1이 손상되었으니, 그 조세를 포(布)로 바치게 하고, 삼척·울진·평해·고성은 풍재·수재로 인하여 5분의 4가 손상되었사오니, 그 조세를 면제하소서.」[967]

---

965) 『태종실록』 13년 11월 26일.
966) 『세종실록』 5년 9월 13일.
967) 『태종실록』 5년(1405) 9월 17일 1번째기사.

2. 공법(貢法)의 감면

　세종대왕이 입법한 공법은 연분(年分)을 9등으로 나누고 10분 비율로 정하여 전실(全實)을 상상년으로 하고, 구분실(九分實)을 상중년, 팔분실을 상하년, 7분실을 중상년, 6분실을 중중년, 5분실을 중하년, 4분실을 하상년, 3분실을 하중년, 2분실을 하하년으로 하고 1분실은 조세를 면제하였다. 하하년의 세율을 계산하면 상상년의 1결당 세율 쌀 20두(斗)에 20%를 곱하여 4두가 되므로, 손실된 80% 만큼은 자동적으로 납부할 세액이 줄어들게 된다. 따라서 세종대왕은 공법을 도입하면서 재해손실이 발생하면 연분구등법에 따라 자동적으로 낮은 세율이 적용되므로 별도의 감면은 인정하지 아니하였다. 그 이유는 재해에 따른 수확의 감소는 낮은 연분 세율의 적용으로 납부하는 조세가 줄어들기 때문이다. 따라서 재해를 입은 전지가 일반 사람들에게 널리 알려진 10결 이상의 넓은 면적이 전부 손상(損傷)한 경우는 수령이 친히 심사하여 감사에게 보고하고, 감사가 조정에 보고한 후에, 파견된 경차관이 재해의 수량을 조정에 보고하여, 분부에 따라 조세를 감면하도록 하였다.

　공법의 경우 논밭이 재해를 입은 경우 연분 등급이 낮아져 징수세액이 줄어드는데, 또다시 개별적으로 재해에 따라 감면하는 것은 "손실의 법이 사정에 따라 경(輕)하게 하고 중(重)하게 하는 말류(末流)[968]의 폐단"을 차단하고자 하는 공법의 주된 목적을 상실케 하는 것이기 때문이다. 세종대왕은 재해에 따른 중복 면세에 대해서 『세종실록』에서 다음과 같이 말하고 있다.

　「5결이 연복한 밭을 가령 다섯 사람이 경작하는데, 네 사람의 밭은 모두 재상(災傷)을 입었는데 한 사람이 옆 밭의 결실 때문에, 네 사람에게 똑같이 그 세(稅)를 거두고, 한 사람의 밭이 5결이 연복되었는데, 1부(負)의 결실로 4결 99부의 세를 아울러 바치며, 작은 백성의 밭이 1, 2결에 지나지 못하는 것이 많은데, 경작하는 1, 2결의 땅이 모두 재상을 입어도 국가에서 반드시 그 세를 받는다면, 백성이 장차 무슨 물건으로 부세를 충당하며, 장차 무슨 물건으로 부모를 봉양하고 처자를 기르겠습니까. 백성의 근심과 탄식을 이루 말할 수 있겠습니까. 이 법은 결코 행할 수 없는 것입니다."하였다. 임금이 말하기를, "이 폐단은 참으로 그러하지마는, 그러나 5결 미만인 재해지를 반드시 일일이 두루 돌아본다면, 이것은 손실의 법과 다름이 없다.」[969]

---

968) 낮은 계급의 관리.

969) 『세종실록』 28년(1446) 6월 18일 1번째기사.
　　(원문) "連伏五結之田, 假令五人耕之, 而四人之田, 盡被災傷, 以一人旁田之實, 四人例收其稅; 一人之田連伏五結, 而以一負之實, 竝納四結九十九負之稅. 小民之田, 不過一二結者多矣. 一二結所耕之地, 盡被災傷, 而國家 必徵其稅, 則其民將以何物充賦稅, 將以何物養父母育妻子乎? 其民之愁歎, 可勝言哉? 此法決不可行也. 上

그러나 다음 『문종실록』의 기사와 같이 공법의 재상 감면에 대한 백성들의 불평이 지속되어 여러 차례 개정되었다. 연분이 고을단위로 이루어지면서 농민 개개인의 농사직황을 반영하지 못하였기 때문이다.

「호조에 전지하기를, "재상전(災傷田)[970] 안에 완전히 재상을 입은 것은 이미 조세를 감면하도록 허락하였으나, 그러나 하나의 전지에 손(損)이 8, 9분(分)에 이르러서 수확한 바가 1, 2분(分)에 지나지 않는 것은 모두 연분법(年分法)에 따라서 그 온전한 조세를 바치게 한다. 이로 말미암아 소민(小民)이 원망함이 없지 않으니, 내가 심히 염려한다. 금후로는 재상(災傷)이 반(半)이 넘는 전지와 혹은 질병으로 인하여 능히 경작하지 못하여 온전히 묵어서 황폐하게 된 전지는 일일이 결복(結卜)[971]의 수를 갖추어서 아뢰어라."하고, 이에 조관(朝官)[972]을 보내어 다시 살펴서 손(損)에 따라서 조세를 감면하였다.」[973]

그 결과 다음과 같이 『경국대전』 호전의 수세조에 절반이 넘게 재해를 입은 경우 재해율에 따라 감면하거나 면세하도록 하였다. 공법에 답험손실법이 되살아난 것이다. 세종대왕이 입법한 공법의 주된 취지인 재량권 남용을 막기 위한 답험 배제의 원칙이 사라진 것이다.

「전부 재해를 입은 전지 및 전부가 묵혀진 전지는 면세하고, 반이 넘게 재해를 입은 전지는 그 재해가 6분에 이른 것은 6분을 면세하고 4분을 수세하며, 9분에 이르기까지 모두 이 예에 의한다. 앞에서 전부면세(一分免稅)라고 말한 것은 그 해가 부실하여 세를 매길 수 없기 때문에 일률적으로 면세한다는 것이고, 이 경우는 그 해는 풍년이더라도 혹 재해를 입음이 있으면 그 다소를 살펴 단지 재해를 입은 곳의 세만을 면제한다는 것이다.」

뿐만 아니라 다음 『중종실록』의 기사와 같이 재해를 답사하는 위관(委官)이나 서원(書員)들이 "재해를 결실로 하고 결실을 재해"로 함으로써 연사(年事)[974]가 잘못되어 조세의 감면이 공정하게 집행되지 못하였다.

日: "此弊誠然矣. 然未滿五結, 災傷之地, 必一一遍閱, 則是與損實之法無異矣."
970) 바람·큰물·가뭄·서리·황충(蝗蟲) 따위의 천재(天災) 지변(地變)으로 인하여 해를 입은 토지(土地).
971) 토지세 징수의 기준이 되는 논밭의 면적에 매기던 단위인 결, 짐, 뭇을 통틀어 이르는 말.
972) 조정에 출사하여 정무를 담당하는 관원.
973) 문종 즉위년(1450) 10월 7일 1번째기사.
974) 그 해 농사의 잘되고 못된 형편.

「표빙이 아뢰기를, "지난해에 결실 잘 된 것을 재해라고 한 수령들을 모두 파직했습니다. 올해는 봄이 매우 가물어 전연 종자를 뿌리지 못한 데다, 가을에는 장마로 큰 물이 져 모든 곡식이 여물지 못했으니, 연사가 잘되지 못했다 하겠습니다. 그러나 수령들이 지난해 일을 징계삼아 재해를 결실로 한 것은, 모두 위관(委官)이나 서원(書員)들이 답사할 때, 사정을 써서 재해와 결실이 전도되기도 하고 수령들이 위관을 시켜 모두 재해를 결실로 하기도 하여, 민원이 일게 된 것입니다. 감사와 어사가 비록 자세히 답사해도 미처 다 밝히지 못하는 것은 진실로 작은 일이 아니니, 이번에는 마땅히 그 경중을 짐작하여 공사(公私)가 알맞도록 해야 거의 민생들이 살게 될 것입니다."하니, 상이 이르기를, "재해를 답사함은 국가의 중요한 일인데, 재해를 결실로 하고 결실을 재해로 함은 모두 잘못이다. 경중이 알맞고 공사가 다 공평하게 되어야 한다. 올해는 그렇게 하지 못하도록 할 것을 이미 팔도에 유시했다."」[975]

물론 조선의 조정은 이러한 폐단을 근절하기 위하여 다음『중종실록』의 기사와 같이 관련자를 처벌하였지만 근절되지 않았다.

「전교하기를, "결실을 재해로 하거나 재해를 결실로 한 것은 파직하는 것이 가하고, 분수를 잘못 책정한 것과 등급을 잘못 매긴 것은 공죄로 조율(照律)[976]하는 것이 가하다. 수원부사(水原府使) 남효순 같은 건은 율대로 파직하라."하였다.」[977]

1. 과다한 감면 결수

조선후기 즉, 임진왜란 이후는 각종 세목의 토지 집중화 경향으로 조세는 물론, 공부와 군역도 대동과 결작이라는 세목으로 토지에 부과되어 농민의 부담은 더욱 가중되었다. 더욱이 전란이후 전결(田結)의 총수는 점점 줄어들고 면세전은 증가됨으로써 실제로

---

975)『중종실록』11년(1516) 10월 8일 3번째기사.
976) 법규를 구체적인 사건에 적용하는 일
977)『중종실록』20년(1525) 10월 18일 4번째기사.

조세를 징수하는 출세실결수(出稅實結數)는 더욱 줄어들어 재정수입이 부족하게 되었다. 『경세유표』에 의하면 이수광의 『지봉유설』에는 "임진년 왜구가 침입하기 이전 평시에 국가의 8도 전결은 도합 1,459,245결 1부였으며, 왜구가 퇴각한 후 계묘년(1603)의 현 경지는 평안도를 제외한 외 7도의 총면적이 945,153결 18부 3속이었으며, 인조 갑술년 현 경지는 8도 총계 1,537,494결 21부였으며, 을해년 3남을 고쳐 측량한 후 현 경지는 865,537결 45부 1속이었다."라고 하였다. 서문중의 『조야기문(朝野記聞)』에는 "숙종 계해 년의 8도 전결이 1,312,860결인데 그 안에 잡탈이 493,781결이었다."라고 하였다[978].

[표 10]은 『조선전제고』 부록 결수표의 자료에 의하여 작성된, 조선후기 결수의 감면 실태와 구성율을 분석한 것이다. 정조 8년(1784년)부터 현종 10년(1844년)까지 10년 간격 으로 전지의 총결수, 출세실결수, 급재면세결수, 제반면세결수를 살펴보고 해당 년도의 구성비를 분석한 것이다. 그리고 제반면세결수의 경우 주요 면세전의 내용과 그 구성비 를 살펴본 것이다.

표 10 조선후기 결수의 감면실태와 구성비

구분		정조8년 (1784년)	정조18년 (1794년)	순조4년 (1804년)	순조14년 (1814년)	순조24년 (1824년)	순조34년 (1834년)	현종10년 (1844년)	평균
총결수		1,444,538 (100%)	1,451,065 (100%)	1,454,316 (100%)	1,455,187 (100%)	1,455,203 (100%)	1,454,936 100%)	1,455,942 (100%)	1,453,027 (100%)
출세실결수		836,260 (57.9%)	718,294 (49.5%)	816,502 (56.1%)	642,864 (44.2%)	787,933 (54.1%)	782,819 (53.8%)	786,976 (54.1%)	767,378 (52.8%)
급재면세결수		13,891 (1.0%)	122,179 (8.4%)	23,351 (1.6%)	195,777 (13.5%)	43,169 (3.0%)	38,812 (2.7%)	26,907 (1.8%)	66,298 4.6%)
제반면세결수	소계	594,387 (41.1%)	610,592 (42.1%)	614,463 (42.3%)	616,546 (42.4%)	624,101 (42.9%)	633,305 (43.5%)	642,059 (44.1%)	619,350 (42.6%)
	능원묘위전	1,611 (0.1%)	1,777 (0.1%)	1,829 (0.1%)	1,901 (0.1%)	1,872 (0.1%)	1,991 (0.1%)	2,197 (0.2%)	1,883 (0.1%)
	궁방전	34,583 (2.4%)	35,196 (2.4%)	37,010 (2.5%)	37,462 (2.6%)	33,915 (2.3%)	36,021 (2.5%)	36,113 (2.5%)	35,757 (2.5%)
	아문전	45,355 (3.1%)	46,212 (3.2%)	45,937 (3.2%)	46,307 (3.2%)	46,310 (3.2%)	46,199 (3.2%)	46,263 (3.2%)	46,083 (3.2%)
	각양잡위전	110,528 (7.7%)	115,040 (7.9%)	118,211 (8.1%)	118,584 (8.1%)	118,901 (8.2%)	118,905 (8.2%)	118,909 (8.2%)	117,011 (8.1%)
	유래진잡탈전	402,310 (27.9%)	412,367 (28.4%)	411,476 (28.3%)	412,292 (28.3%)	423,103 (29.1%)	430,189 (29.6%)	438,577 (30.1%)	418,616 (28.8%)

출처 : 『朝鮮田制考』 부록 결수표

---

978) 『경세유표』 제6권 지관수제 전제고6.

정조 8년(1784년)의 경우 전국의 총결수는 1,444,538결이다. 이 중 출세실결수는 836,260결로 총결수 중 조세를 징수한 결수는 57.9%에 불과하다. 재해로 인하여 면세한 급재면세결수는 13,891결로 약 1.0%을 차지하였으며, 제반면세결수는 전체의 41.1%인 594,387결이었다. 제반면세결수에는 능원묘위전이 1,611결로 전체의 0.1%, 궁방전이 34,583결로 전체의 2.4%, 아문전이 45,355결로 3.1%, 아록전·공수전·마위전·제전·학전 등 각양잡위전이 110,528결로 7.7%, 그리고 유진잡탈전이 402,310결로 전체의 27.9%을 차지하고 있다. 유래진잡탈은 황폐전·천반포락전(川反浦落田)979)·복사전(覆沙田)980) 등으로 적어도 한번은 실재로 경작되었지만 황폐화되어 양안에 기록된 토지이다.

[표 10]에 의하면 출세실결수율이 가장 높은 때는 57.9%인 정조 8년이며, 가장 낮은 때는 44.2%인 순조 14년인데, 이때에는 재해로 급재면세결수율이 무려 13.5%에 달하였기 때문이다. 제반면세결수율은 각 해마다 조금씩 증가하였으며, 아문전의 비율은 3.2%를 유지하고 있었다. 전체적으로 볼 때 출세실결수는 총결수 1,453,027결의 절반 정도인 767,378결로 52,8%이며, 급재면세결수는 66,298결로 4.6%, 제반면세결수는 619,350결로 무려 42,6%에 달하였다. 제반면세결수를 분석하면 『경국대전』과 『속대전』에서 면세지로 규정하고 있는 궁방전과 관둔전 등 제전의 비중은 200,734결로 총결수의 13.9%이며, 황폐화된 토지로써 진전 등의 면세지는 418,616결로 총결수의 28,8%를 차지하였다.

---

979) 내가 다른 곳으로 터져 흘러서 전지가 떨어져 나가는 田.
980) 모래가 물에 밀려와 덮은 논밭.

표 11 조선후기 결수의 감면실태와 변화율(정조8년 기준)

구분		정조8년 (1784년)	정조18년 (1794년)	순조4년 (1804년)	순조14년 (1814년)	순조24년 (1824년)	순조34년 (1834년)	현종10년 (1844년)
총결수		1,444,538	1,451,065	1,454,316	1,455,187	1,455,203	1,454,936	1,455,942
		N/A	(0.5%)	(0.7%)	(0.7%)	(0.7%)	(0.7%)	(0.8%)
출세실결수		836,260	718,294	816,502	642,864	787,933	782,819	786,976
		N/A	(-14.1%)	(-2.4%)	(-23.1%)	(-5.8%)	(-6.4%)	(-5.9%)
급재면세결수		13,891	122,179	23,351	195,777	43,169	38,812	26,907
		N/A	(779.6%)	(68.1%)	(1309.4%)	(210.8%)	(179.4%)	(93.7%)
제반면세결수	소계	594,387	610,592	614,463	616,546	624,101	633,305	642,059
		N/A	(2.7%)	(3.4%)	(3.7%)	(5.0%)	(6.5%)	(8.0%)
	능원묘위전	1,611	1,777	1,829	1,901	1,872	1,991	2,197
		N/A	(10.3%)	(13.5%)	(18.0%)	(16.2%)	(23.6%)	(36.4%)
	궁방전	34,583	35,196	37,010	37,462	33,915	36,021	36,113
		N/A	(1.8%)	(7.0%)	(8.3%)	(-1.9%)	(4.2%)	(4.4%)
	아문전	45,355	46,212	45,937	46,307	46,310	46,199	46,263
		N/A	(1.9%)	(1.3%)	(2.1%)	(2.1%)	(1.9%)	(2.0%)
	각양잡위전	110,528	115,040	118,211	118,584	118,901	118,905	118,909
		N/A	(4.1%)	(7.0%)	(7.3%)	(7.6%)	(7.6%)	(7.6%)
	유래진잡탈전	402,310	412,367	411,476	412,292	423,103	430,189	438,577
		N/A	(2.5%)	(2.3%)	(2.5%)	(5.2%)	(6.9%)	(9.0%)

출처 : 「朝鮮田制考」 부록 결수표

　[표 11]은 [표 10]을 기준하여 조선후기 결수의 감면실태와 변화율을 분석한 것이다. 정조 8년(1784년)의 총결수, 출세실결수, 급재면세결수, 제반면세결수를 기준하여 해당 연도의 각 결수의 변화율을 분석한 것이다. 총결수는 연수가 더해질수록 미약하게나마 증가하고 있지만, 출세실결수는 정조 8년 이후 최하 -5.9%에서 최고 -14.1%로 감소하였다. 많은 재해로 인하여 급재면세결수는 가장 큰 폭으로 증가하였는데 정조 18년에는 7.7배, 순조 14년에는 13배나 증가하였다. 제반면세결수는 연수가 더해질수록 지속적으로 증가하여 8%까지 늘어는데, 총결수는 전체적으로 1%이만으로 변화가 거의 없었다. 제반면세결수에서 가장 크게 변화한 면세전은 능원묘위전(陵園墓位田)으로 해마다 증가

하여 현종 10년에는 36.4%에 달하였으며, 유래진잡탈전은 순조 14년 이후 5%이상 증가하였다.

결론적으로 조선후기의 경우 총결수는 늘어나지 않았는데, 각양잡위전 등 면세전은 꾸준히 증가하여 국가재정을 결핍하게 하였다.

2. 조세감면으로 인한 재정수입의 부족

조선후기 조세감면의 문제점은 궁방전 등 특권층에 대한 면세가 지나치게 불공평하게 이루어진 것과, 경작되지 않은 전지에 대해서 처음부터 과세대상에 포함하지 말아야 하는 진전 등의 전지를 과세대상으로 한 후, 답험하여 면세함으로서 탐관오리의 농간이 발생할 수밖에 없었다는 것이다. 결국 조선후기 조세의 감면은 다음과 같이 재정수입의 감소뿐만 아니라 여러 가지 사회적 현상에 많은 영향을 끼쳤다.

첫째, 면세전의 증가는 국가재정 수입의 감소를 가져왔다. 이에 대한 문제를 지적한『현종개수실록』을 살펴보면 다음과 같은데, 면세지가 너무 많아 재정이 어려움으로 궁방전과 관둔전의 면세를 폐지할 것을 주장하고 있다. 면세지의 증가에 따른 국가 재정의 결핍은 환곡 등을 통하여 결국 농민의 부담으로 남을 수밖에 없었기 때문이다.[981]

「우리나라는 면세되는 전지(田地)가 너무 많아 국용이 넉넉하지 못한 것이 오로지 여기에 연유되고 있으니, 진실로 통탄할 일입니다. 각 고을의 관둔전(官屯田)과 충훈부 이하 각 아문 및 내수사와 여러 궁가에 소속된 토지의 면세를 일체 아울러 정파시키소서. 그리고 그 세입을 거두어 공가(公家)에 부송시키는 것을 영구히 법문으로 만드소서. 그리하여 모든 지역에 전혀 면세된 전지가 없게 하며 여러 학궁(學宮)에 소속된 전지라도 면세를 허락하지 말면 국용에 보탬이 되는 것이 어찌 적겠습니까.」[982]

다음『목민심서』의 내용도 궁장토와 둔토 등 면세전의 증가로 재정수입이 부족되는 현상을 지적하고 있다.

「궁장토와 둔토가 원전을 잠식하니 나라의 수입이 날마다 감축될 뿐만이 아니라, 무릇 백 가지의 부와 역이 모두 전결에서 나오는데 토지가 한번 궁장토와 둔토에 들어가게 되면 부와 역을 면제받지 않음이 없으니 1만결의 고을에 부와 역에 응하는 것은 3천결에 불과하

---

981) 오일주. 1992. "조선후기 국가재정과 환곡의 부세적 기능의 강화". 실학사상연구 제3집. pp.59~65.
982) 『현종개수실록』 1년(1660) 9월 29일 2번째기사.

다. 백성의 부담이 치우쳐 고통스러워 유망하는 자들이 서로 잇따르니, 이것은 한 고을의 수령이 개혁할 수 있는 바가 아니다.」[983]

둘째, 면세전의 사유화와 민전의 탈입(奪入) 및 투탁(投託)[984]의 현상은 토지체계를 문란하게 하였다. 특히 면세전인 궁방전과 관둔전을 통하여 민전을 탈입하고 투탁하는 경향은 토지 없는 농민을 양산하였다. 더욱이 임진왜란 이후 군영의 둔전을 비롯, 중앙 각 사와 지방 관아의 관둔전이 날로 확대되면서 문제는 더욱 심각해졌다. 관둔전도 처음에는 절수로 설치되었으나, 숙종 때 절수의 형식에서 민전을 뽑아들이는[985] 폐단을 없애기 위해 토지를 사들이는 정책[986]으로 전환했지만, 억지로 사들이는 폐단이 따르기도 하였다. 민전의 탈입·투탁의 경향은 특히 궁방전과 관둔전에서 많이 행해졌으며, 이러한 현상은 국고수입원인 원결(元結)을 감소시키고 면세지를 확대시키는 결과를 가져왔다.

『목민심서』에도 "옛날의 둔전은 군량을 공급하는 것이어서 나라의 이익이었는데, 오늘날의 둔전은 사사로운 사람들을 살찌우게 하는 것이어서 나라의 좀인 것이다. 오늘날에는 여러 군영의 장신(將臣)이 오히려 먼 지방에다 비옥한 토지를 널리 매입하여 둔전이라고 칭하고, 이에 세도 있는 집안의 서얼들과 부유한 집안의 놀고먹는 자식들을 감관으로 파견해서, 세를 가혹하게 거두어들여 한 목구멍을 채우는 데 적어도 천냥이요 많으면 수천냥이다.[987]"라고 문제점을 지적하고 있다.

셋째, 궁방전 등 면세전을 통하여 양민이 조세와 부역을 피하는 수단으로 이용하였다. 다음 『효종실록』의 기사에 따르면 궁방전과 관둔전을 경작하는 사람들조차도 그 위세가 대단하여 조세와 부역을 회피함으로써, 그 부담을 떠안은 일반 양민의 불만은 커질 수밖에 없었다.

「또 이른바 궁가와 아문의 둔전(屯田)은 나라 안에 하나의 연못과 숲 같은 소굴이 되어 양민(良民)으로서 부역을 피하는 자들이 모두 모여 있는데 세금의 독촉이 미치지 않고 정역(丁役)[988]의 점검이 이르지 않아 한 해가 다하도록 편안히 앉아 있으니, 부역에 응하고 항오에 편입된 백성에 비해 보면 수고로움과 편안함의 차이가 이만저만이 아닙니다. 땅에서 나는 곡식을 먹고 사는 자치고 누가 임금의 백성이 아니겠습니까. 그런데 혹은 수고롭고 혹은 편안하여 고르지 못함이 이와 같으니, 인심은 복종하지 않는 것이 당연하고 나라도 또

---

983) 『목민심서』 호조6조 제1조 전정.
984) 남의 세력에 기댐.
985) 모입민전(募入民田)을 말함.
986) 급가매토(給價買土)을 말함.
987) 『목민심서』 호조6조 제1조 전정.
988) 병역(兵役)이나 부역.

한 정책이 없다고 할 수 있을 것입니다.」[989]

넷째, 탐관오리가 진전 등 면세지에 수세함으로써 농민의 탈농현상이 심화되었다. 전체 면세전의 3분의 2정도를 차지하는 것이 진황전이다. 진황전은 이전에 경작하던 토지였지만, 오랫동안 황폐되어 내려 온 것으로, 진황전이 날로 늘어났다는 것은 지배 계층의 수탈로 생존 의욕을 상실한 농민들이 경작을 포기하고 유망·도산하는 현실을 보여주는 것이다. 이러한 현상은 조선후기에 심하여 탐관오리들은 진결징세·은결징세·백지징세 등을 통하여 자신들의 부를 늘리고 농민들을 착취하였다.『경세유표』에는 이러한 사실을 다음과 같이 언급하고 있다.

「『속대전』에 이르기를 매년 진전을 개간한 곳은 낱낱이 등록하여 본조에 보고하고 세액의 절반을 감하며[증보에는 이르기를 3년간의 세를 감한다고 하였다. 이미 개간하였다가 도로 묵인 것은 세를 징수하지 않는다.”고 하였다. 생각건대, 진전이란 우리나라에 없는 것이라고 본다. 아니, 진전이 없는 것은 아니라도 묵었다고 면세된 것은 우리나라에 없는 것이다. 나는 오랫동안 농촌에 살면서 종종 지팡이를 끌고 황량한 촌락과 파산된 농가 사이를 두루 돌아다녔으나 일찍이 한 뙈기의 진전도 본 일이 없다. 때로 혹 변방 끄트머리 격원한 지대에는 진전이 질펀하여 가없이 넓기에 그것을 가리키면서 노인에게 면세되었는가를 물었더니, 노인은 말하기를 “내가 아이 때로부터 저 밭은 갈아 먹지 않았으나 그때부터 지금까지 저 밭에 대한 세를 내고 있다오, 나라 땅[王土] 치고 세를 물지 않은 땅도 있는가요?” 라고 하였다.」[990]

결국 조선후기에는 국가재정의 핵심인 전정(田政)·군정(軍政)·환정(還政)의 삼정의 수취체계가 무너지면서, 19세기 중엽인 철종 때에 이르러서는 전정의 폐해가 극도에 달하게 되어 농민들의 민란이 발생하였다. 그 중에서도 전정은 임진왜란 이후 전국토가 황폐화하여 경작지가 크게 감소하였는데도 불구하고 궁방전을 비롯한 각종 특권층의 면세전이 증대되는 한편, 삼수미·대동미·결작 등이 전토에 부과·징수되면서 농민의 부담은 더욱 무거워졌으며, 수세결수가 양안결수의 반에 불과한 데도 일부 수령과 아전들의 은결(隱結)은 날로 늘어났고, 아전들은 조세를 징수할 때 도결(都結)·방결(防結) 등의 수단으로 실제 세액의 몇 배를 징수·착복하여 농민의 고통은 참을 수 없을 정도였다.

---

989) 『효종실록』 7년(1656) 3월 15일 2번째기사.
990) 『경세유표』 지관수제, 전제8.

3. 감면대상과 감면세액의 불명확

조선시대 조세감면은 왕명에 의하여 각 도의 고을[991] 단위로 시행되는 경우가 많았다. 만약 수해, 가뭄, 한해(寒害), 풍해, 충해 따위로 농작물이 예년에 비하여 잘되지 못하여, 굶주리게 되는 흉년의 경우 조세감면 기준에 대해서 법으로 정해져 있지 않지만,『정조실록』에서는 다음과 같이 기록하고 있다. 재해가 심한 면은 3분의 1을 감해 주고, 특히 심한 고을의 그 다음 가는 면은 4분의 1을 감해 주고, 특히 심한 고을 중 조금 잘된 면과 그 다음 가는 고을 중 그 다음 가는 면과 조금 농사가 잘된 고을 중 특히 심한 면은 5분의 1을 감하였다.

「본도의 올해 새로 환수할 곡물 가운데, 특히 흉년이 심한 고을 및 다음 가는 고을 중 특히 심한 면은 3분의 1을 감해 주고, 특히 심한 고을의 그 다음 가는 면은 4분의 1을 감해 주고, 특히 심한 고을 중 조금 잘된 면과 그 다음 가는 고을 중 그 다음 가는 면과 조금 농사가 잘된 고을 중 특히 심한 면은 5분의 1을 감해 줌으로써 우리 백성들이 조금의 힘이라도 느슨해지게 하라. 백성이 있어야만 곡식이 있는 것이니, 참으로 백성에게 이롭다면 곡식을 아낄 것이 뭐가 있겠는가? 정말로 특히 심한 면과 리를 모두 감면해 주고 싶으나, 이를 가지고 농사 양식으로 삼고 이를 가지고 진휼의 밑천으로 삼아야 하므로 정지하거나 받아들이는 것이 모두 백성을 위해서 한 것이다.」[992]

하지만 재해 등으로 인해 전세를 감면하여 줄 경우 감면대상과 감면액이 명확하지 않아 감면의 정도가 매번 일정하지 못하였으며, 왕이 감면의 정도를 직접 정하는 경우가 대부분이였으며, '조세를 적당히 감면하라'고 하여 감면의 정도를 위임하는 경우도 많았다. 이러한『실록』의 기사는 다음과 같다.

① 「호조에서 아뢰기를, 지금 받들은 전교에, '각년(各年)에 받지 못한 전세를 적당히 감면하여 주고, 징수할 빚도 이같이 하라.' 하셨습니다.」[993]

② 「상이 주강에 나아가 《서전》 낙고를 강독하였다. 강독이 끝나고서 특진관 이시방이 아뢰기를, "양남(兩南)의 재해를 입은 고을은 이미 역(役)을 감면하였습니다마는, 양서(兩西)의 흉년도 심한데 의주가 가장 심합니다."하니, 상이 이르기를, "관북의 전세(田稅)와 관서의 수미(收米)도 모두 적당히 줄이게 하라."하였다.」[994]

---

991) 조선 시대에, 주(州)·부(府)·군(郡)·현(縣) 등을 두루 이르던 말.
992)『정조실록』6년 11월 3일 1번째기사.
993)『성종실록』9년(1478) 2월 2일 7번째기사
994)『정조실록』18년(1794) 11월 16일 1번째기사

4. 감면처분의 부실 집행

조선시대의 조세공평은 균등이라는 개념과 상통한다고 볼 수 있다. 균등이란 개념은 영조가 직접 쓴『속대전』호전의 제목 즉,「균공애민 절용축력(均貢愛民 節用蓄力)」에서 볼 수가 있는데 이는 "세를 균등하게 하여 백성을 사랑하고, 재정을 절약하여 힘을 축적한다."는 뜻이다. 다음『정조실록』에서 볼 수 있듯이 조세감면에 있어서도 법에 따라 공평하게 집행하려 하였다.

「"양지 현감 홍욱호는 조세를 견감해주는 일을 균등하게 하지 않았고, 호를 뽑는 데도 뒤섞인 것이 많았으니 제대로 살피지 못한 죄를 면하기 어렵습니다."」[995]

그러나 조세감면은 다음『태종실록』의 기사와 같이 공정하게 이루어 지지 못한 경우가 많았다. 이 내용은 답험손실법에 따른 법정 감면인데도 공평하게 답험(踏驗)하지 않아 감면이 제대로 이루어 지지 못했다는 것이다.

「어진 정사는 반드시 경계(經界)로부터 시작됩니다. 지난날에 각도에서 전지를 측량한 바가 경하고 중한 것이 고르지 못하여, 혹은 원망하기에 이르고, 바닷가에 있는 땅에 이르러서는 곧 측량을 하지 않았고, 또 그 결실되고 결실되지 못한 것을 공평하게 답험(踏驗)치 못하여, 결실된 것은 조세를 감면하고, 결실되지 않은 것은 도리어 조세를 바치니, 그 폐단이 적지 않습니다.」[996]

또한 공법에 따른 법정 감면 역시 백성들에게 제대로 시행되지 못함을 다음『정조실록』의 기사에서 볼 수 있는데,『조선경국전』에서 "백성이 홍수·한발·서리·곤충·바람·우박 등으로 피해를 입었을 때에는, 그 피해의 다과에 따라서 부역을 차등 있게 감면시켜 주어야 한다."는 규정을 잘 이행하지 못한 것이다.

「더구나 연분(年分)에 대해 백성들은 급재를 받지 못하고 그 이익이 탐관에게로 돌아가며, 포흠(逋欠)[997]을 견감하는 경우에도 백성은 감면의 혜택을 받지 못하고 그 은혜가 교활한 아전에게로 돌아갑니다. 수목이 자라 숲을 이룬 곳과 토사가 쌓인 곳이 곳곳에 서로 바

---

995)『정조실록』18년(1794) 11월 16일 1번째기사
996)『태종실록』5년(1405년) 9월 10일(임인) 1번째기사.
　　(원문)「仁政必自經界始. 在前各道量田, 輕重不均, 或至怨咨. 至於濱海之地, 不卽打量, 又其荒熟, 不公踏驗, 實者免租, 荒者反輸, 其弊不小
997) 국가의 조세(租稅)를 납부하지 않는 것

라보여도 백지징세(白地徵稅) 하여 동리를 침탈하고 있습니다.」998)

　뿐만 아니라 다음 『선조실록』의 기사를 보면 임진왜란과 정유재란이 끝나고 명나라
군대가 조선에서 철수한 후, 전쟁으로 인한 백성들의 고통을 덜어주기 위하여 선조가 임
시적인 조세감면을 명하였으나 제대로 집행되지 못하였다. 오히려 조세는 문란해져 조세
의 징수에서 나타날 수 있는 온갖 폐단들이 자행되었다.

　「중국군이 철수한 후에 상께서 조세를 감면하라고 누차에 걸쳐 덕음(德音)을 내리셨으니,
백성을 구휼하는 정성이 과연 지극하십니다. 보고 듣는 모든 사람이 누군들 감읍(感泣)하지
않겠습니까. 다만 전후로 유사가 성실히 봉행하지 아니하여 지난해에는 정공(正貢)은 감했
으나 거꾸로 별도의 조세가 부과되었고 금년은 공안(貢案)은 없앴다고 하나 명목이 아직도
많습니다. 인삼은 진헌하는 데 관계되는 이상 그만둘 수 없다고 하더라도 값을 백배로 징
수하여 백성을 병들게 하니 가슴을 도려내는 듯한 아픔을 차마 말할 수 있겠습니까. 그리
고 요즈음 민심은 오히려 더욱 애달픈 것이 있습니다. 곡식이 조금이나마 여물어야 하는데
금년은 여름에 긴 장마로 전곡(田穀)이 전혀 없고, 초가을에는 폭풍으로 메벼가 모두 말라
버린데다 수해까지 겹쳐 밭두둑이 온통 모래로 뒤덮여서 추수의 가망이 없으므로 백성들은
모두 짐을 꾸려 떠날 준비를 하고 있습니다. 민사(民事)가 이 지경에 이르렀으니 참으로 작
은 걱정이 아닙니다. 아, 과중한 공부(貢賦)와 참혹한 조세와 번잡스런 징발과 수운의 노고
와 방납(防納)의 피해와 궁노(宮奴)999)의 방자하고 포악한 폐단과 내노(內奴)1000)의 인징(隣徵)
과 족징(族徵)에 대한 근심이 가지가지로 백성들을 병들게 하고 괴롭히고 있습니다. 만번
죽다 겨우 살아난 불쌍한 우리 백성들에게 혜택은 미치지 아니하고 폐단만 날로 불어나서
편히 쉴 기약이 없으니 원성이 하늘에까지 이르렀습니다. 전하께서는 깊은 궁궐 속에 계시
니 비록 민폐를 들으셨더라도 어찌 이 지경에 이르도록 절박한 고통을 모두 아시겠습니까.
삼가 바라건대 전하께서는 차마 하지 못하는 마음을 넓히시고 차마 하지 못하는 정사를 행
하시어 백성의 부모된 책임을 다하시면 가까스로 살아남은 백성들이 소생하여 국본(國本)이
거의 견고해질 것입니다.」1001)

---

998)『정조실록』2년(1778) 7월 20일 3번째기사.
　　(원문)「況乎, 年分則民不蒙災, 而利歸貪官. 蠲逋則民不被減, 而惠及猾吏. 樹木成林之地、沙土委堆之處, 在在
　　　　相望, 而白地之稅, 侵剝洞里..」
999) 궁방(宮房)에 딸리어 있던 사내종. 여기서 궁방이란 조선 시대에 왕실의 일부인 궁실(宮室)과 왕실에서 분가하
　　여 독립한 대원군·왕자군·공주·옹주가 살던 집을 통틀어 이르던 말이다.
1000) 내수사(內需司)에 딸린 노비. 내수사는 조선시대 왕실 재정의 관리를 위해 설치되었던 관서이다.
1001)『선조실록』38년(1605) 7월 27일 6번째기사.

04 조선시대의 **조세범처벌법**

제1절   의의

한 나라의 조세는 그 시대의 정치·경제·사회 등의 환경에 의하여 결정되며, 재정수요 충당을 위한 제도이다. 따라서 여러 국가들의 조세제도는 국가의 사회적 환경에 따라 다양성과 차별성을 가지고 있다.

조선시대의 조세제도 역시 조세의 근본 목적인 재정수요 충당을 위하여 전세를 근간으로 하여 많은 변화를 겪었다. 조선시대의 조세는 왕의 절대적 과세권에 의하여 집행되었는데, 왕은 입법·사법·행정의 삼권을 가지고 조세법의 제정과 조세의 징수, 그리고 조세범의 처벌까지 하였다. 다음 『연산군일기』의 내용은 조선시대의 왕과 백성의 관계 및 왕과 조세, 백성과 조세의 관계를 잘 표현하고 있다고 본다.

「임금은 백성을 다스리는 사람이요, 백성은 곡식과 쌀과 명주와 베를 바쳐 임금을 섬기는 사람들이며, 임금이 조세를 징수하는 데는 법도가 있고 백성이 세금을 바치는 데는 한도가 있습니다.」[1002]

이 내용은 조세란 백성이 섬기는 왕에게 바치는 재물이라고 보고 있는데, 이는 왕과 백성이 주종관계에 놓여있는 절대군주 시대적인 사고에 의한 것이다. 하지만 왕이 조세를 징수하는 데는 법도가 있고, 백성이 조세를 바치는 데는 한도가 있다고 하여 법에 의

[1002] 『연산군일기』 7년(1501) 1월 30일 2번째기사.

하여 조세를 징수하되 일정한 한도내에서 적정한 조세를 부담시켜야 한다는 조세원칙을 말하고 있다. 하지만 조선시대의 조세제도는 이러한 이상과는 달리 법체제의 미비와 관리들의 농간 등으로 항상 부정부패가 많아 힘없는 농민의 피해가 많았다. 따라서 조선시대에 이러한 조세범을 처벌하기 위한 법규를 『경국대전』을 비롯한 각 법전에 규정하고 있다.

『경국대전』과 『속대전』 등 각 법전의 형조에는 여러 가지 죄에 대한 형벌을 규정하고 있지만, 조세범처벌에 대한 규정은 대부분 호조에 있다. 물론 『대명률』의 조세범 처벌 규정 또한 준용되었다.

제2절　조선시대의 형법과 형률

1. 조선시대의 형법

『경국대전』의 형전(刑典)은 28개 항목으로 크게 형법제와 노비규정으로 나누어진다. 형법제에는 형벌과 금령, 각종 형구와 형집행 방법, 재판 규정을 수록했다. 그러나 이것이 형법의 전부는 아니다. 『경국대전』의 형전 첫머리 용률(用律)조에 따르면 "용률(用律)은 대명률을 적용한다."고 규정하고 있으며, 『속대전』에서는 "『경국대전』에 의거 『대명률』을 적용하되, 『경국대전』과 『속대전』에 해당 율문(律文)이 있을 경우에는 두 법전(法典)에 따른다."라고 규정하고 있다. 그러므로 『경국대전』의 형법제를 이해하기 위해서는 『대명률』도 함께 참조해야 한다.

> ○ 경국대전(經國大典)에 의거 대명률(大明律)을 적용하되 경국대전(經國大典)과 속대전(續大典)에 해당 율문(律文)[1003]이 있을 경우에는 두 법전에 따른다.

이는 명나라의 형법전(刑法典)인 『대명률』을 『경국대전』과 『속대전』에 의거 조선시대의 일반적인 형법전(刑法典)으로서 의용(依用)[1004]하였다는 것이다. 즉, 『대명률』은 형법

1003) 형률(刑律)의 조문(條文).
1004) 다른 나라의 법령을 그대로 적용함.

의 일반법이고,『경국대전』과『속대전』의 율문(律文)은 형법의 특별법인 것이다. 이러한 『대명률』은 460개조로서 당률(唐律)을 모방하되 명례률(名例律)·이율(吏律)·호율(戶律)·예율(禮律)·병률(兵律)·형률(刑律)·공률(工律) 등 육전체제(六典體制)를 갖추어 편찬되었다.

조선왕조는 건국을 눈앞에 둔 공양왕(恭讓王) 4년(1391년)에 시중 정몽주의 주관하에서『지정조격(至正條格)』1005)과『대명률』을 취사 선택하고, 우리나라의 실정을 감안하여 신율(新律)을 마련하여 올렸다.1006) 그 해 7월 조선 건국시의 태조의 즉위교서에 모든 공사범죄(公私犯罪)에 대한 과형(科刑)과 단죄는『대명률』에 의거하도록 하였다.1007) 그 후 태조 4년(1395년) 조준이 김지 등에게 명령하여 이두문(吏讀文)으로 된『대명률직해(大明律直解)』100여본을 만들어 반포하고 시행토록 하였다. 따라서『대명률직해』는『대명률』그 자체는 아니고 우리의 실정에 알맞게 개찬한 일반 형법전이다.

『증보문헌비고』의 제율유기(諸律類記)편을 편찬 하면서 그 취지를 다음과 같이 기록하여,『대명률』과『경국대전』및『속대전』의 관계를 설명하고 있다.

「신이 삼가 살펴보건대,『대명률』은 바로 우리 조정에서 준수해 쓰는 것입니다.『경국대전』이 이루어지자『대명률』이 더욱 밝아졌고,『속대전』이 이루어지자『경국대전』이 더욱 갖추어졌습니다. 만약 죄를 범한 자가 있으면 유사(有司)가 반드시 이 세 책을 연구하고 비의(比擬)1008)하는데, 이제 만약 모두 취하여 열록(列錄)1009)하면 율례가 번거롭고 복잡하여 상고해 의거하기가 쉽지 아니하니, 삼전(三典)의 지어 정한 것을 모아서 오형(五刑)의 조례에 따라 서로 참고하고 유(類)로 모아서 원거(援據)1010)에 현혹되고 의단(擬斷)1011)에 미혹되지 아니하게 한 바입니다. 대저 율(律)을 폐한 것과 형(刑)을 특별히 없앤 것은 진실로 열성조의 인후측달(仁厚惻怛)1012)하여 형옥(刑獄)을 삼가고 인명을 중하게 여기는 뜻이니, 아아 ! 아름답도다. 삼가 끝에 붙입니다.」1013)

1005) 중국 원나라 순제 지정 연간에 만든 법규.
1006)『증보문헌비고』권135-1, 형고9, 형서.
1007)『태조실록』원년 7월.
1008) 견주어 비교함.
1009) 죽 벌여서 기록함.
1010) 증거가 될만한 사람을 끌어 대는 것.
1011) 의심스러운 실마리.
1012) 마음이 어질고 무던하여 불쌍히 여겨 슬퍼하다.
1013)『증보문헌비고』제136권 형고10, 제율 유기1.

2. 형의 유형

가. 태형

태형(笞刑)은 5형 중 가장 가벼운 형벌로서『대명률직해』오형명의(五刑名義)에 의하면, 경죄를 범한 사람에게 소형장(小荊杖)[1014)으로써 10대에서 50대까지 치는 형벌로서 5등급이 있으며, 10대마다 형이 1등급씩 가감된다고 하였다. 태형(笞刑)에 쓰는 매는 작은 가시나무가지로 만드는데 반드시 가지의 그루터기와 눈마디를 깎아내야 하며, 관청에서 내린 교판(較板)[1015)을 써서 법대로 규격 검사를 하여야 하고, 힘줄이나 아교같은 것을 덧붙치지 못한다.

태형에 쓰는 매의 규격은 대두경(大頭徑)이 2푼 7리(약 0.8㎝), 소두경(小頭徑)이 1푼 7리, 길이 3척(尺) 5촌(寸)(약 106㎝)으로 하며 가는 쪽으로 볼기를 친다. 속죄금은『대명률직해』명례률(名例律) 5형(刑)에서는 죄 등에 따라 5승포 3필·6필·9필·12필·15필 등으로 정하였다.

나. 장형

장형(杖刑)은 5형 중 두 번째로 가벼운 형벌이나, 유형·도형 등의 부가형(附加刑)으로도 집행되었다.『대명률직해』오형(五刑)의 명의(名義)에 의하면 장형은 사람이 죄를 범하였을 때에 대형장(大荊杖)[1016)으로서, 60대에서 100대까지 치는 형벌로서 5등급이 있으며 10대마다 형이 1등급씩 가감된다. 또 장형에 쓰는 형장은 큰 가시나무가지로 만드는데 반드시 가지의 그루터기와 눈마디를 깎아내야 하며, 관청에서 내린 교판(較板)을 써서 법대로 규격 검사를 하여야 하고 힘줄이나 아교 같은 것을 덧붙치지 못한다. 장형의 장(杖)의 규격은 대두경(大頭徑)이 4푼(分) 5리(厘), 소두경(小頭徑)이 3푼 5리(약1.1㎝), 길이가 3척(尺) 5촌(寸)(약 106㎝)으로 하며, 가는 쪽으로 볼기를 친다. 속죄금은『대명률직해』명례률(名例律) 5형(刑)에서는 죄등에 따라 5승포 18필·21필·24필·27필·30필 등으로 정하였다.

장형의 경우 남형의 피해가 가장 많았다. 이는 집행관의 자의가 개재될 가능성이 제일 많았기 때문이다. 따라서『경국대전』형전의 남형조에 따르면 관리(官吏)가 남형하면 장(杖) 100 도(徒) 3년에 처하고, 그로 인하여 치사하게 되면 장(杖) 100을 친 후 영구히 관원으로 임용하지 아니한다고 규정하였다.

1014) 작은 가시나무가지로 만든 매.
1015) 태형이나 장형에 쓰던 표준 규격의 형구.
1016) 큰 가시나무가지로 만든 형장.

다. 도형

도형(徒刑)은 5형의 하나로서 중하기가 사형·유형 다음이다. 관에서 구금하여 소금굽기·쇠다루기 등과 같은 힘든 일을 강제로 시키는 형벌로서 지금의 유기(有期) 징역형과 비슷하다. 다만 장형을 병과(倂科)[1017]하는 점에서 지금의 징역형과는 다르다.

도형에는 다섯 종류가 있는데 도(徒) 1년에 장(杖) 60대 치는 것(속동전은 12관이나 5승포 60필로 환산하여 정함), 도 1년반에 장 70대 치는 것(속동전은 15관이나 5승포 75필로 환산하여 정함), 도 2년에 장 80대 치는 것(속동전은 18관이나 5승포 90필로 환산하여 정함), 도 2년반에 장 90대 치는 것(속동전은 21관이나 5승포 105필로 환산하여 정함), 도 3년에 장 100대 치는 것(속동전은 24관이나 5승포 120필로 환산하여 정함) 등이 있다.

도(徒)라는 것은 노(奴)라는 뜻으로 대개 종으로 삼아서 치욕을 주자는 것이다. 노(奴)는 남자가 죄로 말미암아 천예(賤隷)[1018]로 된 것으로 노역을 시키되 담장으로 둘러싸인 감옥에 모아 가두어 교화시켰다. 상죄(上罪)는 3년이 지나서 석방하고 중죄(中罪)는 2년, 하죄(下罪)는 1년이 지나야 석방한다.

도형의 일종으로 충군이 있다. 충군은 강제노역의 내용이 군역이며, 조선시대에는 도형에 대신하여 충군하게 한 예를 많이 볼 수 있다. 도형대신 충군이 된 경우에는 도형기간만큼 복무하고 석방하였다.[1019]

라. 유형

유형(流刑)은 5형의 하나로서 중하기가 사형 다음이다. 중죄를 범하였을 때 차마 죽이지 못하고 먼 곳으로 유배하여 죽을 때까지 거기 있게 하는 형벌이다. 대죄인에게는 멀고 황량한 곳으로 추방하거나 해외로 유배하고, 그 다음 죄인은 구주(九州)밖 또 그 다음 죄인은 경기권 밖으로 유배하였다. 따라서 유형은 오늘날의 무기금고형과 비슷하나 반드시 장형(杖刑)을 병과하고 멀리(주로 섬이나 변경지역) 보내는 점이 다르다.

유형에는 세 종류가 있는데 유(流) 2000리(里)에 장(杖) 100대 치는 것[속동전은 30관(貫)이나 5승포(升布) 150필로 환산하여 정함], 유 2500리에 장 100대 치는 것(속동전은 33관이나 5승포 165필로 환산하여 정함), 유 3000리에 장 100대 치는 것(속동전은 36관이나 5승포 180필로 환산하여 정함) 등이다. 『대명률』에 규정된 유형의 거리는 우리나라의 국토 넓이상 그대로 적용할 수가 없어서 세종 12년에 각도별로 2000리, 2500리, 3000리의 유배지 및 충군처(充軍處)를 정하였다.[1020]

1017) 동시(同時)에 둘 이상(以上)의 형에 처하는 일.

1018) 노비를 지칭하는 말.

1019) 김기춘, 1995.

마. 사형

사형은 사죄(死罪)에 해당하는 범죄이다. 사형에는 교(絞)·참(斬) 두 가지 종류가 있다. 같은 사형이라도 교형(絞刑)은 시신이 온전하나 참형은 머리와 몸통이 분리됨으로 보다 더 냉혹한 중형이었다. 『대명률』오형(五刑)의 사형조(死刑條)에서는 참수(斬首)와 교수(絞首)의 두 가지만 규정하였으나, 『대명률직해』의 형률·도적(盜賊)·모반대역조(謀反大逆條)에서는 능지처사(凌遲處死)를 규정하였고, 또 조선시대의 실제상으로 역적을 다스림에 있어서 능지처사율을 시행하였음이 『조선왕조실록』에 나타나 있다.[1021] 사형에 대한 속죄금은 대명률(大明律)의 경우 속동전(贖銅錢)은 42관(貫)[1022]이었으나 『대명률직해』에서는 이를 5승포(升布) 210필로 환산하여 정하였다. 반역이나 살인 등 사형에 해당하는 죄를 범하였을 경우에도 80세 이상의 노인이거나 10세 이하의 어린이 또는 불치의 병에 걸린 자는 임금에게 보고하여 재가를 받아야만 사형집행을 할 수 있었고, 또 90세 이상 자와 7세 이하 자는 비록 사죄를 범하여도 처형하지 아니하였다. [1023]

제3절　조선시대의 조세범처벌

1. 서

성종 16년(1485년)에 반포된 영세불변의 조종성헌으로서 통치의 기본법인 『경국대전』 호전의 수세조(收稅條)에는 조세범의 처벌에 대해서 단 두 조문을 규정하고 있다. 하지만 『경국대전』이 편찬된지 약 261년 후인 영조 22년(1746년)에 편찬된 『속대전』 호전(戶典)의 수세조(收稅條)와 양전조(量田條)에는 조세범처벌 규정이 대폭 추가되어 9조문과 12조문으로 늘어나 보다 구체적인 조세범처벌에 대한 규정을 두고 있다.

『속대전』을 편찬케 한 영조가 조세의 공평과 조세범처벌에 대한 형평에 대해서는 많은 관심을 가지고 있음을 알 수가 있다. 『속대전』에서 조세범처벌 규정이 강화된 이유는 재정수요를 충당하기 위한 세수확보와 공정한 과세행정의 확립 및 탈세예방 차원에서

1020) 『대명률직해』 권1 명례률 5형.
1021) 『태종실록』 권22-39, 태종 11년 11월 계유 및 『중종실록』 권43-35 중종 16년 10월 정미.
1022) 조선시대 화폐 단위는 1관(貫)=십량(兩)=백전(錢)=일천문(文)의 십진법을 사용했다.
1023) 『대명률직해』 명례률 권1 노소폐질수속

이루어졌다고 본다.

조선시대에 조세범처벌 규정이 강화될 수밖에 없는 이유는 토지의 사유화와 부의편중으로 조세의 부조리가 심화되었기 때문이다. 또한 대부분 답험(踏驗)을 담당하는 관리들의 횡포로 세수확보와 공평과세가 그 만큼 어려웠기 때문이다. 이는『속대전』에 추가된 조세범처벌 규정의 대부분이 감관(監官)에 관한 것에서 알 수 있다.

2. 조선시대 조세범처벌법 규정

가.『대명률』의 규정

『대명률』은 명나라의 홍무제(洪武帝)가 당률을 이상으로 하여 1367년에 제정하고 이듬해 이를 공포하였다. 이후『대명률』은 1374년, 1389년, 1397년에 걸쳐 수정되었으며, 명·청시대의 약 500년간을 통하여 형률(刑律)의 근본이 된 중국의 형법전이다. 이『대명률』이 조선시대에 걸쳐 우리나라 형법의 일반법(보통법)으로서 적용되었으며, 역사상 외국 법전을 전체적으로 계수하는 최초의 예였다. 태조는 다음『태조실록』의 기사처럼 '즉위교서'에서 범죄를 처결함에 있어서 반드시『대명률』을 적용할 것을 명하였고, 정도전도 이편찬한『조선경국전』의 헌전(憲典)에서도『대명률』의 계수를 밝혔다.

「고려의 말기에는 형률이 일정한 제도가 없어서, 형조·순군부(巡軍府)[1024]·가구소(街衢所)[1025]가 각기 소견을 고집하여 형벌이 적당하지 못했으니, 지금부터는 형조는 형법·청송(聽訟)[1026]·국힐(鞫詰)[1027]을 관장하고, 순군은 순작(巡綽)[1028]·포도(捕盜)[1029]·금란(禁亂)[1030]을 관장할 것이며, 그 형조에서 판결한 것은 비록 태죄(笞罪)[1031]를 범했더라도 반드시 사첩(謝貼)[1032]을 취하고 관직을 파면시켜 누(累)[1033]가 자손에게 미치게 하니, 선왕의 법을 만든 뜻이 아니다. 지금부터는 서울과 지방의 형을 판결하는 관원은 무릇 공사(公私)의 범죄를, 반드시『대명률』의 선칙(宣勅)[1034]을 추탈(追奪)[1035]하는 것에 해당되어야만 사첩(謝貼)[1036]을 회

1024) 고려 때 도둑을 잡고 소란을 막는 일을 맡아보던 관아.
1025) 고려시대에 죄인을 잡아가두는 일을 담당하던 관부.
1026) 재판을 하기 위하여 송사(訟事)를 들음.
1027) 심문하고 벌을 줌.
1028) 순찰하여 경계함.
1029) 도둑을 잡음.
1030) 법을 어겨 어지럽게 구는 것을 막아 금지함.
1031) 태형에 해당하던 죄.
1032) 벼슬아치의 임명장.
1033) 남이 저지른 죄(罪)에 관련되는 것.
1034) 임금의 칙서(勅書)를 내리는 것.
1035) 죽은 사람의 죄를 논하여 살았을 때의 벼슬 이름을 깎아 없앰.

수하게 하고, 자산을 관청에 몰수하는 것에 해당되어야만 가산을 몰수하게 할 것이며, 그 부과(附過)[1037]해서 환직(還職)하는 것과 수속해서 해임하는 것 등의 일은 일체 율문(律文)에 의거하여 죄를 판정하고, 그전의 폐단을 따르지 말 것이며, 가구소(街衢所)는 폐지할 것이다.」

따라서 『대명률』에도 조세범을 처벌하는 규정을 두고 있어, 조선왕조 역시 조세범의 처벌은 『대명률』에 의하였다. 물론 『경국대전』 등 우리나라 법전에 규정된 조세범처벌 법규는 우선적으로 적용하였다. 『대명률』에는 다음과 같은 조세범을 처벌하도록 규정하고 있다[1038]. 『대명률』에서 조세법의 형벌은 태 20대에서 장 100대에 천사(유형)까지 규정하고 있는데 대부분 관리들의 비리에 대한 처벌 조항이다.

(1) 태20

① 재상(災傷)을 검답(檢踏)할 때에 관리와 이장(里長)·갑수(甲首)[1039]로서 관방(關防)[1040]을 잘못하여 부실(不實)이 10묘(畝)[1041]에서 20묘에 이르는 자.(20묘마다 한 등을 가하여 죄가 장 80에 그친다.)
② 이장(里長)으로서 부내(部內)의 전지를 까닭 없이 묵히거나 상마(桑麻)[1042]를 10분의 1을 심지 아니한 자.(1분마다 한 등을 가하여 죄가 장 80에 그친다. 현관(縣官)은 2등을 감한다.)
③ 인호(人戶)로써 마땅히 경종(耕種)[1043]할 전지를 까닭 없이 묵히거나 상마(桑麻)를 5분의 1을 심지 아니한 자.〔1분마다 한 등을 가한다.〕

(2) 태30

① 인호(人戶)가 많이 남는데 전토를 차지하여 묵힌 것이 3묘(畝)에서 10묘에 이른 자.(10묘마다 한 등을 가하여 죄가 장 80에 그친다.)
② 다른 사람의 전토를 1묘 이하를 도둑질해 경작한 자.(5묘마다 한 등을 가하여 죄가 장 80에 그친다. 묵은 전토는 한 등을 감하고 강제로 한 자는 한 등을 더하며, 관(官)에 매인 것은 또 한 등을 더한다.)

1036) 벼슬아치의 임명장.
1037) 공무상 과실이 있을 때에 곧 처벌하지 않고 관원 명부에 적어 두는 것.
1038) 『증보문헌비고』 제136권 형고10 제율유기1 장1백 대명률.
1039) 10호(戶)를 단위로 편호(編戶)를 할 때 10호 가운데 경제력이나 학식 등이 있는 자로, 호적을 작성하는 등의 일을 맡은 호(戶).
1040) 부정 행위를 방지한다는 뜻. 관수(關守).
1041) 각 등급의 토지 14부가 중국의 1묘에 해당한다.
1042) 뽕나무와 삼[麻].
1043) 논밭을 갈고 씨를 뿌려 가꿈.

(3) 태40

① 전량(錢糧)[1044]을 속여 숨긴 것과 판적(板籍)[1045]에 탈루한 것이 1묘에서 5묘에 이른 자.(5묘마다 한 등을 가하여 죄가 장 1백에 그친다.)
② 전토(田土)의 구획경계를 변경하며 양액(糧額)[1046]을 숨기고 속이거나 전량(田糧)[1047]을 속여서 궤기(詭寄)[1048]하여 차역(差役)[1049]을 영사(影射)[1050]한 것이 1묘에서 5묘에 이른 자.(5묘마다 한 등을 가하여 죄가 장 1백에 그친다. 부탁을 받은 사람과 이장(里長)으로서 알면서 거론하지 아니한 자도 죄가 같다.)
③ 인호(人戶)로서 곡식이 성숙한 전지를 속여서 재상으로 보고한 것이 1묘에서 5묘에 이른 자.(5묘마다 한 등을 가하여 죄가 장 1백에 그친다.)

(4) 태50

○ 세무관(稅務官)으로서 제색과정(諸色課程)[1051]에 마음을 쓰지 아니하여 10분의 1을 휴태(虧兌)[1052]한 자.(1분(分)마다 한 등을 가하여 죄가 장 1백에 그친다.)

(5) 장60

① 각 창(倉)에서 세량(稅糧)[1053]을 거둘 때에 제조(提調)[1054] 관리로서 10분의 1을 거두지 못한 자.(1분마다 한 등을 가하여 죄가 장 1백에 그친다. 재물을 받은 자는 장(贓)[1055]을 계산하여 왕법(枉法)[1056]으로 논한다. 분담하여 독촉하는 이장과 세량을 흠(欠)[1057]한 인호(人戶)도 죄가 같다.)
② 각 창에서 세량을 거두어 받을 때에 창관(倉官)[1058]·두급(斗級)[1059]으로서 곡면(斛面)[1060]보다 많이 거둔 자.(붙여서 남는 세량의 수량으로 장(贓)을 계산하여 중한 것은 좌장(坐贓)[1061]으로 논죄하여 장 1백에 그친다. 제조(提調) 관리로서 알면서 적발하지 아니한 자도 죄가 같다.)
③ 세량(稅糧)을 남납(攬納)[1062]한 자.(감림(監臨)[1063] 주수(主守)[1064]로서 남납한 자는 2등을 가한다.)

1044) 돈과 곡식.
1045) 토지대장.
1046) 생산 수량.
1047) 전세로 거두어들이던 양곡.
1048) 자기의 소유 전지를 자신의 소작인이나 빈민의 소유로 명의를 옮겨 놓아 세역(稅役)을 피하는 행위.
1049) 노역(勞役)을 시킴.
1050) 남의 이름을 몰래 쓴다든지 하여 남의 눈을 속임.
1051) 각종 과세.
1052) 정량에서 부족하거나 결손인 상태를 말함.
1053) 세(稅)로 받은 양곡.
1054) 조달·영선·제작·창고·접대·어학·의학·천문·지리·음악 등 당상관 이상의 관원이 없는 관아에 겸직으로 배속되어 각 관아를 통솔하던 관직이다.
1055) 절도, 강도, 사기, 횡령 따위의 재산 범죄에 의하여 불법으로 가진 타인 소유의 재물
1056) 법을 부정하게 적용함.
1057) 흠축(欠縮): 일정한 수효에서 부족함이 생김.
1058) 조선시대에 광흥창·군자감에 둔 낭관(郎官)을 통틀어 이르던 말.
1059) 세곡이나 공포(貢布) 따위를 받을 때, 마질이나 되질을 맡아보던 아전.
1060) 말과 되 등 용기의 면.
1061) 벼슬아치가 이유 없이 백성에게서 재물을 거두어 받음.

(6) 장80

○ 재상(災傷)의 전량(錢糧)을 유사(有司)[1065] 관리로서 즉시 신보(申報)[1066]하여 검답(檢踏)[1067]하지 아니한 자.(신보하였는데 상사(上司)에서 위관(委官)을 보내어 다시 답사하지 아니한 경우도 죄가 같다.)

(7) 장100

① 유사관리(有司官吏)로서 세량(稅糧)을 과징(科徵)하는 일과, 여러 가지 많은 차역(差役)[1068]에 부(富)한 자는 놓아주고 가난한 자를 차정(差定)[1069]하며, 나이(那移)[1070]하여 폐단을 지은 자.
② 재상(災傷)을 검답(檢踏)[1071]할 때 관리로서 마음을 쓰지 아니하고, 단지 이장·갑수(甲首)[1072]의 몽롱(朦朧)[1073]한 공보(供報)[1074]만 신빙하여 관(官)을 속이고 백성을 해롭게 한 자.〔인하여 양수(糧數)[1075]를 징면(徵免)[1076]하였으면 장(贓)을 계산하여 중한 것은 좌장(坐贓)[1077]으로 논한다.

(8) 장100 천사(遷徙)[1078]

○ 세량(稅糧)을 마땅히 바쳐야 할 인호(人戶) 또는 이장으로서 1년이 넘도록 다 바치지 않은 자.

나. 『경국대전』의 규정

세종대왕의 조선적 공법(貢法)이 입법되어 시행된 후 조세의 징수에 대한 조세법의 규정이 명확해지면서 조세범의 처벌 또한 『대명률』을 따르기에는 부족한 부분이 있었다고 본다. 그래서 『경국대전』의 호전의 수세조와 잡령조에는 공법(貢法)의 집행에 따른 수세

1062) 몇 호(戶)의 세를 총괄해 대납하는 일.
1063) 감독의 임무를 맡아 현지로 나감.
1064) 아전(衙前)·고지기·옥졸(獄卒) 따위를 이르는 말.
1065) 전통사회의 향교·서원·이정(里政) 등과 필요에 의해 구성된 자생적 모임에서 사무를 맡아보는 직책.
1066) 고(告)하여 알림.
1067) 곡식이 결실을 맺은 정도를 직접 현지에 가서 조사하는 일.
1068) 등급에 따라 역부(役夫)를 징집하여 역역(力役)을 시키는 것.
1069) 일을 맡김.
1070) 돈이나 물건을 유용(流用)하는 일.
1071) 곡식이 결실을 맺은 정도를 직접 현지에 가서 조사하는 일.
1072) 10호(戶)를 단위로 편호(編戶)를 할 때 10호 가운데 경제력이나 학식 등이 있는 자로, 호적(戶籍)을 작성하는 등의 일을 맡은 호(戶).
1073) 어른어른하여 희미함.
1074) 공초를 받아 상사(上司)에 보고하는 것.
1075) 조세(租稅).
1076) 징수하거나 감면하는 것.
1077) 벼슬아치가 아무 까닭 없이 백성(百姓)에게서 재물(財物)을 거두어 받음.
1078) 멀리 옮겨 유배함.

과정에서 발생할 수 있는 몇 가지 조세범의 유형과 처벌 형량을 우리 실정에 맞게 독자적으로 규정하였다. 『경국대전』의 호전은 조세관련 조문을 서술적으로 나열하고 있기 때문에 현대 법처럼 체계적이지는 못하며, 『경국대전』호전(戶典) 수세조(收稅條)에는 조세범의 형률에 대해서 다음과 같은 두 조문을 규정하고 있다. 하나는 농민이 과세표준인 쌀 등의 수확량을 재해 등으로 속여 탈세하는 경우의 처벌 규정이고, 다른 하나는 조세를 담당하는 관원이 협잡하여 허위신고를 한 경우 처벌하는 규정이다.

① 만일 농민이 재해를 입었다고 허위신고를 하거나 해당 아전, 권농관, 서원(書員) 등이 농민과 공모하여 협잡을 했을 경우에는 다른 사람이 신고하는 것도 허락하며, 허위신고를 한 토지 1부(負)에 태형 10대를 적용하는 동시에 매 1부가 올라감에 따라 한 등급씩 올려서 형장 100대까지 친 후 군사로 충원한다.

② 허위 신고한 토지는 고발한 사람에게 주고 거기서 얻은 이득은 관청에서 몰수한다. 고을원인 경우에는 10부 이상이면 파면시키고, 내막을 알고도 협잡을 했을 때에는 임명장을 빼앗고 영원히 등용하지 않는다.

다. 『속대전』의 규정

(1) 양전조

양전은 조세의 과세대상인 전지(田地)의 등급과 1결의 면적을 정하는 것이다. 조선시대 전답은 경작자 사정과 자연조건 등으로 항상 그 상태가 변동하므로, 조정에서는 20년에 한 번씩 양전을 실시하여 과세대상으로서의 토지 실태를 파악하였다. 하지만 양전하는데는 많은 비리가 발생하였으며, 이에 대한 처벌이 요구되었다.

『속대전』 호전의 양전조에 규정된 조세범처벌 규정은 9조문으로 다음과 같다. 이중 ①과 ②는 과세대상의 귀속을 명확히 하는 규정이며, 나머지 7조문은 양전하는 감관의 비리를 처벌하는 규정이다. 이는 양전 집행을 조정에서 임명된 관리가 행하지만 감관 등의 비리가 많았기 때문이다. 따라서 양전하여 대장을 만들 때 지금의 실명제와 같이 전지대장 말미에는 반드시 해부인(解負人)[1079]의 성명을 기입하여야 하며, 추후 검산하여 만약 착오가 있는 경우에도 감관을 처벌하도록 하였다.

1079) 그 일을 하는 사람.

① 진전(陳田)의 경우에도 모두 전주(田主)를 등록하고 전주가 없는 처소에는 무주(無主)로 등록한다. 문적도 없이 허위로 자기의 소유물이라고 하고 전주로 등록한 경우에는 장1백과 원지에 정배한다.

② 연고가 없는 자로서 그 원전주(元田主)가 원격지에 있음을 기화로 하여 타인의 전지를 자기의 명의로 암암리에 등록한 경우에는 장1백과 3천리유형에 처한다.

③ 전지의 등급수(속전이나 가경전등)를 올리거나 내리는 경우에 수령이 사실대로 쫓지 아니한 경우에는 구속 신문하여 죄를 정한다.

④ 전지(田地)를 다시 측량할 때에 감관(監官) 등이 기경전을 폐경전으로 하거나 폐경전을 기경전으로 하거나 또는 전형을 실지와 다르게 하거나 사정으로 누락시키거나 고의로 망모한 경우에는 매1부에 대하여 태10에서 장1백에 그치고 통산하여 1결1080)에 달하는 경우에는 장1백과 유형 3천리에 처한다. 토호와 경작자가 공모하여 간계를 쓴 경우에는 조관(朝官)을 막론하고 일체로 정죄하고 그 전지가 전면 누락된 경우에는 국가에 귀속시킨다.

⑤ 각읍의 전지대장 말미에는 반드시 해부인(解負人)1081)의 성명을 기입하여야 하며, 추후에 검산하여 만약 착오가 있는 경우에는 감관은 누락망모자율(漏落妄冒者律)1082)에 의하여 논죄하고 그것이 과실인 경우에는 한 등을 감하여 논죄한다.

⑥ 도감관과 감관은 사대부로써 선발 임용한다. 피임을 기피한 경우에는 도피차역률(圖避差役律)1083)로써 논죄한다.

⑦ 토호가 결부(結負)를 은익 기만하고 그 죄를 모면하려고 노(奴)의 이름으로 경작자로 한 경우에는 조관(朝官)을 막론하고 장1백과 도형 3년에 처한다.

⑧ 양전시에 소관인1084)이 민간에게서 수렴하여 횡령한 자(공궤(供饋)1085)를 칭탁(稱托)하여 술과 고기를 징구하는 것과 같다.)는 은결률(隱結律)로 논죄한다.

⑨ 무릇 양전에 관한 범죄인에 대하여는 경중을 막론하고 사면하지 아니한다. 수령으로 파면된 경우에는 5년이 경과되어야만 임용될 수 있다.

(2) 수세조

『속대전』 수세조에 규정된 조세범처벌 규정은 모두 12조문으로 다음과 같다. 이중 ①·②·③·⑤·⑦·⑧·⑨의 8조문은 수령·감관·색리등 관리가 부정한 짓을 한 경우의 처벌 규정이며, ②와 ④의 두 조문은 토호와 관련된 것이다. 이처럼 수령이나 토호 등의 비리에 관한 조세범 처벌 규정이 강화된 것은 그 당시의 사회현상을 반영한 것이다. 특히 조선시대 토호는 향촌에 토착화한 지배세력으로 대체로 양반의 신분을 지닌 대토지 소유자로 중앙 정계와의 연계, 수령이나 아전과의 결탁, 서원이나 향교의 세력을

1080) 토지 면적의 단위에는 결(結)·부(負)·속(束)·파(把)가 있다. 10파가 1속, 10속이 1부, 100부가 1결이다. 1결의 수확량은 지역과 토질에 따라 다르지만 경상도와 전라도 연해(沿海)의 수전(水田)에는 벼 1,2두를 심으면 소출(所出)이 혹은 10여 석(石)에 이르러 1결의 소출이 많으면 50~60석을 넘고 적어도 20~30석을 내리지 않으며, 한전(旱田)도 또한 매우 기름져서 소출이 아주 많으나, 경기·강원도의 산을 의지한 주군(州郡)에는 비록 1,2석을 심어도 소출이 5~6석에 불과하니, 일체(一體)로 조세를 거둘 수 없음이 분명합니다(『증보문헌비고』 제148권 전부고(田賦考)8 조세1).

1081) 그 일을 하는 사람.

1082) 고의로 결수(結數)를 줄여서 기록한 행위에 대한 처벌 규정.

1083) 국가의 부역(賦役)·노역(勞役) 등을 기피(忌避)하려고 꾀하는 데 관한 법률.

1084) 서원(書員) 또는 지시인을 말함.

1085) 공적 음식 공급.

이용하는 방법 등을 통해 토지겸병, 삼정문란, 조세거부, 사시악형(私施惡刑), 잡기편재(雜技騙財) 등 다양한 온갖 무단 행위를 향촌에서 전개해, 국가의 수취기반을 불법적으로 침탈하여 자신의 이익을 취했다. 또한 토호들은 임진왜란 후 전적(田籍)이 소실된 틈을 이용한 토지를 광점(廣占)하여 대부분 수천·수백 결의 토지를 소유하고, 자신의 노비와 신역(身役)을 도피한 양·천민을 활용하여 지주 경영을 강화했다. 그리고 전정(田政)에서는 아전에게 뇌물을 주어 토지의 등급을 낮추어 조세를 적게 내거나, 토지를 숨겨 탈세했다. 그러나 토지측량사업인 양전(量田)이 실시되면 토지의 전품(田品)이 시정되고 은닉된 토지가 드러나 조세를 더 내야 했으므로 토호들은 양전을 적극적으로 반대했다.

납세자인 농민과 직접 관련된 조항은 ⑥의 조문이며, ⑩·⑪·⑫의 3조문은 전체에 해당하는 조문이라고 볼 수 있다.

① 정세에 있어서 각종 면세결 또는 복호와 유래재결(流來灾結)[1086]을 일일이 조사하여, 만약 임의로 결수를 증가한 경우에는 『경국대전』의 망모전결률(妄冒田結律)[1087]로 논죄한다. 전지의 지번을 어긋나게 하는 자는 장1백에 처하고, 재상도목을 검산할 때에 술책을 쓴 산원(算員)[1088]은 답험서원누부율(踏驗書員漏負律)에 의하여 논죄하고 낭청(郎廳)[1089]은 불응위율(不應爲律)[1090]로써 논죄한다.

② 토호나 관속배(官屬輩)들이 그의 소경지를 민전(民田)과 함께 기록하여, 그 세를 스스로 징수하되 평민으로부터 미두를 더 거두어 그것으로써 자신의 세수에 충당하는 자와, 백성의 전결을 빼앗아 강제로 역가(役價; 일한 품삯)를 징수하는 경우에는 <속칭 양호(養戶)[1091]> 빼앗은 양에 따라 논죄해서 장형(杖刑)으로부터 도형(徒刑)·유형(流刑)으로까지 처벌한다.

③ 감관이나 서원배(書員輩)가 허위로 결부를 가작(假作)[1092]하여 백성의 결을 분징(分徵)[1093]한 경우에는 장1백과 유형 3천리에 처한다. 수령으로서 이를 적발하지 못한 경우에는 논죄한다.

④ 토호로서 조세를 불납하거나 상납을 방해한 경우에는 장 1백과 유형3천리에 처한다. 세곡을 징수하여 상납할 때에 세곡의 색깔이 부정하여 백토의 분말로써 협잡으로 절구에 취색한 경우에는 감봉차사원(監捧差使員) 및 당해 수령은 제서유원률(制書有遠律)[1094]로써 논죄한다.

⑤ 매년 폐전을 기경 또는 개간한 곳은 일일이 이를 등록하고 호조에 보고하여 규정세액의 반액을 감한다. 이미 개간한 전지라도 황무지로 환원된 것은 수세하지 아니한다. 만약 간계와 허위로 혼잡한 사실이 있는 경우에는 당해 수령 감관 또는 색리(色吏)는 망모전결률로써 논죄한다.

⑥ 진전(陳田)으로 되어 있던 것 중 다시 개간된 곳은 헤아려 전주(田主)로 하여금 자수하게 하고, 전에는 비록 개간지를 진전(陳田)이라고 보고했더라도 자수하면 면죄한다. 만약 자수하지 않고 속이고 숨겨 놓은 것이 발각되는 경우에는 재해차착례(灾害差錯例 또는 재상차착례)에 따라 논죄한다.

⑦ 거짓으로 속여서 곡식이 알찬 것을 재해를 입었다고 한 경우에는 10부 이상이면 경작자 및 면·이임(里任)으로서, 이에 부동(符同)[1095]한 자는 장1백 유형3천리에 처하며 감관(監官)·색리(色吏)는 장(杖)100에 처한 후 충군한다. 착오로 감축된 미(米)·대두(大豆)가 50석[1096] 이상이면 색리(色吏)는 무기한 정배(定配)하고, 농간을 부리어 감축(減縮)한 것이 10석에 이르면 알찬 곡식을 재해입었다고 한 것이 10부 이상인 경우의 예에 따라 논죄한다. 진전(陳田)을 경작지라 하고, 재해를 입은 땅을 곡식이 충실한 땅으로 한 경우에, 그 전지가 50부 이상이면 사무착오를 한 관리는 알찬 곡식을 재해입었다고 속인 것이 10부 이상인 경우의 망모자률(妄冒者律)에 따라 논죄하며 경작자는 용서한다.

⑧ 수령(守令)으로서 재해를 당한 결수를 늘려서 보고하여 초과징수액을 사용(私用)한 경우에는 무기금고(無期禁錮)에 처하며, 실제의 결수를 숨기고 누락시킨 경우에는 유기(有期)로 하되 이는 모두 본률(本律) 외로 시행한다. 수령이 영문(營門)을 기만하고 재와 실을 혼잡해 놓은 경우에는 감사가 이를 임금에게 보고하여 논죄하며, 경차관(敬差官)·도사(都事)가 사심에 따라 이를 적발하지 못했을 경우에는 이와 죄가 같다.

⑨ 수령이 문서 마감 후라 칭탁하고 여결(餘結)을 사사로이 임의로 처리한 경우에는 비록 민역에 보충하였거나 또는 공용으로 귀속되었다 할지라도 모두 사용(私用)으로써 논죄한다.

⑩ 실결(實結)을 숨기고 누락시킨 자는 10결 이상이면 3년, 50결 이상이면 5년, 100결 이상이면 10년 금고에 처한다.

⑪ 여결(餘結) 및 은결(隱結)은 자수함을 허용하고 자수한 읍은 전관(前官)과 함께 논죄하지 않으며, 은폐하였다가 탄로가 난 경우에는 전관(前官)과 더불어 본률(本律)로써 치죄한다.

⑫ 전결(田結)을 사매(私賣)한 자는 다소를 막론하고 장률(贓律)로써 논죄한다.

라. 『대전통편』의 규정

『대전통편』 호전의 수세조에는 다음과 같이 단 두 조문의 조세범처벌 규정이 추가되었다.

① 전세인 목면(木綿)·돈·마포(麻布)를 육로를 거치지 않고 선편(船便)으로 상납하면 수령은 잡아 처분하고 감관(監官)과 색리(色吏)는 유배한다.

② 재결(災結)을 마음대로 처분한 감사(監司)는 잡아다가 조처한다.

1086) 재해가 여러 해 계속되어 토지대장에 면세로 기록되어 있는 전지의 결수.

1087) 20년마다 토지를 측량하여 토지대장을 정비하는 바, 이때 농토를 거짓으로 등기한 사건에 대하여 처분하는 벌칙. 장100 충군의 벌이다.

1088) 조선시대 국가의 회계 업무에 종사한 전문직 하급 관직.

1089) 조선시대 비변사(備邊司)·선혜청(宣惠廳)·준천사(濬川司)·오군영(五軍營) 등에 두었던 실무 관직이다.

1090) 불응위(不應爲)를 처벌하는 형률(刑律). 불응위는 법조문에는 규정되어 있지 않으나 윤리 도덕상 용납될 수 없는 행위를 말한다.

1091) 읍저(邑底)의 관속(官屬)이 작은 면(面)에 사는 백성들에게 결복(結卜)의 값을 미리 거두어 사사로이 자기가 받아 먹고는 관청에 바치지 아니하는 것.

1092) 거짓으로 꾸밈.

1093) 여러 사람에게 나누어 거두어들이거나 두 번 이상으로 나누어 거두어들임.

1094) 임금의 교지(敎旨)와 세자(世子)의 영지(令旨)를 위반하는 자를 다스리는 율. 《대명률(大明律)》 이율(吏律) 제서유위(制書有違) 조에, "무릇 제서를 받들어 시행하는 데 위반하는 자는 장(杖) 1백 대에 처하고, 황태자의 영지를 어기는 자도 죄가 같다." 하였다.

1095) 그른 일에 어울려 한통속이 됨.

1096) 용량을 재는 제도<量之制>는 10작(勺)을 1홉(合)으로, 10홉을 1되<升>로, 10되를 1말<斗>로, 15말을 소곡평석(小斛平石)으로, 20말을 대곡전석(大斛全石)으로 한다(『경국대전』 공전 도량형조). 여기에서 석(石)이라고 한 것은 곧 우리말의 섬을 가리키는 것으로서 '전석'은 옹근섬이란 뜻이고 '평석'은 보통 정도의 섬이란 뜻인데 조선 말기까지 지방에 따라 20말의 전석을 한 섬으로 치는 데와 15말의 평석을 한 섬으로 치는 데가 있었다. 곡(斛)은 양기(量器) 중에서 가장 큰 것인데 전석을 단위로 삼은 양기를 '대곡'이라 하고 평석을 단위로 삼은 양기를 '소곡'이라고 하였다.

1. 조세범처벌 형량과 형조(刑曹)의 형량 비교

조선시대 조세범처벌 형량을 『경국대전』과 『속대전』에서 살펴보면 가장 가벼운 형량은 태형인 태 10이며, 가장 무거운 형량은 유형(流刑)인 장1백과 유형 3천리이다. 조선시대 조세범 처벌은 양전 때와 수세 때로 나누어 살펴볼 수 있다.

양전(量田)은 20년마다 전지를 다시 측량하는 것으로 과세대상 토지의 등급과 전지의 유형을 정하는 것이다. 양전할 때 감관(監官) 등이 기경전을 폐경전으로 한 경우, 폐경전을 기경전으로 한 경우, 또는 밭 모양을 실지와 다르게 한 경우, 사사로움에 따라 누락시키거나 고의로 망모한 경우에는 매 1부에 대하여 태형 10에서 장 1백에 그치고 통산하여 1결에 달하는 경우에는 장 1백과 유형 3천리에 처하도록 규정하고 있다.

수세(收稅)는 매년 호조에서 그 해의 풍흉을 답험한 후 각 고을·면·리의 재해를 입은 정도에 따른 전지 등급과 총 토지결수에 의하여 조세 면세결수와 과세결수의 비율을 정하여 조세를 징수한다. 수세할 때 거짓으로 속여서 곡식이 알찬 것을 재해를 입었다고 한 경우에는 10부 이상이면 경작자 및 면·이임(里任)으로서 이에 한통속이 된 자는 장 1백 유형 3천리에 처하며, 감관(監官)·색리(色吏)는 장 1백에 처한 후 충군한다. 그리고 토호로서 조세를 불납하거나 상납을 방해한 경우에는 장 1백과 유형 3천리에 처한다. 따라서 수세조의 형량은 양전조의 형량보다 10배정도 무거운 것을 알 수 있다.

[표 12]부터 [표 16]까지는 『대명률』·『경국대전』·『속대전』의 형조에 규정된 죄인의 형량과 호조에 규정된 조세범의 형량을 각각 비교한 것이다. 주요 내용을 살펴보면 다음과 같다. [표 12]에 의하면 태10 형(刑)은 조세범으로 전결 1부를 누락하거나 허위로 기재하는 경우인데, 형조는 사채(私債)를 5관 이상을 졌는데 약속을 어기고 3개월을 돌려주지 아니한 자에게도 같은 형에 처하도록 하고 있다.

[표 12] 태 10

법전	죄의 유형	
	형법(형조)	조세범처벌법(호조)
대명률	○ 사채(私債)를 5관 이상을 졌는데 약속을 어기고 3개월을 돌려주지 아니한 자. 〔1개월마다 한 등을 가하여 죄가 태 40에 그친다.〕 ○ 강도·절도의 장물(贓物)인 것을 알면서 1관(貫) 이하를 받아 맡은 자. 〔10관마다 한 등을 가하여 죄가 장 1백에 그친다.〕	
경국대전		○ 만일 농민이 재해를 입었다고 허위신고를 하거나 해당 아전, 권농관, 서원(書員) 등이 농민과 공모하여 협잡을 했을 경우에는 다른 사람이 신고하는 것도 허락하며 허위신고를 한 토지 1부에 태형 10대를 적용하는 동시에 매 1부가 올라감에 따라 한 등급씩 올려서 형장 100대까지 친 후 군사로 충원한다(수세조).
속대전		○ 전지를 다시 측량할 때에 監官등이 기경전을 폐경전으로 하거나 폐경전을 기경전으로 하거나 또는 밭 모양을 실지와 다르게 하거나 사사로움에 따라 누락시키거나 고의로 망모한 경우 에는 매1負에 대하여 笞10에서 장1백에 그치고 통산하여 1결에 달하는 경우에는 장1백과 유형 3천리에 처한다(양전조).

[표 13]에 의하면 장 1백의 형은 조세범으로 재상을 마감할 때에 전결의 자호(字號)를 어긋나게 긋거나, 양전 때에 도감관이나 감관(監官)을 싫어하여 피한 자인데, 형조는 사람의 한 눈을 멀게 한 자, 사람의 뼈를 부러뜨린 자, 방화하여 자기의 집을 고의로 태운 자, 호패(號牌)를 차지 아니한 자에게 같은 형에 처하도록 하고 있다.

[표 13] 장 1백

법전	죄의 유형	
	형법(형조)	조세범처벌법(호조)
대명률	○ 서민(庶民)으로서 노비(奴婢)를 존양(存養)한 자. ○ 조부모·부모가 있는데도 자손으로서 따로 호적을 세워서 재산을 나누어 달리한 자. ○ 아내로서 남편을 배반하고 도망한 자. ○ 사염(私鹽)을 사서 먹은 자. ○ 창고 문의 자물쇠를 훔친 자. ○ 살인을 꾀하여 이미 행하였으나, 아직 사람을 상하게 하지 아니한 종범(從犯)이 되는 자. ○ 사람의 치아 한 개나 손가락이나 발가락 하나를 부러뜨린 자. ○ 사람의 한 눈을 멀게 한 자. ○ 사람의 뼈를 부러뜨린 자. ○ 방화(放火)하여 자기의 집을 고의로 태운 자.	
경국대전	○ 수령(守令)으로서 공물을 대납(代納)하는 것을 허락하여 시행한 자.	
속대전	○ 호패(號牌)를 차지 아니한 자. ○ 사람을 죽이고 도망하였는데, 관리로서 마음을 써서 체포하지 아니한 자.	○ 양전(量田) 때에 도감관(都監官)이나 감관(監官)으로서 싫어하여 피한 자. ○ 재상을 마감할 때에 전결의 자호(字號)를 차착(差錯)한 자(어긋나게 긋는 자)(수세조).

[표 14]에 의하면 장 1백에 도 3년 형은 조세범으로 토호가 결부를 은익하여 기만하고 그 죄를 모면하려고 노비의 이름으로 경작자로 한 자, 형조는 낮에 남의 재물을 빼앗은 자, 과실로 형·자식을 죽인 자, 금은(金銀)을 위조한 자, 호패를 빌리거나 빌려 준 자, 방화하여 고의로 제 집을 태우고 이 때문에 관민(官民)의 집 또는 쌓아둔 물건을 연소되게 한 자에게도 같은 형에 처하도록 하고 있다.

[표 14] 장 1백 도 3년

법전	죄의 유형	
	형법(형조)	조세범처벌법(호조)
대명률	○ 관염(官鹽)을 나를 때에 여분의 소금을 몰래 지닌 자. ○ 부(府)·주(州)·현(縣)의 성문(城門) 자물쇠를 훔친 자. ○ 낮에 남의 재물을 빼앗은 자. ○ 마소[牛馬]를 훔쳐서 죽인 자. ○ 남의 지체(肢體)를 부러뜨린 자. ○ 남의 한쪽 눈을 해친 자. ○ 과실로 형·자식을 죽인 자. ○ 금은(金銀)을 위조한 자. ○ 방화(放火)하여 고의로 제 집을 태우고 이 때문에 관민(官民)의 집 또는 쌓아 둔 물건에 연소(延燒)되게 한 자.	
경국대전	○ 관리로서 남형(濫刑)한 자.〔죽게 한 자는 장(杖) 1백에 처하고 영불서용(永不敍用)[1097]한다.〕	
속대전	○ 호적을 만들 때에 가장(家長)으로서 장정 1구(口)를 누락한 자. ○ 호패를 빌거나 빌려 준 자. ○ 절도가 아닌데 다리에 형장(刑杖)을 가한 자. ○ 마소를 사사로이 도살한 자. ○ 제 몸을 스스로 판 자.〔산 자도 죄가 같다.〕	○ 토호가 결부를 은익 기만하고 그 죄를 모면하려고 노명(奴名)으로써 경작자로 한 경우에는 조관을 막론하고 장1백과 도형(徒刑) 3년에 처한다(양전조). ○ 실결(實結)을 은누(隱漏)한 경우에 그 전지가 10결이상이면 3년금고형에 처하고 50경이상이면 5년금고형에 처하며 1백경이상이면 10년금고형에 처한다(수세조).

　[표 15]에 의하면 장 1백에 충군의 형은 조세범으로 각읍의 전지대장 말미에는 반드시 해부인(解負人)의 성명을 기입하여야 하는데 추후에 검산하여 만약 착오가 있는 감관, 양전시 기경지와 폐경지를 간계와 허위로 혼잡한 사실이 있는 경우에는 당해 수령과 감관 또는 색리(色吏), 망모(妄冒)로 실경을 재해지로 허위보고한 것이 10부이상의 전지에 대하여 경작자와 면·이(里)·소임(所任)등이 공모한 감관과 색리의 경우인데, 형조는 군관·군인이 종군(從軍)하여 정토(征討)[1098]하다가 사사로이 달아나, 집으로 돌아오거나 다른 곳에 달아나 있는 것을 두 번 범하였는데 정상을 알고도 감추어 둔 자에게 같은 형을 처하도록 하고 있다.

1097) 영구히 벼슬시키지 않음.
1098) 정벌하다.

[표 15] 장1백 충군

법전	죄의 유형	
	형법(형조)	조세범처벌법(호조)
대명률	○ 군관·군인이 종군(從軍)하여 정토(征討)하다가 사사로이 달아나 집으로 돌아오거나, 다른 곳에 달아나 있는 것을 두 번 범하였는데 정상을 알고도 감추어 둔 자. ○ 경도(京都)에 있는 각위(各衛) 또는 각처의 수어(守禦)하는 성지(城池)의 군인이 달아나는 일을 세 번 범하였는데, 정상을 알고도 감추어 둔 자.	
경국대전		○ 만일 농민이 재해를 입었다고 허위신고를 하거나 해당 아전, 권농관, 서원(書員) 등이 농민과 공모하여 협잡을 했을 경우에는 다른 사람이 신고하는 것도 허락하며 허위신고를 한 토지 1부(負)에 태형 10대를 적용하는 동시에 매 1부가 올라감에 따라 한 등급씩 올려서 형장 100대까지 친 후 군사로 충원한다(수세조).
속대전	○ 평민(平民)으로서 남의 호패(號牌)를 빌어 찬 자. 〔장형은 없다.〕	○ 각읍의 전지대장말미에는 반드시 해부인(解負人 : 해부인은 곧 그 일을 하는 사람을 말함)의 성명을 기입하여야 하며, 추후에 검산하여 만약 착오가 있는 경우에는 감관은 누락망모자률(장1백·충군)에 의하여 논죄하고 그것이 과실인 경우에는 한 등을 감하여 논죄한다(양전조). ○ 양전시 기경지와 폐경지를 간계와 허위로 혼잡한 사실이 있는 경우에는 당해 수령 감관 또는 색리(色吏)는 망모전결률로써 논죄한다(수세조). ○ 망모(妄冒)로 실경을 재해지로 허위보고한 것이 10부이상의 전지에 대하여 경작자와 면 이(里)소임(所任)등이 공모한 경우에 감관과 색리(色吏)는 장 1백에 처하고 충군(充軍)한다(수세조).

[표 16]에 의하면 장 1백의 형은 조세범으로 전지를 다시 측량할 때에 감관(監官) 등이 기경전을 폐경전으로 하거나, 폐경전을 기경전으로 하거나, 또는 전형을 실지와 다르게

하거나, 사정으로 누락시키거나 고의로 망모한 경우에 통산하여 1결에 달하는 경우, 감관이나 서원배(書員輩)가 허위로 결부를 가작(假作)하여 백성의 결을 분징(分徵)한 경우, 망모(妄冒)로 실경을 재해지로 허위보고한 것이 10부이상의 전지에 대하여 경작자와 면과 이(里)의 소임(所任) 등이 공모한 경우, 전결을 술수를 써서 줄인 것이 만 10석인 자, 기간(起墾)한 진전(陳田)은 전지(田地)를 측량할 때에 전주로 하여금 자수하게 하였는데도 숨긴 것이 50부이상인 자의 경우인데, 형조는 낮에 재물을 빼앗되 사람을 상해한 일에 종범이 된 자, 남의 두 눈을 멀게 한 자, 강간을 이루지 못한 자, 방화하여 고의로 남의 빈집 또는 전장(田場)에 쌓아 둔 물건을 태운 자에게 같은 형에 처하도록 하고 있다.

표 16 장 1백 유형 3천리

법전	죄의 유형	
	형법(형조)	조세범처벌법(호조)
대명률	○ 모반대역(謀反大逆)을 알고도 고하지 않은 자. ○ 경성 문의 자물쇠를 훔친 자. ○ 강도를 이미 실행하였으나 재물을 얻지 못한 자. ○ 낮에 재물을 빼앗되 사람을 상해한 일에 종범이 된 자. ○ 남을 죽이려고 꾀한 일에 종범이 되었으나, 하수(下手)[1099]하지 않은 자. ○ 남의 두 눈을 멀게 한 자. ○ 남의 두 지체를 부러뜨린 자. ○ 강간을 이루지 못한 자. ○ 방화하여 고의로 남의 빈집 또는 전장(田場)에 쌓아 둔 물건을 태운 자.	
경국대전	○ 역마(驛馬)를 함부로 탄 자.	
속대전	○ 돈을 사사로이 주조하려고 노(爐)를 설치하였으나, 아직 실행하지 못한 자. ○ 남을 죽이고 도망한 사람을 허접(許接)한 자. 〔절린(切隣)[1100]·면임(面任)[1101]·이임(里任)으로서 알고도 고하지 않은 자도 죄가 같다.〕	○ 전지를 다시 측량할 때에 감관 등이 기경전을 폐경전으로 하거나 폐경전을 기경전으로 하거나 또는 전형을 실지와 다르게 하거나 사정으로 누락시키거나 고의로 망모한 경우에 통산하여 1결에 달하는 경우에는 장1백과 유형 3천리에 처한다(양전조). ○ 감관이나 서원배(書員輩)가 허위로 결부를 가작(假作)하여 백성의 결을 분징(分徵)한 경우에는 장1백과 유형3천리에 처한다(수세조).

법전	죄의 유형	
	형법(형조)	조세범처벌법(호조)
		○ 망모(妄冒)¹¹⁰²⁾로 실경을 재해지로 허위 보고한 것이 10부이상의 전지에 대하여 경작자와 면 이(里)소임(所任)등이 공모한 경우에는 모두 장 1백과 유형 삼천리에 처한다(수세조). ○ 전결을 술수를 써서 줄인 것이 만 10석인 자(수세조). ○ 도로 기간(起墾)한 진전(陳田)을 측량할 때에 전주로 하여금 자수하게 하였는데도 숨긴 것이 50부(負) 이상인 자(수세조).

2. 조선시대 조세범처벌의 과중

조선시대 『경국대전』과 『속대전』의 조세범처벌 규정에 대한 접근은 두 가지 측면에서 할 수 있다. 하나는 형량의 과중과 경감이며, 다른 하나는 형 집행의 공정이다. 조세범에 대한 형량의 과중 여부는 그 당시의 문헌을 통하여 살펴볼 수 있으며, 또 하나는 현재 형법의 형량 및 조세범처벌법의 형량과 비교하여 살펴볼 수 있다.

조선초기에는 조세범에 대해서 극형을 처한 경우가 있었다. 『증보문헌비고』의 형고(刑考)에 의하면 다음과 같이 전결을 속여서 쌀 몇 말을 탈세하였는데, 극형인 효시형(梟示刑)에 처하도록 하여 조세범에 대한 처벌이 매우 과중함을 알 수 있다.

「인조 6년(1628)에 정방 등에게 사형을 감하도록 명하였다. 부제학 정경세가 아뢰기를, "엎드려 형조의 계목(啓目)¹¹⁰³⁾을 보건대, 공주에 사는 정방 등 여섯 사람이 전결(田結)을 속이고 숨겨서 쌀 몇 말을 도둑질해 먹은 일로 아울러 가까운 사례에 견주어 효시하도록 청하여 이미 윤허를 받았습니다. 이 무리의 간사하고 외람된 범죄는 지극히 통분하여 죄가 죽여도 아까울 것이 없습니다. 다만 생각하건대, 인명은 지극히 소중하여 죽은 자는 다시 살아날 수 없기 때문에 성왕(聖王)이 형벌을 신중하게 하는 것은 언제나 여기에 있는 것입니다. 조종조(祖宗朝)의 법전에, 비록 십악(十惡)¹¹⁰⁴⁾의 대죄로 이미 승복(承服)¹¹⁰⁵⁾한 사람이라

1099) 착수.
1100) 살인 사건을 저지른 범인의 이웃에 사는 사람.
1101) 조선 시대에 지방의 면에서 호적과 공공사무를 맡아보던 사람.
1102) 거짓으로 남을 속임.
1103) 조선시대 중앙관청에서 임금에게 직접 써서 올리던 문서양식의 하나.

하더라도 또한 반드시 계복(啓覆)[1106]하여 형을 집행하게 하였으니, 백성의 생명을 존중하는 뜻은 지극히 자세하게 살피고 슬프게 여김이 대개 이와 같았습니다. 그런데 이제 한 사람의 진소(陳疏)[1107]로 인하여 해조(該曹)에서 나무라고 배척하는 혐의로움을 피하여 형조(刑曹)로 옮기도록 청하였는데, 형조에서 갑자기 효시(梟示)하도록 청하니, 2년 동안 지체한 옥사를 짧은 판결문으로 처단하면 쾌하기는 쾌하다고 하더라도 모르기는 하겠습니다만, 성왕의 죄인을 신중하게 심의하는 도리와 조종의 심극(審克)[1108]하는 법에 과연 어떠하겠습니까?" 하였는데, 그대로 따랐다.」[1109]

『경국대전』과 『속대전』에 따른 조세범의 최고 형량은 유형인 장 1백에 유형 3천리 형이다. 유형은 오늘날 무기징역에 해당하는 형벌로 사형 다음으로 무거운 처벌이다. 다음 『경세유표』의 지관수제 내용을 보면 조세범에 대한 장 1백에 유형 3천리 형 역시 과중한 형벌로서 제대로 시행되지 못하였다.

「『속대전』에 이르기를 "결실이 잘된 밭을 재해지로 하여 함부로 허위 보고한 것이 10부(負) 이상이면 작인[1110] 및 면·리의 임원으로 공모한 자는 다 장형 100도를 치고 3,000리 먼 땅으로 귀양보내며, 감관(監官)과 색리(色吏)는 장형 100도를 치고 군대에 편입시킨다."고 하였다. 생각건대, 해명하기 곤란한 사기에 대하여 극히 엄중한 형을 가하려 하니 이것이 법이 실행되지 못하는 이유이며, 반드시 위반할 수 있는 길을 열어 놓고는 헛되이 공갈하는 말을 퍼뜨리니 이것이 바로 백성들이 법을 두려워하지 않는 이유이다. 백성은 항상 죄를 범하고 나라에서는 이를 항상 극형에 처한다면 백성들이 반란을 일으킬 것이며, 백성은 항상 죄를 범하고 나라에서는 항상 용서한다면 백성들은 법을 장난감으로 여길 것이다. 범죄를 적발하지 못하고 방임하여 둔다면 백성들이 속으로 코웃음을 칠 것이며, 이미 적발하고도 또 처벌하지 않고 내버려둔다면 백성들이 방자해질 것이다. 무릇 이와 같은 현상들은 나라가 크게 혼란해지는 연유이며 기율과 제도가 크게 파탄될 것이니 이는 옳은 법제가 아니다.」[1111]

1104) 십악(十惡): 《대명률(大明律)》에 정한 열 가지의 큰 죄. 당률소의(唐律疏義)에 의하면, 모반(謀反)·모대역(謀大逆)·모반(謀叛)·악역(惡逆)·부도(不道)·대불경(大不敬)·불효(不孝)·불목(不睦)·불의(不義)·내란(內亂)을 말하는데, 사유(赦宥)에서 제외되었음.
1105) 죄를 스스로 고백하다.
1106) 조선 시대에 임금에게 상주(上奏)하여 사형받을 죄인을 재심하던 일.
1107) 상소.
1108) 죄상을 빠짐없이 조사함.
1109) 『증보문헌비고』 제134권 형고(刑考)8.
1110) 경작자.
1111) 『경세유표』 제7권, 지관수제 전제8.

[표 17]은 조선시대와 현대의 죄와 형량을 비교한 것이다. 죄와 형량은 시대와 사회현상에 따라 다르기 때문에 단순히 비교하는 것은 적절하지 못하다. 따라서 본 표는 조세범의 최고 형량이 현대의 조세범처벌법상의 형량 및 형법상의 다른 범죄의 형량과 비교하여 과중한지를 살펴본다. 비교 대상 범죄는 조선시대『경국대전』등에 구체적으로 명시된 범죄로서 현 조세범처벌법 및 형법과 비교 가능한 조세포탈범·방화범·상해범으로 하였다. [표 17]의 조선시대 조세포탈범·방화범·상해범의 죄는 형량이 장 1백과 유형 3천리로 똑같았다. 조세포탈범의 경우 조선시대에는 최고 장 1백과 유형 3천리에 처하도록 규정되어 있지만, 현재의 조세범처벌법에는 3년 이하의 징역에 처하도록 규정되어 있다. 방화범의 경우 조선시대에는 최고 장 1백과 유형 3천리에 처하도록 규정되어 있지만, 현재의 형법에는 무기 또는 3년 이상의 징역에 처하도록 규정되어 있다. 상해범의 경우 조선시대에는 최고 장 1백과 유형 3천리에 처하도록 규정되어 있지만, 현재의 형법에는 7년 이하의 징역에 처하도록 규정되어 있다. 따라서 조선시대의 조세범 처벌은 현대보다 과중한 것으로 보인다.

표 17 조선시대와 현대의 죄 및 형량 비교

죄의 유형	조선시대의 형량	현대의 형량
조세포 탈범	<u>장1백과 유형 3천리</u> ○ 전지를 다시 측량할 때에 監官등이 기경전을 폐경전으로 하거나 폐경전을 기경전으로 하거나 또는 전형을 실지와 다르게 하거나 사정으로 누락시키거나 고의로 망모한 경우에 1결에 달하는 경우. ○ 망모(妄冒)로 실경을 재해지로 허위보고한 것이 10부이상의 전지에 대하여 경작자와 면 이(里)소임(所任)등이 공모한 경우	<u>2년 이하의 징역(일반)</u> ○ 사기 기타 부정한 행위로서 조세를 포탈하거나 조세의 환급·공제를 받은 자는 2년 이하의 징역 또는 포탈세액이나 환급·공제받은 세액의 2배 이하에 상당하는 벌금에 처한다. (조세범처벌법 제3조)
방화범	<u>장1백과 유형 3천리</u> ○ 방화(放火)하여 고의로 남의 빈집 또는 전장(田場)에 쌓아 둔 물건을 태운 자.	<u>무기 또는 3년 이상의 징역</u> ○ 불을 놓아 사람이 주거로 사용하거나 사람이 현존하는 건조물, 기차, 전차, 자동차, 선박, 항공기 또는 광갱을 소훼한 자는 무기 또는 3년 이상의 징역에 처한다. (형법 제164조①)
상해범	<u>장1백과 유형 3천리</u> ○ 남의 두 눈을 멀게 한 자. ○ 남의 두 지체(肢體)를 부러뜨린 자.	<u>7년 이하의 징역</u> ○ 사람의 신체를 상해한 자는 7년 이하의 징역, 10년 이하의 자격정지 또는 1천만원 이하의 벌금에 처한다. (형법 제257조①)부칙

조선시대 조세범처벌 규정이 죄에 비해 과중하다는 것을 조선시대의 조세범처벌 형량에 따른 조세포탈 금액을 현재가치로 환산하여 살펴본다. 양전시 감관(監官) 등이 기경전을 폐경전으로 한 경우, 폐경전을 기경전으로 한 경우, 또는 밭 모양을 실지와 다르게 한 경우, 사사로움에 따라 누락시키거나 고의로 망모한 경우에는 매 1부에 대하여 태형 10에서 장 1백에 그치고, 통산하여 1결에 달하는 경우에는 장 1백과 유형 3천리에 처하도록 규정하고 있다. 조선후기 전지 1결의 조세는 약 4두(40되)이기 때문에 1부당 조세는 0.4되 정도이다.[1112] 이를 현재의 쌀 가격으로 환산하면 1두는 약 7,275원 정도이므로 1되는 약 727원이다.[1113] 따라서 전지 1부(負)당 조세로 약 290원 정도를 숨기거나 누락한 경우 태형 10에 처하였다.

오늘날의 벌금에 해당하는 속죄금은 5승포 3필이며 5승포 1필은 2냥 정도이다. 쌀 1섬의 가격이 6냥 정도이므로 이 속죄금의 현재가치는 약 48,504원정도이다. 그리고 양전시 사사로움에 따라 누락시키거나 고의로 망모한 경우 1결에 달하는 경우에는 장 1백과 유형 3천리에 처하도록 규정하고 있는데, 1결의 조세는 4두로 현재가치로 환산하면 약 29,100원 정도이다(전답 1결에 납부하는 모든 조세를 약 28두로 계산하여 현재가치로 환산하면 약 203,700원 정도이다). 속동전은 36관이나 5승포 180필로 현재가치로 환산하면 약 8,730,720원 정도이다.

수세시 거짓으로 속여서 곡식이 알찬 것을 재해를 입었다고 한 경우에는 10부 이상이면 경작자 및 면·이임(里任)으로서 이에 한통속이 된 자는 장 1백 유형 3천리에 처하며, 감관(監官)·색리(色吏)는 장100에 처한 후 충군한다. 그리고 토호로서 조세를 체납하거나 상납을 방해한 경우에는 장 1백과 유형 3천리에 처한다. 따라서 수세조의 형량은 양전조의 형량보다 10배정도 무거운 것임을 알 수 있다. 수세시 거짓으로 속여서 곡식이 알찬 것을 재해 입었다고 한 경우에는, 10부 이상이면 장 1백과 유형 3천리에 처하도록

1112) 조선후기 농민이 납부하는 조세는 전답 1결당 약 28두로 조세·대동·삼수미가 20여 두이고 나머지는 부가세 등 이였다(김덕진, 1999. pp.62-65).

1113) ① 미곡으로 환산한 동전의 구매력은 1678년 1석에 6냥으로 공시된 쌀값이 다음해에 그 절반 수준으로 시세가 형성되어 80년대에 안정되었다. 그것은 1696년 이래 수년간 10냥을 돌파하는 수준으로 폭등하였다가 그후 하락추세로 접어들어 아마도 1710년대 전반에 5냥선을 밑돌고 20년대 후반에 최저 수준인 3냥선에 머물렀다. 30년대 쌀값은 거의 변동이 없었고 40년대 중반에 경미하게 상승하였다. 그것은 60년대와 그 전후에 상당히 상승하여 70년대에는 5냥선을 돌파하여 80·90년대에는 5~6냥의 수준에 머물렀고, 19세기초에도 큰 변동이 없었다(이헌창, 1999)

② 조선시대 양을 재는 도량형은 合(홉)-升(되)-斗(말)-石(섬)이라고 하는데 10홉이 1되(升), 10되가 1말, 1섬은 15두인 경우도 있고(平石) 20두(全石)인 경우도 있다.

③ 구 1석(섬) = 20두, 신 1석 = 구 2석 (신 석은 식민지 시대와 해방 후 같은 도량형 단위임), 백미 신 1석 = 144kg(차명수·이헌창, 2004.6)

④ 2009년 쌀 정부 수매가격 161,680원/80kg (2011년 농림수산식품 주요통계)

⑤ 조선시대 기준 1석의 현재가치 : (161,680원/80kg)×144／2=145,512원
　　　　1두의 현재가치 : 145,512원/20=7,275원

규정하고 있다. 전답 10부의 조세는 4되로 현재가치로 환산하면 약 2,910원 정도이다. 속동전은 36관이나 5승포 180필로 현재가치로 환산하면 약 8,730,720원 정도이다.

조선시대의 조세범처벌 형량에 따른 조세포탈 금액을 현재가치로 환산하여 살펴본 결과 조선시대 조세범처벌 규정이 죄에 비해 과중하다는 것을 알 수 있다. 하지만 이 역시 시대적 상황이 충분히 고려되어야 할 것이다.

3. 조선시대 조세범처벌의 공정

모든 법의 집행은 공평하고 공정해야 한다. 특히 조세는 공평과세를 중요한 원칙으로 하기 때문에 조세법의 집행과 조세범의 처벌 역시 공정하게 시행되어야 한다. 이러한 법 원칙은 조선시대의 법 집행에서 역시 마찬가지였다. 다음 『인조실록』을 살펴보면 조선시대에 공평한 법 집행이 근본적인 원칙임을 알 수가 있다.

「판의금부사 이귀가 차자[1114]를 올리기를, "법이란 천하에 공평하게 적용해야 하는 것이니 시간의 선후에 따라 다를 수 없으며 친소(親疏)[1115] 때문에 차이가 있을 수 없습니다. 고요(皐陶)가 법을 집행하면 천자의 아버지라 하더라도 면할 수 없으며, 장석지(張釋之)[1116]가 법을 고수하면 천자의 위엄으로도 뺏을 수가 없습니다.」[1117]

하지만 『명종실록』의 다음 내용을 보면 조세범의 처벌이 공평하게 집행되지 못함을 볼 수 있다. 과세표준인 곡식의 결실을 수령 등이 잘 못 조사 보고한 경우 재결(災結)을 실결(實結)로 하여 국가에 이익에 되면 죄를 가볍게 하고, 실결을 재결로 하여 국가에 손실을 주면 죄를 무겁게 함으로써 법 집행의 공정을 해하였다.

「헌부가 아뢰기를, "재상법(災傷法)은 경술년에 대신들의 의논으로 인하여 조종(祖宗)의 법을 다 고쳤는데 유익함은 매우 작고 손실됨이 매우 커서 민간의 원망이 이보다 더 심한 것이 없습니다. 재결(災結)을 실결(實結)로 한 자는 백성에게 손해를 입혀 국가를 이롭게 한 것이므로 50부(負·卜)가 되면 파면하고 실결을 재결로 한 자는 국가에 손실을 주어 백성을 이롭게 한 것이므로 10부가 되면 파면하는 것이 대전(大典)의 법입니다. 그런데 지금의 법

1114) 신하가 임금에게 올리던 간단한 서식의 상소문.
1115) 친함과 친하지 아니함.
1116) 장석지(張釋之)는 중국 사마천이 쓴 사기에 나온 인물이다. 『십팔사략』에서 그는 "재판관은 천하의 일을 공평하게 다루어야 한다"고 하였다.
1117) 『인조실록』 8년 5월 17일

은, 실결을 재결로 한 것은 옛 법 그대로 따르고 재결을 실결로 한 것은 비록 50복이 될지라도 공죄(公罪)로 논하여 파면하지 않습니다. 그러므로 수령들이 죄 받들까 두려워서 으레 재결을 실결로 보고합니다. 그리하여 비록 벼 한 묶음 수확하지 못하였어도 그 세(稅)는 다 바쳐야 하기 때문에 백성들의 원망이 극에 이르렀습니다. 일체 조종의 옛 법을 따르게 하소서."하니, 대신에게 의논하여 처리하겠다고 답하였다.」[1118]

더욱이 다음 내용과 같이 허위 보고한 실결(實結)과 재결(災結)의 결수는 합산하여 처벌하지 못하도록 하고, 실결(實結)을 재결(災結)로 하는 경우는 엄격히 하고, 재결을 실결로 하는 것은 5배 정도 관대히 처벌한 것은 과도한 국익 우선을 규정함으로써 조세의 문란을 야기시키는 한 요인이었다고 본다.

「재상(災傷)에 대한 일은 전일 하문하셨을 때에 이미 의논해 아뢰었습니다. 실결(實結)을 재결(災結)로 10부 이상, 재결을 실결로 50부 이상을 허위 보고한 자는 법에 따라 파직시켜야 하지만, 실결을 재결로 한 것이 8~9부, 재결을 실결로 한 것이 48~49부가 되더라도 이를 합산하여 파직시킨다는 것은 법례가 없습니다. (중략) 법을 만든 이후로 재상 때문에 파면당한 자는 많았지만 지금처럼 합산하여 파면된 자는 없었습니다. (중략) 하니, 윤인경에게 답하기를, "삼공의 의논이 모두 같으니 수령 등을 파직시키지 말라."하였다.」[1119]

그리고 『경세유표』에 실린 다음 내용을 살펴보면 조세범의 처벌이 법대로 공정하게 시행되지 못하였음을 잘 나타내고 있다. 그 이유는 조세부과 및 징수제도의 미비로 과세가 정확히 이루어 질수 없었고, 조세범처벌 규정 역시 미비하고 너무 무거워 그대로 시행하기 어려웠기 때문이다.

「결부법을 이용하여 임의로 얽어매기도 하고 임의로 에두르기도 하고 임의로 깨치기도 하고 임의로 마스기도 하고 하여 임의로 협잡할 수 있는 구멍을 열어 놓고 임의로 뒤범벅을 만들고 있으니 이주(離朱)[1120]를 시켜도 밝혀 낼 수 없고, 예수(隸首)[1121]를 시켜도 산출하지 못할 것이다. 그리하여 뒤좇아 법을 만들기를 "이를 위반하는 자는 장1백과 3천리 먼 땅으로 귀양보낸다."고 하니 백성들이 어찌 두려워하랴? 이 법률을 제정한 이후 원체 지금껏 한번도 그 법을 시험해 본 적이 없다. 설사 천만 명 속에서 어쩌다가 한 사람을 처벌한

1118) 『명종실록』 11년 7월 3일.
1119) 『명종실록』 1년 11월 17일.
1120) 눈이 아주 밝기로 이름난 중국 고대의 전설상의 인물.
1121) 중국 최고의 산법가.

다 할지라도 위재(僞災)[1122]의 작간(作奸)[1123]을 방지하지는 못할 것이니,」[1124]

1122) 재해를 입지 않고도 아전과 결탁하여 재결(災結)로 올리거나 피해가 적은데도 몽땅 피해로 처리해 버리는 것.
1123) 간악한 꾀를 부림. 또는 그런 짓.
1124) 『경세유표』 제7권 지관수제 전제8.

제 **4** 편

조선시대의 잡세법 · 공납세법 · 요역세법 · 군역세법

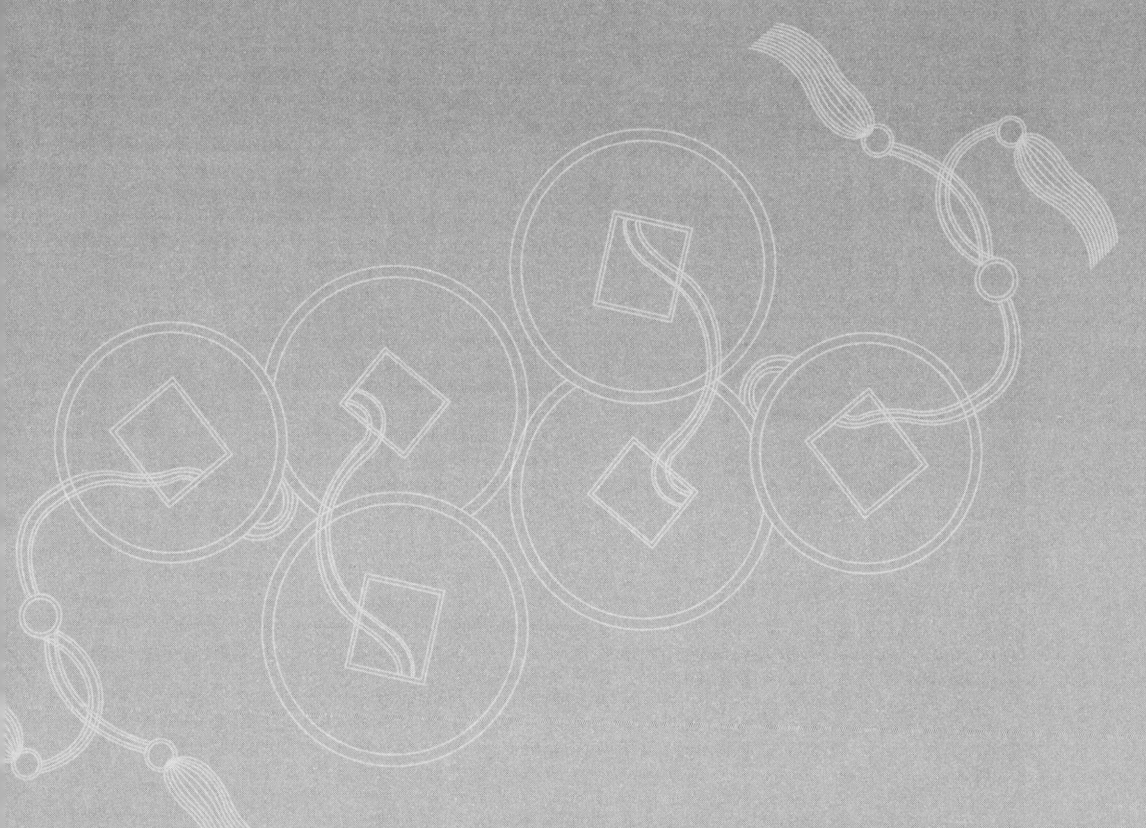

01 조선시대의 **잡세법**

제1절 의의

조선시대 잡세(雜稅)란 해세(海稅)에 속하는 어세(漁稅)·염세(鹽稅)·선세(船稅)와 공장세(工匠稅)에 속하는 장세(匠稅)·은점세(銀店稅), 상인세(商人稅)에 속하는 상세(商稅)·삼세(蔘稅)·포삼세 그리고 기타 무녀세(巫女稅)와 목물세(木物稅) 등으로 전답에 부과되는 결세(結稅) 이외의 중앙과 지방관아에서 부과하는 모든 조세라 할 수 있다. 즉, 조선시대에 부과된 잡세는 전세와 공납세·부역세를 제외한 중앙과 지방 관아에서 부과하는 모든 조세라고 정의할 수 있다.

조선시대의 잡세에 관한 규정은 『경국대전』 호전의 어염조(魚鹽條)와 잡세조(雜稅條)에 수록된 이후, 『속대전』·『대전통편』·『대전회통』 등의 경우에도 계속적으로 호전(戶典)에 규정되어 있다. 물론 조선시대의 잡세는 법전의 규정에 의하여 징수되는 것 이외에도 지방재정의 확보 등을 위하여 법 규정없이 징수되는 경우도 많았다.

『반계수록』에는 잡세의 징수에 대한 원칙과 목적 및 세액의 정도를 명시한 다음의 내용이 있는데, 이는 조선시대의 잡세를 이해할 수 있는 기본개념이라 할 수 있다. 요약하면 "어장·염분·대장간 등 이익이 있는 곳에는 세(稅)를 받지 않으면 백성들이 농업을 버리고 영리 행위에만 종사하는 자가 많아질 것이다. 또 농민에게는 세를 받으면서 영리하는 자에게 세를 안 받는다는 것은 가장 불공평한 법이다. 그래서 경상적인 이익이 있으면 다과(多寡)에 따라 세의 경·중을 따져 10분의 1의 세가 적당하다."는 것이다.

「어장, 염분, 대장간과 같이 경상적인 이익이 있는 것에 대하여는 그 이익의 다과에 따라

세의 경·중을 정하고, 기타의 사소한 것들은 그대로 버려두더라도 백성들이 농업을 버리고 좇아갈 만한 것이 못되면 일체 세를 받지 말 것이다. 수레, 차(茶), 술들은 모두 후세에 와서 모리(謀利)[1125]에 이용되고 있다. 그러나 그 중의 수레는 우리나라의 습속(習俗)[1126]이 아직 사용할 줄 모르고 있기 때문에 발전시켜야 할 것이므로 세를 받지 말아야 하나 오직 서울에서 수레를 전업으로 하는 자가 있으면 그의 수입을 참작하여 부역을 시키되 1년에 며칠을 초과하지 말게 할 것이다. 차(茶)도 현재 우리나라에서 발전되지 못하고 있으니 장려하여 발전시켜야 할 것이나, 술은 응당 시기에 따라 금지하여야만 할 것이다. 이밖에 하천, 산림 등에서 나는 이익도 백성들에게 주어 이용하게 하여 개발하도록 할 것이며 혹 세를 받아야 할 것이 있다면 전세 10분의 1의 원칙에 의하여 세를 정하면 그 경, 중이 자연 고르게 될 것이다. 전세(田稅)가 10분의 1이라고는 하나 대개 20분의 1로 하여야만 국고의 실제 수입이 10분의 1로 되는바 이런 것들을 알아서 하여야 한다. 산림과 하천의 산물들은 모두 천연 산물로서 인간 생활에 있어서 필수적인 물건들이지만 노동을 하지 않는다면 획득할 수가 없는 것이다. 그러므로 옛날 선왕(先王)들이 하천을 관리하는 관리를 두었으나 다만 그 직책을 맡겨 엄금하였을 뿐이며 지금과 같이 그것을 점유하여 세를 받아먹지 않았던 것이다. 그러나 이익이 있는 곳에는 백성들이 반드시 따라가는 것이므로 이익이 많은데다가 세를 받지 않으면 백성들 중에는 본래 직업인 농업을 버리고 영리 행위에만 종사하는 자가 많아질 것이다. 또 농민에게는 세를 받으면서 영리하는 자에게 세를 안 받는다는 것은 가장 불공평한 법이기 때문에 그들에게도 세를 받지 않을 수 없게 된다.」[1127]

하지만 이러한 조선시대의 잡세는 법 규정의 미비와 법에 없는 징세 등으로 전세보다 그 폐단이 더 큰 것으로 나타났으며, 『목민심서』에는 그 사실을 다음과 같이 기술하고 있다. 선세를 중복해서 거두는 폐단을 언급하고 있는 것이다.

「선세(船稅)를 중복해서 거두는 폐단만은 내가 직접 본 바가 있다. 모도(茅島)[1128]에 황(黃)가 성을 가진 자가 있었는데 전에 요선(幺船)[1129] 한 척을 사서 왕래하면서 행상을 하다가 이윽고 이익이 없어서 장삼(張三)에게 팔았다. 장삼은 배를 부린 지 1년 만에 죽고 그 처가 배를 이사(李四)에게 팔았다. 이사는 환도(芄島)사람이다. 이에 균역리(均役吏)가 이 세 사람을 모두 선안(船案)에다 올려놓고 해마다 선세를 징수하였다. 황가가 서면으로 소장(訴狀)을

1125) 장사에서 공익을 돌보지 않고 자신의 이끗만을 노려 부정한 이익을 꾀함.
1126) 풍습.
1127) 『반계수록』 권지1 전제(田制) 상(上). 잡설(雜說).
1128) 전라남도 진도에 딸린 섬.
1129) 아주 작은 배.

내니 수령이 제사(題辭)[1130]하기를 '사실을 조사하여 탈급(頉給)[1131]할 것이다.'라고 해당 아전에게 회부하니 그 아전은 손을 내밀어 뇌물 1관(一貫)[1132]을 요구하였다. 황가는 돌아와서 향승(鄕丞)[1133]과 결탁코자 전복 50개와 미역 한 짐을 가지고 가서 선물했다. 향승은 말하기를 '너의 억울함을 내가 응당 바로잡아 주겠다.'고 하였다. 그리고 며칠 만에 아전의 독촉이 날로 급하니 향승이 말하기를 '안되었지만 금년의 선세는 네가 물어라. 명년 선세는 내가 봐주겠다.'고 하였다. 이듬해가 되어 아전의 독촉이 다시 급해지자 황가가 와서 보니 향승은 이미 바뀌어 있었다. 황가가 다시 소장을 내니 수령은 말하기를 '사실을 조사하겠다.'하고 담당 아전에게 회부하였다. 그 아전이 말하기를 '네놈은 도시 틀렸다. 향승에게는 뇌물을 바치고 본청(本廳)은 돌아다보지도 않았으니 모름지기 2관(돈 20냥)이라야 네 이름을 없애 주겠다.' 하였다. 황가가 혼자 생각하기를 '요선(坱船)의 세가 불과 3냥인데 내가 이 일 때문에 전후로 육지로 나다니느라고 소모한 것만 해도 근 1관(貫)이나 된다. 또 2관을 바치면 이는 10년의 선세를 하루아침에 다 바치는 것이 된다. 인생은 실로 아침 이슬과 같은 것인데 10년을 어찌 멀리 기약할 수 있겠는가' 하고 3냥을 물고 나왔다고 한다. 돌아가는 길에 다산(茶山)에 이르러 나에게 이와 같이 말하였다. 내가 만나본 사람은 황가이지만 장삼·이사도 모두 그러하였을 것이다. 이렇게 볼 때 요선(坱船) 한 척을 가지고 납세하는 자가 여러 사람인 것이다. 소선(小船) 한 척의 납세자가 여러 사람이 되는데 대선(大船)·중선(中船)의 세율은 이미 높으니 혹시 이런 폐단은 없을 것인가.」[1134]

본 장에서는 조선을 개국한 태조(1392년)때부터 고종의 갑오개혁(1894년) 이전까지 약 500년간 조선시대의 잡세(雜稅) 관련 법령과 잡세의 유형, 과세대상과 세율, 면세 등을 고찰한다. 고종의 갑오개혁 이후를 제외한 이유는 갑오개혁부터는 근대세제의 체계와 제도가 시도되고, 도입되는 시기이므로 그 이전의 조선왕조가 시행한 잡세제도와는 큰 차이를 보이기 때문이다.

잡세관련 법령은 『경국대전』·『속대전』·『대전통편 』 및 『대전회통』 호조의 잡세조에 규정되어 있지만, 여기서는 잡세조뿐만 아니라 호조의 어염조에 규정된 염세, 어세, 선세 및 법전에 규정되어 있지 않은 잡세까지 고찰한다.

1130) 조선시대 관부에 올린 민원서의 여백에 쓰는 관부의 판결문 또는 처결문.
1131) 특별한 사정을 헤아려 책임을 면제하여 줌.
1132) 조선시대 화폐 단위는 1관(貫)=십량(兩)=백전(錢)=일천문(文)의 십진법을 사용했다.
1133) 현령의 보좌관.
1134) (역주)『목민심서』 권3 제6부 호전(戶典) 육조(六條)2.

조선시대에 징수된 조세의 주된 목적은 지금과 같이 국가의 재정수입이다. 다만, 주된 세목인 전세(田稅)인 경우 중앙의 재정수입이 절대적인 목적이었지만, 잡세의 경우에는 중앙과 지방의 재정수입 이외의 목적을 가지고 과세되는 경우도 있었다. 『반계수록』에는 전세 이외의 조세 즉, 잡세를 부과하는 목적을 다음과 같이 정확히 명시하고 있음을 알 수 있다. 이는 농민의 이탈을 방지하면서, 농업 이외의 상업이나 공업 등에 종사하여 소득이 발생하면 전세와 공평하게 조세를 부과해야 한다는 잡세의 목적이라 할 수 있다.

「이익이 있는 곳에는 백성들이 반드시 따라가는 것이므로 이익이 많은데다가 세를 받지 않으면 백성들 중에는 본래 직업인 농업을 버리고 영리 행위에만 종사하는 자가 많아질 것이다. 또 농민에게는 세를 받으면서 영리하는 자에게 세를 안 받는다는 것은 가장 불공평한 법이기 때문에 그들에게도 세를 받지 않을 수 없게 된다.」[1135]

『목민심서』나 『조선왕조실록』에도 잡세 중 일부 세목은 특정의 재화나 용역의 수요를 억제하고, 농민의 이탈을 막기 위하여 과세되는 기능을 가지고 있음을 구체적으로 언급하고 있다. 『목민심서』에 따르면 잡세 중 무세(巫稅)의 징수가 무당에 대한 수요를 억제하여 무당의 악습을 규제하는 것임을 알 수 있는데 그 내용은 다음과 같다.

「무녀포(巫女布)란 것은 형조(刑曹)에서 잡신의 제를 지내는 것을 금하는 바이므로 다른 요역은 모두 줄이는 것이 좋지만 이 무녀포만은 증가하는 것이 마땅하다. 왜냐하면 세 집만 사는 마을에도 무당이 하나씩 있어서 요사한 일을 만들고 현혹한 짓을 부채질하여 멋대로 화복을 점쳐 남의 옷상자를 비게 하고 남의 쌀독을 비게 하면서, 그 자신은 비단만 입고 먹는 것은 생선과 젓갈을 먹으니 이들은 당연히 억제해야 하는 것이다. (중략) 해마다 무녀포를 징수하여 그 악습을 벌준다면 아마도 무당의 풍습은 다소 뜸해질 것이다.」[1136]

『태종실록』에는 행장세(行狀稅)의 경우 농업 인구가 상업으로 이탈하는 것을 방지하기 위하여 과세된다고 하였는데 그 내용은 다음과 같다.

1135) 『반계수록』 권지1 전제(田制) 상. 잡설(雜說).
1136) 『목민심서』 제6부 호전 육조(六條) 2.

「한성부에서 상인의 행장세(行狀稅)를 줄이지 말도록 청하니, 그대로 따랐다. 아뢰기를, 상고인의 월세는 이미 일찍이 줄이도록 명하였는데, 상인의 행장세를 아울러 줄이면 농사를 버리고 장사를 하는 자가 많을 것이니, 빌건대, 전례에 의하여 수납하게 하소서.」[1137]

전세의 경우 전액 중앙재정의 수요와 국방비를 충당하기 위하여 과세되었지만, 잡세 중 일부는 중앙재정보다는 지방재정의 수요를 충당하기 위하여 과세된 경우도 있었다. 그 중 장세(場稅)는 법전의 규정에는 없지만 정기시장에서 당시 생활필수품을 중심으로 하는 재화를 매매하는 보부상(褓負商)과 시전상인(市廛商人)에게 부과하는 것인데 이것은 모두 지방재원으로 획급되었다.[1138]

제3절 잡세의 종류

1. 잡세의 범위

조선시대의 잡세에 관한 규정은 『경국대전』의 호전 잡세조에 규정된 이후 『속대전』·『대전통편』·『대전회통』의 경우에도 계속적으로 호전에 규정되어 있다. 하지만 조선시대 잡세(雜稅)라 하면 호전의 잡세뿐만 아니라, 어염조의 어세·염세·선세까지 포함하는 것이 일반적이다. 다음 『성종실록』의 기사에서 잡세의 범위를 살펴볼 수 있다.

「제10조는 이르기를, "어염(魚鹽)·선망(船網)·공상(工商) 등의 잡세(雜稅)가 일정하지 않아 관리들이 태만히 하고 정성을 쏟지 않아 허울좋은 이름뿐이고 실속이 없으니, 이제부터는 해마다 들어오는 것의 많고 적음을 검핵(檢覈)[1139]하여 그 충실하지 못한 자는 관리면 논죄함이 어떻겠습니까?"하니, 모두 의논하기를, "옳습니다."하였다.」[1140]

1137) 『태종실록』 16년 8월 22일(신사).
　　(원문)「漢城府 請勿減商人行狀稅 從之 啓曰 商賈人月稅 則已曾命減 商人行狀之稅幷減 則棄本逐末者多乞依前例收納」
1138) 김옥근. 1982. "조선조 지방재정의 세입구조 분석". 『경영학 연구』 제30집. pp.109-155.
1139) 사실대로 조사해 파헤침.
1140) 『성종실록』 16년(1485) 10월 8일 3번째기사.

　　[표 18]은 『경국대전』부터 『대전회통』까지 조선시대의 각종 법전과 법령집 및 해당 법
전에 규정된 잡세의 유형을 살펴본 것이다. 『경국대전』 호전의 잡세조(雜稅條)에는 공장
(工匠)의 등제(等第)[1141] 및 좌고(坐賈)[1142]·공랑(公廊)[1143]의 수를 기록하여, 본조(本
曹)·공조(工曹)·본도(本道)·본읍(本邑)에서 간직하여 세(稅)를 거두도록 규정하고 있
으며, 『속대전』 호전의 잡세조(雜稅條)에는 은점세, 판상세, 삼세, 무녀세를 신설 하였다.
그리고 『속대전』 호전의 어염조는 어전(魚箭)·어선(漁船)·염분(鹽盆)은 공안부에 기록
하고 수세하도록 규정하였다.

표 18 조선시대 법전과 잡세 유형

구분	조선초기(태조~연산군) 1392~1506	조선중기(중종~숙종) 1506~1720	조선후기(경종~철종) 1720~1863	
주요 법전	경국대전(1485)	전록통고(1706)	속대전(1746)	대전통편(1785) 전율통보(1787) 대전회통(1865) 육전조례(1867)
어염조	염세	염세	염세	해세(균역법)
	어세	어세	어세	
	선세	선세	선세	
잡세조	장세(匠稅)	장세(匠稅)	장세(匠稅)	장세(匠稅)
	상세(商稅)	상세(商稅)	상세(商稅)	상세(商稅)
	왜선세	왜선세	왜선세	폐지
			은점세	은점세
			판상세	판상세
			삼세	삼세
			무녀세	폐지(한성)
				물목세(육전조례)
주요문헌		반계수록(1670)		탁지지(1788) 목민심서(1800) 경세유표(1817) 증보문헌비고(1908)

1141) 등급.
1142) 조선 때에 서울의 종로에 밀집하여 있던 육의전같이 관유건물(官有建物)을 빌어 앉아서 하던 장사.
1143) 조선시대 도성 안에 정부가 건축하여 상인에게 빌려준 점포.

2. 해세(海稅)

가. 해세의 개념

해세(海稅)란 어(魚)·염선세(鹽船稅)를 말한다.『대전통편』호전의 어염조에서는 "어(魚)·염선세(鹽船稅)는 호조에서 장부에 기록하여 수세하는 규정 및 궁방(宮房)으로 할애하는 제도는 모두 혁파하고 이를 균역청에 이속(移屬)하며, 각종 납세와 이에 따르는 여러 행위는 균역사목(均役事目)을 적용한다."고 균역법의 시행에 따른 해세의 이관과 균역사목(均役事目)의 위임을 규정하고 있다. 그리고『영조실록』의 기사에는 균전사목의 내용 중 해세에 대해서는 다음과 같이 규정하고 있다.

「해세(海稅)는 여러 궁가의 절수(折受)[1144]를 혁파하고, 한결같이 각도(各道)의 균세사(均稅使) 및 도신(道臣)이 정한 바를 따른다. 각도 선척(船隻)의 대·중·소는 모두 줌수(把數)를 헤아려 정하고 세금을 받는다. 지토선(地土船)[1145]에 행상 장표(掌標)[1146]가 있는 경우 당년(當年) 안에 8도를 두루 돌아다니더라도, 다시 침어(侵漁)[1147]하지 못한다. 각도의 염분(鹽盆)은 대·중·소 및 염전의 고척(膏瘠)·등수를 분정(分定)하여 세금을 받는다. 연해에서 고기잡이를 하는 경우 어전(漁箭)·어조(漁條)·어장(漁場)·어기(漁基)가 있는데, 그 입선(立船)의 많고 적음과 이득의 후하고 박함에 따라 정식하여 세금을 정한다.」[1148]

나. 어세(漁稅)

어세(漁稅)는 어전과 어선에 부과되었다.『목민심서』에는 "어세(魚稅)의 바탕은 모두 바다에 있으니 세밀히 살펴볼 길이 없으니 오직 비총(比總)에 맞도록 힘쓸 것이며, 함부로 징수하는가를 때때로 살펴야 할 것이다."라고 하면서 어세의 징수기준 네 가지를 다음과 같이 정의하고 있다.[1149]

① 어장이니, 넓은 바다 가운데 그물질하는 배가 모여드는 곳을 장(場)이라 한다.

② 어수(漁隧)이니, 고기떼가 다니는 데는 길이 있어 그 길목에 배를 세워두는 것을 수(隧)라 한다. 균역사목(均役事目)에서는 본시 어조(漁條)라 하였다

③ 어종인데, 종선(宗船) 즉 주력선(主力船)의 좌우에 여러 배가 날개처럼 벌려 서는데

이를 종이라 한다. 본시 어기(漁基)라 하였다

④ 어홍(漁篊)이니, 대로 발을 엮어 마주 세워서 오므려져 끝나는 곳에 함정을 만든 것
을 홍(篊)이라 한다. 본시 어전(漁箭)이라 하였다.

하지만 『경국대전』 호전의 어염조에서는 어세에 대한 규정은 명확하지 않다. 다만 다
음과 같이 장적을 만들어 어전(魚箭)[1150]을 관리하고, 어전은 빈민에게 주되 3년이 되면
교체하며, 어전에서 나는 어물(魚物)은 천신(薦新)[1151] · 진상(進上)[1152]상공(常貢)[1153]외
는 곡물로 바꾸도록 하였다.

○ 여러 도의 어전(魚箭) · 염분(鹽盆)은 등급을 나누어 장적(帳籍)을 만들어서 호조 · 본도(本道) ·
  본읍(本邑)에서 보관한다.
○ 어전(魚箭)은 빈민에게 주되 3년이 되면 교체한다.
○ 여러 도의 여러 읍(邑) · 포(浦)의 어전에서 나는 어물은 천신(薦新) · 진상상공(進上常貢) 외는
  곡물로 바꾼다.

또한 조선초까지는 어세(漁稅)로 징수하는 세액에 대한 명확한 규정은 없었으며, 다음
『성종실록』의 기사와 같이 어전(漁箭)을 관청이 관리하면서, 그 생산물을 진상하거나 공
물로 바치거나 군자에 이용하였다.

「1. 어전(魚箭)은 전에 모든 고을 모든 포(浦)로 하여금 만들게 하여서 천신(薦新)[1154] · 진
상(進上) · 공물에 이바지하고 그 나머지는 곡식과 바꾸어서 군자를 보충하였었는데..」[1155]

그러나 『속대전』 호전의 어염조에서는 어세의 세액을 구체적으로 명시하고 있는데,
전라도의 경우 어전(魚箭)이 대전(大箭)이면 날치(眞魚) 300마리를 수세하고, 중전(中箭)
이면 150마리, 소전(小箭)이면 75마리를 받도록 하였다. 어선은 대선(大船)이면 세(稅)로
서 면포 3필을 징수하고 중선(中船)이면 2필, 소선(小船)이면 1필, 소소선(小小船)이면 반
필(半匹)을 징수하였다. 전라도의 어세는 미곡으로 바치고, 강원도는 어세를 대구어(大口
魚)로 바치되 완선(完船)은 20마리를 받치도록 하였다.

그리고 할애받은 곳이거나 각 진(鎭)에 살고 있는 토솔(土率)의 어전은 모두 어세를 면

1150) 물고기를 잡기 위하여 물속에 나무를 죽 세워 고기를 들게 하는 나무 울.
1151) 철 따라 새로 난 과실이나 농산물을 먼저 신위(神位)에 올리는 일.
1152) 조선시대 지방의 토산물을 임금에게 바치던 일.
1153) 조선시대 지방관이 중앙 관부들에 납부하는 공물(貢物) 중 그 품목 · 수량 · 시기 등이 정해져 있던 공물.
1154) 시절을 따라 새로 난 과일이나 농산물을 먼저 종묘(宗廟)에 올려서 제사 지내는 일.
1155) 『성종실록』 3년(1472) 10월 14일 4번째기사.

제하도록 하였다.

> ○ 여러 도의 어전(魚箭)·어선·염분(鹽盆)은 공안(貢案)에 기록하여 세를 거둔다. 어세는 8월을 기한으로 하고 염세는 연말을 기한으로 하여 호조에 상납한다.
> ○ 전라도의 어전(魚箭)은 대전(大箭)이면 날치 300마리를 수세하고 중전(中箭)이면 반을 감해 주고 소전(小箭)이면 반의 반으로 감해 준다. 매 25마리로 면포 1필과 바꾼다.
> ○ 어선은 대선(大船)이면 세로서 면포 3필을 징수하고 중선이면 2필, 소선이면 1필, 소소선(小小船)이면 반필을 징수한다.
> ○ 전라도에서는 어세는 미곡으로 바치되 중선은 1석(石), 소선은 반을 감하고 소소선(小小船)은 반의 반으로 감해 준다. 강원도에서는 어세를 대구어(大口魚)로 바치되 완선(完船)은 20마리, 반파선(半破船)은 반으로 감해 준다. 대구어(大口魚) 10마리는 마포로는 1필에 해당한다.
> ○ 할애받은 곳이거나 각 진(鎭)에 살고 있는 토솔(土率)의 것은 모두 어세를 면제한다.

『속대전』 호전의 어염조는 어세의 부정부패에 대한 처벌을 규정하고 있다. 어세(漁稅)를 이중·삼중으로 징수한 경우 차인(差人)[1156]·감관(監官)·색리(色吏)는 장 100 및 정배형에 처하며, 관원은 임금에게 보고하여 파직시키도록 하였다.

> ○ 어장을 제멋대로 침범하거나 어세를 이중·삼중으로 징수하는 자는 논죄한다. 양읍(兩邑) 경계의 하수(河水)[1157]에 설치해 놓은 어전(魚箭)·어망처(漁網處)는 양읍(兩邑)의 읍계(邑界)를 정하고 표목(標木)[1158]을 세우며, 어세는 어장이 소속하는 한곳에서만 납부하면 다른 곳에서는 이중으로 징수해서는 안된다. 이를 위반하는 경우에는 차인(差人)·감관·색리는 장 100 및 정배형에 처하며 관원은 임금에게 보고하여 파직하여 내쫓는다.
> ○ 어(魚)·염세(鹽稅)를 징수할 때에 소관 고을 및 해당 진(鎭)에 소속하는 자가 해민(海民)[1159]을 침탈하는 경우에는 장 100한 후 원지에 정배(定配)하고 수령에 대해서는 제서유위율(制書有違律)로써 논죄하며 변장(邊將)[1160]은 그 죄의 경중에 따라 곤형(棍刑)[1161]에 처한다.
> ○ 각영(各營)·각읍(各邑)·각진(各鎭)이 정세(定稅) 외에 제멋대로 세를 징수하는 일이 있다면 장률(贓律)로써 논죄하고, 교역을 칭탁(稱托)하여 염가(廉價)[1162]로서 타인의 물품을 억지로 빼앗는 자는 횡렴률(橫斂律)과 같이 논죄한다.

『대전통편』 호전의 어염조에 따르면 균역법 시행 후 어염세의 전속(專屬)에 관한 규정을 혁파하였다. 따라서 어·염·선세는 호조에서 장부에 기록하여 수세하는 규정 및 궁방으로 할애하는 제도는 모두 혁파되었고, 이를 균역청에 이속하여 각종 납세와 이에 따

1156) 각 관아에 소속되어 잡일을 하는 사람.
1157) 강에 흐르는 물.
1158) 표를 하기 위(爲)하여 세운 나무.
1159) 바닷사람.
1160) 첨사와 만호와 권관.
1161) 곤장으로 죄인의 볼기와 허벅다리를 번갈아 치던 형벌.
1162) 시세보다 헐한 값.

르는 집행은 균역사목(均役事目)을 적용하도록 하였다. 이와 함께 사옹원(司饔院)[1163]의 수세 규정도 폐지되고, 종묘에 천신하는 백어(白魚)[1164]와 궁중에 공상하는 생해는 공납 시키고 이에 대가를 지급하도록 하였다.

○ 균역법 시행 후 전속에 관한 규정은 이를 혁파하고 다만 연자진(燕子津)의 어장 7곳은 강화부에 소속시켜 군기비(軍器費)를 보태도록 한다.
○ 사옹원에 소속하는 어부 및 어선은 해원(該院)에서 녹안(錄案)[1165]하여 수세한다.
○ 어(魚)·염선세(鹽船稅)는 호조에서 장부에 기록하여 수세하는 규정 및 궁방으로 할애하는 제도는 모두 혁파하고, 이를 균역청에 이속하며 각종 납세와 이에 따르는 여러 행위는 균역사목(均役事目)을 적용한다. 영조 경오년(1750).

『목민심서』에 따르면 다음과 같이 강에서 잡은 물고기에도 어세를 부과하였지만, 과세기준이 지역별로 통일되어 있지 않았다.

「"충청도의 어세는 어홍(漁澒)을 10등급으로 나누고, 어장과 어수·어종에는 4등급이 있을 뿐이다. 전라도의 어세는 어홍을 9등급으로 나누고 어수(漁隧)[1166]는 3등급으로 나누는데 그 어장과 그 어종의 세율이 가장 높다. 경상도의 어세는 5분의 1세로서 각 도 중에서 세법이 가장 잘못되었다. 나머지 여러 도의 세법은 명확하지 않다."고 하여 어세의 세율이 지역별로 부당함을 말하고 있으며, "무릇 강에 연한 여러 고을로서 압록강·청천강·대동강·예성강·임진강·경강·백마강·안수·영산강·두치강·낙동강 등의 강가에 있는 그 군현들의 어세는 그 법이 만 가지로 달라서, 혹 홍세(澒稅)로 거두면서 물고기로 징수하지 않는 것은 그 폐단이 그리 심하지 않으나, 혹 별도로 본전을 지급하여 그 지방 유력자로 하여금 이익을 불리게 하고 매달에 물고기 수십 마리를 토색하여 관아의 주방에 바치게 하는 것은 그 폐단이 매우 크다.」[1167]

『증보문헌비고』에 기록된 어세의 세액은 지방별로 바다에서 잡은 생선 종류만큼이나 다음과 같이 다양하고 복잡하였다.[1168]

① 영남의 곽전(藿田)[1169]은 본래 일정한 땅이 있는데, 선척(船隻)[1170]의 존망(存亡)과 염분

1163) 조선시대 궁중의 음식을 맡아본 관청으로 이조(吏曹)의 속아문(屬衙門), 1392년에 설치한 사옹방(司饔房)을 개칭한 것이다.
1164) 뱅어과에 딸린 바닷물고기.
1165) 대장에 적음.
1166) 본디는 條로 되어 있음.
1167) (역주)『목민심서』 권3 제6부 호전 육조2.
1168) 『증보문헌비고』 제158권 재용고5 어염.

의 성훼(成毁)가 있는 경우에는 조금 다르다. 미역 50조(條)가 1속(束)이 되고 50속이 1동(同)이 되는데, 한 동마다 정해진 돈이 7냥 50문이다. 울산의 감곽(甘藿)[1171]에 이르러서는 값이 본래 현격하기 때문에 1동에 결정한 돈이 10냥이다.

② 관동은 통천 이남과 삼척 이북은 원래 곽전(藿田)의 주인이 없고 또 곽전을 지키는 이가 없어서 누구나 채취할 수 있기 때문에 전부터 영읍에서 선세로 배마다 미역을 받았다. 곽전으로 세를 정하여 50조(條)를 1속(束)으로 하고 50속을 1동(同)으로 하는데, 1동마다 결정한 돈이 4냥 40문이다.

③ 해서의 토전(土箭)은 삼과 대나무의 발로 막아 잡는데, 잡는 것이 새우·게에 지나지 아니하여 이득이 매우 약소하기 때문에 세를 정하지 아니한다. 경기에도 이 예를 쓰고 있어 인천에 세 곳의 소소전(小小箭)이 있으나 토전과는 조금 다르고 또 전부터 세를 거두었기 때문에 약소하게 세를 정한다.

④ 호서(湖西)의 어전(魚箭)은 청석(靑石)[1172] 어전이 가장 이득이 있고 진잡(眞雜)[1173] 어전은 그 이득이 조금 덜한데, 이득의 후하고 박함은 스스로 정분(定分)[1174]이 있기 때문에 지금 이득이 후한 4등과 박한 4등을 나누어 만들어서 도합 8등으로 구별하여 세를 정하였다. 어획의 이득이 가장 많아서 이 8등 안에 둘 수 없는 것은 이름을 별(別) 1등, 별 2등으로 하고 소소(小小)한 결전(結箭)[1175]의 8등에 같이 넣을 수 없는 것은 변소전(邊小箭)이라는 명목을 만들어 참작해 헤아려서 세를 정하였다. 별 1등은 정한 세가 40냥, 혹은 30냥이며, 별 2등은 25냥, 혹은 20냥이며, 후한 1등은 18냥, 2등은 17냥, 3등은 16냥, 4등은 15냥이며, 박한 1등은 14냥, 2등은 12냥, 3등은 9냥, 4등은 5냥, 변소전은 3냥이다.

⑤ 호남의 어조(漁條)는 상·중·하 3등으로 나누고 예전 세를 따라 참작하여 세를 정하고, 어장은 법성의 장내와 위도의 장내가 가장 큰데, 법성은 159척을 표준으로 하여 매척에 세를 22냥으로 정하고 위도는 90척을 표준으로 하여 매척에 세를 20냥으로 정하며, 나머지는 이에 모방한다. 어기(漁基)[1176]는 위도의 식도와 대저항이 가장 큰데, 식도 앞바다의 종선(宗船)[1177]에 대해 정한 세는 1백 냥이고 그 좌우에 있는 각 1척은 제2등으로 하고 또 각 1척은 제3등으로 하고 또 각 1척은 제4등으로 하여 모두 10냥

1169) 미역 따는 곳.
1170) 사람이나 짐 따위를 싣고 물 위로 떠다니도록 나무나 쇠로 만든 물건.
1171) 맛이 좋은 미역.
1172) 청어(靑魚)와 석어(石魚).
1173) 시어(鰣魚)·잡어(雜魚)
1174) 몫을 정하다.
1175) 어살 엮기.
1176) 고기를 잡는 곳.
1177) 모선(母船).

씩 체감하며, 또 각 1척은 제5등으로 하고 또 각 1척은 제6등으로 하여 그 체감이 15 냥에서 40냥에 이르며, 제7등도 40냥이다. 대저항은 14척을 표준으로 하여 매척에 정한 세가 40냥인데, 역시 모두 배를 세운 실수에 따라서 더하기도 하고 줄이기도 한다.

⑥ 영남의 고기잡이에는 명색이 세 가지가 있으니, 어장·어조(漁條)·방렴(防簾)[1178]이다. 어조나 방렴을 물론하고 청어·대구를 잡은 자는 그것을 잡은 데에 따라 5분의 1을 세로 정하고, 어장은 옛법에 의하여 매선마다 세액을 참작해 정한다. 흥해·영일·장기·울산의 청어 어장은 지토선(地土船)이나 다른 고을의 배를 물론하고 또 대선·중선·소선을 물론하며, 휘리선(揮罹船)[1179]에 대해서는 매선마다 20냥으로 세를 정하고 세망선(細綱船)[1180]에는 6냥으로 세를 정한다. 강어전(江漁箭)에 있어서는 노력은 많이 들고 이득은 적으므로, 이제 그 이득의 후박에 따라 상·중·하 3등으로 정하여 등마다 또 각각 9등으로 나누어 상 1등은 세를 90냥으로 정하고 2등 이하는 등급마다 10냥씩 체감하여 9등에 이르면 10냥이 된다. 중 1등은 세를 9냥으로 정하고 2등 이하는 1냥씩 체감하여 9등에 이르면 1냥이 된다. 하 1등은 세를 90문(文)으로 정하고 2등 이하는 10문씩 체감하여 9등에 이르면 10문이 된다.

나. 염세(鹽稅)

조선초기에 소금은 공염(公鹽)으로 관에서 직접 생산 판매하였으며, 소금을 판매한 이익은 지방재정과 군자에 충당하였다. 하지만 임진왜란 이후에는 이러한 공염의 의미가 상실되었는데『증보문헌비고』에는 이러한 사실을 다음과 같이 기술하고 있다.

「태조가 즉위한 초년에는 연해 고을마다 염장(鹽場)을 설치하였고, 관에서 소금을 구워 판매하였다. 그리고는 백성에게 그들이 가지고 있는 물건 중에서 베나 쌀의 정조(精粗)[1181]·다과(多寡)를 물론하고 직접 염소(鹽所)[1182]에 나아가 시가의 높낮음에 맞추어서 값을 계산하여 소금을 받은 뒤에 그 값의 물건을 바치는 것을 허용하였다.」[1183]

그러나 다음『태종실록』의 기사를 보면 이미 태종때부터 사염(私鹽)이 있어, 사염세를 징수한 것으로 보인다.

1178) 대나무를 엮어서 발[簾]을 만들고 나무를 세워 기둥을 만들고는 고기 길을 가로막는 것을 방렴이라고 이른다.
1179) 큰 배·작은 배를 막론하고 무릇 고선(罟船)
1180) 가는 그물 배.
1181) 정밀한 것과 거친 것.
1182) 소금을 굽는 곳. 곧 염장.
1183)『증보문헌비고』제158권 재용고5 어염.

「소금은 백성들의 자뢰(資賴)[1184]하여 살아가는 것이니, 그 중함이 오곡에 다음가는 까닭에 옛날에 과법(課法)[1185]이 있었습니다. 이제 국가의 연해주군(州郡)에 공염간(貢鹽干)[1186]을 두고, 또 사염세(私鹽稅)도 거두니, 그 수가 많다고 하지 않을 수 없습니다.」[1187]

하지만 다음 『세종실록』의 기사에서는 소금 통제와 전매의 실행, 그리고 소금의 공급·수용을 조절하는 의염색을 설치하여, 국가에서 소금의 생산과 유통을 완전히 독점하는 전매제가 실시되었다. 의염색의 설치 목적은 흉년에 대비하는 등 유국편민(裕國便民)하는데 있었다. 백성을 풍요롭게하고 편리하게 한다는 것이다.

「세자가 공조참판 권맹손을 인견하고 소금에 대한 법을 의논하니, 맹손이 말하기를, "지금 관에서 스스로 소금을 굽고자 하는 것은 백성의 재물을 박탈하여 나라를 이롭게 하라는 것이 아니라, 의창의 부족한 것을 보충하여 흉년에 대비하자는 것입니다. 이같은 큰 일을 따로 관사(官司)를 세워서 주장하지 않을 수 없으니, 청하옵건대, 관사를 설치하고, 좌·우의정·판호조와 호조판서로 제조(提調)를 삼아서 그 일을 주장하게 하고, 백성으로 하여금 관가에서 소금을 전매하는 것이 아니라 백성을 더불어 이익을 같이 하는 것을 알게 하소서." 하니, 드디어 의염색(義鹽色)를 두고 좌의정 신개·우의정 하연으로 도제조(都提調)를 삼고, 좌참찬 이숙치, 호조판서 정분 및 권맹손으로 제조(提調)를 삼았다.」[1188]

그래서 『경국대전』 호전의 비황조(備荒條)에는 다음과 같이 수군(水軍)으로 하여금 바닷물을 끓여 소금을 만들어 구황염을 생산케 한 것이다.

○ 모든 진(鎭)의 당번(當番) 수군(水軍)으로 하여금 바닷물을 끓여 소금을 만들어 수량을 채워서 관찰사에게 보고하고, 각 고을에서는 백성을 시켜 해마다 흉년구제의 물자를 준비하게 한다. 관찰사는 절계(節季)[1189]마다 임금에게 계문(啓聞)한다.

그리고 『경국대전』 호전의 어염조에는 다음과 같이 규정하고 있어 세염(稅鹽)이 지방재정과 군자에 큰 몫을 담당한 것으로 본다. 또한 구황염을 별도로 두고 구황에 쓰도록 하였다. 여기서 세염(稅鹽)의 의미는 '세로 받은 소금'이라 뜻이다.

1184) 밑천을 삼음.
1185) 소금이나 철(鐵)·술[酒]·차[茶] 따위의 특정 물건에 조세(租稅)를 부과하던 제도.
1186) 나라에 소금을 공납(貢納)하는 염간(鹽干:鹽漢).
1187) 『태종실록』 14년(1414) 9월 8일 3번째기사.
　　(원문) 鹽乃民之所資以生者, 其重次於五穀, 故古有課法. 今國家沿海州郡, 置貢鹽干, 又收私鹽稅, 其數不爲不多.
1188) 세종 109권, 27년(1445 을축 / 명 정통(正統) 10년) 8월 16일(정사) 1번째기사
1189) 한 계절의 끝.

○ 여러 도의 어전(魚箭)·염분(鹽盆)은 등급을 나누어 장적(帳籍)을 만들어서 호조·본도·본읍에서 보관한다.
○ 염분(鹽盆)이 멀리 떨어져 있는 여러 고을에서는 염창(鹽倉)을 두어 세염(稅鹽)을 실어와 곡물과 포목(布木)으로 바꾸어서 군자(軍資)에 보충한다.
○ 경기·충청·황해도의 세염(稅鹽)은 사재감에 상납하는 것 외는 군자감 및 염창으로 나누어 실어 보낸다.
○ 각도의 구황염은 구황에 필요한 양을 제외하고 모두 곡물로 바꾼다.

세염(稅鹽)은 염장(鹽場)에서 소금을 굽는 염간(鹽干)이 납부한 것으로 보이지만, 염간이 납부할 세액은 구체적으로 대전(大典)에 기록되어 있지 않다. 다만 『세종실록』에는 다음과 같이 처음에는 염간(鹽干)이 1년에 매호당 소금 24석을 공납하였는데, 그 후 20석으로 되었고, 세종 9년에는 매년에 한 명당 10석을 넘지 못하도록 하였다.

① 「황해도 감사가 계하기를, "하는데, 심히 괴로워 합니다. 공사 노비(公私奴婢)의 공납은 매년 추포(麤布) 1, 2단에 불과하온데, 이것을 가지고 살펴본다면, 염한의 공납은 너무 중합니다. 반으로 줄여 주기 바랍니다."하니, 김점이 아뢰기를, "물고기와 소금의 이익으로 말하면, 그 소출이 무궁하니, 비록 20여 석을 받는다 해도 과중한 수렴은 되지 않습니다. 하물며 〈그 공납으로는〉 나라의 수요에도 모자라니, 〈도저히 줄일 수는 없습니다.〉"하였다.」[1190]

② 「강원도 감사가 민간의 폐단을 탐지하여 계하기를, "1. 도내의 영동(嶺東) 지방 각 고을에서 소금을 공납함에 있어 염간(鹽干)[1179] 한 사람 명의로 1년 수납이 20석씩입니다. 이 사람들은 소금을 굽는 일로 농사를 대신하여 생계를 유지하는 자들인데, 근래에 연해변의 소나무 베는 것을 금하는 법령이 엄중하여 먼 지방에서 나무를 해 가지고 오기 때문에 소와 말이 죽거나 상하게 되는데다가, 매년 세납하는 소금이 그 수량에 차지 못하여 사람들이 몹시 고통을 당하고 있사오니, 반액으로 감하여 매년에 한 명당 10섬을 넘지 말게 하여 민생을 편하게 하여 주기를 청하옵니다. (중략) 하니, 임금이 명하여 소금 세납은 절반으로 감하고, 곡식 공납은 5년 동안 한정하여 감면하게 하였다.」[1191]

하지만 임진왜란이 끝난 뒤에 여러 궁가(宮家)가 새로 성안에 들어왔으나 의뢰할 바가 없어 호조에서 각처 어염장(漁鹽場)을 권급(權給)[1192]하기를 청하였으며, 이때부터 여러

1190) 『세종실록』 1년(1419) 10월 24일 4번째기사.
1191) 『세종실록』 9년(1427) 4월 24일 5번째기사.
1192) 임시로 줌.

궁가에 어전(漁箭)과 염분(漁盆)을 절수하면서 공염(公鹽)의 의미는 상실되었다. 그래서
『속대전』 호전의 어염조에는 다음과 같이 염세를 징수하도록 하였다.

그러나 『속대전』의 규정이 있기 전부터 염세의 징수가 있었던 것을 볼 수 있는데, 『증보문헌비고』에는 다음과 같이 기록하고 있다.

「현종 12년(1671)에 각 도의 어염세(漁鹽稅) 3분의 1을 감하라 명한 내용이 있고, 숙종 7년(1681)에 흉년이 든 까닭으로 강원도 영동의 더욱 심한 고을의 염세를 감면하였으며, 숙종 19년(1693) 영광군의 어염세를 성균관에 내려 주었다.」[1193]

『속대전』 호전의 어염조에 따른 염세의 세액을 살펴보면 "염분세(鹽盆稅)는 매분(每盆)에 대하여 1년에 다만 염(鹽) 4석(石)을 징수한다. 세(稅)를 돈으로 대납하자면 염 매 1석에 돈 1냥을 납부해야 한다. 세를 포로 대납하자면 염 매 1석이 포 1필 반이고, 포 매 필의 대전은 7전 5분이다."라고 규정하고 있다.

균역법이 실시된 뒤에는 등급을 정하여 세를 거두도록 하였으나, 18세기 후반에 들어와서는 잘 지켜지지 않아 『증보문헌비고』에 따르면 지역별로 다음과 같이 1냥부터 20냥까지 일정하지 않았는데, 세액은 가마의 대·중·소와 생산된 소금의 품질 등을 고려하여 결정하였다.[1195]

① 경기의 염분 중 남양은 가마마다 세를 계산하지 아니하고 단지 염정(鹽井)[1196]의 대·

1193) 『증보문헌비고』 제158권 재용고5 어염.
1194) 사염(私鹽, 私干).
1195) 『증보문헌비고』 제158권 재용고5 어염.

중·소와 소소(小小) 등으로 세를 거두는데, 대정(大井)은 4냥, 중정은 2냥, 소정은 1냥, 소소정은 60문으로 하며, 광주(廣州)도 염정으로 세를 계산하나 등은 나누지 않고 다만 염정마다 2냥으로 세를 거둔다.

② 황해도 염분은 염장(鹽場)이 좋고 공력이 넉넉하여 시기를 잃지 아니하니, 대분(大盆)은 정한 세가 16냥, 중분은 12냥, 소분은 8냥　협분·가협분은 4냥이다.

③ 충청도의 염분은 분(盆)의 크고 작음에 관계하지 아니하고 염전의 기름짐과 메마른 데 달려 있다. 이제 기름지고 메마른 것을 가지고 8등으로 나누어서 기름진 곳의 1등은 세를 10냥으로 정하고, 2등은 9냥, 3등은 8냥, 4등은 7냥이며, 메마른 곳의 1등은 6냥 50문, 2등은 6냥, 3등은 5냥 50문, 4등은 4냥이다.

④ 전라도는 소금을 굽는 데 철분(鐵盆)과 토분(土盆)이 있고 또 대·중·소(大中小)가 있다. 광양·영암은 시시(柴市)[1197]가 편리하고 가까워서 가마는 작을지라도 이익은 많다. 대부 1등은 정한 세가 20냥, 2등은 18냥, 3등은 16냥이고, 중부 1등은 14냥, 2등은 12냥, 3등은 10냥이고, 소부 1등은 8냥, 2등은 6냥, 3등은 4냥, 소소(小小) 등은 1냥이다.

⑤ 경상도와 강원도는 염분(鹽盆)이 토분도 있고 철분도 있는데, 서로 득실이 있어 낫고 못함이 없기 때문에 일례(一例)로 6냥으로 세를 정한다.

⑥ 함경도의 염분도 토분·철분이 있는데, 토분은 정한 세가 10냥이며, 철분은 완전한 것이 6냥 반이고 반이 깨진 것은 3냥이다.

⑦ 평안도의 염분은 대부(大釜)·중부·소부·소소부·협부(挾釜) 등 5등의 구별이 있는데, 대부는 정한 세가 10냥, 중부는 7냥, 소부는 4냥, 소소부는 2냥, 협부는 1냥이다.

『목민심서』에 따르면 염세(鹽稅)는 본래 가벼워서 백성에게 고통이 되지는 않으니, 오직 비총(比總)을 기준으로 하여 때때로 무리한 징수가 있는가를 살펴야 한다고 하였다. 여기서 조선후기에는 염세가 비총제로 징수된 것을 알 수 있다.

「경기(京畿)의 염분세(鹽盆稅)는 그 세율이 가장 가벼워, 높은 것은 4냥이고 낮은 것은 1냥이며 네 등급이 있을 뿐이다. 황해도의 염분은 비록 네 등급으로 나누었지만 그 세율이 조금 높다. 상이 16냥이다. 충청도의 염분세는 8등급, 전라도의 염분세는 9등급으로 나누어졌고, 경상도의 경우는 그 이득이 가장 많고 그 세율은 가벼우니 대소를 막론하고 돈 6냥이다. 강원도 또한 그러하다. 함경도의 염분은 토분(土盆)에서는 두루 10냥을 징수하고 철분(鐵盆)에서는 6냥을 징수한다. 평안도의 염분세는 5등급으로 나누어졌다. 높은 것은 세가 10

1196) 소금을 얻기 위하여 바닷물을 모아 두는 웅덩이.
1197) 땔나무 시장.

냥, 낮은 것은 2~3냥이다 비록 그 조례가 서로 자세한 것과 소략한 것이 있고, 염장(鹽場)에는 번성하고 쇠퇴함이 없지 않으나, 이제는 오직 매년 비총(比總) 원액을 채우도록 할 뿐이다. 그 중에서 남고 모자라는 것이 고르지 않아서 이해가 서로 엇갈린다 하더라도 수령이 일일이 살펴 따질 것은 없다.」[1198]

다. 선세(船稅)

선세(船稅)는 해선과 강선 등의 배(船)에 부과된 조세이다. 하지만 선세에 대해서『경국대전』을 비롯한 다른 법전에도 구체적인 규정은 없다.『반계수록』에 따르면 선척(船隻)에는 매년 문건[1199]을 발급하고 [표 19]의 세율을 적용하여 조세를 징수하도록 하였다. 해선(海船)에는 선척의 대소에 따라 1년에 세(稅)로 1필 내지 6필을 받고, 어장지세 및 기타 잡세는 일체 폐지할 것을 규정하고 있으며, 만약에 관청에서 맡겨서 시킨 일이 있을 때에는 그만큼 세를 감하여 주고, 세액을 초과할 때에는 대가를 지불하도록 하였다.[1200]

[표 19] 선세의 세율

구분	배의 크기	세율	비고
해선	대선(大船)[1201]	면포 6필	
	대차선(大次船)	면포 5필	
	중선(中船)	면포 4필	
	중차선(中次船)	면포 3필	
	소선(小船)	면포 2필	
	소차선(小次船)	면포 1필	
강선	대선	면포 3필	한강에 있는 배를 예로 한다면 해주까지 내왕하는 것은 대선으로 하고, 강 위에서만 왕래하는 것은 중선 이하로 할 것이다.
	중선	면포 2필	
	소선	면포 1필	

출처 :『반계수록』권지1 전제 상ㄴ. 잡설(雜說)

1198) (역주)『목민심서』권3 제6부 호전 육조2.
1199) 문건은 지금 사용하고 있는 것과 같이 배 주인의 성명과 거주지, 선척의 대소, 넓이와 길이를 기록하여 위조를 방지할 것이다.
1200)『반계수록』권지1 전제 상 ㄴ. 잡설(雜說).
1201)『경국대전』공전(工典) 주차(舟車). 바다로 다니는 배(海船)는 길이가 42자 너비가 18자9치 이상이면 대선(大船)이라하고, 길이가 33자6치 너비가 13자6치 이상이면 중선(中船)이라 하며, 길이가 18자9치 너비가 6자3치 이상이면 소선(小船)이라한다. 강으로 다니는 배(江船)는 길이가 50자 너비가 10자3치 이상이면 대선(大船)이라 하고, 길이가 46자 너비가 9자 이상이면 중선(中船)이라 하며, 길이가 41자 너비가 8자 이상이면 소선(小船)이라 한다.

『증보문헌비고』에 따르면 균역청(均役廳)의 해세(海稅)는 각도별 선척의 크고 작은 것을 모두 파수(把數)[1202]로 헤아려 정하도록 하였는데, 지역별로 세율은 다음과 같이 규정하고 있다.[1203]

① 경기·해서(海西)의 선척은 5등으로 나누어 6파 이상은 대선(大船)이 되고, 5파 반에서 4파까지는 중선이 되며, 3파 반에서 3파까지는 소선이 되고, 2파 반에서 2파까지는 소소선(小小船)이 되며, 1파 반 이하는 소소정(小小艇)이 된다. 선척에는 지토세(地土稅)[1204]가 있고 행상세(行商稅)가 있는데, 경기의 대선은 지토세와 행상세를 합계하면 많은 것은 25냥, 혹은 23냥이고, 작은 것은 12냥이며, 중선은 두 가지 세를 합계하여 15냥, 혹은 10냥이고 그 가운데 행상하지 못하는 것은 7, 8냥이며, 소선은 두 가지 세를 합계하여 10냥이고 그 가운데 선체가 조금 작고 이익이 조금 낮은 것은 6, 7냥이며, 행상하지 못하는 것은 4, 5냥이다. 경강선(京江船)으로서 양남지토선(兩南地土船)이라고 일컬으며 선혜청에 속한 것은 그 고을에서 만들어 준 것도 있고 뱃사람이 스스로 갖춘 것도 있는데, 이것은 다른 대선에 비하여 조금 그 세를 감해서 12냥으로 정한다.

② 송도의 시선(柴船)[1205]은 대선 5냥, 중선 3냥, 소선 2냥으로 정한다.

③ 강화의 사사로이 물을 긷는 배는 1냥 50문으로 정한다.

④ 해서(海西)의 대선은 지토세가 8냥, 행상세가 12냥이고, 중선은 지토세 6냥, 행상세 9냥이며, 소선은 지토세가 4냥, 행상세가 6냥이다. 소소선은 지토세가 2냥 행상세가 4냥인데, 그 가운데 선체가 조금 작고 이익이 조금 낮은 것은 행상세를 감하여 3냥, 혹은 2냥으로 하며, 소소정은 바다에 다니지 못하므로 행상세를 거론할 수 없지만 가까운 곳에 왕래하면서 역시 사소한 배의 이익이 없지 아니하므로 그 이(利)가 있고 없음에 따라 세를 2냥, 혹은 3냥으로 정한다.

⑤ 호서(湖西)의 선척은 길이가 8파 이상은 1등이 되고 7파 반은 2등이 되며, 7파는 3등이 되고 6파 반은 4등이 되며, 6파는 5등이 되고 5파 반은 6등이 되며, 5파는 7등이 되고 4파 반은 8등이 되며, 4파는 9등이 되고 3파 반은 10등이 되며, 3파와 2파 반은 소소선이 된다. 각 등급의 배는 지토·행상 두가지 세를 통산하여 정하는데, 1등은 30

1202) 1파(把)를 나누어 10척(尺)으로 하여 10척이 1파가 되고 5척은 반(半)파가 되며, 3척 이상은 5척에 차지 아니하더라도 반파로 일컫고 2척 9촌 이하는 계산하지 아니하며, 8척 이상은 10척에 차지 아니하더라도 역시 1파로 일컫고 7척 9촌 이하는 계산하지 아니한다.(『증보문헌비고』 제158권　재용고5 어염.)
1203) 『증보문헌비고』 제158권　재용고5 어염.
1204) 조선 시대에 지방의 토착민(土着民)들이 소유하고 있는 배 가운데 해당 지방 관내에서만 운행하던 지토선(地土船)에 부과하던 조세를 말한다.
1205) 나무를 싣는 배.

냥, 2등은 25냥, 3등은 20냥, 4등은 18냥, 5등은 16냥, 6등은 14냥, 7등은 11냥, 8등은 8
냥, 9등은 5냥, 10등은 3냥이며, 소소선은 1냥이다.

⑥ 호남의 선척은 6파 반 이상은 대선이 되고, 6파에서 4파 반까지는 중선이 되고, 4파에
서 2파 반까지는 소선이 되고 2파 이하는 소소선이 된다. 지토세는 대선이 6냥, 중선
이 4냥, 소선이 2냥, 소소선이 1냥이며, 행상세는 대선 1등이 34냥, 2등이 29냥, 3등이
24냥이고, 중선은 1등이 21냥, 2등이 18냥, 3등이 13냥이며, 소선은 1등이 12냥, 2등이
6냥, 3등이 3냥이고 소소선은 2냥이다.

⑦ 영남 지토세의 경우 삼선(杉船)은 반파마다 세가 50문, 1파마다 1냥으로 하여 10여 파
에 이를지라도 모두 이 예를 쓴다. 통선[1206]은 바로 삼(杉)[1207]이 없는 조선(槽船)[1208]이
어서 삼선과 세를 같이할 수 없으므로 삼선에 비하여 세 50문을 감한다. 가령 삼선·
통선이 같은 3파이면 삼선은 세가 3냥이고 통선은 세가 2냥 50문이다. 노선(櫓船)[1209]
은 바로 옛날에 농토선(農土船)이라고 일컫던 것인데, 대개 강과 바다가 교차되는 곳
을 왕래하는 것이다. 행상세는 삼선 3파는 세가 5냥이고 3파 반 이상은 세가 지토세
의 갑절이 된다.

⑧ 함경도 선척은 크고 작음에 심한 차이가 없기 때문에 삼선의 세는 10냥으로 정하고
마상선(亇尙船)[1210]은 8냥, 이선(耳船)은 5냥, 소이선(小耳船)은 2냥으로 한다.

⑨ 평안도 선척은 1파에 선세가 1냥이고 10파에 이르면 10냥이 되며, 가중됨에 따라 차
등을 두었다.

그리고 『목민심서』에는 다음과 같이 기록하고 있어 각 도(道)마다 배의 등급 나눔이
다름을 알 수 있다.

「경기도와 황해도에서는 배를 4등급으로 나누는데, 모름지기 4등급의 배가 각각 몇 섬씩
을 싣는가를 알아서 반드시 그 싣는 수량이 같으면 같은 등급에 넣을 것이며, 한갓 길이가
몇 파(把)인가를 가지고 그 등급을 억지로 정하지 말아야 좋을 것이다. 충청도에서는 배를
10등급으로 나누고, 전라도에서는 배를 9등급으로 나누며, 경상도에서는 다만 3종으로 나누
고, 강원도·함경도에서는 대동소이하다.」[1211]

1206) 곧 뱃전이 없는 배인데 모양이 말 구유와 같다.
1207) 배의 바닥에 댄 널.
1208) 통나무를 파서 마치 큰 구유처럼 만든 배.
1209) 본명은 농토선(農土船)인데 강과 바다의 얼음에 왕래하는 배이다.
1210) 조선시대 평안도와 함경도의 하천 등에서 군대의 이동, 곡물의 운반, 기타 잡용에 쓰였던 배. 조선왕조실록에
　　 는 '마상선(馬尙船, 麻尙船, 亇尙船)' 등으로 기술되고 있다.
1211) (역주) 『목민심서』 권3 제6부 호전 육조2.

라. 왜선세(倭船稅)

『경국대전』호전의 잡세조에서는 고도(孤島)·초도(草島)[1212]에서 고기를 잡는 왜선(倭船)에게서도 세(稅)를 받아 대선(大船)이면 고기 200마리, 중선이면 150마리, 소선이면 100마리를 받도록 하였다.

> ○ 고도(孤島)·초도(草島)에서 고기를 잡는 왜선(倭船)에게서도 세(稅)를 받아 대선(大船)이면 어(魚) 200마리, 중선이면 150마리, 소선이면 100마리를 받는다.

이 경우 왜인에게서 세(稅)로 받은 고기는 감사로 하여금 처분하게 하되, 사객(使客)의 접대비로 쓰고 나머지는 미포(米布)로 바꾸어 국용에 쓰게 하였다[1213]. 그러나 『대전통편』호전의 잡세조에서는 이 왜선세를 폐지하였다.『세종실록』에는 왜선세의 목적에 대해서 다음과 같이 기록하고 있다.

「영의정 황희·좌찬성 하연·우찬성 최사강·병조판서 정연·예조판서 김종서·우참찬 이숙치 등이 의논하기를, (중략) 왜인이 고기잡기를 청하는 일에 이르러서는 지극한 심정에서 나왔으므로, 비록 허락하지 아니할지라도 몰래 숨어 내왕하면서 그 이익을 취하여 다함이 없을 것이오니, 본국에서 비록 알지라도 어떻게 금제하오리까. 만약 금제하고자 하면, 반드시 변경에 틈이 생길 것이오니, 허락하여 그 은혜를 베푸는 것만 같지 못하오며, 또 약속을 정하여 왕래를 조절함이 편리할 듯하옵니다. 지세포(知世浦)는 바로 왜선이 왕래하는 요충지이므로 지혜와 용맹이 있는 자를 골라서 만호로 삼고, 종정성과 더불어 약속하기를, '너희들의 생활이 곤란하고, 또 두세 번 청하기로 고초도에서 고기 잡기를 청하는 일을 허락하고자 하니, 모름지기 배의 대소(大小)를 구분하여 문인(文引)을 주어 내왕하게 하고, 지세포에 세(稅)를 바치며, 만약 문인이 없거나 또 세를 바치지 아니하면, 논죄하여 세를 징수하겠다.'고 함이 적당하옵니다.」[1214]

1212) 고도(孤島)와 초도(草島)는 전라도 남쪽 30리 바다 가운데 있는 섬이다. 세종때 대마도주(對馬島主) 종정성(宗貞盛)의 간청에 따라 이 두 섬 부근에서 왜인들이 고기잡이 하는 것을 허용하였다.
1213) 『세종실록』세종 30년 2월 신미(辛未).
1214) 『세종실록』23년(1441) 11월 22일 1번째기사.

2. 상업세

가. 상세(商稅)

상세(商稅)란 장사하는 사람에게 받는 세(稅)를 말한다. 다음 『세종실록』에 따르면 예전의 상세는 장사하는 자의 호(戶)에 따라 9등으로 나누어 세를 징수하도록 하였다. 그리고 《속육전》에는 시전(市廛)[1215]의 법이 규정되어 있어, 행상(行商)하는 사람과 전(廛)을 보는 사람들의 인구를 계산하여 세(稅)를 거두게 한 것을 알 수 있다.

「1. 예전에는 장사하는 자의 호(戶)를 9등으로 하여 섬[石]으로부터 되[升]에 이르기까지 곡식을 각각 차등 있게 내도록 하여 조세를 물지 않은 자가 없었사온데, 지금은 장사아치에게 조세걷는 법이 법령에 드러나 있사오니, 그 근본을 힘쓰고 끝을 억압하는 뜻이 지극한 것입니다. 그러나 봉행하는 관리가 단지 문구(文具)로만 여기고 거행하지 아니하오므로, 물화를 가지고 농간하여 이익을 얻으려는 백성이 열에 항상 여덟 아홉이온데, 뇌물은 써서 면세받는 무리도 또한 많사오니, 생산(生産)하는 자는 적고 쓰는 자는 많으므로 백성의 먹는 것은 넉넉하지 못하게 됩니다. 《속육전》의 시전(市廛)의 법을 거듭 밝혀서 행상하는 사람과 전을 보는 사람들의 인구를 계산하여 조세를 거두게 하옵시고, 그 거둔 조세는 중외의 관청에서 각자가 스스로 사용(私用)하지 못하게 하옵시고, 그 세액을 기록하여 호조에 보고하여 의창의 보관으로 하되, 영구한 법식으로 삼게 하옵소서.」[1216]

그래서 『경국대전』 호전의 잡세(雜稅)조에는 "좌고(坐賈)[1217]는 매월 저화(楮貨)[1218] 4장, 공랑(公廊)[1219]은 매 1간(間)에 춘·추로 각 저화 20장을 내고, 행상에게는 노인(路引)[1220]을 발급하여 주고 수세하며, 육상(陸商)은 매월 저화 8장, 수상(水商)은 대선(大船)이면 100장, 중선이면 50장, 소선이면 30장이다."라고 규정하고 있다. 이 규정에 따르면 조선시대 상세는 영업세적인 성격이 아니라 자릿세나 인두세의 성격을 지녔다고 볼 수 있다.

1215) 시장 거리의 가게.
1216) 『세종실록』 21년(1439) 10월 10일 1번째기사.
1217) 조선시대에 서울의 종로에 밀집하여 있던 육의전(六矣廛)같이 관유 건물(官有建物)을 빌어 앉아서 하던 장사.
1218) 규격베[正布] 1필은 보통베[常布] 2필에 해당하고 보통베 1필은 종이돈 20장에 해당하며 종이돈 1장은 쌀 1되에 해당한다.(『경국대전』 호전(戶典) 국폐(國幣))
1219) 조선시대 도성 안에 정부가 건축하여 상인에게 빌려준 점포.
1220) 장사꾼 또는 외국인(外國人)에게 내주던 여행권.

> ○ 좌고(坐賈)는 매월 저화[1221] 4장, 공랑(公廊)은 매 1간(間)에 춘·추로 각 저화 20장을 낸다.
> ○ 행상(行商)에게는 노인(路引)[1222]을 발급하여 주고 수세한다. 육상(陸商)은 매월 저화 8장, 수상(水商)은 대선(大船)이면 100장, 중선이면 50장, 소선이면 30장이다.

그러나 『반계수록』에 의하면 "좌고(坐賈)은 매 사람당 1년에 면포 1필, 공랑세(公廊稅)는 한 간(間)마다 봄에 쌀 2두, 가을에 쌀 2두"씩 세를 받도록 개정되었지만, 그 당시 좌전이나 가게에게 모두 일정한 세를 받지 않고 칙사(勅使)[1223]가 올 때나 제사나 얼음 저장, 수리 등 잡역이 있으면 그때마다 부역을 내게 하였다. 하지만 행장세는 그대로 징수된 것으로 보인다.

「좌고(坐賈)은 매 사람에 대하여 1년에 면포 1필씩을 받을 것이며, 돈으로 대납케 하도록 하고 있다. 공랑세(公廊稅)는 한 간(間)마다 봄에 쌀 2두, 가을에 쌀 2두씩을 받을 것이며, 역시 돈으로 대납케 하는데 쌀 1두에 돈 20문이다. 모든 가게의 기지는 남북이 6보, 동서 10보를 하나로 하는데 이것을 속칭 일간(一間)이라고 부른다. 행상인에게 부과되는 조세는 행장세라고도 하였다. 〔대전(大典)에는 공랑에 대하여 일정한 세를 정하였지만 지금은 좌전이나 공랑에게 모두 일정한 세를 받지 않고, 칙사(勅使)가 올 때나 제사나 얼음 저장, 수리 등 잡역이 있으면 그때마다 부역을 내게 하고 있기 때문에 그들의 고통은 때에 따라 있기도 하고 없기도 한다.〕」[1224]

[표 20]은 상세의 세율을 『경국대전』의 규정과 『반계수록』의 내용을 비교한 것이다.

표 20 상세(商稅)의 세율

구분		세율		비고
		경국대전(1485년)	반계수록(1670년)	
좌고		매월 저화 4장(=쌀 4되, 연 저화 28장)	연 면포 1필(돈 120문)	
공랑(1간)		춘·추 당 저화 20장	춘·추 당 쌀 2두(쌀 1두에 돈 20문)	
행상	육상	매월 저화 8장	-	
	수상	대선 저화 100장 중선 저화 50장 소선 저화 30장	-	

1221) 상포(常布) 1필은 저화(楮貨) 20장(張).
1222) 관아에서 병졸(兵卒)이나 보통 장사하는 사람 또는 외국인에게 내주던 여행권.
1223) 중국에서 우리 나라에 들어오는 사신.
1224) 『반계수록』 권지1 전제(田制) 상(上) ㄴ. 잡설(雜說).

『반계수록』에는 행상(行商)과 가게의 수는 모두 장부에 등록하고 경상적인 세를 징수하며, 모든 상고(商賈) 등은 3년마다 고쳐 등록하고 장부를 작성하여 본조(本曹)와 본도(本道), 본읍(本邑)에 비치하도록 하였다. 과세대상의 판단 등에 대해서는 다음과 같이 기술하고 있다.[1225] 이 중 ①은 그 당시의 상세(商稅)의 과세대상인 상인에 대한 정의라 할 수 있다. ②는 상인으로 등록해야 할 자가 하지 않으면 호적누탈죄로 처벌하게 하였으며, ③은 행상세로 1년에 면포 1필을 징수하게 하였다.

① 상인으로서 전업을 하는 자에게는 등록하여 세를 받을 것이며, 농업이나 병역의 본직업이 있으면서 잠시 기술이 있어서 물건을 만들거나 어떤 일로 인하여 사고팔고 하는 자들에게는 상인으로 취급하지 말 것이다.

② 상인으로 등록되어야 할 자임에도 불구하고 은닉한 자는 호적누탈죄(戶籍漏脫律)[1226] 와 같이 취급하고, 수령이나 이정이 이를 밝히지 못하였을 때에는 호적치탈죄(戶籍致脫律)[1227]와 같이 취급하고 공모한 자는 범인과 동죄로서 취급할 것이다.

③ 각종 상인의 세는 매년 면포 1필로 할 것이다. 매 1명에 대하여 면포 1필 혹은 돈 120문으로 할 것이다.

나. 삼세(蔘稅)

『속대전』호전의 잡세조에는 인삼(산삼 포함)을 무역하는 상인이 인삼의 산지로 지정되어 있는 평안도의 강계로 내려갈 때는 호조에서 황첩(黃帖)[1228]을 발급하고 조세를 징수하며, 황첩(黃帖) 한장에 전 3냥을 수세하도록 하였다. 송도에서도 똑같이 수세하도록 하였다.

○ 삼상(蔘商)이 강계로 내려갈 때는 호조에서 황첩(黃帖)을 내주고 세를 징수한다. 황첩 매장에 전 3냥을 수세한다. 송도에서 이 황첩을 신청하여 얻은 경우에도 수세는 이와 같다.

1225) 『반계수록』권지1 전제(田制) 상(上) ㄴ. 잡설(雜說).
1226) 누호자의 호수가 사족이면 무기한 정배하고, 평민이면 충군하며, 공사천은 섬으로 유배한다(『속대전』호전 호적조).
1227) 통수(統首)와 임장(任掌)은 1호(戶)를 누락시켰으면 장80 도2년에 처하고, 3호를 누락시켰으면 장100 도3년에 처하며, 5호 이상 누락시에는 주호(主戶)의 형률에 의하여 논죄한다. 수령과 부관은 5호 이상 누락시에는 파출(罷黜)하고, 10호에서 50호 누락시에는 장60 도1년에 처하며, 50호 이상 누락시에는 잡아다가 추문한 후 정배[귀양보냄]한다. 감관과 색리(色吏)는 30호 이하 누락시에는 장100 도3년에 처하고 30호이상이면 장100 유 3000이에 처한다.(『속대전』호전 호적조)
1228) 삼상(蔘商)에게 주는 누른 종이(黃紙)로 된 인증서이다.

이처럼 조선시대에는 인삼의 거래에 대해서 매우 엄격하게 규제하여 사사로운 거래를 못하도록 하였는데, 『속대전』 호전의 잡세조에는 밀무역 등 부정한 인삼거래를 처벌하는 규정을 신설하였다. 한 뿌리의 인삼이라도 허가 없이 사사로이 매매하는 경우 매수인 및 매도인 모두를 잠상률(潛商律)[1229]로 처형하며, 인삼을 위조하고 변조한 경우 역시 조은전률(造銀錢律)[1230]로 처형하도록 하였다.

○ 황첩(黃帖)을 갖지 않고 내왕하는 자는 잠상률(潛商律)[1231]로 논죄하며 원복타(元卜駄)[1232]는 모두 속공(屬公)[1233]한다.

○ 평안감영 및 희천·운산·신광 등 진(鎭)은 영저의 요로(要路)[1234]에서 황첩(黃帖)을 조사한 후에 삼상(蔘商)의 출입을 허용하며, 한 뿌리의 인삼이라도 첩문(帖文) 없이 사사로이 매매하는 경우에는 매수인 및 매도인 모두를 잠상률(潛商律)로써 논죄한다.

○ 사상(私商)이 강계인(江界人)과 더불어 암매매를 하는 경우에는 사람들에게 체포·고발(함을 허용하며 그 삼화(蔘貨)는 모두 고발자에게 준다.

○ 인삼이 산출되는 고을의 수령이 그의 관내에 잠상(潛商)이 있어도 이를 스스로 적발하지 못하고 다른 원인으로 인하여 발각될 때에는 엄중히 조사하여 처벌(從重勘斷)하며 또 이를 알지 못하여 잠상을 금하지 못한 경우에는 불찰죄(不察罪)로 논죄한다.

○ 강원도의 각(各)고을에서는 진상을 거래하는 삼상(蔘商) 외는 타도인(他道人)이 와서 인삼을 구매함을 일체 엄금하며, 만일 현장에서 적발된 자는 강원도에서 장(杖) 100으로 처벌한 후 정배(定配)한다.

○ 삼상(蔘商)이 삼상명부(蔘商名簿)에 누락되었거나 명부작성 후 삼상의 의무를 회피하고자 하거나 또는 사사로이 인삼을 바치는 것을 방해하여 대신 바치는 경우(防納)에는 모두 본인(本人)에 한(限)하여 변방원지(邊方遠地)에 정배한다.

○ 부삼(附蔘)·조삼(造蔘)[1235] 등은 적발되는 대로 속공하고, 삼상(蔘商)은 모두 조은전률(造銀錢律)[1236]로 처벌한다.

이처럼 조선시대 인삼의 거래는 매우 엄격히 제한되었으며, 이를 어길 경우 사형에 처할 정도로 그 처벌이 무거웠다. 『증보문헌비고』에 따르면 ① 삼상(蔘商)으로서 첩문(帖文)이 없이 강계에 들어간 자, ② 관서(關西)의 감영과 희천·운산(雲山)·신광(神光) 등의 진(鎭)은 고개 밑의 요로에서 첩문을 고험(考驗)한 뒤에 들어가는 것을 허가하는데, 한 뿌리의 삼이라도 첩문이 없이 사사로이 산 자[1237]는 일률(一律), 즉 사형에 처하도록

1229) 일률에 처함(『증보문헌비고』 형고13 제율유기4 속대전) 일률이란 사형을 말한다.
1230) 일률에 처함(『증보문헌비고』 형고13 제율유기4 속대전)
1231) 잠상은 첩문이나 노문이 없는 무허가 상인으로 도적과 같이 취급하여 절도죄로 처벌하였다.
1232) 원복타는 말에 실은 물건으로 산삼과 인삼을 말한다.
1233) 임자가 없는 물건이나 금제품(禁制品)·장물(贓物)을 관청의 소유로 넘김.
1234) 중요한 길.
1235) 부삼(附蔘)은 모양이 나쁜 인삼을 가공하여 그 형태를 바꾼 것이고, 조삼(造蔘)은 인삼과 비슷한 것을 인삼처럼 변조한 것이다.
1236) 조은전률죄는 동전을 사사로이 주조하거나 금은전을 위조한 죄이다. 동전을 사사로이 주조한자는 교형(絞刑)에 처하며, 금은전을 위조한 자는 장100에 도(徒) 3년으로 처벌한다.
1237) 『증보문헌비고』 제139권 형고13 제율유기4 일율 속대전.

하였다. 그리고 ① 부삼(附蔘)하거나 조삼(造蔘)한 자, ② 왜관(倭館)에서 삼화(蔘貨)를 몰래 파는 자, ③ 상고(商賈)로 왜관에 드나들며 사고파는 것을 핑계를 대고 사정을 누설시키는 자[1238]는 참부대시[1239]에 처하도록 하였다.

『속대전』호전의 잡세조에는 왜관과 인삼을 거래하는 경우 동래부(東萊府)에서 호조(戶曹)의 공문(公文)에 준거하여 10분의 1의 세를 징수하도록 하였다. 인삼을 공문없이 왜관(倭館)에 몰래 보내는 자의 고발을 허용하며, 몰수한 인삼 반(半)은 속공(屬公)하고 반은 고발자에게 주도록 하였다.

○ 삼상(蔘商)이 왜관으로부터 대금을 먼저 받고 물건을 내어주기 위하여 내려간 경우에는 동래부에서 호조의 공문에 준거하여 10분의 1의 세를 징수한다.

○ 왜관(倭館)에서 무역할 수 있는 상인은 동래부에서 주소와 가족이 있는 등 신원이 확실하고 사리에 대한 분별력이 있는 사람을 택하여 호조에 후보자로 보고하여 인가서(임명장)를 발급하고 그 수는 30명으로 정한다. 또 그 중에서 우수한 자 6명을 선발하여 행수(行首)로 삼는다. 행수는 각각 4명을 인솔하고 잠상(潛商)을 검찰하되 그의 솔하(率下)[1240]에서 범죄하는 자가 있어 적발되면 행수는 범인보다 1등을 감하여 논죄한다.

○ 삼화(蔘貨)[1241]를 공문없이 왜관에 몰래 보내는 자는 서울에서 동래부에 이르는 각 대중소로(大中小路) 및 연변지방(沿邊地方)에서 이를 고발함을 허용하며, 그 삼화(蔘貨)는 몰수하여 반은 속공(屬公)하고 반은 고발자에게 준다. 인삼 1근 이상을 고발한 자에게는 포적례(捕賊例)에 따라 논상하고, 동래부에 이르기 전에 고발된 자는 조사하되 처벌을 유예한다.

다. 포삼세(包蔘稅)

인삼을 쪄서 말린 것을 홍삼이라 하고, 홍삼 80근을 1포라고 하였다. 처음에는 중국으로 가는 사신이 은자(銀子) 대신에 가지고 가는 인삼을 포삼이라 하였으나, 순조 이후로는 홍삼의 대명사로 되었으며, 이 홍삼을 세원으로 하여 부과하는 세(稅)를 포삼세(包蔘稅)라고 한다.

『대전회통』호전의 잡세조에는 "포삼(包蔘) 15,000근(斤)의 세전(稅錢)은 21만냥(兩)이다."라고 규정하고 있다. 포삼 1근에 14냥의 세(稅)를 부담한 것이다.

1238) 『증보문헌비고』제139권 형고13 제율유기4 참부대시 속대전.

1239) 사형을 집행할 때 가을철 추분(秋分)까지 기다리지 않고 곧바로 처형하는 것. 처형은 보통 만물이 생장 활동을 쉰다는 추분(秋分) 이후부터 춘분(春分) 이전에 집행하는 것이 원칙이었으나 대악(大惡)·대죄(大罪) 등 중죄를 범한 죄인은 이에 구애받지 않고 형을 집행하였다.

1240) 제 밑에 거느리고 있는 부하.

1241) 사서 모아 둔 인삼이나 산삼.

○ 홍삼(紅蔘)[包蔘] 15,000근(斤)의 세전(稅錢)은 21만냥인데 그 중 6만냥은 사역원(司譯院)에 납부
하고 15만냥은 호조의 경비로 납부한다.

『육전조례』에도 포삼세는 중국에 가는 사신이 사용할 홍삼을 조달하기 위하여 징수하
는 조세인데, "사역원(司譯院)에서 수납하는 포삼세는 돈 15만냥으로 한다. 이는 포삼 1
만 5천근에 대한 세전 21만냥 안에서 6만냥은 사역원에 교부하고, 15만냥은 본조(호조)
의 경비사에 급부하되 상의원의 연무구폐조(燕貿捄弊條)[1242]의 1천 5백냥과 왜학청(倭學
廳)의 단삼가 4만 5천냥은 이 중에서 공제하여 준다."고 하였다.[1243]

그리고 『증보문헌비고』에는 정조 21년(1797)에 포삼세(包蔘稅)를 마련하였다고 하면
서, 그 당시 포삼은 1근에 본값과 세(稅)가 3백냥인데 잠삼(潛蔘)은 근에 원가와 부비(浮
費)[1244]가 1백여 냥에 불과하다고 하였다.[1245]

① 중국 역(曆)의 수력관(受曆官)과 절(節)의 동지사(冬至使)[1246] 두 행차에 가지고 가는 액
  수를 120근으로 삼고, 이름을 포삼(包蔘)이라 하고 근에 세 약간을 거두게 하였다.

② 정조 11년(1787) 여름 6월에 비국(備局)에서 사역원 대신이 보고한 바를 가지고 아뢰기
  를, "수력관(受曆官)과 동지사 행차 때의 포삼은 작년부터 만상(灣商)[1247]에게 오로지
  맡겼는데, 몰래 법을 어기는 폐단이 전에 비교하여 증가됨이 있습니다. 이는 대개 포
  삼은 근에 본값과 세가 3백냥이 되는데, 잠삼(潛蔘)은 근에 원가와 부비(浮費)가 1백여
  냥에 불과한 때문입니다. 이제 만약 근수를 더하여 2백근으로 정하고, 120근의 세를 2
  백근에 고르게 나누면 몰래 법을 어기는 폐단은 저절로 그칠 것입니다." 하므로, 임금
  이 그대로 따라서 2백근으로 정하였다.

③ 순조 말년에 포삼의 수량이 여러 번 증가하여 8천근에 이르고, 조세도 10만 냥이 되
  었다.

④ 헌종 13년(1847)에는 포삼의 수량이 늘어서 2만근에 이르렀고, 3월에 또 개성 삼업(蔘
  業)이 더욱 넓어져서 2만 근을 증가시키고 세전(稅錢) 20만 냥을 거두었다.

⑤ 철종 2년(1851) 8월에 다시 포삼의 수량 2만근을 증가시키고, 세전은 16만 냥으로 줄
  여서 거두었으니, 대개 역인과 삼호(蔘戶) 양편을 이롭게 하려고 한 것이었다. 철종 4

1242) 중국과의 통상관계를 연무(燕貿)라고 하였다. 이 연무관계로 인한 민폐를 감안하여 정부의 재정상 구제조치를
   취하고 이를 연구구폐조라 한다.
1243) 『육전조례』 호전 호조 판적사 잡세.
1244) 무슨 일을 하는 데 써서 없어지는 비용.
1245) 『증보문헌비고』 제151권 전부고11 공제2 조선.
1246) 조선 시대에 중국에 보내던 사신 중 하나로 대개 동지(冬至) 절기를 전후하여 파견함.
1247) 조선 후기 대중국무역 활동을 하던 의주상인.

년(1853) 8월에 포삼을 다시 감하여 2만 5천근으로 정했는데, 이 뒤로부터 인삼 수량
이 조금씩 늘었다 줄었다 하여 일정하지 않았다.

라. 판상세(板商稅)

판상(板商)이란 나무 널조각을 파는 상인(商人)을 말한다. 『속대전』 호전의 잡세조에는
판상세에 대해서 다음과 같이 규정하고 있다. 즉, 널빤지 중 공사(公私) 관재(棺材)[1248]는
귀후서(歸厚署)[1249]가 10분의 1의 세를 징수하며, 그외 수장판(修粧板)[1250]이나 송판(松
板)[1251]의 경우에는 호조가 10분의 1세를 징수하도록 하였다. 이때 귀후서에서 수세할
경우 해당 관서의 비용으로 사용하였지만, 호조가 수세할 경우 왕실재정에 사용하였다.

○ 판상(板商)은 반드시 호조와 귀후서의 인증문서를 받아야 한다.
○ 공사관재(公私棺材)를 실은 배가 경강(京江)에 내박(來泊)하면 귀후서가 이로부터 10분의 1의
 세를 징수하며, 수장판(修粧板)이나 송판이 관재(棺材)에 적합하지 않은 경우에는 호조가 이로
 부터 10분의 1세를 징수한다.
○ 귀후서는 국가공용의 관판(棺板)을 전부 관리하며, 판상(板商)은 여러 궁가·각아문의 소속을
 막론하고 반드시 호조 및 귀후서 양처(兩處)의 인증문서를 받은 후 해당 도(道)에 들어갈 수
 있다. 사상(私商)으로서 공문을 갖지 않은 경우에는 목판은 모두 속공(屬公)한다.
○ 귀후서의 은사관판(恩賜棺板)은 매년 1차에 200입(立)을 정수로 하고 비변사(備邊司)로부터 공
 문을 발급받아야만 그 유하(流下)를 허용하며 지방관외에는 강 연안의 여러 고을에서는 수세할
 수 없다. 이를 어긴 자는 임금에게 보고하여 논죄한다.

그리고 『대전통편』 호전의 잡세조에서는 귀후서를 폐지하고, 판상세는 선공감(繕工
監)[1252]에 소속시킨다고 규정하였다.

○ 귀후서는 지금은 폐지되어 선공감에 소속되었으며, 대개 예장(禮葬)[1253]이 있을 때는 해당 감관
 원(監官員)이 겸하여 거행하고, 만일에 임금으로부터 구재(柩材)[1254]의 사여(賜與)[1255]가 있으면
 원공례(元貢例)에 따라 선혜청으로부터 판가(板價)를 대급받는다.

1248) 관(棺)을 만드는 나무.
1249) 관곽(棺槨)을 제조하여 일반인에게 팔았으며, 또 장례에 관한 일을 맡아보았다.
1250) 흙벽 대신에 나무 벽에 쓰는 얇은 판자.
1251) 소나무를 켜서 만든 판자.
1252) 조선시대 토목과 영선(營繕)에 관한 일을 관장하기 위해 설치했던 관서.
1253) 종친·공신(功臣)·종1품 이상의 문·무신이 죽으면 나라에서 예를 갖추어 장사지내준 일.
1254) 시체를 넣는 관곽(棺槨)을 짜는 목재.
1255) 나라나 관청에서 금품을 내려 줌.

4. 공업세

가. 장세(匠稅)

장세(匠稅)란 각종 공장(工匠)[1256]과 장인(匠人)[1257]에게 부과하는 세(稅)이다.『경국대전』호전의 잡세조에 따르면 다음과 같이 "공장(工匠)의 경우 상등(上等)이면 매월 저화 9장, 중등이면 6장, 하등이면 3장을 납부하도록 규정하고 있어, 장인은 등급을 정하여 그 등급에 따라 세를 다르게 한다."고 하였다. 그리고 지방의 야장(冶匠)[1258], 유철장(鍮鐵匠)[1259]의 경우 매 1야(冶)[1260]에 봄에는 정포 1필, 가을에는 미 10두(斗), 주철장(鑄鐵匠)[1261]의 경우 매 1야에 봄에는 면포 1필, 가을에는 미 15두, 수철장(水鐵匠)[1262]의 경우 대야(大冶)가 봄에는 면포 1필 반, 가을에는 미 6석 8두, 중야(中冶)가 봄에는 면포 1필, 가을에는 미 6석 2두, 소야(小冶)는 봄에 정포(正布) 1필, 가을에 미 4석 6두씩 1년에 봄·가을 두 차례 납부하도록 하였다. 다만, 공장(工匠)이 공역을 한 경우 해당 일수를 제외한 날짜를 계산하여 수세하도록 하였다.

○ 공장(工匠)은 상등(上等)이면 매월 저화 9장, 중등이면 6장, 하등이면 3장이다.
○ 지방 대장장이(冶匠)의 경우에는, 놋그릇장이(鍮鐵匠)이면 대장간(冶) 한 곳마다 봄에는 정포 1필, 가을에는 미 10두, 참쇠장이(鑄鐵匠)이면 대장간 한 곳마다 봄에는 면포 1필, 가을에는 미 15두, 무쇠장이(水鐵匠)이면 큰 대장간 한 곳마다 봄에는 면포 14필, 가을에는 미 6석 8두, 중간 대장간 한 곳마다 봄에는 면포 1필, 가을에는 미 6석 2두, 작은 대장간 한 곳마다 봄에 정포 1필, 가을에 미 4석 6두이다. 영안·평안도는 포세(布稅)가 없다. 경기·충청·강원·황해도에서는 매년 대야(大冶)는 수철(水鐵) 100근(斤), 중야는 90근, 소야는 80근이며, 미포(米布)는 거두지 않는다.
○ 모든 공장(工匠)은 공역(公役)의 일수를 제외한 날짜를 계산하여 수세한다.

그러나『경국대전』에 규정된 공장(工匠)의 상등(上等), 중등, 하등의 등급을 정한 기준을 알 수 없으며,『반계수록』에도 공장(工匠)의 등급을 어떻게 나누었는지 알 수 없다고 기록하고 있다. 그래서 "장인들에 대한 조세는 문제가 있기 때문에 세는 일률적으로 정하고, 제품을 정교하게 만드는 궁시인(弓矢人)[1263], 총검갑주장(銃劍甲胄匠), 책장(冊匠), 묵장(墨匠), 필장(筆匠), 각자장(刻字匠), 악기장(樂器匠), 선자장(扇子匠), 능라장(綾羅匠)

1256) 대장간.
1257) 기술자.
1258) 대장장이.
1259) 놋그릇장이.
1260) 대장간.
1261) 참쇠장이.
1262) 무쇠장이.
1263) 활과 화살을 만드는 사람.

등 기술이 능한 자에게는 그만큼 세(稅)를 감면해 주어서 장려하는 것이 마땅하다"고 하였다.1264)

또한 『반계수록』에는 각종 장인(工匠)과 대장 등의 수를 모두 장부에 등록하고 경상적인 세를 부과하며, 장인·대장 등은 3년마다 고쳐 등록하고 장부를 작성하여 본조(本曹)와 본도(本道), 본읍(本邑)에 비치하도록 하였으며, 장세의 과세대상의 판단과 등록 및 폐업절차 등에 대해서 다음과 같이 기록하고 있다.1265) 등록에 관한 사항은 지금의 부가가치세법상 사업자등록과 유사한 개념으로 볼 수 있다.

① 장인(匠人)으로서 전업을 하는 자에게는 등록하여 세를 받을 것이며, 농업이나 병역의 본 직업이 있으면서 잠시 기술이 있어서 물건을 만들거나 어떤 일로 인하여 사고팔고 하는 자들에게는 장인으로 취급하지 말 것이다.

② 장인으로 등록되어야 할 자임에도 불구하고 은닉한 자는 호적누탈죄(戶籍漏脫律)와 같이 취급하고 수령이나 이정이 이를 밝히지 못하였을 때에는 호적치탈죄(戶籍致脫律)와 같이 취급하고 공모한 자는 범인과 동죄로서 취급할 것이다.

③ 철야(鐵冶) 등은 개업할 때에 등록하고 세를 받을 것이며, 폐업하면 본 고을에 보고하고 면세하기를 전정(田政)의 신간전1266), 진전1267)의 예와 같이 할 것이다. 은닉한 자는 전지 은루죄(戶籍致脫律)와 마찬가지로 취급하고 그것에서 얻은 이익은 관에서 몰수할 것이다. 수령, 향정, 이정이 공모하였을 때에는 그들도 동죄로 취급할 것이다. 대장의 한 자리(坐)는 경지 1경1268)과 동일하게 취급한다.

④ 서울의 각 기관과 지방의 각 감영, 읍에 직속된 장인이 있으면 해당 조(曹)에 등록하나 그 세는 면제할 것이다. 각종 장인세는 매 1명에 대하여 면포 1필 혹은 돈 120문으로 할 것이다. 이 세는 부역이기 때문에 서울이든 지방이든 그리고 경지를 받은 자이든 안 받은 자이든 막론하고 모두 다 동일하다.

⑤ 장인에게 관가의 일을 시키면 그 일한 날짜만큼 세를 감하여 줄 것인바 예컨대 10일이면 1필의 전부를 면제하고 10일을 초과하면 과외로 일을 시킨 만큼 대가를 준다.

1264) 『반계수록』 권지1 전제(田制) 상(上) ㄴ. 잡설(雜說).
1265) 『반계수록』 권지1 전제(田制) 상 ㄴ. 잡설(雜說).
1266) 『속대전』에는 「매해마다 진전으로써 개간되는 곳을 일일이 기록하여 본조에 보고하고 전세의 반을 감한다. 『대전통편』에는 "3년의 전세를 감한다."하였다. 이미 개간되었다가 다시 묵은 것은 전세를 매기지 말라」하였다.
1267) 진전(陳田)이란 농지로서 실제로 경작하지 않은 묵은 전지를 말한다. 조선 초기 진전에 대해서도 농사를 게을리 하는 것을 경계하고 세수를 확충한다는 측면에서 전세를 징수하였다. 그러나 곧 진전은 그 時起數 즉, 경작한대로 수세하도록 하였다.(『세종실록』 22년 8월 30일).
1268) 주척(周尺)을 써서 6척을 1보, 100보를 1무, 백 무를 1경으로 하면 1경의 땅은 사방 100보가 된다.(『반계수록』 권지2 전제(田制) 하 ㄱ. 측량, 병역, 납세에 관한 규정). 18세기 영조시대 1주척은 약 20.83 ㎝이므로 1경은 약 4,720평으로 계산된다. 주척 5자 평방을 1보, 240보를 1무, 100무를 1경으로 하였다.

⑥ 각 아문(衙門)에서 장기적으로 일하는 장인에게는 세를 면제하여 주고 규정된 봉급을
줄 것이다.

위 내용 중 ①의 장인(匠人) 정의는 『반계수록』의 저자인 실학자 유형원의 조세에 대
한 개념을 볼 수 있는데, 이는 현재 부가가치세법에 관한 판례1269)에서 "사업이란 부가
가치를 창출해 낼 수 있는 정도의 사업형태를 갖추고 계속·반복적인 의사로 재화 또는
용역을 공급하는 것"이라고 정의한 사업자의 개념과 유사하기 때문이다. ②를 보면 대장
간의 한자리는 경지 1경과 동일하게 취급하여 세를 징수할 것을 말하고 있다.

[표 21]은 『경국대전』등에 규정된 장세(匠稅)의 세율이다.

표 21 장세(匠稅)의 세율.

구분			세액	비고
공장	상등		매월 저화 9장	
	중등		매월 저화 6장	
	하등		매월 저화 3장	
야장 (지방)	유철장		봄 정포(正布) 1필, 가을 미 10斗	
	주철장		봄 면포(綿布) 1필, 가을 미 15斗	
	수철장	대야(큰 대장간)	봄 면포(綿布) 1.5필, 가을 미 6석 8斗	
		중야	봄 면포(綿布) 1필, 가을 미 6석 2斗	
		소야	봄 정포(正布) 1필, 가을 미 4석 6斗	
장인세			1인 면포1 혹은 돈 120문	

나. 은세(銀稅)

『속대전』호전의 잡세조에 따르면 여러 도의 은 산출지에는 은점(銀店)을 설치하고 은
세(銀稅)를 징수하도록 규정하도 있으며, 사사로이 은을 채취하는 자는 본인에 한하여
섬에 유배한다고 규정하고 있다. 그리고 호조·각군문(各軍門) 및 외방(外方)의 각영(各
營)·각 고을을 막론하고 조정에 품의함이 없이 은점·연점(鉛店)을 신설하면 감사 이상
은 파직하고 수령 이하는 잡아서 문죄하도록 하였으며, 각 도의 은점이 백성에게 폐를
끼치는 경우에는 이를 폐점하도록 하였다. 하지만 구체적인 은점의 수세액은 규정되어

1269) 대법원판례 1989.2.14. 88누5754.

있지 않다.

○ 여러 도(道)의 은(銀) 산출지에는 은점(銀店)을 설치하고 세를 징수한다. 사사로이 은(銀)을 채
취하는 자는 본인에 한하여 섬에 유배한다.
○ 호조·각군문(各軍門) 및 외방(外方)[1270]의 각영(各營)·각(各) 고을을 막론하고 조정에 품의함
이 없이 은점(銀店)·연점(鉛店)을 신설하면 감사 이상은 파직하고 수령이하는 잡아서 문죄한다.
○ 각도(各道)의 은점(銀店)이 백성에게 폐를 끼치는 경우에는 이를 폐점한다.

『대전통편』 호전의 잡세조에서는 다음과 같이 은점에 관련된 관리의 처벌을 강화하는
규정을 신설하였다. 여기서 제서유위율이란 임금의 교지와 세자의 영지를 위반한 자를
다스리는 율로 장 1백에 처하도록 하였다.[1271]

○ 은(銀)·동(銅)을 도지(度支)[1272] 없이 개점함을 내버려 두거나, 공무를 빙자하여 견본을 채취한
다고 하면서 사사로이 채취하는 경우에는 감사는 제서유위율(制書有違律)로써 처벌하고, 지방
관은 도배(徒配) 또는 3년간 금고하며, 해당 도(道)에서 그 사실을 적발하여 문서로 보고하면
해당 관청의 당상관도 역시 제서유위율(制書有違律)을 적용한다. 감사가 이 사실을 덮어 두고
임금에게 보고하지 않으면 감사도 같은 죄로 처벌한다.

다음 『증보문헌비고』의 기사는 효종 2년(1651)에 은점을 개설하여 세를 거두자는 주장
이다.

「호조에서 아뢰기를, 단천 은혈이 이미 2백 년이 지났는데 그 공역의 비용이 은값에 밑
돌지 아니하는데도 이제까지 그치지 아니하는 것은 값으로 은을 사게 되면 은은 다함이 있
고 값은 날로 더하여 마침내는 반드시 은을 캐는 공역의 값절이 될 것이기 때문입니다. 옛
부터 은을 캐는 일은 있어도 은을 사는 나라는 없었습니다. 우리나라는 물력이 부족하고
요역(徭役)이 심히 무거운데, 매양 국력으로 채취하면 또한 노비(勞費)[1273]가 많을 것이니, 채
은관(採銀官)으로 하여금 은혈(銀穴)[1274]을 찾아서 개착(開鑿)[1275]한 연후에 백성을 모집하여
허락해 주고 세(稅)를 바치게 하되 많고 적음을 적당하게 헤아려 수량을 정한다면 관에서는
힘을 허비하지 아니하여도 세입이 절로 많게 될 것입니다.」[1276]

1270) 서울 밖의 모든 지방.
1271) 『대명률』 이율 제서유의조.
1272) 호조의 허가문서[度支關文].
1273) 노동자를 부린 비용.
1274) 은을 캐는 광산 구덩이.
1275) 산을 뚫어서 길을 내거나 막힌 내를 파서 배가 지나다닐 수 있도록 하는 공사.
1276) 『증보문헌비고』 제160권 재용고7 부록 금은동.

하지만 『중종실록』에 의하면 은세(銀稅)가 중종 28년(1533)에 이미 징수되었으나 그 세액에 대해서는 알 수 없다.

「저번에 대신이 은세(銀稅)에 관한 일로 입계(入啓)하였으나, 뒤 폐단이 있을까 싶어서 들어주지 않았는데, 호조가 을해년의 수교에 의하여 입계하였으니, 대신들과 다시 의논해야겠다. 재물을 늘리는 방법이라면 하지 않을 수 없으나, 다만 을해년의 수교는 근래 쓰지 않던 법이다. 은을 캐고 세를 바치는 것에 연한을 정하지 않는다면 뒤 폐단이 많을 것이니, 연한을 정하여 실시하라.」[1277]

5. 기타 잡세(雜稅)

가. 무녀세(巫女稅)

『속대전』 호전의 잡세조에 따르면 지방의 무녀(巫女)는 이를 녹안(錄案)[1278]하여 세를 징수하도록 하였는데, 한 사람 당 면포 1필을 징수하도록 규정하고 있다. 이때 세목(稅木)은 대동목례(大同木例)에 따라 5승목(升木) 35척(尺)을 표준으로 삼았다. 함경도 명천 이남 지방이면 정포(正布)를 수납하며, 역시 5승포(升布)로 받으며, 돈으로 대납하는 경우에는 1필에 2냥 5전으로 한다. 평안도·황해도의 무녀세는 전부를 관향(管餉)[1279]에 회록(會錄)[1280]며, 서울의 무녀는 활인서에 속하도록 하였다.

○ 지방의 무녀는 이를 녹안(錄案)하여 세를 징수한다. 매인 당 세(稅)로서 면포 1필을 징수한다. 이 세목(稅木)은 대동목례(大同木例)에 따라 5승목(升木) 35척(尺)을 표준으로 삼는다.
○ 함경도 명천(明川) 이남 지방이면 정포(正布)를 수납하며 역시 5승포(升布)로 받는다. 돈으로 대납하는 경우에는 1필에 2냥 5전으로 한다.
○ 평안도·황해도의 무녀세는 전부를 관향(管餉)에 회록(會錄)한다.
○ 서울의 무녀는 활인서에 속한다.

『목민심서』에는 무녀세의 부과 목적이 '무녀의 억제'에 있다는 것을 살펴볼 수 있는데 그 내용은 다음과 같다.

「무녀포(巫女布)란 것은 형조(刑曹)에서 잡신의 제(祭)를 지내는 것을 금하는 바이므로 다

1277) 『중종실록』 28년(1533) 7월 1일 3번째기사.
1278) 대장(臺帳)에 적음.
1279) 군량(軍糧)을 확보하여 보관·관리하는 관청.
1280) 정부 소유물, 주로 곡물(穀物) 등을 본창고(本倉庫)에 두지 못할 경우에 다른 창고에 보관하는 일.

른 요역은 모두 줄이는 것이 좋지만 이 무녀포만은 증가하는 것이 마땅하다. 왜냐하면 세 집만 사는 마을에도 무당이 하나씩 있어서 요사한 일을 만들고 현혹한 짓을 부채질하여 멋대로 화복(禍福)을 점쳐 남의 옷상자를 비게 하고 남의 쌀독을 비게 하면서 그 자신은 비단만 입고 먹는 것은 생선과 젓갈을 먹으니 이들은 당연히 억제해야 하는 것이다. 마땅히 무녀포의 원액(原額)[1281] 외에 그 액수를 증가하되, 큰 고을은 혹 2백 필로 한정하고 중간 고을은 혹 1백 필로 한정시키되 그 헛된 명단을 없애고, 옛날에는 있었으나 지금은 없어진 자를 아직도 당해 마을에서 징수하고 있는 실정이다. 그 실제 무당 노릇 하는 자를 뽑아서 굿이나 푸닥거리하는 자를 보거든 마땅히 잡아서 등록시킬 것이다 해마다 무녀포를 징수하여 그 악습을 벌준다면 아마도 무당의 풍습은 다소 뜸해질 것이다.」[1282]

하지만 『대전통편』 호전의 잡세조에는 서울의 무녀는 강외(江外)로 쫓아내고 세포(稅布)의 징수를 폐지하도록 하였다.

○ 서울의 무녀는 강외(江外)로 축출하고 세포(稅布) 징수를 이번에 폐지한다.

다음 『중종실록』에는 무녀세의 징수를 폐지한 이유와 이에 따른 세수 부족을 논하고 있어 당시 무녀세의 비중이 상당하였음 알 수 있다. 무녀세 폐지 이유는 정부가 무격음사(巫覡淫祀)[1283]의 일을 금지시켰는데 퇴미(退米)[1284]를 징수하는 것이 이치에 맞지 않다는 것이다.

「백성들에게 무격음사(巫覡淫祀)의 일을 금지시켰는데, 오히려 그 퇴미(退米)[1285]를 징세하는 것은 의리에 매우 마땅하지 않다. 일체 징세하지 않는 것이 옳다.″하매, 승지 이자가 이내 아뢰기를, ″하교하신 뜻이 지극히 아름답습니다. 다만 귀후서나 동서 활인서(活人署)에서 장례와 의료에 쓰이는 비용이 모두 여기에서 마련되고 있습니다. 또 무격 음사는 비록 금하더라도 아주 끊어버릴 수는 없습니다. 아주 끊어버릴 수도 없는 것인데 그에 대한 세를 거두지 않는다면 나라의 수입 예산이 소루할까 염려됩니다.」[1286]

1281) 본디의 액수.
1282) (역주)『목민심서』 권3제6부 호전(戶典) 육조(六條)2.
1283) 무당이 귀신에게 지내는 제사.
1284) 신당에 받친 쌀.
1285) 신당에 받친 쌀.
1286)『중종실록』13년 1월 19일.

나. 목물세(木物稅)

목물세(木物稅)란 강물에 떠내려 온 목물(木物)을 취득한 자에게 세(稅)를 징수하는 것이다. 『육전조례』 호조의 판적사(잡세)편에는 목물세에 대하여 다음과 같이 규정하고 있다. 목물세는 목물(木物)을 취득한 자로부터 10분의 1의 세를 징수하였다.

「한강 뚝섬에 수세소(收稅所)를 설치하고, 한강의 어름이 풀어진 후로부터 다시 얼어붙기 전까지 계사(計士)[1287]를 배치하고, 홍수 등으로 강물에 떠내려 온 목물(木物)을 취득한 자로부터 10분의 1의 세율로 징수하여 목물색에 회록한다. 이 경우 내수사·모든 궁방·각영·각사의 목물임을 막론하고 일체 세액을 징수하여야 하고, 만약 남모르게 은익한 것은 몰수한다.」[1288]

물목세는 고종 4년(1867년)에 간행된 『육전조례』에 법령집에 처음 규정되었지만 이미 영조 원년(1724년) 이전에 시행되고 있었다.[1289]

다. 행랑세(行廊稅)

행랑세(行廊稅)란 서울 큰 거리의 양쪽에 줄 대어 세운 상점들에 대하여 물리는 세금으로 장랑세(長廊稅)라고도 하였다. 『세종실록』에 따르면 세종대왕 이전부터 행랑세(行廊稅)를 1간(間)마다 춘추 양등에 저화 1장씩을 수납하였으며, 세종때에는 춘추 양등에 각각 전(錢) 120문을 수납한다고 하여 행량세를 징수하고 있었음을 알 수 있다.[1290]

「호조에서 전문(錢文)[1291]으로 수납하는 조건을 계하였다. (중략) "1. 전에 행랑세(行廊稅)는 1간(間)마다 춘추 양등[1292]에 저화 1장씩을 수납하였습니다. 지금은 춘추 양 등에 각각 전 120문을 수납하고..」[1293]

라. 장세(場稅)·관세(關稅)·진세(津稅)·점세(店稅)

『목민심서』에 "장세(場稅)·관세(關稅)·진세(津稅)·점세(店稅)와 승혜(僧鞋) 및 무녀포(巫女布)를 지나치게 징수하는가를 살펴야 할 것이다"라고 하였다.[1294] 장세는 지방도

1287) 조선시대 호조에 소속되어 조세 등 회계 사무를 담당한 종팔품(從八品) 관직이다.
1288) (주역)『육전조례』 호조 판적사(잡세).
1289) 『탁지지』 재용부 잡세.
1290) 『세종실록』 7년 8월 20일.
1291) 화폐. 화폐에는 반드시 글자를 써 넣기 때문에 전문이라 함.
1292) 춘등(春等)과 추등(秋等).
1293) 『세종실록』 7년(1425) 8월 20일 3번째기사.

시에 개시되는 정기시장에서 당시 생활필수품을 중심으로 하는 재화를 매매하는 보부상 (褓負商)과 전상인(廛商人)에게 징수하였으며, 이것은 모두 지방재원으로 획급되었다[1295]. 관세(關稅)와 진세는 통행세이다. 관(關)이란 영로(嶺路)[1296]의 좁은 곳에 설치한 통행문으로 동선령·청석동·철령·대관령·조령·추풍령 따위와 같이 상인들이 통행하는 곳이요, 진(津)이란 강과 바다를 건너는 나루터이다. 관세나 진세의 세액은 확실하지 않다.

점세(店稅)란 것은 여점(旅店)[1297]에 부과하는 세이다. 『목민심서』에는 "서관대로(西關大路) 및 양남대로(兩南大路)는 서울에서 5백리 길인데 여점(旅店)이 모두 크므로 거기에는 세(稅)가 있어 혹 관용(官用)에 보태기도 한다."라고 하였다.[1298] 하지만 구체적인 세액은 알 수 없다.

제3절 조선시대 잡세의 재정수입

1. 중앙의 잡세 수입

조선시대 재정은 수입을 헤아려 보고 지출을 조절하는 '양기입이위출(量其入以爲出)' 또는 "양입제출(量入制出)"이라는 원칙에 바탕을 두고 있어, 지출을 헤아려 수입을 정하는 '양출정입(量出定入)'이라는 근대적인 재정 관념과 대조된다. 이러한 조선시대의 세입 규모는 정확히 계수하여 파악하기는 어려운데 그 이유는 첫째, 조선왕조의 생산통계나 재정수지에 관한 사료가 거의 없다는 것이며 둘째, 조선왕조의 재정이 현물수입이므로 각종 재화와 노역의 형태로 흡수하는 총세입을 특정한 가치척도(화폐)로써 계량하기가 어렵기 때문이다. 셋째, 매년 세수가 일정하지 못한 것이다. 전세 중심의 세제에서는 기후 변화 등에 의하여 한 해의 세수가 결정되는 경우가 많았기 때문이다.

『증보문헌비고』에 따르면 "숙종시대의 경우 보통 해의 세입은 13만여 석(石)에 불과하며, 1년 경비는 12만 석에 이르는데, 종묘(宗廟)와 백관의 소용이 3분의 1을 차지하고 그 2분은 양병(養兵)의 수요에 지출한다"고 하였다.[1299] 그리고 다음과 같은 『증보문헌비고

1294) (역주)『목민심서』 권3제6부 호전(戶典) 육조(六條) 2.
1295) 김옥근. 1982. 전게서
1296) 고개를 오르내리는 길.
1297) 여관. 여인숙.
1298) (역주)『목민심서』 권3제6부 호전 육조(六條) 2.

』의 기록에서도 국가세입의 3분의 2가 군대양성에 소요되고 있음을 알 수 있다.

「숙종(肅宗) 7년(1681)에 지경연(知經筵)[1300] 이단하가 아뢰기를, 병제(兵制)를 변통하는 일은 신도 여러 번 진술하였습니다. 국가의 세입의 겨우 12만 석인데, 8만 석은 오로지 군대를 양성하는 수요로 돌아가게 되어 국용은 항상 부족하고 쓸데없는 군사는 앉아서 늠료(廩料)[1301]를 허비하게 하니, 천하에 어찌 이런 이치가 있겠습니까?」[1302]

『탁지지』에 의하면 영조시대의 경우 통상경비로 쌀 10만석, 면포 7·8만필, 돈 16·7만냥이 필요하다고 하였다.[1303] [표 22]는 『탁지지』에 기록된 조선시대의 연간 세입 현황을 나타낸 것이다.

표 22 조선시대 연간 세입 현황

왕조	년도	쌀(석)	전미(좁쌀, 석)	대두(석)	은(량)	전(량)	면포(필)	포(필)	비고
효종(신묘)	1651	99,270	16,440	41,727	39,093	-	109,100	5,000	
현종(무신)	1668	103,963	15,032	51,391	30,263	-	86,650	5,000	
숙종(경진)	1700	121,621	24,912	60,215	39,519	84,260	83,950	19,850	최다년
숙종(정해)	1707	107,914	31,158	53,158	17,733	66,260	87,350	13,550	중년
숙종(계사)	1713	43,708	26,969	39,980	66,780	82,350	67,550	6,550	최하년
경종(계묘)	1723	98,511	14,590	63,527	31,156	11,526	78,900	11,500	
영조(경술)	1730	127,870	15,250	65,083	28,332	177,420	88,708	8,450	최다년
영조(임자)	1732	58,534	10,200	33,024	12,922	93,890	37,650	6,900	최하년
영조(기사)	1749	113,840	7,013	36,650	16,530	169,790	78,750	7,600	중년
평균		97,248	17,952	49,417	31,370	76,166	79,845	9,378	

자료출처 : 『탁지지』외편 전지십팔 경비사 경용부 경비

전미=소미=좁쌀

김옥근에 의하면 조선조 말기 18~19세기의 국가재정 규모는 국가(중앙정부)가 수납한 각종 정규세의 전세를 비롯한 결세(結稅) 수입과 각종 세목별 수세액 및 세외수입의 환곡이자 수입을 계상하여, 쌀로 환산한 총세입액이 1,921,704석(石)이며, 이 중 46%에 상

1299) 『증보문헌비고』 제155권 재용고2 국용2.
1300) 조선시대 경연청(經筵廳)에 둔 정이품(正二品) 관직인 지사(知事)로 정원은 3원이다.
1301) 벼슬아치들에게 주던 봉급.
1302) 『증보문헌비고』 제121권 병고(兵考)13 군제 총론.
1303) 『탁지지』 외편 전지십팔 경비사 경용부 경비.

당하는 871,885석은 결세수입으로 가장 많은 비중을 차지하고 있으며, 환곡이자 수입이 689,790석으로 총세입액의 36%, 양역을 중심으로 하는 신역(身役) 수입이 16%에 상당하는 312,655석이라고 하였다. 그러나 잡세는 세목은 다양하게 많으나 세입면에서 차지하는 비중은 2%에 불과하였다. 이 때 양역[군포(軍布)·곡(穀)·전(錢)]과 환곡이자는 각각 총수입의 20%를 지방영읍에 획급하고, 80%를 중앙관서에 상납한 것으로 추계하였다.[1304] [표 23]은 김옥근이 추계한 조선후기 중앙재정의 세입추계(조선후기 18~19세기)이다. 이 표에 의하면 잡세수입은 전세(田稅)의 29.6%에 이르고 있어, 국가재정의 기여도는 2%이지만 조세수입의 측면에서는 상당한 비중을 차지하고 있었다고 본다.

[표 23] 중앙재정의 세입추계(조선후기 18~19세기)

구분	세목			징세액	년도
결세(結稅)	전세			159,812	순조 7년
	삼수미			57,554	〃
	결작			73,863	〃
	화전세			982	〃
	노전세			74	〃
	둔토세	미		1,899	고종31년
		대두		72(36)	
		조		65(33)	
		면포		316필(90)	
		전화(錢貨)		85,645(3,893)	
	대동			573,649	영조 45년
	소계			871,885(46%)	
잡세(雜稅)	어염선세(해세)			89,740兩(1,794)	순조 7년
	공업세(장세)			268필(89)	
	광업세			15,248兩(3,050)	영조 45년
	무세	면포		1,195필(398)	순조 7년
		마포		129필(43)	정조원년
	삼세			210,000兩(42,000)	고종원년
	소계			47,374(2%)	
신역(身役)	논비공			31,641필(12,655)	영조기(18세기 중기)
	양역(良役)*			750,000필(300,000)	
	소계			312,655(16%)	
환곡이자				689,790(36%)	
총계				1,921,704	

1304) 김옥근, 1984, 『조선왕조재정사연구 Ⅰ』, 일조각.

[표 23]의 경우는 영조로부터 고종까지 약 180년 동안의 문헌에 남아 있는 세수를 합산하여 산출한 것이다. 이에 [표 24]은 영조시대의 문헌을 통하여 확인된 징수세액 현황을 나타낸 것으로 국가세입 중 전세와 잡세를 분석한 것이다. 전세(田稅)의 경우 쌀로 환산하며 152,998석이며, 잡세(雜稅)는 쌀 26,615석이다. 따라서 기록에 의하여 확인된 잡세는 전세의 17.4%로 조세로써 적은 비중은 아니라고 본다. 문헌에 의하여 확인되지 않은 잡세인 상세(商稅)와 삼세(蔘稅), 판상세를 포함한다면 국가재정의 상당한 부분을 담당한 것으로 보인다.

표 24 영조시대의 징수세액 현황

세목		징세액	년도
전세①		쌀 103,062석 전미(좁쌀) 6,770석(쌀 5,221석) 대두 104,313석(쌀44,705석)	영조45년
전세소계		쌀 152,988석	
잡세	해세(어염선세)②	114,300량(쌀22,860석)	영조7년(1731)
	장인세(공업세)③	330필(쌀 165석, 兩南匠人)	영조 45년
	광업세(은점세)③	15,248兩(쌀3,050석)	영조 45년
	무녀세④	2,700량(쌀540석)	영조3
잡세소계		쌀26,615석	

출처 ① 『증보문헌비고』 제151권 - 전부고11 공제2.
　　② 『증보문헌비고』 제158권 - 재용고5 어염 조선 및 탁지지 재용부 균역.
　　③ 『탁지지』 외편 전지18 경비사 경용부 경비.
　　④ 『탁지지』 외편 권8 판적사 재용부 무포.
　　　쌀1석 = 돈 5냥 = 전미 1.4석 = 대두 7/3석.[1305]

1305) 조선시대의 물가(대납 가액 기준)

구분		삼남(三南)지방	황해도		영구 금납(金納)지역
			산군(山郡) 등	장산(長山) 이북	
탁지지	쌀 1석(石)	면포 3필반	돈 4냥5전	돈 4냥	
	전미(田米) 1석(石)		돈 4냥	돈 3냥5전	
	대두(大豆) 1석(石)	면포 2필반	돈 2냥5전	1냥7전	
속대전	쌀 1석(石)	면포 3필반	포목 3필(황해도)		7냥
	전미(田米) 1석(石)		포목 2필반(황해도)		5냥
	대두(大豆) 1석(石)	면포 2필반	포목 1필반(황해도)		3냥

출처 : 『탁지지』 외편 경용부 경비, 속대전 호조 수세조.
　　『대전회통』 호전 국폐조.(정포1필 = 상포2필, 포1필 = 저화 20장, 저화1장 = 쌀 1되, 은1량 = 돈 2량
　　쌀1석 = 돈 5냥 = 전미 1.4석 = 대두 2.3석)

이러한 자료에도 불구하고 아쉬운 것은 조선시대의 국가나 지방재정 수입에 대한 기록이 많이 남아 있지 않다는 것이다. 그러나 조선시대 그 당시에도 상세히 기록되지 못하였음을 알 수 있는데『현종실록』에는 이러한 상황에 대해서 다음과 같이 기록하고 있다.

「영의정 정태화가 다 보고 난 뒤에 이어서 아뢰기를, "옥당[1306]의 생각은 감영에 납부하는 함경도 상세(商稅)를 군수(軍需)에 충당하려고 하는데 그 세입이 얼마나 되는지 모르겠습니다."하고, 우의정 원두표는 아뢰기를, "각 고을에서 거두는 액수는 미미할 것이데, 조정에서 이것저것 다 거론하여 이익을 다투는 것과 같이 하는 것은, 실용에는 이로움이 없으면서 사체(事體)[1307]만 손상시킵니다."」

2. 지방재정의 잡세 수입

균역법이 시행되기 전인 조선초기에는 해세(海稅)에 속하는 어세·염세·선세는 잡세로 지방세의 수입원이었으나, 균역법을 시행한 이후 어세·염세·선세는 균역청으로 흡수되었다. 지방 각 관(官)의 재정수입에는 전세수입·호역(戶役)·신역(身役)·환모(還耗)[1308]수입 이외에 잡세가 있었다. 군현의 재원으로 이용된 잡세에는 장세(場稅)·무세(巫稅)·해세(海稅) 십일조[1309]·점세(店稅)·사세(寺稅) 등이 있었다. 그런데 군현마다 이러한 모든 잡세 수입을 가진 것은 아니며, 일부 잡세가 없는 군현도 있었다. 또한 잡세 수입 전액을 지방재원으로 확급한 것도 아니었으며, 장세·점세·사세(寺稅)·해세(海稅) 십일조를 제외한 잡세는 중앙관부에서도 수세하였다.[1310] 18세기말 지방의 각 관아의 수입규모를 살펴보기 위해 파주군(경기도), 성천현(평안도), 영주군(경상도), 진주목(경상도), 서흥부(황해도), 부여현(충청도)의 기록을 조사하니, 파주목은 905석4두가 가장 적고, 나머지 6개 관(官)은 모두 1천석을 훨씬 초과하여 성천현은 4,500여석, 진주목은 3,500여석에 이르고 있다. 이와 같이 정조 21년의 관찰사 하부 기관인 군현(郡縣)의 세입 규모는 적은 경우 1천석 안팎에서 많은 경우 3~4천석으로 추정되어 큰 차이를 보이기 때문에 비교하는 것은 의미가 없다고 볼 수 있다.[1311]

1306) 조선시대 홍문관(弘文館)을 말한다.
1307) 일의 이치와 당사자의 체면.
1308) 환곡을 거두어들일 때에, 쥐·참새 따위에 의한 손실을 메우려고 원곡(元穀) 이외에 석(石)마다 10분의 1씩을 더하여 받던 일. 또는 그 쌀.
1309) 해세십일조란 영조 26년에 균역법을 실시할 때 개혁한 해세(어염선세)규정에 균역청에 바치는 해세 가운데 1/10을 각 관(官)에 획급한다는 규정에 따른 것이다.
1310) 김옥근. 1982. "朝鮮朝 地方財政의 歲入構造 分析". 「經濟學研究」 제30집. pp.109-155.
1311) 김옥근. 1982. 전게서.

　　[표 25]는 조선시대 지방관의 총세입과 잡세수입의 현황이다. 이 표에 의하면 지방재
정의 수입 중 잡세가 차지하는 부분 또한 각 관(官)별로 차이가 큰데, 경기도 파주군은
약 0.3%로 가장 낮으며, 황해도 서흥부는 약 7.3%로 가장 높게 나타났다. 이러한 결과에
의하면 지방의 잡세수입 비중은 중앙보다 훨씬 적은 것으로 보인다.

표 25 조선시대 지방관의 총세입과 잡세수입 현황

관 구분	총세입 (쌀로 환산)	잡세 수입	
		세목별 수입	쌀 환산 수입(비율)
파주군(경기도)	2,129석 1두 5승	장세(匠稅): 행담(行擔) 60부(部)-유기장(柳器長), 마철(馬鐵) 36부(야장(冶匠), 궁시인(弓矢人) 전 40량(매인 2냥) 점세(店稅): 도병(陶甁) 120개	6석 10두(0.3%)
성천현(평안도)	4,508석 4두	장세(場稅): 전 820냥 점세(店稅): 전 240냥(은점) 선세(船稅): 전 201냥(해세 십일조) 통세(通稅):전 158냥 장세(匠稅); 마철 60부(야장), 정철(正鐵) 60근(斤) (야장)	238석(5.8%)
영주군(경상도)	1,101석 8두	점세(店稅); 정(鼎) 1좌, 마철 7부 장세(匠稅): 각종 석자(席子) 95立, 화문안식(化文安息) 10부(석자장 납세) 장세(場稅); 150냥 사세(寺稅): 피지 200속, 해지 8속, 초혜(草鞋) 10竹 마혜(麻鞋) 2죽(竹) 상자(箱子) 10부(部)	25석(2.4%)
진주목(경상도)	3,530석 8두 3합 2석	장세(場稅): 전 76냥 해세(海稅)십일조: 48냥 7전 6분 장세(匠稅): 마철 72부, 유사(柳笥) 48부, 총절(驄節) 12부 점세(店稅): 백사기(白砂器) 200죽 사세(寺稅): 피지(皮紙) 12속, 세승(細繩) 12근(斤) 초혜(草鞋) 36부	28석(0.8%)
서흥부(황해도)	2.302석 12두 5승	장세(場稅): 전 1,026냥 점세(店稅): 정(鼎) 2좌, 노구(爐口) 2좌, 의두 2개, 사기 16족 장세(匠稅): 유고리(柳古理) 4부, 유행담 4부, 유보사(柳甫笥) 사세(寺稅): 초혜 24죽	167석 10두(7.3%)

관 구분	총세입 (쌀로 환산)	잡세 수입		
		세목별 수입		쌀 환산 수입(비율)
부여현(충청도)	1,433석 1두 3승	장세(場稅): 전 396냥 8전 사세(寺稅): 대색(大索) 360파(把), 세승(細繩) 600파(把), 초혜 36부 점세(店稅): 식정(食鼎) 2좌(坐), 정철 14근, 사기 21죽, 토기 214개 장세(匠稅): 유기 36부 유기장(柳器匠), 마철 24부(야장)		66석 2두(4.7%)

※ 위 표는 김옥근(1982)의 p.149~155를 요약한 것임.

제4절　조선시대 잡세의 문제점

1. 과세대상과 과세표준의 불명확

　농업을 기반으로 하는 조선시대의 국가재정은 앞에서 살펴본 봐와 같이 전세(田稅)에 대한 의존이 컸다. 따라서 전세와 관련된 조세제도는 재정수입의 확충과 공평과세를 위하여 제도의 정비와 법의 개정이 지속적으로 보완되고 개정되었다. 조선시대에 편찬된 법전을 통하여 그 내용을 살펴보면 첫째, 세수확충과 공평과세를 위하여 과세대상인 전지(田地)의 넓이와 비옥도의 측정을 적정하게 하기 위한 양전에 대한 규정을 강화하였고 둘째, 전답에서 수확된 곡물량의 적정한 산정을 위한 답험절차를 상세히 하였으며 셋째, 부정부패를 방지하기 위한 관리 등의 처벌을 강화는 규정을 신설하였다. 하지만 잡세(雜稅)의 경우 전세만큼 법과 제도가 정비되지 못해, 과세대상의 명확성이 결여되어 있었으며, 과세표준의 적정한 산정을 위한 규정 등이 미비하여, 법에 의한 공평과세가 실현되기는 어려웠다고 본다.

　예를 들어 잡세 중 하나인 장세(匠稅)는 수철점·사기점·은점 등 각종 수공업인 대장간을 대상으로 하여 징수하는 공업세로, 매출액이나 판매수량에 따라 부과하는 조세가 아니라 공장의 등급 및 좌고(坐賈)·공랑(工廊)의 수에 따라 과세하였으며, 치장(治粧)·사기장(沙器匠)[1312]·유기장·피장(皮匠)[1313]·석장(石匠)[1314]·유철장(鍮鐵匠)[1315] 등은 각종 수공업에 종사하는 사람을 대상으로 하여 징수하는 신역가(身役價)의 조세로 숙련도에 따라 과세되는 인세(人稅)이지만, 법전의 규정은 숙련도나 소득과는 거리가 먼 조세제도였다.

『목민심서』에는 잡세 중 어세(漁稅)의 명확하지 않은 과세대상과 과세표준에 대해서 다음과 같이 기술하고 있는데, 이는 비록 어세만의 문제가 아닌 모든 잡세에 해당하는 것이라고 본다.

「균역법 시행 이래 어물 생산이 점차 줄어들어 어홍(漁簇)[1316]은 이미 없어졌는데도 세액은 그대로 남아 있으며, 배는 부서졌는데도 이웃과 친척에게까지도 침해하고 있다. 본 고을과 같이 지극히 작은 데에도 없어진 어홍에 대해서 과세하는 곳이 3,4곳이나 있으며, 부서진 그 배에 대해서 그 이웃과 친족에게 세를 물리는 배가 19척이나 된다. 지난날에는 백인(百人)이 바치던 것을 전년에는 10인에게 책임지우고 전년에 10인이 바치던 것을 금년에는 1인(人)에게 요구하니 백성들이 어찌 견뎌낼 수 있겠는가. 대저 어홍이 없어지고 배가 부서졌는데도 면세를 받지 못한 이유의 그 하나는 균역청의 대신 징수 때문이며, 다른 하나는 감영 이속들의 정례적인 토색 때문이다. 신이 엎드려 생각하건대, 사물은 성쇠가고 기물은 만들어졌다가 깨어지기도 하는데, 어찌하여 대신 책임지우고 부족한 분을 채우기를 마음대로 한단 말인가. '균역청절목(均役廳節目)'에 이르기를 "진실로 장표(章標)[1317]가 없으면 바다에 나타날 수 없으니, 저절로 요행히 탈세하는 폐단이 없을 것이다" 했으니, 이는 사리를 분명히 한 말이다. 이미 파선된 줄을 알면서 오히려 부서지지 않았다고 의심하는 것은 옳지 못하고, 이미 파선된 줄을 알면서도 오히려 면세를 허락하는 데 인색한 것은 옳지 못한 짓이다. 하물며 한 해씩 걸러서 성안(成案)[1318]을 고쳐도 감영의 이속들이 법금(法禁)[1319]을 무시하고 함부로 인정채(人情債)[1320]를 토색하는 것이 끝이 없다.」[1321]

1312) 사토(沙土) 등으로 그릇을 만드는 기술 또는 그 기능을 가진 사람.

1313) 짐승의 가죽을 다루는 장인.

1314) 석조물을 제작하는 장인.

1315) 지방에 거주하면서 관아에 소속되지 않은 야철 수공업자로서 산동지(産銅地)에서 놋그릇을 만드는 장인.

1316) 바닷가에서 고기를 잡는 데는 그 명칭이 네 가지가 있는데, 첫째 어홍(漁簇 : 본디는 箭으로 되어 있음), 둘째 어수(漁隧 : 본디는 條로 되어 있음), 셋째 어장(漁場 : 모여드는 곳), 넷째 어종(漁艅 : 본디는 基로 되어 있음)이다. 대나무를 벌여 세워서 좌우 울타리를 만들어 윗부분까지 책(柵)을 촘촘하게 하여 궁어(窮魚 : 물길을 잃고 오갈 데 없는 고기)를 잡는 것을 어홍이라 하고, 고기 떼가 멀리부터 와서 한군데로 몰려드는 길이 있는데, 그 길목에다 배를 대고 그물을 쳐서 잡는 것을 어수라 하고, 넓은 바다 복판 고기 떼가 모이는 곳에 크고 작은 어선으로 물을 따라 그물을 치는 것을 어장이라 하고, 지세가 편리해서 고기잡이에 알맞은 곳에다 종선(宗船 : 母船)을 띄우고 종선 좌우에 여러 배가 날개처럼 벌인 것을 어종이라 이른다.

1317) 신분을 확인하는 표식으로 부여한 것.

1318) 작성된 초안이나 방안.

1319) 법으로 금(禁)함.

1320) 인정으로 벼슬아치에게 주는 돈.

1321) (역주)『목민심서』 권3 제6부 호전(戶典) 육조(六條)2

그리고 다음 『증보문헌비고』에서도 조선시대의 잡세 중 어세(漁稅)의 과세대상과 과세표준이 얼마나 명확하지 못하였는지를 알 수 있다. 잡은 고기가 없는데도 어세를 징수한 것이다.

「부안 땅 위도(蝟島)는 바로 해방(海防)[1322]의 요지로서 앞바다에는 청어가 많이 나기 때문에 봄 세전(稅錢)이 2천냥이 넘고 어업의 이익이 많은 까닭에 민호(民戶)도 많았는데, 근년 이래 고기떼가 다른 곳으로 옮겨 가서 살고 있는 백성이 실업을 하였습니다. 그런데도 세(稅)는 그대로 있기 때문에 아침에 흩어지고 저녁에 떠나서 1천여 호가 지금은 2백 호에도 차지 아니하여 신해년(辛亥年 1851년 철종 2년)·임자년(壬子年 1852년 철종 3년)·계축년(癸丑年 1853년 철종 4년)의 3년간 세(稅)를 지목해 징수할 데가 없는 것이 모두 합해서 5천 9백 냥이 됩니다. 그런데 전 감사와 어사가 모두 견퇴(蠲退)[1323]하기를 청하였습니다만, 아직 시행하지 아니하였습니다. 이를 받으려고 하면 바로 불모지에 세를 요구하는 것과 같은데, 그 허부(虛簿)[1324]가 아직 그대로 있기 때문에 남은 백성이 모두 떠나서 피할 마음을 품고 있으니, 백성을 모아서 직업을 회복하게 하는 방법에 있어서는 그 미봉조를 아울러 탕감하고 현재 있는 어선·어전(漁箭)·어장·어기(漁基)의 수를 본도로 하여금 다시 조사하여 세를 정하게 하는 것만 같지 못합니다.」[1325]

이와 같이 조선시대의 잡세는 대부분 과세대상이 불명확하고, 과세표준을 적정하게 산정하여 과세한다는 것은 어려운 실정이었다. 『반계수록』의 다음 기사는 이러한 상황을 보다 확실하게 나타내고 있다. 중복하여 징수하고, 실제 세액보다 4~5배나 더 징수함으로써 어세가 대중이 없다는 것이다.

「지금의 실정을 본다면 뱃사람들이 고기를 잡는 바다마다 어장세라는 명목으로 징세를 하고 있는바 조기를 잡으면 조기세를 받고 청어를 잡으면 청어세를 받고 민어, 진어, 소어, 새우젖에 이르기까지 고기를 잡는 곳마다 그 현품으로나 혹은 미포를 받고 감관을 시켜서 바다 가운데에서 받고 있으며, 또 어장에 대한 증명서를 발급하고 포구에서 받고 있으니, 그들이 한 번 바치는 것만 하여도 상포(常布) 두어 동(同)[1326] 이상씩이 되는바 매번 이러하다. 지금 조기세가 대선(大船)이면 6동인데 1천 마리가 1동이다. 그 중에는 임금에게 바치는 것 1동이 포함되어 있는데 매양 4~5배를 받기 때문에 10여 동까지 받고 있으며, 또 알젖

1322) 바다로부터의 공격에서 나라를 지키는 일.
1323) 면제.
1324) 허위장부.
1325) 『증보문헌비고』 제158권 재용고(財用考)5 어염 조선(朝鮮).
1326) 동은 즉 50필.

4두와 인정포(人情布)란 것이 있어 40~50필이나 된다. 청어세는 대선이면 18동인데 2천 마리가 1동이다. 여러 곳에서 늑탈하기 때문에 40여 동에 이르고 있다. 그리고 어잔魚箭은 9등급으로 나누어서 다음과 같이 세를 정하도록 하였다. 어장의 등급을 나눌 때에는 수령과 관리는 연해의 호주들과 모여서 어민들에게 그 전의 매년 어획량을 세밀히 청취하여 대중의 의견을 참작하고 또 자신이 친히 그 실정을 조사한 다음에 그런 수년간의 어획량을 비교하여 평균적으로 10분의 1이 될 만큼 세를 정하여 대장을 작성하고 상부에 보고할 것이다. 무릇 어업도 해마다 득실이 있는 것이나 그 세를 고정시키는 이유는 경작지처럼 연분을 정하기가 곤란하기 때문이다. 그러므로 반드시 세를 받을 때에는 포나 돈으로 받아야만 고기 값의 고, 하를 따라서 세(稅)가 자연 고르게 될 것이다. 만일 고기로써 세를 받게 된다면 풍년에는 고기 값이 헐하므로 세를 덜 받고 흉년에는 고기 값이 높으므로 세를 더 받는 폐단이 생긴다. 포와 돈 중에서도 돈이 더 편리하고 폐단도 없다.」[1327]

2. 경제변화에 따른 세제개혁 미비

잡세(雜稅)의 경우 농업 이외의 상업과 공업 등에 발생하는 다양한 과세소득에 부과되는 조세이지만, 조세왕조의 조세는 500년 동안 경제변화에 대응하지 못하였다. 임진왜란과 병자호란을 겪은 후인 17세기 후반부터 농작물과 수공업품의 생산량 증가로 상품경제와 화폐경제가 발달하면서 유통구조에 변화가 생겨났고, 전국적으로 장시(場市)가 발전하여 대도시에 한정되었던 상설시장이 지방 중소도시로 확대되었다. 농촌에서도 정기적인 장시의 수가 증가하여 규모도 커지고 점차 상설화 되어 갔지만 이에 대응한 조세제도 즉, 잡세는 개혁되지 못하였다. 또한 장시(場市)가 발달하면서 상업활동에 종사하는 상인의 수도 증가하였고 활동범위 또한 확대되었으며, 특히 공인(貢人)[1328], 사상(私商), 객주, 여각 등 새로운 상인층이 대두하면서 경제규모도 커지고 상인들의 활동도 활발해졌지만 이에 따른 잡세제도는 발전하지 못하여, 국가재정을 충당하는 측면에서 전답 등 토지에 의존하는 현상은 조선말까지 계속되었다.

수공업부문을 보면 17세기말엽부터는 중앙관청 및 지방관청의 수공업은 주로 궁정의 사치품 및 필수품, 중앙·지방관아의 관수품(官需品)을 제조했으나, 부역제도(賦役制度)와 공물제도(貢物制度)의 변화에 따라 점차적으로 쇠퇴하면서, 민간수공업은 각종 수요에 대응하여 상품생산은 더욱 확대되고 발전하였다. 하지만 이러한 수공업의 발달로 인

1327) 『반계수록』 권지1 전제(田制) 상(上) ㄴ. 잡설.
1328) 조선 후기에 성행하던 공계(貢契)의 계원(契員). 광해군 이후 대동법의 실시로 모든 공물을 대동미로 바치게 되어 국가에서 여러 가지 수요품이 필요하게 되자, 국가로부터 대동미를 대가로 받고 물품을 납품하였다.

한 경제변화에 따른 잡세제도는 『경국대전』에 규정된 내용이 약 400년 동안 그대로 적용되었다는 것은 조선시대 조세법의 경직성을 여실히 볼 수 있다. 경제변환에 따른 잡세제도의 문제점을 『목민심서』에서는 다음과 같이 지적하고 있다.

「균역법을 시행한 이후로 어·염·선(魚·鹽·船)의 세가 모두 일정한 세율이 있는데, 법이 오래 되면 폐단이 생기기 마련이며 아전이 따라서 농간을 부리고 있다. (중략) 결국 모든 세율이 도(道)마다 다르고 읍(邑)마다 달라서, 높고 낮고 오르고 내림이 본래 획일된 법이 없었던 것이다. 그 후 변하고 변해서 아랫사람을 통솔할 만한 방도가 없고, 세월이 오래 되어서 다시금 조사하지도 못하니 허실이 서로 엇갈리고 농간과 속임수가 날로 심해진다. 무릇 연해 고을에 수령으로 나온 사람은 이내 삼정(三政) 외에 따로 한 가지 큰 정사가 이 일에 있으니 불가불 유의해야 할 것이다.」[1329]

3. 탐관오리의 부정

조선시대의 조세행정의 문제점은 무엇보다도 관리들의 전문성 부족과 부정부패이다. 『반계수록』에는 잡세(雜稅)의 징수에 따른 관리들의 문제점을 다음과 같이 지적하고 있다. 잡세에 대한 과세표준과 세액이 명확하지 않으니 아전들이 토색을 일삼았던 것이다.

「지금 어장, 염분의 세를 징수함에 있어서 일정한 표준이 없다. 모든 궁가, 귀족의 친척 및 서울에 있는 상급 기관들이 분점하여 가지고 제각기 사람을 보내어 수시로 징수할 뿐만 아니라, 본도(本道) 본 고을에서 따로 더 징수하고 있기 때문에 아전배들은 이를 기회로 토색을 하여 간다. 이런 학정이 빚어낸 폐단이 끝이 없어서 어민들의 고통은 농민보다 더 심하다. 그리하여 연해의 백성들은 거의 꾸어서 물거나 그래도 부족하면 유리하여 떠나게 된다. 그리하여 인심이 사나워지고 물가가 뛰어 오르게 되었는바 기타 대장간이나 점포를 가진 자들의 고통스러운 폐단도 다 이와 같다.」[1330]

또한 『목민심서』에서도 잡세 중 장세(場稅)의 징수에서 관리의 문제점을 다음과 같이 지적하고 있다. 장세를 공평하게 징수해야 할 자들이 거간꾼이 되어 패악을 저지른다는 것이다.

1329) (역주)『목민심서』 권3 제6부 호전(戶典) 육조(六條)2.
1330) 『반계수록』 권지1 전제(田制) 상 잡설(雜說).

「장세란 것은 저자[1331]의 세이다. (중략) 저자의 세는 또한 이치에 합당한 것이다. 다만 저자의 세를 관장하는 것을 군교(軍校)의 패악한 자로 하여금 맡게 하여, 돈과 쌀을 겁탈하여 공공연히 도적질을 하게하며, 읍내의 호상(豪商)[1332]들이 그들을 비호하면 시골의 가난한 백성들이 그들의 돈과 곡식을 잃게 되는 것이다. (중략) 곡식 거래의 되질·말질 권한, 포백(布帛)[1333] 거래의 자질하는 권한, 솜(綿)의 거래의 저울질하는 권한에서부터 어물·젓갈, 대추·밤·배·감 등의 과일, 옹기·사기 등의 그릇, 소·말·꿩·닭의 거래에 이르기까지 모두 이들이 와야 거래가 이루어지며, 좌우가 눈을 깜박이면서 멋대로 값을 조종하니, 수령은 마땅히 염탐 규찰하여 그 중에서도 가장 불량한 한두 사람을 엄중히 죄를 주어 용서해 주지 않으면, 아마도 백 사람이 조심할 바를 알게 될 것이다.」[1334]

1331) 시장에서 물건을 파는 가게.
1332) 큰 규모로 장사하는 상인.
1333) 베와 비단을 아울러 이르는 말.
1334) (역주)『목민심서』권3제6부 호전(戶典) 육조(六條)2.

02 조선시대의 **공납세법**

제1절 조선초기의 공납(貢納)

1. 공납의 개념

공납(貢納)은 각 지역에 공물을 할당하고 현물 등으로 수취하여 국가의 수요품을 조달하는 조세제도이다. 여기서 공물은 일반적으로 중앙관서와 궁중의 수요를 충당하기 위하여 여러 군현에 부과하여 상납하게 한 특산물을 말하며, 전통 세제인 조(租)·용(庸)·조(調)의 3세(稅) 가운데 조(調)에 해당하는 것이다. 태조는 즉위초에 호포를 일체 폐지시키고 공물에 해당하는 잡공만을 남기고, 임시관청인 공부상정도감(貢賦詳定都監)을 설치하여 특산물의 산지(産地)를 조사하고, 공부(貢賦)의 등급을 정하고 공물의 수를 정해서 공안(貢案)[1335]을 만들었다. 이는 고려 말기에는 잡공(雜貢)과 그것을 대납하는 호포(戶布)가 있었으나, 실제로는 잡공과 호포가 동시에 부과되었던 까닭에 백성들의 원성이 너무 컸기 때문이다.

그래서 『태조실록』에는 공부상정도감이 올린 글이 있는데 다음과 같다.

1335) 국가 세입을 기록한 대장이다. 조선시대의 조세제도는 크게 세 가지로 구분되는데, 첫째는 토지에 대한 조세 즉 전세(田稅)이고 둘째는 개인에 대한 강제노동 즉 부역이며 셋째는 토산물에 대한 공납 즉 공물이다. 공안의 '공(貢)'이란 것은 넓은 의미에서는 이 세 가지 체계를 다 포괄하는 개념으로 쓰이며 좁은 의미에서는 공물만을 가리키는 개념으로 쓰이는데, '공안'이라 하면 흔히 공물대장을 가리킨다. 국가에서는 공안에 의한 세입이 부족하면 임시조치로서 추가로 징수하는 가정(加定), 미리 앞당겨 징수하는 인납(引納) 등의 방법으로 이를 보충하였다.

「공부상정도감(貢賦詳定都監)에서 상서하였다. "삼가 생각하옵건대, 전하께서 하늘의 뜻에 응하고 사람의 마음에 따라서 문득 국가를 차지하시고 왕위에 오르신 초기에, 맨 먼저 신 등에게 명하여 고려 왕조 공안(貢案)에서 세입의 다과(多寡)와 세출의 경비를 상고하여 손을 짐작하여 오랫동안 쌓인 폐단을 제거하고 일정한 법을 세우게 하셨으니, 실로 백성의 복인 것입니다. 신 등이 가만히 듣자옵건대, 나라를 보전하려면 반드시 먼저 백성들을 사랑해야 되고, 백성을 사랑하려면 반드시 먼저 용도를 절약해야 된다고 하니, 검소를 숭상하고 사치를 제거하는 일은 용도를 절약하는 큰 것이며, 부세(賦稅)의 징수를 경감하고 폐단이 있는 법을 고치는 일은 백성들을 사랑하는 큰 것입니다. 옛날의 그 나라를 잘 다스리는 사람은 토지의 생산을 헤아려 그 공부(貢賦)를 정하고, 재물의 수입을 헤아려 그 용도를 절약하였으니, 이것이 경상의 법입니다. (중략) 신 등이 삼가 예전 전적(田籍)을 상고하여 토지의 물산(物産)을 분변하여, 공부의 등급을 마련해서 전의 액수를 적당히 감하여 일정한 법으로 정하고, 그 철따라 나는 물건[時物]으로써 일정한 공부가 될 수 없는 것은 일정한 공부의 외에 열록(列錄)하고, 이를 명칭하여 별공(別貢)이라 했으니, 귤과 유자의 유와 같은 것이 이 것입니다. 비록 그러하나 위에서 취(取)하는 것을 '부(賦)'라 하고 아래에서 바치는 것을 '공(貢)'이라 하여, 이를 취하되 그 제도에 지나치지 아니하고, 이를 바치되 그 법도를 지나치지 않게 하는 것이 성인이 공부(貢賦)를 만든 뜻입니다. (중략) 지금 정한 바의 공부의 액수를 갖춰 기록하여 책을 만들어서 장계(狀啓)와 함께 올리오니, 비옵건대, 중앙과 지방에 반포하여 영구히 성법(成法)으로 삼게 하소서."」[1336]

공납이 이루어지는 과정은 먼저 중앙정부에서 각 군현에 공물의 품목과 수량을 적은 장부인 공안을 보내면, 각 지방에서는 부과된 공물을 백성에게 직접 징수하거나 향리·장인(匠人) 및 지방관청 소속 노비 또는 상번한 군사 등을 사역하여 마련하였다. 대부분의 공납은 공안에 기록된 공물로 이루어지지만, 부정기적인 별공으로 진상한 경우도 있다. 진상의 제도는 형식상으로는 각 도가 그 단위였으나, 실상은 각 주현(州縣)에서 모든 물품을 분담하였으므로 백성들을 빈곤에 허덕이게 하는 요인이 되었다. 따라서 이 제도는 외관(外官)이 임금에게 예물을 바친다는 본래의 의미를 벗어나 세납의 한 가지였던 공물의 성격을 띤 것이었다. 대동법(大同法)에 의하여 공물이 쌀 등으로 대신 납부되던 때에도 진상은 현물로 바쳐졌다. 그런데 진상의 대상이 되는 품목이 대부분 부패하기 쉬운 식료품이어서 까다로운 법칙이 뒤따랐고, 여기에 관계하는 관리들의 협잡이 심하여 백성들에게 주는 피해가 더 컸다.

1336) 『태조실록』 1년(1392) 10월 12일 2번째기사.

2. 공물의 품목과 납부액

공물의 품목은 각 고을에서 나는 토산물 중심으로 이루어져 있음을 알 수 있다. 다음 『태조실록』의 기사는 교지(敎旨)로 '백성에게 편리한 사의(事宜)'[1337]를 열거하면서 군·현별로 토산물에 따라 공물의 액수를 정하도록 명한 것을 알 수 있다.

「군현(郡縣)의 공물은 그 토산물(土産物)에 따라 다시 그 액수를 정하고, 그 생산되지 않는 물건은 수납을 면제하게 할 것이다.」[1338]

그리고 『세종실록지리지』에는 다음의 강원도에 대한 기사처럼 8도의 공물을 그 지역의 토산물에 따라 상세히 열거하고 있다. 『세종실록지리지』에 각도별, 각 고을별 공물의 품목을 상세하게 열거한 것은 토지의 생산물을 헤아려 공부를 정하고자 한 것이다.

「공물은 꿀·밀·잣·개암·감·오배자·겨자·모과·호도·배·대추·조피나무열매·밤·지초·잇·송화·괴화·석이·느타리·옻·바다옻·쇠가죽·말가죽·여우가죽·삵괭이가죽·담비가죽·범가죽·표범가죽·사슴가죽·잘·수달피·해달피(海獺皮)·돼지가죽·어피(魚皮)·노루가죽·곰가죽·표범꼬리·여우꼬리·곰털·돼지털·사슴포·말린 돼지 고기·문어·대구·연어·상어·숭어·물고기 기름·전복·홍합·전복껍더기·쇠뿔·가뢰·백단향·자단향·안지(鞍枝)·나무그릇·박·생삼·익힌 삼·참바·새끼·틀가락바·송진·유지·달래·사기그릇·질그릇·종이·휴지·자리·잡깃·고리·포도·다래·갈피(葛皮)·자작나무·장작개비·나무활·책판나무·재목·숯·송연(松烟)·마의(馬衣)·주토(朱土)·토끼젓·산 사슴·토끼·집돼지·미역이다.」[1339]

『세종실록지리지』에 나타난 공물의 품목은 농업 생산물을 비롯하여 가내수공업 제품, 해산물, 과실류, 광산물, 조수류 등이 망라되어 있다. 공물 중 대개 민간에서 쉽게 마련할 수 있는 직물류·수산물·과실류·목재류 등은 일반 백성이 내게 하고, 모피류·수육류 및 재배해야 하는 약재 등은 지방관청에서 마련하여 공물을 상납하는 일을 맡는 하급관리인 공리(貢吏)[1340]에게 정부 관청에 직접 내게 하였다.

그리고 공물의 수량은 해당 지역의 결수(結數)와 호구수(戶口數)가 참작되었지만 그

1337) 일. 사항. 사무.
1338) 『태조실록』 7년(1398) 9월 12일.
　　　(원문)「 一, 郡縣貢物, 隨其土産, 更定其額, 其不産之物, 許免收納.」
1339) 『세종실록지리지』 강원도.
1340) 공물을 상납하는 일을 맡아보던 구실아치.

기준이 분명하지 않았고, 수취과정도 지방관과 향리 등에 맡겨졌기 때문에 원초적인 문제를 안고 있었다. 다음『태종실록』의 기사에 따르면 공물의 수량 결정은 조선초 계정법(計丁法)1341), 그리고 계정법과 계전법(計田法)1342)의 절충에서 계전법으로 전환되었음을 알 수 있다. 계전법은 전지(田地)의 결수에 따라 공물의 액수를 정하는 수취법이다.

「1. 을유년(1405) · 병술년(1406)에 전지(田地)의 측량을 다시 한 뒤로 여러 고을의 전지가 영축(盈縮)1343)이 같지 아니하고, 또 바다에 인접한 여러 고을은 토지를 모두 개간하였는데도, 그 공물의 액수는 아직껏 예전대로 하고 있으니, 전지의 분배와 공물의 제정을 다시 고치지 않을 수 없습니다. 엎드려 바라건대, 유사(攸司)1344)에 영을 내리시어 앞서 정했던 공물의 액수를 가지고 한 해 동안의 소비량을 계산하게 하여, 부족한 것은 늘리시고, 여유 있는 것은 감하게 하소서.

1. 전지(田地)의 수에 따라 공물 액수를 정하여, 해마다 가을과 겨울이 바뀌는 환절기에 거두어 상납하게 하되, 이를 항식(恒式)으로 삼으소서. 만약 부득이하여 특별한 예로 거두게 된다면, 그 값을 주고 무역하여 백성의 업(業)을 후하게 하소서.」1345)

다음『세종실록』의 기사에서는 계전법의 경우 결수에 따라 대호(大戶) · 중호(中戶) · 소호(小戶) · 잔호(殘戶) · 잔잔호(殘殘戶)로 나누어 공물의 수를 정하였음을 볼 수 있다. 여기서 대호(大戶) · 중호(中戶) · 소호(小戶) · 잔호(殘戶) · 잔잔호(殘殘戶)의 구분은 지방은 전결(田結)의 수로, 서울은 가옥의 간수(間數)로 정하였다.1346)

「대호(大戶) · 중호(中戶) · 소호(小戶) · 잔호(殘戶) · 잔잔호(殘殘戶)를 분변(分辨)하여 공물의 수를 정하였으니, 그 사이의 절목(節目)은 비록 다 당나라 법의 자세한 것과는 같지 않으나, 그 대략은 이미 갖추었으니, 지금 다시 각호(各戶)의 앞서 공물의 수를 마감하여 바꾸지 않는 제도를 참작하여 정하고, 경작하는 것에 따라 역군을 내는 수를 고핵(考劾)1347)하여 밝게 일정한 법을 세우면, 용(庸) · 조(調)의 법이 거의 행할 수 있을 것입니다.」1348)

1341) 장정의 수를 기준으로 공물 등을 정하던 제도.
1342) 전답의 수를 기준으로 공물 등을 정하던 제도.
1343) 남음과 모자람.
1344) 해당 관청.
1345)『태종실록』11년(1411) 6월 4일 2번째기사.
1346) 호조에서 아뢰기를, "각도 각 고을의 호적(戶籍)은 전토(田土) 50결을 대호(大戶)로 삼고, 30결 이상을 중호(中戶)로, 10결 이상을 소호(小戶)로, 6결 이상을 잔호(殘戶)로, 5결 이하를 잔잔호(殘殘戶)로 삼도록 법식을 정하여, 차등을 지어 부역을 서게 하고, 서울 안 오부(五部)는 가옥의 간수로 구분하여 40간 이상을 대호로, 30간 이상을 중호로, 10간 이상을 소호로, 5간 이상을 잔호로 삼고, 4간 이하를 잔잔호로 삼아 차등 호적(差等戶籍)을 시행하게 하옵소서."하였다.(『세종실록』17년(1435) 3월 6일 4번째기사.)
1347) 조사하여 밝힘.

3. 공납세법

『경국대전』 호전의 요부조에는 다음과 같이 경기도 각 고을(邑)에 민전(民田)의 짚과 꼴[1349], 8도의 각 고을에 닥, 왕골, 옻만을 공물로 바칠 것을 규정하고 있다. 그리고 노비는 일반적으로 16세 이상부터 60세 이하까지 다 무명과 저화로 공물을 바치도록 하였다.

> ○ 경기 각 고을(邑) 민전(民田)의 짚[穀草]과 꼴[生草]은 사복시(司僕寺)[1350], 전생서(典牲暑)[1351], 사축서(司畜署)[1352], 와서(瓦署)[1353], 본조(本曹)에서 정한 날짜의 차례에 따라 바친다.
> ○ 각 고을의 닥, 왕골, 옻은 길러서 그 소출을 공물로 바친다.
> ○ 지방에 거주하는 노비는 수도에 뽑혀 올라가거나 여러 가지 사고를 제외하고는 16세 이상부터 60세 이하까지 다 공물을 바치며, 그것을 모두 사섬시(司贍寺)[1354]에 납부한다. 남종은 무명 1 필, 종이돈 20장이며, 여종은 무명 1필, 종이돈 10장이다. 혹시 명주나 규격 베로 대신 바치려고 하는 경우에는 허락한다. 상의원(尙衣院)[1355], 양현고[1356] 노비의 무명은 자기 관청에 바친다.

그리고『경국대전』 호전의 세공조에서는 조세 이외의 공물은 2월까지를 바치도록 기한을 정하였다. 다만, 제사에 바치는 물품과 계절마다 바치는 물건은 제때에 올리도록 규정하고 있다.

> ○ 조세와 공물은 이듬해 6월까지를 기한으로 해서 바친다. 조세 이외의 공물은 2월까지를 기한으로 한다.
> ○ 본조에서는 매해 연말마다 각 관청에다 바친 공물의 수량을 조사해 보고 여섯 관청 이상에 공물을 바치지 못한 수령에 대해서는 임금에게 보고하여 파면시킨다.
> ○ 제사에 바치는 물품과 계절마다 바치는 물건[節物]은 제때에 올린다.

하지만『경국대전』에는 납세자인 백성들이 어떤 종류의 공물을 얼마나 납부해야 할지 구체적으로 규정되어 있지 않다. 다만『경국대전』 호전의 첫 항목인 경비조(經費條)에는 다음과 같이 "모든 경비는 횡간과 공안에 의거한다."고 규정하고 있는데, 이것은 횡간(橫看)과 공안(貢案)이『경국대전』에 의해서 위임된 것으로 법적 효력을 가진다는 의미로

1348)『세종실록』28년(1446) 4월 30일 7번째기사.
1349) 말이나 소에게 먹이는 풀.
1350) 조선 때 궁중의 가마나 말에 관한 일을 맡아보던 관아.
1351) 조선 때 궁중의 제사에 쓸 양·돼지 따위를 기르는 일을 맡아보던 관청.
1352) 조선 때 여러 가지 가축을 기르는 일을 맡아보던 관아.
1353) 조선 때, 왕실에서 쓰는 기와, 벽돌을 만들어 바치던 관아.
1354) 조선시대에 저화(楮貨)의 제조 및 지방 노비의 공포(貢布) 따위에 관한 일을 맡아보던 관아.
1355) 조선시대에 임금의 의복과 궁내의 일용품, 보물 따위의 관리를 맡아보던 관아.
1356) 조선시대에 호조에 속하여 성균관 유생에게 주는 식량에 대한 일을 맡아보던 관아.

해석된다.

따라서 구체적인 공물의 품목과 수량은 공안(貢案)에 의하여 부과되고 징수되었다. 여기서 횡간(橫看)은 1년간 국가에서 지출하는 경비를 적은 세출대장이고, 공안은 백성들로부터 거두어들인 국가의 세입을 기록한 대장으로서, 횡간과 공안은 국가의 예산표라고도 볼 수 있다. 다시 말해 공안은 조선시대 중앙의 각 궁(宮)·사(司)가 지방의 여러 관부에 부과, 수납할 연간 공부(貢賦)의 품목과 수량을 기록한 책을 말한다. 이 공안에는 중앙의 각 궁·사에서는 징수할 공부의 종목, 물품 및 수량, 상납하는 관부의 이름 등을 월별로 기록하고 있었다. 그리고 지방의 각 관부에서는 분정(分定)된 공부의 종목, 물품과 수량, 상납해야 하는 궁·사 등을 월별로 기록한 공안을 지니고 있었다. 호조에서는 각 궁·사의 모든 것들을 통합 기록한 공안을 가지고 있었다. 그리고 각 도의 관찰사영(觀察使營)에서는 각 관부의 것들을 통합 기록한 공안을 각기 보관했던 것으로 짐작된다. 그러므로 조정에서 만든 공안은 법령으로서 현대법 체계의 시행령과 같다고 본다.

제2절 대동법(大同法)

1. 공납의 폐단

조선초기 공물은 지역의 토산물을 배정하는 것이 원칙이었지만 실제로는 그렇지 못한 경우가 많았다. 따라서 공납의 폐단은 공안(貢案)의 개정이 제때 이루어지지 못하면서 불산공물(不産貢物)[1357]·절산공물(絶産貢物)[1358]이 발생하였고, 조정에서는 이를 무시하고 분정(分定)[1359]수납을 강행하면서 발생하였다. 뿐만 아니라 공물의 인납(引納)[1360]

1357) 그 지역에서 생산되지 않는 공물.
1358) 그 지역에서 생산이 끊긴 공물.
1359) 몫을 나누어 정함.
1360) 다음 해의 공물을 미리 상납하게 하는 것.

과 가정(加定)[1361]으로 인한 피해도 컸다. 따라서 한번 공물로 정해져서 공안에 오르면 이를 바꾸기란 쉬운 일이 아니었고, 이를 구하기 어려울 경우 상납물품을 구입하여 납부할 수밖에 없었다. 이러한 구조적 모순이 공물의 대리납부, 즉 방납(防納)을 가져왔다. 더욱이 상인이나 하급관리, 권세가 등은 방납구조에 기생하여 폭리를 취하였고, 그 반대편에 있는 소농민(小農民)은 경제적으로 피폐해졌다.

때문에 초기에는 유무상통(有無相通)[1362]의 편의를 위해 용인되었던 공물 대납제가 다음『태종실록』의 기사와 같이 금지되었다.

「1. 지금 대소인원(大小人員)[1363]과 동량승도(棟梁僧徒)[1364]들이 각도 각 고을의 진성(陳省)[1365]을 받아, 각사(各司)에 바치는 공물을 스스로 준비해 선납하고, 체지(帖紙)[1366]를 받아 그 고을로 내려가서 값을 배로 징수하므로, 백성들을 침해함이 심합니다. 원컨대, 이제 부터 위와 같이 스스로 준비하여 선납하는 자를 일절 금단(禁斷)하여 그 폐단을 없애도록 하소서."의정부에 내려 의논하게 하니, 의정부에서 한결같이 장내(狀內)[1367]에서 말한 대로 시행할 것을 의결하였으므로, 그대로 따랐다.」[1368]

『조선왕조실록』의 기사에서 방납(防納)이란 단어는『세종실록』에 처음 등장했으며, 다음과 같이 방납이란 "주군(州郡)에서 여러 관사에 바치는 공물을 백성들이 혹시 스스로 준비하지 못하는 경우 이를 대신 관에 바치고 그 값을 받아서 보상하는 것을 방납(防納)이라고 한다."고 정의하고 있다. 그러나 이 당시에도 방납의 대가는 배나 징수되어 문제되고 있었다.

「각도 관찰사에게 유시하기를, "전에 대소인원(大小人員)과 연화승(緣化僧)[1369]들이 주군의 진성(陳省)을 받아 여러 관사에 공물을 방납(防納)하고서, 그 대가를 배나 징수하는 까닭으로 이미 이를 금단하였는데, 이제 전해 듣건대, 민간에서 스스로 준비하지 못하는 물건을 혹 방납(防納)해 주기를 자원하는 사람이 있다고 하니, 백성의 사정이 편리하게 여기는가 그렇지 않은가를 실상대로 탐지하여 아뢰라."고 하였다. 주군(州郡)에서 여러 관사에 바치는

1361) 지방의 특산물에 대해 임시로 추가 부담을 요구하는 것.
1362) 있는 것과 없는 것은 서로 융통함을 이르는 말.
1363) 높은 관원(官員)과 낮은 관원을 합(合)친 모든 관원.
1364) 시주(施主)를 얻으려고 돌아다니는 승려.
1365) 조선시대 지방관아에서 중앙관아에 올리는 공물관계를 비롯한 각종 보고서.
1366) 증서(證書).
1367) 올린 글(문서) 속.
1368)『태종실록』9년(1409) 3월 19일 1번째기사.
1369) 시주를 거두러 다니는 중

공물을 백성들이 혹시 스스로 준비하지 못하는 자에게 이를 대신 관에 바치고 그 값을 받아서 보상하는 것을 방납이라고 한다.」

그래서 이러한 방납의 폐단을 금지하기 위하여 『경국대전』 형전(刑典)의 금제조(禁制條)에는 다음과 같이 공물을 대납한 자의 경우 장형 80대와 도형 2년에 처하도록 규정하였다.

하지만 방납의 폐단을 근절되지 않고 계속되어 백성들을 더욱 고통에 빠지게 하였는데, 다음 『연산군일기』에서 그 실태를 볼 수 있다.

「중돈이 아뢰기를, "외방(外方)의 공물을 고자(庫子)[1370]들이 방납하는 것을 이롭게 여겨 그때그때 저지하고 받지 않으므로 공리(貢吏)들이 그 고통을 견디지 못하여 갑절이나 백성에게 징수하니, 백성들이 매우 괴로워합니다. 그 중에도 사축서(司畜署)와 전생서(典牲署) 두 서가 더욱 심한데, 양 한 마리의 값이 〈무명〉 70필이나 되고, 돼지 한 마리 값은 40필이나 되어 범람함이 극도에 달했으니, 통렬히 금하도록 하소서."하니, 왕이 이르기를, "전에도 말하는 사람이 있었다."하였다.」[1371]

2. 대동법의 시행

공물과 관련된 많은 문제에도 불구하고 조선중기까지는 국가에서 필요로 하는 대부분의 생필품을 공납으로 각 지방에 할당, 징수하여 조달하였다. 그러나 16세기부터 공납을 둘러싼 방납 등의 병폐가 더욱 심화되었다. 권세가·향리·모리배들에 의한 대납(代納)·방납(防納), 강제로 퇴짜를 놓는 조등(刁蹬)[1372] 등의 작폐가 그것이다. 이는 국가재정과 민생을 모두 궁핍하게 만들고 고통스럽게 했으므로, 조정에서는 공납제의 개혁문제가 중대 현안으로 떠올랐다. 그리고 황해도의 해주와 송화 등지에서는 명종 때부터 자체적으로 대동제역(大同除役)이라 하여 토지 1결당 1두씩의 쌀을 거두어, 서울에 납부할

1370) 조선시대 때 창고를 지키고 출납을 맡아보던 하급 관리.
1371) 『연산군일기』 9년(1503) 4월 7일 1번째기사.
1372) 간사한 꾀를 써서 물건의 시세를 오르게 함을 이르는 말.

각종 공물을 마련함으로써 방납의 횡포를 방비하고 있었다. 이에 조광조, 이이[1373] 등은 공물을 쌀로 대납하는 방안인 대공수미법(代貢收米法)을 제시하였다. 그래서 대동법의 선구적 형태는 임진왜란 중인 1594년(선조27) 군량의 조달을 목적으로 유성룡에 의하여 일시적으로 채택된 '대공수미법'이다.

이이는 1569년(선조 2) 전국의 모든 공납을 쌀로 대신 수납하게 하는 대공수미법의 시행을 건의했으나 실현되지 못하였다. 그 후 1592년 임진왜란이 일어나 군량미의 확보가 다급해지자, 유성룡 등에 의하여 다시 대공수미법이 제기되어 1594년 가을부터 전국에 시행되었으나 1년도 못 가서 폐지되고 말았다. 이는 당시의 사회 경제적 형편이 어려웠던 이유도 있었지만, 권세가·방납업자들이 이권의 유지를 위해 대공수미법을 방해하고 책동을 일으켰기 때문이다. 그러나 1608년(광해군 즉위년) 한백겸·이원익 등의 건의로 경기도에 본격적인 대공수미법이 선혜법(宣惠法) 혹은 대동법이라는 이름으로 시행되었다. 다음 『광해군일기』에는 대동법이 공물의 방납으로 인한 폐단을 없애기 위하여 선혜청을 설치하고, 매년 봄 가을에 백성들에게서 공물대신 쌀을 거두되, 1결당 매번 8말씩 거두어 본청(本廳)에 보내면, 본청에서는 거두어들인 쌀로 방납인에게 주어 필요한 물품을 사들이도록 하였다.

> 「선혜청을 설치하였다. 전(前)에 영의정 이원익이 의논하기를, "각 고을에서 진상하는 공물이 각사(各司)의 방납인(防納人)들에 의해 중간에서 막혀 물건 하나의 가격이 몇 배 또는 몇십 배, 몇백 배가 되어 그 폐단이 이미 고질화되었는데, 기전(畿甸)[1374]의 경우는 더욱 심합니다. 그러니 지금 마땅히 별도로 하나의 청(廳)을 설치하여 매년 봄 가을에 백성들에게서 쌀을 거두되, 1결당 매번 8말씩 거두어 본청(本廳)에 보내면 본청에서는 당시의 물가를 보아 가격을 넉넉하게 헤아려 정해 거두어들인 쌀로 방납인에게 주어 필요한 때에 사들이도록 함으로써 간사한 꾀를 써 물가가 오르게 하는 길을 끊으셔야 합니다. 그리고 두 차례에 거두는 16말 가운데 매번 1말씩을 감하여 해당 고을에 주어 수령의 공사(公私) 비용으로 삼게 하고, 또한 일로(一路)[1375] 곁의 고을은 사객(使客)[1376]이 많으니 덧붙인 수를 감하고 주어 1년에 두 번 쌀을 거두는 외에는 백성들에게서 한 되라도 더 거두는 것을 허락하지 마소서. 오직 산릉(山陵)[1377]과 조사(詔使)[1378]의 일에는 이러한 제한에 구애되지 말고 한결같이

1373) 선조(宣祖) 2년(1569)에 교리(校理) 이이(李珥)가 《동호문답(東湖問答)》을 올려서 수미법(收米法)을 시행하기를 청하였다.((국역)『증보문헌비고』 제152권 전부고12 대동1)

1374) 경기도 안.

1375) 한 줄기로 곧장 뻗친 길.

1376) 연로(沿路)의 수령이 해당 지역을 지나치는 봉명사신(奉命使臣)을 가리켜 부르는 말.

1377) 국장(國葬)을 하기 전에 아직 이름을 정하지 않은 새 능.

1378) 중국에서 오던 사신.

시행하도록 하소서."하니, 따랐다.」[1379]

　　이처럼 대동법은 경기지방에서 시작되어 뒤이어 강원도, 충청도, 전라도로 확대되었다. 먼저 토지 조사 사업을 한 곳부터 실시한 것이다. 이렇게 되자 농민들은 공물을 마련하는데 드는 시간을 절약하여 농사일에 전념할 수 있었고, 방납인의 횡포에서 벗어날 수 있었다. 따라서 대부분의 농민들은 대동법 실시에 고무되었다. 하지만 토호는 자신들의 부담이 커졌다고 하여 대동법을 반대하거나 방해하고 나섰다. 지주로 군림하던 사림 출신의 서인도 여기에 동조하였다. 결국 반대 여론에 밀려 1625년(인조 3) 충청도, 전라도의 대동법은 중단되었다. 그러자 이번에는 남쪽 지방에서 농민 출신의 도둑들이 일어나 횡행하고, 공물의 상납을 거부하는 저항이 일어났다. 호남 지방의 유지들이 대동법 실시를 요구하는 상소문을 연달아 조정에 보냈으나 조정 대신들은 애써 외면하였고, 승정원에서는 대동법 실시를 요청하는 상소문이 들어오면 접수를 거부하고 임금에게 올리지 않았다. 현지의 수령들 역시 한사코 대동법 실시를 묵살하였다. 대동법이 실시되면 자기들의 이권이 줄어들고 그만큼 권한이 축소되기 때문이었다. 이러한 상황속에서 1657년(효종 8) 김육(金堉)이 죽음을 불사하고 나서서 대동법을 적극 지지했다.

　　『잠곡유고』[1380]에 따르면 다음과 같이 김육은 ①에서 대동법(大同法)은 부역을 고르게 하고 백성들을 편하게 하는 정책이라 말하면서, ②에서는 죽음을 무릅쓰고 호남에 대동법을 실시할 것을 주장하였다.

① 「대동법(大同法)은 부역을 고르게 하고 백성들을 편하게 하는 것으로, 이는 실로 이 시국을 구제할 만한 좋은 계책입니다. 비록 여러 도에 두루 시행할 수는 없다 하더라도, 경기, 관동에 이미 시행하여 힘을 얻었습니다. 그러니 만약 또 양호(兩湖)에서 시행한다면, 백성들을 안정시키고 나라에 이익되는 방도로 이보다 더 좋은 것은 없습니다.」[1381]

② 「신이 끝까지 이런 말을 하는 것에 대해 사람들은 반드시 비웃을 것입니다. 그러나 신이 이 일에 급급해하는 것은 다른 이유에서가 아닙니다. 대개 호남은 나라의 근본인데 재해를 매우 많이 입었으므로 민심이 쉽게 떠날 것입니다. 그러므로 반드시 가을 안에 이를 시행하여야만 조금이나마 혜택을 베풀 수 있기 때문입니다. 그러므로 죽음을 무릅쓰고 누차 말씀드리는 것입니다. 아, 백성들이 소망하는 바는 하늘이 반

1379) 『광해군일기』 즉위년(1608) 5월 7일 2번째기사.
1380) 조선 후기의 문신 김육(金堉, 1580~1658)의 시문집.
1381) 『잠곡유고』 제4권 소차(疏箚) : 양호(兩湖)에 대동법(大同法)을 시행하기를 청하고, 이어 우의정을 사직하는 차자(기축년(1649) 10월)

드시 따라 주는 법입니다. 그러니 하늘의 뜻을 본받는 임금의 도리에 있어 어떻게 백
성의 뜻에 순응하는 일을 먼저 하지 않을 수 있겠습니까. 어떤 사람은 "백성들은 모
두가 원하지만 수령들이 하지 않으려 하기 때문에 시행할 수가 없다." 합니다. 그러
나 호남은 백성은 이루 헤아릴 수 없이 많고 수령은 불과 50여 명밖에 안 되는데, 어
떻게 50여 명이 하지 않으려 한다는 이유로 수많은 백성들이 간절하게 바라고 있는
바를 시행하지 않아서야 되겠습니까. 현재 본도에서 1결에 대한 세금으로 거두는 쌀
이 거의 6, 70두나 된다고 합니다. 10두를 거두어들인다면 백성들에게 적게 거두는
것이니, 다섯 배나 감소됩니다. 그렇게 해도 국가의 쓰임에는 부족한 바가 없는데, 무
엇을 꺼려서 이를 시행하지 않는단 말입니까.」[1382]

결국 영의정 김육이 대동법을 강력히 주장한 결과 다음『효종실록』과 같이 호서지방
에 먼저 대동법이 실시되었다. 호서의 대동법은 한 도를 통틀어서 1결마다 쌀 10두(斗)씩
을 징수하되, 봄·가을로 등분하여 각각 5두씩을 징수하였다.

「호서의 대동법(大同法)을 비로소 정하였다. (중략) 영의정 김육이 대동법을 극력 주장하
였고, 또 충청도는 공법이 더욱 고르지 못하다고 하여 먼저 시험할 것을 청하였다. 상이 누
차 여러 신하들에게 물으니, 혹자는 그것이 편리하다고 말하고 혹자는 그것이 불편하다고
말하였다. 이에 와서 상이 김육 등 여러 신하들을 인견하고 그것이 편리한지의 여부를 익
히 강론하여 비로소 호서(湖西)에 먼저 행하기로 정하였다. [한 도를 통틀어서 1결마다 쌀
10두(斗)씩을 징수하되, 봄·가을로 등분하여 각각 5두씩을 징수하였다. 그리고 산중에 있는
고을은 매 5두마다 대신 무명 1필씩을 공납하였다. 대읍(大邑)·중읍·소읍으로 나누어 관
청의 수요를 제하여 주고, 또 남은 쌀을 각 고을에 맡겨 헤아려 주어서 한 도의 역(役)에
응하게 하고, 그 나머지는 선혜청에 실어 올려서 각사(各司)의 역(役)에 응하게 하였다.」[1383]

3. 대동법의 규정

대동법[1384]은 전라·경상도 등으로 확대되어 1708년(숙종34) 전국적인 시행을 보게 되
었다. 남부지역과는 달리 함경도에는 상정법(詳定法)[1385], 평안도에는 수미법(收米法)이

1382) 『잠곡유고』 제6권 소차(疏箚) : 양호(兩湖)에 대동법을 통행(通行)하기를 청하는 차자(정유년 7월 11일)
1383) 『효종실록』 2년(1651) 8월 24일 3번째기사.
1384) 대동법은 기본적으로 수미법을 수용하였으나, 수취의 기준이 가호가 아니라 토지결수를 기준으로 하였다는
　　　점에서 수미법과 다르다.
1385) 각 지방의 사정에 의하여 일률적으로 대동법을 시행하기 어려웠으므로 특정 지역에 대해서는 특별히 세율을
　　　상정하고 이를 상정법이라 하였다. 결국 상정법이란 대동법의 내용을 그 지방의 인문 지리적 특수성에 따라

채택되었는데 본질적으로 대동법과 다르지 않았다. 전라도에는 1658년(효종 9) 정태화의 건의로 절목(節目)을 만들어 도의 의견을 물은 뒤 1결에 13말을 결정하여 연해지방부터 실시했으며, 산군 26읍에는 1662년(현종 3)부터 실시했는데 부호들의 농간으로 1665년(현종 6)에 한동안 폐지되었다가 다음 해에 다시 복구하였다. 뒤에 1말을 감하여 1결에 대하여 12말을 징수하였다. 경상도는 1677년(숙종 3)부터 실시하여 전 1결에 13말을 징수하였는데, 다른 지방이 12말이므로 부당하다 하여 1말을 감하였다. 변두리 22읍은 미곡, 산군 45읍은 돈과 무명을 반반, 그 외 4읍은 돈과 베를 반반으로 바치게 하였다. 황해도는 1708년(숙종 34) 대동법을 모방한 상정법(詳定法)을 실시하였는데, 1결에 대하여 미곡 12말을 징수하는 외에 별수미(別收米)라 하여 3말을 더 받았다. 대동법에 대한 이러한 최종 결과는『속대전』호전의 요부조(徭賦條)에 다음과 같이 규정되었다.

(1) 대동법의 시행과 방법

『속대전』 호전의 요부조에는 경기·강원도·충청도·전라도·경상도에 대동법(大同法)을 시행하고, 모든 중앙관청은 일단 공안(貢案)에 기재된 공물을 오도(五道)에 나누어 배정하고, 오도(五道)의 각영(各營)·각읍(各邑)은 필요한 양을 백성으로부터 수납하되 그것을 모두 미곡으로 납부한다고 규정하였다. 그리고 황해도에서는 상정법을 시행할 것을 규정하였다.

○ 경기·강원도·충청도·전라도·경상도에 대동법을 시행한다. 모든 중앙관청은 일단 공안(貢案)에 기재된 공물을 오도(五道)에 나누어 배정하고, 오도(五道)의 각영(各營)·각읍(各邑)은 필요한 양을 백성으로부터 수납하되 그것을 모두 미곡으로 납부하도록 한다. 본래의 공물로 납부하지 않을 수 없는 것은 대동미로서 구입하여 납부한다.
○ 각읍(各邑)에서 소요되는 유(油)[1386]·봉밀(蜂蜜)[1387]·지(紙)[1388]는 역시 미곡으로써 구입하여 사용하게 하며, 다만 치계(雉鷄)[1389]·시초(柴草)[1390]·빙정(氷丁)[1391]은 전과 같이 민역(民役)으로 하며 미로 바꾸어 납부하는 것에는 포함되지 않는다. 중국에서 칙사가 왔을 때 이외는 다시 징수 할 수 없다.
○ 경기도에서는 생초(生草)·곡초(穀草)를 역시 미곡으로 바꾸어 선혜청에 납입한다.
○ 황해도에서는 상정법(詳定法)을 실시한다.
○ 평안도에서는 전결(田結)에서 미를 징수하거나 또는 이주민(移住民)[1392]으로부터 포를 징수하여 국역(國役) 및 공수(公需)에 제공한다.
○ 함경도의 정전(正田)·속전(續田)에 대해서는 마포와 전미(田米)를 부과하여 중앙 관청의 공물 대가(代價) 및 진상 물종(物種)의 구매 대가로 삼으며, 무릇 쇄마(刷馬)[1393]의 임가(賃價)[1394] 및 공용잡비는 모두 이중에서 지출한다. 각 해당 관사에 상납하는 공물가는 모두 마포로써 한다.
○ 황해도·평안도의 공물 대가(代價)인 쌀은 호조가 주관하여 이를 내주고, 함경도의 공물 대가인 마포는 각 해당 관청에서 내준다.

그에 알맞도록 수량을 조정한 세규를 지칭하는 것이다.
1386) 기름.

(2) 대동법의 세율과 작목(作木)[1395]

『속대전』 호전의 요부조에는 대동법의 세율은 수전(水田)과 한전(旱田)을 통틀어 매 1
결에 미(米) 12두를 징수하는 것이 원칙이지만, 강원도 영동 지역은 12두에다 2두를 더하
고, 상정법에 따른 황해도는 별수미(別收米) 3두를 합하여 15두를 징수하였다. 전체 전답
결수가 적은 황해도에서는 대동법에 의한 전결(田結) 1결에 12두(斗)의 세수로는 부족하
므로 상정법을 써서 12두 외에 따로 3두의 쌀을 더 받게 한 것이다. 그리고 산군(山郡)과
일부지역에서는 쌀 대신에 작목(作木)이라 하여 면포로 납부하도록 하였다.

○ 수전과 한전(旱田)을 통틀어 매 1결에 미 12두를 징수한다. 이 경우 강원도에서는 영서는 12두,
　영동은 12두에다 2두를 더하고, 양전이 완료되지 않은 10고을은 4두를 더한다. 산군(山郡)에서
　는 면포로 납부한다. 호남의 운봉·장수, 영남의 안음·산음·함양에서는 마포로써 바꾸어 내
　게 한다.
○ 충청도에서 미 6두를 면포 1필로 바꾸어 내게 하고 전라도에서는 8두, 경상도에서는 7두를 면
　포 1필로 한다. 마포도 이와 같다.
○ 강원도 영서의 산군(山郡) 및 영동 각 고을에서는 미곡 5두를 마포 1필로 바꾸어 내게 한다.
　해당 고을에서 소용되는 경우면 미곡으로써 수납하며 영서의 바다가 먼 지방의 수령으로서 면
　포·마포로 바꾸어 내기를 원할 때는 이를 허용한다.
○ 황해도에서는 상정법(詳定法)을 실시하며 대동법의 규정을 본받아서 매결에서 미 15두를 징수
　하여 원수미(元收米) 12두 외 별수미 3두를 합하여 15두가 되었다.

---

(3) 선혜청의 대동미 수납과 공물 조달

『속대전』 병전의 경관직(京官職)조에는 선혜청은 "대동미·포(布)·전(錢)의 출납 사
무를 관장한다."고 규정하고 있다. 그리고 "경기청은 선조 무신년(광해 즉위년 1608)에
만들어졌고, 강원청은 인조 갑자년(1624)에 만들어졌으며, 호서청은 효종 임진년(1652)에,
호남청(湖南廳)은 효종 정유년(1657)에, 영남청(嶺南廳)은 숙종 정사년(1677)에 각각 만들
어졌다."고 규정하고 있다.

『속대전』 호전의 요부조에는 선혜청에 대동미를 상납하는 방법과 절차를 규정하고,
별정(別定)[1396] 공물은 선혜청에서 대동미를 공인(貢人)에게 내주어, 서울에서 조달하여

1387) 벌꿀.
1388) 종이.
1389) 꿩과 닭을 아울러 이르는 말.
1390) 땔나무로 쓰는 풀.
1391) 얼음을 뜨거나 나르는 일꾼.
1392) 募屬(모속) : 조선시대에 평안, 함경 두 도에 이주시키기 위하여 모집한 백성.
1393) 지방에 배치했던 관청용의 말.
1394) 빌린 비용.
1395) 대동법은 원칙적으로 쌀로 납부하나 산지(産地) 사정에 따라 무명[木綿布]으로 납부하게 한 경우를 말한다.
1396) 특별히 따로 정(定)함.

납부하도록 규정하였다. 물론 모든 공물의 공가(貢價)는 선혜청이 지급하지만, 별무 공가는 호조로부터 공목(貢木)과 모곡(耗穀)[1397]을 이송받아 선혜청이 지급하도록 되었다. 그리고 선혜청은 각영(各營)·각읍(各邑)이 1년간 지출할 액수를 계산하여 그 다소에 따라 대동미를 나누어 주도록 규정하고 있다.

○ 선혜청은 중앙 각 관청이 공물가(貢物價)로 1년간 지출할 액수를 계산하여 각가 해당 도에 지시하면 각도는 이를 선혜청으로 수송하여 상납하고 수미(收米)는 춘추의 양기(兩期)로 나누어서 하며 삼남과 강원도는 이듬해 봄에 함께 모아 상납하며 선가(船價)·마가(馬價)는 원수내(元數內)에서 계산하여 감한다. 경기도는 봄·가을에 상납하되 선가(船價)·마가(馬價)는 부가하여 징수한다. 미납이 매우 많은 수령은 임금에게 보고하여 조치한다.
○ 호조가 특별히 책정한 공물에 대해서는 호조로부터 공목(貢木)과 모곡(耗穀)을 선혜청으로 이송하고, 선혜청에서는 대동미를 공인(貢人)에게 내주어 서울에서 조달하여 납부하도록 한다. 별정 공물은 대궐내의 수리시에 소요되는 지물(紙物)·석자가(席子價) 및 중국에서 온 칙사를 접대하는데 소용되는 잡물 등이다.
○ 선혜청은 각영·각읍이 1년간 지출할 액수를 계산하여 그 다소에 따라 이를 나누어 주고, 강원도에서는 매년 기경하는 전결수(田結數)에 따라 매결 6두를 각각 그 고을에 남겨두고 공비(公費)에 쓰게 하며, 그외 또 감영에서 수요되는 수량을 제하고는 그 나머지는 모두 상납한다. 그 나머지 쌀은 각각 고을에 비축해 두어 불시에 소요되는 공용에 쓰도록 한다. 경기에서는 중국으로부터 칙사가 오면 필요한 마부와 말을 백성의 전결(田結)에 따라 돌려가면서 내게 하되, 그 대가미(代價米)는 관(官)에서 지급한다.
○ 선혜청에서는 이를 공인(貢人)에게 기간을 나누어 내준다. 전(錢)·미(米)·포(布)의 대가는 그때의 품귀에 따라 올랐다가 내렸다가 한다.

(4) 대동미의 면세

『속대전』 호전의 요부조에는 진전(陳田)과 재해처에는 대동미를 징수하지 않으며, 모든 호역 면제전(免除田)은 전세만 내고, 대동미는 면세한다고 규정하고 있다.

○ 진전(陳田)과 재해처(災害處)에는 징수하지 않는다.
○ 모든 호역(戶役) 면제전(免除田)은 다만 세미(稅米)만 내고 대동미는 거두지 않는다.

(5) 방납 금지와 대동법 관련 처벌

대동법은 공물의 방납에 따른 폐단을 혁파하기 위하여 제정된 세제이다. 따라서 『속대전』 호전의 요부조에는 대동미를 다른 곳에 옮겨 놓고 이를 방납하는 것을 금지하였다. 그리고 대동미를 10석 이상 미수한 자에게는 장형(杖刑)을 시행하고, 100석 이상이면 도(徒) 3년으로 처벌하며, 제멋대로 대여하거나 분배한 자는 50석 이상이면 도(徒) 2년으로

1397) 환자(還子)를 받을 때 곡식을 쌓아 둘 동안 축이 날 것을 미리 셈하여 한 섬에 몇 되씩 덧붙여 받던 곡식.

정배하고 또 5년간 금고하며, 10석 이상이면 도(徒) 1년에 정배하고 또 3년간 금고에 처하도록 처벌을 규정하였다.

○ 공물의 해당년도 분을 미리 앞질러 매매하는 자는 공사인(公私人)을 막론하고 호조 및 선혜청은 이를 엄히 막되 범법자는 매매 쌍방을 동죄로 처벌하며 해당 주관(主管)의 당상관(堂上官)에게도 죄를 더하여 문책한다.

○ 전세 및 대동미를 다른 곳에 옮겨 놓고 이를 방납하는 것을 각별히 엄금한다.

○ 전세·대동미를 면포로 바꾸어 상납할 때 수령이 전으로 수납하고도 이를 면포로 환납받는 경우에는 탐오율(貪汚律)로써 논죄하며 종신 금고한다.

○ 대동저치미(大同儲置米)는 전선(戰船)·병선(兵船)의 저치미(儲置米)[1398]와는 다른 것이며, 이것은 일체 내다팔고, 사들여 놓아서는 안된다. 이를 범한 자는 도(徒) 3년 또는 7년 간 금고한다. 대동미를 10석 이상 미수한 자에게는 장형(杖刑)을 시행하고 100석 이상이면 도 3년으로 처벌하며 제멋대로 대여하거나 분배한 자는 50석 이상이면 도(徒) 2년으로 정배하고 또 5년간 금고하며, 10석 이상이면 도(徒) 1년에 정배(定配)하고 또 3년간 금고한다. 10석 이하면 논죄하지 않는다. 감사가 제멋대로 각읍(各邑)으로 하여금 대하(貸下)[1399]케 한 경우에는 추고한다.

○ 모든 대동저치미를 회감(會減)[1400]해 주는 규칙은 대동사목(大同事目)[1401]에 따른다.

그리고 『대전통편』 호전의 요부조에서는 다음과 같이 면포의 방납에 대해서도 처벌을 강화하였다.

○ 전세와 대동미를 면포로 바꾸어 내는 고을에서 면포의 방납을 부탁받은 경우에는 해당 낭관(郎官)을 도배(徒配)하고, 수령은 5년간 금고한다.

---

(6) 대동전(大同錢)

조선후기에 들어서면서 조세를 현물로 납부하는 불편과 어려움을 해소하고, 유통을 활성화하기 위해 쌀 등의 현물세를 돈으로 환산하여 징수하게 하였다. 이를 작전(作錢)이라고 하며, 화폐의 보급에 따라 대동미는 점차 대동전으로 대치되었다. 작전의 비율은 전국에 걸쳐 일정하지 않고 지역에 따라 물가를 감안하여 편차를 두어 정하였다. 『대전통편』 호전의 요부조에 의하면 작전은 경기도 장단(長湍)의 경우 쌀 1석에 8냥, 충청도 제천은 1석에 6냥, 황해도는 1석에 3냥 5전, 강원도는 1석에 6냥으로 규정하였다. 면포는 정오승(正五升)을 기준으로 하였다. 그러나 『대전회통』 호전의 요부조에서는 면포는 6승포(升布)을 기준하도록 개정되었다.

1398) 비상시에 대비하여 나라에서 비축하던 쌀.
1399) 상사(上司)에서 돈이나 곡식 등을 하급 관아에 꾸어 주는 일.
1400) 줄 것과 받을 것을 마주 셈쳐 보아서 나머지를 셈함
1401) 조선 후기 대동법(大同法) 실시에 따른 시행세칙.

○ 대동미를 돈으로 바꾸어 내게 할 때는 경기의 장단(長湍)은 미 1석에 8냥, 충청도의 제천은 1석에 6냥으로 한다. 전미(田米)이면 황해도는 1석에 3량 5전, 강원도는 1석에 6량으로 한다. 위미태(位米太)의 환전(換錢)은 충청도·경상도에서는 세곡례(稅穀例)에 의하며 강원도에서는 콩 1석에 3량으로 한다. 대동목(大同木)·포(布) 및 세작목(稅作木)을 돈으로 대납하는 것은 전세목포례(田稅木布例)에 의한다. 미곡은 바로 밥해 먹을 수 있는 쌀을 말하고, 면포는 정오승(正五升)을 말한다. 장 35척, 광 7촌을 표준으로 한다. 마포도 같다.

조선시대를 통틀어 가장 획기적인 조세제도를 들라면, 단연 대동법을 꼽을 수 있다. 이는 농민들의 저항과 양심적인 관리들의 주장으로 결실을 본 것이기 때문이다. 농민들은 대동법의 실시로 전세와 대동세를 한 차례 납부하면 세납의 의무를 다하기 때문에 농사에만 힘을 기울일 수 있고, 국가에서는 부정을 막고 재정의 충당을 기약할 수 있었다. 아울러 상품 유통과 상품 생산에 기여하면서, 화폐의 사용을 촉진하는 역할도 하였다. 하지만 지방 특산물을 바치던 공물제는 사라졌지만 진상, 별공(別貢) 따위의 현물 상납이 완전히 사라진 것은 아니었다. 궁중에서 사용하는 우황, 웅담, 사향 등의 약재를 현지에서 받아들였으며, 동해의 명태, 황해의 낙지, 남해의 문어 등이 대군과 왕자가 거처하는 궁가의 반찬거리로 상납되었다. 따라서 대동법은 세법상 진보된 제도이기는 하였으나, 진상과 별공 등은 필요에 따라 여전히 받아 들였기 때문에 백성에게 이중부담을 지우는 경우가 생겼다.

03 조선시대의 **요역 · 군역세법**

제1절   요역세

1. 요역의 개념

요역(徭役)이란 국가가 백성의 노동력을 무상으로 징발하는 수취제도이다. 조선시대에 요역은 요부(徭賦)·부역(賦役)·차역(差役)·역역(力役)·잡역(雜役) 등으로 칭하였다. 요역은 기본적인 수취 체제인 조(租)·용(傭)·조(調)에서 용에 해당되는 것으로, 전세· 공납과 같이 현물로 수취하는 조세와는 달리 신체적 용역을 수취하는 것이다.

조선초기의 요역제는 호당 인정(人丁)의 다과를 기준으로 하는 계정법(計丁法)에 의해 필요한 인력을 동원하였다. 이는 다음 『태조실록』의 기사에서 볼 수 있는데 16세로부터 60세에 이르기까지 남자는 역(役)을 맡게 하는데, 10정(丁) 이상이면 대호(大戶)가 되고, 5정 이상이면 중호(中戶)가 되고, 4정 이하이면 소호(小戶)호로 하여, 요역(徭役)은 대호 (大戶)는 1명을 내고 중호는 둘을 합하여 1명을 내고 소호는 셋을 합하여 1명을 내도록 하였다.

「1. 민정(民丁)은 16세로부터 60세에 이르기까지 역(役)을 맡게 하는데, 10정(丁) 이상이면 대호(大戶)가 되고 5정 이상이면 중호(中戶)가 되고, 4정 이하이면 소호(小戶)가 되게 하여 정 (丁)을 계산하여 백성을 등록시키고, 만약 요역이 있으면, 대호(大戶)는 1명을 내고 중호는 둘을 합하여 1명을 내고 소호는 셋을 합하여 1명을 내어 그 역을 고르게 할 것이며, 만약 유랑하는 사람이 있으면, 그 이유를 묻고 더욱 불쌍히 여겨 구휼을 가하여 완취(完聚)[1402]하게 할 것이며,」[1403]

그러나 이후 소유 토지의 다과를 기준으로 하는 계전법(計田法) 혹은 양자를 절충한 절충법 등이 시행되다가 세종 초기에 계전법으로 정착되었다. 다음『세종실록』의 기사에서 계전법에 따른 요역의 부과 기준을 볼 수 있는데 지방은 전토(田土)의 결수로, 서울은 가옥의 간수로 구분하였다. 따라서 요역은 경작 토지를 중심으로 중앙 관부에 동원되는 역(役)과 지방 관부에 동원되는 잡역(雜役)으로 크게 나뉘어 체계화되었다.

「호조에서 아뢰기를, "각도 각 고을의 호적은 전토(田土) 50결을 대호(大戶)로 삼고, 30결 이상을 중호(中戶)로, 10결 이상을 소호(小戶)로, 6결 이상을 잔호(殘戶)로, 5결 이하를 잔잔호(殘殘戶)로 삼도록 법식을 정하여, 차등을 지어 부역을 서게 하고, 서울 안 오부(五部)는 가옥의 간수로 구분하여 40간 이상을 대호로, 30간 이상을 중호로, 10간 이상을 소호로, 5간 이상을 잔호로 삼고, 4간 이하를 잔잔호로 삼아 차등 호적을 시행하게 하옵소서."하였다.」[1404]

요역에 동원되는 기간은 다음『세종실록』의 기사와 같이 초기에는 평년 20일, 풍년 30일, 흉년 10일간으로 하며, 봄철에는 백성을 동원하지 말도록 하였다.

「명을 내리어 정부와 여러 조(曹)가 함께 의논하게 하였다. 모두 아뢰기를, "《예기(禮記)》 월령(月令)에, '봄철 첫달에 가을철의 일을 실시하여 건물을 수리하든가, 성곽(城郭)을 수축하면, 그 백성은 큰 전염병을 앓을 것이고, 2월 달에는 큰 공사를 진행하여 농사에 방해되지 않게 하라.' 하였고, 《춘추좌전(春秋左傳)》에는, '용성(龍星)[1405]이 나타나면 일을 마치도록 경계하고, 화성이 나타나면 일을 마치고, 수혼(水昏)[1406]이 보이면 담을 쌓고, 동지가 되면 모든 일을 마치라.' 하였사오니, 바라옵건대, 고제(古制)에 의하여 10월에 공사를 시작하여 20일간을 기한으로 정하되, 풍년에는 10일간을 연장하고, 흉년에는 10일간을 단축하며, 봄철에는 백성을 동원하지 말도록 하소서."하니, 그대로 따랐다.」[1407]

1402) 성곽을 완성하고 사람들을 모아서 거주하게 하던 일.
1403) 『태조실록』 1년(1392) 9월 24일.
1404) 『세종실록』 17년(1435) 3월 6일 4번째기사.
1405) 영성(靈星: 천전성(天田星)이라고도 함.
1406) 정성(定星). 맨눈으로 볼 수 있는 별 가운데 행성, 위성, 혜성 따위를 제외한 별 모두 별.
1407) 『세종실록』 12년(1430) 12월 5일.

2. 요역세법

『경국대전』호전의 요부조에는 "토지 8결에서 농부 1명을 내며 1년에 부역일수는 6일을 초과하지 않는다."라고 규정하여, 부역의 부과 기준은 계전법에 따르며, 1년에 부역일수는 6일로 제한하였다. 그리고 부역은 균등하게 시킬 것을 명시하고 있다. 한해에 부역을 두 번시킬 경우 반드시 임금에게 보고한 다음 시행하게 하였다.

○ 토지 8결에서 농부 1명을 내며 1년에 부역일수는 6일을 초과하지 않는다. 만약 6일 이상 걸리는 먼 노정이면 이듬해의 부역일수를 그만큼 감해준다.
○ 한 해에 두 번 부역을 시켜야 할 경우에는 반드시 임금에게 보고한 다음에 집행한다.
○ 고을원이 부역동원을 골고루 시키지 않거나 부역을 감독하는 관리가 질질 끌면서 기한을 넘길 경우에는 법조문에 따라 죄를 벌한다.
○ 수도 부근 10리 이내에서는 모두 수도의 부역에 동원시킨다.

그리고 『속대전』호전의 요부조에는 방역(坊役)에 대해서 추가 규정을 신설하였다. 여기서 방(坊)이란 수도 한성부의 성내(城內) 행정구역을 말한다. 조선시대에 한성부는 1428년(세종 10)에 성안 46방, 성저(城底)[1408] 십리내(十里內)의 15방을 합하여 61방으로 이루어졌다. 이후 명종대는 성안 중부에 8방, 동부에 12방, 남부에 11방, 서부에 8방, 북부에 10방 등 모두 49방으로 나누었으며, 조선후기에는 방 밑에 계(契)가 설치되었다. 따라서 방역(坊役)은 서울 각 방의 부역으로 『속대전』호전의 요부조에 방역은 시행세칙인 방역사목(坊役事目)에 의할 것을 규정하면서, 방역빙미(坊役氷米)[1409]는 영구히 감면할 것을 규정하였다.

○ 도성안 백성들의 출역은 방역사목(坊役事目)[1410]에 따라 실시한다. 건륭(乾隆) 갑자년(甲子年; 1744년)에 간행한 사목(事目)으로 시행한다.
○ 동빙고(東氷庫)와 서빙고의 방역빙미(坊役氷米)는 영구히 감면한다. 호와 선혜청에서는 공물을 출급(出給)할 때마다 매석에 5합(合)씩을 공제하여 두었다가 장빙기(藏氷期)[1411]가 되기를 기다려 빙고(氷庫)에 이송하여 얼음을 구입하는데 사용하도록 한다.

『경국대전』에 1년에 부역일수를 6일로 제한한 이후로 사실상 토목·영선에는 군인(軍

1408) 조선시대 서울의 도성(都城) 밖 10리 이내에 있던 행정 구역.
1409) 조선시대 도성민이 담당하는 방역의 하나인 빙고(氷庫)의 부역 대신에 바치는 쌀.
1410) 방역사목(坊役事目)은 서울의 각방(各坊)의 부역에 관한 규칙을 정한 문서(文書)를 말한다. 방역사목(坊役事目)은 현종 6년 9월 경에 반포 되었는데, 그때 몇 10건이 첨록(添錄)되어 해당 관료들이 사간원으로부터 탄핵 받았다(『현종실록』6년(1665) 9월 11일 1번째기사)
1411) 겨울에 얼음을 떠는 때.

人)이 동원되었고, 모든 인정이 군역에 충당됨으로써 요역의 대상자는 사실상 노동력이 없는 노약자에 불과한 현상이 나타나 오히려 군역의 요역화가 촉진되었다. 이러한 사실은 다음 『성종실록』의 기사에서 볼 수 있는데 선군(船軍)을 소금 굽는 역사에 동원할 뿐만 아니라 토목과 영선의 역사에도 동원한 것이다.

① 「우리나라는 바다로 둘러 있어 왜구를 방어하는 것을 소홀하게 할 수 없는데, 지금 선군(船軍)은 토목의 역사에 고단한데다 각포(各浦)에서 소금 굽는 역고(役苦)를 더하니, 날로 빈곤하고 쇠잔하게 되어 유랑하여 사방으로 흩어집니다. 청컨대 감사로 하여금 선군(船軍)의 소금 바치는 수량을 헤아려 감하고 또 영선(營繕)하는 역사를 시키지 말아서, 그들의 힘을 소생하게 하여 방어에만 전력하게 하소서.”하니, 임금이 모두 가납(嘉納)[1412)]하였다.」[1413)]

② 「선군(船軍)을 설치한 목적은 본디 방수(防戍)[1414)]에 있습니다. 한 달은 관에 있고 한 달은 집에 있어 상번(上番)과 하번(下番)이 휴식하는 것은 그 노고가 다른 것보다 배나 되기 때문입니다. 그런데 지금 또 몰아다가 영선을 시키니 양식을 싸가지고 왕래하느라 휴식할 시간이 없어 농토가 드디어 황폐해져서 김맬 여가도 없으니, 처자가 울부짖은들 무엇으로 구휼할 수 있겠습니까? 이것은 더욱 불쌍한 일입니다.」[1415)]

3. 요역의 면세

복호(復戶)란 조선시대 국가가 호(戶)에 부과하는 요역(徭役)을 감면하거나 면제해 주는 제도를 말한다. 『경국대전』 병전의 복호조에는 다음과 같이 ① 내금위와 별시위의 군사로서 솔정(率丁)[1416)] 10구(口) 또는 전(田) 10결 이하인 자, ② 기타 병종(兵種)의 군사로서 솔정 5구, 전 5결 이하인 자, ③ 내궁시인(內弓矢人)[1417)]·사복제원(司僕諸員)[1418)]·수릉군(守陵軍)·수묘군(守墓軍)·역리(驛吏)·역(驛)일수(日守)[1419)]·조역(助役)[1420)]·환관(宦官)[1421)]·진부(津夫)·수부(水夫)·빙부(氷夫), ④ 번상(番上) 중의 모든 사람, ⑤ 80

1412) 간(諫)하거나 권(勸)하는 말을 기꺼이 받아들임.
1413) 『성종실록』 5년(1474) 윤6월 14일 1번째기사.
1414) 국경을 지킴.
1415) 『성종실록』 23년(1492) 8월 5일 3번째기사.
1416) 제 밑에 거느리고 부리는 장정.
1417) 조선 때 상의원 안에서 활과 화살을 만들던 사람.
1418) 임금의 가마와 외양간과 목장을 관장하는 관원.
1419) 조선시대 지방 관청에 딸려 있던 사령(使令). 문졸(門卒)·군노(軍奴).
1420) 조선 시대 정군(正軍)의 군역을 돕는 봉족(奉足)이나, 역리(驛吏)를 도와 사객(使客)의 접대와 기타 잡역 등을 담당하는 조역노비(助役奴婢)·부(館夫)·일수(日守)·조역백성(助役百姓) 등의 역을 가리킴.
1421) 조선시대 궁정에서 사역하는 내관(內官)으로 거세된 사람.

세 이상의 대소인원(大小人員)[1422]으로서 솔정 10구, 전 10결 이하인 자, ⑥ 80세 이상의 평민으로 공사천(公私賤)으로서 솔정 5구, 전 5결 이하인 자, ⑦ 90세 이상인 자, ⑧ 왕의 동성단문친(同姓袒免親)[1423]·외성(外姓)[1424] 및 왕비의 동성시마친(同姓緦麻親)[1425] 이상의 친척으로서 15결 이하인자, ⑨ 2품 이상의 실직자(實職者)가 70세에 퇴직한 자 등을 복호 대상으로 규정하고 있다.

○ 장정 10명을 데리고 있거나 토지가 10결 이하인 내금위와 별시위에게라든지, 장정 5명을 데리고 있거나 토지 5결 이하인 각종 부류의 군사에게는 모두 부역을 면제시킨다. 대체로 부역을 면제시킨다는 것은 오직 원래부터 거주하고 있는 호구에 한한다.
○ 내궁방의 활 만드는 장공인[內弓人], 화살 만드는 장공인[內矢人], 사복시의 제원, 능을 지키는 군사[守陵軍], 묘를 지키는 군사[守墓軍], 역참의 아전, 역참의 일수, 조역(助役), 내시, 나루터의 사공, 수부, 얼음 캐는 인부, 어부도 이와 마찬가지로 한다. 교대로 번을 서는 사람은 상번(上番)할 때마다 부역을 면제해 준다.
○ 높은 사람으로부터 낮은 사람에 이르기까지 나이 80살 이상으로서 장정 10명을 데리고 있거나 토지 10결 이하인 사람은 부역을 면제해 주며 보통 백성이거나 관청노비이면 장정 5명을 데리고 있거나 토지 10결 이하인 사람에게 역시 부역을 면제해 준다. 90살 이상이면 토지와 장정이 얼마인지에 관계없이 부역을 면제해 준다.
○ 임금 집안으로서 갓 복을 입지 않게 된 사람[袒免親(단문친)[1426]]과 임금 외가 쪽의 친척이나 왕비의 친정으로 석달복 이상을 입는 친척으로서 토지 15결 이하가 되면 부역을 면제해 준다. 세상을 떠난 임금이나 세상을 떠난 왕비의 친척도 이와 마찬가지이다.
○ 벼슬살이를 하는 사람과 6품 이상의 벼슬을 지낸 사람의 자손(2품 이상이면 설사 맡은 직무가 없는 관리의 자손이라도 부역을 면제해 주지 않는다), 본인이 중한 죄를 범하고 아직 용서를 받지 못한 자, 임금에게 충성하지 않고 부모에게 효성을 보이지 못한 죄를 범한 자의 자손은 모두 부역을 면제해 주지 않는다.
○ 2품의 실직을 지내고 나이 70살 이상으로서 벼슬에서 물러나 시골에 내려가서 사는 사람은 부역을 면제해 준다.

하지만 벼슬살이를 하는 사람과 6품 이상의 벼슬을 지낸 사람의 자손, 중한 죄를 범하고 아직 용서를 받지 못한 자, 임금에게 충성하지 않고 부모에게 효성을 보이지 못한 죄를 범한 자의 자손은 모두 부역을 면제해 주지 않도록 하였다. 여기서 벼슬살이를 하고 있는 사람과 6품 이상의 벼슬을 지낸 사람의 자손에게 복호를 해주지 않는 것은 그만큼 전·현식 관리들의 복호에 대한 비리가 많았기 때문이다.

1422) 높고 낮은 모든 벼슬아치를 통틀어 이르는 말.
1423) 단문을 하는 무복친(無服親) 가운데 가장 가까운 친족으로 고조(高祖)의 형제·증조(曾祖)의 4촌 형제·아버지의 8촌 형제·자기의 10촌 형제를 말함.
1424) 외가(外家)의 성.
1425) 시마(緦麻), 즉 상복을 석 달 동안 입는 친척. 종증조(從宗祖)·삼종형제(三從兄弟)·중증손(衆曾孫)·중현손(衆玄孫) 등이 이에 해당함.
1426) 단문을 하는 무복친(無服親) 가운데 가장 가까운 친족으로 고조(高祖)의 형제·증조(曾祖)의 4촌 형제·아버지의 8촌 형제·자기의 10촌 형제를 말함.

『속대전』에서는 호전의 요부조에 복호의 대상을 규정하였다. 『경국대전』은 병전의 복호조에 요역의 면제 대상을 규정하였으나, 『속대전』에서는 호전의 요부조에 복호를 규정한 것은 선조 41년(1608)에 실시된 대동법의 시행으로 호조 산하의 선혜청이 설치되면서 요부(徭賦)의 업무를 관장하였기 때문이다. 그래서 『속대전』 호전의 요부조에는 "무릇 복호(復戶)를 해주는데 있어서 호조 선혜청의 관문(關文)[1427]에 의하지 않고서는 시행하지 못한다."는 규정을 신설하면서, 다음과 같이 새로운 복호 대상을 추가하거나 『경국대전』의 내용을 중복하여 규정하였다.

○ 무릇 복호를 해주는데 있어서 호조 선혜청의 관문(關文)에 의하지 않고서는 시행하지 못한다.
○ 각릉(各陵)의 수호군(守護軍), 구장릉(舊長陵)의 산직(山直), 장녕전(長寧殿)의 수호군, 비전직(碑殿直)에게는 복호를 해준다.
○ 대왕사친묘(大王私親墓)·세자사친묘(世子私親墓)·대원군묘(大院君墓)·창빈묘(昌嬪墓)·인빈묘(仁嬪墓)의 수직군(守直軍) 및 왕후의 부모 묘직(墓直)에게는 복호를 해준다.
○ 육상궁(毓祥宮)[1428]의 고비(考妣)[1429]묘직(墓直)에게는 복호를 해준다.
○ 소녕묘(昭寧墓)[1430]의 전감(典監)[1431]에게는 복호를 해준다.
○ 양녕·효녕·평원·제안·영창의 오대군(五大君)의 묘직(墓直)에게는 복호를 해준다.
○ 승평부원군 김류의 묘직, 명장(明將) 이여매의 봉사손(奉祀孫)[1432]에게는 복호를 해준다.
○ 고려조의 절의(節義) 명신(名臣) 예컨대 문충공, 정몽주나 우정언, 이존오같은 사람과 본조에서 절의를 지키다가 원사(寃死)[1433]한 명현(名賢)[1434] 예컨대 문정공 조광조, 삼학사 오달제, 윤집·홍익한, 증참의 엄흥도 같은 사람의 묘직(墓直) 또는 사우직(祠宇[1435]直)과 청백리로서 현저한 사람의 묘직은 임금에게 품의하여 지시를 받아 복호를 해준다.
○ 과거에 복호를 함에 있어 간혹 너무 번다했거나 혹은 균등하지 못한 바가 많았다고 하더라도 본령(本令)이 시행되기 전의 일이면 전과 같이 복호를 해주고, 이후에는 계속하여 복호를 간청해도 허용하지 않는다. 다만 복호를 해주지 않으면 안될 자가 있으면 임금에게 품의하여 지시를 받은 후라야 이를 시행한다.
○ 내관·의녀·어승견마부(御乘牽馬夫)[1436]·무신출정군(戊申出征軍)·진상선(進上船)의 사공·격군(格軍)[1437]·조군(漕軍)[1438]·어부·수부(水夫)[1439]·역리(驛吏)·역졸·일수(日守)·영리(營吏), 각읍 인리(人吏)[1440]·목자(牧子)[1441]·봉군(烽軍)·석자장(席子匠), 각진(各鎭)의 소모군(召募軍)[1442], 장원서(掌苑署)[1443]의 과원직(果園直), 군기시(軍器寺)[1444]의 시장모민(柴場[1445]募民)·압도벌직(鴨島筏直)[1446], 내수사의 산직(山直), 갑사(甲士)[1447], 창(倉)의 모민(募民), 경포수(京砲手)[1448], 어영군의 사천(私賤)[1449], 평안도·황해도의 납공(納貢)[1450], 내노(內奴)[1451]·궁인(弓人)·시인(矢人)[1452]·삼성사직(三聖祠[1453]直)에게는 모두 복호를 해준다.

1427) 지시공문.
1428) 조선 숙종의 후궁이며 영조의 생모인 숙빈 최씨의 신주(神主)를 모신 사당.
1429) 고인이 된 부모.
1430) 조선 숙종의 후궁이며 영조의 사친(私親)인 숙빈최씨의 묘.
1431) 영전이나 묘전 등을 관리하는 관직.
1432) 조상의 제사를 맡아 받드는 자손.
1433) 원한을 품고 죽음.
1434) 이름이 난 어진 사람.
1435) 신주(神主)를 두기 위해 따로 지은 집.
1436) 말고삐를 잡고 임금을 모시고 따라다니는 일을 맡았음.

『대전통편』 호전의 요부조에서는 능군(陵軍)[1454]의 복호는 중앙 관서가 아닌 능 소재지 읍(邑)에서 할애하며, 내시(內侍)의 복호는 350인으로 한정하였다.

> ○ 능군(陵軍)의 복호는 소거읍(所居邑)에서 할애하여 준다. 내시(內侍)의 복호는 350인을 정하여 정원(定員)을 삼고, 매인에게 2결을 주되 7도(道)에 나누어서 안배한다.

이상에서 살펴본 복호는 왕족·특수인·군호 등에게 시행한 영구적인 복호였다. 하지만 공무를 수행하다가 사망한자, 전사자 등에게도 복호를 해주었는데 대부분 한시적 복호였다.

『경국대전』 병전의 복호조에 다음과 같이 ① 공적인 일로 사망한 자의 가호(家戶)는 3년간, 전사(戰死)의 경우는 5년간, ② 귀화인(歸化人)에 대해서는 10년간 한시적으로 복호하도록 하였으며, 사찰(寺刹)에 대해서는 공부(貢賦) 외의 일체의 잡역(雜役)을 면제하였다.

> ○ 공무를 집행하다가 사망한 사람은 3년 동안 부역을 면제해 준다. 전장에 나갔다가 사망한 사람은 5년 동안 면제해 준다.
> ○ 새로 귀순해 온 사람은 10년 동안 부역을 면제해 준다.
> ○ 대체로 절에 대해서는 공물과 조세는 내고, 부역은 면제해 준다.

그리고 『속대전』 병전의 복호조에서는 충신·효자·열녀에 대해서도 복호를 주었으며, 그 후손이 없어도 3년 동안 복호를 해주었다.[1455]

1437) 사공의 일을 돕는 수부.
1438) 조운선에 종사하는 사람.
1439) 허드렛일을 맡아하는 하급 선원.
1440) 관아의 말단 실무를 맡아보던 향리.
1441) 조선시대에 나라에서 경영하는 목장에서 우마(牛馬)를 먹이던 사람.
1442) 귀족이나 장군의 요청에 따라 소집된 군사.
1443) 조선시대 원(園)·유(囿)·화초·과물 등의 관리를 관장하기 위해 설치된 관서.
1444) 조선시대에 병기의 제조 등을 관장한 관청.
1445) 관청의 땔감 채취를 위하여 특별히 지정된 삼림지역.
1446) 조선 시대 압록강 연안 도서의 뗏목지기를 이르는 말.
1447) 갑옷을 갖춘 군사.
1448) 조선 시대에 서울 각 군영에 속하여 시골에 파견된 포수.
1449) 개인에 의해 사역되고 매매·속되었던 노비.
1450) 납공은 직접 노동력 대신 신공을 납부하는 노비.
1451) 조선 때 내수사에 딸린 노비.
1452) 화살을 만드는 사람.
1453) 황해도 구월산에 있는 한인(桓因)·한웅(桓雄)·한검(桓儉:檀君)의 삼신을 모신 신묘.
1454) 왕과 왕실의 각 능에 속하여 수릉관 밑에서 잡일을 맡아보던 사람.

○ 충신·효자·열녀로서 이미 복호를 받은 자는 본인이 사망한 후에 처자 또는 자부(子婦)가 있으면 그들에 한하여 계속 복호를 해주고 후손이 없으면 3년 동안 복호를 해준다.

4. 노비신공

신공이란 공·사노비가 소속 관서 또는 상전에게 신역(身役) 대신으로 매년 바치는 조세를 말한다. 조선시대에는 공노비 가운데 납공노비(納貢奴婢), 사노비의 경우 외거노비는 자유스런 생활을 하는 대신 매년 신공을 바쳐야 했다. 즉, 조선시대에 독립적인 호(戶)를 이루어 생활하는 노비들은 국가나 주인에게 역(役)을 부담하지 않는 대신에 포(布)나 쌀 등을 바쳤는데 이를 노비신공이라 했다.

따라서 『태종실록』에는 다음과 같이 혁거(革去)한 사사(寺社)의 노비로 15세 이상과 60세 이하인 자에게 노비신공을 정하였다.

「정부(政府)에서 또 혁거(革去)한 사사(寺社)의 노비의 신공(身貢)에 대한 식례(式例)를 상정(詳定)하여 아뢰기를, "장노(壯奴)[1456]는 쌀 평목(平木) 3석(石)을, 아내가 없는 자는 2석을 받고, 장비(壯婢)[1457]는 2석을, 남편 없는 자는 1석을 받고, 노비끼리 서로 혼인한 자는 정오승포(正五升布) 각각 1필씩을 받고, 15세 이하와 60세 이상인 자는 징수하는 것을 면제토록 하소서." 하니, 그대로 따랐다.」[1458]

하지만 다음 『태종실록』에는 공처노비(公處奴婢)의 신공(身貢)을 포로 징수하도록 개정하였다.

「"그전부터 관청에 원래 속해있던 노비(奴婢)의 신공(身貢)은 너무 경(輕)하고, 혁파(革罷)해버린 사사 노비(寺社奴婢)의 신공은 너무 중(重)하여, 같은 공천(公賤)이라도 신공(身貢)에 대한 경중(輕重)이 고르지 않으니, 두 건(件) 노비의 신공을 노자(奴子)는 추포(麤布)[1459] 5필(匹), 비자(婢子)는 4필(匹)로 하여 항식(恒式)을 삼으소서."」[1460]

1455) 「효자와 열부에게 정문(旌門)을 하사하고 복호(復戶)를 해주는 것이 마땅히 시행해야 될 상전(常典) 같지마는..」(정조 15권, 7년(1783 계묘 / 청 건륭(乾隆) 48년) 1월 21일(계축) 3번째기사)
1456) 건장한 남자종.
1457) 건장한 여자종.
1458) 『태종실록』 7년(1407) 1월 12일 1번째기사.
1459) 정포 보다 품질이 약간 낮은 삼베.
1460) 『태종실록』 8년(1408) 8월 28일 1번째기사.

그런데 조선시대 나라에서 징수한 노비신공은 그 액수가 상당하였으며, 이는 흉년을 위해 사용한 것을 다음『성종실록』에서 볼 수 있다.

「대신들을 명소하여 조세의 개정 등에 대해 가부를 의논케 하다. "사섬시(司贍寺)에 쌓아 둔 노비신공(奴婢身貢)의 총계는 면포(緜布)가 724,500여 필(匹)이고 정포(正布)가 18만여 필이니, 비록 쌓아둔 것이 산더미와 같다 하더라도 만약 흉년을 만나면 백성은 먹을 것이 없는데, 국가가 비록 곡식과 바꾸어서 백성을 살리려 하더라도 공사(公私)간의 저축이 모두 바닥이 난 상태이므로 금년과 같이 심하면 아무데도 바꿀 곳이 없을 것이니, 이것은 위급한 때에 쓸모가 없습니다. 이후로는 모든 고을의 노비(奴婢) 숫자 내에서 공물을 거둬들이되 그 반은 면포로 거두고, 나머지 반은 그때의 값을 따져서 미곡(米穀)을 수납하여 각 지방의 창고에 쌓아 두었다가 흉년에 대비하게 하소서."」1461)

이러한 노비신공에 대한 규정들은『경국대전』호전의 요부조에 다음과 같이 규정되었다.

○ 외거노비(外居奴婢)는 선상(選上)과 잡고(雜故)를 제외하고 나이가 16세 이상 60세 이하인 경우에는 모두 신공(身貢)을 거두어 사섬시(司贍寺)에 납부한다. 노(奴)는 면포 1필, 저화(楮貨) 20장, 비(婢)는 면포 1필, 저화 10장으로 하되 만약 면주(綿紬)나 정포(正布)로서 대납하고자 하면 이를 들어 준다. 상의원과 양현고에 소속된 노비의 면포는 그 관사에 납부한다. (당시 楮貨 1張 값은 米 1升, 세종때는 米 1斗).

그리고『대전통편』에서는 노비신공을 호조에 속하도록 개정하였다. 또한 노비신공을 감하였다. 이것은 조선후기 노비법이 완화되는 추세에 따라 1667년(현종 8) 노비신공을 반 필씩 각각 감해주었고, 다시 1755년에는 각각 반필씩 더 감해 노 1필, 비 반 필씩 받다가 1774년에 비공을 전액 면제하고, 노에게서만 신공을 받도록 한 것을 반영한 것이다.

○ 지금은 모두 호조에 속한다.
  노비의 윤달신공은 이를 감(減)한다. 영조(英祖) 무신년(戊辰年)[1748]. 노비공(奴婢貢)은 각각 반 필을 감한다. 영조(英祖) 을해년(乙亥年)[1755]. 비공(婢貢)은 전부를 삭감한다. 영조(英祖) 갑오년(甲午年)[1774]. 지금은 다만 노공(奴貢) 1필만을 징수한다. 역가(役價)로서 징수하는 것이면 노와 비 모두에게 거둔다.

결국『대전회통』에서는 노비제도의 혁파로 노비신공 또한 혁파되었다.

1461)『성종실록』16년(1485) 10월 8일 3번째기사.

> 이번에 혁파한다.
> 노비의 신공(身貢)은 이번에 혁파한다.

이 내용은 『순조실록』에 다음과 같이 규정하고 있다.

> 「하교하기를, "선조(先朝)께서 내노비(內奴婢)와 시노비(寺奴婢)를 일찍이 혁파하고자 하셨었으니, 내가 마땅히 이 뜻을 계술(繼述)하여 지금부터 일체 혁파하려 한다. 그리고 그 급대(給代)는 장용영(壯勇營)으로 하여금 거행하게 하겠다."하고, 인하여 문임(文任)으로 하여금 윤음(綸音)을 대신 지어 효유하게 하였다. 그리고 승지에게 명하여 내사(內司)와 각 궁방(宮房) 및 각 관사(官司)의 노비안(奴婢案)을 돈화문(敦化門) 밖에서 불태우고 아뢰도록 하였다.」[1462)

제2절　군역세

1. 조선초 보법

조선시대에 양천(良賤)을 막론하고 전체 인민이 국가에 부담해야 하는 제1의 의무, 곧 '보편적 의무'는 조·용·조 3세의 납세였다. 이러한 제1의 의무 이외에 양인층에게만 부여된 의무가 군역이었다. 따라서 군역은 양역(良役)[1463)이라고 하여 양인층에게만 부여된 제2의 의무, 곧 '특수한 의무'였다.[1464) 군역이 양인층이 부담해야 하는 의무인 까닭은 군인에게는 급보(給保)[1465)가 주어졌으며, 양인층이 군역의 의무를 다할 경우 국가는 이들에게 관직에 진출할 기회를 제공해주었기 때문이다. 즉, 국가는 상층양인에게 국역수행에 대한 반대급부로서 사환권(仕宦權)[1466)을 부여해준 것이다. 상층양인은 호수

1462) 『순조실록』, 1년(1801) 1월 28일 1번째기사.

1463) 조선시대 16세부터 60세까지의 양인(良人) 장정이 지는 국역(國役)으로 임진왜란 이후에는 대개 양역은 군역을 이르는 말로 쓰여졌다.

1464) 역비한국학연구총서-전근대편 본문 > 역비 한국학연구총서 - 삼국~조선시대 - > 조선중기 국가와 사족 > 제1장 조선시대 국가운영 시스템과 신분구조의 운영원리 > 2. 조선 국가의 운영구조 > 1) 국역체제

1465) 조선시대 군역 및 여러 종류의 국역(國役) 이행자에게 그 의무 이행 기간의 비용 마련을 위해 일정한 수의 보인(保人)을 배정해준 제도.

(戶首)로서 일정기간 군역에 복무한 후, 관계(官階)[1467]를 받거나 관직에 나아갈 길이 열려있었다. 때문에 군역은 양신분(良身分)이라면 누구나 담당할 수 있는 그러한 의무가 아니었다. 군역은 양인의 의무인 동시에 권리이기도 한 양면성을 갖고 있었던 것이다.

따라서 군역 수행에 따른 경제적 부담이 결코 적지 않았기 때문에 상층양인(上層良人)만이 담당할 수 있었다. 군역 수행이 어려운 대다수의 양인들, 곧 하층양인들은 군역을 돕기 위한 보조인력 곧 봉족(奉足)이나 보인(保人)으로 편성되었다. 직접 군사 활동을 하는 정군(正軍)으로 뽑히지 않은 양인을 봉족(奉足)으로 삼아, 정군의 경제적인 지원에 필요한 비용을 부담하게 한 것이다. 이처럼 양인층은 '양인개역제(良人皆役制)'의 원칙 아래 군역의 수행에 직접·간접으로 간여했다. 이는 양신분이 모두 군호(軍戶)에 편성되었다는 점에서는 동일하며, 양인층이 양신분을 유지하는 한 '양역(良役)'이라는 신분유지 비용을 부담해야만 했던 것이다.

조선초기의 봉족은 『태조실록』의 기사 ①과 같이 인정 수로 정하였지만, 『태종실록』의 기사 ②에서는 민호(民戶)의 빈부(貧富)와 결수에 따라 봉족을 주게 하였다. 부자에게 봉족을 많이 주고 가난한 자에게 봉족이 없는 것을 시정하기 위해서이다.

① 「금후로는 각호의 동거와 별거를 막론하고 그의 자(子)·서(壻)·제(弟)·질(姪)[1468]의 족친(族親)[1469]으로서 그 나이 60세 이하 16세 이상인 자에게는 품관(品官[1470])의 마병(馬兵) 1명에 봉족(奉足) 4명을, 직임이 없으면 마병 1명에 봉족 3명과, 보병 1명에 봉족 2명을 정하게 하되, 이를 호주(戶主)의 이름 아래 시행하며, 내외간 족친이 없는 단정(單丁)[1471]에게는 일반 단정의 예에 의하여 봉족을 정해 주되, 평상시의 도역(徒役)[1472]에는 봉족하는 사람을 따로 내보내지 못하게 하고, 군사와 관련되는 일이 있을 경우에만 그 긴급 여부를 감안하여 봉족인의 다소를 참작해 헤아려서 인솔해 가게 하소서.」[1473]

② 「외방(外方)[1474]의 민호(民戶)가 부유하고 강한 자는 조호(助戶)[1475]를 많이 얻고, 가난하

1466) 사환권은 곧 官人이 될 수 있는 자격을 뜻하며, 官人이 된다는 것은 국가의 정치에 직접 참여하게 됨을 의미하는 것이므로 사환권이란 국정에 참여할 수 있는 기본 자격으로서 일종의 공민권적(公民權的) 성격을 띤 것이라 할 수 있다.

1467) 관리나 벼슬의 등급.

1468) 조카.

1469) 유복친 이외의 한 집안.

1470) 조선 시대에 품계를 가진 벼슬아치를 통틀어 이르던 말.

1471) 한 호(戶)에 정(丁)이 하나 뿐인 경우를 일컬음.

1472) 부역(賦役)에 징발된 사람.

1473) 『태조실록』 6년(1397) 2월 11일 3번째기사.

1474) 서울 밖의 모든 지방.

1475) 병역에 복무하는 사람의 뒷바라지를 하는 집. 즉 봉족.

고 어려운 자는 도리어 조호를 얻지 못하여 유리(流離)[1476]해 살 곳을 잃어서, 군액(軍額)이 날로 감축되오니, 원컨대 각도로 하여금 차등에 따라서 상정(詳定)하게 하소서.

1. 갑사(甲士)는 2,3결 이하는 봉족(奉足) 2호(戶)를 주고, 4,5결 이하는 1호를 주고, 6,7결 이상은 주지 말 것.
1. 시위군(侍衛軍)[1477]과 완산자제패(完山子弟牌)[1478]는 1,2결 이하는 봉족 2호를 주고, 3,4결 이하는 봉족 1호를 주고, 5,6결 이상은 주지 말 것.
1. 기선군(騎船軍)[1479]은 2,3결 이하는 봉족 2호를 주고, 4,5결 이하는 봉족 1호를 주고, 7,8결 이상은 스스로 1령(領)을 세우고, 15결 이상은 스스로 2령(領)을 세울 것.
1. 진속군(鎭屬軍)[1480]과 취련군(吹鍊軍)[1481]·철소간(鐵所干)[1482]은 1,2결 이하는 1호를 주고, 3,4결 이상은 주지 말 것.
1. 수성군(守城軍)과 일수(日守)[1483] 양반은 3,4결 이하의 사람만으로 쓰고, 5,6결 이상의 사람은 쓰지 말되, 또한 봉족을 주지 말 것.」[1484]

그 결과 『속육전』에 정군의 경작지가 많고 적음을 상고하여 봉족(奉足)을 주도록 규정된 것을 알 수 있다.

「병조에서 계하기를, 『속육전』 1관(款)[1485]에 갑사가 경작하는 2, 3결 이하는 봉족 2호를 주고, 4, 5결 이하는 봉족 1호를 주고, 6, 7결 이상은 봉족을 주지 않으며, 여러 관사의 이전(吏典)[1486]·대장(隊長)[1487]·대부(隊副)[1488]·정리(丁吏)[1489]·도부(都府)[1490] 외에 공사(公司)를 지키는 별군(別軍)[1491]·속모치[速毛赤][1492]·취라치[吹螺赤][1493]의 유(類)는 1, 2결 이하는 봉족 1호를 주고, 3, 4결 이상은 봉족을 주지 아니할 것이오니, 이후로는 각 고을 수령이 봉족을

1476) 정처 없이 떠도는 것.
1477) 조선시대 초기의 병종(兵種)의 하나.
1478) 조선 초기 전주(全州) 완산의 사대부 자제들로 편성하여 두었던 군대.
1479) 왜구의 침입을 막기 위하여 설치한 선군(船軍).
1480) 조선 시대 각 진(鎭)에 딸린 군졸.
1481) 철장(鐵場)에서 쇠를 제련하는 사람.
1482) 철의 생산을 담당한 자(신분은 양인(良人)이나 실제로는 천인(賤人)의 일을 하던 신량역천(身良役賤)의 사람).
1483) 조선시대 지방의 서반아전.
1484) 『태종실록』 4년(1404) 5월 23일 2번째기사.
1485) 법률문 따위의 조항.
1486) 조선 시대의 이속(吏屬)을 통틀어 이르던 말.
1487) 조선시대 각영(各營)에 둔 정구품(正九品) 서반 잡직(雜職)이다.
1488) 조선시대 무관 잡직(雜織)의 종9품 벼슬.
1489) 관원(官員)의 등급에 따라 배속된 종자(從者)로서의 장정(壯丁).
1490) 조선시대 도부사(都府司)의 관직 이름.
1491) 본영(本營) 이외에 따로 독립되어 있는 군대.
1492) 조선 초기 병조의 군기감(軍器監)에 딸린 장인(匠人).
1493) 조선 시대에 군대에서 나각을 불던 취타수.

정하여 줄 때에 반드시 그 경작지의 많고 적음을 상고하여 교령(敎令)[1494]대로 정하여 주되, 〈정한〉 수량 외에 더 받은 자는 덜어내어 군(軍)에 채워 넣을 것입니다.」[1495]

그리고 『경국대전』 병전의 급보(給保)조에는 다음과 같이 봉족의 의무를 명시하였다. 즉, 군사에게는 장정 2명을 1보(一保)로 계산하여 차등 있게 봉족으로 주되, 그 봉족에게서 매달 무명 1필을 보포(保布)로 받도록 하였다. 무명 1필은 지역에 따라 차이가 있지만 쌀 6두~8두(斗)정도이다.[1496]

○ 중앙과 지방의 군사는 차등 있게 봉족을 준다.
○ 장정 2명을 1보(一保)로 계산하여 갑사[1497]에게는 2보씩 주며 교대 없이 계속 번을 서는 내시에게도 이와 마찬가지로 준다.
○ 함경도와 평안도의 갑사에게는 장정 1명씩 더 준다.
○ 보인(保人)에게 잡물(雜物)을 지나치게 마구 거둔 자 및 〈1인에게서 매월 면포 1필을 초과할 수 없다.〉 위법으로 보인(保人)을 부려먹은 자는 가까운 이웃과 함께 군령으로 논죄하고 군사 본인은 강등시켜 보인(保人)을 삼는다.

그런데 『경국대전』 병전의 급보(給保)조에 월 무명 1필을 보포(保布)로 부담하는 봉족의 책임을 명시한 것은 봉족(奉足)에 대한 착취가 심해졌기 때문이다. ①은 『태종실록』의 기사로 봉족(奉足) 부리기를 자기의 종과 같이 한 것이고, ②는 『명종실록』의 기사로 번상(番上) 때에 조정(助丁)에게서 면포를 한 사람에 8, 9씩을 받아 침탈한 경우이다. 이때 지방군은 1년에 두달씩 서울이나 지방에서 번을 섰다.

　① 「수령은 근심을 나누기 위하여 차견(差遣)[1498]하였으니, 백리(百里)의 지방에 나가서 다스리는 소임은 막중하온데, 하번갑사(下番甲士)가 부병(府兵)[1499]이라 일컬으며 수령을 깔보아 대체로 자가(自家)의 전부(田賦)와 역사(役事)에 나가는 것을 모두 다 위반합니다. 수령이 부역을 균등하게 하고자 하여 한 번이라도 강요함이 있게 되면 문득 능욕을 가하고, 또 그 봉족(奉足) 부리기를 자기의 종과 같이 하여 드디어는 도산자(逃散者)[1500]도 간혹 있게 되오니, 원컨대 이제부터는 하번갑사도 잡역(雜役) 이외의 모든

1494) 임금의 명령 또는 국가의 법령.
1495) 『세종실록』 4년(1422) 12월 2일 3번째기사.
1496) 『속대전』 호전 요부조.
1497) 조선시대 오위제(五衛制)의 중위(中衛 : 義興衛)에 속했던 군인이다. 갑사에 입속할 수 있는 자는 대부분 부유한 지배계층의 자제가 아니면 어려웠다. 특히, 기갑사(騎甲士)는 본인이 말을 준비해야 했다. 그러나 양반자제나 한량·양인들도 봉족을 받고 갑사가 될 수 있는 길은 있었다.
1498) 사람을 시켜서 보냄.
1499) 조선 초기에 의흥삼군부(義興三軍府)에 소속된 중군(中軍)·좌군(左軍)·우군(右軍)을 통칭하는 말.
1500) 도망(逃亡)하여 저마다 흩어진 자.

전부와 역사를 평민처럼 하게하고, 그 봉족도 사가에서 부리지 말도록 하되, 위반하는 자는 수령이 감사에게 보고하여 규찰하여 다스리게 하소서.」[1501]

② 「병조에서 경상좌도 절도사의 계본(啓本)에 의거하여 아뢰기를, "제색군사(諸色軍士)[1502] 조정(助丁)의 조역(助役)하는 가전(價錢)[1503]이 정수가 없기 때문에 매양 번상 때에 조정에게서 면포를 한 사람에 8, 9씩을 침탈하므로 이로 인하여 파산하고 혹은 도망해 흩어지기까지 하니, 그 폐단이 작지 않습니다.」[1504]

그래서 『경국대전』 병전의 급보(給保)조에서는 보인에게 잡물(雜物)을 지나치게 걷지 못하게 하고, 보인 1인당 매월 면포 1필을 초과하여 징수할 수 없도록 규정한 것이다. 그리고 이 규정은 조선초 호(戶) 단위의 봉족(奉足)을 보(保) 단위로 변경하여 보포(保布)를 지급하게 한 의미가 있다.

2. 군포세

군포(軍布)는 번상(番上)[1505]을 서지 않는 대가로 나라에서 수포(收布)하는 것이고, 보포는 번상하는 정군(正軍)이 보인(保人)에게 수가(收價)하는 것이다. 보포는 복무자인 정군(正軍)의 경비 충당을 위하여 현역에서 제외된 자인 보인(保人) 또는 봉족(奉足)이 부담한 것으로 『경국대전』 병전의 급보(給保)조에 규정되었다. 따라서 『경국대전』 병전의 급보(給保)조에 규정된 보포는 순수한 군역 형태로 국가의 재정적 역할은 없었다.

하지만 군포의 규정은 다음과 같이 『속대전』 호전의 요부조에 있다. 『속대전』 호전의 요부조에 군포 규정이 신설된 것은 군포가 조세로서 국가재정에 포함되었다는 의미이다. 조선후기부터 군포세가 징수된 것이다. 문제는 『속대전』 호전의 요부조에 규정된 군포 관련 조문에는 군포의 징수 범위와 징수세액이 규정되어 있지 않다는 것이다.

그것은 『속대전』 병전의 번상조에 규정된 관보(官保)의 조항을 적용하였기 때문이라고 본다.

1501) 『태종실록』 12년(1412) 7월 29일 3번째기사.
1502) 여러 가지 병종(兵種)에 종사하는 군인들을 총칭하는 말.
1503) 물건의 값으로 치른 돈.
1504) 『예종실록』 1년(1469) 3월 10일 5번째기사.
1505) 지방의 군사를 뽑아서 차례로 서울의 군영으로 보내던 일.

○ 군포(軍布)는 6승(升) 40척(尺)을 표준으로 삼는다.
○ 군포(軍布)는 돈과 면포 중 백성의 희망에 따라 징수·상납하되 만약 돈으로 징수하여 이익을 취하고 면포로 바꾸어 상납하는 자는 수령과 함께 전세률(田稅律)로써 논죄한다.
○ 상납 면포 1필은 돈 2냥으로 대납할 수 있다.
○ 각 고을마다 미수납한 군포를 연말에 뽑아서 계산하여 미수한 수량이 많으면 잡아다가 심문하여 논죄한다.

그리고 『대전통편』 호전의 요부조에는 "신포(身布)는 모두 순면포로 납입하거나 또는 면포와 돈을 반반으로 징수한다."는 규정을 신설하였다. 하지만 여기에서도 군포에 대한 과세대상과 세율에 대해서는 규정이 없다.

○ 각군문(各軍門)·각아문의 신포(身布)는 모두 순면포로 납입하거나 또는 면포와 돈을 반반으로 징수한다. 만일 흉년이 들어 임금에게 품의하여 청원하는 경우가 아니면 전부 돈으로 납부함을 허용하지 않는다. 면포의 품질·승수 및 척수는 모두 정식(定式)에 따른다. 경(京)·외관(外官)이 공물을 지나치게 점검하여 불합격으로 물리치는 일이 있으면 적발되는 대로 엄중히 국문한다.

『목민심서』에 의하면 첨정(簽丁)[1506]하여 군포(軍布)를 거두는 법은 중종조 때에 이르러 대사헌 양연(梁淵)[1507]이 군적수포법(軍籍收布法)을 상주하면서 시작되었다고 하였다. 하지만 『반계수록』에서는 다음과 같이 군포의 기원이 언제부터인가는 분명하지 않지만 "당번을 면제시켜 농사에 종사케 하는 그 대가로 포를 징수함으로써 군대의 물자 수요를 충족시키려는 의도였을 것이다."라고 하였다.

「우리나라에서 군인의 입대를 면제하여 주는 대신 포를 징수하는 제도가 어느 시기에 생겼는지 모르기는 하나 당초에는 필연코 평화 시기에 수다한 인원을 당번에 충당하는 것이 사업에서 국가적으로 별로 이로움이 없으므로 그의 당번을 면제시켜 농사에 종사케 하는 그 대가로 포를 징수함으로써 군대의 물자 수요를 충족시키려는 의도였을 것이니 처음에는 국가나 개인이 다 편리하였을 것이다.」[1508]

이러한 군포는 대립(代立)[1509]이나 방군수포(放軍收布)[1510]의 성행으로 점차 포납화(布

1506) 병역의무자인 군정(軍丁)으로 등록 규정하는 행정처리이다.
1507) 『목민심서』 권4 제8부 병전(兵典) 육조(六條) 제1장 첨정(簽丁). 양연(조선 중종(中宗) 때의 문신)의 첨정수포 지법(簽丁收布之法)
1508) 『반계수록』 권지21 군사제도[兵制] ㄹ) 각종군대[諸色軍士] (원문) (我國放軍收布之規 未知起於何時. 當初必以 爲安平無事時 多數立番 無益於事 除其番使歸農業 收其價以補軍需 公私兩便也.)
1509) 군역이나 부역의 의무가 있는 사람이 대가를 지불하고 다른 사람을 대신 입역케 하는 일.
1510) 지방의 영(營)·진(鎭)에서 복무하는 군사들을 집으로 돌려보내고 그 대가로 베를 받아들인 제도. 조선 초기

納化)된 이후 사실상 국가재정의 보전을 위해, 전세·대동세와 함께 일반 양민의 3대 물
납세 중의 하나로 자리 잡았다. 다음『연산군일기』의 기사를 보면 연산 3년(1497)에 정병
(正兵) 대역(代役)의 법이 세워진 것을 볼 수 있다. 하지만 대립의 두 달의 값이 베 15, 16
필에 이르러, 그 피해가 가난한 백성에게 미치고 있었다.

「다만 군사를 대립(代立)[1511]하는 것은 예로부터 그 법이 없었으므로 비록 사사로이 서로
대체한 자일 지라도 마음대로 값을 증수하지 못했었는데, 정병(正兵) 대역의 법을 세운 뒤
로부터는 대역자가 역(役)이 중하다고 칭탁하고 두 달의 값을 반드시 베 15, 16필에 준하니
그 준보(准保)[1512]한 자도 오히려 갖추어 지급하기 어려운데, 하물며 준보를 못한 자야 말할
것이 있으리까. 정병이 무릇 입번(入番)하면 두 달 만에 서로 교체하는데, 혹은 해마다 번상
하고 혹은 한 해를 띄어서 번상하니, 그렇다면 가난한 백성이 장차 어떻게 견디오리까. 청
컨대 조종조(祖宗朝)의 예에 의거하여 대리로 세우는 법을 혁파해서 남징(濫徵)의 근원을 막
으시옵소서. 그리고 또 준보를 못한 자에 있어서는 해조(該曹)로 하여금 여(旅)[1513] 밖의 정
병(正兵)의 보(保)를 뽑아내서 우선 충급하도록 하시옵소서.」[1514]

이처럼 군역의 대립은 대립가의 앙등으로 농민의 파산을 초래하였다. 그래서 중종 때
에는 정병(正兵)을 대신 세우는 것이 금지되었는데, 다음『중종실록』에서 볼 수 있다.

「1. 정병(正兵)을 대신 세우는 것은 이미 금령이 있으니, 다시 거듭 밝혀 엄중하게 금해야
하겠습니다.」[1515]

다음『세종실록』의 기사에서는 군사들의 입번(立番)의 대립 면포가(綿布價)가 1개월에
포(布) 3필이라 하였으니, 조선초부터 대립이 행하여졌음을 알 수 있다.

「경외(京外)의 인민이 각 관청에 기인(其人)[1516]이나 보충군 같은 것으로 들어가던가, 도부
외(都府外)[1517]·조예(皀隷)[1518]·선상노자(選上奴子)[1519]·선군(船軍)으로 입번(立番)할 때에는

진관체제(鎭管體制) 아래에서 각 지방의 군영과 진에서 복무하는 군사들에 대한 감독권은 전적으로 군영과
진의 지휘관에게 있었다. 자신의 지휘하에 있는 군사들 중에서 부득이한 사정으로 입번(立番)이 어려운 자에
게 한 달에 쌀 9말이나 베 3필씩을 받고 돌려 보낸 것이 그 시초가 되었다.

1511) 공역(公役)에 사람을 대신 내보내는 일.
1512) 정병(正兵)을 돕기 위하여 조정(助丁)인 봉족(奉足) 두 사람을 붙여 그 농사를 대신 짓게 하는 군보(軍保)를 정
례(定例)에 준하여 지급해 준 것.
1513) 군대.
1514)『연산군일기』3년(1497) 11월 12일 2번째기사.
1515)『중종실록』4년(1509) 8월 29일 2번째기사.
1516) 지방 토호의 자제를 인질로 서울에 머물러 있게 한 제도.

다투어서 대립(代立)시키옵는데, 양반의 집에서도 역시 본떠서 하옵니다. 한 장정의 한 달의 대가가 면포로 3필이니, 1년의 대가는 거의 30여 필이나 되옵니다.」[1520]

또한 다음『중종실록』를 보며는 군역의 대립(代立)은 이미 관행적으로 이루어 졌음을 알 수 있다. 그래서 입역(立役)하는 자가 입역하는 대가를 임의로 받는다면 그 값이 부담스럽기 때문에 법으로 "정병(正兵)이면 한 달에 세 필 반으로, 선상이면 두 필 반"으로 정하였다는 것이다.

「또 선상보병(選上步兵)[1521]의 번가(番價)를, 대신 입역(立役)하는 자가 입역하는 곳의 군사에게서 임의로 받는다면 그 값을 더욱 무겁게 할 것이므로, 그 액수를 짐작해서 정병(正兵)이면 한 달에 세 필 반으로, 선상이면 두 필 반으로 정하였습니다. 그러나 대신 입역하는 자들이 앞다투어 훨씬 더 많이 거두려고 하여 폐단을 일으키는 일이 많았습니다. 그러므로 병조와 사섬시(司贍寺)에서 그 값을 받아서 나누어 주기로 이미 의논하여 정하였습니다. 그 값은 본디 다섯 새[升][1522] 무명베인데 지금의 다섯 새는 예전에 넉 새입니다. 새가 거칠면 대신 입역할 자가 없으므로, 부득이 반 필을 더하는 법이 나왔습니다.」[1523]

그리고『현종개수실록』을 보며는 방군수포(放軍收布) 즉, 군인을 놓아보내고 그 대가로 베를 받아들이는 것 또한 관행화되어 있음을 볼 수 있다. 그 당시 번포(番布)를 바치기를 원하는 자가 넘쳐나기 때문에, 노잔(老殘)[1524]한 자에게 번포를 징수하여 군수(軍需)에 쓸 것을 주장하고 있다.

「곤수(閫帥)[1525]가 군인을 놓아 보내고 그 대가로 베를 받아들임에 있어 베의 품질을 점점 높여서 자기를 잘 살찌우는 데만 힘쓰고 있습니다. 한 영(營)의 수포군(收布軍)이 많게는 4천, 5천에 이르는데 4천, 5천 명으로부터 받아들인 베를 무부(武夫)[1526]의 제 몸 살찌우는 데 다 털어 넣는 것은 또 어찌된 일입니까. 국가가 당초에는 돌려가며 번을 세워 무예를

1517) 조선시대에 국왕의 시위와 궁성의 치안을 담당한 군사조직.
1518) 관청에서 천역(賤役)에 종사하던 관노비.
1519) 각 지방 관아에서 뽑아 서울로 올려 보내던 노비를 말함.
1520)『세종실록』21년(1439) 11월 11일 3번째기사.
1521) 조선시대에 지방에서 중앙 관서로 뽑혀 와서 입역(立役)하는 보병.
1522) 포목의 날실의 수를 세는 단위. 한 새는 80가닥. 다섯 새라 함은 한 폭의 날실이 4백 가닥이라는 뜻이 되며, 다섯 새의 포목이라야 행용하는 규격에 맞는 것이다. 새수가 적을수록 거칠고 새수가 많을수록 고운 포목이다
1523)『중종실록』36년(1541) 4월 4일 3번째기사.
1524) 쇠한 노인.
1525) 병마절도사(兵馬節度使)와 수군절도사(水軍節度使)를 예스럽게 부르던 말.
1526) 무사.

익히도록 하였으나 연고가 있어서 번포(番布)를 바치기를 원하는 자가 갈수록 넘쳐서 이 지경에 온 것입니다. 신의 어리석은 생각으로는 장정을 선발하여 돌려가며 번을 세워 무예를 익히도록 하되, 농사철에는 농지로 돌려보내서 시기를 놓치지 않도록 하고, 노잔(老殘)한 자에게나 번포를 징수하여 군수(軍需)에 쓴다면 군사들이 숨을 돌릴 수 있을 것입니다.」[1527]

이와 같이 대립(代立)나 방군수포(放軍收布)가 관행화됨으로써 17세기 이후부터 군역은 신역보다는 국가 재원을 마련하는 조세적 기능이 강화되었고, 군포를 거두어들이는 과정에서 민생을 위협하는 심각한 폐단을 낳았다. 특히 임진왜란 이후 훈련도감(訓鍊都監)이 설치되면서 지금까지의 국민 개병제는 용병제(傭兵制)로 변형되지 않을 수 없었으며, 새로운 직업적인 군역 의무자의 출현을 보게 되었다. 이러한 용병제의 실시는 방군수포(放軍收布)의 절차를 받게 하였으며, 입역(立役)을 불원하는 군역 의무자는 정액의 번포(番布)를 상납함으로써 군역을 마치게 되므로, 군료(軍料)는 국고에서 지급하게 되어 양역의 의의는 국방상의 기능보다 수포(收布)라는 재정상의 기능으로 변형하게 된 것이다.

그래서 『속대전』 병전의 번상조에서는 자보와 관보를 구분하고, 상번하는 정군(正軍)에게는 자보(資保)[1528] 1정(丁)을 주어 번(番)을 서로 갈 채비(무기·양식·의복·여비 등의 마련)를 하도록 하였다. 또 관보(官保)[1529] 2정(丁)씩이 있어 각자 미 12두를 관(官)에 납부하도록 하여, 각 해당 군영(軍營)에서 거두어 저장하였다가 상번군(上番軍)의 군료(軍料)로 지급하도록 규정을 신설하였다. 즉, 번상(番上)할 자는 보포(保布)를 매정(丁)당 각 2필을 거두어 번상의 경비로 사용하게 하며, 상번(上番)하지 아니하는 자의 호보(戶保)로부터는 모두 포 2필을 거두어 그것으로 병조에서 서울 시민을 고용하여 대신 번(番)들게 하도록 규정을 개정하였다. 여기서 자보가 부담하는 것은 보포이며, 관보가 부담하는 것은 군포이다.

○ 각 군영의 군사는 번서는 차례가 정해진 대로 윤번으로 상경하며, 보인(保人) 및 아병(牙兵)[1530] 등 상번하지 아니하는 자들로부터는 신역(身役)으로 미포(米布)를 거둔다. 어영청 및 금위영의 군사로서 상번하는 자를 정군(正軍)으로 삼고 각자에게 자보(資保) 1정(丁)을 주어 번 서로 갈 채비(무기·양식·의복·여비 등을 마련)를 하도록 하며, 또 관보(官保) 2정(丁)씩이 있어 각자 미 12두를 관(官)에 납부하도록 하여 각 해당 군영에서 거두어 저장하였다가 상번군(上番軍)의 군료(軍料)로 제공한다.

1527) 『현종개수실록』 1년(1660) 10월 17일 4번째기사.
1528) 보포를 내어 실역에 복무(服務)하는 군정(軍丁)을 돕던 보인.
1529) 병역에 복무하지 않는 대신 삼베나 무명 따위를 바치는 군보(軍保)를 말함.
1530) 아병(牙兵)은 원래 호역(戶役)을 면제받으면서 번차(番次)에 따라 각 군영이나 감영에 들어가 군사훈련과 각종 군무를 수행하였으나, 쌀과 돈을 납부하고 군역을 면제받는 수미(收米)·수전군(收錢軍)으로 변질되었다. 그들이 납부해야 할 미(米)·전(錢)의 액수가 증가함에 따라 지방민의 고통도 심화하여 조선후기 지방군역의

○ 훈련도감군(訓鍊都監軍)의 군량미를 내는 향보(餉保)[1531]의 납미도 위와 같으며, 포수(砲手)의 보인은 포(布) 2필을 바친다.

○ 정군(正軍)이 호수(戶首)가 되고 호수에게는 각각 보인(保人)을 두며 두 달을 1당번으로 하되 당번마다 병조에서 그 번상할 호수를 정한다. 번상할 자는 각각 그 보포(保布)를 매정(丁)당 각 2필을 거두어 번상의 경비로 삼게 하며, 그 상번(上番)하지 아니하는 자의 호보(戶保)로부터는 모두 포 2필을 거두어 그것으로 병조에서 서울 시민을 고용하여 대신 번(番)들게 한다.

3. 균역세

조선후기에도 정군(正軍)은 역에 종사하고 보인(保人)은 포를 납부하는 것이 원칙이었다. 이 가운데 관보의 군역가는 경외안(京外案)에 기록된 군총(軍總)에 따라 문자 그대로 수령에 의한 청부제로 징수되었으며, 번상(番上) 대상에 따라 경상납(京上納), 순영(巡營)[1532]·병영(兵營)·수영(水營)상납 및 읍 자체의 재정명목으로 구분되었다. 당시 군역에서는 각급 관청의 재정수요에 따라 관보가 부담하는 군액은 증가하는 데 비해, 신분제 변동과 피역으로 인해 양역 농민의 수는 감소되는 상황이 문제가 되었다. 군역은 중세 신분제 사회에서 특히 양인의 사회적 지위를 강력히 규제하는 것이었기 때문에 부담농민의 피역 저항은 두드러졌다. 이때 일탈된 궐액(闕額)[1533]분은 재차 나머지 농민의 부담으로 전가되었다. 이와 같이 관보의 징수에 있어서 총액제의 시행에 따른 모순으로 인해 허액이나 도망한 자에 대한 추가부담의 문제가 크게 대두되었다.[1534]

보인은 신분적으로는 정병과 같은 양민으로 당번이 된 정병(正兵)의 토지를 경작하거나, 그가 복무하는 동안 정병의 집안일을 돌보도록 하였다. 그러나 보인의 이러한 부담은 무거워 권문세가에 투탁(投託)[1535]하거나 승적(僧籍)에 들어가는 등 보의 부담을 기피하는 경향이 심해지면서, 보인(保人)이 없는 정병이 많아졌으므로 후에 보역(保役) 대신 보포(保布)로 대치하는 상황은 조선왕조 말까지 계속되었다.

특히 임진왜란 이후의 재정의 압박은 호보(戶保)가[1536] 없는 수포(收布)만을 징수하는 허구화된 국방 상태를 조성하는 한편, 종신 공역(供役)[1537]을 해도 다할 수 없는 양역(良役)을 백성에게 부과시키게 하였다. 이러한 상태는 양역에 대한 근본적인 대책을 강구하

폐단이 되었다.

1531) 군역 부담자 가운데 직접 복무하는 것 대신에 군량으로 쓸 식량을 제공하는 장정.

1532) 감사(監司)가 일을 보던 관아.

1533) 부족(不足)한 액수.

1534) 「한국사」 중세사회의 해체 반봉건투쟁의 격화 1862년 전국농민항쟁 1862년 농민항쟁의 발생계기 국가의 조세수탈에 대한 농민들의 저항 (한길사)

1535) 남의 세력에 기댐.

1536) 호수(戶首)와 보인(保人)

1537) 양민이 담당하던 부세의 하나인 신역.

게 하였으며, 여러 차례의 양역변통책(良役變通策)이 대두되었으나 관료들의 신분적·경제적 이권이 침해당하지 않는 방법으로 일관하였기 때문에 논의만 되풀이할 뿐이었다. 그러면서 군포가 궁핍한 국가재정의 세입원으로 대치되어 국방의 기본 목적을 이탈하면서 여러 가지 폐단을 초래하였으므로 1751년(영조 27) 균역법으로 전환되었다.

조선후기 복잡한 양역문제는 영조가 즉위하면서 적극성을 띠기 시작하여 호포론(戶布論)[1538], 구전론(口錢論)[1539], 감포론(減布論), 결포론(結布論)[1540] 등 다양한 방책[1541]을 검토하기 위하여 양역사정청(良役査正廳)[1542]을 다시 설치하고, 20여 년간에 걸친 기초조사 작업을 통하여 『양역실총(良役實摠)』 10권이 완성됨으로써, 군역 변통책의 윤곽이 호포(戶布)와 결포(結布)로 드러나게 되었다. 그 내용은 다음과 같이 『영조실록』에 있으며, 군역의 부담을 경감하고 공평하게 하는 군역세법을 제정한 것이다.

「이날 임금이 양역절목을 가져다 보았다. 절목에는 10개 조목이 있었는데, 첫째, 설청(設廳) [옛 수어청을 균역청으로 이름을 바꾸어 비축하고 충급(充給)하는 장소로 삼는다.] 둘째, 결미(結米) [서북 양도 이외의 6도 전결에 대하여 매 결에 쌀 2두 혹은 돈 5전씩을 걷기로 정한다.] 셋째, 여결(餘結) [관북 이외의 7도에서 보고된 여결의 숫자는 총 2만여 결이 되는데, 경오조(庚午條)부터 본청에 납세하여 양포(良布)의 반절을 감한 수량에 충당한다.] 넷째, 해세(海稅) [제도의 어염세로 균세사(均稅使) 및 감사에게 분정한다.] 다섯째, 군관(軍官) [양민으로 교생(校生)[1543]이나 관에 투입한 자를 따로 군관으로 만들어 베를 받아 감축된 베의 수량에 충당한다.] 여섯째, 이획(移劃) [군포를 감축한 뒤에 선혜청의 저치미(儲置米)와 해서의 상정미(詳定米)[1544] 합 1만 석을 잘라 저치하고, 본청에 이획하여 감축된 베의 대상으로 보태어 준다.] 일곱째, 감혁(減革) [군문(軍門)과 제사(諸司)의 구제(舊制)에 약간의 변통을 가하고 외방의 영읍진(營邑鎭)의 각종 명목에 형편대로 재감을 더 하여 감축된 베의 수량에 대신한다.] 여덟째, 급대(給代) [대신해 줄 수량을 죽 나열하여 기록하고 정식(定式)하여 해마다 예를 살려서 거행하게 한다.] 아홉째, 수용(需用) [본청의 쌀과 무명은 대신 줄 것 이외에는

1538) 신분에 관계없이 집집마다 일정한 수량의 포를 징수하자는 주장.

1539) 신분에 관계없이 모든 남정(男丁)으로부터 일정한 수량의 동를 징수하자는 주장.

1540) 전결을 기준으로 포를 징수하자는 주장.

1541) 임금이 말하기를, "백성이 곤궁하다는 말은 참으로 예사롭게 하는 말이다. 이제 큰 변란을 당한 뒤이므로 돌볼 방책이 참으로 급하니, 오늘 2품 이상을 인대(引對)한 것은 의도가 우연한 것이 아니다. 만약 좋은 모책(謀策)이 있으면 글로 써서 아뢰라. 그러나 호포(戶布)·결전(結錢)·구전(口錢) 같은 것은 지금의 인심으로는 결코 시행하기 어려울 것이다."(영조 18권, 4년(1728 무신 / 청 옹정(雍正) 6년) 5월 5일(을묘) 8번째기사)

1542) 조선 영조 18년(1742)에 양역(良役)의 폐해를 시정하고 양정(良丁)의 부담을 줄이기 위하여 설치한 관아.

1543) 조선시대 각 고을의 향교에 등록된 학생.

1544) 각 지방의 사정에 의하여 일률적으로 대동법을 시행하기 어려웠으므로 특정 지역에 대해서는 특별히 세율을 상정하고 이를 상정법이라 하였음. 결국 상정법이란 대동법의 내용을 그 지방의 인문 지리적 특수성에 따라 그에 알맞도록 수량을 조정한 세규를 지칭하는 것임. 황해도에는 별수미(別收米)라는 명칭을 붙여 3두를 가산 15두씩을 징수하고 이를 상정미(詳定米)라 하였음.

조금도 다른 곳에 쓸 수 없기 때문에 낭관(郎官)은 실직(實職)이 있는 사람으로 겸하게 하고 이례(吏隸)[1545]도 본료(本料)로 낮추어서 이차(移差)[1546]한다.] 열째, 회록(會錄)[1547] [1년 동안 대신 주고 남은 수량은 각도로 하여금 받아 두게 하고 연말에 개록(開錄)[1548]하여 본청에 보고하여 흉년에 진휼의 양자(糧資)[1549]로 비축한다.] 등이었다.」[1550]

그 결과 『대전통편』 병전의 번상조에서는 균역법의 시행에 따라 『속대전』의 보포 규정을 다음과 같이 개정하였다. 『속대전』에서 번상할 자는 보포를 매정(丁)당 각 2필을 거두어 번상의 경비로 사용하게 한 것과 상번하지 아니하는 자의 호보(戶保)로부터는 모두 포 2필을 거두는 것을 『대전통편』에서 개정하여 각각 1필로 감한 것이다.

> ○ 정군(正軍)이 호수(戶首)가 되고 호수에게는 각각 보인(保人)을 두며, 두 달을 1당번으로 하되 당번마다 병조에서 그 번상할 호수를 정한다. 번상할 자는 각각 그 보포를 매정(丁)당 각 2필을 거두어 번상의 경비로 삼게 하며, 그 상번하지 아니하는 자의 호보(戶保)로부터는 모두 포 2필을 거두어 그것으로 병조에서 서울 시민(坊民)을 고용하여 대신 번을 들게 한다. 1필을 감(減)한다
> ○ 당번이 한도에 미치지 못하고 미수포(未收布)가 1동(同)[1551]이 찬 경우에는 수령이 아울러 영문(營門)에서 장형(杖刑)을 당하게 된다.

또한 『대전회통』 병전의 번상조에서는 보인(保人)의 납미(納米)도 12두에서 6두로 감하였다. 정군(正軍)으로 올라서 등록된 자는 매읍(每邑)에서 단지 1명만 남기고 그 나머지로부터는 미포(米布)를 수납하여, 포수(砲手)의 상번 경비에 충당하도록 하였다.

> ○ 보인(保人)의 납미(納米)는 6두를 감하되, 그 6두는 결작미(結作米)로 바꾸어 내도록 하며, 보포(保布)도 1필을 감한다.
> ○ 정군(正軍)으로 올라서 등록된 자는 매읍(每邑)에서 단지 1명만 남기고, 그 나머지로부터는 미포(米布)를 수납하여 포수(砲手)의 상번 경비에 충당하도록 한다.

그리고 『대전통편』 호전의 어염(魚鹽)조에서도 균역법의 시행에 따라 새로운 규정을

1545) 관원의 하인.
1546) 일정한 사무를 맡기지 아니하고, 사무가 번잡하거나 시급을 요할 때에 협조하도록 하는 것.
1547) 전세(田稅)나 환곡 등의 세곡(稅穀)을 징수할 때, 자연 감모를 보충하기 위해 거둔 1할의 모곡(耗穀)을 다른 목적에 쓰기 위하여 일부를 떼어 용도가 다른 회계 장부에 기록하는 것.
1548) 임금에게 올리는 문서의 말미에 의견 또는 용건을 열기(列記)하는 것.
1549) 양식과 비용을 아울러 이르는 말.
1550) 『영조실록』 26년(1750) 7월 2일 3번째기사.
1551) 50필.

신설하였다. "어(魚)·염선세(鹽船稅)는 호조에서 장부에 기록하여 수세하는 규정 및 궁방으로 할애하는 제도는 모두 혁파하고 이를 균역청에 이속하며, 각종 납세와 이에 따르는 여러 행위는 균역사목(均役事目)을 적용한다."고 규정하였다.

○ 균역법 시행 후 전속(專屬)에 관한 규정은 이를 혁파하고 다만 연자진의 어장 7곳은 강화부에 소속시켜 군기비(軍器費)를 보태도록 한다. 교동·서도의 어장 한 곳은 교동부에 소속되고 남양 줄박섬의 어장 한곳은 화량진에 속하며 강화례(江華例)에 따라 면세한다.
○ 균역법 시행 이후는 사용원(司饔院)의 수세 규정은 폐지되고 종묘에 천신(薦新)[1552]하는 백어(白魚)와 궁중으로 공상(供上)[1553]하는 생해(生蟹)[1554]는 공납시키고 이에 대가를 지급한다.
○ 어·염선세는 호조에서 장부에 기록하여 수세하는 규정 및 궁방으로 할애하는 제도는 모두 혁파하고 이를 균역청에 이속하며, 각종 납세와 이에 따르는 여러 행위는 균역사목(均役事目)을 적용한다. 영조 경오년(1750년).

더욱이 『대전통편』 호전의 해유(解由)[1555]조에는 "선무군관(選武軍官)의 보포(保布)는 삼국보포례(三局保布例)에 의하며, 어(魚)·염(鹽)·선세(船稅)는 소속진(所屬鎭)에서 일률적으로 시행한다."고 규정하였다. 여기서 선무군관은 조선후기 지방의 부유한 평민으로 조직되어 평상시에는 군관포(軍官布)를 내면서 무예를 익히다가, 유사시에는 소집되어 군졸을 지휘한 군관을 말한다.

○ 선무군관(選武軍官)의 보포는 삼국(三局)[1556]보포례(保布例)에 의하며, 어·염·선세는 소속진(所屬鎭)에서 일률적으로 시행한다.

이처럼 균역세는 종래의 군포 2필을 1751년(영조 27)부터 1필로 반감하고, 구 수어청(守禦廳)에 균역청을 두며, 재정상의 부족액은 어·염·선세와 선무군관포(選武軍官布) 및 결작(結作)과 은여결세의 징수로 보충하였다. 이때 결작은 함평 양도를 제외한 6도의 전결(田結)에 대하여 매 1결당 미 2두 혹은 전 50문씩을 징수하였다. 이렇게 하여 균역청에 수입되는 급대조(給代條) 수입액은 총 60여 만냥으로 제관서에 분급되었다.

결론적으로 균역법은 국가재정과 양민생활의 안정을 기하기 위하여, 관료는 결작 또는 결전(結錢)과 군관포(軍官布)의 부담을 통하여 그 권리를 양보하였고, 군왕은 궁방이 독점한 어·염·선세를 정부에 이관함으로써 그 특권의 일부를 포기하였다.

1552) 철 따라 새로 난 과실이나 농산물을 먼저 신위(神位)에 올리는 일.
1553) 진상.
1554) 국가에 공물로 바치던 특산물인 살아있는 게.
1555) 조선시대 관원의 교체시 전임자와 후임자 사이에 인수 인계하는 법률적 절차.
1556) 훈련도감·어영청·금위영.

4. 군역세의 면제

『경국대전』 병전의 면역(免役)조에 규정된 군역의 면제대상은 ① 60살이 된 사람, ② 불치의 병이나 불구의 병에 걸린 사람, ③ 불치의 병이나 불구의 병에 걸린 부모와 70살 이상이 된 부모를 모시는 아들 한 사람, 90살 이상이 된 부모를 모시는 모든 아들, ④ 외아들 등이다.

○ 군사로서 나이 60살이 된 사람, 불치의 병이나 불구의 병에 걸린 사람(불치의 병이란 난치의 질환으로 간질병·청맹과니·팔다리 넷 중에 둘이나 쓰지 못하는 사람을 가리키고, 불구의 병이란 천치·벙어리·난쟁이·곱사등이·팔다리 넷 중에 하나라도 쓰지 못하는 사람을 가리킨다. 천치란 정신이 온전치 못한 것이고 난쟁이란 키가 작은 것이다.)은 모두 군역을 면제한다. 대체로 다른 신역의 경우도 이와 마찬가지이다.
○ 불치의 병이나 불구의 병에 걸린 부모와 70살 이상이 된 부모를 모시고 있는 아들은 한 사람만, 90살 이상이 된 부모를 모시고 있는 아들은 모두 군역에서 면제한다. 아들이 사망한 경우에는 손자 한 사람을, 친손자가 없으면 외손자를 군역에서 면제한다.
○ 수도에 거주하는 군사, 본도에 남아서 방어하는 군사, 충순위(忠順衛)[1557]의 정병에 대해서는 외아들을 제외하고는 군역을 면제하지 않는다.

그리고 『속대전』 병전의 면역조에서는 보다 많은 면역 대상자를 신설하였는데, 다음과 같이 ① 유음인(有蔭人)[1558]의 후손이나 왕실의 후손, ② 공신의 자손, ③ 귀화인, ④ 일가(一家)내 여러사람이 군역에 복무한 경우, ⑤ 4부자 이상이 양역에 복무한 경우 등 각각의 조건에 따라 군역을 면제하였다.

○ 유음인(有蔭人)에 대해서는 대수(代數)[1559]를 한정하여 군역을 면제한다. 대왕(大王)의 후손은 대수(代數)[1560]를 한정하지 아니함을 새로운 법식으로 정한다.
○ 전사자의 자손으로서 현재 충위(忠衛)에 소속된 자는 3대(代)에 한하여 면역된다.
○ 족친위(族親衛)[1561] 및 정훈(正勳)[1562]인 공신의 자손으로서 충의위(忠義衛)[1563]에 속한 자는 9대(代)에 한하여 면역된다.
○ 귀화인(歸化人)이 군적(軍籍)에 들어간 경우에는 다른 신역(身役)을 면제하도록 한다.

1557) 조선 시대 중앙군인 오위(五衛) 가운데 충무위(忠武衛)에 소속되었던 병종(兵種). 세종 27년(1445)에 3품 이상 고관의 자손을 우대하기 위하여 설치하였는데, 이때 6백인을 시험을 보아 뽑아서 윤번(輪番)으로 입직시키고 복무를 마치면 관리로 진출할 수 있게 하였다.
1558) 부조(父祖)의 음덕(蔭德)으로 벼슬할 수 있는 자.
1559) 세대(世代)의 수. 부(父)·조(祖)·증조(曾祖)·고조(高祖) 등의 윗 세대, 또는 자·손·증손·고손 등의 아래 세대수를 의미한다.
1560) 세대(世代)의 수.
1561) 왕실과 혈연 관계에 있는 자들이 속해 체아직(遞兒職 : 현직을 떠난 문무관에게 계속하여서 녹봉을 주려고 만든 벼슬)을 받으면서 일정한 복무를 마쳐 거관(去官 : 다른 관직으로 옮김)되도록 한 일종의 우대 기관이었다.
1562) 친공신(親功臣) : 자신이 세운 공으로 녹훈(錄勳)된 공신.

○ 일가내(一家內)에 여러 사람이 군역(軍役)에 복무하거나 1인이 두 가지 이상의 신역(身役)에 거듭 복무할 경우에는 제감(除減)[1564]한다. 속오군(束伍軍)[1565] 중에서 부자(父子) 3인이 대오(隊伍)에 편성된 경우에는 그 부(父)의 군역을 면제하여 주고 형제 4인이 대오(隊)에 편성되었을 경우에는 그 형의 군역을 면제하여 주며 그를 대신할 자는 관(官)에서 정한다.
○ 4부자(父子) 이상이 양역(良役)에 복무할 경우에는 동거여부를 막론하고 스스로 원하는 바에 따라 1인의 신역을 제감(除減)한 후 스스로 대정(代定)하도록 한다.
○ 한 몸이 두 가지 이상의 신역에 거듭 복무하는 경우에는 그 뒤에 지게 된 신역을 감한다.

그러나 『속대전』 병전의 면역조에서는 면역의 비리를 막기 위해서, 다음과 같이 거짓 사유로서 군역(軍役)을 면하고자 한 자에게는 면역(免役)을 해주지 못하도록 규정하였다.

○ 여러 가지 거짓 사유로서 군역을 면하고자 하는 자에게는 면역(免役)을 해주지 않도록 한다. 속여서 충의위(忠義衛)에 소속되어 영직(影職)[1566]의 첩지(帖紙)[1567]를 받은 자와 속여서 향교(鄕校)·향소(鄕所)[1568]의 임원에 속하거나 교생(校生)·아전 등에 속한 자에 대해서는 수포안(收布案)[1569] 중에 면제사유를 기록하지 못하도록 한다.
○ 납속(納粟)[1570]당상관(堂上官)[1571]으로서 군역이 있는 자는 핑계를 대어 군역을 면하지 못하게 하며, 군역이 없는 자는 군역에 충정(充定)한다.

또한 『속대전』 병전의 면역조에는 불법적인 면역에 대한 처벌을 강화하는 규정을 신설하였다. 특히 군역의 면제는 수령을 비롯한 감고(監考)[1572]와 색리[1573] 등에 의하여 이루어 질 수밖에 없기 때문에 이들에 대한 처벌 조항을 신설하였다.

1563) 조선 시대의 중앙군인 5위(衛)의 충좌위(忠佐衛)에 소속되었던 양반 특수 병종으로, 세종 즉위년(1418)에 설치되어 개국(開國)·정사(定社)·좌명(佐命)의 3공신의 자손들이 주로 입속 대상이 되었다.
1564) 사람 수를 빼서 줄인다.
1565) 조선시대 선조 27(1594)년에 훈련도감을 설치하고, 역(役)을 지지 않은 양인(良人)과 천민(노비) 중에서 조련(操鍊)을 감당할 수 있는 사람으로 편성한 군대이다. 이들은 평시에는 군포(軍布)를 바치고, 나라에 큰 일이나 사변이 있을 때에만 소집되었다.
1566) 조선시대에 직함은 있으나 맡은 직무가 없던 관직.
1567) 임명장.
1568) 조선시대 각 고을 수령의 자문 기관으로서 수령을 보좌하고 풍속을 바로 잡고 향리(鄕吏)의 부정을 규찰하며, 국가의 정령(政令)을 민간에 전달하고 민정(民情)을 대표하는 자치 기구.
1569) 군포(軍布) 징수부.
1570) 곡식을 받고 벼슬을 팔거나 천인의 신분을 면제시켜주는 정책.
1571) 조선시대 관리 중에서 문신은 정3품 통정대부(通政大夫), 무신은 정3품 절충장군(折衝將軍) 이상의 품계를 가진 자.
1572) 조선시대 궁가(宮家)나 각 관아에서 전곡(錢穀)의 출납을 담당하거나 지방 관아에서 전세·공물 징수를 담당하던 하급관리.
1573) 조선 후기는 일반적으로 말단 향리를 색리라고 하였다.

○ 살아 있는 자를 죽었다고 하고, 남아 있는 자를 도망쳤다고 하며, 허위로 독질(篤疾)이나 폐질이라 칭하여 거짓으로 공문을 내어 한정(閑丁)[1574]을 용인하거나 숨겨준 경우에는 그것이 비록 1명이라도 수은 파직하고 감고(監考)와 색리는 장(杖)100에 충군(充軍)한다.

○ 죽은 후 해가 지나거나 도망친 후 한년(限年)[10년]이 지나도 대정(代定)하지 아니한 경우와 비록 대정(代定)하여도 가명으로 허위 기록한 것이 5명 이상인 경우에는 수령은 파직하고 감고와 색리는 영문(營門)[1575]에서 형구(刑具)로 추문하며, 10명 이상인 경우에는 수령은 삭직하고 감고와 색리는 도형(徒刑)으로 정배하며, 20명 이상인 경우에는 수령은 도형으로 정배하고 감고와 색리는 형장(刑杖)을 친 후에 유형(流刑)에 처한다.

○ 위법으로 제군(除軍)하게 한 경우에는 논죄한다. 7인 이상이면 수령을 파직하고 5인 이상이면 그의 자급(資級)[1576]을 강등하며, 4인 이하이면 장 80에 처하며 1인 이상이면 색리를 장 100 도(徒) 3년에 처한다.

○ 부실(富實)[1577]한 군정(軍丁)을 아전으로 바꾸어 정한 경우 및 군적(軍籍)에 등록된 군정(軍丁)을 향리나 고공(雇工)[1578]으로 (취급하여) 시행한 경우에는 위법으로 제군(除軍)하게 된 예에 따라 논죄한다.

5. 결작세(結作稅)

결작(結作)은 전세·삼수미세·대동세 이외의 전결(田結)에 대한 부가세로, 서북양도(西北兩道)를 제외한 6도의 전답(田畓) 매 1결에 대하여 연군(沿郡)은 쌀 2말, 산군(山郡)은 전(錢) 5전씩을 징수하였다. 이때 돈으로 납부하는 경우를 결전(結錢)이라고 하였다. 결작은 1751년(영조 27) 균역법의 실시로 인한 재정상의 부족액을 충당하게 하면서 신설된 것이다. 균역법의 시행에 따른 재정상의 부족을 메우기 위해 결작 외에 어세(漁稅)·염세(鹽稅)·선세(船稅)·선무군관포(選武軍官布)[1579] 등이 있었다. 이러한 기사는 다음 『영조실록』에서 볼 수 있다.

「9월에 결미(結米)에 관한 절목이 비로소 완성되어 계하(啓下)[1580]하여 반포했는데, 대략 이르기를, '양포(良布)를 반을 감면시킨 것은 오로지 성상께서 만백성을 위해 진념하는 지극

1574) 국역(國役)을 지지 아니하는 장정.

1575) 감사(監司)가 일을 보던 관아.

1576) 벼슬아치의 직품(職品)과 관계(官階).

1577) 재산이 많고 튼실함.

1578) 조선시대 스스로 살아갈 능력이 없어 남의 집에 기식(寄食)하면서 집주인인 고주(雇主)의 부림을 받던 사람.

1579) 군관포(軍官布)라는 것은, 양민(良民) 집의 생활이 조금 넉넉한 자가 교묘하게 군역(軍役)을 피하여 한가로이 놀아 온 것이 이미 오래인데 지금에 와서 신역을 정하면 반드시 소요(騷擾)를 일으킬 것이기 때문에, 선무군관(選武軍官)을 만들어서 각각 그 도(道)로 하여금 도시(都試)를 설시하여 수석으로 합격한 자에게는 급제(及第)를 내려 주고 그다음인 사람은 직부 회시(直赴會試)하게 하며, 그다음 다섯 사람에게는 당년에 바칠 베를 면제해 주고 그 나머지는 베 1필을 징수하여 급대(給代)에 보충해 쓰도록 하는 것이다.(『증보문헌비고』 제156권 재용고3)

1580) 임금의 재가(裁可)를 받음.

한 정성과 딱하게 여기는 뜻에서 나온 것이다. 감면한 것을 계산하여 보면 모두 50여 만 필에 이르는데, 돈으로 계산하면 1백여 만 냥이다. 안으로 각 아문(衙門)과 밖으로 각 영진(營鎭)의 수용 가운데 강확(講確)[1581]하여 비용을 줄인 것이 50여 만 냥인데, 군수(軍需)의 경비로서 급대하지 않을 수 없는 것이 아직도 40여 만 냥이나 되기 때문에 작년에 절목을 계하[1582]할 적에 요량(料量)한 것은 어염선세와 선무군관에게 받는 것, 은여결에서 받아들이는 것을 모두 합하면 십수만 냥인데, 이것으로 충당시켰었다. 그래도 부족한 것이 있었으므로 또 각 영읍(營邑)에 분정[1583]하여 충당시켰었다. 그러나 뒤이어 이의를 제기하는 여러 의논으로 인하여 정파하였다. 분정한 전목(錢木)은 모을 데가 없어 국계(國計)[1584]를 조처할 길이 없었으므로 성상께서 주야로 걱정하시던 끝에 또다시 임문(臨門)하여 굽어 순문하시었다. 결포(結布)에 관한 논의는 그 유래가 오래였는데, 대략 거두어 들인 의논은 중외(中外)[1585]가 귀일되었으므로 부득이 서북(西北)의 양도(兩道) 이외에 육도(六道)의 전결(田結)에 대해 1결마다 쌀 두 되씩이나 혹은 돈 5전씩을 거두기도 하였다.」[1586]

『대전통편』 호전의 번상조에서는 다음과 같이 균역법의 시행에 따라 감해진 보미 6두를 결작미로 바꾸어 내도록 하였다. 하지만 결작의 세율은 『대전통편』이나 『대전회통』어디에도 규정되지 않았다. 다만 앞에서 살펴본 『영조실록』에 기록된 "서북(西北)의 양도(兩道) 이외에 육도(六道)의 전결에 대해 1결마다 쌀 두 되씩이나 혹은 돈 5전"의 세율이 법적으로 적용되었다.

> ○ 보인(保人)의 납미(納米)는 6두(斗)를 감하되 그 6두(斗)는 결작미(結作米)로 바꾸어 내도록 하며, 보포(保布)도 1필을 감한다.

그리고 『대전통편』 호전의 적전(籍田)[1587]조에는 위전(位田)과 적전(籍田)에는 결전(結錢)을 감면하도록 규정하였다. 여기서 위전이란 관청·학교·사원(寺院)·능(陵) 등의 유지경비를 위해 설정된 토지이다.

1581) 강구.
1582) 신하가 어떤 안건을 임금에게 아뢰어 재가(裁可)를 받음.
1583) 분정(分定)이라는 것은, 제도의 감영(監營)·병영(兵營)에 각각 돈 몇냥, 베 몇 필을 수납(輸納)하도록 하고 또 각 고을로 하여금 모양(某樣)으로 거두는 것을 가지고 수군(水軍)의 양미(糧米)를 충당해 주는 것이다.(증보문헌비고 제156권 - 재용고 3)
1584) 나라의 예산.
1585) 서울과 시골 경향.
1586) 『영조실록』 28년(1752) 1월 13일 1번째기사.
1587) 임금이 조묘(祖廟)에 진공(進供)할 미곡을 친경(親耕)하는 전지.

> ○ 위전(位田) 16일경(日耕)[1588]을 경작하는 백성으로 하여금 어경(御耕) 전지(田地) 8일경(日耕)을 아울러 농사짓게 하며, 전세와 결전(結錢)을 감면하여 준다.

그러나 『대전통편』 호전의 창고(倉庫)조에는 결전(結錢)을 탕감했을 때에는 환모(還耗)[1589]로써 탕감한 것을 보충하도록 하였다.

> ○ 결전(結錢)을 탕감했을 때는 환모(還耗)로써 탕감한 것을 보충한다.

이러한 결작의 징수는 신역(身役)[1590]의 일부가 전세화되었다는 점과 광대한 토지를 소유한 양반층에게까지 역(役)의 일부를 부담시켜, 균역법 시행의 본래 취지에 부합하게 하는데 그 의의가 있었다.

결작(結作)에 대한 징수와 상납 방법 등에 대해서는 『대전통편』 호전의 해유(解由)조에 규정하고 있는데 "결전(結錢)은 대동법의 예에 의하여 상납하며, 월한(月限)은 호조의 예를 준용하며, 면세결조(免稅結條)는 모두 전세례(田稅例)에 의한다."고 규정하였다.

> ○ 균역청의 결전(結錢)은 대동법의 예에 의하여 상납하며 월한(月限)은 호조의 예를 준용하며, 면세결조(免稅結條)는 모두 전세례(田稅例)에 의한다.

제3절 삼수미세

삼수미는 조선왕조 때 삼수군(三手軍)의 경비에 충당하기 위하여 징수하였다. 이 세제는 임진왜란(선조 25년, 1592)때 전시특별세의 성격을 띤 것이었으나, 고정화되어 1894년

1588) 「이른바 하루갈이라 하는 땅을 시험삼아 측량하여 산정한다면, 마치 10여 부(負)가 되는 것과 같지만, 그 곡식의 소출은 1곡(斛)에도 차지 않습니다.」 (영조 20년(1744) 9월 12일 4번째기사) (원문)「試以所謂一日耕之田, 尺量而算解, 則恰爲十餘負, 而其穀之出, 不滿一斛.」
1589) 환곡(還穀)을 수납할 때에 원곡(元穀) 이외에 쥐·참새 따위에 의한 손실을 채우기 위해 원곡의 10분의 1을 더 거두어들이는 것.
1590) 조선 시대에 개별적으로 파악된 인정(人丁)을 대상으로 특정한 공역(公役)을 부과하는 것. 크게 직역(職役)과 군역(軍役)으로 나눌 수 있다.

(고종 31)의 갑오경장 때까지 계속되었다. 1593년(선조 26) 낙상지의 건의에 따라 훈련도감을 설치하고, 장정을 모집하여 사수(射手)·포수(砲手)·살수(殺手)의 삼수를 분류하여 훈련하였다. 이 삼수군(三手軍)의 경비에 충당하기 위하여 처음에는 둔전(屯田)을 두었으나 부족하여, 1602년(선조 35) 경상·전라·충청·강원·황해·경기의 6도에서 1결에 대하여 1두의 특별세를 부과, 다시 세액을 1두 2승으로 증액하였는데 이를 삼수미 또는 삼수량(三手糧)이라 하였다. 1634년(인조 12)부터 경상·전라 ·충청 3도에 있어서는 매결(每結) 1두씩 세액을 감하였고, 병자호란(1636) 이후 경기도는 면세하였다.

그래서 『속대전』 호전의 수세조에는 "삼수미(三手米)는 2두(斗)2승(升)을 징수한다."고 규정되었다. 그리고 경기·평안·함경도는 징수하지 않고, 삼남지방에서는 1두를 감하도록 하였다.

○ 삼수미는 2두(斗) 2승(升)을 징수한다.
○ 삼수미는 경기·평안·함경도에서는 징수하지 않고 삼남지방(三南地方)에서는 1두를 감한다.
○ 삼남(三南)에서는 전답을 막론하고 모두 쌀로 징수하며 강원도·황해도에는 한전(旱田)이면 속곡(粟穀)[1591]으로 징수한다.
○ 산군에서는 포목(布木)으로 바꾸어 징수하는데 삼남지방은 세미(稅米) 1석은 포목 3필 반, 대두(大豆) 1석은 2필 반, 삼수미 1석은 3필로 징수하고, 황해도(에서는 미 1석은 3필, 전미(田米) 1석은 2필 반, 대두 1석은 1필 반으로 징수한다.

그리고 『대전통편』 호전의 수세조에는 "삼수미 1석은 3필로 대납한다."고 신설하였다.

○ 삼수미(三手米) 1석(石)은 3필(匹)로 대납한다.

1591) 조.

제 **5** 편

조선시대 조세공평과 조세부담액

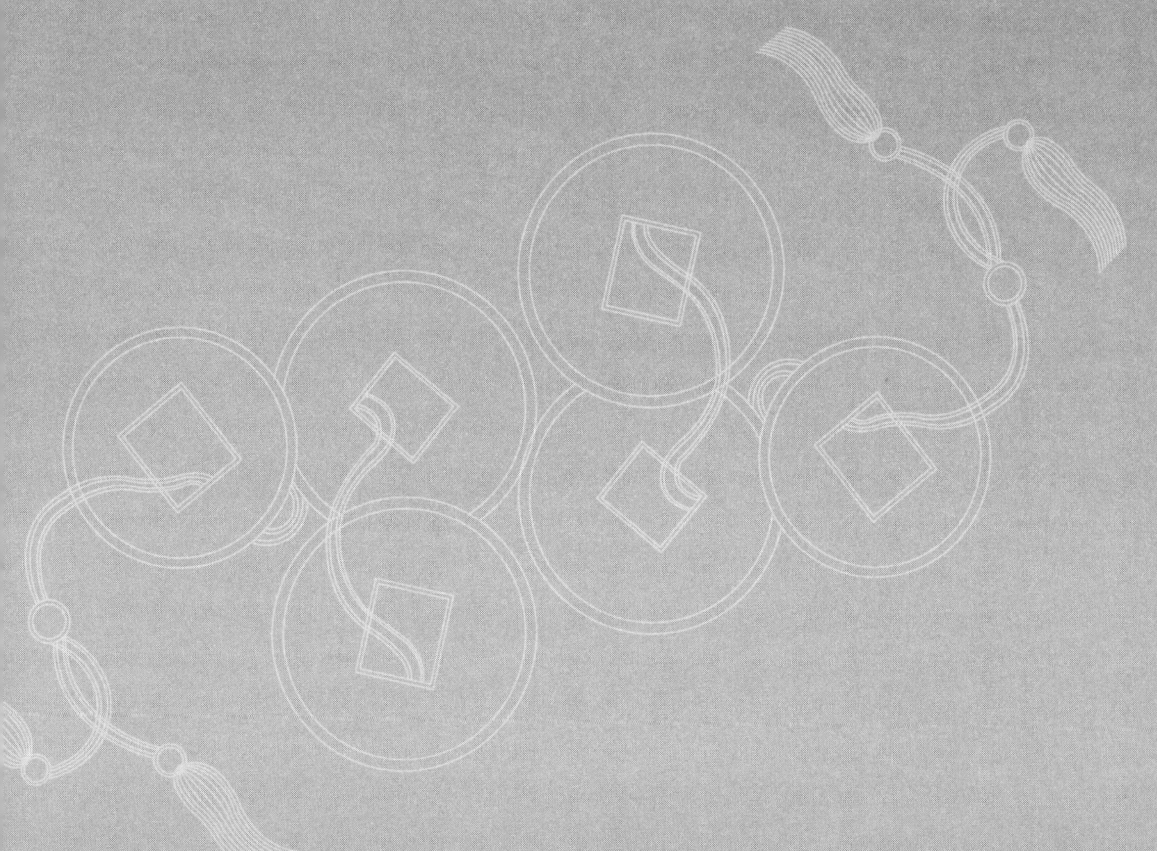

01

조선시대의 **조세공평**

제1절 의의

조세의 공평은 고전학파 경제학의 창시자인 아담 스미스(Adam Smith)가 그의 저서인 「국부론」에서 조세부과의 4원칙 중 하나로 공평의 원칙을 제시하면서 조세의 기본원칙으로 강조되었다. 아담 스미스의 공평원칙은 특권계급을 인정하지 않고, 국민은 누구나 그 능력에 따라 비례적으로 즉, "국민은 국가의 보호에 의하여 얻는 수입에 비례하여 조세를 내야 한다"는 원칙이다. 여기에서 스미스가 말하는 공평이란 소득의 많고 적음에 관계없이 세율이 같아야 한다는 비례세적인 공평이었다.

하지만 조세의 공평은 아담 스미스 이전 고대(古代)로부터 국가에서 조세를 부과하고 징수하는데 지켜야할 중요한 원칙이었다. 조세제도가 사회 환경과 국가에 따라 차이가 있듯이 조세의 공평 개념 또한 시대와 장소에 따라 많은 차이가 있었다고 본다. 우리나라의 조선시대 역시 아담스미스가 제시한 현대적 의미의 조세공평과는 많은 차이가 있을 수 있지만, 공평과세를 위하여 법을 제정하고 조세관련 제도를 개선하기 위하여 부단한 노력을 하였다고 본다. 특히 세종대왕은 한 계층의 한 사람도 피해 보지 않는 공평한 조세법을 만들기 위해 전국적인 여론조사를 실시하면서 무려 25년 이상의 세월을 거쳐 의견을 수렴하고 보완하여, 전분6등 · 연분9등의 공법을 시행할 만큼 조세의 공평을 강조하였다.

농업을 기반으로 하는 조선사회의 경우 국가재정에서 가장 커다란 비중을 차지하는 조세는 토지와 관련된 전세였다. 조세는 시대에 따라 부과하는 세율과 방법은 개정되었지만 조선 500년 동안 국가재정의 주된 세수였다. 따라서 조세제도를 살펴보면 조선시대의 조세사상과 조세공평을 분석할 수 있다. 조선시대의 조세공평은 균등과 공정이라는 개념에서 찾아볼 수 있다. 균등이란 개념은 영조가 직접 쓴『속대전』호전의 제목 즉, "균공애민 절용축력(均貢愛民 節用蓄力)"에서 볼 수 있는데 이는 "세를 균등하게 하여 백성을 사랑하고, 재정을 절약하여 힘을 축적한다."는 뜻이다. 영조는 조세 부담은 공평해야 한다는 조세의 기본원칙을 강조한 것이다.

『효종실록』의 다음 내용에서 볼 수 있듯이 관료인 대신(大臣)들도 조세 행정에 있어서, 법에 따라 공정하고 공평하게 집행하려 한 의지를 살펴볼 수 있다. 특히 중앙집권적 양반관료 사회에서 궁가(宮家) 등 조세의 특권층에 대한 조세의 면제를 법에 따라 공정하고 균일하게 하여야 한다는 주장은 조세공평을 실현하고자 하는 강한 의지로 볼 수 있다.

「궁가와 아문의 둔전(屯田)은 나라 안에 하나의 연못과 숲 같은 소굴이 되어 양민(良民)으로서 부역을 피하는 자들이 모두 모여 있는데 세금의 독촉이 미치지 않고 정역(丁役)의 점검이 이르지 않아 한 해가 다하도록 편안히 앉아 있으니, 부역에 응하고 항오에 편입된 백성에 비해 보면 수고로움과 편안함의 차이가 이만저만이 아닙니다. 땅에서 나는 곡식을 먹고 사는 자치고 누가 임금의 백성이 아니겠습니까. 그런데 혹은 수고롭고 혹은 편안함이 고르지 못함이 이와 같으니, 인심은 복종하지 않는 것이 당연하고 나라도 또한 정책이 없다고 할 수 있을 것입니다. 어리석은 신의 뜻으로는 여러 국가의 조세 면제도 또한 모두 등급을 보아 규정을 만들고, 한결같이 국법을 따라 공정하고 균일한 정치를 해야 할 것이라고 여겨집니다.」[1592]

현대에서 조세의 공평이란 개념을 해석하는 데에는 두 가지 접근법이 있다. 그 하나는 "동일한 조건하에 있는 사람을 동일하게 취급하는 것"이 공평하다고 생각하는 것이고, 또 다른 하나는 "동일하지 않은 조건하에 있는 사람은 일정한 기준에 따라 개별적으로 취급하는 것"을 공평하다고 생각하는 것이다. 전자는 수평적 공평(horizontal equity)을 의미하는데 이 접근법에 의하면 동일한 조건하에서는 각자에게 균등한 조세를 배분하는 것이 공평하고, 후자는 수직적 공평(vertical equity)을 의미하는데 이 접근법에 의하면 부유한 사람은 빈곤한 사람보다 더 많은 조세를 부담하는 것이 공평하다는 것이다. 하지만 조선시대의 경우 특권층이 존재하는 양반계급 사회이기 때문에 조세제도에서 수직적 공평은 논할 수 없고, 다만 수평적 공평 측면에서 살펴보아야 할 것이다.

따라서 조선시대의 조세공평은 ① 과세대상인 전지의 넓이와 비옥도의 정확성을 위한

1592)『효종실록』7년 3월 15일.

양전, ② 전답에서 수확될 곡물량의 적정한 산정을 위한 답험, ③ 조세 담당 관리의 청렴성과 전문성에 의하여 판단할 수 있다고 본다. 즉 전지의 상태를 명확히 파악하는 일은 양전에 의하여, 수확될 곡물량의 산정은 연분과 답험에 의하여 이루어지는데, 이 두 가지 일은 결국 호조의 관리와 수령 등 지방관리에 의하여 결정되었다. 조선시대는 1392년 즉위한 태조부터 1910년 마지막 임금인 순종에 이르기까지 27명의 왕이 승계하면서 500여년간 지속되었는데, 각 왕조별로 구분하여 조세의 공평을 논하기는 쉽지 않기 때문에 여기에서는 조선시대에 실시한 대표적인 조세제도의 공평성 등을 분석한다.

제2절 조세제도에 따른 공평

1. 답험손실법의 공평

답험손실법(踏驗損失法)은 고려시대 1391년(공양왕 3)의 전제개혁 때부터 1444년(세종 26) 공법(貢法)을 시행할 때까지 시행되었던 수세법의 하나로 조세징수에 관한 규정이다. 이는 수손급손법(隨損給損法) 또는 손실답험법이라고도 하였다. 답험손실법은 1결당 30두인 세율을 수확량의 손실정도에 따라 조세를 감면하도록 한 규정이다. 이 손실규정은 공전과 사전을 막론하고 손실의 정도를 10등분하고, 명년에 비해 수확이 1분(10%) 감소할 때마다 조(租)도 1분(10%)씩 체감하여 주되, 수확이 80% 이상 감소하면 조(租)는 전액 면제시켜 준다는 내용이다. 답험손실법은 매년 풍흉을 조사하여 수확의 증감에 따라 조세의 세액을 정함으로써 농민의 조세 부담을 공평하게 하고, 흉작으로 인한 농민의 고충을 덜어 줄 목적에서 시행되었다. 따라서 조세의 공평적 측면에서 볼 때 답험손실법은 최상의 조세제도이다. 하지만 농산물에 대한 조세징수의 불합리성으로 인하여 실제로는 별다른 효과를 거두지 못하고, 오히려 농민의 부담만 더 가중시켰다. 즉, 관내의 모든 농지를 수령 등이 3심으로 답험하게 되어 있으나 사실상 불가능하여서 토착 향리에 의해 실시되었는데, 그 과정에서 여러 가지 협잡이 자행되었으며, 불필요한 경비를 농민에게 전가시켰기 때문이다. 특히 사전(私田)의 경우에는 전주들이 손실을 인정하지 않아 더욱 폐단이 컸다.

답험손실법의 실제 운영에 있어서 조사관의 잘못된 답험의 폐단에 대해서『세종실록』

에 다음과 같이 기록하고 있다.

「우리 성조께서 하늘에 순응하여 혁명을 일으켜 토지제도를 일체 바로잡아, 수세의 법은 수전 1결에 조미 30두를, 한전 1결에 잡곡 30두를 징수하여 일정한 법식으로 삼았으며, 그 후에는 해마다 조관을 보내어 연사의 풍년과 흉년을 비교하여서 수손급손(隨損給損)하여 만세의 떳떳한 법이 되었는데, 다만 이를 받들어 시행하는 사람은 그 적임자를 얻지 못하여 오래 되매 폐단이 발생하였습니다. 추수기의 전지를 간심(看審)[1593]할 때에는 으레 시골에 항시 거주하는 사람을 위관(委官)[1594]으로 삼게 되니, 거의 모두 자질구레하고 용렬하여 사물의 대체를 알지 못하고, 혹은 무지하고 몽매한 소견으로 그 허실을 함부로 헤아리기도 하고, 혹은 사정을 끼고 다소를 가감하기도 합니다. 또 따라다니는 하인들의 접대비가 모두 민간에서 나오게 되는데, 그들이 밭 사이의 길을 달리면서 여염을 소란하게 하매, 그 전지를 경작하는 사람은 술과 음식을 싸가지고 여러 날 동안 기다려 영접하면서 다투어 후하게 먹여 간청하여 후하게 보아주기를 바라고자 하니, 명목 없는 비품이 일정한 공부의 수량에 가깝게 되어, 관청과 민간에 이롭지도 못하고, 여러 해 동안의 큰 폐단이 되었습니다. 문적(文籍)이 대단히 많아지고, 관가에 일이 많아진 것도 또한 이 때문입니다.」[1595]

이 기사에 따르면 답험손실법(踏驗損失法)은 납세자인 농민의 부담을 공평하게 할 수 있는 수세법이었다. 하지만 답험손실법의 집행에는 많은 문제가 있었는데 그 중 가장 중요한 점은 답험하는 관리의 부족과 답험의 적임자가 없었다는 것이다. 현대에서도 조세집행의 핵심적인 공평 문제는 세무공무원의 전문지식과 청렴도에 의하여 좌우된다고 할 수 있다.

2. 공법의 공평

공법(貢法)은 세종대왕 때 개혁된 새로운 조세제도이다. 세종대왕은 종래의 조법(助法)에 의한 답험손실법(踏驗損失法)에 많은 폐해가 따르자, 1430년(세종 12)에 상·중·하 3등전에서 그 해의 풍흉을 막론하고 일률적으로 1결에 10두(斗)를 징수한다는 공법의 시안을 내놓고 이것을 전국 각도의 수령·품관·촌민 등에게 찬부를 물을 정도로 민주적으로 조세법을 입법하려 하였다. 이 내용을 『세종실록』에서 살펴보면 다음과 같다.

1593) 농사가 잘되고 못됨을 자세히 보아 등급을 매기던 일.
1594) 임시로 뽑아 임명한 관리.
1595) 『세종실록』 18년 10월 5일.

「호조에서 중외(中外)[1596]의 공법에 대한 가부의 의논하였는데, 의정부 좌의정 황희 등은 경전에 이르기를, 전지를 다스리는 데는 조법(助法)보다 더 좋은 것이 없으며, 공법보다 더 나쁜 것이 없다고 하였사오나, 우리 조선이 개국한 이래 조세를 거둘 적에 수손급손법을 제정하니, 이는 실로 고금을 참작한 만대라도 시행할 만한 좋은 법인지라 경솔히 고칠 수 없는 것입니다. 비옥한 전토를 점유하고 있는 자는 거의가 부강한 사람들이며, 척박한 전토를 점거하고 있는 자는 거의가 모두 빈한한 사람들 온데, 만약 호조에서 신청한 공법에 의해 시행한다면, 이는 부자에게 행일 뿐, 가난한 자에게는 불행한 일이 되고 말 것입니다" 하여 반대하였다. (중략) 좌사간 변계손 등은 아뢰기를, '이번에 정하신 공법은 실로 좋은 법제입니다. 다만 토품의 비옥 척박을 분별하지 않고 1결에 대한 조세를 10두로 한정한다면 경중의 구별을 어지럽게 하는 폐단이 없지 않을 것이오니, 양전(量田)이 끝나기를 기다려서 다시 수납할 세량을 정하여 공사간에 모두 편리하게 하시기를 바라나이다.'하여 찬성하였다. 이때 '무릇 가하다는 자는 98,657인이며, 불가하다는 자는 74,149명입니다.'하니, 반대한 황희 등의 의논에 따르라고 명하였다.」 [1597]

이러한 과정을 걸친 공법은 1444년(세종 26)에 최종 입법되어 시행되었다. 이 공법(貢法)은 지방 토호(土豪)에 의한 착취를 막기 위해 국가가 조세를 징수하는 과정을 완전히 장악하고, 재량권을 배제하기 위하여 연분제를 도입한 것이다. 한 계층의 한 사람도 피해 보지 않는 공평한 세법을 만들기 위해 세종대왕은 전국적인 여론조사를 실시하여, 관리에서부터 일반백성까지 찬성과 반대 의견에 귀 기울여 듣고, 반대여론이 높은 지역의 문제점을 보완하면서 무려 25년 이상의 세월을 거쳐 공법을 완성하였다.

이 최종 공법은 공평 측면에서 최고의 조세법이라고 본다. 먼저 전국의 토지를 전분6등법으로 나누고, 그 다음 매년 풍흉을 고려하여 군 단위의 연분9등법의 세율을 적용하여 전세를 징수하게 한 것이다. 연분구등법의 공법은 담세자인 농민의 공평과세를 위한 세제개역으로 세율은 농작에 따라 상상년 1결 20두에서 상중연 18두, 이하 차례로 체감하여, 하하연 4두(斗)로 하고, 그 이하는 면세하였다. 이러한 조세액은 소출액의 20분의 1에 해당하는 것이다. 따라서 실질적인 전답의 징세 등급은 54단계로 세분화되어 공평과세의 완성이라고 볼 수 있다. 특히 관리의 답험 없이 각 전지의 연분을 고을 단위로 매년 산정하도록 한 것은 부정부패가 만연한 그 당시의 조세제도를 혁신한 것으로 이 또한 공평과세를 실현하기 위한 것이다.

하지만 이 공법은 후대에 세종대왕의 입법 목적을 깨닫지 못하고 실현하려는 의지가

없어, 시행상 재상답험을 확대하여 중복감면을 받게 하는 등 여러 가지 문제점이 발생하였지만 별다른 방책을 세우지 못했다. 특히 세종대왕이 절대적으로 반대한 재상답험이 점차로 확대되면서 관리들의 재상답험이 실질적으로 이루어 지지 못하여 세수부족이 발생하였다.

3. 영정법의 공평

영정법의 정식명칭은 영정과율법(永定課率法)으로 1635년(인조 13)에 제정된 조세제도이다. 세종대왕 때에 제정된 공법에 따른 전분육등법(田分六等法)과 연분구등법(年分九等法)은 후에 조정(朝廷)의 공평과세에 대한 의지와 추진력이 없어 제대로 시행되지 못하였다. 그래서 풍흉에 관계없이 하중년급 6두나 하하년급 4두의 세율 적용이 많고, 16세기에 이르러서는 거의 무시된 채 최저율의 세액이 적용되었다.

특히 임진왜란과 병자호란을 겪고 난 뒤 농지가 황폐되고, 농민이 날로 궁핍해지는 상황 속에서 이 최저율의 세액도 제대로 징수할 수 없게 되자, 조정에서는 이러한 관행을 법제화하여『속대전』에는 "무릇 전지 1결에는 조세는 4두(斗), 모든 전답의 하지중(下之中) 이상의 수세는 이 규정에 따르지 않는다."1598)라고 규정하였다.『만기요람』에도 "갑술(인조 12년 1634년)에 양전한 뒤에는 시년상하(視年上下)의 법을 혁파하여, 3남에는 처음 각등(各等)의 소정된 결수로써 그대로 기록하되, 영남은 다만 상지하(上之下)만 있게 하고, 양호(兩湖)는 다만 중지중(中之中)만 있게 하고, 나머지 5도는 모두 하지하로 정하여 전례에 의하여 징수한다."1599)라고 기록하여 공법을 폐지하고 영정법을 시행한 것을 알 수 있다.

이 영정법의 특징은 풍흉에 관계없이 토지의 비옥도만을 반영하여 1결당 4두로 세액을 고정화하여, 조세를 납부하게 하는 제도로 공평한 조세제도는 되지 못하였다. 또한 영정법은 농사가 풍년이거나 흉년이거나를 따지지 않고 다음『동춘당집』과『현종개수실록』의 내용과 같이 이치에 맞지 않게 낮은 세율을 적용함으로써 국가재정의 부족을 야기했다.

① 「또 상소하여 논하였는데, 그 대략에, "우리나라는 이재(理財)1600)에 법도가 없어서 조세는 가볍고 공물은 무겁습니다. 전세의 제도로 말하면 매결에 하등전(下等田)은 4두,

---

1598)『대전회통』권지이(卷之二) 호전(戶典) 수세..
1599)『만기요람』재용편2(財用編二) 수세(收稅) 각도수세
1600) 재물(財物)을 유리(有利)하게 다루어 운용함

중등전은 6두입니다. 1결의 전지에 볍씨 3, 40두를 심을 수 있으니, 비옥한 토지에는 풍년이 들면 곡식 4, 50석을 수확할 수 있고, 보통 토지에도 평년작만 되더라도 2, 30석을 수확할 수 있으니, 이로써 말하면 1결에 4두를 징수하는 것은 너무 가볍다고 할 수 있습니다.」[1601]

② 「세입이 날로 줄어든 것은 다른 이유 때문이 아니었다. 양전을 오래 폐하여 전결(田結)을 많이 잃었고, 또 해마다 거두는 상세(常稅)[1602]를 풍년이거나 흉년이거나를 따지지 않고 항상 하하년(下下年)의 세금을 기준으로 삼아 단지 4두만을 받아들였기 때문에 국가의 제도에 있는 상상년(上上年)에 받는 것에 견주어 볼 때 5분의 1도 채 되지 못했다. 거기다가 세금이 면제되는 각 아문(衙門)의 둔전(屯田)과 여러 궁가(宮家)의 농장이 거의 나라안의 절반을 차지하여, 조종조로부터 내려오던 구결(舊結)에서 거두어 들이는 세금이 모두 그들의 손으로 들어갔다.」[1603]

그리고 영정법의 가장 큰 문제점은 조세공평을 붕괴시켜 '부익부 빈익빈'의 현상을 가중시켰다는 것이다. 그 이유는 다음 『기묘록별집』의 내용처럼 부호와 세도가는 비옥한 토지를 소유하지만, 피폐한 백성은 메마르고 황무(荒蕪)한 토지를 가지고 있는데, 똑같이 1결에 4두의 세율을 적용하여 조세를 거두기 때문이다. 따라서 영정법은 조세공평의 측면에서 많은 후퇴를 가져올 수밖에 없었다.

「그 중에 혹 토양이 비옥하고 못이 깊으며 벼가 무성하고 열매가 실한 경우도 있기에 물어 보니, 이는 대체로 보아 부호의 집과 세도하는 무리들의 전지(田地)라는 것이었으며, 땅이 메마르고 묘종이 피어나지 못하고 황무(荒蕪)하여 벼가 성숙하지 못하는 것은 모두 피폐한 백성의 전지였습니다. 토양의 성질에는 걸고 메마름이 있으며 백성의 재력에는 넉넉하고 모자람이 있겠지마는, 백성들 중에 곤란하고 굶주리는 것은 모두 서민이었고, 전지의 겉흙이 깊고 비옥한 것은 모두 부호들이 겸병하고 있어서, 수재가 있거나 한재가 있거나, 경우에 따라 농사 방법도 또한 다르게 한다는 것이었습니다. 신이 본 바로써 백성들의 말을 듣고 들판을 자세히 살피면서 백성들의 슬픈 심정을 생각하니, 슬퍼지기도 전에 눈물이 먼저 납니다.」[1604]

1601) 『동춘당집』 제22권 시장(諡狀) <대광보국숭록대부(大匡輔國崇祿大夫) 의정부좌의정 겸 영경연사 감춘추관사 세자부(議政府左議政兼領經筵事監春秋館事世子傅) 포저(浦渚) 조공(趙公) 시장>

1602) 늘 내야 하는 일정한 조세.

1603) 『현종개수실록』 11년(1670) 1월2일.

1604) 『기묘록별집(己卯錄別集)』 제현봉사(諸賢封事) <정축년(1517)에 한송재가 지평을 사직하고 바로 당시 폐정을 진소하다.[丁丑韓松齋辭持平因陳時弊]>

4. 비총법의 공평

비총법은 호조에서 그해의 작황을 참고하여 조세감면의 대상인 급재결(給災結)과 조세 징수의 대상인 실결(實結)의 총수를 정하여 연분사목을 내려 보내면, 각 도의 감사는 도내 고을 수령들이 재실(災實)을 보고한 개장(槪狀)[1605]을 참작하여, 고을별로 초실(稍實)·지차(之次)·우심(尤甚)으로 등급을 정한 뒤 급재결수(給災結數)를 배분하고 이를 성책(成冊)하여 호조에 보고한다. 이를 연분장계라 한다. 호조에서 연분사목으로 정해 준 급재(給災)를 사목재(事目災)라고 하며, 만약 사목재가 실제보다 적게 책정되었다고 판단되면 감사는 재결(災結)을 추가해 달라고 요청하는 장계를 올리는데, 이 장계를 가청장계라 한다.

『대전회통』 호전의 양전조에 따르면 "경차관·도사가 그 해의 풍흉을 답험하는 규정은 호조가 필요할 때 임금에게 보고하여 정하되, 만약 감사에게 명하여 마감시킬 때에는 그 해 8월에 호조에서 여러 도의 농사상황을 참고하여 기준년과 비교하여, 세의 면제대상이 되는 급재결수(給災結數)와 세의 부과대상이 되는 토지의 실결수(實結數)를 정해준 뒤에, 각 고을의 수령이 답험하여 농사상황을 감사에게 보고하면, 감사는 이를 다시 조사하여 재해를 당한 정도를 각 고을별로 등급을 정한 뒤, 각 고을별로 조세 면제결수를 정하여 호조에 보고하도록 하는[1606] 비총법의 급재(給災) 절차를 규정하고 있다.

비총법은 숙종 때부터 시행되기 시작하여 1760년(영조 36년) 법적으로 추인되어 1894년 갑오개혁 때까지 실시되었는데, 기존의 재상답험 방식의 문제를 해결하면서 이양법의 전국적 보급으로 인한 생산력의 증대, 그리고 토지소유 관계의 변화에 따른 향촌 사회구성의 변동을 이용하려 한 것이다. 즉, 비총법은 조세징수의 기초 작업의 하나인 급재(給災) 운영을 군현 또는 향촌의 말단 행정조직인 면·리·동에 위임하면서, 결총제로 운영하는 이른바 공동납세적인 징세방식이었다.

이 비총법을 실시한 목적은 재정 핍박하에서 반 강제적인 세수확보에 있었던 것이므로, 연분사목을 반급할 때 각 도에 반급하는 비총 급재결(給災結)의 부족 현상이 빚어져 재결(災結) 징세를 비롯한 많은 폐해를 가져왔다. 이러한 사례는 다음 『영조실록』의 기사에서 볼 수 있다.

1605) 각 고을에서 대체적인 상황을 기록하는 문서.

1606) 경차관(敬差官)·도사(都事)가 그 해의 풍흉을 답험(踏驗)하는 규정은 호조(戶曹)가 필요할 때 임금에게 보고하여 정(定)하되 만약 감사(監司)에게 명(命)하여 마감(磨勘)[조사]시킬 때에는 그 해 8월에 호조(戶曹)에서 여러 도(道)의 농사형편을 참고하고 이와 상당한 해의 수세총수(收稅總數)와 비교(比擬)하여 임금의 재가(裁可)를 얻으며 관찰사(觀察使)는 가을에 조사한 후에 등급(等級)을 나누어 임금에게 보고한다(『대전회통』호전 수세조).

「근년 이래로 나라의 쓰임이 많아져 탁지가 고갈되었고, 묘당에서 또 수령들이 재상(災傷)을 지나치게 보고할까 염려해서 아뢰어 호조로 하여금 매년 가을에 멀리서 제도의 풍흉(豊凶)을 헤아려 풍년이면 전의 어느 해 총수(總數)에 비교되고, 흉년이면 또 전의 어느 해 총수에 비교된다고 미리 제도에 반포하여 비총(比摠)이라 이름하였다. 주현에서는 감히 이 것을 어기거나 넘지 못하여 재황(災荒)의 전결에서 비로소 억지로 징수하는 근심이 많아졌다.」[1607]

이러한 낮은 비율의 급재는 진전(陳田)의 과세와 백징(白徵) 등의 문제가 발생할 수밖에 없었다. 세종대왕이 실현하고자한 공평과세는 허망한 것이 되어 버렸으며, 조선 정부의 조세체계는 파탄을 맞게 되었다. 다음『정조실록』의 기사는 재년(災年)을 당하더라도 면제를 허락하는 규례가 없어 백징(白徵)을 당하는 폐단이 발생하였다는 것이다.

「고을의 폐단 가운데에서 가장 심한 것은 속전(續田)이 없는 고을 같지 못합니다. 대개 원전(原田)[1608]은 등제(等第)가 한번 정해진 뒤에는 비록 재년(災年)을 당하더라도 본디 면제를 허락하는 규례가 없으므로 백징(白徵) 하는 폐단을 면하지 못합니다.」[1609]

따라서 비총법은 악법으로 조세체계가 없이 가렴주구(苛斂誅求)의 폐단을 일으키면서 조선말 조세공평을 무력화 시켰다. 다음『정조실록』의 기사는 비총법 때문에 호가(豪家)의 부세를 다른 가호(家戸)에 거듭 징수하는 폐단이 발생하였다는 것을 말하고 있다.

「수목이 자라 숲을 이룬 곳과 사토(沙土)가 쌓인 곳이 곳곳에 서로 바라보여도 백지징세(白地徵稅)하여 동리를 침탈하고 있습니다. 따라서 양전한 지 오래 된 고장과 답험법이 폐기된 고을에서는 해마다 비총하여 호가(豪家)[1610]의 부세를 다른 가호(家戸)에 거듭 징수하는데, 경사(京司)[1611]에서 관문(關文)을 보내어 발매(發賣)[1612]하게 하면, 영읍(營邑)에서는 남는 것은 가져다가 환색(換色)[1613]합니다.」[1614]

1607)『영조실록』31년(1755) 9월 14일 6번째기사.
1608) 양안(量案)을 고칠 때 원장(元帳)에 기록된 전지.
1609)『정조실록』3년(1779) 8월 6일 1번째기사.
1610) 재산이 많고 세력이 있는 가문.
1611) 서울에 있던 관청의 총칭.
1612) 판매하는 행위.
1613) 어느 물건을 다른 물건으로 바꾸는 것.
1614)『정조실록』2년(1778) 7월 20일 3번째기사.

조선시대는 봉건적 양반관료 사회이다. 양반계층은 국가 관직을 사실상 독점하고, 지주세력으로서 지배계급의 위치를 점유했다. 따라서 조세의 업무를 관장하는 수령·감관 등 관리와 지방의 토호 세력은 대부분 양반이었다. 이러한 양반계층은 사회적 신분과 직책을 이용하여 토지를 광점하고 부를 축척하는 과정에서, 조세를 탈세하고 회피함으로써 중앙정부의 재정에 많은 핍박을 주었다. 때문에 조정은 수령·감관 등이 양전과 답험 등 수세과정에서 부조리를 행하지 못하도록 법의 처벌규정을 강화하였다. 이러한 조세범 처벌의 강화는 국가 재정수입의 확충뿐만 아니라 토호 등이 소유한 농지에 법적인 조세를 부과하여 공평과세를 실현하기 위해서 절대적으로 필요하였다.

따라서 『경국대전』이 편찬된 이후 호전의 양전조와 수세조에는 각종 방법에 의하여 조세를 포탈한 자나, 이를 협잡한 자들을 처벌하는 규정을 두고 있다. 그리고 『속대전』에는 『경국대전』의 조세범 처벌 규정보다 더 많은 규정이 추가 신설되었다. 『속대전』에서 조세범의 처벌을 강화하는 이유는 사회적으로 증가하고 있는 조세의 탈세를 막아 재정수입을 확보하려는 목적도 있었지만, 이를 통하여 공평과세를 실현하려는 의지도 있었다고 본다. 특히 양전과 재상을 답험하는 감관(監官) 등에 대한 처벌을 강화하는 법 개정은, 그 당시 해당 관리들의 비리가 많아 공평과세를 실현할 수 없었기 때문이다.

그래서 『속대전』에서는 많은 조세범의 처벌 규정을 신설하였는데, 조세범처벌 형량은 가장 가벼운 태형인 태 10부터이며, 가장 무거운 유형(流刑)인 장 1백과 유형 3천리까지이다. 양전할 때 감관(監官) 등이 기경전을 폐경전으로 한 경우, 폐경전을 기경전으로 한 경우, 또는 밭 모양을 실지와 다르게 한 경우, 사사로움에 따라 누락시키거나 고의로 망모한 경우에는 전지(田地)의 매 1부(負)[1615]에 대하여 태형 10에서 장 1백에 그치고, 통산하여 1결에 달하는 경우에는 현재의 무기징역에 해당하는 장 1백과 유형 3천리에 처하도록 규정하고 있다. 수세할 때 거짓으로 속여서 곡식이 알찬 것을 재해를 입었다고 한 경우에는 10부 이상이면 경작자 및 면·이임(里任)으로서 이에 한통속이 된 자는 장 1백 유형 3천리에 처하며, 감관(監官)·색리(色吏)는 장 1백에 처한 후 충군하며, 토호로서 조세를 불납하거나 상납을 방해한 경우에는 장 1백과 유형 3천리에 처하도록 하여 조세범

1615) 토지 면적의 단위에는 결(結)·부(負)·속(束)·파(把)가 있다. 10파가 1속, 10속이 1부, 100부가 1결이다. 1결의 수확량은 지역과 토질에 따라 다르지만 경상도와 전라도 연해(沿海)의 수전(水田)에는 벼 1,2두를 심으면 소출(所出)이 혹은 10여 석(石)에 이르러 1결의 소출이 많으면 50~60석을 넘고 적어도 20~30석을 내리지 않으며, 한전(旱田)도 또한 매우 기름져서 소출이 아주 많으나, 경기·강원도의 산을 의지한 주군(州郡)에는 비록 1,2석을 심어도 소출이 5~6석에 불과하니, 일체(一體)로 조세를 거둘 수 없음이 분명합니다(『증보문헌비고』 제148권 전부고(田賦考)8 조세1).

의 처벌을 매우 엄하게 하였다.

조세의 공평은 동일한 소득에 대한 동일한 과세이다. 곡식의 수확량이 과세소득인데 수확량을 허위신고 하는 경우가 많아지면 공평과세는 저해될 수 밖에 없기 때문에 이에 대한 처벌을 강화하는 것은 조세의 공평주의를 실현하려는 의지로 볼 수 있다. 하지만 처벌에 따른 법 집행이 제대로 이루어졌는지가 조선시대에는 더욱 중요했다고 본다.

제4절　조선시대 조세의 불공평 원인

1. 특권층에 대한 조세의 면세

조세의 공평은 조세의 특권층이 존재하지 않는 것이다. 하지만 조선왕조는 국가의 재정과 왕실재정, 지방재정이 명확히 구별되지 못하였을 뿐만 아니라, 왕실이나 관아 및 군영을 운영하는데 필요한 경비를 충당하기 위하여 조세를 바치지 않는 면세전을 법전에 규정하고 있다. 『경국대전』호전의 제전조에는 다음과 같이 관둔전 등 많은 토지에 대해서 조세의 무세지로 규정하고 있다.

> ① 관둔전(官屯田)[1616]·마전(馬田)[1617]·원전(院田)[1618]·진부전(津夫田)[1619]·빙부전(氷夫田)[1620]·수릉군전(守陵軍田)[1621]은 자경하되 무세지이다.
> ② 국행수륙전(國行水陸田)[1622]·제향공상(祭享供上)[1623]·제사채전(諸司菜田)[1624]·내수사전(內需司田)[1625]·혜민서(惠民署) 종약전(種藥田)[1626]은 모두 무세지이다.
> ③ 국둔전(國屯田)은 그 땅이 있는 고을(官)의 경내(境內)의 진수군(鎭戍軍)이 경작하여 수확하도록 해서 군량으로 충당한다.
> ④ 사전(寺田)[1627]·아록전(衙祿田)[1628]·공수전(公須田)[1629]·도전(渡田)[1630]·숭의전전(崇義殿田)[1631]·수부전(水夫田)[1632]·장전(長田)[1633]·부장전(副長田)[1634]·급주전(急走田)[1635]에 있어서는 각자 자체에서 수세한다.

1616) 관둔전(官屯田)은 고려와 조선 때 지방관청의 부족한 경비를 보충하기 위하여 아록전(衙祿田)이나 공수전(公須田) 이외에 따로 설정한 둔전이다. 관둔전에는 주부군현(州府郡縣)의 둔전과 영진(營鎭)의 둔전이 있는데 주부군현의 둔전은 지방행정 관청에 속한 둔전으로서 주로 관청 노비들을 동원하여 경작시키며 영진둔전은 병영·수영이나 진영과 같은 군사계통의 관청에 속한 둔전으로서 주로 군사들을 동원시켜 경작하였다(윤국일, 앞의 책, p.280).

1617) 마전(馬田)이란 조선 시대에 역마를 기르는 데 필요한 경비를 충당하기 위하여 역참에 설정된 토지로서 면세전이다.

그리고 『속대전』 호전의 제전조에는 면세전은 해당 궁방과 해당 아문(衙門)에서 각자 수세하면서, 수세액은 1결마다 쌀 23말로 한정하였다. 수세액을 제한한 것은 소작인인 농민을 보호하기 위한 것이다.

○ 모든 면세전은 해당 궁방과 해당 아문(衙門)에서 각자 수세한다.
○ 각 아문의 면세전은 소정 한도액을 넘어서 수세할 수 없으며, 1결마다 쌀 23말로 한다.

이러한 법전의 면세지는 시간이 흐르면서 왜곡되고 변질되어 조세의 특권층을 토지를 광점하고, 조세회피의 수단으로 면세지를 이용하였다. 따라서 조선시대의 궁가 등 특권 층에 대한 조세감면은 국가의 재정수입의 감소를 가져왔을 뿐만 아니라, 가난한 농민에게 더욱 가중한 조세부담을 가져와 조세공평을 해칠 수밖에 없었다. 물론 국가재정과 왕실재정이 나누어지지 않은 상태에서 궁방 등의 경비 충당은 절대적으로 필요하였지만 그 자체적인 수세권의 남용과 확대가 지나치게 발생하였기 때문이다.

다음 『현종개수실록』은 그 당시 면세지가 너무 많아 국가재정이 어렵기 때문에 궁방 전과 관둔전의 면세를 폐지할 것을 주장하고 있다.

1618) 원전(院田)이란 조선시대에 원(院)을 운영하는 데 필요한 경비를 충당하기 위하여 설정한 토지이다.
1619) 진부전(津夫田)이란 관청 소속의 나룻배를 부리는 댓가로 사공들에게 조세를 면제하여 준 토지이다. 진부전은 진부위전(津夫位田) 또는 진척위전(津尺位田)이라고도 한다.
1620) 빙부전(氷夫田)이란 조선시대 나라에서 얼음을 캐는 고역의 댓가로 빙부들에게 조세를 면제하여 준 토지이다.
1621) 수릉군전(守陵軍田)은 능을 지키는 수릉군(守陵軍)에게 지급한 전지이다.
1622) 국행수륙전(國行水陸田)이란 나라와 왕실의 안녕을 비는 수륙재(水陸齋)를 지내는 절에 지급한 토지이다.
1623) 제향공상(祭享供上) 제사채전(諸司菜田)은 여러 궁전의 제사용 채소를 마련하기 위하여 전사사(典祀寺)·내자사(內資寺)·내섬사(內贍寺)·공안부(恭安府) 등에 지급한 채소밭이다.
1624) 내수사전(內需司田)은 왕실내(王室內)의 제반경비 조달을 목적으로 설정된 토지이다.
1625) 내수사전(內需司田)은 왕실내(王室內)의 제반경비 조달을 목적으로 설정된 토지로서 왕궁소유(王宮所有)의 전지뿐만 아니라 민전(民田) 위에도 광범위하게 설정되어 수조권(收租權)을 분급(分給)받았다.
1626) 혜민서(惠民署) 종약전(種藥田)은 혜민서(惠民署), 활인서(活人署) 등 서민용(庶民用) 의료시설에서 소용되는 약재(藥材) 마련을 위하여 설정된 전지이다.
1627) 사전(寺田)이란 절에 지급된 전지로서 태종(太宗) 6년과 세종(世宗) 6년에 사찰(寺刹)을 정비하여 선종(禪宗) 18사(寺)에 도합 4,250결, 교종(敎宗) 18사(寺)에 도합 3,700결만 허용하고 나머지 절의 전지는 속공(屬公)시켰다
1628) 아록전(衙祿田)은 지방관(地方官)의 녹봉에 상당하는 전지이다.
1629) 공수전(公須田)이란 지방관청의 손님 접대와 기타 경비에 충당하도록 지급된 전지이다.
1630) 도전(渡田)은 나룻터의 책임자인 도승(渡丞)에게 주었던 아록전(衙祿田)으로서 8결 정도 주었다(위의 실록).
1631) 숭의전전(崇義殿田)은 고려 태조(太祖)와 현종(顯宗)·문종(文宗)·원종(元宗) 등 4왕(王)의 제위전(祭位田)으로서 매 1위(位)에 3결씩 지급하였다.
1632) 수부전(水夫田)은 한강(漢江)에서의 교통(交通)을 관장하는 수참(水站) 소속의 수부(水夫)들에게 주어진 전지이다.
1633) 장전(長田)이란 역장(驛長)에게 주어졌던 전지이다.
1634) 부장전(副長田)이란 부역장(副驛長)에게 주어진 전지이다.
1635) 급주전(急走田)은 역(驛) 소속의 급주졸(急走卒)에게 주어진 전지이다.

「우리나라는 면세되는 전지가 너무 많아 국용이 넉넉하지 못한 것이 오로지 여기에 연유되고 있으니, 진실로 통탄할 일입니다. 각 고을의 관둔전과 충훈부 이하 각 아문 및 내수사와 여러 궁가에 소속된 토지의 면세를 일체 아울러 정파시키소서. 그리고 그 세입을 거두어 공가(公家)에 부송시키는 것을 영구히 법문으로 만드소서. 그리하여 모든 지역에 전혀 면세된 전지가 없게 하며 여러 학궁에 소속된 전지라도 면세를 허락하지 말면 국용에 보탬이 되는 것이 어찌 적겠습니까.」[1636]

또한 궁방전 등 면세전은 양민이 조세와 부역을 피하는 수단으로 악용되어 조세 불공평의 온상이 되었는데, 다음 『효종실록』의 사례에 따르면 궁방전과 관둔전을 경작하는 사람들조차도 그 위세가 대단하여 조세와 부역을 회피함으로써 일반 양민의 불만이 컸음을 알 수 있다.

「이른바 궁가와 아문의 둔전은 나라 안에 하나의 연못과 숲 같은 소굴이 되어 양민으로서 부역을 피하는 자들이 모두 모여 있는데 조세의 독촉이 미치지 않고 정역(丁役)의 점검이 이르지 않아 한 해가 다하도록 편안히 앉아 있으니, 부역에 응하고 항오에 편입된 백성에 비해 보면 수고로움과 편안함의 차이가 이만저만이 아닙니다. 땅에서 나는 곡식을 먹고 사는 자치고 누가 임금의 백성이 아니겠습니까. 그런데 혹은 수고롭고 혹은 편안하여 고르지 못함이 이와 같으니, 인심은 복종하지 않는 것이 당연하고 나라도 또한 정책이 없다고 할 수 있을 것입니다.」[1637]

『목민심서』에도 둔전의 면세전에 대한 문제점을 다음과 같이 지적하고 있다. 그래서 『속대전』 호전의 제전조에 "각 아문의 면세전은 소정 한도액을 넘어서 수세할 수 없으며, 1결마다 쌀 23말로 한다."고 제한한 것이다.

「둔전은 군량을 공급하는 것이어서 나라의 이익이었는데, 오늘날의 둔전은 사사로운 사람들을 살찌우게 하는 것이어서 나라의 좀인 것이다. 오늘날에는 여러 군영의 장신(將臣)이 오히려 먼 지방에다 비옥한 토지를 널리 매입하여 둔전이라고 칭하고, 이에 세도 있는 집안의 서얼들과 부유한 집안의 놀고먹는 자식들을 감관으로 파견해서 세를 가혹하게 거두어들여 한 목구멍을 채우는 데 적어도 천냥이요 많으면 수천냥이다.」[1638]

1636) 『현종개수실록』 1년 9월 29일.
1637) 『효종실록』 7년 3월 15일.
1638) 『목민심서』 호조 6조 제1조 전정.

조선왕조는 양반이 지배하던 사회로 모든 제도는 양반층의 이권을 보장하는 방향에서 편제되어 있었다. 하지만 양반도 국가의 공민(公民)인 이상 국가의 조세를 바칠 의무를 지고 있었다. 그러나 부유한 양반이 지고 있던 조세의 부담은 가난한 농민의 조세는 물론 소작료 등의 부담과 비교할 때 상당히 가벼운 것이었다. 그럼에도 불구하고 양반의 조세는 합법적이거나 비합법적으로 면제받는 수가 많았다. 더욱이 양반에게 부과된 공물의 경우에 있어서도 마찬가지였으니, 양반의 부담은 흔히 소작전호(小作田戶)에게 전가되고 있었다. 이와 같이 양반 지주층은 국가에 약간의 조세만을 납부하면서 소작전호 위에 군림하던 존재였다.1639)

따라서 조선시대 조세감면의 문제점은 궁방전 등 특권층에 대한 면세가 지나치게 불공평하게 이루어졌다는 것이다.

2. 조세감면 개념의 불확실

조세의 공평은 과세소득의 크기와 능력에 비례하여 조세를 부담시키는 것이다. 따라서 공평과세를 위해서는 무엇보다도 과세소득을 적정하게 측정해야 한다. 조선시대는 조세의 과세소득을 산정하기 위해서 양전과 답험을 적정하게 실시하여야 했다. 하지만 양전은 20년에 한번씩 실시하도록 하였지만 실질적으로 어려웠으며, 답험은 관리의 농간과 답험 후 수확량의 변화 등으로 적정하게 산정되지 못하였다. 그리고 속전(續田) 등으로 기경하지 않거나 수확량이 없으면 과세소득이 없기 때문에 조세를 징수하지 않아야 하는데, 이를 감면의 형식으로 조세를 면제함으로써 관리의 착취와 농간이 행해질 수 있는 여지가 많았다.

다음은 『영조실록』은 속전에 대한 감면 내용인데, 이는 속전(續田)에 대한 감면이 지역에 따라 공평하지 못하였다는 것을 말하고 있다. 속전은 토질이 비옥하지 못하여 때로는 휴경함으로써 경작할 때에만 과세하는 토지이다.

「모든 속전은 비록 혹은 기경하는 대로 조세를 거두지만, 조세를 거둘 적에 원전(元田)의 세액에서 감해 주는 바가 없습니다. 이것에서부터 전정의 법례가 되는데, 오로지 황주·봉산 두 고을의 속전에서만 매 결에서 두를 감해서 받았으며, 이를 그대로 따르고 고치지 않으니, 비단 그 부세(賦稅)하는 법이 법전에도 어긋남이 있을 뿐만 아니라, 또 이것은 다른 고을에도 없는 바이므로, 그 명분도 바르지 못하고 뒷날의 폐단도 있으니, 금년을 시작으로

1639) 『한국민속대관』, 고려대학교(高麗大學校) 민족문화연구소(民族文化研究所).

하여 다른 예에 의하여 일체로 조세를 내게 하는 것이 마땅합니다.」[1640]

　세종대왕 때 마련한 공법(貢法)의 수세제(收稅制)는 속전의 진황[1641]은 면세한다고 규정하고, 『경국대전』에서는 속전은 기경하는 대로 수세한다고 하였다. 그러나 실상 18세기 말까지도 속전에서의 백징[1642] 등 부작용이 나타났다. 조선시대의 조세감면에 대한 규정의 대부분은 각 법전 호조의 제전조와 수세조에 규정되어 있으며, 재해 등에 대한 특별한 감면은 왕명에 의하여 이루어졌다. 호조에 규정된 법적 감면 이외는 왕명에 의하여 이루어 졌는데, 그 당시 왕명의 조세감면 개념은 다음 『조선왕조실록』의 내용에서 살펴볼 수 있다. ①의 『선조실록』 내용은 조세감면을 통하여 왕이 백성을 구휼하고자 하는 사상을 볼 수 있고, ②의 『정조실록』 내용은 조세감면은 왕이 백성에 대한 부모와 같은 유교사상에 의하여 행하여졌다는 것을 볼 수 있다. 즉, 조선시대의 조세감면은 왕이 백성에 대한 전통적인 지배관계를 갖는 봉건국가[1643]에서 왕이 백성에게 베푸는 은전이라는 사상에 기초하여 왕명에 의하여 상황에 따라 행하여 졌다는 것이다.

① 「백성은 나라의 근본이니 근본이 견고해야 나라가 편안하다 하였습니다. 근본이 견고하지 아니하고 나라를 보존하는 자는 있지 않습니다. 중국군이 철수한 후에 상께서 조세를 감면하라고 누차에 걸쳐 덕음을 내리셨으니, 백성을 구휼하는 정성이 과연 지극하십니다. 보고 듣는 모든 사람이 누군들 감읍하지 않겠습니까.」[1644]

② 「경기·호서·영남은 재해를 입었다. 내가 이 때문에 두려워서 아침부터 밤에까지 편안할 겨를이 없다. 어찌 감히 한두 가지 감면해 주고 돌보아 주는 정사를 가지고 부모의 책임을 다했다고 여기겠는가?」[1645]

　하지만 다음 ①의 『선조수정실록』 내용은 조세감면이 바르지 못하여 백성이 고통받고 있음을 지적하고 있다. 또한 ②의 『인조실록』 내용은 면세로 인한 불공평은 관리에 의하여서만 이루어지는 것이 아니라, 농민의 경우에도 면세규정을 이용하여 탈세하는 현상이 발생하였다는 것이다.

1640) 『영조실록』 34년 7월 20일.
1641) 진황(陳荒) 돌보지 않고 버려 두어 거칠어진 땅.
1642) 백징(白徵) ; 白地 즉, 空地를 장부에 올리고 강제로 징수하는 행위.
1643) 조선시대의 봉건제도는 논란의 여지가 많이 있지만 「왕토사상=토지국유원칙」의 입장에서 접근하고 있다. 전제군주 또는 국가가 전국토의 궁극적인 토지소유자라는 사실은 단지 명목적 의미밖에 가지고 있지 않고, 그 내용의 본질은 오히려 그러한 조세적 지대를 성립시키고 있는 강제의 성격 즉, 토지경작권을 가지고 있는 농민에 대한 국가권력에 의한 지배양식의 성격 안에서 찾아볼 수 있다.(김홍식, 「조선시대 봉건사회의 기본구조」, 박영사, 1982, pp.17-20).
1644) 『선조실록』 38년 7월 27일.
1645) 『정조실록』 6년 11월 3일.

① 「10분의 1의 조세는 삼대 시대의 유제(遺制)입니다. 우리나라는 조종조로부터 해마다 재상을 살펴서 조세를 감면해주는 법이 있으니, 이는 실로 좋은 법인데, 법이 오래되어 폐단이 생겨나 백성들만 고통을 받고 있습니다.」[1646]

② 「진전을 면세로 경작하는 자는 종전 사목대로 3년을 한정하여 조세를 물리지 말되 간사한 백성이 조세를 내는 숙전(熟田)[1647]을 버려두고 조세가 없는 진전을 경작하는 자는 진전의 조세를 절대로 감하여 주지 말라고 하였습니다.」[1648]

3. 관리와 토호의 부정·부패

조선시대 향촌에 토착화한 지배세력으로 양반의 신분을 지닌 대토지 소유자인 토호들은 중앙정계와 연계하고, 수령이나 아전과 결탁하며, 서원이나 향교의 세력을 이용하는 방법 등을 통해 토지겸병, 삼정문란, 조세거부, 사시악형(私施惡刑)[1649], 잡기편재(雜技騙財)[1650] 등 온갖 무단행위를 향촌에서 전개해, 국가의 수취기반을 불법적으로 침탈하여 자신들의 이익을 취했다. 또한 토호들은 임진왜란 후 전적(田籍)이 소실된 토지를 광점(廣占)하여 대부분 수천·수백 결의 토지를 소유하고 자신의 노비와 신역(身役)을 도피한 양·천민을 불법적으로 활용하여 지주경영을 강화했다. 그리고 전정(田政)에서는 아전에게 뇌물을 주어 토지의 등급을 낮추어 조세를 적게 내거나, 토지를 숨겨 탈세했다. 그래서 토지 측량사업인 양전(量田)이 실시되면 토지의 전품이 시정되고, 은닉된 토지도 드러나 조세를 더 내야 했으므로 토호들은 양전을 적극적으로 반대했다.

그리고 옛날이나 지금이나 조세의 가장 큰 문제는 조세의 직무를 담당하는 공무원의 청렴이라 할 수 있다. 조선시대의 경우 주된 조세의 종목이 전세이므로, 전세를 담당하는 수령 등이 청렴하게 바른 의지만 있었다면 전세는 좀 더 공평하게 징수될 수 있었다고 생각된다. 하지만 실정은 그리하지 못하여 양전과 수세를 담당하는 관리들의 부패는 가난한 농민뿐만 아니라 국가재정까지 위험에 처하게 할 정도였다. 이에 대해『경세유표』에는 다음과 같이 기록하고 있다. 면세지인 진전(陳田)에 대해서 부패한 관리들이 조세를 징수한 문제점을 지적하고 있는 것이다.

「『속대전』에 이르기를 "매년 진전을 개간한 곳은 낱낱이 등록하여 본조에 보고하고 세액

1646) 『선조수정실록』 34년 8월 1일.
1647) 숙전: 해마다 농사를 지어 잘 길들인 밭.
1648) 『인조실록』 14년 7월 26일.
1649) 사사로이 악한 형을 집행함.
1650) 온갖 여러 가지 방법으르 남의 재물을 속여서 빼앗음.

의 절반을 감하며(『대전회통』에는 이르기를 3년간의 세를 감한다고 하였다.), 이미 개간하였다가 도로 묵인 것은 세를 징수하지 않는다."고 하였다. 생각건대, 진전이란 우리나라에 없는 것이라고 본다. 아니, 진전이 없는 것은 아니라도 묵혔다고 면세된 것은 우리나라에 없는 것이다. 나는 오랫동안 농촌에 살면서 종종 지팡이를 끌고 황량한 촌락과 파산된 농가 사이를 두루 돌아다녔으나 일찍이 한 떼기의 진전도 본 일이 없다. 때로 혹 변방 끄트머리 격원한 지대에는 진전이 질편하여 가없이 넓기에 그것을 가리키면서 노인에게 면세되었는가고 물었더니, 노인은 말하기를 "내가 아이 때로부터 저 밭은 갈아 먹지 않았으나 그때부터 지금까지 저 밭에 대한 세를 내고 있다오, 나라 땅치고 세를 물지 않은 땅도 있는가요?"」[1651)

이와 같이 탐관오리가 소득이 없는 면세지에 수세함으로써 농민의 탈농현상이 심화되는 사회현상까지 발생하였다. 조선시대 전체 면세전의 3분의 2정도를 차지하는 것이 진황전이다. 진황전은 이전에 경작하던 토지였지만 오랫동안 황폐되어 내려 온 것으로, 진황전이 날로 늘어났다는 것은 지배계층의 수탈로 생존 의욕을 상실한 농민들이 경작을 포기하고 유망·도산하는 현실을 보여 주는 것이다. 이러한 현상은 조선후기에 심하여 탐관오리들은 진결징세·은결징세·백지징세 등을 통하여 자신들의 부를 늘리고 농민들을 착취하였다.

이러한 조세문제는 임진왜란 이후 전국토가 황폐화되어 경작지가 크게 감소하였는데도 불구하고, 궁방전을 비롯한 각종 특권층의 면세전은 증대되는 한편, 수세결수가 양안 결수의 반에 불과한 데도 일부 수령과 아전들의 은결(隱結)은 날로 늘어나면서 심화되었다. 더욱이 탐관오리들은 조세를 징수할 때 도결(都結)[1652)·방결(防結)[1653)·진결(陳結)[1654) 등으로 실제 세액의 몇 배를 징수·착복하여, 자신들의 부를 늘리고 농민들을 착취하였다. 결국 조선조는 16세기 이후 지주제의 발전과 공평과세의 부재 등으로 소농민의 몰락이 계속되었다.

『목민심서』에는 다음과 같이 기록하여 아전들의 탈세방법을 예시하면서, 간교한 아전이 민결(民結)을 몰래 취하여 제역촌(除役村)[1655)에 옮겨 기재하는 것은 분명하게 조사하

1651)『경세유표』지관수제 전제8.
1652) 서리(胥吏)가 공전(公錢)이나 군포(軍布)를 사용(私用)하고 그것을 메우기 위하여 전지(田地)에 부과하는 결세(結稅)에 덧붙여 받는 수법.
1653) 아전이 납세자에게서 토지세를 사사로이 징수한 행위.
1654) 묵은 논밭에서 거두던 조세.
1655) 민가마다 부과하던 잡역을 면제받던 마을. 제역에는 국제(國除)와 읍제(邑除)가 있었다. 전자는 궁전(宮田)·둔전(屯田)·학전(學田)·역전(驛田) 등 국가가 인정한 면세지를 경작하는 농민에 대한 국가 차원의 면역이며, 후자는 각 군현의 필요와 편리에 따라 형성된 지방 차원의 관례적 면역으로, 제역촌의 주민은 일정한 역을 그에 상응하여 부담해야 하였다.

여 엄금할 것을 지시하고 있다.

「양호1656)라는 것은 간활한 아전이 작부(作夫)할 때에 민결을 그저 취하여 제역촌(除役村)
으로 옮겨 기재하고 이에 그 백성으로 하여금 쌀을 바치게 하기를 방납의 경우와 같게 하
고 이에 스스로가 전세와 대동세를 바치고 그 나머지를 먹는데 이를 일러 양호라고 한다.
가령 예를 들어 민결 1결에서 쌀 45두를 거두면 20여두로써 스스로 양세를 납부하고 그 나
머지 25두는 그 자신이 먹어버리는 것이다.」1657)

결과적으로 조선의 중앙정부는 관리와 토호들의 조세포탈을 바로 잡아 힘없는 농민의
부담을 줄이려고 하였지만, 허약한 지방정부와 강력한 지주층, 그리고 탐관오리 등에 의
하여 조세공평은 실현되지 못하였다.

4. 양전과 답험의 부실

『목민심서』에는 "수령의 직책 54조 중에서 전정이 가장 어려운 것인데, 그것은 우리나
라의 양전법(量田法)이 본래 좋지 못하기 때문이다."라고 하면서, "양전하는 법은 아래로
백성을 해치지 않고 위로 국가에 손해를 끼치지 않을 것이요 오직 공평하게 해야 할 것
이다. 먼저 적임자를 얻은 후에라야 이에 가히 의논할 수가 있다."1658)라고 하여 양전의
어려움과 중요성을 말하고 있다. 하지만 조선시대에는 이러한 양전과 답험이 제대로 이
루어 지지 못하여 과세의 공평을 해치는 경우 많았다는 것은 문헌을 통하여 알 수 있다.
양전과 답험하는 과정에서의 문제점은 대부분 관리의 비리로 인한 것이지만, 해당 관리
의 지식부족으로 인한 경우도 많았다.

『경세유표』에는 다음과 같이 기술하고 있는데, 한마디로 양전에 따른 전문성이 전혀
없는 사람에게 양전을 집행하게 함으로써 문제가 발생할 수밖에 없었다는 것이다.

「무릇 수리가(數理家)의 추산법(推算法)은 실적(實積)의 차에 가장 조심한다. 무릇 물(物)의
형태는 만 가지로 다르기 때문에 구고(句股)1659)로 약하고 개방(開方)1660)해 잘라서 그 실적
을 구하는데, 이것은 오직 성격이 정밀하고 기미를 연구해서 수리에 깊은 학자라야 이에

1656) 양호(養戶)가 되는 자에는 아전·호수(戶首) 등이 있었으나 방결(防結)은 아전만이 하는 것이었다.
1657) (역주)『목민심서』권2 제6부 호전(戶典) 육조(六條)1 제2장 세법 상(稅法 上).
1658) (역주)『목민심서』권2 제6부 호전(戶典) 육조(六條)1 제1장 전정(田政).
1659) '직각 삼각형'의 전 용어.
1660) 제곱근이나 세제곱근 따위를 계산하여 그 답을 구하는 일.

능히 해낼 수 있다. 지금 군·현의 서리 따위는 능히 그 조박(糟粕)[1661]도 아는 자가 없다. 평생 도필(刀筆)[1662]을 일삼으면서 훔치는 데에만 익숙하여, 마음보가 이미 이렇게 고질되어 감화시킬 수 없다. 서울 젊은이로 상등인이라는 자는 항우(項羽)와 패공(沛公)을 제목으로 하여 시부(詩賦)[1663]나 높이 부르짖고, 하등인이라는 자는 투전과 골패로써 노닥거림이 버릇이 되었는데, 어찌 능히 현령을 도와서 실적을 셈하는 자가 있겠는가? 할 수 없이 서리에게 맡기고 이교(吏校)에게 맡기고, 향갑(鄕甲)[1664]에게 맡기고, 전부(佃夫)에게 맡긴다. 이리하여 온갖 구멍이 엇갈려 뚫리고, 많은 거적이 서로 덮어쓰게 되어 원망이 무리지어 일어나고 죄벌(罪罰)이 꼬리를 물게 된다. 이런 까닭에 무릇 수령된 자는 다 양전하는 것을 큰 함정으로 여긴다. 사실(私室)에서 서로 경계하고 공좌(公座)에서 띄워 말하며, 모두 양전은 할 수 없다고 한다. 이에 낭묘대신(廊廟大臣)[1665]도 이런 말을 익히 듣고 또한 양전은 할 수 없다고 한다.」[1666]

그리고 양전이 제때에 이루어 지지 못하면 조세가 불공평해진다는 것을 다음 『중종실록』과 같이 조정에서는 지적하고 있다.

「한 도(道)에서 새 전안(田案)과 옛 전안을 사용하여 두 가지로 조세를 거둠은 또한 공평하지 못함을 대신들이 이미 말했으니, 반드시 올해에 다시 측량해야 한다.」[1667]

또한 양전이 시행된 경우에도 관리들의 농간으로 공평한 양전이 이루어지지 못하여, 조세가 불공평해진 것에 대해서 『사계전서』[1668]에서는 다음과 같이 기록하고 있다.

「당초 논밭을 측량할 때 그 일을 맡은 신하들이 자세히 살피지 않은 까닭에 아전과 관료들이 이를 빌미로 농락하여, 전토가 비옥해도 5, 6등급으로 기록하기도 하고 척박해도 2, 3등급으로 기준을 매기기도 하였으며, 어떤 곳은 몽땅 누락시켜 버리기도 하였습니다. 이미 측량한 후에는 또한 간혹 다른 사람이 점유한 토지를 뺏어다가 자기 집에 합해 놓고서 이를 이름하여 양호(養戶)라 하여, 이 때문에 고생이 더하고 덜한 것이 균등하지 못하고 억누

1661) 학문이나 서화·음악 따위에서 옛사람이 다 밝혀서 지금은 새로운 의의가 없는 것을 이르는 말.
1662) '구실아치'를 낮잡아 이르던 말. 아전이 죽간(竹簡)에 잘못 기록된 글자를 늘 칼로 긁고 고치는 일을 했던 데서 유래한다.
1663) 시(詩)와 부(賦)를 아울러 이르는 말.
1664) 면임(面任).
1665) 조선시대에는 의정부 대신.
1666) (국역)『경세유표』제9권 지관수제.
1667) 『중종실록』20년(1525) 4번째기사.
1668) 조선 중기의 학자 김장생의 시문집.

르고 수탈하는 습관이 이루어졌으니, 힘없는 백성들의 빈곤은 실로 여기에서 유래한 것입니다.」[1669]

이와 같이 조선시대 조세의 불공평은 양전에서도 발생하지만 실질적으로 조세를 징수하는 과정인 재상 등의 답험에서 더 많이 발생하였다. 『증보문헌비고』에서는 다음과 같이 답험한 위관(委官)들 모두가 용렬(庸劣)[1670]하고 이치를 알지 못하여, 허실을 망령되이 헤아리기도 하고 혹은 사정을 보아 조세를 증감하기도 한다고 말하고 있다.

「답험할 즈음에 관례대로 향곡(鄕曲)[1671]에 항상 거주하는 사람으로 위관(委官)을 삼았는데, 거의 모두가 용렬하여 이치를 알지 못하여서 혹은 허실을 망령되이 헤아리기도 하고 혹은 사정을 두어 증감하기도 하며, 추종(騶從)[1672]의 공억(供億)이 모두 민간에서 나와 천맥(阡陌)[1673]을 달리고, 여염(閭閻)을 소란스럽게 하니, 그 농민이 다투어 술과 음식을 가져와서 후하게 접대하고 청탁하므로, 명목 없는 비용이 거의 세액의 수량에 가깝게 되었다.」[1674]

『세종실록』에도 다음과 같이 위관이 답험할 때 적정하지 못하여 공법을 시행하려함을 말하고 있다.

「충청도 감사 정인지가 상언하기를, 그윽이 생각하건대, 매년 가을마다 위관(委官)이 손실을 경하게 하고 중하게 함이 능히 알맞지 못하여, 백성들이 또한 번거롭게 여겨 소란하므로, 전하께서 공법을 행할 것을 의논하여, 장차 옛날의 제도를 회복하고자 하니, 조정의 의논이 서로 같지 않음이 있으므로, 일이 중지되고 시행되지 아니했습니다.」[1675]

다음 『중종실록』의 기사에서는 답험의 중요성에 대해서 언급하고 있는데 "재해 입은 것을 충실하다고 하면 백성의 원망이 반드시 많을 것이요, 잘 성숙한 것을 재해를 입었다고 하면 나라의 재정이 부족하게 된다."는 것이다.

「조세의 수입은 국가의 경비에 관계된다. 재상(災傷)을 답험(踏驗)[5733] 할 때에는 실지에 일치하도록 힘써야 한다. 재해 입은 것을 충실하다고 하면 백성의 원망이 반드시 많을 것

1669) 『사계전서(沙溪全書)』 제1권 소(疏) <집의를 사직하고 인하여 13가지의 일을 진달하는 소 (갑자년 6월)>
1670) 못생기고 재주가 남만 못하고 어리석음.
1671) 시골의 구석진 곳.
1672) 상전을 따라다니는 하속.
1673) 논밭의 두둑길.
1674) (국역)『증보문헌비고』 제148권 전부고 8 조세 1 조선.
1675) 『세종실록』 18년 2월 22일.

이요, 잘 성숙한 것을 재해를 입었다고 하면 나라의 재정이 부족하게 된다. 근래에 수령들이 답험할 때에 실지대로 보고하지 않는 것이 많고, 관찰사가 사실을 밝혀내지 못한다. 경차관(敬差官)을 비록 전임하여 내려보낼지라도 각 고을의 수많은 논밭을 두루 다 살펴볼 수 없어서, 손상된 것과 잘 성숙한 것이 실지대로 보고되지 못하니, 지극히 부당(不當)하다.」[1676]

결론적으로 양전과 재상답험은 전세의 공평과세에서 가장 기본절차인데 이것이 원활하게 시행되지 못했다는 것은 조세의 근본이 무너진 것이다.

[1676] 『중종실록』 10년(1515) 6월 26일 2번째기사.

02 조선시대의 **조세부담액**

제1절 의의

　정도전이 편찬한 『조선경국전』 부전의 총서조에 "주군·판적(版籍)[1677]이란 부의 소출이요, 경리(經理)란 부의 통제이며, 농상(農桑)이란 부의 근본이다."[1678]란 규정이 있다. 여기서 부(賦)란 부세(賦稅)를 의미하며, 부세는 조세를 매겨서 징수하는 것이다. 그러면서 주군(州郡)·판적(版籍)·경리(經理) 및 농상(農桑)조에 다음과 같이 각각 그 의미와 중요성을 규정하고 있다. 이 규정에 따른 조세제도는 조선 500년 동안 그 골격을 유지하였다. 조선시대 조세를 징수하여 국가재정을 충족시키기 위한 기본적 요소인 인구를 주군별로 정확히 파악하고, 토지의 면적과 결수를 측정하여 공평하게 분배하며, 농사를 장려하여 수확량을 높여야 한다는 것이다.

　첫째, 주군(州郡)조에는 주·군은 부역을 제공하고, 부세를 내는 행정 단위임을 규정하고 있다.

　「경읍(京邑)[1679]은 사방의 근본이요, 경읍에 인접해 있는 군은 부역을 제공하고 왕실을 시위하니, 경읍을 보좌하는 지역이다. 멀리 떨어져 있는 주군은 마치 별처럼 펼쳐지고 바둑알처럼 벌여져서, 모두 노동력을 내어 공역(公役)에 이바지하고 부(賦)를 내어 공용(公用)을 이바지하니, 왕실의 울타리가 아님이 없다. 우리나라에서는 전조 왕씨의 구제도를 이어받아

1677) 호적(戶籍).
1678) (원문)「曰州郡曰版籍. 賦之出也. 曰經理. 賦之制也. 曰農桑. 賦之本也.」
1679) 서울.

이를 현실에 맞게 조정하였다. 경기는 좌우도(左右道)로 나누었으며, 나라의 남쪽을 양광도(楊廣道)라 하고, 그 바깥쪽을 경상도·전라도라 하였다. 서쪽은 서해도라 하고, 동쪽은 교주(交州)·강릉도라 하였다.」[1680]

둘째, 판적(版籍)조에는 나라의 빈부는 백성이 많고 적은 데 달려 있고, 부역의 균등은 인구의 수효를 세밀하게 파악하는 데 달려 있다고 하여, 조세에서 백성의 역할을 강조하면서 백성의 안위와 인구의 정확한 파악이 조세에서 매우 중요한 요소임을 규정하고 있다.

「나라의 빈부는 백성이 많고 적은 데 달려 있고, 부역의 균등은 인구의 수효를 세밀하게 파악하는 데 달려 있다. 그러므로 백성을 다스리는 직책을 맡은 사람이 백성을 쉬게 하고, 생식(生息)[1681]시켜 인구를 번창하게 하고, 백성을 위로해서 모여들게 하고 편안히 살 수 있게 해서 그들의 거주를 보호하면 백성이 많아지게 될 것이다. 그리고 호구를 등록하여 그 증감을 살피면 백성의 수효를 세밀하게 파악하게 될 것이고, 인구를 조사하고 장정을 계산하여 그 차렴(差斂)[1682]을 부과하면 부역이 균등해질 것이다.」[1683]

셋째, 경리(經理)[1684]조에는 토지제도의 문제성을 언급하고 토지를 측량하고 파악된 토지를 결수(結數)로 계산하여, 토지를 균등하게 분배할 것을 규정하고 있다.

「전하는 잠저에 있을 때 친히 그 폐단을 보고 개탄스럽게 여기어 사전(私田)을 혁파하는 일을 자기의 소임으로 정하였다. 그것은 대개 경내의 토지를 모두 몰수하여 국가에 귀속시키고 인구를 헤아려서 토지를 나누어 주어서 옛날의 올바른 토지 제도를 회복시키려고 한 것이었는데, 당시의 구가(舊家)[1685] 세족(世族)[1686]들이 자기들에게 불편한 까닭으로 입을 모아 비방하고 원망하면서 여러 가지로 방해하여, 이 백성들로 하여금 지극한 정치의 혜택을

1680) (원문)「(州郡) 京邑. 四方之本也. 股肱之郡. 供賦役衛王室. 京邑之輔也. 遠而州郡星羅棋布. 皆出其力以供公役. 出其賦以供公用. 無非王室之藩屏也. 國家因前朝王氏之舊. 而有所沿革. 京畿分左右道. 國之南曰楊廣道. 其外曰慶尙全羅道. 西爲西海道. 東爲交州江陵道.」

1681) 살아 숨쉼.

1682) 세액 징수.

1683) (원문)「(版籍) 國之貧富. 在民之衆寡. 賦役之均. 在民數之周. 故任民牧之職者. 休養生息. 以蕃其類. 勞來安集. 以保其居. 民可庶也. 籍其戶口. 稽其登耗. 民可數也. 驗口計丁. 科其差斂. 賦役可均也. 夫如是. 事集於上而下不擾. 國富而民安也. 前朝之季. 不知制民之産. 休養失其道. 而生齒不息. 安集無其方. 而或死於飢寒. 戶口日就於耗損. 其有見存者. 不勝賦役之煩. 折而入於豪富之家.」

1684) 전지(田地)의 경영 관리.『증보문헌비고』제141권 - 전부고 1 - 경계 1 - 고려 :「공민왕(恭愍王) 11년(1362)에 하교(下敎)하기를,"전법(田法)의 폐단이 오래 되어 나라가 궁핍하고 백성이 가난하니, 도평의사사(都評議使司)는 마땅히 농극(農隙 농한기)에 관리(官吏)를 가려 경리[經理]를 고쳐 행하여서 공사(公私)에 모두 편리하게 하라."하였다.」

1685) 여러 대를 이어 온 집안.

1686) 대대로 벼슬을 한 집안.

입지 못하게 하였으니, 어찌 한탄스러운 일이 아니겠는가?

그러나 뜻을 같이한 2~3명의 대신들과 함께 전대의 법을 강구하고 오늘의 현실에 알맞는 것을 참작한 다음, 경내의 토지를 측량하여 파악된 토지를 결수(結數)로 계산하여 그 중의 얼마를 상공전(上供田)[1687] · 국용전(國用田)[1688] · 군자전(軍資田)[1689] · 문무역과전(文武役科田)[1690]으로 나누어 주고, 한량(閑良)[1691]으로서 경성에 거주하면서 왕실을 호위하는 자, 과부로서 수절하는 자, 향역(鄕驛) · 진도(津渡)의 관리, 그리고 서민과 공장(工匠)에 이르기까지 공역(公役)을 맡은 자에게도 모두 토지를 주었다.」[1692]

넷째, 농상(農桑)조에는 농사와 양잠은 의식(衣食)의 근본이니, 왕도정치(王道政治)의 우선이 되는 것이라고 규정하고 있는데, 이는 농상이 부세의 근본이기 때문이다.

「농사와 양잠은 의식의 근본이니, 왕도정치(王道政治)의 우선이 되는 것이다. 우리나라에서는 중앙에 사농관(司農官)을, 지방에 권농관(勸農官)을 두어 백성들의 부지런함과 게으름을 조사하여, 부지런한 사람은 장려하고, 게으른 사람은 징계하게 하였으며, 풍기를 맡은 관리로 하여금 그들의 직책 수행 여부를 조사하여 잘하는 사람은 승진시키고 잘못한 사람은 폐출시키게 하였다.」[1693]

그 결과 『조선경국전』에 규정된 이러한 조세 관련 자료들이 국가에서 어느 정도 기록 관리되어 역사적인 문헌에 남아 있어, 조선시대의 조세부담액을 분석하기 위한 호구 · 인구, 도별 토지 현황 등의 자료로 이용할 수 있다.

1687) 왕실 경비에 충당키 위해 지급된 토지.
1688) 국가의 제사 · 빈객 등 공공 경비에 필요한 재원을 마련하기 위해 지급된 토지.
1689) 군량을 충당하기 위해 지급된 토지.
1690) 현직 문무 관리에게 지급된 토지.
1691) 조선시대 양인 이상의 특수 신분층.
1692) (원문) 「(經理) 殿下在潛邸. 親見其弊. 慨然以革私田爲己任. 蓋欲盡取境內之田屬之公家. 計民授田. 以復古者田制之正. 而當時舊家世族. 以其不便於己. 交口謗怨. 多方沮毀. 而使斯民不得蒙至治之澤. 可勝歎哉. 然與二三大臣之同志者. 講求前代之法. 參酌今日之宜. 打量境內之田. 得田以結計者. 幾分上供之田. 國用軍資之田. 文武役科之田. 而閑良之居京城衛王室者. 寡婦之守節者. 鄕驛津渡之吏. 以至庶民工匠苟執公役者. 亦皆有田. 其授民以田. 雖不及於古人. 而整齊田法. 以爲一代之典. 下視前朝之弊法. 豈不萬萬哉.」
1693) (원문) 「(農桑) 農桑. 衣食之本. 王政之所先. 國家內而司農. 外而勸農. 使驗民之勤惰而勸懲之. 風紀之司. 察其職之稱否而黜陟之.」

제2절   조선시대의 인구

1. 조선시대의 호구조사와 호당인구

조선시대에는 조세징수와 군역 및 부역을 위하여 호구(戶口)[1694]조사가 철저히 행하여
졌다. 특히 인조 17년(1639)부터 정조 13년(1789)의 150년 동안에는 전국에 걸쳐 매 3년
마다 호구를 조사하였다. 그 결과 조선시대의 호수·인구·호당인구는 [표 26]과 같다.
표에 의하면 18세기 초 이후에는 가구당 인구수가 4명 이상으로 급증하면서 전체 인구
가 700만 이상에 달하였지만, 19세기 중반에는 오히려 줄어드는 것을 볼 수 있다. 1807년
의 총인구는 7,561,406명으로 가장 많으며, 호당인구는 1726년에 4.5명으로 가장 많다.

[표 26] 연도별 호수 및 인구와 호당인구

연도	호수	인구	호당인구	자료 출처
1404	153,403	322,746	2.1	「호구총수」
1406	180,246	370,365	2.1	「호구총수」
1432	201,853	692,475	3.4	세종실록지리지
1648	441,321	1,531,365	3.5	『증보문헌비고』
1657	658,771	2,290,083	3.5	『증보문헌비고』
1669	1,313,453	5,018,644	3.8	『증보문헌비고』
1672	1,178,144	4,701,359	4.0	현종실록
1678	1,342,428	5,246,972	3.9	『증보문헌비고』
1717	1,560,561	6,846,568	4.4	『증보문헌비고』
1724	1,572,086	6,865,286	4.4	『증보문헌비고』
1726	1,576,598	7,032,425	4.5	『증보문헌비고』
1777	1,715,371	7,238,546	4.2	『증보문헌비고』
1780	1,714,550	7,227,673	4.2	『증보문헌비고』
1783	1,733,757	7,316,924	4.2	정종실록

1694) 가구(家口)당 식구 수.

연도	호수	인구	호당인구	자료 출처
1786	1,740,591	7,330,965	4.2	『탁지지』, 정종실록
1789	1,752,814	7,403,606	4.2	「호구총수」
1792	1,741,395	7,446,256	4.3	정종실록
1795	1,726,489	7,308,194	4.2	정종실록
1798	1,741,184	7,412,686	4.3	정종실록
1807	1,765,504	7,561,406	4.3	『증보문헌비고』
1837	1,591,965	6,709,019	4.2	『증보문헌비고』
1852	1,588,875	6,918,838	4.4	『증보문헌비고』
1864	1,604,448	6,828,521	4.3	『증보문헌비고』

자료 : 1) 『증보문헌비고』제161권 호구고1 역대호구 조선
     2) 『탁지지』제1권 총요편
     3) 『조선왕조실록』(세종, 현종, 정종)
     4) 『호구총수』

하지만 표의 통계자료는 실재와는 차이가 있음을 다음 『세종실록지리지』의 기록에서 볼 수 있다. 따라서 15세기 이전의 인구통계는 숫자적으로 정확하다 볼 수 없다. 이는 조선초기의 호구나 인구사정은 누호(漏戶)[1695]나 은정(隱丁)[1696]이 많았던 것으로 볼 수 있다.

「"본조(本朝)는 인구(人口)의 법이 밝지 못하여, 문적에 적힌 것이 겨우 열의 한둘이 되므로, 나라에서 매양 바로잡으려 하나, 너무 인심을 잃게 되어, 그럭저럭 이제까지 이르렀으므로, 각도 각 고을의 인구수가 이렇게 되었고, 다른 도들도 모두 이렇다."」[1697]

강만길 등이 공저한 「한국사」에는 "『세종실록지리지』의 각도 군현별로 실려 있는 호(戶)·구(口)의 전국 합계는 201,853호, 692,475구인데, 그 구수(口數)란 곧 남정을 가리키는 숫자이며, 조선왕조에서 실제에 가까운 호구를 파악하게 된 것은 15세기 후기의 일이었다. 곧 세조대에 이르러서야 전국적으로 호구와 군액(軍額)의 철저한 실태 조사를 단행하여 대략 70만 호, 400만 구를 호적에 등재시키고, 또한 정군 27만, 조정(助丁) 58만, 합계 85만의 군역자를 파악하기에 이르렀다. 그리고 성종대에는 이를 재조정하여 50만여

1695) 호적에서 빠진 집.
1696) 호적에 오르지 않은 숨은 장정.
1697) 『세종실록지리지』권 148 경기 호구; 같은 책 권88 『세종실록』22년 2월 병신.

의 군역자를 확보하기에 이르렀고, 1543년(중종 38)에 일반 호적상에 파악된 호구는 836,669호, 4,162,021구로 나타났다."고 하였다.

1717년 이후 인구가 거의 정체상태에 머물러 있었던 까닭은 전답의 부족과 낮은 생산성, 자연 재해로 인한 기근, 질병과 전란 등으로 식량대비 인구가 포화상태에 이르렀기 때문이다. 18세기의 인구통계 역시 조세·병역·부역 등을 기피하기 위한 허위 신고와 행정처리의 미숙으로 호수의 누락으로 인구가 실제보다 적게 평가되었다.『탁지지』에는 정조 10년인 1786년의 인구와 호수 통계에 대해서 다음과 같이 기록하고 있다.

「지금 백성의 인구를 현재의 경지에 비교한다면 백성의 반 수 이상이 먹을 것이 부족하다. 어째서 그런가 하면, 금년(1786년)의 한성부는 별도로 하고 8도 백성의 호수는 172만호가 된다 하여도, 토호들이 거느리고 있는 민호와 세가(勢家)의 묘호(墓戶)·장호(莊戶)[1698]는 거의 누락된 것이 많으니 세상의 누락된 호수를 적게 잡아도 30여만호 이하로 내려가지는 않을 것이다, 그리고 별단에 기재한 백성의 인구는 비록 733만인으로 되어 있으나 만약 누락된 인구를 아울러 계산한다면 거의 1,000만인에 가까운 것이다.」[1699]

이는 당시의 인구조사가 정확하게 이루어 지지 못하였으며, 토호들이 거느리고 있는 민호(民戶)와 세가(勢家)의 묘호(墓戶)·장호(莊戶)[1700]등에 속한 인구가 누락되어 있음을 말해주고 있는데, 그 숫자가 약 260만 명에 이르는 것이다.

그리고 조선시대의 인구는 다음『명종실록』의 기사와 같이 흉년이나 질병 등으로 변화가 많았음을 알 수 있다.

「1524년(중종 19) 겨울에서부터 그 이듬해 봄까지 서북지역에 역질(疫疾)이 창궐하였는데, 평안도에서 죽었다고 정식 보고된 숫자만 보더라도 무려 12,915명이었다[1701]. 또 1555년(명종 10) 을묘왜변의 경우 왜구의 침입으로 함몰되거나 직접 전화를 입게 된 지역은 장흥·강진·영암·진도 등 남해안 일부뿐인데, 변란이 평정된 뒤 이 일대를 순시하고 돌아온 어느 선전관의 상황보고는 다음과 같다. "지나온 길가에 김매는 자는 불과 여자 2~3인이요, 남자로서 김매는 자는 한 사람도 없었습니다. 물어본즉 군사는 모두 전쟁에 달려가고 나머지 노약(老弱)은 또한 공·사의 식량 운반하는 일로 나갔기 때문에 그렇다고 하였습니다."」[1702].

1698) 장(莊)에 딸린 정호(丁戶).
1699)『탁지지』제1권 총요편.
1700) 왕실 또는 사원(寺院) 소유의 전지(田地)인 장(莊)에 딸린 정호(丁戶).
1701)『세종실록』20년 3월 을해.
1702)『명종실록』10년 6월 정축.

『현종실록』에 의하면 현종 11년(1671)에 경상도의 굶주리는 백성이 23,553명이고, 함경도의 굶주리는 백성이 4,869명이었다. 전라도에서 정월 이후로 굶주린 백성 가운데 얼고 굶어 죽은 자가 239명이었고, 여역[1703)으로 죽은 자가 1,752명이었다. 평안도는 굶주리는 백성이 21,648명이었다. 경기는 정월부터 여역으로 죽은 자가 1백여 명이었다.[1704) 그리고 현종 13년(1672) 전국에 재해와 도적이 일어나 경술년과 신해년 두 해의 기근은 옛날을 통틀어 봐도 없었던 것인데다 신해년부터 올봄까지 돌림병이 크게 번져 2월 이후로 굶주림과 병으로 죽은 자가 헤아릴 수 없었다. 함경도가 7백여명, 황해도가 470여명, 평안도가 4백여명, 전라도가 430여명, 경기가 3백여명, 충청도가 260여명, 경상도가 5백여명, 원양도가 1백여명이었다.[1705)

또한 『증보문헌비고』에는 기근과 질병 등이 인구 증가에 많은 영향을 주었음을 기록하고 있는데, "현종 12년(1671)에 큰 흉년이 들고, 이해 여름에 또 보리농사가 큰 흉년이 들어 굶어 죽은 사람이 길에 가득하다."[1706)와 "정조 10년(1786)에 큰 흉년이 들었으므로 서울과 지방에 구휼하도록 명하였다. 서울 오부(五部)의 굶주리는 사람이 9,697명인데 나누어 구휼하는 쌀이 4,808석이고, 경기는 굶주린 백성이 178,939명인데 나누어 구휼하는 곡식이 13,444석이고, 전라도는 굶주린 백성이 1,556,439명인데 나누어 구휼하는 곡식이 86,171이고, 경상도는 굶주린 백성이 1,088,287명인데 나누어 구휼하는 곡식이 83,531석이고, 원춘도(강원도)는 굶주린 백성이 1,603명인데 나누어 구휼하는 곡식이 994석이다."[1707) 등의 기사가 있다.

2. 도(道)별 인구 분석

[표 27]은 『증보문헌비고』 및 『호구총수』에 나타난 1780년부터 1793년까지 8차례 이루어진 인구조사에 의하여 남녀 구성비를 도(道)별로 살펴본 것이다.

1703) 전염성 열병을 통틀어 이르는 말.
1704) 『현종실록』 12년(1671) 2월 3일.
1705) 『현종실록』 13년1672) 3월 29일.
1706) 『증보문헌비고』 제169권 시적고7 진휼1 조선.
1707) 『증보문헌비고』 제170권 시직고8 진휼2 조선.

표 27 도(道)별 남녀 구성비 및 전체구성비(1780년~1798년 평균)

구분	인구(명)	남자(명)		여자(명)		전체구성비
서울	195,399	97,824	50%	97,575	50%	3%
경기도	640,517	327,940	51%	312,577	49%	9%
충청도	865,117	425,507	49%	439,611	51%	12%
전라도	1,208,431	571,158	47%	637,272	53%	16%
경상도	1,581,420	721,470	46%	859,951	54%	22%
강원도	332,027	166,616	50%	165,411	50%	5%
평안도	1,280,904	632,099	49%	648,805	51%	17%
함경도	663,562	331,607	50%	331,954	50%	9%
황해도	567,169	305,325	54%	261,844	46%	8%
합계	7,334,546	3,579,546	(49%)	3,755,000	(51%)	100%

자료 : 1) 『증보문헌비고』 제161권 호구고1 역대호구 조선
     2) 『호구총수』

전체적으로 살펴보면 남자가 49%이고, 여자가 51%로 여자의 인구가 많은 것으로 나타났다. 도(道)별로 살펴보면 서울과 강원도는 남녀의 구성비가 50%로 같으며, 황해도는 남자가 54%로 남자의 구성비가 가장 높고, 경상도의 경우 반대로 여자의 구성비가 54%로 여자의 인구가 많은 것으로 나타났다. 전라도의 경우에도 여자의 구성비가 53%로 남자가 적은 것으로 나타났다. 도별 전체 구성비를 살펴보면 경상도가 22%로 가장 많은 사람이 살고 있었으며, 평안도가 17%로 그 다음으로 나타났다. 서울의 인구는 총인구의 3%에 불과하였다.

[표 28]은 도(道)별 호당인구를 분석한 것이다. 조선시대 전체적으로 가구당 평균 4.2명이 함께 생활한 것이다. 호당인구가 가장 많은 도는 서울로 5.5명이며, 그 다음으로 함경도가 5.1명이다. 가장 낮은 도는 전라도와 충청도로 가구당 3.7명이다. 표의 특징은 권무세도가와 부유층이 살고 있는 서울의 호당인구가 가장 높으며, 산이 많아 살기가 척박하다고 생각되어 조세부담이 적을 것으로 생각되는 함경도의 호당인구가 5.1명인 것으로 나타났다. 전답이 많아 그래도 생활이 넉넉하다고 생각되는 전라도나 충청도의 경우에는 오히려 3.7명으로 가장 낮은 호당인구를 보였다.

토질이 비옥한 전라도나 충청도는 전등이 높기 때문에 1결당 전답의 면적이 좁지만, 토질이 척박한 함경도의 경우 1결당 면적이 넓어 경작을 위해서는 많은 노동력이 필요하여 호당인구가 높은 것으로 본다. 토질이 척박한 6등전은 1등전보다 1결의 면적이 4배나 넓어 노동력은 그만큼 더 필요했기 때문이다.

[표 28] 도(道)별 호당인구

년도	강원도	경기도	경상도	서울	전라도	충청도	평안도	함경도	황해도	평균
1404	1.8	-	2.0	-	2.5	2.3	1.9	2.5	2.1	2.2
1406	1.8	1.8	2.0	-	2.5	2.3	1.8	2.5	2.1	2.1
1454	2.6	2.4	4.1	-	3.9	4.2	2.6	4.5	3.1	3.4
1648	5.1	3.1	3.7	9.5	3.5	2.6	3.7	2.8	2.2	4.0
1657	4.4	3.2	3.9	5.1	3.3	2.9	3.3	3.4	3.1	3.6
1669	4.1	4.5	3.3	8.1	3.7	3.5	4.0	4.7	3.8	4.4
1672	4.7	4.4	3.6	7.7	3.6	3.7	4.4	4.2	4.0	4.5
1678	4.8	4.6	2.7	7.4	3.9	3.8	4.7	5.2	4.3	4.6
1717	4.3	4.5	4.6	6.6	3.9	4.0	4.6	6.1	3.5	4.7
1724	3.8	4.4	5.0	5.7	3.8	4.1	4.5	4.8	3.5	4.4
1726	4.0	4.4	5.1	5.8	3.9	4.0	4.3	5.6	3.7	4.5
1777	4.1	4.1	4.3	5.1	3.8	3.9	4.3	5.7	4.1	4.4
1780	4.1	4.0	4.3	5.2	3.8	3.9	4.3	5.5	4.1	4.4
1783	4.1	4.0	4.4	4.9	3.8	3.9	4.3	5.6	4.1	4.3
1786	4.0	4.0	4.4	4.6	3.8	3.9	4.3	5.5	4.1	4.3
1789	4.1	4.0	4.4	4.3	3.8	3.9	4.3	5.6	4.1	4.3
1792	4.1	4.7	4.4	4.3	3.8	3.9	4.3	5.5	4.2	4.4
1795	4.1	4.1	4.4	4.4	3.8	4.0	4.3	5.6	4.2	4.3
1798	4.1	4.1	4.4	4.3	3.9	3.9	4.3	5.6	4.3	4.3
1807	4.1	4.1	4.4	4.5	3.9	4.0	4.3	5.7	4.3	4.4
1837	4.0	4.2	4.2	4.5	4.0	3.8	4.0	5.8	4.3	4.3
1852	4.1	4.3	4.3	4.5	3.9	3.9	4.0	5.9	5.6	4.5
1864	4.1	4.3	4.3	4.4	4.0	3.9	4.0	5.9	4.4	4.4
평균	4.0	4.0	4.1	5.5	3.7	3.7	4.0	5.1	3.9	4.2

자료 : 1) 『증보문헌비고』제161권 호구고1 역대호구 조선
   2) 『탁지지』제1권 총요편
   3) 『조선왕조실록』(세종, 현종, 정종)
   4) 『호구총수』

　농업을 기반으로 하는 조선사회의 성격상, 국가재정에 가장 커다란 비중1708)을 차지하는 것은 토지와 관련된 전세였다. 따라서 전답의 실태를 조사하는 양전을 정확히 실시하는 것은 전세의 과세대상인 전지를 정확히 측량하고, 전지의 비옥도에 따라 1결의 넓이를 산정함으로써 재정수입을 늘리고 근거과세의 확립에 의한 공평한 과세를 실현할 수 있다.

　『경국대전』 호전의 양전조에는 "모든 토지는 6등급으로 나누며 20년마다 한 번씩 토지를 다시 측량한 후 대장을 만들어 본조, 본도, 본 고을에 보관하여 관리한다"고 하였다. 또한 양전조는 전세의 과세대상인 전지(田地)의 등급을 어떻게 정하는가 하는 절차와 방법 및 위법한 자의 처벌 등을 규정하고 있다. 그결과 조선시대의 전결수에 대한 자료가 어느정도 남아있다.

　[표 29]는 조선시대 원전의 도(道)별 결수와 평균 및 구성비를 분석한 것인데, 원전(元田) 약 132만결 중에서 평야지대인 전라도가 전답 323,711결로 전국 총 전답의 25%를 차지하여 가장 많으며, 경상도가 22%, 충청도가 19%로 그 다음을 차지하고 있다. 하지만 산간지대인 강원도는 3%로 전답이 가장 적으며, 함경도가 6%, 평안도가 9% 정도의 전답을 보유한 것으로 나타났다. 『세종실록지리지』에 의한 1432년의 전답은 총 1,732,006결로 최고에 달한 것으로 나타났다. 『반계수록』에 따르면 "임진왜란 전(前) 평결은 150만결이 넘는 것으로 나타났지만, 전란 이후에는 급격히 감소하여 110만결 정도까지 줄어든 후 서서히 증가하여 19세기까지 평균 140만결 수준"에 머물렀다. 또한 『반계수록』에는 "왜란 이전의 토지 대장은 임진왜란을 겪은 뒤로는 호조에 보존된 것이 없었다. 그러므로 이 자료를 바로 호조 서리(書吏) 김사득의 집에 두었던 자료를 참고한 것이다."1709) 라는 기록이 있어 왜란전 토지대장은 거의 소실된 것으로 보인다.

1708) 조선전기에는 전세와 공부(貢賦)가 국가세입의 대종이었으나, 조선후기인 18~19세기에는 전세를 포함한 결세(結稅)수입이 46%, 환곡이자수입이 36%, 신공(身貢)수입이 16%이였다(金玉根, 1984,「朝鮮王朝財政史研究」).
1709) 『반계수록』 전제고설 하 국조전제 부

표 29 원전의 도별 결수 평균 및 구성비

	경기도	충청도	전라도	경상도	황해도	강원도	함경도	평안도	합계	출처
1404	-	223,090	173,990	224,625	90,922	59,989	3,271	6,648	782,535	1)
1414	-	223,090	279,090	226,025	90,925	59,989	3,271	6,648	889,038	2)
1432	207,119	236,300	377,588	301,147	104,772	65,916	130,413	308,751	1,732,006	3)
임란전 평결	147,370	250,503	442,189	315,026	106,832	34,831	63,821	153,009	1,513,581	4)
1603	141,959	240,744	198,672	173,902	108,211	33,884	54,377	153,009	1,104,758	4)
1634	100,359	258,461	335,305	301,819	128,834	33,884	61,243	94,000	1,313,905	4)
1719	101,256	255,208	377,159	336,778	128,834	44,051	61,243	90,804	1,395,333	1)
1784	110,932	255,519	348,489	338,889	129,244	40,889	109,556	105,760	1,439,278	2)
1786	109,932	255,519	348,489	336,730	129,244	40,889	109,556	106,041	1,436,400	2)
1807	112,090	256,528	340,103	337,128	132,211	41,151	117,746	119,635	1,456,592	5)
1864	111,912	255,585	339,743	337,472	132,373	40,926	117,746	119,735	1,455,492	6)
평균	126,992	246,413	323,711	293,595	116,582	45,127	75,658	114,913	1,319,902	
구성비	10%	19%	25%	22%	9%	3%	6%	9%	100%	

자료 1) 『증보문헌비고』 제142권 전부2 경계 2 조선
    2) 『탁지지』 외편 제3권 판적사 전제부 1
    3) 『세종실록지리지』
    4) 『반계수록』 권지6 전제(田制)에 관한 역사적 고찰[田制攷說] 하(下) 國朝田制
    5) 『만기요람』 재용편 2
    6) 『육전조례』 호조 판적사 결총

   15세기 결수에 따르면 농민의 토지소유 실태는 고려 말에 비해 증가되었다. 이는 농민의 자발적인 노력과 국가의 적극적인 개간책에 힘입어 농민의 7할이 토지를 소유하고 있음을 시사하는 기록도 볼 수 있다[1710]. 그러나 토지소유 규모에서는 상당한 편차가 있었으며, 토지를 가지지 못한 무토지 농민들이 다수 존재하고 있었다. 1436년 7월 호적에 파악된 호를 기준으로 강원도를 분석하면 전체 호수를 대호(大戶)·중호(中戶)·소호(小戶)·잔호(殘戶)·잔잔호(殘殘戶) 등의 5등[1711]으로 나누었는데, 3분의 2이상이 잔잔호로

1710) 『한국사』(한길사) : 본문 중세사회의 발전 농민의 저항과 대외항전 농민층의 사회경제적 처지와 저항 농민층의 사회경제적 처지 농민층의 부담과 처지.

1711) 호조에서 아뢰기를, "각도 각 고을의 호적(戶籍)은 전토(田土) 50결을 대호(大戶)로 삼고, 30결 이상을 중호(中戶)로, 10결 이상을 소호(小戶)로, 6결 이상을 잔호(殘戶)로, 5결 이하를 잔잔호(殘殘戶)로 삼도록 법식을 정하여, 차등을 지어 부역을 서게 하고, 서울 안 오부(五部)는 가옥의 간수로 구분하여 40간 이상을 대호로, 30간 이상을 중호로, 10간 이상을 소호로, 5간 이상을 잔호로 삼고, 4간 이하를 잔잔호로 삼아 차등 호적(差等戶籍)

서 평균 경작규모는 대략 2.5결이었다. 3분의 1이 조금 못되는 호가 6결 이상의 토지를 가졌는데, 면적상으로는 69% 정도를 차지하고 있었다.[1712] 1438년(세종 20)에 황희·허조 등이 올린 상소에 "10결 이상을 경작하는 자는 다 호강(豪强)한 자이고, 3~4결을 가진 자도 드물다"[1713]고 한 것으로 보아 5결 이하의 토지를 가진 자작농 가운데에서도 1~2결 정도의 토지를 가진 농민이 대부분이었던 것으로 보인다. 일반 농민의 토지소유 면적은 영세한 것이어서 상대적으로 자립도가 낮았으며, 전호농민의 경우는 더욱 자립도가 낮을 수밖에 없었다. 대부분의 농민은 단호의 소가족으로 적은 규모의 토지를 경작하며 살아가는 소농민이었으며, 자립이 어려운 경우 협호로서 주호(主戶)에 예속된 삶을 영위했다. 앞의 [표 28]에서 함경도의 호당인구가 높은 이유도 여기에 있다고 본다.

원전의 결수는 양전에 의하여 전답으로 등재한 논밭을 말하는데, 시기전 과세주의에 의하여 원전 모두가 전세의 과세대상은 아니었다. 원전에서 면세전(免稅田)·재상전[1714](災傷田) 등을 차감하여, 현재 경작하고 있는 시기전(時起田)[1715]을 산출하여 과세하였다. [표 30]은 도(道)별 조선시대의 평균 시기전의 전답 결수를 분석한 것이다. 조선왕조 인조부터 고종까지 143년간 전국의 시기전 평균은 785,356결로 나타났으며, 인조조의 경우에는 612.668결로 가장 낮게 나타났으며, 영조·정조·고종조에는 80만결을 넘었으며, 순조·현종·철종조에는 약 76만결로 나타났다. 시기전의 도(道)별 구성비를 살펴보면 전라도가 26%로 가장 높고, 그 다음은 경상도가 25%이다. 강원도의 경우에는 1%로 가장 낮으며 경기도가 6%, 함경도가 8%로 나타났다. 시기전의 구성비를 [표 27]의 원전의 구성비와 비교해 보면 시기전의 구성비가 늘어난 도는 전라도, 경상도, 함경도, 평안도이며, 황해도는 원전의 구성비와 같고, 경기도와 충청도, 강원도는 원전의 구성비보다 조금 낮게 나타났다.

을 시행하게 하옵소서."하였다(『세종실록』 17년(1435) 3월6일).
1712) 『세종실록』 18년 7월 9일.

호등	호당결수	호수	비율(%)
대호	50	10	0.1
중호	20~50	71	0.6
소호	10~20	1,641	14.2
잔호	6~10	2,043	17.7
잔잔호	0~5	7,773	67.4
계		11,538	100.0

1713) 『세종실록』 20년 11월 경자.
1714) 재상전(災傷田)이란 태풍이나 홍수, 충해 등에 의하여 재해를 입은 전답을 말한다.
1715) 원전에서 면세전(免稅田)·재상전(災傷田) 등을 차감하여 현재 경작하고 있는 전답을 시기전(時起田)이라한다.

표 30 도(道)별 왕조별 평균 경작 전답 결수

왕조	경기	충청	전라	경상	황해	강원	함경	평안	합계
인조 (1611, 1646)-2년	30,420	117,313	155,218	129,787	52,619	9,628	46,903	70,781	612,668
영조 (1744~1776)-33년	51,516	122,897	206,766	206,222	68,440	11,397	56,359	82,109	805,705
정조 (1777~1800)-24년	52,598	115,952	213,849	193,008	70,056	10,840	64,870	83,015	804,187
순조 (1801~1834)-35년	49,237	108,659	191,546	190,108	69,886	11,544	64,667	81,711	767,357
현종 (1835~1849)-15년	47,263	99,582	200,446	193,348	71,024	11,584	61,431	82,949	767,628
철종 (1850~1863)-14년	48,522	99,205	197,540	189,621	72,135	11,657	61,059	83,557	763,295
고종 (1864~1883)-20년	48,813	108,492	224,072	193,320	77,681	12,224	56,367	84,823	805,791
전체 평균	49,731	111,408	204,453	194,240	70,775	11,475	60,654	82,621	785,356
구성비	6%	14%	26%	25%	9%	1%	8%	11%	100%

자료 : 『탁지전부고』 부록1 결수표

『탁지지』에는 정조 10년인 1786년의 전답 결수와 생산량에 대해서 다음과 같이 기록하고 있어, 원전과 시기전의 결수의 차이가 약 60만결(42%)에 이르며, 매년 부족된 식량이 약 300만석으로 나타났다.

「곡식을 생산하는 것은 오직 전지(田地)뿐이다. 그런데 8도의 원장에 등록된 것이 비록 142만결이라고 하나 실지로 경작하는 것은 83만결 남짓하고 국방·관아의 면세전도 7만여결을 넘지 못하니 통계로 말하더라도 겨우 90만결이 될 뿐이다. 그런데 논이 372,000여결, 밭이 462,000여결인데, 면세하는 것은 비록 전·답으로 구분하지 않았으나 대략 반씩 나눠 계산한다면 논이 40여만결, 밭이 50여만결이다. 그런데 우리나라 전지는 상등이 매우 적고 중등·하등이 많다. 논의 중등지 1결당 80여석이 나온다면 40만결에서의 곡식도 3,200만석 남짓하니 밭 중등지 1결당 50여석이 생산되면 50만결에서의 곡식은 2,500만석 남짓하다. 논밭의 생산곡을 총계하면 5,700만석 남짓하니 백성의 식량이 부족한 것이 300만석이 된다.」[1716)

　　[표 31]은『조선전제고』부록 결수표의 자료에 의하여 작성된 조선후기 결수의 감면실
태와 구성비를 분석한 것이다. 정조 8년(1784년)부터 현종 10년(1844년)까지 10년 간격으
로 전지의 총결수·출세실결수·급재면세결수·제반면세결수를 살펴보고, 당해 년도의
구성비를 분석한 것이다. 제반면세결수의 경우 주요 면세전의 내용과 그 구성비를 살펴
보았다. 정조 8년(1784년)의 경우 전국의 총결수는 1,444,538결이다. 이 중 출세실결수는
836,260결로 총 결수 중 조세를 징수한 결수는 57.9%에 불과하다. 이들 중 재해로 인하여
면세한 급재면세결수는 13,891결로 약 1.0%을 차지하며, 제반면세결수는 전체의 41.1%
인 594,387결이다, 제반면세결수에는 능원묘위전이 1,611결로 전체의 0.1%, 궁방전이
34,583결로 전체의 2.4%, 아문전이 45,355결로 3.1%, 각양잡위전이 110,528결로 7.7%, 그
리고 유진잡탈전이 402,310결로 전체의 27.9%을 차지하고 있다. 유래진잡탈은 황폐전·
천반포락전(川反浦落田)1717)·복사전(覆沙田) 등으로 적어도 한번은 실재 경작되었지만
황폐화되어 양안에 기재된 토지이다.

　　[표 31]에 의하면 출세실결수율이 가장 높은 때는 57.9%인 정조 8년이며, 가장 낮은 때
는 44.2%인 순조 14년인데 이때에는 재해로 급재면세결수율이 무려 13.5%에 달하였기
때문이다. 제반면세결수율은 각 해마다 조금씩 증가하였으며, 아문전의 비율은 3.2%를
유지하고 있었다. 전체 평균으로 볼 때 출세실결수는 총결수 1,453,027결의 절반정도인
767,378결로 52,8%이며, 급재면세결수는 66,298결로 4.6%, 제반면세결수는 619,350결로
무려 42,6%에 달하였다. 제반면세결수를 분석하면『경국대전』과『속대전』에서 면세지로
규정하고 있는 궁방전과 관둔전 등 제전의 비중은 200,734결로 총결수의 13.9%이며, 황
폐화된 토지로써 진전 등의 면세지는 418,616결로 총결수의 28.8%로 나타났다.

표 31 조선후기 결수의 감면실태와 구성비

구분	정조8년 (1784년)	정조18년 (1794년)	순조4년 (1804년)	순조14년 (1814년)	순조24년 (1824년)	순조34년 (1834년)	현종10년 (1844년)	평균
총결수	1,444,538 (100%)	1,451,065 (100%)	1,454,316 (100%)	1,455,187 (100%)	1,455,203 (100%)	1,454,936 100%)	1,455,942 (100%)	1,453,027 (100%)
출세실결수	836,260 (57.9%)	718,294 (49.5%)	816,502 (56.1%)	642,864 (44.2%)	787,933 (54.1%)	782,819 (53.8%)	786,976 (54.1%)	767,378 (52.8%)
급재면세결수	13,891 (1.0%)	122,179 (8.4%)	23,351 (1.6%)	195,777 (13.5%)	43,169 (3.0%)	38,812 (2.7%)	26,907 (1.8%)	66,298 4.6%)

1716)『탁지지』제1권 총요편.
1717) 내가 다른 곳으로 터져 흘러서 전지가 떨어져 나가는 전(田).

구분		정조8년 (1784년)	정조18년 (1794년)	순조4년 (1804년)	순조14년 (1814년)	순조24년 (1824년)	순조34년 (1834년)	현종10년 (1844년)	평균
제반면세결수	소계	594,387 (41.1%)	610,592 (42.1%)	614,463 (42.3%)	616,546 (42.4%)	624,101 (42.9%)	633,305 (43.5%)	642,059 (44.1%)	619,350 (42.6%)
	능원묘 위전	1,611 (0.1%)	1,777 (0.1%)	1,829 (0.1%)	1,901 (0.1%)	1,872 (0.1%)	1,991 (0.1%)	2,197 (0.2%)	1,883 (0.1%)
	궁방전	34,583 (2.4%)	35,196 (2.4%)	37,010 (2.5%)	37,462 (2.6%)	33,915 (2.3%)	36,021 (2.5%)	36,113 (2.5%)	35,757 (2.5%)
	아문전	45,355 (3.1%)	46,212 (3.2%)	45,937 (3.2%)	46,307 (3.2%)	46,310 (3.2%)	46,199 (3.2%)	46,263 (3.2%)	46,083 (3.2%)
	각양잡 위전	110,528 (7.7%)	115,040 (7.9%)	118,211 (8.1%)	118,584 (8.1%)	118,901 (8.2%)	118,905 (8.2%)	118,909 (8.2%)	117,011 (8.1%)
	유래진 잡탈전	402,310 (27.9%)	412,367 (28.4%)	411,476 (28.3%)	412,292 (28.3%)	423,103 (29.1%)	430,189 (29.6%)	438,577 (30.1%)	418,616 (28.8%)

출처 : 『朝鮮田制考』附錄 結數表

제4절 조선시대의 조세부담액 분석

1. 주요 조세제도에 따른 전세(田稅)의 세율

가. 답험손실법(踏驗損實法)의 세율

조선시대의 전세제도는 토지분급제도와 밀접한 관계를 가지고 시행되었다. 건국 초에 실시한 과전법에 의하면, '조(租)'는 공전(公田)의 경작자가 국고에 상납하는 지대 또는 사전(私田)의 경작자가 전주에게 바치는 지대를 말하는데, 세율은 논은 1결에 쌀 30말, 밭은 1결에 잡곡 30말로 규정하였다. 이에 대하여 '세(稅)'는 사전의 소유자가 국가에 상납하는 지세를 말하는데, 세율은 논은 1결에 쌀 2말, 밭은 1결에 콩 2말로 규정하였다.

나. 공법의 세율

세종대왕은 1444년 공법을 시행하면서 공평한 조세징수를 위해 전분육등법(田分六等

法)과 연분구등법(年分九等法)을 시행하였다. 전분육등법은 전국의 토지를 비옥하고 척박한 정도에 따라 6등급으로 나누었다.

연분구등법은 각 고을(군·현)마다 연분을 살펴 정하되, 재상외의 곡식의 실(實)·부실(不實)이 비록 다 같지 아니할지라도 총합하여 10분으로 비율을 삼아서, 전실(全實)을 상상년, 9분실을 상중년, 8분실을 상하년, 7분실을 중상년, 6분실을 중중년, 5분실을 중하년, 4분실을 하상년, 3분실을 하중년, 2분실을 하하년으로 하고, 수전과 한전을 각각 등급으로 나누어, 1분실(分實)은 9등분에는 미치지 아니하니 조세를 면제하였다.

공법의 세율은 농작에 따라 상상년 1결 20두에서 상중년 18두, 이하 차례로 체감하여 하하년 4두로 하고, 그 이하는 면세하였다. 이러한 세액은 소출액의 20분의 1에 해당하는 것이며, 세율표는 다음 [표 32]와 같다.

[표 32] 연분구등법에 의한 결당 조세율

구분	1결당 세율
상상년	쌀 20斗(말)
상중년	쌀 18斗(20×0.9)
상하년	쌀 16斗(20×0.8)
중상년	쌀 14斗(20×0.7)
중중년	쌀 12斗(20×0.6)
중하년	쌀 10斗(20×0.5)
하상년	쌀 8斗(20×0.4)
하중년	쌀 6斗(20×0.3)
하하년	쌀 4斗(20×0.2)

다. 영정법의 세율

영정법은 조선후기에 시행된 전세(田稅)의 징수법으로 정식명칭은 영정과률법(永定課率法)이며, 1635년(인조 13)에 제정되었다. 그리고 『속대전』에 전세를 풍흉에 관계없이 1결당 4두로 고정시켰다. 이 영정법은 전세의 부담을 감소해서 백성을 안정시키고 또 세종 대왕이후 연분법(年分法)의 시행과정에서 발생한 재상답험에 대한 지방관리들의 농간을 막으려는 목적이 있었다. 하지만 1결당 4말의 전세 수입으로는 재정의 수요를 충족시키지 못하였다.

따라서 부족한 세원을 보완하기 위해 1653년(효종 4)에는 종래에 사용하던 수등이척(隨等異尺)[1718]의 법을 폐하고, 균일한 양전척(量田尺)[1719]을 사용해 환산하는 전제상정

1718) 수등이척 : 토지 등급에 따라 상이한 길이의 자를 사용하는 측량법. 따라서 같은 1결이라 해도 비옥한 토지와

소준수조획(田制詳定所遵守條劃)이 발표되었다. 종래의 1등급 자인 주척 4자 7치 7푼을 1자[尺]로 정하여 토지의 비옥도에 상관없이 측량하여, 사방 100척을 1등전의 1결로 정하였다. 그리고 1등전의 1결을 100으로 하여 2등전은 85, 3등전은 70, 4등전은 55, 5등전은 40, 6등전은 25의 비율로 결의 면적을 환산하였다. 따라서 가장 질이 좋은 토지인 1등전 1결의 면적은 3,200여평(10,578.5m^2)이었고, 가장 메마른 토지인 6등전 1결은 1등전의 약 4배인 13,000평(42,975.2m^2) 정도였다.

[표 33]은 『속대전』에 규정된 영정법에 의한 각 도별 전세의 세율이다. 일반적으로 전세의 세율은 논 1결에는 쌀 4말이고, 밭 1결에 콩 4말이었다. 하지만 평안도의 경우 밭의 수세는 6분(分)은 콩으로, 4분은 좁쌀로 정하였으며, 평안도 강변 일곱 고을 등과 평양부는 세액의 3분의 1을 감면하고, 그 나머지 고을은 밭 1결에 좁쌀 5되 6홉 8작(勺)과 대두 1말 7되로, 논은 1결에 현미(玄米) 3말 3되 3홉 4작으로 규정하였다. 그리고 함경도 밭의 수세는 2분은 좁쌀, 1분은 콩으로 정하면서, 함경도는 밭 1결에 좁쌀과 콩을 합하여 1말 5되 9홉 9작으로, 논은 1결에 쌀 2말 6되 6홉으로 하였다. 산군(山郡)은 면포(綿布)로 정하는데 삼남지방의 경우은 쌀 1석에 면포 3필 반으로, 콩 1석에 면포 1필 반으로 정하고, 황해도는 쌀 1석에 면포 3필로, 좁쌀 1석에 면포 2필 반으로, 콩 1석에 면포 1필 반으로 정하였다.

표 33 영정법에 의한 각 도별 법정 전세액

도별	밭1결(콩)세액	논1결(쌀) 세액
경기도	4말	4말
충청도	4말	4말
전라도	4말	4말
경상도	4말	4말
강원도	4말	4말
황해도	4말	4말
평안도의 평양 등 7읍	좁쌀 5되 3홉 3작, 황두 1말 6되	2말 6되 6홉 6작
평안도의 중화등 34읍	좁쌀 5되 6홉 8작, 황두 1말 7되	3말 3되 3홉 4작
함경도	좁쌀·콩 합 1말 5되 9홉 9작	쌀2 말 6되 6홉

자료: 『속대전』 호전 수세조.

척박한 토지의 경우 그 절대면적이 서로 달랐다. 등급별 절대면적을 보면 1등급 2,986평, 2등급 3,513평, 3등급 4,259평, 4등급 5,423평, 5등급 7,466평, 6등급 11,946평이다.

1719) 양전척 : 토지의 등급에 따라 길이가 다른 자를 사용하여 토지를 측량할 때의 복잡함과 불편함을 없애기 위해 자를 통일한 것이다.

라. 비총법의 세율

영정법은 연분법을 폐지하여 재상답험에 따른 중간착취와 혼란을 배제하고자 하였으나, 풍흉과 생산량에 관계없이 1결당 4말로 세액을 고정화하여 조세를 부과함으로써 재정의 위험부담을 농민에게 지우게 되어 공평한 조세제도가 되지 못하였다.

비총법은 국가에서 거두어들일 조세의 총액을 미리 정해놓고 지방에 할당하는 방식의 세법으로, 전세·대동(大同)·삼수미 등 토지에 부과되는 조세를 비롯하여, 노비신공(奴婢身貢)[1720]·해세(海稅) 등의 징수에도 적용되었다. 비총법은 숙종 연간부터 시행되기 시작하여 1760년(영조 36) 법적으로 추인되어 1894년 갑오개혁 때까지 실시되었다.

비총법은 호조에서 그 해의 우택과 농사작황을 참고하여 기준년과 비교하여, 세의 면제대상이 되는 토지[1721]와 세의 부과대상이 되는 토지의 결수[1722]를 정해준 뒤에, 각 고을의 수령이 답험하여 농사작황을 감사에게 보고하면, 감사는 이를 다시 조사하여 재해를 당한 정도를 각 고을별로 등급을 정한 뒤, 각 고을별로 조세 면제결수를 정하여 호조에 보고하는 절차에 의하여 세액을 정하였다. 각 고을은 도에서 받은 조세 면제결수를 토대로 면리(面里)에 조세 면제결수와 조세 부과결수를 정해주었다. 이 때는 호조에서 정해준 조세 면제결수와 부과결수의 비율, 각 고을·면·리의 재해를 당한 정도로 나눈 등급, 총 토지결수(結總) 등이 고려된다. 이러한 비총법은 전세징수의 기초작업 중 하나인 급재운영을 군현 또는 향촌의 말단 행정조직인 면·리·동에 위임하면서, 결총제(結總制)로 운영하는 이른바 공동납적인 징세방식이다. 비총법에 따른 전세의 세율도 영정법과 같이 전지 1결에는 전세는 4말이라고 볼 수 있지만, 이것은 형식에 불과하고 실제로 징수된 세율은 알 수 없다.

2. 전지(田地)에 부과되는 기타 조세의 세율

가. 대동세의 세율

대동법(大同法)은 각 지방의 특산물로 바치던 공물을 조선조 중기인 선조 41년(1608) 이후부터 쌀로 통일하여 바치게 한 납세제도이다. 대동법이 시행되기 전까지는 공물은 중앙 및 지방의 각 관청, 각 궁방(宮房)이 필요에 따라 정기 또는 수시로 부과하던 것으

1720) 노비신공 : 노비가 국가나 주인에게 身役을 바치지 않는 대신에 부담하는 물품. 公奴婢 가운데 納貢奴婢와 私奴婢 가운데 外居奴婢는 자유로운 생활을 하는 대신 매년 신공을 바쳤다. 『경국대전』에 의하면 1년에 奴는 면포 1필, 저화 20장, 婢는 면포 1필, 저화 10장을 司瞻寺에 바치도록 규정했다.
1721) 급재결수(給災結數).
1722) 실결수(實結數).

로, 소요되는 시기와 납부하는 시기가 일치되지 않아 방납(防納)제도가 성행하였다. 공물은 국가 수입의 약 60%를 차지할 정도로 비중이 컸기 때문에, 방납자는 관청 및 궁방과 민간의 중간에서 엄청난 이득을 꾀하여, 원래 부담의 몇 배 이상을 백성에게 지우는 등 폐단이 많았다. 이에 이이가 1569년(선조 2년)에 대공수미법을 건의하였으나 실시하지 못하다가, 그 후 1608년(선조 41년) 영의정 이원익의 건의에 따라 마침내 대동법이 실시되었다. 처음에는 방납의 폐해가 가장 심했던 경기도에서 실시되었으나, 점차 시행의 범위를 넓혀 1708년(숙종 34년)에 이르러서는 관서와 관북을 제외한 전국에서 실시되었다.

대동법의 실시는 공물의 전세화(田稅化)로서 재정제도의 일대 개혁이었다. 과세대상의 기준도 종전의 가호(家戶)에서 토지의 결수로 바꾸었다. 따라서 토지를 가진 농민들은 1결당 쌀 12말(처음에는 16말)을 납부하면 되었으므로 종전의 공납제에 비해 훨씬 부담이 가벼워졌고, 무전농민이나 영세농민은 공물에 대한 조세부담에서 해방되었다. 그리고 쌀을 납부하기 어려운 지방에는 마포1723), 면포1724), 전(錢) 등으로 대신 납부하도록 하였으며, 특히 충청·전라·경상·황해의 4도에서는 연해읍(沿海邑)과 산군(山郡)을 구별하여 각각 쌀 혹은 포(布)·전(錢)으로 상납하도록 하였다. 이와 같이 대동법은 토지소유의 정도에 따라 차등을 두어 과세하였으므로 세제의 합리화가 이루어졌고, 현물대신 쌀·포·전 등으로 징수하게 됨으로써 조세의 금전적 납부가 확대되었다.

나. 삼수미세의 세율

삼수미는 조선시대 훈련도감 소속의 삼수병(三手兵)1725)을 양성할 재원에 충당하기 위하여 징수하던 세미(稅米)이다. 삼수미는 전결의 부가세로 호조에서 주관하였다. 삼수경비는 처음에는 둔전(屯田)1726)에서 충당하였으나, 1602년(선조 35) 함경·평안도를 제외한 6도(경상, 전라, 충청, 강원, 황해, 경기)에서 전답 1결당 쌀 2말 2되씩 부과하였고, 1634년(인조 12)에 경상·충청·전라도의 삼남지방은 양전 후 1말을 감액하였으며, 경기도는 병자호란 뒤 전액을 면세하였다. 그러나 1760년(영조 36)에는 각종 면세전에도 삼수미를 부과·징수하였다. 황해도와 강원도의 논에서는 쌀을, 밭에서는 좁쌀을, 충청도 산군에서는 좁쌀을, 황해도에서 별수미(別收米)1727)를 거두었다. 삼수미의 징수는 본래 전시특별세였으나, 점차 고정화되어 갑오개혁 때까지 1결당 1말 2되로 계속 부과되었다.

1723) 布라고도 함.
1724) 木이라고도 함.
1725) 사수·살수·포수(射手·殺手·砲手).
1726) 둔전 : 변경이나 군사요지에 주둔항 군대의 군량을 마련하기 위하여 설치한 토지.
1727) 조선 후기 황해도에서 정해진 결세(結稅) 이외에 별도로 더 징수한 쌀을 말한다. 밭에서는 좁쌀로, 논에서는 쌀로 3말을 징수하고. 징수한 별수미는 호조로 이송하여 황해도와 평안도의 공물값으로 대신하였다.

다. 전세(田稅)에 대한 부가세 세율

전세에 대한 부가세(附加稅)는 본래 전세의 수납으로부터 상납까지 소요되는 각종 수수료, 하역료, 운송료 등 잡다한 경비에 충당하기 위하여 부과한 조세이다. 『속대전』 호전의 수세조에는 [표 34]와 같이 전세의 부가세로 가승미(加升米), 곡상미(穀上米), 창역가미(倉役價米), 이가미(二價米), 창작지미(創作紙米), 호조작지미(戶曹作紙米), 공인역가미(貢人役價米)의 7종을 법적으로 규정하고 있다.

[표 34] 『속대전』 호전의 수세조에 규정된 전세의 부가세

유형	세율(1석당)	비고
가승미(加升米)	3되	부패와 건조로 유실될 세곡을 미리 보충
곡상미(斛上米)	3되	쥐나 새가 먹어서 축나는 세곡을 미리 보충
인정미(人情米)	2되	창고 관리와 출납 관리의 수고 위로비
이가미(二價米)	7홉5작	배에 싣고 내리는데 매 석당 인부 2명이 필요하다는 전제 하에 그 노임 구실로 매 석당 3승 추가 징수
창역가(倉役價)	6되	세곡 창고 출입 때의 수수료, 창고 관리인의 보수
호조작지가(戶曹作紙價)	1.25말	호조에 내는 납세 수수료(인지대)
창작지가(倉作紙價)	5되	경창(京倉)에 입고시킬 때의 수수료
공인역가(貢人役價)	1되	대동법 이후 공물 수납 대행자(貢主人)의 보수
합계	3말 3되	

가승미와 곡상미는 세곡의 손실을 보충하기 위한 것이며, 창역가미는 창고에 출입할 때의 수수료이고, 이가미는 선박에 싣고 내릴 때 인부에게 지급하는 것이다. 그리고 창작지미는 경창(京倉)에 입고시킬 때의 수수료이고, 공인역가미는 호조 및 경창에 전속된 공인의 품삯을 지급하기 위한 것이다. 이들 부가세는 시대가 내려올수록 그 종류와 세액이 증가하여, 원래의 전세보다 더 많이 부과되는 경우도 있었다. 더욱이 지방 관아에서는 자체로 여러 가지 명목의 부가세를 징수하기도 하였는데, 그 세목에서는 협잡과 횡령이 성행하여 큰 폐해로 지적되었다. [표 34]에 의하면 전세 쌀 1석(15말)당 약 3말 3되의 부가세를 납부한 것이므로, 전답의 결로 환산하면 1결에 약 9되 정도(전세의 22.5%)의 쌀을 전세의 법정 부가세로 납부하였다.

하지만 『경세유표』에 기록된 [표 35]에 의하면 실지로 납부하는 부가세는 세미 1석에 대해서는 총 쌀 6말 4되 3홉 5작이므로, 1결당 부담하는 부가세는 약 2말 6되로 당시 전세인 6말(또는 4말)로 환산하면 법정 부담액의 43%(또는 65%)를 추가로 부담한 것으로 나타났다.

<표 35> 세미(稅米) 1석에 대한 부가세

부가세	세율	비고
가승미(加升米)[1728]	3되	
곡상미(斛上米)[1729]	3되	
창역가미(倉役價米)[1730]	6되	
하선입창가미(下船入倉價米)[1731]	7합 5작	
부가미(浮價米)	1말	세곡을 조창(漕倉)으로 운반하는 데 드는 비용
부가가급미(浮價加給米)	8되	
간색미(看色米)	1되	세곡의 수량을 검수하는 관리의 보수
낙정미(落庭米)	4되	말질/됫박질 하다가 유실되는 세곡을 보충
타석미(打石米)	1되	두량(斗量)질 하는 관리의 보수
원인정미(原人情米)[1732]	2되	
대동부가미(大同浮價米)	1말	
부가가급미(浮價加給米)	8되	
대동간색미(大同看色米)	1되	
낙정미	4되	

1728) 가승미(加升米) : 낙루(落漏)·서작(鼠雀)에 의한 감손(減損)을 보충한다는 명목으로 설정된 세목(稅目). 『속대전』(續大典)』에서 처음으로 법조문화(法條文化)되었다.

1729) 곡상미(斛上米) : 세곡(稅穀) 자체의 부패·건조 등에 의한 전세의 감손(減損)을 보충한다는 명목으로 설정된 세목(稅目). 『속대전(續大典)』에서 처음으로 법조문화(法條文化)되었다. 가승미(加升米)는 전세곡(田稅穀)에 섞지 않고 따로이 꾸려서 전세곡(田稅穀)과 함께 경창(京倉)으로 보내고 곡상미(斛上米)는 처음부터 전세곡(田稅穀)에 섞어서 받았다는 점도 다르다.

1730) 경창역가미(京倉役價米) : 경창(京倉)의 역할에 대한 보수(報酬)라는 명목으로 설정된 세목(稅目). 『속대전(續大典)』에서 처음으로 법조문화(法條文化)되었다. 청역가미(廳役價米)라고도 하였는데 경창(京倉)의 공인(貢人) 이외의 원역(員役)이 차지하는 몫이었다.

1731) 이상은 법전에 씌어 있다. 하선입창가미(下船入倉價米) : 이가미(二價米)라고도 하는데 하선가(下船價)와 입창가(入倉價)로 나누어진다. 세곡을 조선(漕船)에서 내려 경창창고(京倉倉庫)에 넣는 데에 세곡 1석(石)당 인부(人夫)2명이 필요하다고 하여 그 각가(脚價) 즉 품삯에 충당한다는 명목으로 설정된 세목(稅目). 『속대전』(續大典)』에서 처음으로 법조문화(法條文化)되었고 선인(船人)들이 차지하는 몫이다.

1732) 이상은 전세(田稅條) 조에 있다.

부가세	세율	비고
타석미	1되	
치계시탄색락미(雉鷄柴炭色落米)	1되 6홉	
합계	6말 4되 3홉5작	

출처 : 『경세유표』 제8권 지관 수제(地官修制) 전제(田制)10.

3. 결당 조세부담액

지금까지 조선시대 조세부담액을 분석하기 위하여 전지 1결당 전세의 세율과 전세 이외에 전결에 부과되는 각종 조세의 세율을 살펴보았다. 그 결과 조선후기 전답 1결에 세곡으로 징수하는 쌀이 대략 24말인데, 이는 전세(田稅)·대동미(大同米)·삼수미(三手米)·결전(結錢) 및 잡비를 합계한 것이다.[1733] 하지만 법적인 부가세외에도 농민이 부담한 전(田)의 부가세가 더 많고 다양함을 알 수 있는데 그 실태는 [표 36]과 같다. 『경세유표』의 기록에 의하면 "법조문에도 없는 것을 백성들이 바치는 것이 역시 많은 것 같다. 내가 강진현의 전결에 대한 각종 징세[1734]가 법대로 된 것과 법을 위반한 것을 불문하고 모두 함께 열거한다."고 하였다.

[표 36]에 의하면 매 1결에 대하여 징수되는 결세 및 부가세는 쌀 45말 9되와 9전 4푼 정도로 나타났다. 이는 일반적으로 『대전회통』 호전의 수세조 등에 규정된 1결당 세액인 24말보다 약 91%를 추가 징수한 액수이다. 1결당 약 46말의 세액은 전(田) 3등전의 수확량이 쌀 28석(1석 15말 ; 420말) 정도를 감안하면 산출액의 10분의 1보다 약간 많다고 볼 수 있다.[1735]

표 36 매 1결에서 징수되는 세액

부가세	세율(잡곡은 쌀로 환산함)
세미(稅米)	6말
삼수미(三手米)	1말 2되
대동정미(大同正米)	12말
본현(本縣)치계시탄가미(雉鷄柴炭價米)	4말

1733) 『경세유표』 제8권 지관수제(地官修制) 전제(田制)10
1734) 잡역(雜役).
1735) 『경세유표』, 제7권 지관수제 전제7.

부가세	세율(잡곡은 쌀로 환산함)
결전(結錢)[1736]	5전(五錢)과 이전(耳錢)[1737] 1푼
규장각(奎章閣)책지가(冊紙價)	3푼[1738]
대동축미(大同縮米)[1739]	7되
서원고급조(書員考給租)[1740]	4말
방주인근수조(坊主人勤受租)	2말
고마조(雇馬租)[1741]	혹 20말, 혹 23~24말
고마전(雇馬錢)	혹 10닢
서원고급조	혹 30닢, 40닢[1742]
불미(不米)[1743]	9말
합계	45말 9되, 9전 4푼

출처 : 『경세유표』 제8권 지관수제(地官修制) 전제(田制)10.

4. 도(道)별 조세부담액

가. 조선시대의 물가

　조선시대의 조세는 쌀과 콩·좁쌀·면포 등 현물로 납부하였기 때문에, 조세부담액을 가구당이나 1인당으로 분석하기 위해서는 각 시대의 물가수준을 감안하여 통일된 척도가 있어야 한다. 하지만 통일된 척도 또한 시대와 도(道)별 물가수준을 고려하여 결정하여야 하기 때문에 획일적으로 정하기는 어렵다. 따라서 『대전회통』등 법전에 규정된 내용과 『증보문헌비고』 등 문헌의 내용에 있는 물가수준을 먼저 살펴보고자 한다.

　『대전회통』에 의하면 전세를 쌀 대신에 면포로 납부하는 경우 충청도에서 쌀 6말을 면포 또는 마포 1필로 바꾸어 내게 하고, 전라도에서는 8말, 경상도에서는 7말을 면포 1필로 하였다. 강원도 영서의 산군(山郡) 및 영동 각 고을에서는 쌀 5말을 마포 1필로 바

1736) 균역세로 균역청(均役廳)에 납부한다.
1737) 이전(耳錢) : 귓돈. 여기에서는 수수료인 듯하다.
1738) 10푼(文)은 1전(錢), 10전은 1냥(兩), 10냥은 1관(貫).
1739) 이것은 병영에서의 거리 측정에 의하여 이런 명색이 있게 되었다. 다른 고을에는 없다.
1740) 겉벼를 조(租)라고 한다.
1741) 조선 시대에 시골 관아에서 민간으로부터 징발하던 말.
1742) 1년에 적게 거두는 경우에 3~4회이며 자주 거두는 경우에는 5~6회인데 관청 명령이 내리기만 하면 백성들은 어김없이 납부한다.(엽전 한 닢은 1푼이다)
1743) 불미란 치계시탄미를 매달에 풍긴 후 부족하게 되는 쌀인데 불미라고 하는 것은 말하자면 은어(隱語)이다.

꾸어 내게 하였으며, 강원도에서는 콩 1석을 면포 또는 마포 1필반으로 바꾸어 내게 하였다. 대동미를 돈으로 바꾸어 내게 할 때는 경기의 장단(長湍)은 쌀 1석에 8냥, 충청도의 제천은 1석에 6냥으로 하였으며, 좁쌀이면 황해도는 1석에 3냥 5전, 강원도는 1석에 6냥으로 하였다.[1744)

또한 『대전회통』에는 맡아 지키는 곡물에 결손이 생긴 경우에는 다른 곡식의 잉여(剩餘)가 있으면 이를 옮겨 그 수를 채우도록 하면서, 벼·소금·보리 1말은 쌀 4되와 같고, 팥 1말은 쌀 6되, 피 1말은 쌀 3되, 옥수수 1말은 쌀 4되 2홉, 기장·조·밀, 콩 1말은 쌀 5되로 계산 한다고 규정하고 있다.[1745)

『증보문헌비고』에는 삼남(三南)의 전세는 쌀 1석을 면포 3필 반으로 하고, 콩 1석은 면포 두 필 반으로 하며, 삼수미는 쌀 1석에 면포 3필로 하되 관동(關東)은 이 법에 의하여 삼베로 마련한다고 규정하고 있다. 황해도의 산군(山郡)과 경상도 영저(嶺底)의 세미는 쌀 1석을 돈 5냥으로 마련하고 좁쌀 1석은 돈 4냥으로 마련하며, 콩 1석은 돈 2냥 50문(文)으로 마련한다. 황해도 장산(長山) 이북의 세미는 쌀 1석을 돈 4냥 50문으로 마련하고 전미는 1석을 돈 3냥 50문으로 마련하며 콩은 1석을 돈 1냥 70문으로 마련하여 전포(錢布)를 경비로 쓴다고 하였다.[1746)

『만기요람』에서는 조선 시대에 전세를 받을 때에 곡식 대신에 돈으로 환산하여 바치게 하는 작전(作錢)에 대해서 다음과 같이 기록하고 있다. 이 내용은 『대전회통』의 호전 수세조의 규정을 인용한 것이다.

「경기에서 전세로 내는 콩 1석에 2냥 5전, 쌀 1석에 5냥, 좁쌀 1석에 3냥 5전이며 대동미도 같다고 하였다. 영남은 전세로 내는 쌀과 콩을 작전(作錢)[1747)하는 것이 경기와 같으며, 관동은 작전하는 것이 그 읍규(邑規)에 따라서 서로 가감이 있다고 하였다. 춘천은 1냥 5전, 홍천·영월·철원은 1냥 7전, 원주는 1냥 8전, 양구·안협은 2냥이며, 쌀 1석에 원주·홍천 4냥, 춘천·영월·양구·철원 5냥이고, 좁쌀 1석에 춘천·홍천·양구·안협은 3냥, 영월·철원은 3냥 5전이다. 해서(海西) 등 원작전(元作錢)하는 읍에서는 전세로 내는 콩 1석에 2냥 5전, 쌀 1석에 5냥, 좁쌀 1석에 4냥이며. 상정미와 별수미도 같다. 별작전(別作錢)하는 읍에서는 전세로 내는 콩 1석에 1냥 7전, 쌀 1석에 4냥 5전, 좁쌀 1석에 3냥 5전이며, 상정(詳定)한 쌀과 별도로 거두어 들이는 쌀도 같다고 하였다. 관서(關西)는 전세로 내는 콩 1석에 1냥 2전, 쌀 1석에 3냥 5전, 좁쌀 1석에 3냥이며, 수미(收米) 또한 같다고 하였다.」[1748)

1744) 『대전회통』 호전 요부조.
1745) 『대전회통』 호전 징채조.
1746) 『증보문헌비고』 제155권 재용고2 국용2.
1747) 조선 시대에 전세를 받을 때에 곡식 대신에 돈으로 환산하여 바치게 하던 것을 말한다.

나. 도별 조세부담액 분석

[표 37]은 『증보문헌비고』의 내용으로 호조에서 당년 전결의 면세·수세·재상(災傷)·시기(時起)를 마감한 계본(啓本)인데, 8도의 세액이 해마다 늘고 줄어서 한 해를 표준으로 삼을 수 없어, 기축년(己丑年 1769년 영조 45년) 수조를 기록하여 후일의 참고에 대비하도록 한 것을 요약한 것이다. 도(道)별 구성비를 살펴보기 위해서 쌀 이외의 곡식 등은 쌀로 환산했으며, 그 환산율은 앞에서 살펴본 조선시대의 물가에 대한 『대전회통』 호전의 징채조 및 『증보문헌비고』 등의 규정을 참고하였다.

표 37 1769년(영조 45년) 도(道)별 수조 현황

구분	징수 대상	경기도	충청도	전라도	경상도	강원도	황해도	함경도	평안도	합계
징수 세액	쌀	6,277	17,130	42,253	29,484	1,039	3,531	865	2,483	103,062
	소미(좁쌀)							4,097	2,673	6,770
	콩	7,324	16,925	22,999	29,903	2,003	15,076	2,048	8,019	104,297
	수미(대동미)						194		3,424	3,618
	별수미1749)						2,355			2,355
	소수미						8,292		19,941	28,233
	별수소미						9,352			9,352
	회전소미						535			535
	화전 콩						16			16
	논전 면포						194			194
	삼수량 쌀		9,883	15,939	15,963	754				42,539
	삼수량 소미					543				543
	쌀환산(석)	9,939	35,476	69,692	60,399	3,229	29,883	5,167	31,996	245,779
	구성비	4%	14%	28%	25%	1%	12%	2%	13%	100%

1748) 『만기요람』 재용편 3면세결(免稅結) 작전식(作錢式).

1749) 조선 후기 황해도에서 경헤진 결세(結稅) 이외에 별도로 더 징수한 쌀. 밭에서는 좁쌀로, 논에서는 쌀로 3말을 거두어 들임. 거두어들인 별수미는 호조로 이송하여 황혜도와 평안도의 공물값으로 대신하였음.

구분	징수 대상	경기도	충청도	전라도	경상도	강원도	황해도	함경도	평안도	합계
조정 상납 세액	쌀	5,587	23,361	58,547	10,046	509	3,102			101,152
	콩	6,066	9,837	16,645	6,283	691	4,363			43,885
	소미					719	3,005			3,724
	면포		11,821	1,426	4,985	7,357	194			25,783
	돈				53,356		97,611			150,967
	쌀환산(석)	8,620	31,657	67,277	25,283	3,532	27,265	0	0	163,634
	구성비	5%	19%	41%	15%	2%	17%	0%	0%	100%

자료: 『증보문헌비고』 제149권 전부고9 조세2(영조 45년(1769))

    1769년 한해의 징수세액을 쌀로 환산한 결과로 전라도에서 전국 징수세액의 28%를 징수하였으며, 경상도의 경우 25%를 징수하여 타 도보다 절대적으로 많은 조세를 징수하였다. 강원도에서는 단 1% 함경도에서는 2%를 징수한 것으로 나타났다. 조정에 상납한 세액은 전라도가 41%이며, 경상도는 오히려 충청도나 황해도보다 낮은 15%를 상납하였다. 여기서 상납률이 높다는 것은 앞에서 살펴본 부가세만큼 농민에게 조세부담이 가중된다는 것이다. 함경도와 평안도의 경우에는 상납하지 않고 해당도의 주창(州倉)이나 군향(軍餉)에 회록(會錄)[1750]하도록 하였다. 전체적으로 징수한 세액을 호조로 상납하는 비율은 약 66%인 것으로 나타났다.

    [표 38]는 각 도별 징수세액을 쌀로 환산[1751]하여 그 구성비를 분석한 것이다. 표를 보

1750) 정부 소유물 가운데 주로 곡물 따위를 본창고에 두지 못할 때에 다른 창고에 보관하던 일.
1751) 쌀의 환산율.

곡류	쌀(1석)의 환산율
쌀(석)	1.00
조(벼), 보리, 소금(석)	2.50
팥(석)	1.67
피(석)	3.30
옥수수(석)	2.38
조, 콩, 밀, 기장(석)	2.00
면포(필)	3.50
돈(냥)	5.00
좁쌀(석)	1.25
은(냥)	2.50
금(냥)	0.075

※ 팥=소두=적소두, 전미=좁쌀=소미, 대두=콩=태=두태, 마포=포자, 면포=작목
   자료 : 『대전회통』 호전 징채조 및 『증보문헌비고』 제155권 재용고2 국용조 참조

면 1646년과 1769년, 그리고 1786년의 연도별 징수세액은 다른 해에 비해 매우 적으며 그 차이가 크게 나타났다. 1441년부터 1880년까지 6년간의 자료에 의한 도(道)별 구성비는 앞의 [표 37]의 1769년 징수액 구성비와 거의 유사하게 나타났는데 전라도가 28%, 경상도가 27%로 두 도가 절반 이상의 조세를 부담하는 것으로 나타났으며, 강원도와 함경도는 각각 3%를 부담하는 것으로 나타났다.

[표 38] 각 도별 징수세액 구성비(단위 : 쌀(석))

년도	서울	경기도	충청도	전라도	경상도	강원도	황해도	함경도	평안도	합계
1441	-	32,390	90,451	158,184	169,811	20,099	46,573	29,244	54,746	601,499
1,646	-	6,090	34,671	59,590	59,343	2,201	11,796	12,479	7,882	194,052
1769	-	9,939	35,476	69,692	60,399	3,229	29,883	5,167	31,996	245,779
1786	-	7,357	24,912	60,797	34,074	6,677	28,080	5,575	8,704	176,175
1807	-	56,609	145,710	259,377	247,078	16,644	95,847	27,717	92,832	941,812
1880	1,749	54,685	146,192	265,124	272,767	33,735	130,398	9,114	46,229	959,992
평균	1,749	27,845	79,569	145,460	140,579	13,764	57,096	14,882	40,398	521,343
구성비	0%	5%	15%	28%	27%	3%	11%	3%	8%	100%

자료: 1) 1441년 『세종실록』 권93 세종 23년 신유(1441) 7월5일(기해)
    ① 경상, 전라, 경기는 세종18년(1396), 충청, 강원, 함경, 평안, 황해는 세종 22년(1440)의 수치이다.
    ② 쌀·콩의 합
  2) 1646년 『반계수록』 권지6 전제(田制)에 관한 역사적 고찰[田制攷說] 하(下) 國朝田制
  3) 1769년 『증보문헌비고』 제149권 전부고 9 조세2
  4) 1786년 『탁지지』 외편 제3권 판적사 전제부 1
  5) 1807년 『만기요람』 재용편 2(財用編二) 수세(收稅)
  6) 1880년 김재호.「조선후기 중앙재정의 운영」참고 수정

『반계수록』에는 "선조 때에 이이가 임금에게 말하기를 우리나라에는 조세가 헐하고 공납은 과중합니다. 조세는 거의 30분의 1로 되어 있는데 근래에 해마다 농사가 잘되지 않고 절반 이상이 재해로 감손을 보고 있는데다가 아전들은 관가를 기만하고 지방관들은 명예욕에 팔려서 조세를 더욱 헐하고 받는 품이 오랑캐의 법보다 더 심합니다. 이 세법을 선대 임금들의 시대에 비하게 되면 3분의 1도 못되는데 경비의 지출은 꼭 옛날 규모대로 하고 있습니다."라 하여 1646년 징수한 조세액이 급감하는 이유를 말해주고 있다.[1752)]

[표 39]은 정조조 1777년부터 철종조 1863년까지 약 88년 동안 전세의 도(道)별 중앙

1752) 『반계수록』 권지6 전제(田制)에 관한 역사적 고찰[田制攷說] 하(下) 國朝田制.

상납액을 왕조별로 쌀로 환산한 세액을 평균하여 분석한 것이다. 각 도에서 중앙에 상납하는 구성비 역시 [표 37]의 1769년 징수액 구성비와 거의 유사하게 나타났는데 전라도가 43%로 절대적인 상납률을 차지하고 있다. 하지만 경상도는 22%, 충청도는 17%, 황해도는 11%로 나타나 차이가 있었다.

[표 39] 전세의 도(道)별 중앙 상납액(단위 : 쌀(석))

왕조	경기도	충청도	전라도	경상도	강원도	황해도	합계
정조(1777~1800)-24년	7,422	29,255	69,245	34,855	3,364	19,899	164,041
순조(1801~1834)-35년	5,749	27,030	64,894	34,400	3,590	16,920	152,583
현종(1835~1849)-15년	5,792	24,253	67,264	35,515	3,649	15,982	152,455
철종(1850~1863)-14년	6,107	24,887	66,747	33,754	3,685	14,155	149,335
전체 평균	6,284	26,913	66,804	34,655	3,547	17,279	155,482
구성비	4%	17%	43%	22%	2%	11%	100%

자료 : 『조선전제부고』

제4절　각 도별의 호당 조세부담세액과 1인당 조세부담액

1. 기본통계자료

조선시대의 각 도별 인구에 따른 조세부담세액을 분석하기 위한 기본통계자료로 호수(戶數)와 인구·결수(結數) 및 세액에 대한 자료가 필요하다. 이 기본통계자료는 앞의 각 분야별로 살펴본 자료에서 상관성이 최대화 되도록 선정하였다. 그 이유는 결수뿐만 아니라 호수와 인구가 홍수나 기근, 질병 등 자연재해에 의하여 많은 영향을 받을 수 있기 때문이며, 매년 그 수치가 차이가 있기 때문이다. 더욱이 세액은 결수 및 인구 등의 변화와 밀접한 관계를 갖기 때문에 연도별 징수액은 큰 차이를 보일 수 있다.

[표 40]은 서울을 제외한 8도의 호수 통계이다. 1648년의 8도의 호수는 431,255 가구이며, 1777년의 호수는 1,676,778 가구로 130년 동안 약 4배정도의 증가를 보였다. 1777년 후에는 조금씩 증가하다가 1864년에는 오히려 16만 가구가 감소한 1,557,883 가구이다.

호수 구성비는 경상도가 22%로 가장 높으며, 그 다음은 전라도가 19%, 평안도가 16% 순이다. 강원도가 가장 낮은 5%이며, 함경도가 7%, 황해도가 8%를 나타냈다.

[표 40] 도(道)별 호수 구성비(단위: 호)

도	1648	1777	1786	1807	1864	평균	구성비
강원도	10,660	83,749	80,487	82,321	81,230	67,689	5%
경기도	26,043	149,771	157,270	164,351	158,091	131,105	9%
경상도	115,125	362,131	362,799	365,053	357,430	312,508	22%
전라도	122,659	315,073	318,417	320,990	272,869	270,002	19%
충청도	67,624	222,665	220,388	224,607	223,514	191,760	14%
평안도	39,927	296,433	299,523	302,005	217,577	231,093	16%
함경도	24,530	112,270	119,752	124,424	118,815	99,958	7%
황해도	24,687	134,686	136,248	136,046	128,357	112,005	8%
합계	431,255	1,676,778	1,694,884	1,719,797	1,557,883	1,416,119	100%

자료 : 『증보문헌비고』 제161권 호구고1 역대호구 조선

[표 41]는 8도의 인구 구성비를 분석한 것이다. 1648년의 인구는 1,435,796명이며, 1777년의 인구는 7,040,589명으로 130년 동안 약 4.9배 정도의 증가를 보였다. 1777년 후 30만 정도 증가하다가 1864년 인구는 앞의 호수감소와 비슷하게 73만명이 감소한 6,625,882명이다. 인구 구성비에서는 경상도가 23%로 가장 높으며, 그 다음은 전라도와 평안도가 17%로 같다. 강원도가 가정 낮은 5%이며, 황해도가 8%, 함경도가 9%를 나타냈다.

표 41 도(道)별 인구 구성비(단위: 명)

도	1648	1777	1786	1807	1864	평균	구성비
강원도	54,003	340,833	325,804	336,122	332,173	277,787	5%
경기도	81,244	607,252	637,482	674,627	674,399	535,001	9%
경상도	424,572	1,568,880	1,588,624	1,607,044	1,521,273	1,342,079	23%
전라도	431,837	1,189,778	1,221,277	1,251,069	1,082,592	1,035,311	17%
충청도	174,052	870,817	864,887	892,747	879,040	736,309	12%
평안도	145,813	1,274,405	1,288,399	1,305,969	872,825	977,482	17%
함경도	69,348	639,148	666,449	706,012	695,728	555,337	9%
황해도	54,927	549,476	564,734	582,930	567,852	463,984	8%
합계	1,435,796	7,040,589	7,157,656	7,356,520	6,625,882	5,923,289	100%

자료 : 『증보문헌비고』 제161권 호구고1 역대호구 조선

[표 42]은 앞 [표 38]에 따른 8도의 징수세액 구성비이다. 호수와 인구통계는 1648년도의 자료이지만 징수세액통계자료는 해당 연도의 자료가 없어 가장 근접한 1646년의 자료를, 1777년의 자료는 1769년, 1864년의 자료는 1880년 자료를 이용하였다. 1646년의 쌀로 환산한 세액은 194,052석이며, 1769년의 세액은 245,779석으로 120년 동안 약 5만석 정도의 증가를 보였다. 1786년에는 오히려 감소하다가 1807년에는 941,812석으로 5.3배 급증하였다. 세액 구성비에서는 전라도가 28%로 가장 높으며, 그 다음은 경상도가 27%, 충청도가 15%이다. 강원도와 함경도가 같이 가정 낮은 2%이며, 경기도가 5%, 평안도가 7%로 나타났다.

[표 42] 도(道)별 징수세액 구성비(단위: 석)

도	1646	1769	1786	1807	1880	평균	구성비
강원도	2,201	3,229	6,677	16,644	33,735	12,497	2%
경기도	6,090	9,939	7,357	56,609	54,685	26,936	5%
경상도	59,343	60,399	34,074	247,078	272,767	134,732	27%
전라도	59,590	69,692	60,797	259,377	265,124	142,916	28%
충청도	34,671	35,476	24,912	145,710	146,192	77,392	15%
평안도	7,882	31,996	8,704	92,832	46,229	37,528	7%
함경도	12,479	5,167	5,575	27,717	9,114	12,010	2%
황해도	11,796	29,883	28,080	95,847	130,398	59,201	12%
합계	194,052	245,779	176,175	941,812	958,243	503,212	100%

[표 43]은 앞 [표 27]에 따른 8도의 원전 결수 구성비인데 그 변화는 크지 않는 것으로 나타났다. 징수세액 통계는 1646년도의 자료이지만 결수통계자료는 해당 연도의 자료가 없어 가장 근접한 1634년의 자료를, 1769년의 자료는 1719년 자료를 이용한다. 1634년의 원전 결수는 1,313,905결이며, 1719년의 결수는 1,395,333결로 약 8만결인 6% 정도의 증가를 보였다. 1719년에는 약 4만결이 증가하였으며, 1786년에는 2만결정도 증가하였다. 결수 구성비에서는 전라도가 25%로 가장 높으며, 그 다음은 경상도가 23%, 충청도가 18%이다. 강원도가 3%로 가장 낮으며, 함경도가 7%, 경기도와 평안도의 경우 8%로 나타났다.

표 43 도(道)별 결수(원전) 구성비(단위: 결)

도	1634	1719	1786	1807	1864	평균	구성비
강원도	33,884	44,051	40,889	41,151	40,926	40,180	3%
경기도	100,359	101,256	109,932	112,090	111,912	107,110	8%
경상도	301,819	336,778	336,730	337,128	337,472	329,985	23%
전라도	335,305	377,159	348,489	340,103	339,743	348,160	25%
충청도	258,461	255,208	255,519	256,528	255,585	256,260	18%
평안도	94,000	90,804	106,041	119,635	119,735	106,043	8%
함경도	61,243	61,243	109,556	117,746	117,746	93,507	7%
황해도	128,834	128,834	129,244	132,211	132,373	130,299	9%
합계	1,313,905	1,395,333	1,436,400	1,456,592	1,455,492	1,411,544	100%

2. 도별 호당 조세부담액과 1인당 조세부담액

[그림 1]은 [표 40]부터 [표 43]까지의 도(道)별 호수·인구·결수 및 징수세액의 구성비를 나타낸 그래프이다. 그래프에 의하면 전라도의 경우 인구와 호수 구성비는 경상도보다 적지만 결수 구성비가 조금 많은 관계로 최고의 조세부담액을 나타내고 있으며, 경상도의 경우에는 호수나 인구·결수의 구성비가 비슷하지만 징수세액 구성비는 높은 편이다. 충청도의 경우 징수세액 구성비는 호수와 인구 구성비보다 높지만 결수 구성비보다는 낮고, 황해도의 경우 호수·인구 및 결수 구성비보다 징수세액 구성비가 높게 나타났다. 그러나 강원도를 비롯한 경기도·함경도의 경우에는 호수·인구 및 결수 구성비보다 징수세액 구성비가 많은 것으로 나타났다. 평안도의 경우 호수와 인구 구성비가 비슷하지만 결수 구성비가 적은 만큼 징수세액 구성비도 낮게 나타났다.

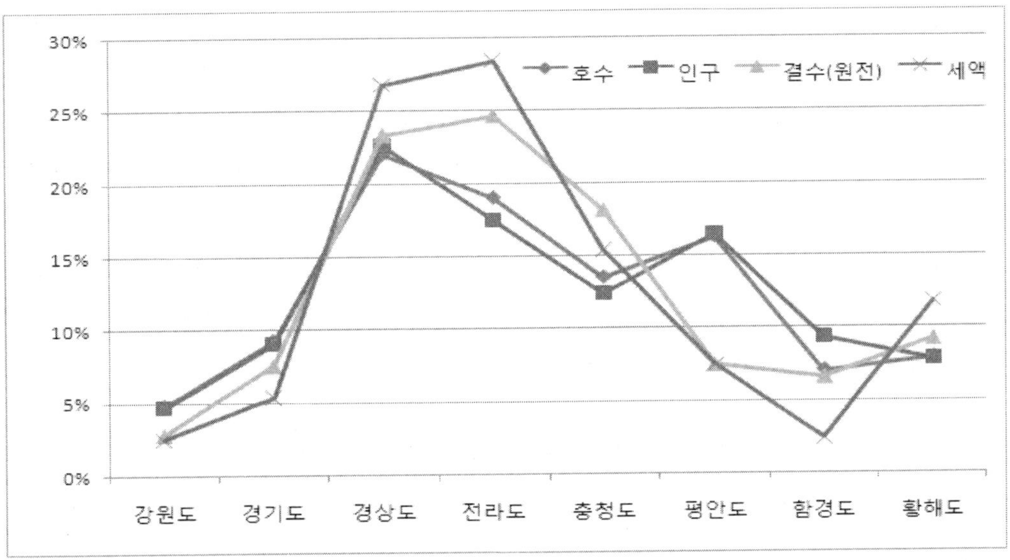

그림 1 도(道)별 호수 · 인구 · 결수 · 세액의 구성비

[표 44]는 앞 [표 40]과 [표 41]에 의하여 8도의 호당인구 분석한 것이다. 연도별로 살펴보면 1648년에는 가구당 3.3명인데 1777년 이후에는 4.3명으로 증가한 후 지속되다 1864년에는 4.4명을 나타났다. 지역적으로는 함경도가 5.1명으로 가장 높은 가구당 인구를 보이고 있으며, 그 다음이 강원도로 4.3명이며, 경상도의 경우 4.2명이다. 가장 낮은 곳은 충청도로 3.7명이며, 전라도와 황해도가 3.8명으로 낮은 편에 속한다. 표에 의하면 산악지역으로 논밭이 적은 함경도와 강원도의 호당 인구는 많고, 오히려 평야지대가 많은 전라도와 충청도의 경우에는 호당 인구가 적은 것으로 나타났다.

표 44 8도의 호당인구(단위: 명)

도	1648	1777	1786	1807	1864	평균
강원도	5.1	4.1	4.0	4.1	4.1	4.3
경기도	3.1	4.1	4.1	4.1	4.3	3.9
경상도	3.7	4.3	4.4	4.4	4.3	4.2
전라도	3.5	3.8	3.8	3.9	4.0	3.8
충청도	2.6	3.9	3.9	4.0	3.9	3.7
평안도	3.7	4.3	4.3	4.3	4.0	4.1
함경도	2.8	5.7	5.6	5.7	5.9	5.1
황해도	2.2	4.1	4.1	4.3	4.4	3.8
평균	3.3	4.3	4.3	4.3	4.4	4.1

　[표 45]는 앞 [표 40]과 [표 41]에 의하여 8도의 호당 조세부담액을 분석한 것인데 연도별로 살펴보면 1646년에는 가구당 5.9말의 조세를 부담하고, 1769년과 1786년에는 2말 이하로 줄어든 후, 1807년에는 7.3말을 기록하다 1880년에는 8.4말을 나타내고 있다. 지역적으로는 평안도가 2.6말로 가장 낮은 호당 조세부담액을 보이고 있으며, 그 다음이 함경도로 2.7말이며, 강원도의 경우 2.8말이다. 가장 높은 곳은 전라도로 가구당 8.0말이며, 황해도가 7.9말, 경상도가 6.6말이다. 표에 의하면 산악지역으로 논밭이 적은 평안도 및 함경도와 강원도의 호당 조세부담액은 낮고, 평야지대가 많은 전라도와 황해도의 경우에는 호당 조세부담액이 높게 나타났다.

[표 45] 8도의 호당 조세부담액(단위: 말(쌀))

도	1646	1769	1786	1807	1880	평균
강원도	3.1	0.6	1.2	3.0	6.2	2.8
경기도	3.5	1.0	0.7	5.2	5.2	3.1
경상도	7.7	2.5	1.4	10.2	11.4	6.6
전라도	7.3	3.3	2.9	12.1	14.6	8.0
충청도	7.7	2.4	1.7	9.7	9.8	6.3
평안도	3.0	1.6	0.4	4.6	3.2	2.6
함경도	7.6	0.7	0.7	3.3	1.2	2.7
황해도	7.2	3.3	3.1	10.6	15.2	7.9
평균	5.9	1.9	1.5	7.3	8.4	5.0

　[표 46]은 앞 [표 41]과 [표 42]에 의하여 8도 1인당 조세부담액을 분석한 것이며, 연도별로 살펴보면 1646년에는 1인당 2.0말인데 1769년과 1786년에는 0.5말 이하로 줄어든 후, 1807년에는 1.7말을 기록하다 1880년에는 다시 2.0말을 나타내고 있다. 지역적으로는 평안도가 0.6말로 가장 낮은 1인당 조세부담액을 보이고 있으며, 그 다음이 함경도와 강원도가 0.7말이다. 가장 높은 곳은 전라도와 황해도로 2.1말이며, 충청도가 1.8말, 경상도가 1.6말이다. 특징은 산악지역으로 논밭이 적은 평안도 및 함경도와 강원도의 1인당 조세부담액은 낮고, 평야지대가 많은 전라도와 황해도의 경우에는 1인당 조세부담액이 높게 나타난 것이다.

[표 46] 8도의 1인당 조세부담액(단위: 말(쌀))

	1646	1769	1786	1807	1880	평균
강원도	0.6	0.1	0.3	0.7	1.5	0.7
경기도	1.1	0.2	0.2	1.3	1.2	0.8
경상도	2.1	0.6	0.3	2.3	2.7	1.6
전라도	2.1	0.9	0.7	3.1	3.7	2.1
충청도	3.0	0.6	0.4	2.4	2.5	1.8
평안도	0.8	0.4	0.1	1.1	0.8	0.6
함경도	2.7	0.1	0.1	0.6	0.2	0.7
황해도	3.2	0.8	0.7	2.5	3.4	2.1
평균	2.0	0.5	0.4	1.7	2.0	1.3

[그림 2]는 호당인구와 1인당 조세부담액 및 호당 조세부담액의 비교를 위한 그래프이다. 그래프를 보면 호당인구는 함경도를 제외하고는 도(道)별로 크게 차이가 나지 않는 것으로 나타났지만, 1인당 조세부담액은 도(道)별로 편차가 크게 나타났다. 호당조세부담액의 경우에는 1인당 조세부담액 만큼은 아니지만 역시 도(道)별 차이가 있는 것으로 나타났다.

특징은 호당인구수가 적은 전라도가 황해도보다 호당조세부담 뿐만 아니라 1인당 조세부담액이 높게 나타났으며, 호당인구수가 많은 함경도의 경우 호당조세부담과 1인당 조세부담액이 반대로 낮게 나타났다.

[표 45]과 [표 46]에서 1769년과 1786년의 경우 1인당 조세부담액과 호당 조세부담액이 급감하였는데, 이는 그 당시 인구가 700백만 이상으로 늘어났지만 임진왜란 이후 전답은 급감하여 징세액이 감소하였기 때문이다. 앞에서도 언급하였지만 『세종실록지리지』에 의한 1432년의 전답은 총 1,732,006결로 최고에 달한 것으로 나타났지만, 『반계수록』에 의하면 임진왜란 이후에는 전답이 급격히 감소하여 110만결 정도까지 줄어든 후 서서히 증가하였지만 19세기까지 평균 140만결 수준에 머물렀기 때문이다.

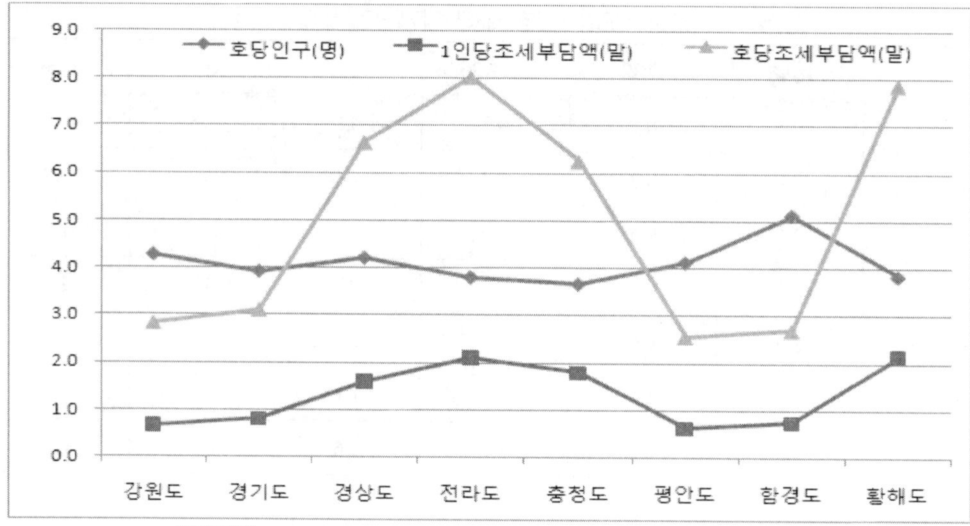

[그림 2] 호당인구 · 1인당 조세부담액 · 호당 조세부담액의 비교

참 고 문 헌

(국역)『증보문헌비고』. 1988-1990. 세종대왕기념사업회.

(국역)『경세유표』. 1977-1979. 丁若鏞 著 ; 李翼成 譯. 민족문화추진회.

(국역)『만기요람』. 1971. 민족문화추진회 編. 민족문화추진회.

(국역)『반계수록』. 2001. 유형원 저 ; 북한사회과학원 고전연구소 역. 여강출판사.

(국역)『三峯集』. 1977. 鄭道傳 著 ; 민족문화추진회 編. 민족문화추진회.

(국역)『경국대전』. 2001. 윤국일 역주, 여강출판사.

(국역)『대전회통』. 2000. 조두순외 저, 한국법제연구원 역주. 한국법제연구원.

(국역)『조선왕조실록』. 1995. 세종대왕기념사업회 역, 민족문화추진회.

(譯註)『經國大典』. 1993. 法制處, 韓國法制硏究院.

(譯註)『목민심서』. Ⅰ-Ⅴ. 1985. 丁若鏞 著 ; 茶山硏究會 譯. 創作과 批評社.

『大典會通』 硏究 : 戶典 · 禮典編. 1994. 한국법제연구원.

『續大典』. 1965. 法制處 編. 法制處.

「朝鮮田制考」. 1940. 朝鮮總督府中樞院調査課 編, 朝鮮總督府中樞院調査課, 昭和15.

姜制勳. 1998. "朝鮮初期의 田稅貢物". 「歷史學報」 제158집: pp.63~101.

강제훈. 1999. "朝鮮 太宗·世宗代 田稅의 부과와 수취". 「韓國史學報」 제6호: pp.237-270.

강제훈. 2001. "조선초기 전세제 개혁과 그 성격". 「조선시대사학보」 Vol.19.

강제훈. 2002. "세종 12년 정액(定額) 공법(貢法)의 제안과 찬반론". 「경기사학」 Vol.6.

金淇春 編著. 1990. 「朝鮮時代刑典 : 經國大典刑典을 中心으로」. 三英社.

김대준. 1983. "韓國租稅制度史 1; 朝鮮時代". 「稅務士」 ('83.1): pp.48-52.

김덕진. 1999. 「조선후기 지방재정과 잡역세」. 국학자료원. pp.62-65.

김비환. 2008. "경국대전 체제에 나타난 유교적 법치주의의 구조와 성격 : 조선왕조실록
    기사를 중심으로" 「成均館法學」 第20卷 第1號: pp.509-519.

김상태. 2010. "「農事直設」의 편찬과 보급에 대한 재검토." 「한국민족문화」 36 한국민족
    문화연구소

김성우, 1995. 「16세기 국가재정의 위기와 신분제의 변화」. 역사와 현실 16.

金雙圭. 1998. "朝鮮前期의 陳田收稅問題". 「歷史敎育」 제66집, pp.67~97

金玉根. 1982 ."朝鮮朝 地方財政의 歲入構造 分析". 「經濟學硏究」 제30집: pp.109-155.

金玉根. 1983. "朝鮮朝 地方財政의 構造分析 ; 監營, 鎭, 驛의 歲入構造를 中心으로". 「부
    산산업대학 論文集」('83.3): pp.301-316

金玉根. 1984. 「朝鮮王朝財政史硏究 1」. 一潮閣.

金玉根. 1988. 「朝鮮王朝財政史硏究 Ⅱ-Ⅲ」. 一潮閣.

金玉根. 1992. 「朝鮮王朝財政史硏究, Ⅳ: 近代編」. 一潮閣.

金玉根. 1969. "朝鮮王朝 財政史硏究 : 朝鮮朝前期 財政政策의 展開過程分析 朝鮮朝財政
    의 基本構造". 「부산수산대학교 論文集」. 4('69.12): pp.37-51.

김용옥. 2004. 「삼봉 정도전의 건국철학」. 통나무. pp.29-30.

김일환. 2008. "입법가로서 정도전에 관한 憲法史的 考察" 「성균관법학」 제20권 제1호.

김태영. 1983. 「조선전기토지제도사연구」. 지식산업사.

김태영. 1990. "조선시대 농민의 사회적 지위". 「한국사 시민강좌」 6. 일조각.

金泰永. 1983. 「朝鮮前期 貢法의 성립과 그 전개」. 지식산업사.

김홍식. 1982. 「조선시대 봉건사회의 기본구조」. 박영사: 17-20.

朴道植. 1995. "朝鮮前期 8結作貢制에 관한 연구". 「韓國史硏究」 제89집: pp.25-107.

朴鍾守. 1993. "16·17세기 田稅의 定額化 과정". 「韓國史論」 30.

서정상, 1999. "「農事直說」의 農法과 老農" 「태동고전연구」 16. 한림대학교 태동고전연구
    소 pp.43-85.

손보기. 1993. "세종대왕의 민본정신을 되살리자면". 「세종학연구」 제8호.

宋洙煥. 2000. 「朝鮮前期 王室財政 硏究」. 집문당.

송쌍종. 2011. 「조세법총론」. 제4편 도서출판 빛누리.

신홍재. 1987. "조선시대 휼형에 관한 고찰". 「矯正」 02: pp.23-37

안병욱. 1989. "18세기말 19세기 전반 부세수취와 향촌사회의 동향". 「동양학학술회의
    강연」 p.402.

양승태. 2008. "한국 헌정이념사 연구서설" 「정치사상연구」. 제14집 제2호.

오기수. 2001. "조선전기의 전세 감면에 관한 연구". 「세무학연구」 제17호: pp.161-190

오기수. 2005. "조선후기의 전세 감면에 관한 연구". 「세무학연구」 제22권 3호: pp.33-60

오기수. 2005. "조선후기의 전세 감면에 관한 연구". 「세무학연구」 제22권 3호: pp.33-60

오기수. 2006. "조선시대 조세범처벌에 관한 연구". 「세무와회계저널」 제7권 3호:
    pp.241-271

오기수. 2010. "조선시대 田稅의 공평에 관한 연구". 「세무학연구」 제27권 제1호
    pp.161-190.

오기수. 2011. "세종대왕의 조세사상과 공법(貢法) 연구" 「세무학연구」 제28권 제1호

pp.369-405.

오기수. 2011.「조세법총론」. 도서출판 어울림.

오일주. 1992. "조선후기 국가재정과 환곡의 부세적 기능의 강화".「실학사상연구」제3집.

李景植. 1980. "朝鮮前期 職田制의 運營과 그 變動".「韓國史硏究」제28집: pp.69-107

이장우, 최윤오. 2009. "세종대의 전세제도 정비".「鄕土서울」제73호: pp.277-334.

李章雨. 1998.「朝鮮初期 田稅制度와 國家財政」. 一潮閣.

李章雨. 2000 "世宗 27년(1445) 7월의 田制改革 分析 :朝鮮初期 田稅制度와 國家財政의 일원화 추구와 관련하여".「國史館論叢」제92집: pp.175-197.

이재룡. 1984.「조선초기사회구조연구」. 일조각. pp.111-112.

이태진. 1989.「朝鮮儒敎社會史論」. 지식산업사.

李憲昶. 1999. "1678-1865년간 貨幣量과 貨幣價値의 推移".「經濟史學」27호: 3-45.

전희권. 2010. "경국대전의 성격에 대한 일고찰"「법철학연구」제13권 제2호.

정은경. 1991.「조선후기 부세수취제도와 향임층」. 한양대학교 대학원. 석사논문: pp.52-62

정치영. 2002. "조선후기인구의지역별특성".「민족문화연구」제40호.

차명수·이헌창. 2004. "우리나라의 논 가격 및 생산성 1700-2000".「經濟史學」36호.

최윤오. 1999. "세종조 공법의 원리와 그 성격".「한국사연구」Vol.106.

최윤오. 2007. "조선시기 토지개혁론의 원리와 공법·조법·철법".「역사와실학」제32집.

최호진·정해동 역. 1992.「국부론(하)」. 범우사.

한국역사연구회. 1997.「조선시대사람들 어떻게 살았을까」. 청년사.

한국형사정책연구원편. 2000.「조선시대 행형제도에 관한 연구 : 恤形을 중심으로」. 한국형사정책연구원.

한동일. 1966. "전제상정소준수조획".「지적」12월호. pp.41-44.

한명기, 김성우 등 저. 2008.「역비한국학연구총서-전근대편」. 역사비평사.

한영우. 1987.「鄭道傳思想의 硏究」. 서울大學校 出版部.

한영우. 2002.「왕조의 설계자 정도전」. 지식산업사. p.114

「한국학대백과사전」. 2011. 한국학대백과사전편찬위원회편찬. 을유문화사. (http://www.krpia.co.kr/)

강만길 외. 2000.「한국사」. 한길사(http://www.krpia.co.kr/)

◆ **저자약력**

• 오 기 수(okyes@kimpo.ac.kr)

　서울시립대학교 도시행정대학원 세무관리학과 졸업(세무관리 전공. 경영학석사)
　숭실대학교 대학원 회계학과 졸업(세무회계 전공. 경영학박사)
　대한경영교육학회 상임이사
　한국세무회계학회 부회장
　한국세무학회 부회장
　한국세무사회 한국조세연구소 연구위원
　김포대학교 총무처장
　김포대학교 교무처장
　김포대학교 기획실장
　(현) 한국회계정보학회 상임이사
　　　아시아·유럽미래학회 부회장
　　　한국국제회계학회 부회장
　　　한국조세연구포럼 부회장
　　　한국세무학회 윤리위원회 부위원장
　　　김포대학교 세무회계정보과 교수
　　　김포대학교 총장(직무대행)

• **주요 조선시대 조세법제사 저서 및 연구논문**

　세종대왕의 조세정책. 도서출판 어울림. 2012.10
　"조선전기의 전세 감면에 관한 연구" 2001. 「세무학연구」 제17권.
　"조선후기의 전세 감면에 관한 연구" 2005. 「세무학연구」 제22권 제3호.
　"조선시대 조세범처벌에 관한 연구" 2006. 「세무와회계저널」 제7권 제3호.
　"조선시대 잡세에 관한 연구" 2008. 「세무학연구」 제25권 제3호.
　"조선시대 田稅의 공평에 관한 연구" 2010. 「세무학연구」 제27권 제1호.
　"조선시대 각 도별 인구 및 전답과 조세부담액 분석" 2010. 「세무학연구」 제27권 제3호.
　"세종대왕의 조세사상과 공법(貢法) 연구" 2011. 「세무학연구」 제28권 제1호.
　"「경국대전」 호전에 규정된 세종대왕의 공법(貢法)에 관한 연구" 2011. 「세무학연구」 제28권 제3호.
　"「조선경국전」의 조세개념과 조세제도에 관한 연구" 2012. 「세무학연구」 제29권 제1호.
　"조선시대 租稅와 稅錢 稅金 용어의 역사적 고찰" 2012. 「세무학연구」 제29권 제2호.

조선시대의 조세법

초판발행	▌ 2012년 11월 12일	
저　　자	▌ 오 기 수	저자와의
발 행 인	▌ 허 병 관	협의하에
발 행 처	▌ 도서출판 어울림	인지생략
편　　집	▌ 장 보 순	
주　　소	▌ 서울시 영등포구 양평동3가 14번지 이노플렉스 707호	
등　　록	▌ 제2-4071호	
전　　화	▌ 02-2232-8607, 8602	
팩　　스	▌ 02-2232-8608	
정　　가	▌ 40,000원	
I S B N	▌ 978-89-6239-293-7-03320